상담 교육과정
구성과 평가

상담 교육과정 구성과 평가

Evaluating Student Learning Outcomes in Counselor Education

지은이 Casey A. Barrio Minton
Donna M. Gibson
Carrie A. Wachter Morris

옮긴이 김인규 · 김나영 · 이상민
이지향 · 조 항 · 허난설

박영story

감사의 글

이 책이 나오기까지 수고해 주신 다음의 여러분께 감사드린다.

우선 상담 전문직의 단결과 높은 기준을 추구하는 The Counsil for Accreditation of Counseling and Related Educational Programs (CACREP). 물론 별도로 언급하지 않는 한, 이 책에 제시된 아이디어와 권고 사항은 저자의 것이며 CACREP의 의견이나 정책을 대변하지 않는다. 그러나 저자들의 CACREP 인준 프로그램 학생으로서의 경험, 그리고 이제는 이 전문 분야 학자로서의 경험은 우리 학생과 미래 고객의 끊임없이 변화하는 요구를 충족시킬 교육과정을 개발하는 방법을 이해하는 데 도움이 되었다.

The Association for Assessment and Research in Counseling는 상담에서의 평가 및 연구에서 우수 사례를 장려하여 상담 전문직을 발전시키는 비전을 갖고 이 작업에 함께 하였다.

Paula Swindle은 University of North Carolina at Greensboro의 박사 과정 학생으로서 검토 과정에서 편집장으로 일했다.

Sharon Bruner는 University of Tennessee at Knoxville의 박사 과정 학생으로서 개정 과정에서 기술적인 지원을 제공했다.

Julia Taylor는 Virginia Commonwealth University의 박사 과정 학생으로서 이 책을 처음 시작할 때부터 '장래 고객'으로서 편집을 도왔다.

마지막으로, 내 가족은 집필 과정뿐만 아니라 상담사 및 상담사 교육자로서의 여정 전반에 걸쳐 사랑과 지원을 해주었다.

편집자 소개

Casey A. Barrio Minton, PhD, NCC는 Tennessee주의 Knoxville에 있는 University of Tennessee의 카운슬러 교육 부교수이다. 그녀는 AARC (Association for Assessment and Research in Counseling)의 회장 (2013~2014) 및 총무(2010~2012)를 역임했다. Casey는 전문 상담 분야에 대한 24개 이상의 논문, 3권의 단독 저서, 매우 많은 공동 저서와 저작물을 발표했다. 그녀는 지역, 주 및 전국 학술 대회에서 정기적으로 발표하고, Journal for Counselor Leadership and Advocacy의 편집자로, 그리고 Counselor Education and Supervision 및 The Professional Counselor의 편집위원으로 이 전문 분야에 봉사하고 있다. 전체적으로 그녀의 발표, 저서 및 리더십은 연구와 프로그램 평가, 증거기반 교육 및 위기 개입을 통해 강력한 전문직을 구축하려는 그녀의 연구 관심사를 반영한다.

Donna M. Gibson, PhD, LPC, NCC는 Virginia주의 Richmond에 있는 Virginia Commonwealth University의 상담교육 프로그램 코디네이터이자 부교수이다. 그녀는 AARC의 회장(2007~2008)을 역임하고 회원(2001~2004)으로 참여했으며, 현재 미국 상담 협회에서 AARC 운영위원회 대표로 봉사하고 있다. 100개 이상의 우수한 주, 지역, 국가 및 국제적인 전문 발표 외에도 Donna는 학술 논문, 공동 저서 및 단독 저서를 포함하여 40개 이상의 전문적인 연구실적을 가지고 있다. 그녀의 발표와 연구물은 프로그램 평가, 전문적 정체성 개발, 리더십 및 리더십 정체성 개발, 상담 옹호에 대한 그녀의 연구 관심사를 반영한다.

Carrie A. Wachter Morris, PhD, NCC, ACS는 Greensboro에 있는 University of North Carolina의 상담 및 교육 개발 전공 부교수로서 학교 상담 트랙을 담당하고 있다. 그녀는 AARC

의 회장 (2015~2016) 및 총무 (2012~2014)를 역임했다. Carrie는 전국적인 학술지에 20개 이상의 논문, 1권의 단독저서, 10권의 공동 저서를 집필했다. 그녀는 상담사 교육에서 수업 및 학습 연구, 위기, 학교 상담사 교육과 관련된 주제에 대해 주, 지역 및 전국 학술대회에서 정기적으로 발표한다. 그녀는 Counselor Education and Supervision and Professional School Counseling 의 편집위원으로서 이 전문 분야에 봉사하고 있다. Carrie의 참여는 상담사 교육학, 프로그램 평가, 전문적 옹호, 위기 예방 및 개입 등의 혁신을 향한 그녀의 헌신을 보여준다.

참여자 소개

Nick R. Abel, EdD,는 Indiana주 Indianapolis에 있는 Butler University의 학교 상담 전공 조교수이다. 그는 학교 상담사 준비에 특별한 관심이 있으며, 전문가 오리엔테이션, 법률/윤리 문제, 종합적 학교 상담 등 많은 관련 강좌를 가르친다.

L. DiAnne Borders, PhD, LPC, NCC, ACS, 는 University of North Carolina at Greensboro 의 Burlington Industries 우수 교수이며, 임상 슈퍼비전 박사 과정을 가르치고 인턴 슈퍼비전을 총괄한다. 그녀는 슈퍼바이저 훈련과 슈퍼비전 과정에 대한 수 많은 연구 결과를 발표했다. 그녀는 The New Handbook of Clinical Supervision의 공동 저자이자 The Clinical Supervisor의 편집자이다.

Ryan G. Carlson, Ph.D, LMHC, NCC,는 South Carolina 주 Columbia에 있는 University of South Carolina의 상담교육 전공 조교수이다. 그의 연구는 고위험 커플 및 가족에 대한 개입에 초점을 두고 있다. Ryan은 결혼, 커플, 가족 상담 과정 석사과정 학생들에게 가족 상담 개론과 커플 상담 강의를 가르친다.

Catherine Y. Chang, PhD, LPC, NCC, CPCS,는 Georgia주 Atlanta에 있는 Georgia State University의 교수이며, 상담사 교육 및 실습 박사 프로그램의 프로그램 코디네이터이다. 그녀의 주요 관심 분야는 사회 정의와 옹호, 다문화 상담 역량, 슈퍼비전, 그리고 아시아계 미국인과 한국계 미국인 내담자에 대한 상담 등이다.

M. Kristina DePue, PhD, NCC,는 Florida주 Gainesville에 있는 University of Florida의 상담교육 전공 조교수이다. 그녀의 임상 전공은 중독상담이다.

Melissa J. Fickling, PhD, LPC, NCC,는 Tennessee주 Memphis에 있는 University of Memphis의 임상 정신 건강 상담 전공 조교수이다. 그녀의 전문 분야는 진로상담, 대학상담, 성인의 직업전환 등이며 그녀는 특히 일과 정신 건강의 교차점에 관심이 있다.

Laura M. Gonzalez PhD,는 University of North Carolina at Greensboro의 상담 및 교육 개발 전공 조교수이다. 그녀는 라틴계 이민자 가정의 대학 입학에 대한 지원과 장벽 연구에 관심이 있으며, 대학 상담/진로상담 및 연구자 발달 분야의 강의를 하고 있다.

Kristopher M. Goodrich, PhD, LMHC, NCGC-I,는 New Mexico주 Albuquerque에 있는 University of New Mexico의 상담사 교육 프로그램의 부교수이자 프로그램 코디네이터이다. 그는 상담과 중독에서 레즈비언, 게이, 양성애자, 트랜스젠더, 퀘스쳐닝, 간성 문제(intersex issues)에 전문적 관심이 있으며 약물남용, 정신 건강, 상담에서의 성에 관한 강의를 한다. 그는 Association for Lesbian, Gay, Bisexual, and Transgender Issues in Counseling (2015~2016)의 회장을 역임하였으며 New Mexico주 Albuquerque에 있는 중독상담 기관인 Evolution Group에서 시간제 상담사로 일하고 있다.

Tyler M. Kimbel, PhD,는 Virginia주 Alexandria에 있는 상담 및 관련 교육 프로그램 인준위원회의 연구, 옹호 및 대외협력 담당 부회장이다. 그는 또한 California주 Palo Alto에 있는 Palo Alto University의 겸임 교수로 재직하고 있으며, 그곳에서 연구 및 프로그램 평가, 진로상담, 최종보고서 작성하기를 가르친다. 그는 학교 상담, 프로그램 평가, 연구, 인증 정책, 상담사 정체성, 전문적 주제 등에 전문적 관심이 있다.

Margaret R. Lamar, PhD, LPC,는 California주 Palo Alto에 있는 Palo Alto University의 조교수이다. 그녀는 연구자 정체성 개발에 전문적 관심이 있으며, 전문가 오리엔테이션, 윤리 및 연구를 가르친다.

A. Stephen Lenz, PhD, LPC,는 Texas A & M University-Corpus Christi의 Counseling Outcome Research and Program Evaluation Academy의 조교수이자 원장이다. 그는 청소년과 청년을 위한 프로그램 평가 및 개발 사업과 트라우마 중심 치료에 관한 경험적 증거 수집에 대한 공헌으로 전국적인 인정을 받았다. 그는 상담 평가 및 연구 학회(Association for Assessment and Research in Counseling) 차기 회장이다.

C. Peeper McDonald, EdS, LPC, NCC,는 Georgia주 Atlanta에 있는 Georgia State University의 카운슬러 교육 및 실습 프로그램 박사 과정 지원자이다. 그녀는 전문가 정체성, 사회 정의, 옹호 주제는 물론 상담 분야의 다문화 주제에 전문적 관심이 있다. 그녀는 기본 및 고급 상담 기술에 중점을 둔 온라인 및 대면 강좌를 모두 가르친 경험이 있다.

Rebecca A. Newgent, PhD, LCPC, NCC,는 Illinois주 Moline에 있는 Western Illinois

University-Quad Cities의 교수이다. 그녀는 측정 및 평가, 임상 개입 및 슈퍼비전, 친구 괴롭힘에 전문적 관심이 있으며 평가, 윤리, 실습, 진단 및 전문가 오리엔테이션을 가르친다. 그녀는 또한 Counseling Outcome Research and Evaluation의 편집장이다.

Jonathan H. Ohrt, PhD, 는 South Carolina 주 Columbia에 있는 University of South Carolina의 조교수이다. 그는 집단상담과 청소년 복지에 전문적 관심이 있으며 다양한 학교 상담 및 조력 기술 수업을 가르치고 있다.

Brandie M. Oliver, EdD,는 Indiana주 Indianapolis에 있는 Butler University의 학교 상담 전공 조교수이다. 그녀의 전문적 관심 분야는 괴롭힘 예방 및 개입, 슬픔과 상실, 자료 기반 학교 상담, 회복 행동, 문화적 반응 교육에 대한 증가하는 관심에 대한 옹호 등이다. 그녀는 자신의 역할이 학교 상담사를 위한 자원 및 지원뿐만 아니라 모든 학생, 부모와 교육자의 긍정적 변화에 대한 옹호자이자 자원이 되는 것이라고 본다.

Maria Adele Paredes, PhD, LPCS, CEDS, 는 University of North Carolina at Greensboro 의 객원 조교수이다. 그녀는 섭식 장애, 신체 이미지, 슬픔 상담, 임상 슈퍼비전 및 영어 학습자에게 전문적 관심이 있다. 그녀는 다양한 핵심 및 선택 과목을 가르치며 지역사회에서 지속적인 상담을 제공하는 것을 즐거워한다.

Elizabeth A. Prosek, PhD, NCC,는 Texas 주 Denton에 있는 University of North Texas의 상담 조교수이다. 그녀의 연구 분야는 진단 및 평가, 공존 장애 및 상담사 교육 주제이다. 그녀의 전문 분야는 재향 군인 상담이다. 그녀는 진단 및 치료 계획, 전문가 오리엔테이션과 윤리, 정신 건강 시스템 등의 임상 정신 건강 상담교육과정을 가르친다.

Heather C. Sands, MS, MEd, LMHC, NCC,는 New Mexico주 Albuquerque에 있는 University of New Mexico의 인류학 박사 과정 학생이다. 그녀는 미국에서 조력 활동에 대한 신자유주의 및 후기 자유주의 정책에 담긴 이주, 국경 문제, 트라우마 상황을 둘러싼 인종, 성, 섹슈얼리티의 상품화에 전문적 관심이 있다. 그녀는 정신 건강이 사람, 장소 및 정치와 관련되어 있기에 학술 활동과 실습에서 정신 건강에 대한 이해를 깊게 하기를 바란다.

Marie F. Shoffner, PhD,는 Virginia주 Richmond에 있는 Virginia Commonwealth University의 부교수이다. 그녀는 석사와 박사 과정에서 진로 발달 수업을 하고 있으며, 박사 과정 학생들이 연구자와 학자로 성장하는 것을 촉진하는 데 열정을 가지고 있다. 그녀는 직업 전환, 일과 정신 건강, STEM(과학, 기술, 공학, 수학)에 전문적 관심이 있으며 Richmond's Fan Free Clinic에서 상담전문가로 자원봉사 하는 것을 즐거워 한다.

Cortney Stark는 New Mexico주 Albuquerque에 있는 University of New Mexico의 상담교육 박사 과정 학생이다. 그녀는 개인 상담을 위해 감소 전략과 동기 강화 상담을 활용하고, 마취 의존성 내담자들에게 약물 보조 치료, 그리고 Acudetox 집단 치료 세션의 조정 및 촉진 등을 통해 약물남용으로 고통을 겪는 개인을 돕고 있다. 그녀는 교육자로서 자신을 학생들의 인식, 신념, 개인적인 의미를 발달시키는 도구로 활용함으로써 각 학생의 개별적인 학습 욕구를 충족시켜 주려고 한다.

Jacqueline M. Swank, PhD, LMHC, LCSW, RPT-S,는 Florida주 Gainesville에 있는 University of Florida의 조교수이다. 그녀는 평가, 성과 연구, 상담사 발달/역량, 어린이와 청소년, 자연에 기초한 창조적 개입에 전문적 관심이 있다. 그녀는 평가, 연구, 아동 및 청소년 상담, 놀이 치료 등의 분야에서 상담 강의를 한다.

Paula J. Swindle, MA, NCC, LPCS,는 University of North Carolina at Greensboro의 박사 과정 학생이다. 그녀는 상담사 교육자가 될 계획이 있으며 종교적/영적 학대와 행복 문제에 전문적 관심이 있다. 그녀는 15년간 상담 현장에서 활동하다가 박사 학위를 취득하기 위해 학교로 돌아왔다.

Jodi L. Tangen, PhD, NCC,는 North Dakota주 Fargo에 있는 North Dakota State University의 상담교육 전공 조교수이다. 그녀의 학위 논문은 상담사가 내담자의 깊은 정서 경험을 촉진시키는 방법에 초점을 두고 있다. 그녀는 교육심리학을 전공했고 상담 슈퍼비전에 특별한 관심이 있다.

Michael J. Walsh, PhD, LPC, CRC, CPRP,는 in South Carolina 주 Columbia에 있는 University of South Carolina의 재활 상담 프로그램을 위한 신경정신의학 및 행동과학 전공 조교수이다. 그는 정신 재활에 전문적 관심이 있다.

Molly Watkins, NCC, MSEd,는 Iowa주 Ames에 있는 Ames Middle School의 학교 및 가족 전문상담사이다. 그녀는 아동 및 청소년 상담과 청소년 위험 요소에 전문적 관심이 있다. 그녀는 Counseling Outcome Research and Evaluation 의 편집 보조자로 봉사했다.

Joshua C. Watson, PhD, LPC, NCC, ACS,는 Texas A&M University-Corpus Christi 의 부교수이다. 그는 학생 운동 선수 상담과 저학력 학생 집단의 대학 적응 경험에 전문적 관심이 있다. 그는 Association for Assessment and Counseling and Research의 이전 회장이고, 현재 Journal of College Counseling 의 편집자로 일하고 있다.

Kelly L. Wester, PhD, NCC, LPC,는 University of North Carolina at Greensboro의 부교수이다. 그녀는 비자살성 자해뿐만 아니라 연구 훈련에도 전문적 관심이 있다. 그녀는 연구방법론, 연구 과정, 상담 이론, 그리고 성적 학대에 관해 가르치며 슈퍼비전을 제공한다.

역자 서문

상담에 대한 한국사회의 수요가 어느 때보다도 많아지면서 과연 수준 높은 상담을 제공하는 유능한 상담사가 누구인가에 대한 관심이 높아지고 있다. 상담사가 취득하는 자격으로 전문상담교사, 청소년 상담사와 같은 국가자격도 있고, (사)한국상담학회와 (사)한국상담심리학회 등 여러 전문단체에서 발급하는 민간자격도 있으나 과연 어떤 자격 소지자가 유능하고 신뢰할 만한가에 대한 사회적인 또는 전문가 집단 내에서의 합의가 있다고 할 수 없는 실정이다. 이는 상담 분야의 여러 자격마다 자격 부여 기준과 방법이 다르며, 그 자격을 취득하는 과정이 상이하기 때문에 상호 비교가 불가능하고, 무엇보다도 상담 자격 취득과정이 공교육체제 내에서 충실한 교육과정을 기반으로 하고 있지 않기 때문이라고 할 수 있다. 이에 학부 또는 대학원에서의 표준 교육과정에 기반한 상담사 양성, 충실한 상담 교육을 보장할 수 있는 상담 교육 인준제도에 대한 연구와 제안이 계속되고 있지만, 아직 현실에 반영되고 있지 못한 실정이다.

이런 한국의 상담사 양성체제에 대한 안타까움을 갖고 있을 때 만나게 된 Casey A. Barrio Minton, Donna M. Gibson, Carrie A. Wachter Morris의 『Evaluating Student Learning Outcomes in Counselor Education』은 새로운 희망과 가능성을 제시해 주었다. 물론 미국과 한국의 교육체계가 다르기 때문에 미국의 상담사 교육체계를 그대로 한국에 적용할 수는 없겠지만, 이 책을 통해 미국의 상담사 교육체계의 구체적인 내용을 파악하게 되면 현재 한국의 혼란스러운 상담사 교육체계를 개선해 나갈 방향과 방법을 찾아낼 수 있을 것이라는 기대를 갖게 되었다. 이 책은 제목에서 드러나듯이 상담사 교육체제 안에서 교육받는 학생들의 학습 성과를 평가하는 방법을 다루고 있다. 흔히 평가는 교육의 마지막 단계에서 이루어지는 것으로 이해되지만, 사실 평가의 방법과 내용이 곧 그 교육과정의 목표와 과정을 반영하고 있기 때문에, 평가를 설계하고 수행하는 것은 곧 그 교육과정의 목표부터 과정, 방법을 설계하고 수행하는 것을 기초로 한다고 할 수 있다. 따라서 이 책의 제목은 학생의 학습성과 평가에 초점을 두고 있지만 그 내용은 상담사 교육의 목표 설정과 내용 구성을 우선적으로 다루고 있다. 이에 상담사를 양성하고 있는 대학의 교수와 슈퍼바이저, 상담 자격을 발급·운영하는 단체의 관계자, 상담전공 학생과 수련생 등이 이 책을 통해 상담사 교육의 목표, 내용, 방법, 과정, 성과, 평가 등에 대해 도움을 받을 수 있을 것이다.

이 책은 총 4부 37장으로 구성되어 있다. 1부 맥락에서는 1장~3장에 걸쳐 학생의 학습성과(Student Learning Outcomes: SLO)가 중요하게 된 배경과 프로그램 평가의 전체적인 틀, 목표 설정과 진행 과정 설계를 다룬다. 2부 평가선정과 측정 도구 개발에서는 4장~11장에 걸쳐 강좌기반평가, 현장경험, 종합시험, 포트폴리오, 석박사 논문, 자질, 간접지표 등 다양한 평가 방법을 소개하고 이런 평가도구를 개발하는 방법을 다룬다. 3부 전진하기, 앞으로 나아가기에서는 12장~17장에 걸쳐 평가 자료 수집, 관리 분석, 보고, 활용 등의 내용을 다룬다. 4부 적용에서는 18장~37장에 걸쳐 상담오리엔테이션 및 윤리실천, 사회문화적 다양성, 평가 및 검사, 중독상담, 진로상담, 학교상담, 상담사 교육과 슈퍼비전 등 상담 교육의 다양한 영역에서의 학생학습평가의 내용과 방법을 다룬다.

이 책은 미국 상담 및 관련 교육 프로그램 인준 기관(The Council for Accreditation of Counseling and Related Educational Programs: CACREP), 미국심리학회(American Psychological Association: APA)의 기준을 활용하여 상담사 양성 교육의 목표와 내용을 구성하고 있다. 아직 우리나라는 미국과 같이 국가적으로 활용되는 상담 교육의 기준이 마련되어 있지 않지만 최근 논의와 연구가 활발하게 진행되고 있는 국가직무능력표준(National Competency Standards)을 활용하여 미국의 CACREP과 같은 국가적 표준을 마련하고 이에 따른 표준 교육과정의 설계와 운영을 시도해볼 수 있을 것이다.

이 책의 역자인 김인규, 김나영, 이상민, 이지향, 조항, 허난설은 한국이나 미국에서 상담교육 전공으로 박사학위를 취득하고, 대학과 학회, 기관에서 상담사 양성 및 자격 부여 과정에 다양하게 참여해 온 경력을 가지고 있다. 한국의 상담사 양성과정에 대한 애정과 열정을 가지고 번역을 하였으나 아직 이 분야의 전공 서적이 거의 없는 상태에서 번역을 하다 보니 부족한 점이 있을 것이라고 생각된다. 이 책에서 원저자들이 의도한 바가 충분하게 전달되지 못한 부분이 있다면 이는 전적으로 역자들의 부족함에 기인한 것이며, 언제든지 이런 부분에 대해 피드백을 준다면 이를 보완하기 위한 노력을 계속할 것이다. 이 책의 번역과 출판을 흔쾌히 수락해준 ㈜피와이메이트의 노현 대표님과 편집에 수고한 홍윤환 님에게 감사한다.

이 책이 한국의 상담사 양성체계 발전에 작은 디딤돌이 되기를 소망하며,

2021년 8월

대표 역자 김인규

차례

3부 전진하기, 앞으로 나아가기

4부 적용

1부

맥락

이 책을 읽는 여러분은 지난 30년간 고등교육의 책무성에 관해 제기된 기대를 탐색하는 중일 수 있다. 아마 여러분은 여러분의 학생이 무엇을 알고 있으며 무엇을 할 수 있는지를 알아내는 창조적인 방법을 배울 가능성에 매료되어 이 자리에 있을 수 있다. 만약 그렇다면 그것은 멋진 일이고 우리는 여러분을 환영한다. 학생의 학습성과(Student Learning Outcome: SLO) 평가는 잘 된다면 굉장히 의미 있고 가치 있는 일이다. 더욱이 여러분이 이 책을 연 이유는 몇 가지 이유로 학생의 학습에 대한 증거를 보여주어야 할 여러분의 필요를 여러분이 이해했기 때문이다. 아마도 여러분이 승진이나 정년보장, 또는 어떤 가치 있는 목적을 위해서 효과적인 데이터를 만들어야 할 요구를 받았을 수도 있다. 또는 여러분이 정부 부처, 인준위원회, 또는 주요 단체의 요구사항을 충족시키는 SLO 평가계획을 수립하는 것을 도와야 할 수도 있다. 그렇다면 여러분은 좋은 직장을 다니는 것이다.

SLO 평가는 그 본질상 생산성에 대한 전통적인 투입기반 측정(예를 들어 얼마나 많은 학생과 과목을 가르치는가, 어떤 교육과정을 제공하는가, 학생은 자신의 경험에 만족하는가 등)을 넘어서 산출기반 평가로 나가는 것이다. 이 효과측정 방법을 통해 우리는 학생이 교육적 노력의 결과로 무엇을 알고 무엇을 할 수 있는지를 알 수 있다(Council for Higher Education Accreditation, 2011; Urofsky, 2009).

Ⅰ부는 SLO 평가과정을 이해하는 데 필요한 기초를 다루는 3개의 장으로 구성되어 있다. 1장에서는 SLO 운동에 대해 개략적으로 살펴보고 2장에서는 학과 프로그램 평가라는 조금 더 큰 그림을 살펴본다. 3장에서는 SLO를 규정하고 의도적으로 교육과정에 반영하기 위한 실제적인 전략을 제시한다. 이렇게 SLO의 기초를 살펴본 후 Ⅱ부에서 다룰 학생의 학습에 대한 직접, 간접적인 평가도구를 개발하는 구체적이고 실제적인 지침을 다루게 된다. Ⅲ부에서는 SLO 자료의 수집, 저장, 보고, 해석, 그리고 그것에 기반한 변화 수행의 구체적인 기법을 다룬다. 마지막으로 Ⅳ부에서는 상담사 교육과정의 핵심 영역에서 학생의 학습을 평가하는 또 다른 방법을 고려할 수 있도록 여러분의 동료들이 개발한 여러 가지 과제와 평가기준표를 제공한다. 우리는 상담사를 양성하는 교육자로서 동일한 상담사 교육자들을 대상으로 이 책을 집필하기에 상담 및 관련 교육 프로그램 인준 위원회(Council for Accreditation of Counseling and Related Educational Programs; CACREP)의 2016년 기준을 참조하여 우리의 연구 결과와 그 적용 기관을 제시하였다. 그러나 만약 여러분이 CACREP에 인준되지 않은 프로그램이나 CACREP 이외의 기관에 의해 인준된 프로그램에 소속되어 있더라도 이 책에서 유용한 자료를 발견할 수 있을 것이다.

제1장

SLO 운동

고등교육에서 SLO 평가를 강조한 것은 대학기관의 책무성과 전반적인 대학교육 프로그램의 향상을 강조하면서 시작되었다(New Leadershi ㅇp Alliance for Student Learning and Accountability, 2012). 시간을 두고 주 정부에서 연방 정부로 인준 기관의 주요 역할이 이관되었다. 이제 널리 알려진 미래고등교육위원회(Commission on the Future of Higher Education; Spellings Commission으로도 알려짐)은 고등교육기관에 SLO에 대해 더 이상 주저하지 말 것을 권고했고 이는 고등교육 책무성 운동의 결정적인 계기가 되었다. 미래고등교육위원회(2006)는 다음과 같이 이야기하고 있다.

> 우리는 미국 단과대학과 종합대학 학생들의 학습 질이 부적합하며 어떤 경우에는 저하하고 있다는 증거로 인해 곤혹스러운 처지에 있다 … 단과대학과 종합대학은 비용, 가격, 학생이 성취한 결과 등을 투명하게 공개해야 하며 이 정보를 학생과 가족에게 기꺼이 공개해야 한다. (pp. 3-4)

오늘날 인준은 '미국 고등교육의 질을 담보하는 우선적인 도구이ㄸ 학습성과평가의 주요 추진력'(Kuh & Ewell, 2010, p. 23)이며, 모든 프로그램의 교수진은 SLO 평가과정에 더 참여하게 되고, 학습을 향상시키기 위해 다양한 자료를 사용하고 있다(Ewell, Paulson, & Kinzie, 2011; Kuh, Jankowski, Ikenberry, & Kinzie, 2014). 실제로 수많은 기관의 평가 실제를 검토한 Kuh 등(2014)은 다음과 같은 결론을 제시하였다.

> 미국의 고등교육은 학생 학습 평가에서 방향을 바꾸었다. 이 중요한 과업의 수행은 어쩔 수 없이 따르는 순응적 행위만으로 이루어지지 않고 이제는 향상을 향한 대학기관의 욕구와 순응의 균형에 의해 적합하고도 유망한 방향으로 진행되고 있다. (p.5)

이 장에서는 고등교육에서의 책무성과 SLO 평가 운동을 개관하면서 앞으로 이 책에서 다룰 내용의 맥락을 제공한다. 우선 이 운동의 핵심적인 발달과 주요 인물을 살펴본다. 그리고 현재 SLO 평가과정, 과제, 기회의 개요를 제공한다. 이 장의 마지막에는 여러분들이 더 큰 평가의 맥락과 고등교육의 책무성을 이해하는 데 도움이 될 참고문헌을 제시한다.

간략한 역사

Ewell (2009)은 SLO 평가 운동의 첫 25년 동안의 주요 변화를 살펴보고 몇 가지 전국적인 주요 변화와 진전에 주목하였다. 첫째, 시간이 지남에 따라 교수진은 이 운동의 정당성에 더욱 동의하며 이전의 관점을 개선했다. 둘째, 고등교육의 학습성과에 대한 투명성과 관심의 중요성에 대한 정부 및 정책적 관심이 지속해서 증가하고 있다. 셋째, 책임에 대한 기대는 주 정부의 요구로 시작되었지만 SLO 평가 절차와 관련된 기대는 교육자를 위해서, 그리고 교육자에 의해서 운영되는 지역별, 전문영역별 인준 기관을 향하게 되었다. 마지막으로 지난 20년 동안 SLO 평가과정을 쉽게 하는 기술과 자료가 급속히 발전했다.

Ewell(2009)은 SLO 운동의 초기 25년 동안의 흐름을 살피면서 다음의 네 주요 주체들에 주목하였다.

1. 주 정부. 자금 조달 모델이 변하고 있지만, 주 정부는 전통적으로 공립 고등 교육 기관의 재원을 담당하고 있다. 고등교육 책무성 운동은 표준화된 시험과 보고에 대한 주 정부의 단기 명령으로 시작되었다.
2. 연방 정부. 전통적으로 연방 정부는 고등교육 재정 지원에서 중요한 역할을 하지만 고등교육에는 제한적으로만 관여했다. 미래고등교육위원회의 구성은 고등교육 책무성에 있어 연방 정부의 역할에 중요한 전환점이 되었다.

3. 인준 기관. 시간이 지남에 따라 SLO 평가의 책임 및 기대에 대한 규제 권한이 지역별 인준 기관으로 전환되었다. 프로그램 또는 전문 인준 기관은 이제 SLO 평가에 대한 기대치를 설정하는 데 매우 적극적이다.
4. 고객, 여론 및 언론. 궁극적으로 고등교육기관은 변화하는 세상에서 구성원들이 성공하는 데 필요한 산출물과 과정을 제공할 책임을 지니고 있다.

고등교육 프로그램이 효과적이라는 것을 입증하는 것에 초점을 두면, 전문 인준 기관의 인준 표준은 평가에 참여할 우선적인 동기를 제공한다. 이는 지역별 인준과 프로그램 인준의 두 가지 기본 수준에서 발생한다. 2010년에 인준 기관을 인준하는 기관인 고등교육 인준위원회 (Council for Higher Education Accreditation)는 인준 기관은 '기관이나 프로그램은 각 기관이 결정한 학생의 성취도를 포함한 기관의 성과에 대해 대중에게 신뢰할 수 있는 정보를 제공할 것을 정기적으로 요구해야 한다'라고 하였다(Policies and Procedures standard 12.B.1, p. 5).

미국에서는 7개의 지역, 비영리, 자체 규제 인준위원회가 대부분의 고등 교육 기관의 인준 상태를 결정한다. 이러한 지역 인준 기관은 SLO 평가에 대한 기대라는 측면에서는 서로 비슷하다. Provezis(2010)는 7개의 지역 인준기구 모두 (a) 지역 인준위원회 협의회(2003)의 **SLO 평가 관련 우수 실천 원칙**을 따르고 있으며, (b) SLO를 설계 및 평가하도록 고등교육기관에 요구하고, (c) 그 결과를 대중에게 공개하도록 요구한다. 하나를 제외한 모든 인준위원회는 교수진이 SLO 평가 프로세스에 참여할 것을 요구한다. 모든 인준위원회는 SLO 평가 상태에 대한 우려를 표명했지만, 하나를 제외한 모든 인준위원회는 SLO 평가과정에서 기관에 지원을 제공했으며, 모든 인준위원회는 기관이 작업을 수행하는 방법은 규정하지 않았다.

고등교육 담당자는 프로그램과 학생의 성과만 파악하는 것은 성장, 변화 및 투명성에 적합하지 않다는 점을 인정한다(Kuh & Ikenberry, 2009). 투명성을 높이기 위해 현재 300 개 이상의 대학에서 자발적 책무성 시스템(Voluntary System of Accountability)의 일부로 다른 정보와 함께 SLO를 수집하여 보고하고 있다. 많은 인준 기관은 프로그램에 이 정보를 구성원과 일반인에게 공개하여 SLO에 대해 투명하기를 요구한다. 학생의 지식, 역량 및 태도 측정을 포함하는 체계적인 평가 접근 방식을 활용하면 학급, 프로그램, 기관 등 어느 수준에서 개선이 필요한지를 고등교육 프로그램 교수진과 직원이 결정할 수 있게 된다. 이 정보를 기반으로 교육자가 변화를 시도하면, 이 내용이 투명하게 게시되거나 공개되어서 주요 결정권자가 질적 향상 과정이 진행되고 있다는 것을 이해할 수 있도록 한다.

SLO 평가가 고등교육에서 발전함에 따라 더 많은 학부와 대학원 프로그램이 이 수준의 평가에 참여하고 있다(Kuh & Ikenberry, 2009). 비즈니스, 간호, 의학 등 프로그램화된 모든 인준 기관은 구성원이 SLO 평가 실무에 참여할 것을 요구한다. CACREP는 2009년에 인준을 받고자 하는 프로그램이 체계적인 프로그램 평가계획의 일환으로 SLO를 따라야 하고, 해당 프로그램이 전문직 내의 다양한 전문 분야별로 필요한 지식과 기술을 문서화해야 한다는 요건을 도입하면서 이 책무성 운동에 참여하기 시작했다. 이 시기에 Kuh와 Ikenberry (2009)는 '미국의 고등교육은 학생의 학습을 평가하고 그 결과를 활용해서 학생의 성과를 향상시키는 상태와는 거리가 멀다'(p. 4)라고 보고했다. 상담사 교육 프로그램은 SLO를 측정하여 유용한 의미를 찾아내고 이 평가과정에서 배운 것을 적용하는 것에 있어서 아직 여러 고등교육기관과 함께 배워가는 과정에 있다고 할 수 있다.

SLO 평가의 현 상태

우리는 책무성 운동에 지속해서 참여하게 되면서 개인의 수행을 외부 기관에 보고하고 방어하는 것을 넘어서 SLO에 대한 보다 의미 있는 평가에 관심을 기울이게 되었다. 이제 이 과정은 '증거에 기반한 지속적인 개선을 이룰 수 있는 기관 내부 역량을 보존하고 개발'하는 데 사용될 수 있다(Ewell, 2009, p. 14). 미국 전문대학 및 종합대학 협의회(Association of American Colleges and Universities; AACU)는 SLO 평가 실무가 맥락 속에 있어야 하며, 학생의 가장 의미 있고 진정성 있는 수행을 파악하는 데 초점을 맞춰야 한다고 2008년의 기초 작업에서 강력하게 주장했다. '우리는 학생의 일반적인 기술이나 초급 수준의 학습이 아니라 최고의 작업을 평가할 책임을 져야 한다'(AACU, 2008, p. 3). 여기에는 적법한 외부 관심사에 적극적으로 대응하기, 평가 결과 문서화하기, 주요 관문이나 전환점에서 평가 활동 실행하기, 교육과정 전반에 평가를 포함하기 등 전체 진행 과정이 포함된다(Ewell, 2009).

Kuh 등 (2014)은 SLO 평가의 현 상태를 파악하기 위해 미국의 1,202개 고등 교육 기관의 데이터를 수집했다. 그들은 SLO 평가가 기관 전반에 걸쳐 표준이 되었으며, 각 기관이 지역 인준 기관의 요구사항을 매우 중요하게 여기며, 프로그램 인준에 대해 중간에서 높은 정도의 중요성을 부여한다는 사실을 발견했다. 기관들은 다양한 방식으로 SLO 평가를 수행하고 있다(Kuh et al., 2014). 가장 많이 사용되는 것부터 가장 적게 사용되는 방법 순으로 살펴보면 전국적인 학생 설문조사, 평가기준표, 학급 기반 성과 평가, 동창 설문조사, 신입생 배치 시험, 지역별 설문조사, 작품 제작, 지역별로 개발된 지식 및 기술 측정, 일반적인 지식 및 기술 측정, 고용주 설문조사, 포트폴리오, 외부상황에서의 성과 평가 순이다. Kuh 등은 SLO 평가과정에 사용된 활동들을 5년 전에 사용된 활동들과 비교하여 평가기준표 사용이 3배 이상 증가했으며 (기관의 69%까지), 인턴십 (기관의 40%까지) 및 포트폴리오 (기관의 41%까지)와 같은 외부상황에서의 성과 평가의 사용이 4배 이상 증가했다는 것에 주목하였다. 이 연구는 큰 틀의 SLO 평가가 실제 어떻게 수행되는지를 보여주기 때문에 여기에 그 주요 결과를 간략하게 제시한다.

- 이제 학생 학습성과 제시는 미국 고등교육의 표준이다.
- 평가의 주요 추진 세력은 동일하게 유지된다: 지역별, 프로그램 또는 전문영역별 인준 기관의 기대치.
- 몇 년 전보다 평가 활동이 매우 많아졌다.
- 학생의 학습을 평가하는 도구와 측정 범위가 크게 확장되었다.
- 인준 기관의 요구 사상을 충족하면 평가 증거를 다양하게 활용할 수 있는데, 대학 내부에서의 활용이 증가하고 있으며 이는 외부에서의 활용보다 훨씬 더 중요한 것으로 여겨진다.
- 기관은 평가 결과를 외부보다는 내부에 더 자주 보고한다.
- 교무처장은 대학 내에 평가에 대한 실질적인 지지가 있다는 것을 인식한다.
- 일반적으로 기관별로 선택할 수 있게 하면 평가 활동이 줄어든다.
- 교수진은 평가 작업을 진행하는 데 핵심적인 역할을 한다. (Kuh et al., 2014, pp. 3-4)

프로그램 수준의 SLO 평가 실제에 관한 조사 결과는 Kuh 등(2014)의 연구와 여러 측면에서 비슷하다(Ewell et al., 2011). 2010년에 실시된 2,719개 기관의 학과와 프로그램에 대한 설문조사에서 참여 기관들은 프로그램의 행상을 보고하고, 인준이 SLO 평가의 가장 강력한 추진력이 되었다고 하였다. 대부분의 프로그램 지도자들은 자신의 기관이 SLO를 설정했으며, 다양한 평가도구를 사용하고 있다고 보고하였다. 2/3의 기관들이 성과물 제작 평가를 사용하고, 2/3의 기관들이 평가 기준체제를 사용하며, 1/2 이상의 기관들이 수행 평가나 기말 프로젝트를 사용했고, 약 1/3의 기관들이 포트폴리오, 종합시험, 외부평가 등을 사용했다. 인준된 프로그램의 교수들은 SLO 평가 업무에 더 관여하는 것으로 나타났으며, SLO 평가과정에서 얻은 자료를 더 많이 사용하고 있었다. 비록 일부 기관에서는 조교의 지원을 제공했지만, 설문 대상 기관의 응답에 따르면 SLO 평가 업무는 많은 교수진에게 추가적인 책임으로 제시되었다.

기관과 프로그램 수준의 SLO 평가에 대한 인준기구와 학자들의 연구 결과를 종합하면 하나의 방향을 제시한다: SLO 평가는 고등교육 전반의 실제 업무다. 오늘날 고등교육기관의 교수가 된다는 것은 책무성과 질적 수준을 보장하는 활동에 참여하는 것을 의미한다. 이런 참여는 단지 교수자가 개발했거나 표준화된 평가에서의 합격률과 같은 일반적 지표 또는 지금까지의 수업계획, 학생 만족도를 검토하는 것을 넘어 학생의 학습에 대한 의미 있고 진실한 평가를 위해 가장 뛰어난 학생 행동이 무엇인지에 대한 보다 정교한 이해가 필요하다.

비록 교수자의 참여와 협조가 SLO 평가의 성공에 핵심적인 요소이지만 모든 교수자가 이런 학습성과에 대한 관심이 증가하는 것을 환영하지는 않는다(Barrio Minton & Gibson, 2012; Hutchings, 2010; Kuh et al., 2014; Miller, 2012). Miller(2012)는 SLO에 대한 비협조적인 관심의 수준에서 점차 실천하는 단계로 변화하는 과정을 다소 유머러스하게 Kübler-Ross's (1969)의 애도 단계에 비추어 지난 25년간의 책무성 운동을 다음과 같이 제시하였다. 교수들은 처음에는 분노하며 거부하는 부인(denial) 반응을 보이고, 다음으로는 혼자 남겨지거나 우울한 것을 피해서 기준을 최소한으로만 준수하는 협상(bargaining) 반응을 보이고, 최종적으로는 우리가 이것을 수행하면 무엇인가 배울 수 있다는 것을 수용(acceptance)하게 된다. 교수진은 SLO 평가과정에 대해 위협이나 단절감을 느낄 수 있는데 이는 아마도 초기에 제시된 SLO 평가의 이유가 달갑지 않았었고, 기관 외부에서 SLO 평가를 요구하였기 때문일 수 있다(Hutchings, 2010). SLO 평가과정이 어쩔 수 없이 교수의 학문적 자유를 침해한다고 주장하는 사람도 있다(Cain, 2014 참조). 교수의 관여와 참여는 문화를 변화시키고 의미 있는 방향으로 SLO 평가를 발전시키는 데 핵심적인 요소다(Hutchings, 2010; Kuh et al., 2014). Hutchings (2010, pp. 13-16)가 제안한 SLO 평가에 교수를 참여시키기 위한 다음의 6가지 제안을 고려해보자.

- 지속되는 정규 교육 및 학습 활동 전반에 평가체계를 구축한다.
- 교수자 발달 과정에 평가 영역을 포함한다.
- 대학원 학생을 위한 준비에 평가체계를 구축한다.
- 평가 업무를 장학금 체계로 재구성한다.
- 건설적인 평가 논의와 실행을 위한 캠퍼스 내 공간과 기회를 만든다.
- 학생들을 평가에 참여시킨다.

향후 발전 방향

우리는 SLO 평가가 지속될 것이라고 믿는다. SLO 평가가 잘 수행되면 교수들은 이 과정을 통해서 상담사 교육 프로그램의 질을 최적화하고, 결과적으로 여러 상담 상황에서 내담자들에게 제공되는 서비스의 품질을 최적화할 수 있다. 우리는 SLO 평가과정을 이해하고, 실용적인 자료를 제공하며, 교수진이 프로그램 평가를 자신의 가치에 맞게 조정하도록 지원함으로써 상담사 교육 프로그램에서 무엇이 효과적인지, 프로그램을 개선하는 방법은 무엇인지, 그리고 궁극적으로 어떻게 하면 학생들을 잘 준비시켜서 상담 실무에 나가도록 할지에 대한 관심을 불러일으키게 되기를 바란다. SLO를 적극적으로 설정하여 단지 인준 요구사항을 충족하는 것 이상으로 더 강력한 프로그램을 구축하고, 내담자에게 보다 효과적인 상담을 제공하고, 상담사 교육에서 교수 및 학습 장학금(SoTL)의 엄격성을 높일 수 있다.

2장에서는 상담사 교육에 해당하는 SLO 평가의 기대에 대하여 논의하고, 프로그램 개발 및 평가를 위한 모델을 제공한다. 이 모델의 각 단계를 관리하는 실용적인 전략은 이 교재의 나머지 부분에서 다룬다.

참고자료

Cain, T. R. (2014). *Assessment and academic freedom: In concert, not confict*. Retrieved from http:// www.learningoutcomesassessment.org/documents/OP2211-17-14.pdf

Council for Higher Education Accreditation: http://www.chea.org/

Council for Higher Education Accreditation. (2003). *Statement of mutual responsibilities for student learning outcomes: Accreditation, institutions, and programs*. Retrieved from http://www.chea.

org/pdf/StmntStudentLearningOutcomes9-03.pdf

Council of Regional Accrediting Commissions. (2003). *Regional accreditation and student learn-ing: Principles for good practices*. Retrieved from https://www.msche.org/documents/regnlsl.pdf Council of Regional Accrediting Commissions. (2004). *Regional accreditation and student learning: A guide for institutions and evaluators*. Retrieved from http://www.sacscoc.org/pdf/handbooks/

GuideForInstitutions.pdf

Ewell, P. T. (2009). *Assessment, accountability, and improvement: Revisiting the tension*. Retrieved from http://www.learningoutcomeassessment.org/documents/PeterEwell_005.pdf

Ewell, P., Paulson, K., & Kinzie, J. (2011). *Down and in: Assessment practices at the program level*. Retrieved from http://www.learningoutcomesassessment.org/documents/NILOAsurvey-report2011.pdf

Hutchings, P. (2010). *Opening the doors to faculty involvement in assessment*. Retrieved from http:// www.learningoutcomesassessment.org/documents/PatHutchings_0004.pdf

Kuh, G. D., Ikenberry, S. O., Jankowski, N. A., Cain, T. R., Ewell, P. T., Hutchings, P., & Kinzie, J. (2015). *Using evidence of student learning to improve higher education*. San Francisco, CA: Jossey-Bass.

Kuh, G. D., Jankowski, N. A., Ikenberry, S. O., & Kinzie, J. (2014). *Knowing what students know and can do: The current state of learning outcomes assessment at U.S. colleges and unversities*. Retrieved from http://www.learningoutcomeassessment.org/documents/2013%20Survey%20Report%20Final.pdf

National Institute for Learning Outcomes Assessment: http://www.learningoutcomesassessment.org/

Urofsky, R. I. (2009, Fall). CACREP board issues guiding statements on student learning out-comes. *The CACREP connection*. Retrieved from http://www.cacrep.org/wp-content/uploads/2012/07/Connection-Fall-20091.pdf

제2장

프로그램 평가의 전체적인 틀

> 정직하게 살펴보자. 프로그램 평가계획 수립의 목적은 단순히 행정당국과 외부 인준기구를 만족시키는 것인가? 아니면 학생 수행 전반에 반영되는 프로그램의 강점과 약점을 지속적으로 명확하게 하는 것에 진정한 관심이 있는가? 인준기구나 행정당국에 보이기 위해 작성한 계획은 계획을 정말로 수행하고 그것으로부터 무엇인가를 배우기 위해 작성한 평가계획과 매우 다르다. (Hatfield, 2009, p. 1)

일반적인 의미에서 프로그램은 '통상적으로 한 명의 관리자 또는 관리팀의 지휘하에 있으며, 하나 또는 그 이상의 공통된 목표를 지향하는 자원과 활동의 집합'이다. (Newcomer, Hatry, & Wholey, 2010, p. 5). 프로그램은 단순할 수도 있고 복잡할 수도 있다. 고등교육에서 다음의 어느 것도 프로그램이라고 개념화할 수 있다. 강좌, 트랙 또는 전문영역, 학위 프로그램, 전체 학위 과정, 단과대학, 종합대학.

> 프로그램 평가는 프로그램의 작동과 결과에 대한 질문에 답하기 위해 체계적인 방법을 적용하는 것이다. 여기에는 프로그램 진행 과정이나 프로그램의 영향에 대한 1회성 연구뿐만 아니라 지속적인 관찰도 포함된다. 사회과학 연구 방법론과 전문적 기준에 기초하는 접근이 사용된다. (Newcomer et. al., 2010, pp. 5-6)

상담사 교육에서 프로그램 평가는 강좌, 전문영역, 전체적인 학과나 프로그램의 운영을 이해하기 위해 체계적이고 합리적인 접근을 사용하는 것이다.

CACREP 2016 표준은 프로그램 전반, 학생, 교수와 슈퍼바이저에 관한 명확한 평가 기대를 제시하고 있다. 이 기준에는 고려해야 할 자료가 어떤 특성을 지녀야 하는지를 제시할 뿐만 아니라 자료 활용의 증거와 평가 수행을 매년 공개적으로 보고할 것을 요구한다. 그러나 이 기준은 이 체계적인 평가과정에 참여하는 과정을 구체적으로 제시하지는 않았다. 이 장에서 우리는 일반적인 프로그램 평가 모델을 제시하여 이 책의 나머지 부분의 기초로 삼고, 여러분이 프로그램 평가에서 사용할 자료의 유형을 평가과정과 연결하는 방법을 보여주며, 프로그램 평가과정의 전체 틀을 알기 위해 필요한 자료들을 제시하고자 한다. 이 책의 나머지 부분에서 우리는 프로그램과 SLO 평가과정의 구체적인 구성요소를 수행하는 적절한 방법을 다룰 것이다.

CACREP 2016 표준 – 4부: 프로그램 내의 평가

프로그램 내의 평가는 상담사 교육 프로그램의 교수진이 전반적인 프로그램의 효과를 종합적으로 평가하는 것이다. 학생의 지식, 기술, 전문적 자질에 대한 평가가 중요하다. 평가자료는 프로그램 교수진에게 프로그램이 잘 기능하는 측면과 개선이 필요한 측면을 알 수 있게 하고, 프로그램과 교육과정에 관한 결정을 할 수 있는 정보를 제공할 것이다.

다음의 기준은 다르게 제시되지 않는 한 인준을 받고자 하는 모든 입문 수준과 박사 수준의 프로그램에 적용된다.

프로그램에 대한 평가

A. 상담사 교육 프로그램은 학생의 학습을 포함한 프로그램의 목표를 체계적으로 평가하는, 경험에 기반한 문서화 된 계획을 가지고 있다. 이 계획에는 4. B에 제시된 각 유형의 자료에 대해서 (1) 수집될 자료의 종류, (2) 자료가 언제, 어떻게 수집될 것인지의 절차, (3) 자료를 검토하고 분석하는 방법, (4) 자료가 교육과정과 프로그램 개선에 어떻게 활용될 것인지에 대한 설명 등이 제시된다.

B. 상담사 교육 프로그램의 교수는 프로그램의 목표를 평가하기 위해 다음 내용을 활용하는 것을 보여준다. (1) 학생의 지식, 기술, 전문적 자질에 대한 평가자료 (2) 지원자, 학생, 졸업생의 인구통계 및 기타 특성, (3) 졸업생, 현장 슈퍼바이저, 프로그램 졸업자를 채용한

고용주 등에 대한 체계적인 추적 연구 자료.

C. 상담사 교육 프로그램의 교수는 프로그램 평가자료를 프로그램 개선에 사용했다는 증거를 제공한다.

D. 상담사 교육 프로그램의 교수는 다음 내용을 포함한 연도별 보고서를 배포한다; 프로그램 수준에서 (1) 프로그램 평가 결과 요약, (2) 이에 따른 프로그램 개선, (3) 기타 실제적인 프로그램 변화. 이 보고서는 쉽게 접근할 수 있는 방식으로 프로그램의 웹사이트에 게시되며, 해당 프로그램의 재학생, 교수, 기관 운영자, 협력 기관의 관계자(예를 들어 고용주, 현장 슈퍼바이저)들에게 그 보고서를 활용할 수 있다는 것을 공지한다.

E. 상담사 교육 프로그램의 교수는 입문 수준의 각 전공 영역과 박사 프로그램에 대해 다음 사항을 쉽게 접근할 수 있는 방식으로 프로그램의 웹사이트에 게시해야 한다: (1) 지난 학년도의 졸업자 수, (2) 자격시험 합격률, (3) 이수 비율, (4) 취업률.

학생에 대한 평가

F. 상담사 교육 프로그램의 교수는 프로그램 전반에 걸쳐 지식과 기술의 조합과 관련하여 학생의 학습을 검토하여 각 학생의 향상 정도를 체계적으로 평가한다. 이 평가과정은 다음 절차를 따른다: (1) 8개 핵심 영역별, 각 학생의 전공 영역별(박사 과정 학생은 5개 박사 과정 핵심 영역) 학생 학습 주요 지표 확정, (2) 여러 시점에서 여러 방법을 활용하여 학생 학습 측정, (3) 자료에 대한 검토 또는 분석.

G. 상담사 교육 프로그램의 교수는 프로그램 전반에 걸쳐 각 학생의 전문적 자질에 대해 체계적으로 평가한다. 이 평가과정은 다음 절차를 따른다: (1) 핵심 전문적 자질 확정, (2) 여러 시점에서 학생의 전문적 자질 측정, (3) 자료에 대한 검토 또는 분석.

H. 상담사 교육 프로그램의 교수는 개별 학생의 평가자료를 활용하여 학생의 유지, 개선, 탈락을 결정하는 체계적인 과정에 참여한다.

교수와 슈퍼바이저에 대한 평가

I. 학생의 교수 평가 진행 절차에 관한 문서를 상담사 교육 프로그램의 교수에게 제공한다.

J. 학생은 정기적, 체계적으로 상담사 교육 프로그램의 교수를 공식적으로 평가한다.

K. 학생은 정기적, 체계적으로 실습과 인턴과정의 슈퍼바이저를 공식적으로 평가한다. [1)]

프로그램 평가의 일반적 틀

앞에서 언급했듯이 프로그램 평가는 연구 원칙을 활용하여 체계적인 탐색을 실시한다. 프로그램 평가의 신뢰성은 그것을 설계한 의도와 직접적으로 관련된다. 좋은 연구에서와 마찬가지로 여기에는 측정 도구의 타당도, 신뢰도, 내적 타당도, 외적 타당도, 통계적 결론 타당도, 보고의 충실성(Newcomer et al., 2010) 등이 포함된다. 또한 이는 강도 높은 프로그램 평가는 살펴볼 질문에 대한 이해 및 그 질문이 구성원들에게 의미 있게 전달되는 방식에 대한 이해로부터 시작된다는 것을 의미한다. 학문 프로그램 평가에는 학생, 교수, 인준기구, 대학 당국, 졸업자가 근무하는 관련 기관과 학교의 실무자, 일반인 전체 등의 이해관계자들이 포함된다. 이해관계자는 어떤 공통의 이해관계를 지닐 수도 있지만 각자 나름대로의 욕구와 질문을 가질 수 있다.

프로그램 논리 모델(Program Logic Model)은 프로그램을 의미 있고 질서 있는 방법으로 개념화하는 오래된 방법이다(McLaughlin & Jordan, 2010; Taylor-Powell, Jones, & Henert, 2002). 논리 모델은 프로그램에 들어가는 사람, 재정, 자원(투입); 프로그램 활동(산출); 프로그램 참여자; 프로그램의 단기, 중기, 장기적 성과 등에 특별한 관심을 가지고 프로그램의 역사를 설명하는 구조를 제공한다. 논리 모델은 프로그램의 가시적, 비가시적 요소들에 명칭을 부여할 뿐만 아니라 프로그램을 계획하는 사람이나 평가하는 사람이 프로그램 전체에 걸친 관계와 과정을 개념화할 수 있도록 도와준다.

논리 모델과 논리 모델의 과정을 이해하는 것이 일관된 프로그램 평가계획을 수립하기 위해 중요하다. 만약 여러분이 논리 모델에 익숙하지 않다면, 시간을 내서 위스콘신 대학의 무료강좌인 Enhancing Program Performance With Logic Models (http://www.uwex.edu/ces/lmcourse)를 수강하기 바란다. 이 강좌는 대부분의 평가자료에서 사용되는 어휘를 이해하도록 도와주며, 프로그램 평가계획 과정에 관한 든든한 기초를 제공할 것이다.

논리 모델을 통해 프로그램이 어떻게 작동하는지를 설계하면 평가할 프로그램의 항목을 확정하게 된다. Taylor-Powell et al. (2002)은 논리 모델에 대한 온라인 강좌에서 논리 모델의 요소별 핵심 평가 질문을 제시하였다. 이에 따라 우리는 투입(프로그램 지원자, 운영진, 학생, 학습자료 등은 어떤 특성이 있는가?), 산출(프로그램에 있는 수업과 슈퍼비전의 효과는 무엇인가?), 성과(학생은 프로그램에 참여하여 무엇을 알게 되었는가? 학생은 프로그램에 참여한 시간의 결

1) 2016 기준, 상담 관련 교육 프로그램 인준 위원회, 2016, 4부. 프로그램 내 평가.

과로 무엇을 할 수 있는가?)를 평가할 수 있다.

평가 질문은 욕구, 과정, 성과에 집중할 수 있다. 욕구 사정에는 지역사회와 대학이 처한 맥락에 대한 이해에 주의를 기울이고 그 이해를 활용하여 프로그램의 전반적인 목표와 특성을 구성하는 것이 포함된다. 예를 들어 주요 군부대 주변에 있는 상담사 교육 프로그램은 욕구 사정 자료를 활용해서 재향군인이나 군 가족의 욕구와 관련된 특별 프로그램을 구성하거나, 교수진이 학생의 피드백을 활용하여 군 가족 내 학생을 위하여 최대한의 유연성을 허용하는 방식으로 프로그램을 구성할 수 있다. 과정 평가는 프로그램 내에서 일이 어떻게 진행되는지에 주의를 집중한다. 상담 분야에서는 여기에 수업과 슈퍼비전의 질에 대한 학생의 만족, 프로그램 지원에 대한 동문들의 졸업 후 인식, 프로그램 지원에 대한 현장 슈퍼바이저의 인식 등이 포함된다. 성과 평가는 학습의 실제 결과에 주목한다. 이 책의 대부분은 강좌와 현장경험에서 SLO의 증거를 수집하고 평가하는 과정에 집중하고 있다. 이 성과 평가는 내담자와 효과적으로 상담하는 것과 프로그램 졸업자의 성취물에도 관심을 둔다. 즉 CACREP 2016 표준은 과정과 성과 평가 모두를 포함한다.

Praslova(2010)는 이와 관련된 연구에서 Kirkpatrick's (1959)의 대학 프로그램 평가의 4수준 훈련 기준 모델을 인용하면서 4가지 관심의 기준에 주목하였다: 반응, 학습, 행동/전이, 결과. 반응은 과정 지향이며, 프로그램에 대한 학생의 지각에 초점을 두고, 학생의 평가에서 가장 분명하게 드러난다. 학습은 성과 지향이며, 학생의 학습에 대한 직접적인 측정에 초점을 두고, 과정 기반평가를 다루는 장(4장)과 종합시험(6장)에서 기술한 평가 유형을 따른다. 행동/전이는 전통적인 교실 맥락 밖에서 수행되는 진정성 있는 최고의 수행에서 보여지는 역량의 증거와 관련되며, 현장에서의 수행 경험(5장), 중요한 포트폴리오(7장), 논문(8장) 등을 포함한다. 마지막으로 결과는 영향력 지향이며 진로와 학문적 성과, 해당 분야와 전반적인 사회에 광범위하게 기여한 점 등에 초점을 둔다. 이는 동문과 고용주 대상 조사(10장), 졸업자가 받은 수상 내역과 사회적 인정에 대한 검토를 통해 평가된다. 이 모든 요소가 강력한 프로그램 평가계획에서 중요하다.

프로그램 평가는 계속되며 체계적이다. 평가에 필요한 구성요소를 기반으로 학생의 특성, 현장 슈퍼바이저의 프로그램에 대한 인식, 최근 졸업생을 피고용인으로 고용한 고용주의 인식, SLO, 해당 분야의 기준 등에서 나오는 모든 것이 포함된다. 이런 방식으로 프로그램에 대한 평가와 사정은 각 학생의 입학에서 시작하여 프로그램 전체의 각각 다른 시점에서 계속되고 프로그램 졸업자가 고용될 때까지 지속된다.

의미 있는 큰 틀의 평가계획을 세우기 위해 프로그램 교수진은 프로그램 평가에 대한 특정

CACREP (2016) 요구사항을 넘어서 학생, 교육과정, 프로그램에 대한 평가계획을 세우기 위해 필요한 추가적인 정보가 무엇인지를 결정해야 한다. 여기에는 내용에 대한 고려뿐만이 아니라 다음과 같은 질문에 대한 답변도 포함된다.

- 언제 이 정보가 필요한가?
- 어떻게 교수진은 이 정보를 활용할 것인가?
- 이것은 개별 학생과 전체 프로그램에 어떤 의미인가?

예를 들어 프로그램의 한 교수가 상담사 교육 프로그램의 발달적 특성 때문에 개별 학생의 전문적 태도를 평가하기로 결정할 수 있다. 학생은 프로그램을 이수하고 실습과 인턴십에서 상담 서비스를 제공하기 위한 준비를 하는 과정에서 별도의 지원이 필요할 수 있다. 학생이 일반인에게 상담 서비스를 제공하기 전에 이 수준의 준비를 사정하는 추가적인 측정이 요구될 수 있다.

프로그램 평가에서 요구되는 수많은 정보 조각들을 조직하는 일은 매우 복잡하다. Mizikaci (2006)는 고등교육 프로그램 평가를 이해하기 위한 기술적 체계 접근을 제안하였다. 기술적 체계는 '투입, 자원, 산출간의 상호작용으로서 변형과정을 포함한다'(Mizikaci, 2006, p. 48). 이 세 요소는 인준 기준과 이해 당사자(예를 들어 학생, 전문상담사, 내담자)와 같은 외부 환경 요인의 영향을 받는다. 그러나 상담사 교육자는 이 체계적인 과정에 대한 평가에서 언제 정보를 수집해야 하는지를 결정할 수 있다. 다음 절에서는 투입, 자원, 산출 간의 상호작용에 대한 R. G. Lewis와 Smith (1994)의 설명에서 확장되어 제안된 평가 항목을 제시한다.

상담사 교육 프로그램에서 자료 수집

투입

프로그램의 투입요소는 다음 사항을 포함한다.

- 학생 특성(학업특성, 인구통계학적 특성, 욕구와 기대, 관심): 학부 평균성적(GPA), 대학원 GPA, 표준 평가 점수, 성별, 인종, 장애, 입학 면접 자료, 초기 학생 특성 평가자료 등을 입학

허가 자료를 통해 수집.

- **교수진 특성**(인구통계학적 특성, 학생 지도 업무량, 연구 실적): 매년 업데이트된 이력서, 학생 지도 기록, 기타 등을 수집.
- **재정적 자원**(충분한가, 효과적으로 사용되는가, 활용 불가능한가): 교수회의록과 프로그램/학과 예산을 통해 매년 문서화.
- **시설**(교실, 도서관 보유/ 구독 규모, 교육 장비, 의료 시설/ 접근성): 교수회의록과 교실 목록을 통해 매년 문서화.
- **프로그램, 교육과정, 강좌, 시간표**: 교수회의록, 프로그램 요약 보고, 강좌일정, 교수진 프로그램/학과/단과대학/학교 회의록을 통해 학기/년 단위로 문서화.

변화 과정

변화 과정은 다음 사항을 포함한다.

- **설계**(강좌, 프로그램, 일정, 투입, 학급 규모): 교수/ 학과/ 단과대학/ 학교 회의록과 강좌 목록, 강의 일정표를 통해 문서화.
- **전달**(강좌 자료를 학생에게 전달하는 수단): 강의계획표와 학생/프로그램 핸드북(지속적으로 개정된)을 통해 문서화.
- **산출 측정**(프로그램의 기준과 SLO를 문서화하는 측정 포함): CACREP 평가계획과 관련한 교수회의를 통해 문서화.
- **프로그램, 강좌, 교수에 대한 평가**(학생 설문조사, 동문, 고용주, 현장 슈퍼바이저): 교수 수업 평가와 교수/ 현장 슈퍼바이저 평가자료는 학생이 강좌, 실습/인턴십을 마칠 때 수집한다. 동문과 고용주 대상 설문 자료는 학생이 프로그램을 졸업한 후 1년 이상 지난 후 수집한다. 대학원생 설문은 현재 대학원생 대상으로 수집한다. 실습과 인턴십 학생을 지도하는 현장 슈퍼바이저를 대상으로 학생이 현장경험을 마친 후 임상 경험을 위해 준비된 정도에 관해 설문한다.

산출

프로그램 산출은 다음 사항을 포함한다.

- **학문적 성취, SLO, 전문적 태도**(이수율, 기술 발달 역량): 학생이 특정 과제를 수행하거나 특정 기술을 수행하는 것이 보일 때(평가기준표, 관찰) 전공영역별 CACREP 기준을 평가하는 측정을 실시한다. 입학한 모든 학생에 대해 입학할 때마다 매 학기 또는 1년에 한 번 종합시험, 학술적 포트폴리오, 전문적 태도 등을 수집한다. 프로그램은 학생에게 실습과 인턴십에 들어오는 조건으로 종합시험이나 표준화된 상담 평가 통과를 요구할 수 있다.
- **프로그램 이수 자료**(졸업, 중도 탈락, 실패): 성적, 교수진 회의록, 교무처를 통해 문서화.
- **학생의 전문적 업적**(전문가 자격/면허 시험 합격률, 출판/발표 실적, 상담사/상담사 교육자로 취업): 전문가 시험 결과는 대개 프로그램이나 단과대학/ 학교로 통보된다. 현재 학생과 동문을 대상으로 연 1회 학문적 성취를 조사한다. 최근 졸업자를 대상으로 매년 현재 취업상태를 조사한다.
- **취업 성취**(직장에서의 성취, 고용주의 만족도): 동문을 대상으로 연 1회 진로상의 성취를 조사한다. 졸업 후 최소한 1년이 지난 동문의 고용주를 대상으로 졸업자의 역량, 업무를 적합하게 수행할 준비 정도에 대한 만족도를 조사한다.

프로그램 평가 실행

이제 큰 틀의 프로그램 평가의 핵심 구성요소를 이해했으니 의미 있는 프로그램 평가계획을 세우기 위해 좀 더 구체적으로 정돈된 모델을 수립하는 것이 필요하다. 프로그램 사정과 평가의 인력, 내용, 시기, 장소, 방법 등을 세분화하는 것이 필요하다. 이 일이 어려워 보이지만 이는 교수진, 학생, 고등교육 당국, 외부 이해관계자 등에게 이 과정을 이해할 수 있게 해 준다. 게다가 이 일을 하면 모든 하위체계가 이 시도 가운데 끊임없이 상호작용하게 되어 평가과정의 체계적 특성이 나타나게 된다. 이 상호작용과 상호의존성으로 인해 강하고 효과적인 의사소통이 이루어진다. 모든 하위체계 구성원들이 프로그램 평가에 일정 수준의 책임감을 느끼는 자발적인 참여가 있어야 평가에 성공할 수 있다. 그러므로 이 과정을 이끄는 사람들의, 그리고 그들에 대한 피드백이 도출되어야 한다. 이는 '통지하는' 과정이 아니다. 이는 그들을 고립시킬 뿐이다. 프로그램 집행부는 이 과정에 대한 지속적인 피드백 내용을 고려해서 필요한 조절을 하는 것이 좋다.

또 다른 고려할 점은 프로그램 평가는 상품이 아니라는 것이다. CACREP (2016)은 자체 보고서와 연간 통계 보고를 요구하지만, 이는 전체 과정을 반영하는 것이어야 한다. '성과'와 '산출'이라는 단어가 상품을 의미할 수 있지만, 이는 전체 프로그램의 일부일 뿐이다. '전체는 부분의 합보다 크다'는 격언이 여기에 해당된다. 사용할 측정 도구를 구체화하고, 그 측정 도구를 사용할 일정을 잡고, 누가 이 측정 자료를 수집할 것인지를 계획하는 것이 전체 프로그램 평가에 포함된다. 평가 결과는 프로그램의 처음부터 마지막까지 교수진, 학생, 슈퍼바이저, 책임자들이 함께 만들어가는 이야기를 제공해야 한다. 이것을 고려하면 평가과정에 유연성이 필요하다. 특정 기술이나 행동을 적합하지 않게 측정하는 측정 도구 또는 피드백을 사용하면 변화하는 데 많은 시간이 들 수 있다. 또한 프로그램은 프로그램 진행 과정 중 측정 도구가 사용되는 시기와 장소가 변경되면 그 내용을 업데이트하고 문서화할 필요가 있다. 좋은 프로그램 평가는 좋은 실천과 혁신을 이루면서 동시에 프로그램 구성원들이 프로그램에 관한 특정 욕구를 주장하는 것을 허용한다.

Hatfield(2009)는 평가계획자가 계획을 수립할 때 주목할 14개의 핵심 질문을 제시했다.

1. 왜 평가를 실시하는가?
2. 어떤 종류의 계획을 세우는가?
3. 누가 우리 프로그램의 평가를 담당하는가?
4. 대학 당국은 평가에 지지적인가?
5. 평가에 대해 의사소통하는 공통된 언어가 있는가?
6. 프로그램 수준의 SLO 가 있는가?
7. 이 계획은 학생 학습에 대한 직접적인 측정에 기초하는가?
8. 측정 도구는 해당 성과에 적합한가?
9. 계획을 수행할 체계적인 접근방법이 있는가?
10. 자료를 수집하고 조직화할 방법은 무엇인가?
11. 교수진은 평가도구 활용방법을 어떻게 훈련받는가?
12. 평가도구는 성취 수준을 변별하는가?
13. 수집한 자료는 어떻게 처리하는가?
14. 자료를 활용하여 학습과 수업을 개선시켰는가?

이 질문들은 특정 프로그램의 신뢰도와 타당도에 대해 살펴볼 뿐만 아니라 프로그램의 과정과 성과를 이해하려는 의도를 지니고 있다. 우리는 학술 프로그램 평가에 대한 이해를 위해 이 편안하고 짧으며 논리적인 작업을 해 볼 것을 강력하게 권한다.

프로그램 교수진이 프로그램 평가 틀을 만들기 위해 함께 작업하다 보면 이 과정에 도움이 되는 로드맵을 발견할 것이다. 온라인 논리 모델 강좌 (Taylor-Powell et al., 2002)에서 효과적인 워크시트와 기본내용을 제공한 것 외에도 Taylor-Powell, Steele 및 Douglah (1996)는 프로그램 평가계획에 대한 훌륭한 무료 지침서를 제공했다. 이 지침서는 평가의 목적과 이 과정에 참여하는 이해당사자를 규정하는 것을 도와주는 명확하고 간단한 질문을 담고 있다. 또한 저자들은 목적, 주요 이해당사자, 필요한 정보, 정보수집 도구, 분석과 보고 절차, 필요한 자료, 책임 있는 부서, 필요한 자원 등을 상세화하는 워크시트를 제공한다. 이 워크시트는 주요 평가과정에서 여러분이 의미 있게 생각하는 데 도움이 될 것이다.

큰 틀의 프로그램 평가는 프로그램 참여자(학생, 교수, 행정 인력, 슈퍼바이저)의 특성, 자질, 강점, 기회 등과 전체 프로그램 진행과정(예를 들어 입학, 강좌의 흐름, 현장경험)이 어떻게 학생 성과에 기여하는지를 이해할 수 있도록 하는 활동을 포함한다. 이 책은 상담사 교육 강좌와 프로그램의 SLO를 평가하는 구체적인 과정을 다룬다.

그림 2.1에 나타나듯이 프로그램과 SLO 평가는 관심 있는 목표를 규정하면서 시작된다. 언제 어떻게 이 요소들이 수행될지 이해하기 위해 교육과정과 절차를 보여주면(3장), 프로그램 교수진은 학습의 평가도구나 지표를 선정한다(4~9장). 이 지표들이 규정되면 교수진은 평가기준표, 측정 양식, 기타의 목표 측정 도구를 활용한 직접 그리고 간접적인 학습 평가에 관심을 기울인다(10, 11장). 이 계획이 수립되면 교수진은 시간과 에너지를 들여 자료를 수집하고 관리하며(12장), 자료를 분석하고(13장), 구성원에게 자료를 보고한다(14장). 자료를 취합하면 이제 교수진은 프로그램과 SLO 평가에서 가장 중요한 단계에 도달한다: 학생들과 함께 작업하고 프로그램의 전반적인 향상을 알리기 위해 데이터에 의미를 부여한다. 15~17장은 자료를 활용해서 프로그램을 개선하고, 학생을 지원하며, 연구자료를 제공하는 것에 초점을 둔다. 이와 같은 기초적인 이해를 하게 되면 여러분은 이제 IV부에서 여러분의 상담사 교육 프로그램이나 강좌에서 SLO 평가에 대해 생각하는 데 도움이 되는 여러 SLO 사정 및 평가도구를 만날 준비가 된 것이다.

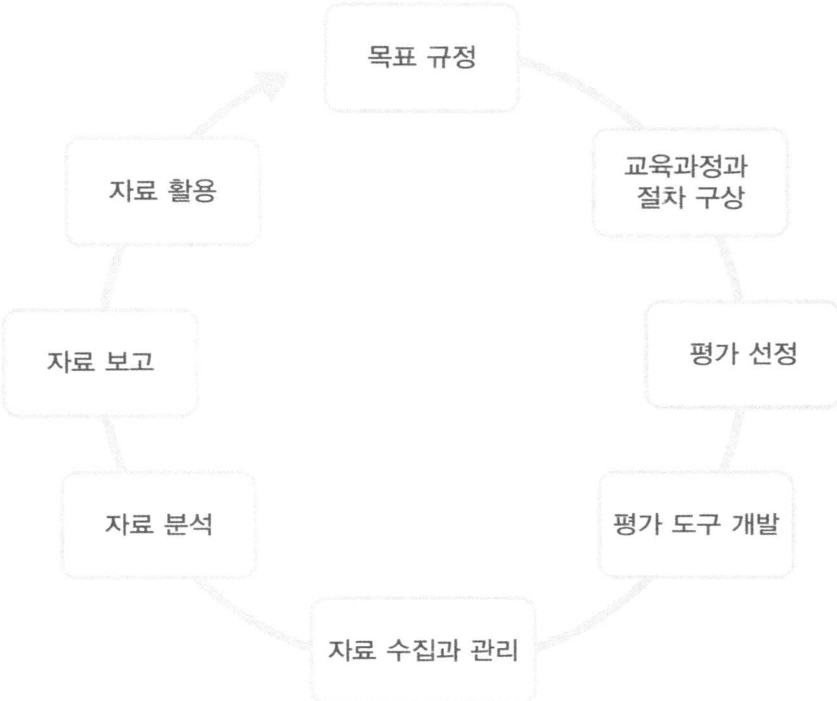

<그림 2.1> 학생 학습성과 평가과정

참고 자료

Driscoll, A., & Wood, S. (2007). *Developing outcomes-based assessment for learner-centered education: A faculty introduction*. Sterling, VA: Stylus.

Gardiner, L. R., Corbitt, G., & Adams, S. J. (2010). Program assessment: Getting to a practical how to model. *Journal of Education for Business*, *85*, 139-144. doi:10. 1080/08832320903258576

Hatfield, S. (2009). *Assessing your program-level assessment plan*. Manhattan, KS: IDEA Center.

Richman, W. A., & Ariovich, L. (2013). *All-in-one: Combining grading, course, program, and general education outcomes assessment* (Occasional Paper No.19). Retrieved from http://www.learningoutcomesassessment.org/documents/Occasional%20Paper%2019%20FINAL.pdf

Taylor-Powell, E., & Henert, E. (2008). *Developing a Logic Model: Teaching and training guide.* Retrieved from http://www.uwex.edu/ces/pdande/evaluation/pdf/lmguidecomplete.pdf

Taylor-Powell, E., Jones, A. L., & Henert, E. (2002). *Enhancing program performance with Logic Models*. Retrieved from http://www.uwex.edu/ces/lmcourse/

Taylor-Powell, E., Steele, S., & Douglah, M. (1996). *Planning a program evaluation* (G3658-1). Retrieved from http://learningstore.uwex.edu/assets/pdfs/G3658-1.PDF

U.S. Department of Health and Human Services, Centers for Disease Control and Prevention. (2011). *Introduction to program evaluation for public health programs: A self-study guide*. Retrieved from http://www.cdc.gov/eval/guide/CDCEvalManual.pdf

Wholey, J. S., Hatry, H. P., & Newcomer, N. E. (2010). *Handbook of practical program evaluation* (3rd ed.). San Francisco, CA: Jossey-Bass.

제3장

목표를 설정하고 교육과정과 진행을 설계하기

이제 고등교육 책무성 운동의 맥락을 살펴보고 프로그램 평가과정을 전반적으로 탐색하였으니 상담사 교육에서 학생 학습을 의미 있게 하는 일상적인 활동이 무엇인지를 알아보는 것이 필요하다. 이 장에서 우리는 SLO가 무엇인지를 살펴보고, 프로그램과 강좌 평가과정을 이끌어 갈 SLO를 수립하는 과정에 대해 논의한다. 학생이 프로그램을 통해서 개발할 것이 무엇인지를 분명하게 이해한 후 교육과정 내에 학생이 개발할 필요가 있는 유형의 경험이 포함될 수 있게 하는 교육과정 설계에 대해 살펴본다. 이 장 마지막에는 넓은 기초를 지닌, 교육과정과 연결된, SLO 중심의 평가계획을 구상하는 절차와 도구를 다룬다. 이 장을 읽고나면 여러분은 SLO 평가과정을 충분히 이해하여서 학생 학습의 증거를 수집하고, 평가기준표와 평정 양식으로 이 증거를 평가하며, 자료에 의미를 부여하고, 이 자료를 활용해서 프로그램을 개발하는 구체적 행동을 시작할 수 있게 된다. 이 책의 나머지 부분은 이런 과제 지향적 단계로 구성되어 있다.

의미 있는 SLO 만들기

다음에 제시된 SLO의 정의를 살펴보자.

- '학문적 경험을 통해 학습했을 것으로 기대되는 내용에 대한 진술' (Driscoll & Wood, 2007, p. 5);

- ‘우리가 ‘여기’에서 책임짐으로 인해 우리 학생들이 ‘밖에서’ 할 수 있는 것이 무엇인가?’(Stiehl & Lewchuk, 2008a, p. 23);
- 프로그램이 ‘이러한 자질을 기르기 위해 ... 의도 및 일관성’을 발휘할 수 있는 이상적인 후보에 대한 ‘명확하게 표현된 집단적 개념’ (AACU, 2008, p. 1).

각각의 정의는 학습의 한 요소를 보여주며 마지막 두 정의는 의미 있는 평가 행동의 아름다움을 부각시킨다. 의미 있는 SLO는 생생한 방식으로 실무 세계에 집중하며 학생이 전문상담사로서 효과적으로 일할 때 필요한 지식, 기술, 자질을 개발하는 성장 이야기를 보여준다. 1장에서 논의한 것처럼, 고등교육에서의 최근 운동은 프로그램, 단과대학, 종합대학들이 평가과정에서 SLO에 주의를 기울일 것을 요구한다. CACREP는 2009 기준을 발표하면서 상담사 교육 프로그램이 전체 핵심 교육과정 영역과 관련된 학습을 평가할 것을 요구하고, 인준 프로그램이 각 전문영역(예를 들어 임상적 정신 건강 상담, 학교 상담)을 평가할 때 필요한 구체적인 SLO를 제공했다. CACREP은 2016 기준에서 SLO 평가에 대한 기대를 유지하면서 프로그램이 다수의 방법으로 다수의 시점에서 여러 영역의 SLO를 측정할 것을 추가하고, 입문 수준 프로그램에 대한 구체적인 SLO는 제공하지 않았다. 최신의 개정판은 프로그램이 전반적인 목표와 SLO를 구성하는데 유연성을 갖도록 하였다.

SLO 설정 시작

의미 있는 SLO를 만드는 과정은 우선 해당 프로그램에서 성공한 학생이 어떤 모습을 갖추어야 할 것인지를 결정하기 위해 교수진이 모이는 것에서부터 출발한다. 조금 더 상세하게 보면, 이는 학생이 해당 과정이나 프로그램을 마치는 시점에서 그들의 인지 영역(예를 들어 학생이 무엇을 알아야 하며, 어떻게 사고해야 하는가), 정서 영역(예를 들어 학생들은 무엇을 느끼며, 무엇을 걱정해야 하는가), 행동 영역(예를 들어 학생은 무엇을 할 수 있는가)에 주의를 기울이는 것이다(Office of Academic Planning and Assessment, 2001). 상담에서 인지 영역은 기본적 지식, 사례 개념화, 비판적 사고 능력을 지향하는 SLO를 포함한다. 정서 영역은 효과적인 실무자와 연관된 성격 특성, 내면화된 전문적 정체성, 행복이나 인간 존엄성과 같은 전문적 가치에 대한 헌신 등을 포함한다. 행동 영역의 예로는 상담의 핵심 조건을 실연하기, 심리검사나 평가과정 수행하기, 종합적인 발달 계획의 하나로써 대규모 집단 수업 진행하기 등을 들 수 있다.

SLO 설정을 시작하는 정답은 없다. 사실 대부분의 프로그램 운영자는 이 개발 과정에 여러 자원을 활용하고 다양한 절차를 사용한다. SLO에 대한 아이디어는 다음 사항으로부터 나올 수 있으나, 이것에 한정되지는 않는다.

- CACREP 2016 표준
- 주 정부의 면허와 자격 기준
- 전문가 최고 수준 실무 기록
- 역량 표준
- 전문 문헌
- 대학의 가치, 사명, 비전, 우선순위
- 지역사회 인구 특성이나 전문영역 프로그램의 고려 사항(예를 들어 시골 지역 정신 건강, 도시지역 정신 건강, 재향 군인이나 군인 가족)
- 교수진의 전문적 가치관, 판단, 정체성
- 프로그램 관련 정보와 자료.

이 목록에는 인준 기준이 포함되며, 이는 최소한의 기준을 넘어 각 프로그램이 지향하는 기준이나 독특한 영역에 대한 초점과 연관해서 SLO를 개발하는 가능성을 강조한다.

프로그램 교수진은 함께 모여 프로그램의 핵심이며 SLO 평가계획의 중심이 될 SLO를 결정해야 한다. 이는 절대 쉽지 않다. 특히 교수진이 모든 것이 중요하다고 생각하여 너무 많은 SLO를 설정하면 지나친 부담이 생겨 생산성을 저해하고 심지어는 마비될 수도 있다(Hartfield, 2009). 여러분이 SLO 개발 과정에서 이 단계에 있다면 SLO에 관해 교수진의 협력적인 탐색과 의사결정을 이끌어 내는 실무 연습, 창조적 기법이 담긴 이 장의 후반부를 참고하라.

예를 들어 학업 계획 및 평가 센터(Office of Academic Planning and Assessment, 2001)는 **프로그램 기반 검토와 평가 : 프로그램 개선의 도구와 기법**(Program- Based Review and Assessment: Tools and Techniques for Program Improvement)에서 프로그램 교수진의 공개적인 토론을 촉진하는 질문들, SLO를 25% 줄여서 가치를 명료화하라는 제안, 목표 개발 도구, 프로그램에 가장 중요한 것들을 결정하는 데 특히 도움이 되는 토론 기법 등을 제안했다. 이들은 또한 강의 계획서, 교수 자료, 프로그램 문헌, 학과 소개 자료, 동료들과 야심찬 프로그램의 목표 등을 통해 전반적인 우선순위에 대한 통찰을 가지라고 하였다. 이와 유사하게 Stiehl and Lewchuk (2008a)은 강좌와 프로그램 수준에서 할 수 있는 일련의 브레인스토밍 활동을 제안했는데 여기에는 '무엇이 좋은지'를 브레인스토밍하기 위해 포스트잇을 활용하기, 다양한 자료들로부터 아이디어를 모으기, 교수진이 공식적인 SLO로 전환할 수 있도록 생각들을 모아 의미 있고 광범위한 수준의 군집으로 모으기 등이 있다.

SLO 선정을 위해 어떤 방법을 사용하든 그 SLO 과정에 적절한 시간과 주의, 관심을 기울여야 한다. 여러분이 확정한 SLO는 교수진과 학생 모두에게 의미가 있어야 한다. 최근의 CACREP 기준은 이 SLO가 어떤 모습이 될 것인가를 결정하는데 상당한 유연성을 프로그램에게 허용했다. 많은 교수진이 SLO 설정 과정에 참여하고 설정된 SLO의 의미를 인식할수록 그 SLO는 학생의 성과를 더 잘 파악하게 되어 진정성을 갖게 되고, 교수진은 나머지 SLO 평가과정에 더 창조적이고 건설적으로 참여하게 된다.

CACREP은 2016 기준에서 '상담사 교육 프로그램의 교수진은 지식과 기술의 조합과 관련하여 학생의 학습을 검토하여 각 학생이 프로그램을 통해 어떻게 발전했는지를 체계적으로 평가해야 한다'고 요구한다(기준 4.F, p. 16). 또한 기준 4.F는 평가에 각 핵심 영역과 학생 각자 영역의 지표가 포함되어야 한다고 제시한다. 투명하게 관리 가능한 SLO의 개수를 유지하기 위해 프로그램 교수진은 중요한 SLO를 CACREP(2016)에서 규정한 주요 영역에 맞출 수 있다.

입문 수준 프로그램의 핵심 교육과정 영역

아래 목록은 CACREP이 제시한 입문 단계 프로그램의 핵심 교육과정 영역이다.

- 전문적 상담 이론과 윤리적 실천
- 사회적 · 문화적 다양성
- 인간 성장과 발달
- 진로 발달
- 상담과 조력 관계
- 집단상담과 집단 작업
- 평가와 검사
- 연구와 프로그램 평가

입문 수준 전공 영역

전공영역의 예로는 중독상담, 진로상담, 임상 정신 건강 상담, 임상 재활 상담, 대학 상담과 학생 업무, 커플과 가족 상담, 학교 상담 등이 있다. CACREP의 입문 수준 전공영역은 다음의 3가지 주요 영역을 포함한다.

- 기초
- 맥락 영역
- 실무

박사 프로그램의 핵심 교육과정 영역

CACREP은 박사 프로그램에 대해 5가지 핵심 교육과정 영역을 제시한다.

- 상담
- 슈퍼비전
- 강의
- 연구와 장학금
- 리더십과 옹호

SLO 정교화

학생이 프로그램으로부터 무엇을 배울 것인가에 대해 프로그램 교수진이 원하는 것이 합의되면 이제 이 원하는 내용을 공적인 방식으로 정교화해야 한다. 이 절에서 우리는 SLO의 수준, 강력한 SLO의 특성, 명확하고 측정 가능한 SLO를 기술하는 전략을 다룬다.

강좌나 프로그램 수준과 관계없이 여러분은 SLO의 개수를 제한하여 가장 중요하거나 핵심적인 성과를 파악할 수 있게 하여야 한다(Carriveau, 2010; Hatfield, 2009). 이는 석사 전공 과정의 복잡성과 인증 프로그램이 모든 학생에 대해 8개의 주요 영역을 평가하고, 각 전공 프로그램의 학생에 대해 3개의 주요 영역을 평가해야 한다는 점을 고려할 때 매우 어려울 수 있다. 이때 상담사 교육자들이 자신들의 사고를 SLO 수준으로 조직하는 것이 도움이 된다. Carriveau

(2010) 가 강좌 수준의 SLO에 초점을 두고 SLO 와 시험을 연결시켰는데 우리는 그의 방법을 프로그램 수준의 SLO에 다음과 같이 적용할 수 있다.

1. **목적**(Goals)은 교육자에게 전체적인 관심 영역을 보여주는 전반적인 또는 '가장 강력한 SLO'이다. 대개 목적은 복잡하고 개념적인 특성이 있다. 우리는 프로그램의 사명과 비전 진술문이나 안내 책자, 일반적인 문헌에서 목적을 찾아낼 수도 있다. Carriveau (2010)는 대부분 강좌가 3~5개의 목적을 가지고 있다고 했다.
2. **일반적 학습성과**(General learning outcomes: GLOs)는 목적 아래에 위치하며, 중요한 목적을 어떻게 관리 가능한 단위로 명료화 및 세분화할 것인지를 보여준다. 동시에 GLO는 여전히 구체적으로 파악하기에는 어려운 수준의 복잡성을 띠고 있다.
3. **구체적 학습성과**(Specific learning outcomes: sLOs)는 GLOs 구성요소에 대한 평가에 초점을 두어 구체화 된 GLOs이다. Carriveau (2010)는 sLOs가 넓은 SLO의 부분이라는 점을 상기시키기 위해 소문자를 사용했다. 그림 3.1은 이 3개 수준의 SLO를 개념화하는 양식의 예를 보여준다.

목적을 GLOs로 세분화하고, 이를 다시 sLOs로 나누면 상담사 교육자는 너무 압도적이어서 접근할 수 없는 Rubrik's 큐브와 같은 성과를 만들지 않게 된다. 다음의 SLO를 살펴보자. "학생들은 고위험 청소년을 위한 지역사회 기반 예방 및 개입 프로그램을 개발, 수행하고 그 효과성을 평가할 것이다." 이 진술은 하나의 SLO가 아니다. 이는 프로그램 개발과 관련된 하나의 GLO로 연결될 수 있는 6개의 작은 SLOs이다.

- 고위험 청소년을 위한 지역사회 기반 예방 프로그램을 개발
- 고위험 청소년을 위한 지역사회 기반 예방 프로그램을 수행
- 고위험 청소년을 위한 지역사회 기반 예방 프로그램의 효과성을 평가
- 고위험 청소년을 위한 지역사회 기반 개입 프로그램을 개발
- 고위험 청소년을 위한 지역사회 기반 개입 프로그램을 수행
- 고위험 청소년을 위한 지역사회 기반 개입 프로그램의 효과성을 평가

목적 1	GLO 1.A: sLO 1.A.1: sLO 1.A.2: sLO 1.A.3:
	GLO 1.B: sLO 1.B.1: sLO 1.B.2: sLO 1.B.3:
	GLO 1.C: sLO 1.C.1: sLO 1.C.2: sLO 1.C.3:
목적 2	GLO 2.A: sLO 2.A.1: sLO 2.A.2: sLO 2.A.3:
	GLO 2.B: sLO 2.B.1: sLO 2.B.2: sLO 2.B.3:
	GLO 2.C: sLO 2.C.1: sLO 2.C.2: sLO 2.C.3:

<그림 3.1 > 목적, 일반적 학습성과(GLOs), 구체적 학습성과(sLOs) 워크시트

상담 성과가 내담자와 관련하여 나오듯이 모든 수준의 SLOs는 교육자보다는 학습자에게 초점을 두고 명확하고 단순하며 측정 가능해야 한다. SLOs는 관찰이 가능하게 기술되어야 한다. 예를 들어 내담자가 주관적으로 경험하는 공감은 관찰할 수 없다. 그러나 공감에 초점을 둔 회고적인 글쓰기 과제나 내담자와의 상호작용을 통해 공감의 외적 표현을 관찰할 수는 있다(9장에서 이런 특성에 대해 충분히 다룰 것이다). 평가과정에서 단순한 구조가 중요해졌기 때문에 SLOs가 인지, 정서, 행동 중 하나의 주요 학습 영역만을 다루어도 좋다. 하나 이상의 영역을 포함하는 SLOs는 너무 복잡하여 명확하게 평가하기 어려울 수 있다. 그러나 목적, GLO, sLO 양식은 SLOs의 여러 측면을 정교화 할 수 있는 가능성을 제공한다. 마지막으로, SLOs는 학생이 강좌를 마치거나(강좌 기반 SLOs), 학문적 프로그램을 마칠 때(프로그램 기반 SLOs) 학생들에게 기대되는 발달 수준에 맞게 작성되어야 한다.

국제 대학 경영 교육 위원회(International Assembly for Collegiate Business Education, 2014)는 SLOs 작성을 위한 점검표를 개발하였다. 우리는 이 점검표를 약간 변경하여 다음과 같이 제시하였다. 강력한 SLOs가 강력한 내담자 목적 및 성과와 병행하는 여러 방법에 주목하라.

- SLOs 진술은 학생이 보여줄 것으로 기대되는 지식, 기술, 능력, 역량, 태도, 가치의 수준, 기준, 표준을 구체적으로 제시한다.
- 이 진술은 학생이 어떤 조건에서 그들의 지식, 기술, 능력, 역량, 태도, 가치를 보여야 하는지를 나타낸다.
- 이 진술은 명확하고 관찰 가능한 행동 또는 수행 수준을 구체적으로 나타내는 활동적인 동사로 기술된다.
- 이 진술은 측정할 수 있다.
- 의도된 SLOs는 해당 상담 프로그램에 독특하며 구분된다.
- 의도된 SLOs는 상담 프로그램의 임무와 넓은 의미의 학생 학습 목적과 연결된다.
- 이 진술은 다음 사항을 구체적으로 제시한다: (a) 평가의 초점이 되는 영역/분야, (b) 학생이 자신의 프로그램을 이수한 후 해당 영역/ 분야에서 습득했을 것으로 기대되는 지식, 기술, 능력, 역량, 태도, 가치, (c) 학생이 보여줄 것으로 기대되는 지식, 기술, 능력, 역량, 태도, 가치의 깊이.
- 의도된 SLOs는 개별 강좌가 아니라 전반적인 프로그램에 대한 용어로 표현된다.
- 이 진술은 단일 평가도구로 평가할 수 있는 간결한 선언문이다. 즉 여러 평가도구를 사용해야 하는 여러 의도된 성과를 결합하여 하나의 문장으로 만든 것이 아니다.
- 이 진술은 하나의 평가도구, 기구, 측정표 이상의 것으로 평가될 수 있는 방식으로 표현된다.
- 이 진술은 상담 프로그램이 무엇을 하고, 무엇을 제공하며, 무엇을 이루려고 하는지가 아니라 학생의 관점에서 표현된다.
- 각 의도된 학습성과를 위해서 정확하고 신뢰할 수 있는 평가자료가 수집될 수 있다.
- 이 진술은 변화와 개선이 필요한 영역을 확인하기 위해 사용될 수 있다.
- 종합하면, 의도된 SLOs는 상담 프로그램이 원하는 핵심적인 학습 결과를 정확하게 반영한다.

평가 전문가는 교육자들이 SLOs를 작성할 때 사용할 수 있는 행동 용어를 풍부하게 제공한다. 이 용어들은 발달 수준에 따라 학생에게 기대되는 수행 수준뿐만 아니라 SLO의 구분(인지, 정서, 행동)에도 주의를 기울이게 한다. 흔히 이 동사 목록은 Bloom(1956)의 교육목표분류(Taxonomy of Educational Objectives)에 따라 조직된다. 수많은 행동 목록과 지침은 신속한 인터넷 검색을 통해 활용할 수 있으며, 대부분 대학의 교수학습센터는 이런 목록을 홈페이지에 게시한다. 이 장의 마지막에 있는 자료 부분에서 그 예를 찾아볼 수 있다.

SLO에 관해 의사소통하는 방법이 우리의 초점과 기대에 관한 중요한 어조를 결정한다. 예를 들어 핵심 목적을 다음과 같이 제시한 프로그램을 생각해보자: 지원자는 '위기, 재난, 트라우마, 중독, 그리고 동시에 발생하는 정진 장애로 인해 위기에 처한 내담자에게 정신 건강 상담과 다학제적인 옹호 서비스를 제공'할 수 있다. 이 핵심 목적은 평가될 수 있는 방식으로 작성되지 않았고, 복합적이다. 프로그램 교수진은 증거기반 상담 접근 활용(CACREP 2016 표준 5.F.3.U), 전체적 평가 실시(CACREP 2016 표준 5.F.3.T), 위기와 자살 개입 제공(CACREP 2016 표준 2.F.5.k과 2.F.5.l)에 따라 이 목적을 GLOs로 나눌 수 있다. 각 GLO는 프로그램 교수가 좀 더 정교하게 평가할 수 있게 sLO로 정교화될 수 있다. 위기와 자살 개입에 관한 GLO 아래에 둘 수 있는 다음의 sLO를 살펴보자.

- 자살 징후 목록을 작성한다.
- 자살 위기에 있는 내담자를 개념화한다.
- 자살 위기에 있는 개인을 돌보는 최선의 실천이 무엇인지 설명한다.
- 자살 위기 평가를 시행한다.
- 자살 위기에 있는 개인에 대한 적합한 돌봄의 질을 보장하는 최선의 실천을 수행한다.

앞의 3개 sLO는 인지 영역에 해당하며, 수업 후 여러 유형의 과제 등 다양한 방법으로 평가될 수 있다. 이 3개의 sLO는 내담자와 상담하기 위한 중요한 기초를 놓아주지만 자살 위기에 있는 내담자를 돕기 위해 내담자가 인지적 이해를 행동으로 옮길 수 있는지, 아니면 행동으로 옮길 수 없는지는 알려주지 못한다. 뒤의 2개 sLO는 상담 실무와 실제 상황을 다루기 때문에 학생과 내담자 모두에게 더 참되고 진실성이 있다. 이는 밀접하게 관찰되는 현장경험에서 모의훈련이나 실제 수행을 통해 잘 평가될 수 있다. SLO 평가과정이 가능한 많은 의미를 지니게 하기 위해서 상담사 교육자는 SLO 평가 절차가 이런 유형의 성과를 지향하도록 하는 것이 좋다. 상담사 교육자가 개별 강좌와 전체 프로그램을 통해 학생이 발달시켜야 할 인지, 정서, 행동 영역의 SLO를 수립하면, 이제 핵심적이고 구체적인 학습 목적과 연결된 교육과정을 개발하게 된다.

교육과정 설계하기

문제점을 통해 교육과정을 개발하는 상담사 교육자는 거의 없을 것이므로, 교육자는 어떻게 하면 교육과정이 핵심적이고 구체적인 학습 목적과 연결될지를 탐색하고 교육과정을 학생의 욕구에 최적화시키는 과정을 밟게 된다. 평가 또는 전략적 계획수립 중 어디에 사용되든 관계없이(Plaza, Draugalis, Slack, Skrepnek, & Sauer, 2007),

> 교육과정 설계는 무엇을 가르치는가(교육 내용, 제시되는 경험의 분야, 학습성과), 어떻게 가르치는가(학습자료, 학습 기회), 언제 가르치는가(시간표, 교육과정의 순서), 학생이 기대되는 학습성과를 성취했는가를 평가하는 데 사용되는 측정 도구 등과 연결된다 (Harden, 2001, p. 123).

교육과정 설계는 교육과정을 전체로 개념화하고 평가하기 위해 K-12 교육에서부터 사용되기 시작했다. K-12 교육에서 교육과정을 설계하는 것과 관련되는 여러 서적과 소프트웨어 프로그램이 있다(Jacobs, 1997, 2005 참고). 최근에는 학부, 대학원, 전문 프로그램에서도 교육과정 설계하기를 적용하고 있다(Deets, 2000; Harden, 2001; Plaza et al., 2007; Uchiyama & Radin, 2008).

교육과정 설계도는 다음의 2가지 주요 기능이 있다: (1) 교육과정을 이해 당사자들에게 투명하게 보여준다, (2) 프로그램 내의 연결 또는 연결되지 않음을 보여준다(Harden 2001). 교육자들은 교육과정 설계하기를 통해 선언된/ 이상적인/ 열망하는 교육과정을 탐색하고, 가르친/ 실제의/ 전달된 교육과정을 평가하며, 학생들이 실제로 배우거나 가져간 교육과정을 확인할 수 있다. 교육과정 설계하기는 10개의 주요 창에 주의를 기울이는 복잡한 양식을 따른다. 표 3.1은 그 창에 대한 요약과 상담사 교육자들을 위한 적용 예시를 보여준다.

교육과정 설계하기의 전체 과정에는 수업계획표나 강좌 관련 문서 이상으로 교육과정에 대한 다차원적인 관점을 개발하는 것이 포함된다. 평가의 대부분 요소와 마찬가지로 다양한 정보 자료를 탐색하고 고려하는 능력은 풍부한 경험을 제공해주는데 이는 만약 하나의 정보 자료에만 집중한다면 갖기 어려운 것이다. 예를 들어 프로그램 관리자와 교수진은 교육과정의 광범위한 측면과 구체적인 측면에 대해 다른 이해를 하고 있을 수 있다. 독자적인 또는 매우 전문화된 영역을 가르치는 교수는 한 영역은 잘 이해하지만, 프로그램의 다른 부분과의 전체적인 연결에 대해서는 이해하지 못할 수 있다. 학생은 프로그램에서의 경험에 대해 교수와 다른 이야기를 할 수 있다. 교육

과정 설계하기에 참여해 본 사람들은 교육과정 설계하기가 SLO 선정 이후 교육자가 SLO를 촉진하고 나중에 평가하는 방법을 탐색하고, 프로그램의 일관성을 개선하며, 교수진 간의 협력과 공동체성을 강화하는 데 유용하다고 말한다(Koppang, 2004; Uchiyama & Radin, 2008).

<표 3.1> 교육과정 설계하기 창

창	상담사 교육을 위한 설명
기대되는 학습성과	상담사 교육 프로그램에 참여하여 갖추게 되는 인지, 정서 행동 성과; 프로그램 수료시 학생이 알거나 할 수 있는 것
교육과정 내용 또는 해당 전문 분야	CACREP 기준, 주 정부의 자격과 면허 기준, 교수의 전문영역이나 강조점; 전반적 영역과 그 영역 내의 분야나 단위(예를 들어 인간중심 이론, 개인심리학, 선택이론, 인지 이론 등의 단위 내 상담 이론); 강의계획표를 통해 파악될 수 있음
학생 평가	프로그램의 모든 측면에서 학생 학습이 평가되는 방법; 강좌기반 평가, 종합시험, 현장 경험, 포트폴리오, 논문과 발표, 평가 결과 활용
학습 기회	필수 강좌, 선택 강좌, 교육과정 기회, 현장경험
학습 장소	교실, 상담실, 현장 기반 세팅, 온라인 학습 관리 체제
학습 자원	도서관, 상담실, 학습 관리 체제
일정표	학생의 학습 과정 내에서 시간별로 일어나는 일(예를 들어 강좌의 배치, 통과해야 하는 주요 사항)
인력	핵심/협력/겸임 교수; 지원 인력; 임상 인력; 대학원 조교; 현장 슈퍼바이저; 관리 책임자
교육과정 관리	프로그램/학과 책임자, 교육과정 위원회, 기타 의사 결정자
학생	인간적 자질과 전문적 자질, 프로그램에서의 지위, 학습의 증거

인용: AMEE Guide No. 21: Curriculum Mapping: A Tool for Transparent and Authentic Teaching and Learning" by R. M. Harden, 2001, Medical Teacher, 23, p. 127.

교육과정 설계하기에 대한 더 복잡한 논의는 이 책의 범위를 벗어난다. 교육과정 설계에 대해 더 알고 싶은 교육자에게 도움이 되는 자료들이 이 장의 끝부분에 제시되어 있다. 특히 Stiehl and Lewchuk (2008a)는 책 전체에서 대학 프로그램의 프로그램 설계를 다루었다. Harden (2001)은 대학원 전문 프로그램(의학 교육)의 교육과정 설계를 실제로 살펴보았는데, 이해당사자의 요구를 평가하는 것에서부터 교육과정 설계 과제의 범위를 결정하기, 시간이 지나면서 프로그램 설계에 대한 접근을 관리하기에 이르는 여러 단계를 포함한다. 또한 그는 다양한 이해당사자가 교육과정 설계도를 활용할 수 있도록 효과적인 설계도 활용의 기준을 제시하였다. 이 책이 인쇄되는 시점에 University of Hawai'i Manoa, Lehman College, University of Connecticut는 웹사이트에 교육과정 설계하는데 활용될 수 있는 일련의 도구와 틀을 제공했다(이 장의 마지막에 제시된 자료 파트를 참고).

매우 복잡한 과정을 지나치게 단순화시킬 위험에도 불구하고 우리는 상담사 교육의 교육과정을 강좌와 프로그램 수준에서 설계하는 실제적 고려 사항을 살펴보려고 한다. 우리는 이 과정에 참여하는 상담사 교육자들이 이미 다음 사항을 결정했다고 가정한다: (a) 중요한 구체적인 SLOs, (b) 교육과정에서 다룰 최소한의 내용, (c), 교육과정에 포함될 최소한의 경험.

프로그램 교수진은 지역의 관점과 가치를 개발 과정에 가져올 것이다; 그러나 많은 SLOs, 내용, 경험의 우선순위는 이미 정해진 인준, 면허, 자격 기준과 밀접하게 관련된다. 예를 들어 CACREP에서 인준한 프로그램은 8개 핵심 교육과정 영역의 최소한의 필수 내용 목록, 인준된 전문영역별 최소 내용 목록, 학생이 100시간의 실습과 600시간의 인턴십을 마쳐야 한다. 이 프로그램이 전문 상담 면허를 위해 3학점의 중독 전문 강좌를 요구할 수 있고, 최소한의 필수사항 이상으로 사회정의 모델에 전념하는 교수진에 의해 운영될 수 있다. 이런 요소들은 교육과정 개발 과정에서 타협되지 않는 측면이 된다.

여러분이 아직 SLOs나, 필수 기초 내용, 필수 기초 경험을 설정하지 않았다면 여기에서 멈추라. 여러분이 SLOs의 방식으로 목표를 인식하여야 교육과정 설계과정이 의미 있게 되며, 비타협적으로 바라는 요소를 포함한 목표를 마음에 두고 시작해야 교육과정 설계과정이 순조롭게 된다. 다음의 질문이 강좌와 프로그램의 지표를 설정하는 데 도움이 될 것이다.

- 이 강좌 또는 프로그램의 목적과 SLOs는 무엇인가?
- 이 목적과 SLOs는 어떻게 전체 교육과정에 부응하는가?
- 최소한의 수준에서 타협할 수 없는 프로그램이나 강좌의 내용은 무엇인가? 다음 사항을 고려해 보았는가?
  · 인준에서의 요구사항
  · 면허와 자격에서의 요구사항
  · 프로그램, 학과, 단과대학, 종합대학의 요구사항
  · SLOs와의 연결성
- 최소한의 수준에서 타협할 수 없는 프로그램/강좌의 경험은 무엇인가? 다음 사항을 고려해

보았는가?

· 인준에서의 요구사항

· 면허와 자격에서의 요구사항

· 프로그램, 학과, 단과대학, 종합대학의 요구사항

· SLOs와의 연결성

- 교수의 전문 분야를 고려했을 때 최소한의 내용 요구사항을 초과해서 학습 경험에 포함될 것으로 보이는 강좌와 프로그램의 내용은 무엇인가?
- 교수의 전문 분야를 고려했을 때 최소한의 경험 요구사항을 초과해서 학습 경험에 포함될 것으로 보이는 강좌와 프로그램의 경험은 무엇인가?

SLOs, 내용 요구사항, 경험 요구사항을 이해하면 이제 과정을 설계할 차례이다. 교육과정 설계하기 문헌에서 볼 수 있듯이 여기에는 여러 방법이 있다. 우리는 우리가 보기에 가장 실제적이고 직접적인 2가지 방법 -문서로부터 설계하기와 문제점으로부터 시작하기- 여러분은 구체적인 강좌 내에서 또는 전체 프로그램을 위해서 두 방법 모두 사용하게 될 것이다.

SLOs, 내용, 경험을 설정하면 강의계획표와 교육과정 문서를 활용하여 현재 표현된 교육과정이 바람직한 교육과정과 어떻게 부합하는지를 보여주는 매트릭스를 만들게 된다. 강의계획표의 수준과 질이 교수에 따라 다양하며, 모든 강의계획표가 교실에서 실제 일어나는 일을 다 보여주지 못하기 때문에 이상적인 교육과정을 단지 현재의 강의계획표와만 맞추려고 하면 실패하고 불완전한 모습만 제시할 가능성이 크다. 그보다는 교수진이 언제, 어디서, 어떻게 요소들을 다룰 것인지를 토론하는 시작점으로 이 매트릭스를 활용할 수 있다. 또한 이 방법을 사용해서 '동떨어진 결과'(Harfield, 2009), 교육과정의 결손, 교육과정의 중복, SLOs나 기준에 의미 있게 연결되지 않은 프로그램 요소들을 확인할 수 있다.

프로그램의 내용상 변화를 고려하거나 현재의 패러다임에 문제를 제기하기를 원한다면 문제점에서 출발할 수 있다. 이 경우에 프로그램의 요소들을 색깔별 포스트잇으로 표현하고(예를 들어 SLOs는 빨간색, 경험은 오렌지색, 내용은 노란색, 현재 강좌는 초록색), 요소들을 군집화하여, 군집화된 요소들이 새로운 그리고 기존의 강좌나 경험에 어느 정도 해당하는지를 검토할 수 있다. 첫 번째 방법에서와 마찬가지로 프로그램 교수진은 프로그램의 동떨어진 결과, 결손, 중복, 연결되지 않은 요소들을 검토할 수 있다. 이런 창조적인 과정을 통해 교수진은 요소 간 연결성을 보여주는 매트릭스를 만들 수 있다.

원자료가 명확하지 않더라도 평가 전문가는 각 매트릭스 과정(도입(Introduced: I), 강화(Reinforced: R), 완성(Mastery: M)의 SLOs에 대해 다른 수준의 관심을 부여한다: 매트릭스 과정을 기본(Basic: B), 중간(Intermediate: I), 심화(Advanced: A)로 구분할 수도 있다. 이런 명칭 부여에 대한 협의는 교수진이 시간이 지남에 따라 교육과정의 가장 중요한 요소를 다시 살펴볼 방법에 주의를 기울이게 해준다. 예를 들면 프로그램의 핵심적인 목표가 '개인적이고 전문적인 성찰을 통해 의도된 상담 상황에서 상담의 기초로 기능할 지침이 되는 상담 이론을 갖추기'라면, 학생은 우선 이론 강좌의 소개에서 상담 이론에 대해 처음 듣게 될 것이다(I). 이들은 심화 상담 기술 강좌에서 이 이론을 다시 접하면서 이론 기반 기술을 개발하게 될 것이고(R), 실습 경험의 한 부분으로 이론을 다시 주목하게 될 것이다(R). 그러나 지침이 되는 이론에 대한 최종의 주목은 인턴십 동안 주어질 것인데(M), 이때 학생은 실제 내담자를 상담하면서 이론과의 연결성을 보여줄 것이다.

다음 페이지에서 우리는 교육과정 설계하기와 조정 과정에서 사용할 수 있는 일련의 워크시트와 질문들을 제시한다(그림 3.2, 3.3, 3.4 참조). 이들은 여러분이 SLOs를 의도된 그리고 실제 교육과정과 연결하려고 할 때는 유용할 것이다. 이는 프로그램 수준에서 중요한 교육과정에 주목하게 해주고, 이 틀을 활용해서 구체적인 교육과정 기준과 SLOs를 한 강좌 내의 구체적인 강의나 활동과 연결하는 방법을 보여줄 수 있다. 구체적인 기준과 SLOs를 구체적인 강좌에 설계하는 것은 전체 프로그램에서 필수 SLOs와 내용 영역을 강좌 강의계획표에 표기하고 내용이 그 교육과정의 어느 부분에서 다루어지는지를 보여야 한다는 CACREP 2016, 기준 2.D 와 2.F를 충족시키는 것이다.

때로 지루하기는 하지만 교육과정을 설계하는 과정은 프로그램의 여러 측면이 어떤 방식으로 서로 연결되는지에 대해 많은 것을 보여준다. 이 설계도는 프로그램 내 잉여 부분을 덜어낼 기회를 보여주고(그래도 교육자는 더 높은 가치를 위해 그 잉여 부분을 유지하기로 결정할 수 있다), 의도하는 방향으로 교육과정을 조정하거나 개정할 기회를 제공한다; 새로운 강좌를 개발하거나 기존의 강좌를 개정하기, 강좌의 순서를 조정하기, 경험 간에 협력하기. 이는 상호적이고 반복적인 과정이다. 최고의 교수자는 학습자의 필요를 충족시키기 위해 지속적으로 교육과정을 개발하고 개정하며, 최신 연구를 반영하고, 실무 세계의 요구에 접근한다. 많은 것들과 마찬가지로 교육과정 설계도는 완성되는 순간의 날짜가 표시된다. 강력한 교육과정 설계도는 강력하고 통합된 교육과정의 핵심 기반이다.

각 강좌나 경험에 대해 다음과 같이 강좌와 SLO의 연관성을 표시하라.

I= 도입

R= 강화

M= 완성 (대안적으로 B=기본, I=중간, A=심화)

	SLO 1	SLO 2	SLO 3	SLO 4	SLO 5	SLO 6
핵심 필수 강좌						
1.						
2.						
3.						
4.						
5.						
6.						
7.						
8.						
9.						
임상 정신 건강 상담 필수 강좌						
1.						
2.						
3.						
학교 상담 필수 강좌						
1.						
2.						
3.						
결혼, 커플, 가족 상담 필수 강좌						
1.						
2.						
3.						
현장경험						
1.						
2.						

<그림 3.2> 교육과정 설계도 틀: 강좌별 일반적 학생 학습성과(SLOs)

각 강좌나 경험에 대해 다음과 같이 강좌와 내용의 연관성을 표시하라.

I= 도입

R= 강화

M= 완성 (대안적으로 B=기본, I=중간, A=심화)

	1. 전문성과 윤리													2. 다양성								3. 발달					
	a	b	c	d	e	f	g	h	i	j	k	l	m	a	b	c	d	e	f	g	h	a	b	c	d	e	...
핵심 필수 강좌																											
1																											
2																											
3																											
4																											
5																											
6																											
7																											
8																											
9																											

	1. 전문성과 윤리													2. 다양성								3. 발달					
	a	b	c	d	e	f	g	h	i	j	k	l	m	a	b	c	d	e	f	g	h	a	b	c	d	e	...
임상 정신 건강 상담 필수 강좌																											
1																											
2																											
3																											

	1. 전문성과 윤리													2. 다양성								3. 발달					
	a	b	c	d	e	f	g	h	i	j	k	l	m	a	b	c	d	e	f	g	h	a	b	c	d	e	...
학교 상담 필수 강좌																											
1																											
2																											
3																											

	1. 전문성과 윤리													2. 다양성								3. 발달					
	a	b	c	d	e	f	g	h	i	j	k	l	m	a	b	c	d	e	f	g	h	a	b	c	d	e	...
현장경험																											
1																											
2																											

<그림 3.3> 교육과정 설계도 틀:
CACREP의 강좌별 프로그램 핵심 내용

	1. 전문성과 윤리													2. 다양성								3. 발달					
	a	b	c	d	e	f	g	h	i	j	k	l	m	a	b	c	d	e	f	g	h	a	b	c	d	e	...
SLO 1																											
SLO 2																											
SLO 3																											
SLO 4																											
SLO 5																											
SLO 6																											

<그림 3.4> 교육과정 설계도 틀:
CACREP의 학생 학습 성과(SLO)별 프로그램 핵심 내용

어떤 면에서 의미 있는 SLO를 설정하는 일은 의미 있는 연구 문제를 설정하는 것과 유사하다(Barrio Minton & Gibson, 2012). 우리가 무엇을 알기 원하는지와 그것이 왜 중요한지를 알면 그 정보를 발견하는 전략을 세울 수 있다. 프로그램이 목적, GLOs, sLO를 수립하고 의도하는 방향으로 교육과정에 내용을 설계해 넣으면 이제 학생이 아는 것과 할 수 있는 것을 알기 위한 평가계획을 만들 순서이다.

평가계획 수립하기

이제부터는 평가계획을 세우기 위한 일반적인 원칙과 전략을 다룬다. 여러분이 큰 틀을 이해하면 이제 평가를 위한 선택지를 탐색하고 평가도구를 구성할 준비가 되어 있다. 이 책의 Ⅱ부에서 이 모든 기술을 심층적으로 탐색할 것이다. CACREP 2016 표준은 상담사 교육 프로그램 운영자는 각 핵심 교육과정 영역과 전공 분야별로 '여러 시점에서 다양한 측정 도구를 활용하여' 학생의 지식과 기술을 평가할 것을 요구한다(Section 4.F.2, p. 17), 이렇게 평가는 전체 프로

그램 수준뿐만 아니라 개별 학생 수준에서도 실시된다. SLOs가 설정되고 교육과정이 설계되면 이제 학생 학습 평가를 어떻게 할 것인지를 결정해야 한다. 이를 위해 다음과 같은 일반적인 고려 사항을 살펴보자.

- 사용되는 평가도구
- 교육과정에 평가 배치
- 평가과정에서 수행을 평정 또는 측정하는 도구
- 수행 측정을 책임지는 인력
- 자료를 수집하고 분석하는 절차
- 프로그램과 개인 수준에서 자료의 의미를 해석하는 방법
- 시간 계획

SLO 평가 전문가들과 CACREP 2016 표준은 평가가 형성 평가와 총괄 평가로 제시되어야 한다는 점에서 일치한다. 기술 발달과 관련해서 볼 때 모든 학문 분야에서 학생들은 기술을 실천하고 구체적인 피드백을 받는 기회를 갖을 때 가장 잘 학습한다(Ambrose, Bridges, DiPietro, Lovett, & Norman, 2010). 학습과 평가를 위해 시간이 지나면서 여러 시점에서 학습을 평가하고 피드백을 제공하는 것은 의미 있는 일이다. 평가 관점에서 가장 의미 있는 SLO 자료는 학생의 가장 복잡하고 성숙한 능력을 파악하기 위한 진실하고 진정성 있는 시도이다(AACU, 2008). 복잡한 프로그램에서 평가는 교육과정 전반에 걸쳐 있으며, 그 과정에서 핵심 기말과제나 통과 관문에 집중된다(Stiehl & Lewchuk, 2008a).

앞서 지침이 되는 상담 이론을 개발하는 과정과 관련해서 핵심적인 프로그램 목표를 다루었던 사례를 살펴보자. 학생들은 입문 강좌에서 이론들에 대해 학습하고, 고급 기술 강좌에서 이론을 다시 접하면서 이론 기반 기술을 개발하고, 인턴십 기간에 그 이론을 수행했다. SLO가 설정되었고 교육과정은 명확하게 연결되었다. 이제 다음 단계는 여러 시점에서 여러 측정 도구를 사용하여 학습에 대해 일정한 형식을 따르며 총괄 평가를 실시하는 것이다. 시작 수준에서는 이론에 대한 지식과 가상 사례에 대한 적용에 초점을 둔 강좌기반 시험을 치를 수 있다. 중간 수준에서는 학생이 이론과 이에 대한 자신의 동의에 대해 더 깊게 탐색하며, 실습에서 만나는 내담자를 사례개념화하는 개인 적용 보고서를 활용할 수 있다. 심화 단계에서는 슈퍼바이저가 일정

한 기간 동안 상담을 관찰하고 인턴십 최종 평가 양식에 평정할 수 있다.

교육과정을 설계할 때 교수진은 SLOs와 연결하기 위해 평가를 확정하면서 우왕좌왕할 수 있다. 교수진은 프로그램 전반에 사용되었던 과제와 평가 목록을 만들면서 이 과정을 시작할 수 있다. 여기에는 종합시험, 포트폴리오, 현장경험 평가 등의 넓은 평가도구를 고려하는 것뿐만 아니라 과제, 시험, 프로젝트, 시연 등이 제시된 강의계획표를 검토하는 것이 포함될 것이다. 기존 평가도구 목록을 만든 후에는 어느 활동이 가장 진정성 있고 심화된 것인지를 정하기 위해 그 목록을 검토할 것이다. 프로그램 교수진은 자신들이 이미 상당한 양의 평가 업무를 하고 있으며, 일정한 형식을 따르는 평가계획을 세운다는 것이 걱정했던 것처럼 힘든 일은 아니라는 것을 알게 된다. 현재 하고 있는 평가에만 배타적으로 집중하면 지리멸렬한 평가계획이 되어 전체적이고 의도적인 계획에 방해가 될 수 있다.

교수진은 평가계획을 만들면서 앞으로 되돌아갈 수도 있다. 이 경우 그들은 교육과정 설계도를 가지고 각 SLO를 검토하고, 그 SLO를 언제 어디서 평가할 것인가를 브레인스토밍할 수 있다. 비록 이런 과정이 처음부터 새로 시작하는 것처럼 보일 수 있지만 이를 통해 교수진이 평가에 대해 더 전체적으로 생각할 수 있게 되어 더 통일되고 집중된 평가계획을 세울 수 있다.

프로그램 교수진이 어떤 평가도구를 사용할 것인지를 결정한 후에는 평가 계획의 더 구체적인 측면을 고려하게 된다. 여기에는 교육과정 내의 배치와 그 계획을 수행하는 절차가 포함된다. 그림 3.5는 각 평가 활동에 대한 의사결정 과정에서 따라야 할 워크시트이며, 그림 3.6과 3.7은 워크시트의 적용 사례이다. 그림 3.8은 중요한 평가계획의 틀이며 그림 3.9에 그 사례를 제시하였다. 여러분이 4~8장을 읽고 나면 이 도구들이 매우 유용할 것이다.

SLO			
기준			
관련 강좌나 경험			
평가 유형	☐ 강좌 기반 평가 ☐ 포트폴리오	☐ 종합시험 ☐ 현장경험	 ☐ 논문이나 발표
평가 설명			
도구			
성공 지표			
배치			
실시자	☐ 강좌 교수	☐ 지도 교수	☐ 위원회
평가자	☐ 강좌 교수	☐ 지도 교수	☐ 위원회
통과 관문			
검토 절차			

주. SLO = 학생 학습성과

<그림 3.5> 평가 개발 워크시트

SLO	주 면허를 위해 필요한 핵심 상담지식을 습득했다는 것을 보여준다
기준	CACREP 2.F.1, 2.F.2, 2.F.3, 2.F.4, 2.F.5, 2.F.6, 2.F.7, 2.F.8
관련 강좌나 경험	COUN 5100 전문가 오리엔테이션, COUN 5200 다문화상담, COUN 5300 상담과 인간 발달, COUN 5400 진로상담, COUN 5500 핵심 조력 기술, COUN 5510 상담 이론 COUN 5600 집단상담, COUN 5700 상담과 평가, COUN 5800 상담연구 및 프로그램 평가
평가 유형	☐ 강좌 기반 평가 ☑ 종합시험 ☐ 포트폴리오 ☐ 현장경험 ☐ 논문이나 발표
평가 설명	인증 및 교육 센터(CCE)가 개발 및 시행하는 종합 전문 상담 시험(CPCE)
도구	CCE가 제공하는 개인별 CPCE 점수
성공 지표	점수 ≥ 8개 하위척도 국가 평균 -1 표준편차
배치	COUN 5910 인턴십 Ⅰ 등록 이하
실시자	☐ 강좌 교수 ☐ 지도 교수 ☑ 위원회
평가자	☐ 강좌 교수 ☐ 지도 교수 ☑ 위원회
통과 관문	성공적인 수료에 기초한 졸업 승인
검토 절차	종합시험 위원장이 제공한 개인별 자료; 매 봄학기 전체 교수가 검토한 수집 자료

주. SLO = 학생 학습성과; CACREP = 상담 및 관련 교육 프로그램 인준 기관; COUN = 상담

<그림 3.6> 평가 개발 워크시트: 사례 1

SLO	종합적이고 발달적인 학교 상담 프로그램을 설계한다
기준	CACREP 5.G 학교 상담 3
관련 강좌나 경험	COUN 5100 학교 상담 개론, COUN 5200 심화 학교 상담
평가 유형	☐ 강좌 기반 평가 ☐ 종합시험 ☑ 포트폴리오 ☐ 현장경험 ☐ 논문이나 발표
평가 설명	학생은 종합적이고 발달적인 학교 상담 프로그램의 개발, 설계, 시행을 포함한 학교 상담 실습에 참여하는 능력을 보여주는 강좌기반 포트폴리오를 개발한다
도구	학교 상담 포트폴리오 평가기준표
성공 지표	평가기준표의 10개 지표 중 최소 8개에서 기대를 충족하거나 기대를 초과함; 2개 이하에서 '기대에 미치지 못함' 평정을 받음; 전체 평가기준표 평균점수 ≥ 2.0
배치	COUN 5910 고급 학교 상담
실시자	☑ 강좌 교수 ☐ 지도 교수 ☐ 위원회
평가자	☑ 강좌 교수 ☐ 지도 교수 ☐ 위원회
통과 관문	COUN 5910 실습 등록 완료
검토 절차	매학기 강좌 교수가 검토한 개인별 자료; 매 봄학기 평가 위원회에 제출된 수집자료

주. SLO = 학생 학습성과; CACREP = 상담 및 관련 교육 프로그램 인준 기관; COUN = 상담

<그림 3.7> 평가 개발 워크시트: 사례 2

이 워크시트를 작성하면 여러 측정 도구를 사용해서 여러 시점에서 여러 SLOs를 파악하는 SLO 평가계획 수립이 매우 복잡하다는 것이 드러난다. 대부분의 전문적 문헌들은 응집력 있는 프로그램을 수료할 수도 있도 수료하지 못할 수도 있는 대규모의 학부 학생집단을 대상으로 SLO를 평가하는 것에 집중하고 있다. 비록 개념은 같지만 대학원의 전문적 프로그램에서 종합적인 SLO 평가계획을 개발할 때는 다른 것이 요구된다. Hatfield(2009)는 프로그램 수준의 평가계획을 평가하기 위한 고려 사항을 종합적으로 검토했는데 우리는 이것을 적용해서 다음과 같은 질문으로 제시한다.

- 적절한 성과의 개수는 무엇인가?
- 성과는 대학의 사명/목적과 일치하는가?
- 성과는 적합한 양식에 기술되었는가?
- 교수는 성과의 정의에 동의하는가?
- 성과는 핵심 강좌에서 다루는 것인가?

- 계획은 학생 학습에 대한 직접적인 평가에 기반하는가?
- 평가도구는 성과에 적합한가?
- 계획을 수행할 체계적 접근이 있는가?
- 자료를 수집하고 조직하는 방법은 무엇인가?
- 교수는 어떻게 평가도구 사용 훈련을 받는가?
- 평가도구는 성취 수준을 구별하는가?
- 자료는 수집된 후 어떻게 처리되는가?
- 자료를 활용하여 학습과 수업을 개선하였는가?

SLO	기준	평가	도구	성공	배치	실시	통과관문

주. SLO = 학생 학습성과

<그림 3.8> 평가계획 워크시트

SLO	기준	평가	도구	성공	배치	실시	통과관문
1-CK	2.F.1	CPCE-PO	점수 보고	≥ 국가평균 -1 표준편차	인턴십	위원회	졸업 승인
1-CK	2.F.2	CPCE-다양성	점수 보고	≥ 국가평균 -1 표준편차	인턴십	위원회	졸업 승인
1-CK	2.F.3	CPCE-발달	점수 보고 SC 평가기준표	≥ 국가평균 -1 표준편차	인턴십	위원회	졸업 승인
2-CDSCP	5.G.C.3	SC 강좌 포트폴리오		≥ 전체 2.0	COUN 5120	교수자	강좌 등록

주. SLO = 학생 학습성과; CK= 핵심 지식; CPCE= 종합 전문 상담 시험; PO= 전문가 오리엔테이션, CDSCP= 종합적 발달적 학교 상담 프로그램; SC= 학교 상담; COUN=상담.

<그림 3.9> 평가계획 워크시트: 사례

우리는 이 장에서 SLO 설정 과정을 살펴보고, 강력한 SLO의 특성에 대해 논의하며, 교육과정 설계 절차를 검토하고, 이 과정에서 평가계획을 개발하는 기준을 제시하였다. 이제 여러분은

평가 절차와 도구를 개발하는 기술적인 측면에 주의를 기울일 기반을 갖추게 되었다. Ⅱ부는 바로 그 내용을 다루고 있다.

참고 자료

Adelman, C. (2015). *To imagine a verb: The language and syntax of learning outcomes statements* (Occasional Paper No. 24). Retrieved from http://learningoutcomesassessment.org/documents/Occasional_Paper_24.pdf

Carriveau, R. S. (2010). *Connecting the dots: Developing student learning outcomes and outcome based assessments*. Denton: University of North Texas.

Driscoll, A., & Wood, S. (2007). *Developing outcomes-based assessment for learner-centered education: A faculty introduction*. Sterling, VA: Stylus.

Harden, R. M. (2001). AMEE Guide No. 21: Curriculum mapping: A tool for transparent and authentic teaching and learning. *Medical Teacher*, 23, 123-137. doi:10.1080/01421590120036547

Hatfield, S. (2009). *Assessing your program-level assessment plan*. Manhattan, KS: IDEA Center.

Office of Academic Planning and Assessment. (2001a). *Course-based review and assessment: Methods for understanding student learning*. Retrieved from http://www.umass.edu/oapa/oapa/publications/online_handbooks/course_based.pdf

Office of Academic Planning and Assessment. (2001b). *Program-based review and assessment: Tools and techniques for program improvement*. Retrieved from http://www.umass.edu/oapa/oapa/publications/online_handbooks/program_based.pdf

Practical curriculum mapping examples:

- https://manoa.hawaii.edu/assessment/howto/mapping.htm
- http://www.lehman.edu/research/assessment/templates.php
- http://assessment.uconn.edu/primer/mapping1.html

Stiehl, R., & Lewchuk, L. (2008a). *The assessment primer: Creating a flow of learning evidence*. Corvallis, OR: The Learning Organization.

Stiehl, R., & Lewchuk, L. (2008b). *The outcomes primer: Reconstructing the college curriculum* (3rd ed.). Corvallis, OR: The Learning Organization.

2부

평가 선정과 측정도구 개발

Ⅰ부에서 우리는 상담사 교육자가 SLO 평가계획을 개발할 때 필요한 넓은 기초를 제시하였다. 이제 책무성 평가의 큰 맥락을 이해하고, 강좌와 프로그램 수준의 SLO를 정교화하며, 우선적인 것에 적합한 주의를 기울이기 위해 교육과정을 조정하였으니, 학생 학습 평가에 눈을 돌려보자. Ⅱ부에서는 상담사 교육자가 강좌와 프로그램 안에서 학생 학습을 평가하기 위해 사용할 수 있는 활동에 초점을 둔다. 우리는 사정(assessment)이란 교육자와 슈퍼바이저로 하여금 SLO를 평가할 수 있게 하는 자극이나 학생이 하는 활동이라고 정의한다. 평가 분야에서 사정은 이것이 학습의 성과라는 점을 확인해 주기 위해서 성과물이라고 불리기도 한다. 학생 학습을 직접적으로 평가하는 것만이 프로그램 질의 지표가 아니므로 우리는 프로그램의 질을 간접적으로 측정하는 방법도 살펴볼 것이다. 이 서론의 결론에서 우리는 교수들이 평가에 숫자나 의미를 부여하기 위해 사용하는 평가도구를 상세하게 살펴본다.

Ⅰ부 서론에서 이야기했듯이 우리는 교육자들이 SLO 평가과정에 참여하는 고유하고 강력한 방법에 대한 논의를 시작한다는 희망으로 이 책을 썼다. 평가가 의미 있으려면 독특해야 하며, 강좌나 프로그램의 독특한 특성에 맞게 이루어져야 한다. 비록 이 책은 이 과정과 요소가 어떠할 수 있는지를 하나의 로드맵과 몇 가지 사례로 제시했지만, 여러분의 학생, 여러분의 상황, 그리고 여러분의 우선순위에 의미를 지니게 할 수 있는 절차를 개발하는 것은 여러분에게 달려 있다. 이상적으로는 이 절차가 학습을 의미 있게 자극할 것이다.

> 교수는 학생 학습의 한 장면 - 특정 학생에게 아주 안 좋은 날에 시행될 수도 있는 -만을 포착하고 싶어하지 않는다. 책무성 평가에 대해 자문을 받은 교수들은 자신들이 학습을 자극하는 과정에서 부여한 보고서, 과제, 시험, 모의 또는 실제 전문적 활동을 활용하는 것에 관심을 둔다. 이는 개별 학생에게 성적을 부여하고 학급, 전공 강좌, 대학 강좌에 참여하는 학생들에 대한 평가를 취합하여 책무성을 보여주기 위해서이다. (Banta, Griffin, Flateby, & Kahn, 2009, p. 6)

이는 아무리 강조해도 지나치지 않다. 강좌와 프로그램의 성과를 평가하는 것은 천편일률적인 접근으로는 할 수 없다(AACU, 2008; Provezis, 2010; Urofsky, 2009). 교육자는 교육과정 내에서 SLO(s)의 전반적인 배치와 학습이 일어나는 독특한 맥락을 고려해야 한다. 맥락에 대한 고려는 다음을 포함한다.

- 독특한 학습성과
- 프로그램에서 SLO의 우선순위
- 교수진의 규모와 안정성
- 강좌와 프로그램의 규모
- 학생의 특성
- 프로그램 모델(예를 들어 동질집단, 전일제, 시간제, 면대면, 개별적, 통과 관문 배치, 공통된 핵심 과업 또는 분산된 과업)
- 가용 자원(예를 들어 내담자, 녹음 기자재, 학습관리 기술체계), 시간
- 대학의 우선순위

저자들이 교수로서 참여했던 다음 프로그램을 살펴보자.

- A 프로그램은 3개의 CACREP 인증 전공영역 석사과정과 1개의 CACREP 인증 박사 프로그램을 가지고 있다. 항상 300~350명의 학생과 14명의 전임 교수, 10명의 협력 교수가 이 프로그램에 참여한다. 일부 학생은 전일제 학생이지만 대부분 학생은 시간제로 강좌에 출석하고 관심에 따라 강좌를 선택하는 직장인이다. 모든 학생은 최첨단 학습 장비로 캠퍼스 내에서 실습을 완료한다. 이 프로그램이 위치한 대학은 최근 SLO 평가 체계를 도입하고 이 체계를 운영할 2명의 인력을 채용했다.
- B 프로그램은 1개의 CACREP 인증 전공영역 석사과정을 가지고 있다. 항상 3명의 전임 교수와 20명의 학생이 이 프로그램에 참여한다. 가끔 학생들은 연관 학과의 협력 교수의 강좌를 듣기도 하며, 다른 프로그램의 학생이 핵심 상담 교수의 강의를 듣기도 한다. 학생들은 전일제 동질집단이며, 학교 밖에서 모든 현장경험을 한다. 이 프로그램은 공식적인 SLO 평가 체계를 따르지 않는다.

A 프로그램의 교수가 활용하는 평가 활동은 B 프로그램 교수의 평가 활동과 당연히 다르다. 자세히 살펴보면 A 프로그램 내의 평가 활동이 매우 다양하다: 석사 프로그램과 달리 박사 프로그램은 전일제, 기술형 모델로서 모든 강좌는 핵심 교수진이 가르친다. 그러므로 프로그램 A의 박사 과정 프로그램에 대한 평가 모델은 B 프로그램의 계획과 매우 유사하다. 일부 중요한

SLOs는 여러 시점에서 여러 방법을 활용해서 평가되지만, 다른 SLOs는 보다 덜 집중적인 과정에서 한 번만 평가될 수도 있다. 의도에 따라 진행된다면 이런 다양성은 SLO 과정에서 정상적이며 충실한 것이다.

AACU(2008)은 교육자들이 '학생의 가장 뛰어난 학습의 맥락에서 학생의 진정성 있고 복합적인 수행; 연구 프로젝트, 지역사회 서비스 프로젝트, 학생 작업 포트폴리오, 슈퍼비전을 받는 인턴십 등'에 초점을 둘 것을 요구했다. 이는 단회성 시험이나 피상적인 연습을 넘어서 성공을 위해 필수적인 기술의 진정한 통합과 심층적인 의미를 이해하는 수준이 되어야 할 필요가 있다는 것이다. Meyers and Nulty (2009)는 진정성 있는 만남을 제공하는 질적인 교육과정에 주목했는데 여기에서 교육자는

> 학생에게 수업과 학습자료, 과제, 경험을 제공하는데 이것들은 (1) 진정성 있고, 현실과 관련되며, (2) 건설적이고, 계열화되어 있고, 상호연관되어 있으며, (3) 학생으로 하여금 점차 높은 수준의 인지 과정을 활용하도록 하며, (4) 학습성과 및 다른 활동들과 조화를 이루며, (5) 학습에 대한 도전, 관심, 동기를 제공한다. (p. 567)

이와 유사하게 Mueller(2014)는 진정성 있는 평가의 5가지 특성을 제시하고 이를 전통적인 방법에서 진정성 있는 방법에 이르기까지의 연속선상에 표현하였다. 이 관점에서 학생 학습에 대한 가장 최고의 평가는 학생의 실생활 과제 수행을 직접 관찰하는 것인데 이는 전통적인 시험의 관점과는 매우 다른 것이다. 다음에 제시된 전통적인 평가와 진정성 있는 평가의 특성을 살펴보라.

- **전통적** : 반응 선택, 인위적, 회상/ 인지, 교사가 구성한, 간접 증거
- **진정성 있는** : 과제 수행, 실생활, 구성/ 적용, 학생 중심, 직접 증거

Stiehl and Lewchuk (2008b) 는 '학습의 정신을 잃지 않고 책무성을 달성하는 방법'을 보여주는 5가지 원칙을 제시하였다(p. 5). 이는 다음과 같다.

1. 효과적인 학습 평가 실무는 각 학생의 여정이 서로 다른다는 사실을 반영한다.
2. 실제 작업 과제 맥락에서의 수행을 관찰하는 것이 의도하는 성과에 대한 가장 좋은 증거다.
3. 유용한 평가는 항상 학습 경험에 포함된다.
4. 모든 측정은 근사치이다.
5. 평가에 대한 넓은 이해가 학생 성공의 핵심이다.

이 원칙들이 우리에게 울림을 주는데 여러분에게도 울림을 주기를 바란다. 여러분이 이상적인 교육과정을 꿈꾸는 수준으로부터 구체적인 활동으로 학습을 평가하는 수준으로 변화하는 과정에서 이 원칙들을 명심하기 바란다.

고등교육에서 가장 많이 사용되는 프로그램 수준의 평가는 포트폴리오, 강좌 수준 평가, 평가기준표, 외부 평가위원, 인터뷰(학생, 고용주, 동문), 설문조사(고용주, 지역, 동문, 국가; Kuh & Ikenberry, 2009) 등을 포함한다. 가장 좋은 실행은 직접 측정과 간접 측정을 잘 혼합해서 사용하는 것이다. 직접 측정은 SLO 평가에 활용될 산출물을 학생이 만들거나 실연하는 방법을 포함한다. 예를 들어 보고서, 상담 회기 기록, 시험을 통해 학생 학습에 대한 직접 측정을 할 수 있다. 간접 측정은 학습에 대한 자기 보고와 강좌, 교수자, 프로그램에 대한 만족도를 포함하는데 이는 직접적인 측정 도구를 사용하지 않고서도 학생 경험이 어떠했을지를 교수자에게 제공한다. 학생과 고용주의 만족도 설문조사, 수업 평가, 자기 평정 기술 점검지 등이 간접 측정에 해당한다.

가장 좋은 평가계획에서는 여러 시점에서 여러 방법으로 SLO를 평가하는 것이다. 이상적으로 보면 이렇게 할 때 최고 수준에 도달한 학생의 이야기와 모습이 나타난다. 예를 들어 프로그램 시작 시점에서 학생의 기술을 평가하는 것은 형성적 피드백과 추적을 위해 중요하지만, 대부분 교육자는 프로그램이 마치는 시점에서 학생들이 기술을 완전히 습득하는 것에 관심을 둔다. 교육과정의 여러 지점에서 높은 수준의 SLOs -예를 들어 자살평가와 개입 실시- 를 평가하는 것이 중요하다; 수업 초기에는 학생의 기본과제 수행의 준비도를 판단하기 위해서, 그리고 나중에는 필요가 증가함에 따라 진정성 있는 현장경험 상황에서. 그렇다고 인턴십에 있는 모든 학생이 자살 평가와 개입이 필요한 내담자를 상담할 것이라고 가정하는 것은 비현실적이다. 이와 유사하게 교육자는 강의 위주의 강좌에서는 기본 지식 성과에 더 관심을 갖지만(예를 들어 이론 강좌에서는 상담 이론에 대한 이해를 평가하기), 나중에는 자료들을 경험에 통합하는 것에 관심을 기울이게 된다(예를 들어 인턴십 동안에는 지침이 되는 이론의 틀로 내담자를 사례개념화하는 학생의 능력을 평가하기).

실제로 평가는 형성 평가나 총괄 평가일 수 있다; CACREP 2016 표준은 상담 분야 평가에서 형성 평가와 총괄 평가 모두에 주의를 기울일 것을 요구한다(3.C). **형성 평가**는 교육자가 학생에게 지속해서 발달중심의 피드백을 제공하여 학생과 교육자가 의미 있는 방식으로 학습 과정을 조절할 수 있게 하는 과정이다. 형성 평가는 프로그램 교수진이 '프로그램 과정에서 각 학생의 발달을 체계적으로 평가'(기준 4.F, p. 16)해야 한다는 요구사항이기드 하다. 형성 평가는 강좌 경험 내에서 그리고 프로그램 내의 중요한 통과 관문에서 실시되는 경향이 있다. 형성 평가는 학습에 대한 정보를 제공할 뿐만 아니라 특히 상담사 교육자가 학생의 개선이나 탈락을 고려하고 있다면 이를 적합하게 고려하기 위해서 중요하다.

총괄 평가는 최종 장면을 포착하여 SLOs를 평가하는 것이다. 이상적으로는 복합적인 총괄 평가는 덜 역동적이고 더 어려운 기준을 제기한다. 예를 들어 비록 교육자가 핵심적인 상담 기술 습득에 관해 지속적인 형성 평가를 제공하지만, 총괄 평가는 학생이 어느 수준까지 수월성을 보이는지, 그리고 다음 통과 관문(예를 들어 임상에서의 다음 강좌, 졸업)을 향해 나갈 준비가 되어 있는지를 교수가 최종적으로 결정하는 것일 수 있다. 이상적으로는 상담사 교육자는 SLO 평가계획을 수립할 때 활용할 수 있는 가장 복합적이고 진정성 있는 측정 도구를 활용한 총괄 평가에 집중한다. 예를 들어 프로그램 교수진은 여러 임상 경험 학기 동안 중간 및 최종 기법 피드백을 제공한다; 그러나 교수들은 학생 상습에 대한 총괄 평가로서 인턴십 최종 학기의 최종 평가를 사용할 것이다. 이는 최종 실습에서도 성장의 의미와 기회에 집중하는 것을 선호하는 교수에게는 어려운 일일 것이다.

우리는 상담사 교육자가 SLO 평가계획을 설계할 때 다음의 5가지 우선적인 SLO 평가 활동으로부터 시작하기를 바란다.

1. 강좌기반 평가
2. 현장경험
3. 종합시험
4. 포트폴리오
5. 논문과 발표

4~8장에서 우리는 학습에 대한 직접 평가를 살펴본다. 각 범주마다 우리는 평가 활동의 개요를 제공하고, 각 방법의 장점과 약점을 밝히며, 설계 시 고려 사항을 알아보고 추후 학습을 위한 자료를 제공한다. 9장에서 우리는 학생의 전문적 자질 평가를 살펴보고, 10장에서는 큰 틀의 이해와 계획의 일부인 정보 삼각 측정에 사용되는 간접 측정을 살펴본다(Barrio Minton & Gibson, 2012). 최종적으로 11장에서는 평가기준표와 관찰 도구를 활용해서 상담사 교육자들이 학습성과의 증거를 질적으로 만드는 방법에 주의를 기울인다. Ⅳ부에서는 창조적인 평가 전략의 범위를 보여주기 위해 평가도구와 평가기준표의 예시를 보여준다. 교육자는 자신들이 프로그램, 강좌, 학교, 교수진, 전체 목표와 어느 정도 관련되는지를 결정해야 한다.

제4장

강좌기반 평가

강좌기반평가(Course-based assessments; CBAs)는 학생의 지식, 기술, 태도에 교육자가 접근할 수 있도록 강좌 내에 배치된 활동들이다. 이는 개인적으로나 집단적으로 실시될 수 있으며 다음과 같은 다양한 범위의 활동을 포함한다.

- 객관식(선다형, OX형) 필기 시험
- 주관식(에세이, 자유서술) 필기 시험
- 구두 시험
- 퀴즈
- 과제
- 보고서
- 발표
- 프로젝트
- 기술 관찰
- 모의훈련이나 역할연기
- 서비스 학습 참여(5장 참조)
- 토론방 참여
- 일기

- 학급 내 참여
- 강좌 포트폴리오(7장 참조)

상담사 교육자와 학생은 CBAs에 매우 친숙하다. 우리는 지금까지 학교에 다니면서 수백 수천 가지의 이런 평가를 치러왔다. 일정 기간 교육을 한 사람들은 학습을 촉진하고 평가하는 두 가지 목적을 위한 과제와 활동에 익숙하다. 여러분이 개별 강좌의 SLOs를 평가하는 방법을 개선하고자 한다면 여러분의 평가는 강좌기반일 가능성이 크다. 프로그램 수준의 평가계획을 세우고자 한다면 CBAs는 큰 평가계획에서 하나의 구성요소로 사용될 것이다. 이 장에서 우리는 개별 강좌 수준에서 평가를 계획할 때 고려해야 할 사항을 살펴본다. 여러분의 역할과 관계없이 CBAs를 실시할 때는 의도성이 매우 중요하다.

CBA에서의 의도성

상담사 교육자가 강좌 내 교육과정을 설계할 때 각 강좌 내에서 의도적인 평가계획을 수립하기 바란다. 고등교육의 책무성 맥락에서 많은 교육자는 이미 강좌 내의 SLOs가 교육기관, 주 정부, 교육자준비인준위원회(Counsil for Accreditation of Educator Preparation: CAEP; 공식적으로는 National Counsil for Accreditation of Teacher Preparation: NCATE)와 같은 독립적인 인준기관, CACREP 등이 제시한 넓은 목표들에 어떻게 연결되는지를 보여줘야 한다는 요구를 받고 있다. 교육기관의 정책이 교수자에게 강좌 목표나 학습성과를 조작적으로 제시하고, 강좌 내에서 각 SLO가 어떻게 평가될 수 있는지를 제시하라고 요구하거나 강력하게 권장하기도 한다. 표 4.1은 위기와 트라우마 상담의 석사 수준 강좌에서 기준, SLOs, 평가를 연결하는 방법의 한 예시이다.

표 4.1을 보면 이 강좌의 위기 및 트라우마 학습성과는 CACREP 2016 표준을 대체로 따르고 있다. 동시에 교육자는 인준 기준 이상의 몇 개의 집중영역을 제시하였다. 지식이나 학문적 이해와 관련된 학습성과는 학기말 시험에 연결된다. 좀 더 적용에 가까운 역동적인 학습성과는 학생이 더 복합적이고 진솔성 있는 방법으로 특정 내용을 시도해 볼 수 있는 모의 상담 회기 및 비평과 연결되어야 한다.

상담사 교육자는 강좌 내에서 각 SLO를 최소한 한 가지 방법을 통해 평가해야 한다. 상담사 교육자는 가장 중요한 SLOs는 여러 번 여러 방법을 사용해서 평가할 수 있다. 예를 들어 이 책의 제1 저자는 임상 정신 건강(CMHC) 과정 학생에게 진단과 평가계획 강좌를 강의했다. 이 강좌에서 그녀는 CACREP 2016 표준 5.C.2.d- 다양한 진단, DSM과 ICD와 같은 진단 분류 체계의 사용 등의 진단과정을 매주 실습 사례, 중간고사, 학기말 고사 등을 통해 평가-과 관련된 SLO를 평가했다. 이 SLO 는 한 번의 활동으로 평가하기에는 너무 크다. 그러나 그녀는 학생이 친구와 모의 인터뷰를 진행하고 생리심리사회적 이야기를 기록하는 1개의 프로젝트를 통해 생리심리사회 이야기를 실시하는 능력(CACREP 2016 표준 5.C.1.c와 5.C.3.a)과 관련된 SLO를 평가하였다. 그녀는 가상의 내담자에 대한 생리심리사회적 사례연구를 제출하는 학기말 보고서에서 다시 그 SLO를 활용하였다. 이 평가는 형성 평가와 총괄 평가를 혼합한 것이다. 그러나 중요한 프로그램 평가 목적을 위해서는 최종 사례연구 자료만을 교수가 전체적으로 검토한다. 프로그램 교수가 개별 강좌나 경험에 교육과정 요소를 배정하는 것처럼, 프로그램 교수는 중요한 SLOs가 개별 강좌 내에서 평가되는 방법을 결정한다.

<표 4.1> CACREP 기준, SLO, 평가 매트릭스

CACREP 기준	SLO	평가
2.F.1.c	다학제적 지역사회 아웃리치와 위기관리반응팀의 구성원으로서 상담사의 역할과 책임을 이해한다	기말고사
2.F.3.g, 5.C.2.f, 5.D.2.h, 5.F.2.g	다양한 개인과 가족-정신 건강진단과 장애를 지닌 사람을 포함하여-에게 생애에 걸쳐 발생하는 위기, 재난, 트라우마 유발 사건의 영향을 확인한다 예상되는 근무 환경과 연관된 시나리오에 위기 이론과 모델을 적용한다	기말고사
2.F.5.1	자살예방 모델과 전략을 적용한다 위기와 트라우마 상담과 관련된 윤리적, 법적 고려 사항을 확인한다	기말고사
2.F.5.m	위기개입과 PFA를 실시한다 대리외상과 관리 전략을 이해한다	모의 PFA회기와 비평 자기관리계획
2.F.7.c	공격, 타인에게 위험, 자해 피해, 자살 등을 평가하는 절차를 활용한다	모의 자살위기 회기와 비평
2.F.7.d	학대를 확인하고 보고하는 기술을 시연한다	모의 학대위기 회기와 비평

주. CACREP = 상담 및 관련 교육 프로그램 인준 기관; SLO = 학생 학습성과; PFA = 심리적 응급 조치

프로그램 평가에서의 CBAs

평가 분야에서 프로그램 수준의 CBAs는 강좌 내에 위치해 있지만 전체 프로그램의 질에 대한 증거로서 검토되며 흔히 핵심 또는 대표적 평가로 인정된다. 이 평가는 학생이 프로그램 내의 SLOs를 충족하는 방법에 관한 많은 정보를 수집하기 위해 일정한 기간 동안 여러 강좌에 대해 실시된다. 이 경우 CBAs는 더 넓은 프로그램 수준의 SLO 평가의 일부가 된다. 여기에는 그 강좌에서 다뤄지는 가장 심화된 학습을 파악하기 위해 고안된 복합적인 보고서, 프로젝트, 시험 등이 포함된다. CBAs는 지식이나 새로운 기술 성과를 평가하는데 적합하며 여러 SLOs를 평가하기 위해서도 잘 활용된다. 다음 목록에 제시된 CBAs의 장점과 단점을 잘 살펴보자.

CBAs의 장점

CBAs의 장점은 다음과 같다.

- 교육과정 내에 특정 위치가 있다.
- 매일의 강좌 활동과 평가가 명확하게 연결되어 있다.
- 교수자와 학생 간의 규칙적인 접촉을 통해 활동, 그 활동의 목적, 평가에서 그 활동의 역할 등에 대한 지속적인 의사소통이 가능하다.
- 평가와 수정에 대한 책임이 명확하게 위임된다.
- 이런 유형의 평가가 학생에게 가장 익숙하다.
- 상담사 교육자는 잘 설계된 CBAs를 학습을 평가하고자 하는 것뿐만 아니라 촉진하기 위해서도 사용할 수 있다.
- 현장경험 과정에서 나타나지 않는 어떤 기술이나 상황을 평가할 기회가 있다. (예를 들어 응급 심리 지원, 특정 평가 실시, 넓은 수준의 프로그램 설계 및 평가)
- 높은 수준의 시험은 입문 수준의 자료에 대한 다양한 지식과 전반적인 강좌 자료에 대한 깊은 이해를 촉진시킬 수 있다(Jensen, McDaniel, Woodard, & Kummer, 2014).
- 잘 만들어진 객관식 시험을 통해 학생들은 표준화 된 시험을 준비할 수 있다.

CBAs의 단점

CBAs의 단점은 다음과 같다.

- CBAs는 모든 교수자의 수업에 대한 철학이나 학습 이론에 적합하지 않을 수 있다.
- CBAs는 강좌의 흐름을 방해하여 강좌의 초점을 흐트릴 수 있다.
- 교수진은 자신들이 '시험을 위해 가르친다'는 느낌을 갖을 수 있다.
- CBAs는 새로운 기술이나 경험 시작 시에 다뤄진 기초적 지식(예를 들어 프로그램의 첫 강좌에서 다루어진 핵심 상담 기법 vs. 실습이나 인턴십에서의 핵심 상담 기법)을 총괄 평가하기에는 적합하지 않을 수 있다.
- 영역 간의 통합이나 최고의 기술을 평가하기에는 한계가 있다.
- 교수진은 학문적 자유에 위협이 된다고 생각하고 경험할 수 있다.
- 강좌의 여러 부분을 표준화하는 것에 논리적 문제가 있을 수 있다.
- 특히 객관식 시험의 결과가 낮을 수 있다.
- 교수진은 SLO 달성 여부가 자신의 수업 역량을 반영한 것으로 생각해서 학생의 성과를 정확하게 평가하기 위해 애를 쓸 수 있다.
- 평가는 진정성 있는 적합한 과제가 아닐 수 있다(예를 들어 학생이 1장 분량의 보고서에 기반해서는 진단을 할 수 있지만, 복합적인 방식으로 증상을 나타내는 실제 내담자에게는 동일한 기술을 사용하지 못할 수 있다).

CBAs 설계 고려 사항

CBAs를 설계할 때 상담사 교육자들은 2가지 고려 사항을 주의해야 한다. 첫째로 교수진은 넓은 평가계획 및 욕구와 관련하여 CBA의 역할을 고려해야 한다. 여기에는 프로그램 내의 발달적 순서와 강좌 부담에 미칠 영향에 대한 고려가 포함된다. 둘째로 교수진은 정성 평가에 적합한 방식으로 구체적인 CBAs를 설계해야 한다. 어떤 CBAs는 특정 SLOs에 적합하다. 예를 들어 교수진은 지식 습득을 평가하기 위해 퀴즈, 시험, 숙제 등을 사용할 수 있다. 관찰과 모의 상황은 기술을 평가하는 데 더 좋다.

좋은 설계에는 이 두 관점이 모두 고려되어야 한다. 예를 들어 1학기에 이론 강좌를 담당한 교수가 학생의 지식과 중요 이론의 기초적인 적용을 평가하는 시험을 설계하는 상황을 생각해

보자. 이 시험은 지식을 확실하게 하고 학생에게 표준 종합시험을 준비하게 해준다. 교수는 고차원적 사고를 보여주는 사례 예시나 시연을 요구하는 주관식 시험을 통합하려고 할 수 있다. 교수가 고등 수준 사고에 더 관심을 두고 있다면 이론에 관한 상담 경험, 문헌과 개인적 성찰에 근거하여 지침이 되는 상담 이론을 탐색하는 CBA를 만들 수도 있다. 이 평가가 분명 더 의미 있겠지만, 첫 학기에 시행하는 것은 비현실적이다. 심화 기법이나 실습과 같은 더 심화된 강좌에서는 지침이 되는 이론에 관한 더 복합적인 보고서가 최고 CBA가 될 수 있다.

CBAs를 위한 핵심 설계 고려 사항은 진정성 있고 복합적인 학습 시연의 기회를 만들어 주는 것이다(Meyers & Nulty, 2009). 많은 강좌가 그 특성상 강의식일 수 있기 때문에 상담사 교육자는 자신의 CBA가 실무세계에서 학생에게 발달적으로 적합하고 의미 있는 방식으로 요구사항에 근접할 수 있는지를 잘 고려해야 한다. 아래에 상담사 교육자의 CBA 개발을 안내해주는 질문이 제시되어 있다.

CBA 개발 질문은 다음과 같다.

- 이 CBA로 어떤 SLOs를 평가하는가?
- 프로그램의 어느 시점에 학생은 이 강좌에 참여하는가?
- 현재 교육과정은 CBA에 어느 정도 일치하는가?
- 의미 있는 방식으로 CBA를 수용하기 위해 어떤 교육과정 적응이 필요한가?
- 학생이 이 CBA를 완수하는 데 어느 정도 시간이 소요되는가?
- 이 CBA를 누가 평가하는가?
- 평가자가 이 CBA를 평가하는 데 어느 정도 시간이 소요되는가?
- 학생은 자신의 수행에 관해 어떤 종류의 피드백을 받는가?
- 학생이 인정받을만한 수행을 보여주지 못하면 어떤 일이 일어나는가? 첫 번째 수행으로 끝나는가? 개선된 수행을 보여줄 기회를 주는가?

강력한 CBAs는 큰 틀의 프로그램 개발 계획 안에서 CBA가 무엇으로, 언제, 왜, 어떻게 사용될 것인지에 대해 주의를 기울인다. 각각의 주요 유형에 대한 설계 고려 사항에 대해서는 두꺼운 책을 쓸 수도 있다. 그 내용은 이 책의 범위를 벗어난다. 그렇지만 현장경험, 종합시험, 포트폴리오 등에 관한 장에서 여러분은 이들을 적용해서 CBAs로 사용하는 방법을 학습할 것이다.

Ⅳ부를 꼭 확인하라. 강좌 기반으로 활용할 수 있는 많은 사례를 통하 한 강좌 내에서 광범위한 평가 기회를 사용할 수 있게 될 것이다.

참고자료

많은 교수학습 센터는 주로 시험이나 기타 CBAs를 만드는 기술적인 지원을 제공한다. 여러분은 여러분의 대학에 있는 교수학습센터에서 학습 평가에 대해 생각할 수 있는 많은 자료를 찾을 수 있다. 비록 이 센터들이 주로 대규모 학부 강좌를 가르치는 교수들을 지원하지만, 전문화된 영역의 교수자들에 대해서도 실무적인 자료와 자문을 제공한다. 아래 내용은 CBA를 개발하고 사용하는 것과 관련해서 우리가 자주 사용하는 자료들이다.

Authentic Assessment Toolbox: http://jfmueller.faculty.noctrl.edu/toolbox/index.htm

Spurlin, J. (n.d.). *Course-based assessment overview: Using student work from courses to assess program-level student learning outcomes*. Retrieved from https://assessment.dasa.ncsu.edu/wp-content/
uploads/sites/53/2015/12/methods_course.pdf

Stasson, M. L., Doherty, K., & Poe, M. (2001). *Course-based review and assessment: Methods for un-derstanding student learning*. Retrieved from http://www.umass.edu/oapa/oapa/publications/online_handbooks/course_based.pdf

제5장

현장경험

임상 준비 프로그램은 학생의 현장경험 참여를 통해 SLOs를 직접 관찰할 수 있는 기회를 제공한다. 학생들이 수년간 준비해 온 일을 할 수 있는 자리에 가는 것 외에 어떤 방법이 이 전문직의 요구에 대응하는 학생의 능력을 더 잘 평가할 수 있겠는가. CACREP에서 인증된 프로그램은 각기 최소한 2학기 동안 700시간의 현장경험을 요구하며(실습 100시간, 인턴십 600시간), 일부 학생은 현장경험에서 더 많은 시간을 이수한다. 대인 조력 직종에서 현장경험은 학생들이 기초적인 과정을 마친 후 등록하는 핵심적인 임상 참여이다.

CACREP(2016)은 실습과 인턴십을 전문적 실천이라고 개념화하고 이 최고의 경험은 '슈퍼비전을 받으면서 이론을 적용하고 상담 기술을 개발하도록 한다. 이 경험은 학생들에게 그 지역사회의 인종적, 인구통계학적 다양성을 반영하는 내담자들을 상담할 기회를 제공한다'고 하였다(p. 13). 현장경험 평가는 여러 측면에서 진정성이 있으나 어려움이 없을 수 없다. 아래 목록은 현장경험 평가의 장 · 단점을 보여준다.

현장경험 평가의 장점

현장 평가의 장점은 다음과 같다.

- 적절하게 배치되었다면 현장 평가는 모든 평가 활동 중에서 가장 진정성 있는 평가이다.
- 현장경험 평가는 내담자에게 상담 기술을 수행하는 것을 관찰하기에 적합하다.
- 마지막 단계의 경험은 지금까지 쌓아온 경험의 총체를 검토할 수 있게 한다.

- 현장경험 평가는 다양한 평정자들이 평가에 참여할 기회를 제공한다(예를 들어 교육자, 현장 슈퍼바이저).
- 현장경험 평가는 단일 또는 상세 수준의 관찰보다는 학생의 능력에 대한 폭넓은 평가를 하게 한다.
- 폭넓은 평가에 사용할 추가 평가자료를 수집하게 된다(예를 들어 프로그램의 질, 개선 필요사항에 대한 현장 슈퍼바이저의 평정, 현장과 현장 슈퍼바이저에 대한 학생의 평가).
- 집단 슈퍼비전 경험을 통해 실무세계에 대한 대리 학습과 오리엔테이션을 할 수 있다.
- 현장경험 평가는 학생들로 하여금 구직에 필요한 이력서를 작성하게 하여 졸업 후 취업의 가능성을 높인다(Burke & Snead, 2014).
- 현장경험 평가는 학생들이 현장에 대한 적합도를 평가하고 확신을 갖도록 한다(Burke & Snead, 2014).
- 실습 장소를 선정하는 과정은 미래의 성장과 탐색을 할 영역을 확인하도록 한다(Burke & Snead, 2014).

현장경험 평가의 단점

현장경험 평가의 단점은 다음과 같다.

- 인턴십 현장이 다양해서 현장경험의 요소를 표준화하기 어렵다(예를 들어 어떤 현장이 특정 대상, 관심, 서비스에만 집중한다면 내용별 SLOs 평가가 매우 어려울 수 있다).
- 여러 평정자가 학생 수행의 유형이나 수준에 대해 서로 다른 기대를 가질 수 있다(예를 들어 교육자는 이론 통합에 대한 증거를 보기 원하는데 현장 슈퍼바이저는 내담자 성과 자료에 더 집중하고 싶어할 수 있다).
- 비밀보장과 기록의 한계로 인해 교수 슈퍼바이저가 내담자 상호작용을 모두 다 볼 수 없을 수 있다.
- 회기 기록을 검토하거나 현장 관찰을 실시하는 것은 많은 시간이 필요하다.
- 슈퍼바이저는 폭넓은 관점과 개별 회기 관점 간의 균형을 지키기 위해 수고해야 한다.
- 지식기반 SLOs 평가의 기회가 제한된다.
- 학생들이 자신의 상담 능력을 잘 보여주는 기록이나 내담자의 호소 문제를 제출하지 못할 수 있다.

- 모든 현장 슈퍼바이저가 동일하게 유능하지는 않다(Burke & Snead, 2014).
- 모든 현장이 적절한 경험 기회를 제공하지는 않는다(Burke & Snead, 2014).
- 평가자는 남겨진 또는 미평가된 SLOs를 '모두 처리할 기회'로 인턴십을 활용하려는 유혹을 받을 수 있다.

이어서 논의하겠지만 상담사 교육자는 2016 기준(CACREP, 2016)과 미국상담학회 윤리강령(ACA, 2014)에서 프로그램 내의 현장경험 품질평가 개발의 지침을 얻을 수 있다. 여기에는 평가 활동의 적절한 절차와 결과 활용에 대한 사려 깊은 관심이 있어야 한다.

현장경험 평가 설계의 고려 사항

현장경험에 대한 평가를 논의할 때 상담 슈퍼비전에서의 모범사례를 고려하지 않을 수 없다. 임상 슈퍼비전에서 모범사례(Association for Counselor Education and Suprvision [ACES], 2011)는 임상경험 동안 목표 수립과 학습 평가에 대해 통합적인 주의를 기울인다. 이 최고 수행 지침을 따르는 상담사 교육자는 의미 있는 SLO 평가를 가능하게 할 현장경험을 충실하게 개발한다. 만약 여러분이 최근에 그렇게 하지 못했다면 임상 슈퍼비전에서 모범사례를 살펴보고 현장경험에 대한 형성 평가 및 총괄평가에 대한 정보를 얻기 바란다.

CACREP 2016 표준은 몇 가지 최소한의 설계 고려 사항에 대한 구체적인 지침을 제공한다. 여기에는 다음과 같은 사항이 포함된다.

- 실습과 인턴십의 직접적인 그리고 간접적인 필수 시간
- 개인적 그리고/또는 3인 슈퍼비전에서의 필수 사항(예를 들어 주당 1시간)
- 집단 슈퍼비전 필수 사항(예를 들어 최대 12:1 비율로 주당 1.5시간)
- 교수 슈퍼바이저의 자격(예를 들어 학위, 경험, 위임장, 슈퍼비전 전문가)
- 학생 슈퍼바이저의 자격(예를 들어 학생 지위, 슈퍼비전 준비, 슈퍼비전에 대한 슈퍼비전)
- 현장 슈퍼바이저의 자격(예를 들어 학위, 면허, 경험 년수, 슈퍼비전 전문가, 프로그램에 대한 오리엔테이션)
- 현장과 프로그램 간의 지원(예를 들어 오리엔테이션, 자문, 격주마다 의사소통)
- 관찰(녹화 또는 실시간) 시설

- 평가와 문서화에 대한 기대
- 슈퍼비전 동의 또는 계약

CACREP 2016 표준은 현장에서 학생들이 전문상담사의 다양한 활동에 참여할 기회를 얻도록 요구한다. 자연스럽게 이 활동에는 상담실 내 상담 경험이 포함될 것이며, 기록하기, 현장의 사명과 일치하는 외부 활동이나 교육활동, 운영지원 활동 등을 포함한 여러 전문 활동이 포함될 것이다. 이렇게 하면 발달적으로 적절한 방식으로 현장경험이 진정한 학습 기회가 되는 로드맵이 완성될 것이다.

마지막으로 ACA 윤리강령(ACA, 2014)은 현장경험 설계가 질적으로 수행되기 위해 필요한 몇 가지 윤리적 기준을 제시한다. 핵심은 상담 슈퍼바이저는 내담자 돌봄을 관찰하고 내담자 복지를 보장할 '우선적 책무'(기준 F.1, p. 12)를 지닌다는 것이다. ACA(2014) 기준에 의하면 '슈퍼바이저는 슈퍼바이지의 수행에 대한 지속적인 피드백을 제공하고 문서화하며 슈퍼비전 관계를 맺는 동안 정기적인 형성평가 회기를 계획하여 진행한다'(기준 F.6.a, p. 13). 임상 슈퍼비전에서의 모범사례와 마찬가지로 ACA 윤리강령(ACA, 2014)은 학생이 프로그램에서 탈락되는 상황에서 발상하는 학생의 관심분야 수정과 문지기 역할을 제시하면서 현장경험의 역동적 과정에 주목한다.

경험의 기본 요소(예를 들어 누가 현장 슈퍼바이저인가? 현장은 어디인가? 임상적 수행에 대한 기본적인 목표는 무엇인가?)를 결정면 인준과 윤리적 요구사항에 따라 형성 평가와 총괄평가 간의 균형을 세우는 것이 필요하다. 평가는 여러 발달 시점에서 능력이 어떤 모습으로 보여야 하는지에 대한 명확한 기대에 기초해야 한다. 그 과정에서 학생의 성찰과 통찰이 중요하게 여겨진다. 예를 들어 상담실습의 목표는 지침이 되는 이론의 관점에서 내담자를 사례 개념화를 하기 위해 필요한 능력과 핵심 기술의 발전일 수 있다. 두 번째 학기의 인턴십 목표는 의도된 개입에 있어서 고차원적 성찰과 적극적 참여일 수 있다. 두 가지 모두 학생이 자신의 기술 수준 및 발달상 다음 단계에 대한 의미를 스스로 평가하는 성찰 요소를 포함하고 있다.

현장경험 평가계획이 다양한 참여자의 피드백을 통합하며, 회기별 수행 피드백과 전체적 수행 피드백을 균형있게 다루는 것이 바람직하다. 예를 들어 하나의 현장경험 평가계획에는 다음 요소들이 포함될 수 있다.

- 경험을 관찰하고 관심 영역을 확인하기 위해 사용된 성찰과 주간 시간 기록(교수 슈퍼바이저, 형성 평가)
- 학생이 사례에 대해 자기 보고하고 회기에 대한 녹음이나 실시간 관찰을 탐색하는 주간 슈퍼비전 회기(현장 슈퍼바이저, 형성 평가)
- 격주 간격으로 회기 기록, 사례 개념화, 학생의 자기 평가 제출(교수 슈퍼바이저, 형성 평가)
- 공식적인 현장경험 평정 양식을 활용한 현장 슈퍼바이저와 교수 슈퍼바이저의 중간 모임(교수 및 현장 슈퍼바이저, 형성 및 총괄 평가)
- 상담사로서의 경험과 성장에 관한 최종 성찰 보고서(교수 슈퍼바이저, 총괄 평가)
- 현장에서의 다른 전문적 활동에 대한 포트폴리오 작성(현장 슈퍼바이저, 총괄 평가)
- 공식적인 현장경험 평정 양식을 활용한 현장 슈퍼바이저와 교수 슈퍼바이저의 최종 모임(교수 및 현장 슈퍼바이저, 총괄 평가)

평가자는 어떤 평가가 전체 프로그램 평가 목적을 위해 사용될 것인지를 결정해야 한다. 위의 모든 요소가 경험의 중요한 부분이지만 프로그램 교수진은 공적인 SLO 지표로서 최종 포트폴리오와 종합 평가 양식만을 입력하기로 선택할 수 있다. 이 책의 후반에 이 평가 활동에 사용할 양식과 평정 도구의 예를 제공한다.

현장경험 활동과 평가를 잘 계획하면 가장 복합적이며 진정성 있는 학생의 활동을 파악할 수 있다. 현장경험은 프로그램 학생과 교수 이외의 여러 사람이 포함되므로 의도성이 매우 중요하다. 이 책의 범위를 벗어나지만 현장경험 과정에서 적절한 정차와 결과 활용이 매우 중요하다. 고객에게 심각한 피해를 입히거나, 윤리강령을 고의적으로 명확하게 위반하는 경우가 아니라면 (McAdams & Foster, 2007) 교육자들이 '능력이 나타나지 않아 - 해고'라고 말하는 것은 적절하지 않다. 11 장에서는 평가 양식 작성 절차를 다룬다. 16장에서는 SLO 평가와 학생 검토 및 유지가 만나는 지점을 다룬다. IV부에서는 현장경험 평가를 위한 몇 가지 양식의 사례를 다룬다.

참고자료

Association for Counselor Education and Supervision. (2011). *Best practices in clinical supervision*. Retrieved from http://www.acesonline.net/sites/default/files/ACES-Best-Practices-in-clinical-supervision-document-FINAL.pdf

Hamlet, H. S., & Burnes, T. (2013). Professional School Counseling Internship: Developmental Assessment of Counseling Skills (CIDACS). *Counseling Outcome Research and Evaluation*, 4, 55-71. doi:10.1177/2150137812472196

Puckett, J. B., & Anderson, R. S. (2002). Assessing field experiences. *New Directions for Teaching and Learning*, 91, 53-60. doi:10.1002/tl.66

Shepherd, J. B., Britton, P. J., & Kress, V. E. (2008). Reliability and validity of the Professional Counseling Performance Evaluation. *Australian Journal of Guidance and Counselling*, *18*, 219-232. doi:10.1375/ajgc.18.2.219

제6장

종합시험

종합시험은 학생들이 다양한 분야에 걸쳐 축적해온 지식을 드러낼 기회이다. 종합시험은 자격시험이나 졸업시험, 또는 예비시험(prelims)이라고 불리기도 하는데, 상담교육 분야에서 이는 학위 프로그램 마지막 의식이자, 학생들이 석사 학위 논문(theses)이나 박사 학위 논문(dissertation), 현장경험과 같이 보다 높은 단계를 수행할 준비가 되었는지 테스트하는 관문으로 이용된다. 상담교육 분야에서 종합시험은 전반적인 SLO(학생의 학습성과) 평가의 한 부분으로서 크게 2가지 종류로 실행되는 경향이 있는데, 표준화 시험과 자체(local) 시험이다.

Baggaerly와 Osborn(2013)은 CACREP 인준 프로그램의 절반 이상과 CACREP 미인준 프로그램의 1/4 이상에서 석사 수준 종합 평가를 하는 데 선다형 문제들을 사용하고 있다고 밝힌 바 있다. 그리고 선다형 문제를 사용하는 프로그램 중 2/3 이상은 미국공인상담사협회(National Board of Certified Counselors, NBCC)의 자격 및 교육 센터에서 관리하는 표준화 시험인 상담사 종합시험(Counselor Preparation Comprehensive Exam; CPCE) 테스트를 사용하고 있었다. 그리고 나머지 프로그램들, 즉, CACREP인준 프로그램의 51%와 비인준 프로그램들의 38%는 에세이 스타일의 종합시험들을 사용하고 있었다.

박사 수준 프로그램들에서는 자체 종합시험을 보는 것이 대학이나 분야를 가릴 것 없이 표준적인 절차로 간주되고 있으며 이는 상담교육 분야도 마찬가지이다(McAdams & Robertson, 2012; McAdams, Robertson, & Foster, 2013; Peterson, Bowman, Myer,& Maidl, 1992). 학위 프로그램의 마지막 평가를 표준화된 형태의 시험을 보는지와 자체 시험을 보는지에 따라 학생들의 경험은 매우 다르기 때문에, 본 챕터에는 이를 표준화 평가, 석사 학위 수준 자체 평가, 박사 학위 수준 자체 평가로 구분하여 설명하고자 한다.

표준화된 종합 평가

표준화된 종합 평가는 평가 문항의 출제와 타당화, 규준화가 외부 주체에 의해 이루어지며, 평가 관련 행정도 외부 주체에 의해 이루어지는 경우가 많다. 이러한 표준화된 종합 평가는 주로 석사 학위 수준에서 많이 사용되며, 박사 학위 수준 상담사 교육이나 슈퍼비전 프로그램에 특화된 표준화된 평가는 개발된 바가 없다.

CPCE

앞서 언급한 바와 같이, CPCE는 상담사 교육 분야에서 가장 광범위하게 사용되고 있는 표준화된 종합시험이다. 미국 공인상담사협회의 자격 및 교육 센터는 2014년부로 총 360개 이상의 프로그램에서 CPCE가 사용되고 있으며, 프로그램 소속 학생들이 핵심 교육과정 영역의 지식 수준이 어떠한지에 대한 객관적 지표를 제공하고 있다고 밝혔다. 앞으로 이야기할 미국 공인상담사 자격시험(National Counselor Examination, NCE)과 함께 CPCE는 CACREP(2009년 기준)의 8가지 핵심 교육과정 영역을 평가할 수 있도록 디자인되었다.

1. 전문가 입문과 윤리
2. 사회적, 문화적 다양성
3. 인간 성장과 발달
4. 진로 발달
5. 조력 관계
6. 집단 작업
7. 측정 평가

8. 연구와 프로그램 평가

CPCE는 각 핵심 영역별 보통 16~17개의 문항을 포함하고 있으며, 반나절 정도의 시간에 걸쳐 실시된다. 2016년 기준 CPCE 시험에 응시하는 데 1인당 50달러의 비용이 부과된다. 미국공인상담사협회가 시험의 내용을 관리하고 있기는 하지만, 각 상담 학위 프로그램들도 다음과 같은 책임을 가진다.

- 시험에 참가할 학생들이 누구인지 결정하는 일
- 자격 및 교육 센터의 규칙에 따라 시험을 시행하는 일
- 총합 점수와 각 영역별 점수의 합격 점수 커트라인을 정하는 일
- 총합 점수나 영역별 합격 커트라인을 넘지 못한 학생들의 구제 과정을 규정하는 일

자격 및 교육 센터는 각각의 학생들에게 개인 점수 결과를 제공해 줄 뿐 아니라, 프로그램 담당자들에게 프로그램 전체 응시 학생의 종합 결과와 국가 전체 종합 결과까지 제공해 준다. 이러한 방식으로 각각의 프로그램들에서는 CPCE 결과를 보다 포괄적인 학생 및 프로그램의 핵심 교육과정 영역별 수행 수준 평가에 사용할 수 있다. 이러한 평가 속성상 문항들 대부분이 일반적 지식을 평가한다는 단점이 있기는 하나, 앞으로도 많은 프로그램에서 핵심 교육과정에 대한 학습이 이루어졌는지 평가하기 위해 CPCE를 사용할 것으로 예상한다. 평가자들은 CPCE 점수에 일반적 학업 수준이 상당 부분 반영된다는 점도 알아둘 필요가 있다. 한 연구에 따르면, 학부 수준 학점 평균과 미국 대학원 입학시험(GRE)의 언어 및 수학 영역 점수가 CPCE 총합점수의 21%정도를 설명한다고 보고된 바 있다(Schmidt, Homeyer, & Walker, 2009).

NCE

NCE는 미국 공인상담사협회가 미국 내 많은 주에서 상담사 면허(licensure) 취득에 필요한 표준화 평가를 위해 시행하는 시험이다. NCE 시험 웹사이트에 접속해 보면, 미국 공인상담사협회는 NCE를 종합시험 용도로 사용하지 말 것을 명시하고 있다. 이로 인해 NCE 자체를 SLO

평가의 구체적 요소로 활용할 수는 없지만, NCE 통과율을 전반적 프로그램 평가의 보조 수단이나 지표로 사용할 수는 있다. CPCE와 NCE 시험은 모두 같은 내용 영역을 평가하고 있고, 스터디 가이드 역시 비슷한 내용을 포함하고 있다. 본 저서 1 저자의 개인적 경험에 비추어 보면 CPCE의 국가 평균에서 1 표준편차 아래 점수까지를 통과 점수로 결정하면, CPCE 시험의 첫 번째 시도 통과율과 NCE 시험의 첫 번째 시도 통과율이 거의 비슷하게 산출된다. NCE와 CPCE는 내용 구조가 비슷하기 때문에 CPCE 시험에서 고전을 하는 학생들은 대개 NCE 시험에서도 고전한다. 이러한 맥락에서 보면 CPCE시험은 학생들의 핵심 교육과정 영역에 대한 학습 정도를 측정하는 기능을 가질 뿐 아니라, NCE 시험의 고비용 때문에 시험에 떨어져 여러 번 시험을 보게 될까 걱정하는 학생들에게 NCE 테스트를 준비할 기회가 되기도 한다.

주별 자격시험

상담교육 프로그램들에서는 SLO 평가계획의 일부로 표준화된 주별 자격시험들을 활용할 수도 있다. 여러 주에서 학교 상담사 자격이나 상담사 면허 취득을 위해 졸업 전에도 학생들이 주에서 요구하는 시험을 볼 수 있도록 허가해 주고 있다. 예를 들어, 텍사스주의 경우 단과대나 대학 수준에서 시험 볼 학생을 인준해 주면, TExES 시험이라 불리는 텍사스주 학교 상담 자격시험을 졸업 전에 볼 수 있게 해준다. 이 시험의 목적은 피험자가 "텍사스 공립 학교에서 특정 분야의 초임 수준 교육가가 반드시 가져야 할 필수 지식과 기술을 가지고 있는지"(Texas Education Agency, 2012, p. 3)를 평가하는 것이라고 기술되어 있다. 이 시험은 3개 영역(학생 이해, 종합적 학교 상담 프로그램의 계획과 실행, 전문적 자질, 컨설팅 및 협력 능력)에 걸쳐 100문항 정도의 선다형 문항으로 이루어져 있다. 각 내용 영역은 구체적인 교육 규준들과 매칭이 되어 있으며, 점수 분포는 100점에서 300점인 가운데 240점이 합격 점수이다. 텍사스주에서는 영역별 교육 규준들을 개괄해주는 시험 메뉴얼을 제공하고, 시험 후에는 각 학생들에게 종합 점수 결과를 제공한다. 텍사스주와 같은 경우, 주가 제공하는 시험이 있다는 특수성을 활용해, 해당 시험을 학교 상담사 영역에 특화된 지식에 대한 평가로 사용할 수 있다.

평가 도입시 고려할 점

앞으로 설명하겠지만, 학생들의 학습에 대한 평가로 표준화된 시험을 활용하는 것에는 장점과 단점이 동시에 존재한다. 일단 표준화된 시험을 활용하기로 결정했다면, 상담교육 프로그램 교수진은 포괄적인 프로그램 운영의 관점에서 어떠한 시험이 보다 해당 프로그램에 적합한지 뿐 아니라, 표준화 시험을 통과하지 못하는 학생들을 위한 구제 및 교정 계획 역시 고려해야 한다. 저자들의 경험에 비추어 보면, 상담교육가들은 학기 중 진행되는 과목별 평가에 질적 평가 방법(다문화 과목에서 성찰 저널 쓰기 과제를 평가하거나, 상담 기술 과목에서는 기술을 보여주는 비디오를 평가하기 등)을 선호한다. 대부분의 주에서 자격 취득을 위해 표준화된 시험을 필수로 하고 있음에도, 보다 질적이고 과정 중심 평가에 익숙한 학생들과 교수들에게 상담교육 프로그램을 졸업하는 데 그러한 시험을 치러야 한다는 요구는 다소 충격적으로 느껴질 수 있다. 상담교육 교수진들은 과목별 평가 특유의 질적 풍부함을 희생하지 않으면서도, 학생들이 현실적으로 치러내야 하는 이러한 방식의 시험을 준비할 수 있도록 교육해야 한다. 예컨대, 저자 중 한 명은 다문화 과목을 운영할 때, 학생들이 표준화 시험의 사회적, 문화적 다양성 영역 관련 문항들을 볼 기회들을 마련한다. 실제로 문제은행에서 발췌한 퀴즈들을 학점에 반영하거나, 수업 시간에 그 문항들을 보는 시간을 따로 제공하지는 않지만, 학생들이 해당 문항들을 풀어볼 수 있도록 과목 관리 시스템에 등록해 두는 방식이다.

표준화 평가의 장점

표준화 평가의 장점에는 아래와 같은 것들이 있다.

- 표준화 평가는 지식 이해와 지식의 기본적 적용을 포괄적으로 평가하는 데 적합한 평가이다.
- 대학 외 기관에서 블라인드 방식으로 진행되는 객관적 채점은 특정 학생에 대한 긍정 또는 부정 편향을 줄일 수 있다.
- 대학원생들은 표준화 평가 형태에 비교적 익숙할 수 있다(Burke & Snead, 2014)
- 표준화 평가는 나중에 행해지기 때문에, 교수나 강사들이 교과목을 운영하는 데 있어서는 학습 자체에 집중할 수 있게 한다.
- 평가 제작자들이 규준과 타당도에 대해 특별한 주의를 기울인다.

- 표준화된 평가는 학생들이 실제 자격이나 면허에서 요구되는 기본 요구사항을 만족시킬 수 있는지 가늠하는 데 실용적이다.
- 실제 자격이나 면허의 기본 요구사항과 유사하기 때문에 학생들의 취업 시장 진출율을 높일 수도 있다.
- 시험 결과 보고서는 학생이 주의를 기울일 필요가 있는 영역에 대한 정보를 제공할 수 있다.
- 시험 종합 결과 보고서는 프로그램 전체 학생들이 잘 이해하고 있는 영역과 어려움을 겪는 영역에 대한 정보를 제공해주므로 과목 운영과 경험 학습 부분에 대한 프로그램이나 학과 차원의 피드백을 제공할 수 있다.
- 대학 외 기관에 의해 관리되므로 교수들의 종합 평가 관련 수고를 덜 수 있다(Burke & Snead, 2014).
- 시험 자체가 시간 제한적이다.
- 시험을 통해 용어들이 표준화 된다(Burke & Snead, 2014).
- 시험 준비 메뉴얼과 자료들이 있어 학생들의 시험 준비가 용이하다.

표준화 평가의 단점

표준화 평가의 단점에는 아래와 같은 것들이 있다.

- 표준화 평가는 학생의 상담 기술과 상담사로서의 잠재적 효과성을 평가할 수 없다.
- 상담관련 여러 학과들은 교육과정 전반에서 전통적 시험 방식을 사용하지 않는다.
- 학습 장애가 있거나, 영어가 모국어가 아닌 경우 등 시험 방식 평가가 불리한 학생들이 있다.
- 시험 불안으로 인해 학생들이 실제 아는 것을 잘 드러내지 못할 수 있다.
- 여러 표준화 평가들은 소수 집단들에게 불리한 측정 오류가 있다고 알려져 있다.
- 시험 결과 보고서는 학생의 구체적 SLO학습성과에 대한 피드백을 주기보다는 일반적인 지식 이해에 대한 피드백으로 구성되어 있다.
- 시간이 정해진 평가의 특성상 학생들은 돌발 상황(예: 질병, 개인적 위기) 대처가 어렵다.
- 학과목 이수와 실습 경험에 모든 노력을 투자하고 있는 학생들의 경우 시험에 대한 별도 준비가 어려울 수 있다.

- 시험 가능한 날짜가 많지 않기에 첫 번째에 바로 통과가 되지 않은 학생들은 졸업 일정에 지장을 받을 수 있다.

표준화된 시험들은 교과목의 구체적 부분이나 교육과정의 특정 측면과는 연관되기 어렵기 때문에, 교수들은 학생들이 노력의 결실을 성공적으로 맺을 수 있도록 돕기 위해 어떤 학습 경험들을 구성해야 하는지 결정해야 한다. 교수들은 표준화 평가를 준비하는 단계에 있는 학생들을 위해 복습 세션을 제공하거나, 복습의 구체적인 방법들을 권유할 필요가 있다. 예컨대, 스터디 그룹은 종합시험을 준비하는 과정의 불안을 덜 수 있게 도와줄 것이며, 교수들이 해당 스터디 그룹의 멘토가 되어주거나 그들을 여러 방도로 지지해 준다면 더욱 도움이 될 것이다(Bartle & Bradwin, 2006). Dipietro와 동료들은(2010) 학생들이 종합시험을 서로 도와가면서 준비할 수 있도록 위키피디아 백과사전을 사용하는 방법도 기술한 바 있다.

표준화 시험을 학과에 도입하는 데 있어 다음으로 고려할 점은 시험 통과 기준 결정과 기준을 만족하지 못한 학생들에 대한 구제(remediation) 기회를 어떻게 준비할 것인가이다. 프로그램마다 통과 기준은 다양하다. CPCE의 자료에 의하면, 몇 퍼센트를 맞췄는 가로 기준을 세우는 경우도 있고, 국가 표준으로부터의 표준편차 기준(예: 평균보다 1표준편차 아래로의 점수는 탈락), 또는 "교수들의 결정"(Baggerly & Osborn, 2013, p. 95)을 기준으로 하는 경우도 있다. 교수들의 결정에 따라 전체 총합 점수가 아닌 특정 영역에 대해서만 기준을 세우는 것도 가능하다.

다음으로 통과 기준을 만족하지 못한 학생들을 어떻게 도와주어야 하는가를 결정해야 한다. 종합시험 통과 절차에 대한 Baggerly와 Osborn(2013)의 리뷰에 따르면, 어떤 학과는 학생들이 재시험 준비 실행 계획을 세우게 한 후 몇 번까지는 시험을 다시 보는 것을 허락하고, 대안적 시험(예컨대, 다른 종류의 시험, 조금 더 쉬운 스타일의 시험, 또는 구술시험)을 제공하는 경우도 있다. 이런 것들은 가능하지만, Baggerly와 Osborn에 따르면 종합시험에 떨어졌다고 해서 학과에서 퇴출되는 경우는 없었다. 교육과정 끝 무렵 표준화 시험에 응시하는 경향이 많기는 하지만, 교수들은 졸업을 앞둔 학생들이 재시험을 위해 몇 달 또는 그 이상을 기다려야 하는 것이 학생들의 삶에 어떠한 결과를 초래하는지 고려해야만 한다. 표준화 검사의 사용에 관련해서 앞서 설명한 바를 포함해 교수들이 어떠한 것들을 고려해야 하는지는 아래 리스트와 같다.

표준화 평가 도입 시 고려할 점

표준화 시험 도입 시 교수진이 스스로 질문해 보아야 할 사항들은 아래와 같다.

- 표준화 시험을 통해 어떠한 학생 학습성과(SLO)를 평가하고자 하는가?
- 이 평가의 틀은 학생 학습성과에 대해 어느 정도의 구체적이고 집중된 피드백을 제공하는가?
- 평가의 타당도와 신뢰도에 대한 근거가 제공되는가?
- 주별 면허나 자격시험의 기대치와 어느 정도로 유사한가?
- 학생들에게 사회적이고 문화적으로 어느 정도로 적절한가?
- 유의미한 방식으로 표준화 평가를 도입하기 위해서 어떠한 교육과정 조정이 필요한가?
- 어느 시점에 학생들이 시험을 치루도록 할 것인가?
- 얼마나 자주 시험 기회를 제공할 수 있는가?
- 학생들이 시험 준비와 응시에 어느 정도의 시간과 노력을 투자해야 하는가?
- 프로그램 차원에서 시험 통과를 위해 학생들을 지원할 방법은 무엇이 있는가?
- 이 평가를 위한 행정에 교수들이 어느 정도의 시간과 노력을 투자해야 하는가?
- 적절한 통과 기준을 누가 결정할 것인가?
- 이 시험을 통해 학생들은 어떤 종류의 피드백을 받게 되는가?
- 수용 가능한 수준의 성과를 보이지 못한 학생들은 어떻게 해야 하는가? 구제를 위해 해야할 일은? 재시험 시 고려할 사항은? 의견 개진 과정은? 학생들이 추가적으로 감당해야 할 시간과 비용은 어느 정도인가?

석사 수준 상담 프로그램들에서 CPCE가 거의 유일하게 사용되고 있는 표준화 평가이기는 하지만, 이것만 가능한 것은 아니다. 다음 섹션에서는 석사 수준의 프로그램 자체 평가에 대해 다루고자 한다.

자체적인 석사 수준 종합시험

자체적인(Local) 석사 수준 종합시험이란 해당 프로그램 교수진들이 개발하고, 시험보게 하며, 채점까지 하는 시험들을 포함한다. 앞서 언급한 Baggerly와 Osborn(2013)의 연구에 따르면, 34.8%의 석사 프로그램에서 자체적으로 출제한 선다형 시험을 사용하고, 47.1%의 프로그램에서는 에세이 스타일의 시험을 사용한다. 자체 시험은 시험 디자인에 있어 교수들에게 매우 폭넓은 변형과 자유를 허락한다. 예컨대, 객관적 지식 뿐 아니라 주관적 의견도 평가할 수 있으며, 직접 치루는 시험 이외에 과제형 시험, 오픈북 형태도 가능하다. 단순 지식만 평가할 수도 있지만, 주어진 자료들의 적용이나 분석 수준을 평가할 수도 있다. 대그룹 단위로 평가할 수도 있고, 상황별 그룹을 달리해 평가할 수도 있다. 또한 학생 전체 그룹을 위한 시험을 출제할 수도 있고, 학생별 흥미과 기술을 고려해 맞춤형 평가를 제공할 수 있다. 자체 평가 개발 과정에 학생들이 참여할 수도 있고 그렇지 않을 수도 있다.

평가 도입시 고려 사항

자체 평가 활동이 성공적으로 이루어지기 위해서는 평가의 명료성과 평가과정이 매우 중요하다(Baggerly & Osborn, 2013). 표준화 평가 도입시 고려 사항들은 자체 평가에도 적용될 수 있다. 또한 자체적인 종합시험의 주된 장점은 동시에 주된 단점이 될 수 있다. 자체 평가는 각각의 상담 프로그램의 초점과 독특성을 고려한 평가가 용이하다는 장점이 있지만, 고부담 시험이 되거나, 낮은 타당도를 보이는 평가 활동을 할 위험성이 있다. 특히, 선다형 문항 출제를 해 본 경험이나 준비가 충분치 않은 교수자들에 의한 평가는 더욱 그러할 우험이 크다. 이러한 이유로 저자들은 많은 상담교육자들이 가능한 한 CPCE와 같은 객관화된 표준화 평가를 활용해 핵심 지식을 평가하면서 자체 평가를 병행하길 권장한다. 이러한 방법은 자체 평가에서 보다 주관적인 방식, 예컨대, 에세이나 사례, 시나리오 반응 방식 등을 통해 학생들의 심층적 의미 수준이나 지식 적용 수준을 평가할 수 있게 한다. 표준화 평가의 단점 중 하나는 이것에서 다루어지지 않는 영역, 예컨대, 중독, 대학생 지원, 결혼, 커플 및 가족 상담 영역에 대한 보완이 필요하다는 점이다. 위와 같이 표준화 평가와 자체 평가를 병행할 때, 자체 종합시험은 이런 영역 중 프로그램별 특수 영역을 평가할 수 있게 해주고, 프로그램 전반에서 주로 사용된 시험 방식(예, 사례연구, 주관식 시험)을 적용할 수 있게 해준다. 보다 구체적인 자체 평가의 장점과 단점은 아래 리스트와 같다.

자체 종합시험의 장점

자체 종합시험의 장점은 아래와 같다.

- 표준화 평가와 마찬가지로, 자체 종합시험은 지식 영역 평가에 최적화 되어 있다.
- 표준화 평가와 마찬가지로, 자체 종합시험은 학생들이 익숙하고, 편안한 포맷으로 시험을 치룰 수 있게 한다.
- 표준화 평가와 마찬가지로, 자체 종합시험은 나중에 치루어 지므로, 학생들과 강사들이 학과목 이수 과정 동안 학습 그 자체에 집중할 수 있게 해 준다.
- 자체 종합시험은 단일 과목의 경계를 넘어 학생 학습성과(SLO)의 독특한 조합을 다루도록 설계할 수도 있다.
- 자체 종합시험은 프로그램 특수 영역이나 고려 사항에 맞춤형으로 시험을 설계할 수 있다.
- 짧고 구조화된 대답을 요하는 서술형 평가(constructed response questions)는 보다 심층적 수준의 지식과 적용 수준을 평가할 수 있다.
- 교수진은 프로그램의 초점에 따라 시험의 내용을 조정할 수 있다.
- 교수진은 학생들의 특징과 독특한 요구에 맞추어 시험의 내용을 조정할 수 있다.
- 교수진이 시험 실시의 타이밍과 빈도수를 자체적으로 조정할 수 있다.
- 교수진이 어떠한 평가와 피드백 방식을 줄 것인지 자체적으로 조정할 수 있다.
- 객관적인, 또는 블라인드 채점 방식을 도입하면 특정 학생에 대한 긍정 또는 부정 편향 오류를 줄일 수 있다.

자체 종합시험의 단점

자체 종합시험의 단점들은 다음과 같다.

- 자체 종합시험 역시 학생의 상담 기술과 상담사로서의 잠재적 효과성을 평가하는 경우는

드물다.

- 상담 관련 여러 프로그램은 교육과정 전반에서 전통적 시험 방식을 사용하지 않는다.
- 학습 장애가 있거나, 영어가 모국어가 아닌 경우 등 시험 방식 평가가 불리한 학생들이 있다.
- 타당도를 높은 수준으로 유지하면서 평가를 개발하고, 개편하고, 보안을 유지시키는 것은 많은 시간과 노력, 경험을 필요로 한다.
- 교수진의 변화가 있거나 강사 및 겸임 교수(adjunct professor)를 고용하는 프로그램에서는 교육과정과 시험의 내용이 괴리되는 현상도 있을 수 있다.
- 시험 가능한 날짜가 많지 않기에 첫 번째에 바로 통과가 되지 않은 학생들은 졸업 일정에 지장을 받을 수 있다.
- 시간이 정해진 평가의 특성상 학생들은 돌발 상황(예: 질병, 개인적 위기) 대처가 어렵다.
- 교과목 이수와 실습 경험에 모든 노력을 투자하고 있는 학생들의 경우 시험에 대한 별도 준비가 어려울 수 있다.
- 블라인드 채점 방식이 사용되지 않는 다면, 특정 학생에 대한 긍정 또는 부정 편향 오류가 클 수 있다.

자체 종합시험에 선다형, 참 · 거짓형 등을 활용한 지식 평가 문항을 출제하려는 경우, 교수진이 평가하고자 하는 학생 학습성과(SLO) 영역이 무엇인지를 분명히 하는 것이 평가 개발 과정의 방향을 결정할 수 있다. 1개의 문항으로 학생 학습성과를 평가한다는 것이 부적절하기는 하나, 특정 개념의 이해도를 평가하기 위한 문항 풀(pool)을 만들어 둘 수 도 있다. 대학 교수자 커뮤니티에는 보통 좋은 문항을 개발하기 위한 자료들이 공유되고 있으며, 여러 대학의 교수학습개발 센터들이 문항 개발 과정을 지원하기도 한다. 학생들이 종합시험이라는 고부담 시험 준비를 위해 하는 노력을 고려해 볼 때, 교수들은 선다형이나 참거짓형 같은 문항으로 학생 학습성과(SLO)을 평가하고자 할 때는 문항 개발 과정에서의 컨설팅, 파일럿 테스팅, 문항 개발 도구의 개발과 정선 등과 같은 과정들을 거치길 촉구한다. 이 장의 마지막에는 저자들이 발견한 문항 개발을 위한 자료들을 나열해 두었다.

상담교육자들은 서술형 평가나, 짧고 구조화된 대답을 요하는 서술형 평가(constructed response questions)를 사용할 수도 있다. 예컨대, 사례 기반 평가는 인간 발달 및 상담 이론적 시각에서의 사례 개념화, 진단, 개입 계획 및 내담자 옹호 기회 발견 등 한 번에 여러 가지 요소를 평가할 수 있는 활동을 포함할 수 있다. 여타의 평가 구성과 마찬가지로 상담 프로그램 교수진은 평가하고자 하는 학생 학습성과가 무엇인지 명확하게 하고, 기대하는 내용을 도출할 수 있도록 문항의 워딩을 잘 구성하는 것이 중요하다. 서술형 답변의 주관적인 특성상, 상담 프로그램 교수진은 채점 방안 또한 결정해 두어야 한다(예: 채점등급표의 사용, 평정자의 수와 자격). 자체 종합시험의 경우, 시간 블록을 정해 치러지는 전형적인 시험 방식을 반드시 따라갈 필요는 없다. 그것보다는 과제형 시험이나, 구술 프레젠테이션, 구술 면접 평가, 여러 영역의 자료를 학생들이 종합한 리포트 등 다양한 방식으로 이루어질 수 있다. 자체 종합시험 개발을 위해 고려할 사항들은 아래와 같다.

석사 수준의 자체 종합시험 개발 시 유의사항

자체 종합시험 개발을 위해 교수진이 스스로 질문해 보아야 할 사항들은 아래와 같다.

- 학생 학습성과(SLO)의 영역별로 가장 적합한 평가의 형태는 어떤 것인가?; 객관적이고 짧은 답변을 요구하는 에세이, 주관적 답변을 요구하는 에세이, 선다형?
- 평가가 치뤄지는 방식은 어떤 것이 가장 적절한가?; 전통적 방식의 대면 시험 아니면 과제형? 오픈북으로 할 수 있는지? 제한 시간은 둘 것인지?
- 평가의 타당도와 신뢰도의 증거가 있는가?
- 평가를 통해 실제 자격과 면허를 따기 위해 요구되는 기대 수준을 어느 정도로 어림해 볼 수 있는가?
- 평가의 내용과 초점들이 기존 교육과정과 프로그램의 강조점들과 어느 정도로 부합되는가?
- 평가를 의미 있는 방향으로 도입하기 위해서는 어떠한 교육과정 조정이 필요한가?
- 겸임 교수나 강사들을 포함해 교수진이 종합시험의 내용이 그들이 가르치는 과목과 연계되어 있다는 사실을 확실히 인지하고 있는가?
- 어느 시점에 학생들이 시험에 응시하도록 할 것인가?
- 얼마나 자주 시험 기회를 제공할 수 있는가? 학생 개개인이 시험에 응시할 수 있는가? 전체 학생이 응시해야만 하는가?

- 학생들이 시험 준비와 응시에 어느 정도의 시간과 노력을 투자해야 하는가?
- 프로그램 차원에서 시험 통과를 위해 학생들을 지원할 방법은 무엇이 있는가?
- 이 평가를 개발하고, 실행하고, 채점하고, 평가 자체와 채점 채점등급표를 분석하는데 교수들이 어느 정도의 시간과 노력을 투자해야 하는가? 이와 같은 과제의 책임은 누가 맡을 것인가?
- 평가의 채점 책임을 누가 맡을 것인가? 채점을 교수자 개인 별로 할 것인가? 학과 밖의 별도 위원회가 할 것인가? 학생 관련 위원회의 합의로 할 것인가? 평정자들에게 학생들의 개인 정보를 공개하지 않은 채점을 할 것인가?
- 적절한 통과 기준을 누가 결정할 것인가?
- 이 시험을 통해 학생들은 어떤 종류의 피드백을 받게 되는가?
- 수용 가능한 수준의 성과를 보이지 못한 학생들은 어떻게 해야 하는가? 구제를 위해 해야 할 일은? 재시험 시 고려할 사항은? 의견 개진 과정은? 학생들이 추가적으로 감당해야 할 시간과 비용은 어느 정도인가?

박사 수준의 종합시험

박사 수준의 종합시험은 용어의 정의에서부터 이미 자체 종합시험을 의미한다 볼 수 있다. 박사 수준의 종합시험에 대해서는 상담사 교육 분야뿐만 아니라 광범위한 분야에서 지속적으로 토의되어 왔다. 박사 수준의 종합시험은 보통 구술시험과 지필 평가가 함께 이루어지는 경향이 있다(McAdams & Robertson, 2012). 박사 수준의 종합 평가는 한 학생이 수강한 학과목 전체에 대한 최종 평가로 개념화 될 수 있는데, 이 평가는 각 과목의 최종 평가와 박사 논문 사이의 관문 역할을 하며, 이 평가를 통과하지 못하는 학생은 박사 학위 논문을 작성하는 단계로 넘어갈 수 없다.

대학 교육 분야에서 박사 수준 종합시험은 긴 역사를 가지고 있으며, 논란과 토의의 주제가 되어왔다. 예컨대, Eisenberg(1965)은 박사 수준 종합시험 관례는 심리학계의 고질적 문제이며, 더 나은 방법이 있을 수 없는지를 질문한 바 있다. 최근에는 S. Patton(2013)이 관련 논란에 대한 학생과 교수진의 관점들을 정리하며, 대학원생들의 변화를 요구한 바 있다.

상담학 분야에서 박사 수준 종합시험을 집중해 다룬 문헌들이 많지는 않지만, Peterson 과 동료들(1992)은 상담사 교육 분야에서의 종합시험들이 어떻게 이루어지는지 조사한 바 있다. 이 연구에 따르면 61%의 상담사 교육 프로그램만이 종합시험의 목적에 대해 명시적으로 기술하고 있었다. 명시된 목적을 살펴보면, 최소한의 지식 수준 스크리닝, 글쓰기 능력에 대한 평가, 평가 자체를 통한 학습 경험 제공과 프로그램 평가 등이 있었다. 1992년 당시 이론과 연구 관련 영역이 가장 빈번히 평가되는 영역이었고, 상담 능력 관련 영역들은 거의 평가되지 않았다. 평가 문항 출제에 교수진이 투입되는 방법도 다양하였는데, 프로그램의 교수진이 모두 함께 출제하거나, 개별적인 종합시험 위원회 또는 프로그램에서 이루어지는 모든 평가를 관장하는 위원회가 출제하는 경우도 있었다. 대부분의 프로그램에서 박사 수준 종합시험은 하루에 4~8시간씩 이틀에 걸쳐 응시하는 형태로 진행되고 있었다. 지도 교수가 개별 학생의 시험 준비를 도와야 한다는 기대수준을 가지고 있는 경우가 많았으나, 참고문헌 리스트나 평가의 목표, 샘플 문항 등 구체적인 도움을 제공한 경우는 많지 않았다. 평정 절차는 다양한 개별 교수자나 위원회를 통해 이루어졌고, 그 과정 중 특정 시점에 학생에게 피드백이 제공되고 있었다. Peterson과 동료들(1992)은 상담교육가들이 종합시험의 목적을 분명히 할 필요가 있으며, 학생들에게 평가의 목표를 투명하게 공개해야 하며, 학생들의 시험 준비 불안을 경감시키는 역할을 할 필요가 있다고 제언하였다.

보다 최근의 문헌으로 McAdams와 Robertson(2012)는 상호작용이 이루어지는 구술 종합시험의 역사를 살핀 후, 교수진과 학생들이 이러한 형태의 평가를 통해 가지는 이익과 감당해야 할 책임 사항들을 정리한 바 있다. 예컨대, 구술시험은 학생들이 학자의 삶을 살아갈 만한 능력이 있는지에 대해 진솔하고, 즉각적이며, 풍부한 탐색이 가능하다. 그러나 구술시험은 비공개 상황에서 매우 주관적인 방식으로 이루어지며, 문화적 편견이 작용할 수도 있고 공격적일 수 있는 분위기에서 진행되므로, 학생들의 불안이 높을 수도 있다. 박사 수준 종합시험에 대한 학생 경험을 연구한 McAdams와 동료들(2013)에 따르면, 연구 참여자들은 구술시험 방식의 종합시험이 박사 학위 논문 프로포절이나 디펜스보다 훨씬 더 힘든 경험이었다고 보고 하였다. 다만, 연구 참가자들의 대부분은 구술시험을 박사 수준 종합시험으로 처음 경험해 보는 경우가 많았다. 전반적으로 구술시험은 학생들의 학습 경험에 기여하고, 중요한 이정표가 되었다고 보고하였지만, 어떤 이들은 이 과정이 매우 불편하고, 자신들에게 해를 끼쳤다고 까지 표현하기도 하였다. 이러한 결과는 박사 과정 코홀트 그룹의 경험을 포토보이스 기법으로 연구한 Koltz와 동료들(2010)의 결과와도 유사하다. 이들은 종합시험과 관련한 주제를 자기 의심, 압박감, 근면함과 동기로 보고하였다. 박사 수준의 종합시험에 대해 McAdams와 Robertson은 교육자의 역할은 본질적으로 주관적이며, 계속해서 변화해야만 한다고 강하게 주장한 바 있다. 다시 말해, 교육자들은 평가과정에서 주관성을 덜어내는 작업에 집중하기 보다는, 학생들에게 평가의 목적을 명확히 설명하고, 평가과정과 채점 과정을 투명하게 공개해야 하며, 교육과정을 통해 학생들이 이를 준비해 나갈 수 있도록 도와야 한다는 것이다.

평가 개발 과정의 고려 사항

아래 리스트에서 나타나겠지만, 박사 수준 종합시험의 장점과 단점은 석사 수준 종합시험의 그것과 상응한다.

박사 수준 종합시험의 장점

박사 수준 종합시험의 장점은 아래와 같다.

- 박사 수준 종합시험은 교육과정 여러 영역을 깊은 수준에서 통합하고 분석할 수 있는지 평가할 수 있다.
- 박사 수준 종합시험은 교육과정 내에서 실용적이면서도 상징적 의미의 전환점 역할을 한다.
- 학생들에게 통과의례의 의미를 가진다(McAdams & Robertson, 2012)
- 적절하게 시행된다면, 박사 수준 종합시험은 학자의 길에 들어서려는 학생의 진솔한 태도를 볼 수 있다.
- 박사 수준의 종합시험은 개개 학생의 흥미나 전문성에 맞추어 시험의 내용을 조정할 수 있다.
- 블라인드 테스트나 팀 단위 리뷰 과정은 평가의 객관성을 증진시킬 수 있다.
- 구술시험은 지식의 깊이와 진실한 접근 태도, 의사소통 능력 및 상황 대처 능력까지 평가할 수 있다(McAdams & Robertson, 2012)
- 종합시험의 준비 과정에서 학습 공동체가 만들어 질 수 있다.

박사 수준 종합시험의 단점

박사 수준 종합시험의 단점들은 다음과 같다.

- 종합시험을 둘러싼 논란과 의문의 역사가 길다
- 평가의 목적을 명확하게 밝히지 않는 경우가 많다(McAdams et al., 2013; Peterson et al., 1992).
- "종합시험에 대한 비판에 따르면 보다 높은 수준의 객관성, 투명성 및 문화적 고려를 중요한 교육 가치로 여기는 이 시대에 구술시험은 주관적이고, 비밀에 가려져 있으며, 문화적 고려가 부족한 방식이다"(McAdams & Robertson, 2012, p. 179).
- 박사 수준 종합시험 역시 학생의 임상적 능력이 평가되는 경우는 드물다(Peterson et al., 1992).
- 프로그램의 규모나 평가과정으로 인해 발생하는 블라인드 리뷰의 부재는 평가의 주관성과 오류를 증가시킨다.
- 고부담 시험과 비현실적 기대 수준에 대한 불안, 그리고 시험을 치루는 시간이 제한되어 있는 형태는 학생들의 실제 능력 발휘를 저하시킨다.
- 박사 수준 종합시험의 긴 시간 및 스케줄 제한은 학생과 교수진들 모두 시간 제약을 많이 가지게 한다.
- 일상적인 교육과정 운영 이외에 별도로 치러지는 종합시험의 특성은 교수진이 이를 준비하는 학생들에 대해 주의를 기울이거나 지도를 하는 시간과 에너지를 덜 쓰게 한다.

우선 교수진들이 박사 수준 종합시험의 목적을 분명히 하고, 이를 평가 개발 과정에서 의도적으로 반영하는 것이 매우 중요하다(Baggerly & Osborn, 2013; McAdams & Robertson, 2012; McAdams et al., 2013). 박사 수준 종합시험 개발 과정의 고려 사항은 석사 수준의 표준화 평가와 자체 시험 개발 과정의 고려 사항과 거의 유사하며, 이는 지필형이나 구술형 역시 마찬가지이다.

박사 수준 종합시험의 전체 틀을 잡고 구체적 문항을 출제함에 있어, 교수진들은 평가의 전반적 목표 및 포함 영역, 평가될 학습성과, 응시 방식, 통과 기대 수준, 구술이나 지필 평가 각각 또는 모두를 통과하지 못한 학생에 대한 구제책 등에 대해 반드시 사전에 합의를 이루어야 한다.

박사 수준 종합시험에 대한 여러 염려들과 관련해, Loughead (1997)는 블룸의 교육목표 분류를 평가 개발 과정에 적용해 볼 것을 제안한 바 있다. 그녀는 학생들이 과목별 평가를 통해 학습하다 보면, 학과목 계열을 따라 어떠한 지식 수준에 도달할 수 있도록 교육과정에 단계적 학습 기회가 설정되어 있어야 한다고 하였다. 또한 McAdams와 Robertson(2012)가 주장한 바와 같이 프로그램 차원에서 학생들이 평가과정의 적합성에 대해 의견을 개진할 수 있도록 해야 한다고 하였다.

McAdams와 Robertson(2012)은 구술 종합시험의 출제와 실행 과정과 관련해 여러 제안을 한 바 있다. 여기에는 프로그램 교수진들이 평가의 목적과 중요성을 명시적으로 밝힐 필요가 있다는 것, 평가과정을 투명하게 공개하라는 것 등이 있다. 이들은 또한 상담사 교육 프로그램 교수진들이 구술시험에 기대되는 수준의 지식, 기술 및 태도들을 갖출 수 있도록 학생들을 준비시켜야 하며, 교수진 중 누군가는 학사 일정이 진행되는 와중에 이러한 준비를 보다 집중적으로 도울 필요가 있다고 제언하였다. 특히, 이들은 상담교육자들이 구술시험 진행 중에 사용할 수 있는 채점등급표를 제시한 바 있다(McAdams & Robertson, 2012, p. 189를 참고하길 바란다).

박사 수준 종합시험 개발시 고려 사항

박사 수준 종합시험 개발 과정에서 도움이 될 만 한 질문들은 아래와 같다.

- 종합시험을 통해 평가해야 할 영역과 구체적인 학생 학습성과(SLO)는 무엇인가?
- 평가의 전반적인 목적과 평가 목표는 무엇인가?
- 어느 시점에 학생들이 시험을 치룰 수 있도록 할 것인가? 특정 학점수를 수강한 이후에? 모든 학과목 이수가 끝난 후? 아니면 마지막 학기의 어느 시점이 지나서?
- 개개인이 시험을 응시할 수 있는가? 집단으로만 가능한가?
- 시험을 모두 완료하기 위해서 어느 정도의 시간이 필요한가? 하루? 아니면 며칠, 1주일? 아니면 몇 주일?
- 시험에 응시하는 동안 참고 자료나 노트 등을 볼 수 있게 할 것인가?
- 평가 문항은 누가 출제할 것인가? 교수진 전체가? 일부 교수로 구성된 종합시험 위원회가? 각 학생별 박사 학위 논문 심사 위원회가? 아니면 지도 교수가?
- 평가 문항 출제 과정에서 해당 학생의 역할은 무엇인가?
- 각 학생은 평가의 특성과 내용 영역에 대해 미리 알 수 있는가?

- 프로그램별 평가 문항은 각 학생 별로 맞춤형으로 제공할 것인가? 모든 학생에게 일괄적으로 할 것인가? 프로그램 교수진은 문제 은행 사용이나 기존 문항을 순환하는 것이 가능한가?
- 프로그램 교수진이 학생별 맞춤형 문항을 출제한다면, 문항 수준의 일관성과 공평성은 어떻게 보장할 수 있는가?
- 채점은 누가 할 것인가? 교수진 전체가? 평가 관련 교수 위원회가? 각 학생별 박사 학위 논문 심사 위원회가? 아니면 지도 교수가?
- 리뷰어들은 답을 작성한 학생을 알 수 있는가?
- 교수진은 평가 응답에 대한 채점등급표를 사용할 수 있는가?
- 프로그램 교수진들은 학생들에게 평가과정에 대해 오리엔테이션, 준비 및 지원을 어떻게 제공할 것인가?
- 구술과 지필 중 한 가지 또는 모두에 통과하지 못한 학생들에 대한 지원, 구제 과정, 학생별 적법 절차로 어떤 것이 있는가?

예시

다음은 CACREP의 인준을 받은 프로그램에서 일하고 있는 저자들의 경험에 기반하여 종합시험의 여러 예시를 작성한 것이다. 이는 학생 학습성과(SLO) 평가과정에서 종합시험을 활용할 교수들에게 여러 방법의 예를 설명하는 목적으로 구성한 것이다.

- 인턴십 두 번째 학기에 등록한 모든 석사과정 학생들은 자체 종합시험에 응시할 수 있다. 자체 종합시험은 약 100개의 선다형 문항과 1개의 긴 에세이 문항으로 구성되어 있다. 에세이 문항은 프로그램의 초점(예: 정신 건강 상담 전공, 학교 상담 전공)에 따라 다르게 출제한다. 첫 번째 시도에서 시험에 통과하지 못한 학생들은 해당 학기 내 2번째에 응시할 수 있으나 반드시 추가적인 학습을 해야 한다. 최종적으로 시험에 통과하지 못할 때는 해당 학생은 예정대로는 졸업할 수 없다. 교수들로 구성된 위원회가 모든 학생들의 평정을 담당한다.
- 인턴십 중반쯤, 모든 석사과정 학생들이 실제 내담자를 기반으로 한 사례연구를 작성한다. 프로그램 교수진이 사례연구 포맷을 작성하여 특정 프로그램의 특성과 학습 목표를 반영하

도록 한다. 평가 실행 전 사전에 개발한 기준에 의하여 서면 제출된 사례연구를 교수진이 평가한다. 첫 번째 평가 피드백이 주어지면, 학생들은 제출한 사례에 대한 보완이나 설명을 말로 진행하며 이를 비디오로 녹화하여 제출한다.

- 모든 전공 필수 과목 수강을 마치고, 실습에 등록하고 난 뒤에는 석사과정 학생들이 CPCE 시험에 응시해야 함을 분명히 한다. 프로그램 교수진들은 학생들이 적어도 예정된 졸업의 한 학기 전에는 CPCE 시험에 응시해야 한다고 알린다. 학생들은 시험을 통과하려면 적어도 국가 평균의 1표준편차 이하 점수보다 높은 점수를 획득해야 한다. 학생들은 프로그램 차원에서 강조한 총 8개의 영역 각각에 대한 결과 점수를 알 수 있다. 시험에 통과하지 못한 학생들은 다음 학기 중 시험에 재응시 할 수 있다.
- 석사 학위 프로그램 마지막 학기의 후반부 동안 학생들은 교수진 전체가 출제한 문항들에 대한 짧은 글을 엮어 리포트를 제출해야 하는 과제형 종합시험에 응시할 수 있다. 모든 학생에게 같은 문항이 주어진다. 해당 학생들의 지도 교수와 1명 정도의 다른 교수가 종합시험 리포트에 대한 채점 채점등급표를 작성한다.
- 박사 과정 학생들은 요구되는 학과목 이수의 마지막 학기 마지막 주에 종합시험에 응시할 수 있다. 각 박사 과정 학생을 위한 교수 위원회는 교육과정 내 정해진 영역들(예: 이론, 진로, 집단, 평가 능력 등)을 포함할 수 있는 8개의 문항을 출제하되, 해당 학생에게 문항의 특성이나 구체적인 내용에 대해서는 알리지 않는다. 연속 3일에 걸친 오전 및 오후 시간에 해당 학생은 평가 문항이 들어 있는 봉투를 받아볼 수 있고, 3시간 간격 블록이 끝날 때 마다 주어진 문항에 대한 응답을 작성하여 제출한다. 응시 중 학생들은 인터넷에 접속할 수 없고, 노트도 참고할 수 없다. 해당 학생의 박사 학위 심사 위원 모두가 모든 문항을 평가한다. 구술시험이 시작되면, 학생은 시험 과정이나 내용에 대해 특별히 언급해야 하는 사항이 있으면 언급할 기회를 가진다. 학생의 이야기가 끝나면 심사 교수진이 자신들이 원하는 방식대로 학생을 평가한다.
- 박사 과정 학생들은 학과목 이수의 마지막 2달의 기간 중 48시간의 종합시험 기간을 선택할 수 있다. 평가 문항은 해당 학생의 박사 학위 논문 심사 위원회가 출제한 4개의 문항이며, 학생은 이것을 과제형 방식으로 응답할 48시간을 가진다. 학생은 시험이 시작되는 시간에 맞추어 문항을 받아볼 수 있고, 관련 노트와 자료, 책을 참고할 수 있다. 4문항 모두에 대한 응

답은 48시간이 종료되는 타이밍에 맞추어 제출되어야 한다. 학생의 박사 학위 논문 심사 위원회가 문항들을 채점한다. 답변 제출 후 해당 위원회 교수진들과 구술시험이 이어지는데, 이때 교수진들은 제출된 응답을 구체화하는 질문들을 할 수 있다.

- 박사 과정 학생들은 요구되는 학과목 이수의 마지막 학기가 끝나는 다음 주에 종합시험에 응시할 수 있다. 지정된 4개 영역에 대한 4개의 문항이 주어지며 학생은 테스팅 센터에서 이틀 동안 지정된 시간에 응답을 작성할 수 있다. 박사 평가 위원회 교수진이 한 문항 씩을 출제하며, 같은 학기에 응시하는 학생들은 모두 같은 문항에 응답해야 한다. 학생들은 2페이지 정도의 노트를 가져가 참고할 수 있다. 시험이 종료되면, 학생의 개인 정보는 가림 처리된 상태로 위원회 각각의 교수에게 보내져 전체 문항에 대한 채점을 한다. 3명의 평정자 중 적어도 2명 이상에게 통과 또는 조건부 통과 결과를 받은 학생은 구술시험에 응시할 수 있다. 구술시험은 해당 학생의 박사 학위 심사 위원회에 의해 이루어지며, 주로 지필 평가 결과에 대한 리뷰어들의 피드백에 관한 질문들이 주어진다.
- 박사 과정 학생들은 요구되는 학과목 이수의 마지막 학기가 끝나는 다음 주에 종합시험에 응시할 수 있다. 평가는 박사 프로그램의 핵심 5가지 영역 중 4가지 영역을 포함하며, 프로그램 교수진 전부가 평가하고자 하는 학생 학습성과(SLO)에 대한 합의를 한다. 각 문항은 해당 학생이 평가 목표로 삼은 학생학습성과를 보여주는 데 적절한지 확인해 가며, 해당 학생과 박사 학위 논문 심사 위원회가 함께 구성한다. 시험 응시 6주 전에, 학생들은 관련 리딩 리스트와 질문 리스트를 제출하고 위원회의 허가를 받는다. 학생들은 1달에 거쳐 집에서 책과 자료를 참고하며 시험에 응시한다. 각 문항에 대한 답안이 제출되면, 각 답안은 2명의 위원회 교수진과 해당 학생 박사 학위 위원회가 아닌 1명의 교수에 의해 채점된다. 모든 문항에서 2개 이상의 "구술시험 진행 가능" 평가를 받은 학생은 구술시험에 응시할 수 있다. 구술시험에는 지필 평가 피드백에 중점을 둔 질문뿐만 아니라, 박사 과정에서의 학습 과정, 박사 학위 논문 진행 과정에의 함의점 등에 대한 질문을 받는다. "구술시험 진행 가능" 평가를 2개 이상 받지 못한 학생은 다음번 종합시험 응시 전에 개별 문항에 대한 구제 방법을 따라야 한다.

이상의 예시에서 살펴본 바와 같이 프로그램에 따라 종합시험이 가지는 성격은 매우 다양하다. 여타의 평가 요소들과 함께 상담 교육가들은 해당 프로그램의 문화와 가치를 가장 잘 반영할 수 있는 종합 평가의 구조를 선택해야 한다. 아래 자료들은 저자들이 평가 개발 과정에 도움이 될 것이라 판단한 자료들이다.

참고자료

Baggerly, J., & Osborn, D. (2013). A survey of counselor education comprehensive exam types and procedures: Recommendations for clinical supervisors and counseling faculty. *The Clinical Supervisor, 32*, 90-104. doi:10.1080/07325223.2013.780933

Carriveau, R. S. (2010). *Connecting the dots: Developing student learning outcomes and outcome based assessments*. Denton: University of North Texas.

Cornell Center for Teaching Excellence. (n.d.). *Test construction manual*. Retrieved from http://www.cte.cornell.edu/documents/Test%20Construction%20Manual.pdf

Haladyna, T. M., & Rodriguez, M. C. (2013). *Developing and validating test items*. New York, NY: Routledge.

McAdams, C. R., & Robertson, D. L. (2012). An informed look at doctoral vivas (oral examinations) in the preparation of counselor educators. *Counselor Education and Supervision*, 51, 176-189.

Michigan State University Scoring Office. (n.d.). *Writing test items*. Retrieved from https://www.msu.edu/dept/soweb/writitem.html

National Board of Medical Examiners. (n.d.). *Constructing written test questions for the basic and clinical sciences* (3rd ed., Rev.). Retrieved from http://www.nbme.org/pdf/itemwriting_2003/2003iwgwhole.pdf

Secolsky, C., & Denison, D. B. (2012). *Handbook on measurement, assessment, and evaluation in higher education*. New York, NY: Routledge.

제7장

포트폴리오

포트폴리오는 "학생들이 특정 기간에 걸쳐 목적을 가지고 실시한 활동들을 정리한 모음이라 할 수 있다. 포트폴리오는 학생들이 학위 과정 혹은 주어진 분야에서 무엇을 성취해 왔는가를 보여준다"(Swigonski, Ward, Mama, Rodgers, & Belicose, 2006, p. 813). 상담 분야에서 포트폴리오는 전국적으로 가장 보편적인 평가 관행이다(Ewell et al., 2011). CACREP 인준 석사과정 프로그램의 약 20% 와 비인준 석사과정 프로그램 50%가 포트폴리오를 그들의 과정 중 일부로 사용하고 있다(Baggerly & Osborn, 2013). 간단히 말해, 포트폴리오는 공통된 주제나 목적에 따라 묶여진 조직된 결과물의 모음이다.

포트폴리오의 범위는 특정 과목이나 학습 경험들 혹은 프로그램 전체가 될 수 있는데, 어떠한 범위이든 포트폴리오는 학생 개개인의 수행을 진정성 있게 평가할 수 있으면서도, 프로그램 평가 및 학생 발달 평가 관련 요구 역시 폭넓게 만족시킬 수 있다(Banta et al., 2009; Meyer & Latham, 2008). 포트폴리오를 통해 학생들은 시간에 따라 성장한 것을 입증하고, 축적된 성공 경험을 보여주거나, 자신이 해 온 활동 혹은 배움의 결과를 특정 방향으로 조직화할 수 있다(Mueller, 2014). 포트폴리오는 다양한 용도로 사용 가능한데, 특히 상담 분야에서는 포트폴리오를 통해 지식, 기술 또는 전문적 자질에 대한 종합 평가가 가능하다. 포트폴리오의 요소는 유연한 방식 또는 정해진 방식으로 직접적인(학생의 결과물과 증빙) 학습 결과와 간접적인 결과를(특정 주제에 대한 학생 의견) 모두 포함할 수 있다. 포트폴리오에 무엇이 포함되어야 하는지, 언제 그리고 어떻게 그것을 개발하고 평가할지 결정하기 위해서는 포트폴리오의 목적을 명확히 이해하고 합의하는 일이 필수적으로 선행되어야 한다.

포트폴리오는 K-12 교육 및 교사 훈련 과정에 주로 사용되어 왔으며, 포트폴리오의 개념이 상담교육 분야에서 새로운 것은 아니다. Baltimore, Hickson, George와 Crutchfield(1996, p. 118)는 상담사 교육 분야에서 사용되는 포트폴리오에 대해 리뷰한 바 있다. 다음은 이들의 리뷰 연구에서 제시된 상담 전공 학생들의 학습 및 발달 수준 평가에 사용되는 구성요소 목록이다.

- 커리어 목표, 인간관, 상담 철학 등에 대한 기술
- 자신이 수행해 과정에서의 자기 평가와 성장을 위한 노력을 기술
- 상담과 관련된 외부 활동
- 주제별 페이퍼나 성찰적 피드백 등의 과제물
- 논문 등 과제에서 제공된 전문 자료들에 대한 분석 결과물
- 집단 관련 작업
- 기초 상담 기술 수행 (예: 공감, 경청)
- 고급 상담 기술 수행 (예: 직면, 해석, 위기 관리)
- 개인별 관심 분야나 전문화 분야와 관련된 항목
- 강사나 내담 학생 등을 통해 받은 "전문가" 피드백
- 학술지 논문, 프로포절 및 학회 발표를 포함한 연구
- 전문적 활동 참여 (예: 컨퍼런스, 워크숍)
- 포트폴리오 개발 과정에서의 자기 평가 및 성찰

마찬가지로, Carney, Cobia와 Shannon (1996) 또한 석사과정 학생들의 전반적인 역량을 평가하는데 포트폴리오의 유용성을 논의하였으며, 1994년 CACREP 표준과 연결된 샘플 포트폴리오를 제시하기도 하였다. 최근에는 사회복지분야에서 대학원 및 학부 임상 포트폴리오(Swigonski et al., 2006, p. 816)에 포함할 수 있는 잠재적 결과물 목록이 개발된 바 있는데, 그 목록은 아래와 같다:

- 포트폴리오 서문
- 글쓰기 또는 이미지 작업 샘플
- 연구실이나 실험실에서 수행한 작업들

- 프로젝트의 계획 또는 분석
- 제작이나 발표, 수행한 작업에 대한 사진이나 비디오 테이프
- 개인의 자질 혹은 전문적 역량을 증명하는 문서
- 읽은 책들의 목록
- 성적표
- 학교 밖 활동에 대한 결과물
- 친구와 가족에 대한 사진 혹은 이야기
- 성찰 보고서
- 커리어 목표 기술
- 수강했던 강좌 관련 학술지 요약과 비평
- 수업 시간에 필기한 노트 요약
- 학생 교육을 위해 만든 교구들 스냅사진
- 수업 중 주어진 과제물 기록
- 위원회 활동을 하면서 협동이 강조되었던 작업
- 내담자와의 상담 축어록 (단, 적절한 비밀보장 관련 규정을 지키는 한도 내에서의 보고)
- 프로그램 내 자기 발전에 대한 자기 평가
- 시험 결과
- 학기말 리포트
- 무엇을 배웠고 어떤 것들을 더 배워야 하는지에 대한 리스트 작성
- 자신이 이룬 것이나 경험 활동에서의 느끼 바를 작성한 저널이나 다이어리
- 이메일이나 채팅방 등에서의 아이디어와 참고문헌 상호 교환 기록

포트폴리오는 대부분 학습 경험의 발전 양상과 누적을 기록하는 데 초점이 있지만, 교수진들은 특정 과목이나 연구실 내에서도 포트폴리오를 활용할 수 있다는 것을 상기할 필요가 있다. 예컨대, 본 책의 제 1 저자가 가르치는 박사 과정 과목을 수강하는 학생들은 자신의 교육철학과 예비 강의 계획서, 커리큘럼 맵, 강의평가계획, 샘플 강의 계획, 녹화된 강의 시연과 함께 상담사 교수-학습과 관련된 문헌들과 자신의 포트폴리오 요소들을 연결 짓는 보고서를 제출해야 한다. 학생들은 또한 수강하는 학기 동안 상담교육가로서 그들의 경험 및 성장에 대한 성찰 보고서를

제출해야 한다(이 과제와 상응하는 채점 양식은 파트 4를 참고하길 바란다). 마찬가지로, 학교 상담 과목을 가르칠 때는 석사과정생들이 종합적 학교 상담 프로그램을 구축하고 평가하기 위한 포트폴리오를 시작하게 할 수 있다.

어떤 분야의 전문가가 되어도 포트폴리오는 자신의 성장을 기록할 수 있다는 이점이 있기에 꾸준히 사용된다. James와 Greenwalt(2001)은 전문상담사들이 자신의 성취를 계속해서 문서화해 나가는 진행형 포트폴리오를 사용할 것을 제안한 바 있다. 전문상담사들을 위한 포트폴리오에는 이력서뿐만 아니라 수강한 과목 관련 자료(예: 강의 계획서, 논문, 시험), 실습과 인턴십 자료, 학위 후 슈퍼비전 받은 자료, 업무 경험과 학습성과물, 전문 자격증, 연수나 워크숍 이수 사항, 학회 발표나 출판물 등이 포함될 수 있다. 포트폴리오를 계속해서 유지함으로서, 전문상담사들을 자신의 발전, 경험과 역량들을 의미 있는 방식으로 추적할 수 있다. 포트폴리오가 교육 세팅에서는 매우 흔하기 때문에, 학교 상담 수련생들은 과목을 통해 만든 포트폴리오를 실제 구직 시 제출하라고 요구받을 수 도 있다. 상담교육자들 또한 고용 혹은 승진 및 종신 재직 심사 과정을 위해 교육 포트폴리오를 개발할 것을 요구 받는 경우가 흔하다.

상담교육자들은 석사생이나 이후 전문상담사들의 성장에 대한 평가나 기록으로 포트폴리오를 사용하는 것뿐 아니라 박사 과정 교육에서도 사용하는 것에 대해 탐구해왔다. 어떤 이들은 포트폴리오가 “박사 학위 논문에 대한 타당한 대안”이라고 제안하기까지 하였다(Maxwell & Kupczyk-Romanczuk, 2009, p. 135). Thyer(2003) 역시 포트폴리오가 사회복지분야 박사 학위 종합시험의 대체 방안이라고 강하게 주장한 바 있다. 포트폴리오가 종합시험을 대신할 때는 포트폴리오 안에 학습성과의 숙달성을 보여줄 수 있는 한 개 이상의 학습성과물(예: 논문, 원고, 프레젠테이션, 정책 매뉴얼, 상담 수행 기록물)이 필수로 포함되도록 해야 한다. Thyer는 또한 학생들에게 각각의 학습 결과와 선택한 성과물들이 어떻게 기준과 연결되는지 설명하는 표지(cover page)를 작성하도록 하였다. Thyer의 포트폴리오 모델을 수행하려면 박사 위원회 위원들이 과정 전반에 걸쳐 협력을 해야 한다. 예컨대, 학생들은 초기 작업 한 바를 박사 위원회 위원들에게 보낸 후, 각 위원들에게 개인적으로 만나며 피드백을 받아야 하고, 피드백을 기반으로 포트폴리오를 수정하고, 위원회의 만장 일치로 허가가 되면, 해당 학생은 구두 종합시험에 응시할 수 있다. 구두 종합시험은 학생들이 준비한 자료를 간단히 발표하고, 프로그램 전반에 걸쳐 이룬 전문성 성장과 학습 목표와 관련된 즉흥적인 질문에 답하는 방식으로 이루어진다.

본 챕터에서는 포트폴리오를 평가적 맥락에서 다루었지만, 포트폴리오는 학생들의 성장과 발전을 지지하는 수단이기도 하다. 상담교육자들은 다문화 상담 역량을 개발하기 위해 학과목 기반 포트폴리오 사용을 탐구해 왔다. 연구에 따르면, 다문화 상담 과목에서 포트폴리오를 구축해 가며 과목을 수강한 학생들은 전통적인 개념화에 초점을 맞춘 방식으로 교육을 받은 학생들보다 더 높은 수준의 다문화 인식과 기술을 보여주었다(Coleman, Morris, & Norton, 2006). Wakimot와 Lewis(2014)는 포트폴리오에 대한 대학원생들의 인식을 연구하였는데, 참여 대학원생들은 전반적으로 포트폴리오가 구조적이고 유용하다고 보았다. 또한 참여 대학원생은 포트폴리오의 자기 성찰적 보고서들이 전문가로서 통찰을 얻는데 도움을 주었다고 보고하였다. 또한 대부분의 참여자들이 자기 성찰적 성과물들을 만들 때, 자신의 전문적 가치를 발견하였다고 보고하였다. 다만, 포트폴리오를 만드는 과정에서 적절한 기술적 및 개발적 도움을 받을 때 더 많은 통찰을 얻는 것으로 보고되었다.

학생 학습을 기록하고 평가하기 위한 다른 방법들과 마찬가지로, SLO평가에서 포트폴리오를 활용하는데 장점과 단점이 있다. 포트폴리오 실행 방법이 매우 다양하기 때문에 장점도 매우 많지만, 시간 투자 및 구조의 적합성과 관련된 단점들도 있다. 다음은 포트폴리오의 장점과 단점들을 요약한 것이다.

포트폴리오의 장점

SLO 평가에서 포트폴리오를 활용할 때의 장점은 다음과 같다.

- 포트폴리오는 형성/종합 평가를 하는 데 확실한 방법이다(Banta et al., 2009).
- 포트폴리오는 시간에 따라 학생이 발전하는 과정을 보여준다.
- 포트폴리오는 학생의 진정한 발전에 대한 청사진을 제공한다
- 포트폴리오는 강의와 실습 경험 통합에 적합하다.
- 개방적이고 유연한 구조를 통해 학생의 창의성 및 다양성 관련 강점을 포착할 수 있다.
- 포트폴리오는 특히 교육 세팅에서 일자리를 탐색하는데 유용하게 쓰일 수 있다(Burke & Snead, 2014; Wakimoto & Lewis, 2014).
- 포트폴리오는 전문적 자기 성찰을 가르친다(Burke & Snead, 2014; Wakimoto & Lewis, 2014).

- 포트폴리오는 학생들과 교수진들이 학습의 목적과 목표를 폭 넓게 사고해 볼 기회를 준다(Burke & Snead, 2014).
- 포트폴리오는 학과목과 실습을 통해 학습한 바를 통합하도록 한다(Burke & Snead, 2014).
- 포트폴리오는 종합시험과 같은 고부담 시험들 보다 학생들의 불안을 덜 자극 한다(Burke & Snead, 2014).
- 포트폴리오는 학생들의 강점과 약점을 다룰 수 있는 기회를 포함한다(Burke & Snead, 2014).
- 포트폴리오는 석사 논문 보다 시간 효율적이다.
- 포트폴리오는 종합적이고, 발전적이며 성장 지향적이다(Carney et al., 1996).
- 포트폴리오는 학습을 촉진시킬 수 있다(Coleman et al., 2006).

포트폴리오의 단점

SLO 평가에 있어서 포트폴리오 사용의 단점은 다음과 같다.

- 포트폴리오에 다양한 콘텐츠가 포함되어 있다(Burke & Snead, 2014).
- 포트폴리오는 교수진과 학생들 모두 시간을 많이 투자해야 한다(Burke & Snead, 2014; Carney et al., 1996).
- 학생들에게 포트폴리오 구조는 너무 유연성이 없거나, 아니면 반대로 너무 개방적으로 느껴질 수 있다(Burke & Snead, 2014).
- 평가가 주관적일 수 있다(Burke & Snead, 2014).
- 하드 카피 포트폴리오는 문서 편집과 정보 관리에 많은 시간이 걸린다.
- 전자 포트폴리오를 제작하는 데, 테크놀로지에 약한 학생들은 어려움을 겪을 수있다.
- 포트폴리오는 개인적 성격이 강해서 블라인드 리뷰가 사실상 불가능하다.

설계 고려 사항

SLO 평가를 위해 포트폴리오를 사용하고 싶은 교수진은 포트폴리오 사용 목적에 대해 집중 탐구를 시작해야 한다. 먼저 교수진은 포트폴리오가 완성되는 시점을 염두에 두고 설계 필수 요소들을 고려해야 한다. 교수진들은 평가될 SLO들에 대해 이해한 후, 형성 및 총괄 평가과정, 잠재적 독자들(교수진, 고용주 및 기타), 프로그램 평가 및 학생 평가에 있어서 포트폴리오의 역할을 고려해 포트폴리오를 설계해야 한다(Barrio Minton & Gibson, 2012). 포트폴리오가 종종 학습의 종합 및 누적 평가 방법으로 사용된다는 점을 감안하여, Barrio Minton와 Gibson (2012)은 직접 및 간접 학습의 증거를 포트폴리오 시스템에 통합할 것을 권장하였다.

포트폴리오를 디자인할 때, 교수진들은 4가지 핵심 원리를 기억해야 한다. 첫 번째, 포트폴리오는 생각나는 것 모두를 망라하라는 방식이 아닌, 교수진이 세운 목표에 따라 목표별 결과물이 설정된 의도적 문서의 모음이어야 한다. 초점을 맞추지 않은 포트폴리오는 너무 잡다하게 많고 뿔뿔이 흩어진 느낌을 줄 수 있다. 둘째, 포트폴리오는 표준화된 요소와 유연한 창의성 간의 균형을 허용해야 한다. 대부분의 학생들이 학습의 성과를 조직화하기 위해 구체적 방향을 필요로 하긴 하지만, 포트폴리오가 본래 가진 장점은 학생들의 다양한 재능과 성취를 보여줄 수 있다는 점에 있다. 세 번째, 성찰은 포트폴리오 조직 과정에서 매우 중요한 구성요소이다(Barrio Minton & Gibson, 2012; Carney et al., 1996; Graham & Megarry, 2005). 성찰과 통합이 없으면 포트폴리오는 그 의미와 힘을 잃어버린다. 마지막으로 학생들은 의미 있는 성과물을 만들기 위해 지속적이고 확실한 피드백과 기술적 보조를 요구할 것이다. 포트폴리오를 완성한 대학원생들은 해당 프로그램의 포트폴리오 기대치에 관한 사전 연락이나 소개의 필요성에 대해 언급하였다. 그들은 또한 포트폴리오를 완성하기 위해 보다 더 명확한 지침과 포맷의 기대치에 대한 일관성을 언급하였다(Wakimoto & Lewis, 2014).

Muler(2014)는 『Authentic Assessment Toolbox』라는 책에서 포트폴리오 디자인 구성 원리를 자세히 다루고 있다. Muler(2014)는 교수진들이 포트폴리오의 여러 구성물들의 목적을 확실히 하는 것에 더해 포트폴리오의 7가지 구성 원리(목적, 독자, 내용, 과정, 커뮤니케이션 및 평가)를 구성해야 한다고 하였다. 그는 항목별로 고려해야 할 질문과 포트폴리오에 활용할 수 있는 방법들을 제시하였다. 그가 제시한 자료에는 다양한 방식의 교육 목표 별로 평가시 고려할 사항 리스트도 포함되어 있다. 이러한 자료는 포트폴리오 설계 과정에서 매우 유용하게 활용될 수 있을 것이다.

Muler(2014)가 제시한 포트폴리오 설계 시 고려 사항들과 더불어, 상담교육자들은 포트폴리오의 목적을 확인하기 위해 아래에 제시된 사항들을 살펴볼 수 있다. 포트폴리오의 목적을 확정한 후에는 포트폴리오 실행을 위한 구현 고려 사항을 살펴보길 권장한다.

포트폴리오에 대한 설계 고려 사항

포트폴리오의 설계 고려 사항은 다음과 같다.

- 어떤 SLO가 이 포트폴리오에서 평가될 것인가?
- 포트폴리오는 형성 평가(예: 학기별 작성 후 누적되는) 아니면 종합 평가로 설계되는가?
- 각 SLO에 가장 적합한 지표는 어떤 것인가? 논문, 발표, 녹음된 세션, 시연, 커리큘럼이나 개발된 학습 자료, 사이트 혹은 대학 감독자의 피드백, 상담 철학이나 성찰 보고서?
- 학생들은 어떤 종류의 성찰이나 통합적인 진술문을 완성해야 하는가?
- 포트폴리오가 다른 사람들의 평가와 피드백(예: 학점이 부여된 보고서나 프로젝트, 현장 슈퍼바이저의 평가, 관찰적 피드백 양식)을 포함하는가?
- 이 포트폴리오를 통해 무엇을 평가하고 싶은가? 시간에 따른 학생들의 발전인가? 학생들이 가장 발전된 상태의 기술과 지식인가? 혹은 둘 모두인가?
- 교수진, 잠재적 고용주, 졸업 인준자 또는 그 모든 사람들 중 누구를 위해 포트폴리오를 설계하는가?
- 학생들의 학습 결과물과 데이터의 질을 최적화하기 위해 얼마나 많은 구조를 제공하고, 자유 사항을 허가할 것인가?

포트폴리오 구현 고려 사항

포트폴리오를 구현하기 위해 다음과 같은 사항을 고려해 보길 권장한다.

- 단일 학과목, 실습 혹은 프로그램 전체 중 이 포트폴리오는 교육과정 운영 중 어떤 부분에 관한 것인가?
- 포트폴리오에 구체적으로 무엇이 포함되어야 하는가?
- 포트폴리오의 요소가 필요한가? 선택적인가? 혹은 둘 다인가?
- 만약 포트폴리오 작성 과정이 학과목 안에 포함되지 않는다면, 누가 포트폴리오 관련 필수 요건과 기대 수준에 대한 이해를 도울 것인가?
- 학생들이 과제를 의미 있게 완수하려면 어떤 강의나 지원이 필요한가?
- 학생들이 포트폴리오의 요구사항과 형식을 이해하게 하려면, 프르그램 차원에서 어떠한 시간과 지원을 제공해야 하는가?
- 포트폴리오를 통한 학습을 최대화 하기 위해서 지도 교수는 어떤 지원을 해야하는가?
- 포트폴리오는 하드 카피, 파일, 전자 문서 중 어떤 형태로 제출되어야 하는가?
- 만일 전자 문서라면, 학생들은 대학에서 지정한 학습 관리 시스템을 사용할 것인가? (예: Blackboard, Tk20, LiveText; Chapter 12 참고) 혹은 자신의 웹문서 형식을 자유롭게 선택할 수 있는가 (e.g. 개인적 Foliotek 또는 Portfoliogen 계정)
- 어떤 윤리적 우려나 고려 사항이 존재하는가?
- 포트폴리오가 슈퍼바이저 피드백이나 내담자에 대한 사례 개념화를 포함하는 경우, 어떻게 정보 보안과 기밀성을 보장할 것인가?
- 포트폴리오는 언제 평가 되는가? 특정 프로그램 시점(현장 실습 이전 이나 이후 또는 캡스톤 강좌 등)인가? 혹은 여러 시점인가?
- 누가 포트폴리오를 평가할 것인가? 강의/실습 교수? 지도 교수? 교수진 전체? 현장 슈퍼바이저 또는 동료?
- 평가자는 학생에게 어떤 방법으로 피드백을 제공할 것인가?
- 교수진은 어떤 평가 방법과 문서를 활용할 것인가? 채점 기준표 또는 평정 양식은 전체 포트폴리오에 관한 것인가? 아니면 포트폴리오의 특정한 요소별로 있는가? 학생들의 자기 성찰 및 평가 방식인가?

예시

다음의 포트폴리오 설계 및 구현 방식의 예시는 CACREP 인준 상담 프로그램에서 근무하는 저자들과 동료의 경험에 기반한 것이다. 아래의 예는 교수진들이 포트폴리오를 활용하여 학생의 학습을 지원하고 평가할 수 있는 다양한 방법을 보여준다.

- 한 교수는 사회문화적 다양성에 대해 가르치며, 다문화 상담 역량을 키우는 과정에서 학생들의 성장을 평가한다. 그녀의 과목은 특히 CACREP 2016 표준 2.F.2c(다문화 상담 역량) 및 2.F.2.d(문화적 유산의 영향, 태도, 신념, 이해 및 타인에 대한 개인의 관점에 미치는 문화적 경험)와 관련이 있다. 그녀는 이 학과목에서 다음과 같은 일련의 활동을 해 나가는 과정 포트폴리오를 개발하였다: 다문화 상담 역량과 관련된 사전 및 사후 평가, 주간 반성 저널, 문화적인 존재로서의 자신의 모습을 탐구하는 보고서, 그리고 편견이나 성장을 다루기 위해 고안된 일련의 경험 활동의 보고서. 그녀는 학기 내내 학생들에게 발달지향적인 피드백을 제공하고 학생들이 최종 과정 프로젝트를 위해 포트폴리오에 자료를 모을 것을 요구한다. 마지막 프로젝트는 학기 전반에 걸친 성장을 보고하며 이를 자기 평가하고, 스스로의 미래 발전에 대한 함의를 발표하는 것이다.
- 또 다른 교수는 캡스톤 학교 상담 강좌에서 학생들이 이전 학과목에서의 주요 학습 결과물을 다시 검토하여, 취업 시장 진입을 준비하는 현재의 관점에서 학교 상담 관련 표준(CACREP 2016 Standard 5.G.3)에 맞게 종합하도록 한다. 개개인의 학습 결과물을 리뷰한 뒤, 그녀는 그것들을 활용해 취업 면접 과정에 쓰일 수 있는 포트폴리오를 만드는 과정을 지도한다. 포트폴리오 내용은 갱신된 이력서, 수정된 학교 상담 철학 (프로그램 첫 학기부터의 과제), 이상적인 종합 학교 상담 프로그램(CSCP)에 대한 미션 및 비전 진술, 그들이 구현한 심리 교육 및 소규모 그룹 커리큘럼의 예시, 인턴십에서 수집한 데이터, 현장 및 대학 슈퍼바이저의 평가, 그들이 직면했던 윤리적 딜레마의 예시와 상황을 해결하기 위한 그들의 접근 방식이 포함된다. 이 포트폴리오를 통해 교수들은 개별 학생의 SLO를 평가할 수 있으며, 학생들은 취업 면접에서 나올 수 있는 주제에 관심을 가지게 된다. 이 포트폴리오의 평가는 온전히 강사에 의해 이루어진다.
- 학교 상담 석사과정 학생들은 석사 첫 학기, 첫 과목에서부터 학교 상담사의 역할, CSCP의

요소와 미국 학교 상담 협회(ASCA) 국가 모델과 관련한 포트폴리오를 시작해야 한다. 학생들은 인턴십과 실습을 하면서 실습 학교 데이터에 기초하여 학교 상담 개입을 계획, 실행 및 평가한 것들을 포트폴리오에 계속 추가한다. 이는 석사과정생들이 K-12 세팅에서 학생의 학업, 개인-사회 및 직업 관련 목표와 관련된 증거 기반 개입을 할 수 있는 내용적 지식 및 데이터 활용 기술이 있음을 보여준다.

- 박사급 프로그램은 박사 학위 종합시험과 논문 외에 완료해야 할 포트폴리오 요건이 필수로 되어 있다. 이 포트폴리오는 학생들이 각각의 다섯 가지 핵심 분야- 상담, 슈퍼비전, 교육, 연구, 리더십과 옹호 활동에서의 학습 활동을 기록하도록 한다. 포트폴리오는 공식적인 교육과정에 포함된 교과목의 과제(예: 이론 통합 관련 과제, 슈퍼비전 체계 및 모델에 대한 통합적 이해가 필요한 과제, 교육철학, 리더십 철학, 연구비 지원 프로포절), 임상 경험 관련 기록(예: 상담 및 슈퍼비전 실습의 최종 실습 일지와 슈퍼바이저 평가), 교육과정에서 필수로 지정해 둔 슈퍼비전과 상담 강의 경험으로부터 얻은 결과물(예: 학생의 피드백, 개발된 학습 자료), SLO와 연결된 기타 자료들로 구성된다. 이러한 방식의 포트폴리오는 구체적이면서도 융통성이 있다. 학생들은 시간 경과에 따른 경험과 발전에 대한 성찰적 요약문으로 각 섹션의 서문을 작성하고, 영역별 관련 주제에 대한 보고서나 논문 등으로 각 영역을 마무리한다. 프로그램 교수진은 모든 학생들이 수강해야 하는 첫 번째 과목에서 포트폴리오 요건, 문서 양식 및 성공 요령을 알려주며, 교수진들은 최소한 일년에 한 번 이 요구사항을 재검토한다. 궁극적으로, 학생들은 지도 교수와 상의하여 포트폴리오를 만든다. 학생들은 박사 학위 논문 디펜스에 앞서 종합 포트폴리오를 박사 학위 논문 심사 위원회 위원들에게 보내야 한다. 위원들은 영역별 학습 결과물에 대한 평가 기준표를 작성해 보내고, 지도 교수는 전자 학습 관리 도구에 그 결과를 입력한다.

위에 제공된 예들은 상담사 교육에서 포트폴리오 사용의 다양한 범위와 목적을 보여준다. 다음의 자료들은 강의와 프로그램에서 포트폴리오의 역할을 고려하는 데 도움이 될 것이다.

참고자료

Banta, T. W., Griffin, M., Flateby, T. L., & Kahn, S. (2009). *Three promising alternatives for assessing college students' knowledge and skills*. Retrieved from http://learningoutcomesassessment.org/documents/AlternativesforAssessment.pdf

James, S. H., & Greenwalt, B. C. (2001). Documenting success and achievement: Presentation and working portfolios for counselors. *Journal of Counseling & Development*, 79, 161-165. doi:10.1002/j.1556-6676.2001.tb01955.x

Meyer, B., & Latham, N. (2008). Implementing electronic portfolios: Benefits, challenges, and suggestions. *Educause Quarterly*, *1*, 34-41.

Mueller, J. (2014). *Portfolios*. Retrieved from http://jfmueller.faculty.noctrl.edu/toolbox/portfolios.htm

Swan, G. (2009). Examining barriers in faculty adoption of an e-portfolio system. *Australasian Journal of Educational Technology, 25*, 627-644.

Thyer, B. A. (2003). A student portfolio approach to conducting doctoral social work comprehensive examinations. *Journal of Teaching in Social Work, 23*, 117-126. doi:10.1300/J067v23n03_10

Wetzel, K., & Strudler, N. (2005). The diffusion of electronic portfolios in teacher education: Next steps and recommendations from accomplished users. *Journal of Research on Technology in Education, 38*, 231-243.

제8장

석사 논문과 박사 논문

많은 이들에게 박사 논문은 학생들이 생산하는 모든 유형의 학습성과물들 중 '궁극적 교육성과물'이라고 생각된다(Lovitts, 2005, p. 18). 지식 창조에 초점을 맞춘 통과 의례로 간주되는 학위 논문 과정은 학생들이 전문 분야에 대한 깊은 수준의 지식이 있음을 입증하고, 의미 있는 연구에 참여하도록 한다. 또한 그 분야가 더 나아가는데 도움을 주는 함의를 도출하기도 한다. 학위 논문 과정은 CACREP 2016 표준 6.A.2에 설명된 바와 같이, 박사 과정의 핵심 목적과 긴밀하게 연관되어 있다:

박사 과정 프로그램은 (a) 학술적 탐구 풍토 아래 있는 상담 전문 분야의 지식 기반을 확장한다. (b) 학생들은 상담직에 대한 새로운 지식을 창출하며 전문적 실무에 대한 준비를 한다. (c) 학생과 교수들이 학술적 탐구 결과를 출판하고 발표 있도록 지원한다. (d) 학생들이 특정 분야의 전문가 또는 해당 분야의 리더가 될 수 있도록 준비시킨다.

더 자세히 말하자면, 석사 논문 또는 박사 논문을 궁극적 교육성과물로 활용하는 경우, 교수들은 학위 논문을 쓰는 과정이 연구와 관련된 여러 학습성과를 평가할 기회로 간주한다. 여기에는 연구 문제를 생성하고, 연구를 디자인하며, 데이터 분석 및 결과를 서술하고, IRB(연구윤리위원회) 심의를 거치고, 윤리적이고 문화적으로 민감한 연구 실행을 하는 일들이 포함된다(CACREP 2016 Standard 6.B4참고). 이처럼 박사 논문 완성은 CACREP(2016)에 제시된 SLO와 직접적으로 연관된 몇 가지 지식과 기술을 증명해 주기는 한다. 그러나 박사논문 주제와 연구 방법은 매우 다양하기 때문에, 박사 학위 과정에서 얻게 되는 여타의 SLO(예: 상담 이론 지식, 슈퍼비전 모델, 교육철학 또는 리더십 및 옹호 활동 등)를 체계적인 방식으로 학위 논문 완성과 연결 짓기는 어렵다.

분야나 대학과 상관없이 표준적 평가 관행으로 굳어진 박사 논문은, 아마도 박사 과정에서 학생이 생산해 낼 수 있는 최고의 학습 산물일 것이다. 학위 논문 과정은 학생의 학문적 관심을 몇 년 정도 발전시켜야 가능하다. Blum(2010)은 박사 학위 논문을 "수많은 감정적, 발달적 갈등의 전쟁터"라고 묘사하면서, 과정 자체가 개인이 의존성과 자율성 사이에 오가며 지식의 생산자로의 상당한 정체성 전환이 요구된다고 언급하였다. 박사 논문 과정을 연구한 사람들은 박사 학위 과정에서의 학생 경험이 프로그램 환경의 요소들과 연결되어 있음을 발견하였다. 여기에는 "학생들이 받을 수 있는 연구 소양 교육, 학위논문 위원회 위원장과 지도 교수의 관계, 지도 교수와의 대인관계 어려움, 동료의 사회적 지지"가 포함된다(Burkard et al., 2014, p. 20). 이들의 연구에서 학생의 학문적 기초 및 개인적 특성, 강력한 협력적 관계는 박사 긍정적 논문 경험과 관계가 있는 반면, 연구 준비의 부족함과 대인관계에서의 어려움은 부정적 논문 경험과 관계가 있었다. 학생들의 이러한 박사 학위 과정에 대한 인식은 박사 학위 논문을 쓰지 않고 학과목만 수료하는(all-but-dissertation) 학생들의 선택과 관련이 있을 수 있다.

상담교육 전공 박사 과정 학생들 역시 다른 분야의 박사 과정 학생들과 비슷한 경험을 가지고 있는 듯 하다. 상담교육 분야 학생들의 박사 학위 논문 경험에 대한 질적 연구(Flynn, Chasek, Harper, Murphy, & Jorgensen, 2012)가 진행된 바 있는데, 이 연구에서 드러난 주제로는 환경의 영향, 경쟁적 분위기의 영향, 성격 특성, 학위 논문 위원회 위원장의 영향, 위원회의 기능, 그리고 완성을 위한 장벽 등이 있다. 연구진들은 학생들이 박사 학위 논문 과정에서 서로 겹치거나, 상충되는 대인관계 및 개인 내적, 전문적 과정 이슈들을 삶 속에서 통합해 나가는 데 큰 어려움을 겪는다고 서술하였다. 상담교육자들이 학생들의 박사 학위 논문 과정을 구조화 시키고, 지도해 나가며, 기대를 설정하는 과정은 이러한 학생 개개인의 복잡한 맥락에서 이루어지는 것이다.

"석사 논문과 박사 논문은 학생이 어느 정도 특수한 전문 주제를 다룰 수 있는지, 어떤 연구 디자인을 제안하고 이에 대해 어느 정도 합의를 이끌어 낼 수 있는지를 측정하는 도구로 기능한다"(Hamilton, Johnson, & Poudrier, 2010, p. 576). 다른 유형의 학생 성과물과 마찬가지로, 학위 논문은 SLP 평가과정에서 장, 단점을 가지고 있다.

석사 논문과 박사 논문의 장점

석사 및 박사 학위 논문을 SLO 평가과정에 반영하는 것은 다음과 같은 장점이 있다.

- 석사 논문과 박사 논문은 심도 있는 학습을 평가하는 데 적합하다
- 석사 논문과 박사 논문은 연구 역량 평가에 적합하다.
- 석사 논문과 박사 논문은 학문적 환경에 관심 있는 학생들에게 진정한 글쓰기 및 연구 경험을 제공한다(Burke & Snead, 2014).
- 석사 논문과 박사 논문은 비판적 사고력을 키워준다.
- 자기 관리와 책임감을 고무시키는 독립적인 환경은 많은 학문적 세팅에서 필요한 것이다.
- 석사 논문과 박사 논문은 프로그램이나 학문의 전통에 잘 통합되어 있다.

석사 논문과 박사 논문의 단점

석사 논문과 박사 논문을 SLO 평가과정에 반영하는 것은 다음과 같은 단점이 있다.

- 박사 논문의 주제는 광범위하고 다르기 때문에, 연구 역량 이외의 SLO 평가에 대해서는 거의 정보를 제공하지 못한다.
- 석사 논문과 박사 논문은 상담 기술이나 슈퍼비전 기술, 또는 여타 교육적 SLO 평가와 잘 연관되지 않는다.
- 박사 논문 주제와 디자인의 속성에 따라, 다른 상황에서 평가될 SLO의 수를 제한하게 한다.
- 석사 논문과 박사 논문은 학생과 교수진 모두에게 시간을 많이 소모하게 한다(Burke & Snead, 2014).
- 석사 논문과 박사 논문은 학생들에게 불안과 무력한 느낌을 불러일으킨다.
- 다수의 학생이 박사 논문만 갖추어지지 않은 상태(all-but dissertation)인 박사 과정 수료 지위로 박사 과정을 마친다. 이는 아마도 상당수의 학생이 박사 논문 요건의 엄격함에 준비되지 않았거나, 관심이 없기 때문일 것이다.

- 학위 논문 진행 중 발생하는 외부 요인들로 인해 학생들의 졸업이 지연되거나 학생이 감당할 비용을 증가시키는 결과가 생기기도 한다.
- 학문적 글쓰기와 연구 기법들은 학생들이 찾을 직업과 관련성이 없을 수 있다.
- 멘토링의 질, 결과물과 피드백은 교수진에 따라 매우 다를 수 있다.
- 교수진들은 프로그램을 끝내지 않은 학생들의 데이터를 프로그램 관련 데이터에 포함시킬 수 없다(Hamiltion et al., 2010).
- 박사 학위 논문 심사위원들은 객관적 평가자 역할을 하기에 학생과 너무 밀접하게 연계되거나, 그들 자신의 에너지가 학생 논문에 투자되었을 수 있다.

설계 시 고려 사항

학위 논문을 SLO 평가에 반영하는 것에 대한 중요한 우려는 박사 논문 전반에 걸쳐 어떤 SLO는 평가할 수 있고, 어떠한 것은 평가할 수 없는지에 대한 인식이다. 예를 들어, 매년 5명의 학생이 박사 과정을 졸업한다고 가정해보자. 두 명은 일변량 연구 디자인을 마치고(CACREP 2016 Standard 6.B.4.b 표준 일부), 한 명은 다변량의 연구 디자인을 마친다(CACREP 2016 Standard 6.B.4.b 표준의 다른 일부). 또 한 명은 현상학적 연구 디자인을 했고(CACREP 2016 Standard 6.B.4.c), 다른 한 명은 프로그램 평가를 디자인 했다(CACREP 2016 Standard 6.B.4.f). 각각의 학생들이 다른 연구 디자인을 사용했기 때문에, 프로그램 교수진들은 한 개의 SLO에 대한 학생들의 깊은 수준의 이해도를 평가할 수는 있지만, 다른 표준들을 포함한 학생 역량 전반을 평가하는 데는 한계가 있다. 이와 마찬가지로 프로그램 교수진들은 학생들의 주제 분야에 따라 한 가지 표준의 여러 요소들을 평가할 수는 있지만, 학생들의 경험 전반이나 SLO 전반에 대한 이해도의 총합적 데이터로는 생성할 수 없다.

그러나 프로그램 교수진들은 학위 논문을 통해 학생이 연구 문제를 만들어 낼 수 있는지(CACREP 2016 Standard 6.B.4.g) 현실적으로 평가할 수 있다. 또한 만들어낸 연구 문제를 전문적 글쓰기(CACREP 2016 Standard 6.B.4.h)로 발전시킬 수 있는지, 참여자에 대한 보호 조치(CACREP 2016 Standard 6.B.4.j)와 연구에 대한 윤리적 고려(CACREP 2016 Standard 6.B.4.l)를 할 수 있는지도 평가할 수 있다. 또한 교수진들은 학위 논문 과정을 통해 해당 학생이 학술적 대화를 할 수 있는지, 박사급 상담교육자의 역할과 책임에 대해 이해하고 있는 지 등 보다 폭넓은 목표도 평가할 수 있다.

Hamilton과 연구진(2010)들은 박사 논문의 질로 프로그램의 질을 너무 과하게 일반화해서는 안 된다고 경고한 바 있다. 논문의 질에는 학생이 기존에 가지고 있는 능력들과 글쓰기 및 연구 역량의 영향이 대단히 크다. 또한 교수-학생 관계의 특성도 프로그램을 통해 개발된 박사 논문 성과물에 영향을 미친다. 어떤 경우에는, 결과물이 학생 학습의 특성보다 교수진이 제공한 조언의 특성을 더 잘 반영할 수도 있다. 마지막으로, 논문 프로포절과 디펜스에 성공하지 못한 학생들의 데이터가 의미 있을 수도 있다. 박사 학위 논문 단계에서의 평가는 이전의 모든 요건을 성공적으로 마친 학생들만을 대상으로 한 것이다.

몇몇 학자들은 교수진이 박사 논문 과정에 있는 학생들의 요구에 어떻게 주의를 기울일 수 있는 지에 대한 지침을 제공해 왔다. 예를 들어, Boote와 Beile(2005)는 교육 중 인 학생들은 문헌 검토를 하는 데 필요한 준비가 되어 있지 않거나, 적절한 주제를 찾는 데 어려움을 겪을 수 있다고 하였다. 문헌 검토가 연구 과정에서 의미 있는 부분으로 여겨지기 보다는 "해야 하지만 하기 싫은 일" (Boote & Beile, 2005, p. 5)로 비춰지기 때문에, 박사 논문을 쓰는 과정에서도 학생들이 문헌 검토 부분에서 허우적거리는 경향이 있다고 서술하였다. 이들은 박사 과정 학생들을 지도하는 교수진을 위한 구체적인 제언들뿐 아니라, 박사 논문 문헌 검토를 평가하고 피드백을 주는 데 사용할 수 있는 채점등급표도 제시한 바 있다(Boote & Beile, 2005 참고).

학생들이 일관성 있고 의미 있는 문헌 검토 부분에서 어려움을 겪는 것처럼, 자신의 연구 결과와 문헌들을 의미 있게 연결하고, 문헌에 기반한 연구 문제를 만드는 것에도 어려움을 겪는다. Fernando와 Hulse-Killack(2006)은 상담교육자와 박사 과정 학생들이 문헌을 체계적이고 논리적으로 종합할 수 있도록 역삼각형 방법을 제안한 바 있다. 이 방법에 따르면 학생들은 관심 분야에 대한 일반적인 아이디어에서 문헌의 초점이 되는 연구 문제 이해에 초점을 맞추도록 한다. 각 연구의 구체적 연구 문제의 이해는 다시 학생 자신이 구체적이고 초점화된 연구 문제를 만드는 것으로 이어질 수 있다. 더하여, 이들은 학문 공동체 안에서 연구 미팅과 동료들의 도움을 활용하는 방법에 대해서도 서술하고 있다.

문헌 검토와 연구 문제 생성에 관한 제언들은 보다 큰 맥락인 프로그램 차원에서 박사 논문 수행 과정을 어떻게 설계할 것인지를 고려할 때도 일관되게 적용될 수 있다. 교수진들은 해당 학생에게 얼마나 관여를 해주어야 할지, 어느 정도의 지도와 자율성 간의 균형을 유지할 지 학생의 요구 수준에 대해 파악해야 한다(Flyn et al., 2012). Flyn과 동료들(2012)은 프로그램 차원에서 박사 논문 스터디 그룹이나 재정 지원과 같은 지원 방안 등을 구축하라고 제안한 바 있다. 이러한 자원들은 공식 또는 비공식 교육과정의 일부로 주어질 수 있으며, 프로그램 차원의 종합적 활동과 평가 방법을 구축하는 데 도움이 될 것이다(Boote & Beile, 2005; Hamilton et al., 2010).

마지막으로, 프로그램 차원의 박사 논문 수행 과정 설계는 박사 학위 논문에 대한 지도 교수 및 프로그램 차원에서 갖는 기대 수준과 관련이 있다. 박사 논문 수행 과정의 설계에는 명시적인 학과 정책과 과정으로 규정 되어야 할 부분도 있겠지만, 지도 교수와 학생 사이에서 박사 논문 과정과 결과에 대한 덜 형식적이지만 지속적인 의사소통들을 하는 것도 고려되어야 한다(Flynn et al., 2012; Hamilton et al., 2010; Knox et al., 2011). 예를 들어, 몇몇 대학들이 박사 논문을 쓸 때, 전통적 5가지 챕터 구성을 따른다면(서론, 문헌 고찰, 방법론, 연구 결과와 논의), 어떤 프로그램들에서는 박사 연구 결과를 기반으로 출판할 학회지의 구성에 따라 1개 이상의 소연구를 포함하는 형식으로 박사 학위 논문을 편집하게 한다. 박사 논문 형식에 대한 기대치는 대학 전체나 단과대 혹은 학과 정책과 관련되며 지역의 우선순위와 문화가 반영될 수도 있다.

석사 논문과 박사 논문 수행 과정 설계를 위해 고려해야 할 사항은 다음과 같다:

- 이 결과물을 사용하여 평가하고 싶은 SLO는 무엇인가?
- 평가하기로 선택한 SLO들을 여러 학생 및 주제, 연구 디자인에 걸쳐 어느 정도 까지 평가할 수 있는가?
- 해당 SLO들은 어느 정도로 프로그램 내 학습의 성과로 볼 수 있는가? 외부의 영향이나 기존에 학생이 가진 역량의 영향은 어느 정도인가?
- 석사 및 박사 논문은 학생들의 전문성 목표와 어느 정도로 연결이 되는가?
- 프로그램, 학과, 단과 대학 및/또는 종합대학이 박사 논문의 질과 과정에 대한 기대를 어느 정도까지 명확하게 하였는가?
- 프로그램 차원에서 박사 논문의 적절한 주제와 방법론을 어느 정도까지 표명하였는가?
- 단과 대학 및 종합대학이 요구하는 박사 논문의 형식, 길이 및 스타일 최소 조건은 무엇인가? 박사 논문 형식, 길이 및 스타일에 대한 프로그램의 최소 기대치는? 개별 교수진들이 학생들과 이러한 요소들을 결정할 권한을 어느 정도 가져야 하는가?

- 전공 교수진, 학위 논문 심사 위원회의 개별 위원 혹은 위원회 전부, 외부 검토자 중 누가 최종 박사 논문을 평가할 것인가?
- 언제 박사 논문을 평가할 것인가? 프로포절 단계(문헌 고찰, 연구 문제와 방법론 등)? 또는 디펜스 단계(전체 결과물) 때인가 혹은 두 번 다인가?
- 학생들이 그들의 활동에 대해 어떤 종류의 피드백을 받을 수 있는가?
- 학생이 허용할 수 있는 수준의 활동을 해내지 못하면 어떤 일이 일어나는가?

평가 고려 사항

학생들이 박사 논문을 완성하고 나면, 교수진은 학생의 결과물을 어떻게 평가할 것인지 결정하게 된다. 여기에는 누가 평가할 것인지(예: 전공 교수, 박사 논문 위원회 위원 개별적으로 혹은 전체적으로, 외부 평가자, 교수진 전체 등), 언제 평가할 것인지(디펜스 때 혹은 그 이전, 아니면 최종 편집 이후 등) 그리고 어떻게 평가할 것인지(채점등급표 또는 평정 서식 등)를 포함할 수 있다. 박사 논문을 학습 결과물로 사용하는 방법에 대한 내용은 이 페이지 앞 문단의 질문 리스트를 참고길 바란다.

Lovitts(2005)는 74개 학과, 10개 분야 9개 연구 대학에 걸쳐 276명의 교수진을 대상으로 광범위한 연구를 진행하였다. 그녀는 박사 논문 지도 경험이 풍부한 전문가 참여자를 모집한 뒤, 박사 논문의 질적 평가에 대한 탐색을 하였다. 그녀의 연구 결과물은 Academe출판사에서 "박사 논문을 평가하는 방법"(사실은 그녀가 강하게 반대했던 제목)으로 출판되었는데 이 책에는 박사 논문의 여러 측면을 아우르는 포괄적인 질적 지표 목록을 제시하였다. 그녀는 박사 논문의 질을 평가하기 위한 채점등급표를 개발하는 것을 추천하였다. 더 나아가 학생들이 박사 논문 수행 과정 내내 참고할 수 있도록 교수진은 이 채점등급표를 공개적으로 만들 것을 제안하였다. 박사 학위 논문에 대한 채점등급표의 기본 목적은 개인에 대한 평가이지만, Lovitts는 이러한 채점등급표를 프로그램 전반에 대한 평가에도 사용할 수 있다고 봤다. 예컨대, 디펜스 과정에서 박사 학위 심사 위원회가 합의를 위해 사용할 채점등급표나, 심사의 객관성을 더할 외부 심사위원이 작성할 채점등급표 등을 사용한 후, 채점등급표 결과 패턴을 통해 프로그램 전반에 대한 평가도 가능하다고 보았다. 다음의 목록은 박사 논문 평가에 관한 Lovitts의 채점등급표를 허가를 얻어 제시한 것이다.

박사논문 채점등급표(Rubric) 질적 지표

뛰어남

독창적, 특별한 의미가 있는, 야심찬, 훌륭한, 분명한, 재치있는, 일관적인, 강렬한, 간결한, 창의적인, 우아한, 매력적인, 흥미로운, 통찰력 있는, 설득력 있는, 정교한, 놀라운, 사려 깊은.

아주 잘 짜인 글이다.

종합적이고 학문적이다.

구성 요소들이 원활하게 연결된다.

성숙하고 독립적인 사고를 보여준다.

관점이 있고, 강하고, 자신감 있으며, 독립적이고 권위 있는 목소리를 낸다.

새로운 질문을 던지거나 중요한 질문 혹은 문제를 다룬다.

어떤 문제와 왜 그것이 중요한지 분명하게 주장한다.

방대한 양의 복잡한 문헌에 대한 깊은 이해를 보여준다.

주제에 대한 권위와 방향성을 보여준다.

논의가 강렬하고 논리적이며, 엄격하고 지속적이다.

이론적으로 정교하거나, 이론에 대한 깊은 이해를 보여준다.

뛰어난 연구 설계를 가지고 있다.

새로운 도구, 연구 방법, 접근 또는 분석 유형을 사용하거나 개발한다.

철저하게 연구되었다.

여러 개의 자료로부터 풍부한 데이터를 보유하고 있다.

분석은 종합적이고 완벽하며, 정교하고 설득적이다.

연구 결과가 중요하다.

결론은 모든 것들을 하나로 연결한다.

최상위 저널에 게재할만하다.

대중의 흥미를 유발하고 사람들의 사고를 바꿀 수 있다.
해당 분야의 경계를 확장하며, 새로운 연구 영역을 연다.

매우 좋음
견고하다.
잘 짜인 글이다.
독창적인 아이디어, 통찰력과 관찰을 일부 가지고 있지만, 그것이 '뛰어남' 카테고리보다는 덜 독창적이거나 중요하고, 덜 흥미롭다.
전통적인 경향이 있는 좋은 질문이나 문제를 탐구하였다.
주제에 대한 이해와 숙달도가 나타난다.
강하고, 포괄적이며 일관적인 주장을 포함하고 있다.
잘 수행된 연구를 포함한다.
기술적 역량을 증명한다.
적절한(표준) 이론, 연구 방법과 기술을 사용하고 견고하며 예상한 답변이나 결과를 얻는다.
흥미로운 주제와 연결성을 완벽하게 탐구할 기회를 놓쳤다.
분야에 평균 수준으로 기여하였지만, 새로운 가능성을 열지는 못하였다.

받아들일 만함
우수한 솜씨이다.
기술적 역량을 증명하였다.
연구할 수 있는 능력을 보여주었다.
매우 독창적이거나 특별하게 의미 있지는 않다.
흥미롭거나 놀랍지 않다.
창의성과 상상력 또는 통찰력을 조금 보여준다.
글은 상상력이 없고 꾸준하다.
구조와 조직이 약하다.
범위가 좁다.
흥미롭지 않은 질문이나 문제를 탐구하였다 - 매우 파생적이거나 조언자의 업무를 연장하는 경우가 있다.
그 분야에 대한 좁은 이해도를 나타낸다.
적절하게 문헌을 검토하였다 - 문헌들을 숙지하고 있지만 비판적이거나 무엇이 중요한지 논의한 것이 없다.
논의를 지속시킬 수 있지만, 그 것이 상상력이 없고 복잡하며 설득력이 없다.
단순한 수준에서 이론적 이해를 나타내고, 이론이 문제에 능숙하게 적용되지는 못하였다.
표준적인 연구 방법을 사용한다.
정교하지 않은 분석이다 - 모든 가능성, 간과한 것들, 연결을 탐구하지 않는다.
흥미롭지 않고 예상 가능한 결과들을 보여 준다.
분야 기여도가 작다.

받아들일 수 없음

형편없는 글이다.
철자와 문법 오류가 있다.
발표가 엉성하다.
오류나 실수를 가지고 있다.
자료를 표절하거나 고의적으로 잘못 읽거나, 잘못 사용하였다.
기본 개념, 절차 또는 분야에 대한 관습을 이해하지 못한다.
세심한 사고가 부족하다.
사소하고, 약하고, 독창적이지 않거나 이미 해결된 문제 또는 질문을 본다.
문헌에 대해 이해를 못하거나 누락되었다.
약하고 비일관적이고, 자기 모순적이거나 설득적이지 않고, 타당하지 않은 주장을 보유한다.
이론을 잘 다루지 못하거나 누락되었거나 잘못되었다.
부적절하고 부정확한 연구 방법에 의존한다.
결함이 있고, 잘못되었고, 거짓이고, 조작되었거나 잘못 해석된 데이터를 가지고 있다.
잘못되고, 부적절하고, 비일관적이거나 혼란스러운 분석을 보유한다.
근거가 뒷받침되지 못하거나 과장된 해석을 가지고 있다.
분야에 기여하지 않는다.

(참고. Note. From "How to Grade a Dissertation," by B. E. Lovitts, 2005, Academe, 91, p. 20. Copyright 2005 by the American Association of University Professors. Reprinted with permission.)

박사 논문 구성요소의 차원

구성 요소 1: 서론

서론은

- 연구 문제에 대해 기술한다.
- 다뤄질 연구 문제가 분명하게 기술되었다.
- 연구 동기를 설명한다.
- 그 질문들이 발생한 맥락을 설명한다.
- 학위 논문 결과의 중요성에 대하여 논한다.
- 독자들을 위한 로드맵을 제공한다.

구성 요소 2: 문헌 고찰

문헌 고찰은

- 종합적이며 최신의 문헌을 포함한다.
- 문헌을 사용하는 능력을 보여준다.
- 문제의 맥락을 설명한다.
- 주제와 관련된 문헌을 선별적, 종합적, 분석적으로 논의한다.

구성요소 3: 이론

적용되거나 개발된 이론은

- 적절하다
- 논리적으로 해석되었다.
- 잘 이해되었다.
- 질문과 부합한다.
- 저자는 다루어지는 이론의 강점과 한계에 대해 종합적으로 이해하고 있다.

구성요소 4: 연구 방법

적용되거나 개발된 연구 방법은

- 적절하다
- 자세하게 설명되었다.
- 제시된 질문과 사용된 이론이 일관적이다.
- 이와 더불어 저자는 사용된 연구 방법의 장점과 단점을 이해하고 있다.

요소 5: 연구 결과 또는 분석

자료 분석이

- 적절하다.
- 제시된 질문 및 가설에 적절한 결과이다.
- 정교하다.

이에 더해 데이터 혹은 정보의 양과 질은

- 충분하다.
- 잘 보여졌다.
- 잘 해석되었다.
- 또한 저자는 연구로부터 얻은 통찰과 연구의 한계를 명확히 기술한다

요소 6: 논의 및 결론

결론은

- 연구 결과를 요약한다.
- 연구 결과에 대한 관점이 제시되어 있다.
- 서론과 다시 연결되어 있다.
- 도출된 결론을 잘 엮어 서술한다.
- 연구의 강점과 약점을 기술한다.
- 해당 분야에 대한 시사점 및 함의점을 논의한다.
- 향후 연구 방향에 대해 논의한다.

(Note. From "How to Grade a Dissertation," by B. E. Lovitts, 2005, Academe, 91, p. 22. Copyright 2005 by the American Association of University Professors. Reprinted with permission.)

참고 자료

다른 요소들의 평가 설계 과정과 마찬가지로, 상담교육자는 학위 논문의 목적, 논문 범위와 질에 대한 기대와 박사 논문 작업이 학생들의 진보와 프로그램 전반적인 질과 연결될 수 있도록 해야 한다. 다음의 자료들은 박사 과정의 최종 평가 산물로서 박사 논문을 개념화하는 데 도움이 될 것이다.

Boote, D. N., & Beile, P. (2005). Scholars before researchers: On the centrality of the dissertation literature review in research preparation. *Educational Researcher, 34*, 3-15. doi:10.3102/0013189X034006003

Borders, L. D., Wester, K. L., Granello, D. H., Chang, C. Y., Hays, D. G., Pepperell, J., & Spurgeon, S. L. (2012). Association for Counselor Education and Supervision guidelines for research mentorship: Development and implementation. C*ounselor Education and Supervision, 51*, 162-175. doi:10.1002/j.1556-6978.2012.00012.x

Lovitts, B. E. (2005). How to grade a dissertation. *Academe*, *91*, 18-23.

제9장

자질

간단히 말해, 자질(disposition)이란 '주된 경향, 분위기, 성향', '기질적 구성', 또는 '주어진 상황마다 비슷한 패턴으로 행동하는 성향'이라는 사전적 의미를 가진다. 자질은 타고난 것일 수도 학습된 것일 수도 있으나, 상담사의 자질이 상담의 효과성에 결정적 역할을 한다는 것은 의심할 여지가 없는 사실이다. 상담사의 자질은 내담자의 복지를 향상시키거나, 잠재적 피해를 미치는 상담사 능력의 발달에도 중요한 역할을 한다. 이에 ACA(미국상담학회) 윤리강령의 서문에도 전문적 가치와 자질의 중요성이 강조되어 있다.

윤리적으로 헌신하며 살아가는 중요 방법 중 하나는 전문적 가치를 존중하는 것이다. 다음은 상담사의 핵심 전문적 가치이다.

1. 전 생애에 걸쳐 인간의 발달을 증진시키는 것
2. 다양성을 축복하고, 사회문화적 맥락 안에서 각 개인의 가치와 존엄성, 잠재력과 독특성을 지지하는 다문화적 접근을 포용하는 것
3. 사회 정의를 촉진하는 것
4. 상담사-내담자 관계를 안전하게 유지하는 것
5. 역량에 기반하여 윤리적 방식으로 상담하는 것

이 책의 대부분에서 우리는 지식과 기술의 측면에서 학생들의 학습성과를 증명할 방법들에

주목하였다. 그러나 평가과정의 일부로서 학생의 자질에 대한 논의를 전혀 하지 않는다면 이는 상담교육 분야에서의 평가에 대해 제대로 설명하지 않는 일이 될 것이다.

이 장에서는 상담사의 전문적 자질을 사전적 또한 조작적으로 정의하는 작업에 집중하고자 한다. 또한 내려진 정의를 현재의 교육과정 인준 제도, 상담 윤리강령, 역량 관련 선언문의 맥락과 연결 짓고자 한다. 상담교육 분야에서 전문적 자질 평가에 대한 논의가 이루어진 지는 얼마 되지 않았으나, 자질 평가에 대한 '최선의 방법(best practices)'들로 제안된 것들을 리뷰해 보고자 한다. 이 장의 마지막에는 이 책을 읽는 독자들이 자신의 프로그램에 맞게 학생 자질들을 정의하고, 이를 발달적이고 조직적인 평가계획에 포함시키는 데 도움을 줄 자료들을 제시하고자 한다.

상담사의 전문적 자질

사회복지사, 학교 심리학자, 교육자 양성 프로그램 인준 제도에서 자질 평가 부분은 꾸준히 요구되어 왔다(Spurgeon, Gibbons, & Cochran, 2012). 여러 측면에서 미국 교사 교육과정 인준 위원회(CAEP, 이전 약자는 NCATE)는 교사 교육 표준에 자질 평가를 포함시키는 방향을 선도해 왔다. 미국 교사 교육과정 인준 위원회(NCATE, 2014)가 정의한 전문적 자질은 다음과 같다.

> (전문적 자질이란) 교사가 학생, 학생의 가족, 동료와 지역사회와 의사소통 하는 데 사용하는 언어적, 비언어적 행동을 통해 드러나는 전문적 태도와 가치 및 신념이다. 전문적 자질을 통해 나타난 예비 교사의 긍정적 행동은 학생의 학습과 발달을 촉진할 수 있어야 한다. NCATE를 따르는 훈련 프로그램은 교육 장면에서의 행동 관찰을 기반으로 예비 교사들의 전문적 자질을 평가해야 한다. NCATE가 각 대학이나 기관에서 평가하길 권장하는 2가지 전문 자질로는 '공정함'과 '모든 학생은 학습할 수 있다'라는 신념이 있다. 훈련 기관은 자신들의 교육 철학과 개념적 틀에 기반을 두어 추가적인 전문 자질을 선정하고, 사전적, 조작적 정의를 내릴 수 있다.
>
> 물론, 자질에 대한 평가는 지식이나 기술에 대한 직접적 관찰만큼 의미 있고, 신뢰할만한 방식으로 이루어질 수 없다는 의견도 있다. 이에 반해, Dollarhide (2013)는 상담 과정의 정수에는 결국 상담사의 가치가 있으며, 상담교육 분야에서 전문적 자질과 그와 관련된 가치를 평가해야만 한다고 강하게 주장한 바 있다. Winterowd, Adams, Miville과 Mintz(2009) 또한 상담 기술을 실행할 의지와 능력에는 결국 전문적 자질이 있음을 다음과 같이 논의한 바 있다.
>
> 명확히 판단될 수만 있다면, 전문적 자질은 상담사의 수행 표준을 마스터하는 것보다

> 훨씬 더 정확한 상담사 역량의 지표가 될 수 있다. 전문적 자질은 여러 세팅에서 충분히 자주 관찰되는 행동으로 가늠되는데, 이는 학생이 해당 기술을 가지고 있을 뿐만 아니라 그 기술을 적절히 활용할 것을 확인할 수 있는 지표이다. 전문적 자질은 특정 전문직이 자신들의 전문성과 가장 관련이 깊은 덕목(virtue)들을 조작적으로 정의하는 데도 도움이 된다. 반대로, 학생이 가지고 있는 자질은 효과적 학습을 방해할 수도 있다. 예컨대, 완고함이라는 취약한 '자질'을 가진 학생은 슈퍼바이저가 특정 제안을 했을 때 방어적으로 반응하여 효과적인 학습을 하지 못한다. 요약하면, 학생이 가진 자질은 효과적 학습을 촉진할 수도, 방해할 수도 있다(p.678).

전문상담사의 태도, 가치, 신념이 내담자와의 상담에서 효과성을 결정짓는다는 것은 논쟁할 것 없이 분명한 일이다. 치료적 요인에 대한 상담 성과 메타 분석에 따르면, 상담사와 내담자의 관계는 특정 상담 접근이나 기법보다 상담의 효과성에 훨씬 더 많은 기여를 한다(Lambert & Barley, 2001). 그리고 알려져 있다시피 쉽게 파악하기 힘든 것들이 치료적 관계를 맺는 데 오히려 중요하다.

미국 상담학회(ACA)는 상담 윤리강령(ACA, 2014)을 통해 윤리적 상담의 초석은 상담사의 태도, 가치, 자질에 있음을 계속적이고 명시적으로 밝히고 있다. 상담사 윤리와 전문적 자질의 관계는 매우 밀접해서, 윤리적 상담과 전문적 자질은 서로 분리되어 언급되기가 어렵다. 예컨대, 윤리강령 section A는 상담 관계의 초석으로서 신뢰를 언급하고 있고, 곧이어 상담사는 자신의 가치와 신념이 상담 관계에 어떤 영향을 미치는지 개인적 탐색을 해야 한다고 서술되어 있다. A.4. 항목은 상담사는 내담자에게 개인적 가치를 주입하지 않도록 유의해야 한다고 되어 있는데, 이는 대인관계에서 자신의 영향력을 인식하고 조절할 수 있는 전문적 자질을 필요로 한다. B.1. 항목은 문화적 고려를 위해 가져야 할 보다 구체적인 인식과 민감성을 언급하고 있다.

2016 CACREP 표준 역시 다문화 상담 역량(Arredondo et al., 1996)과 같은 상담사 역량과 전문적 자질을 더욱 강조하고 있으며, 영적 역량(Association for Spiritual, Ethical, and Religious Values in Counseling, 2009)과 추상적인 자질 역시 강조하고 있다. CACREP 이전 기준에서도 전문적 자질의 중요성을 암시하는 표현은 많이 있었지만, 2016 CACREP 표준은 처음으로 전문적 자질을 명시적으로 언급하였고, 통합적 측면에서의 전문적 자질도 강조하였다는 점에서 의미가 있다. 아래는 2016 CACREP 기준에서 전문적 자질 평가와 관련된 부분을 요약한 것이다.

2016 CACREP 표준에서 전문적 자질 연관 부분

- 입문 수준 프로그램 입학에 영향을 주는 추천서의 경우, 입학처의 선발 관련 위원회를 통해 만들어져야 한다. 여기에는 지원자의 1) 진로 목표 관련성, 2) 대학원 수준 학습의 준비도, 3) 효과적 상담 관계 형성이 가능할 만한 잠재적 자질, 4) 문화적 차이에 대한 존중도 등이 포함되어야 한다(Standard 1.L).
- 각 개인의 인간관을 형성하는 데 기여했을 문화적 전통, 태도와 신념, 이해와 축적된 경험(Standard 2.F.2.d)
- 상담사의 성품과 행동은 상담 과정에 영향을 준다(Standard 2.F.5.f)
- 상담교육 프로그램 교수진은 프로그램의 목표를 사정하는 데 다음과 같은 정보들을 사용해야 한다: (1) 학생들의 지식과 기술 및 전문적 자질을 평가한 것들을 통합한 데이터, (2) 지원자, 재학생, 졸업생들의 인구학적 특징과 기타 특성들, (3) 졸업생과 현장 슈퍼바이저, 졸업생들의 고용주 대상 추적 조사에 대한 체계적 리뷰 데이터(Standard 4.B)
- 상담교육 프로그램 교수진들은 프로그램 전반에 걸쳐 각 학생의 전문적 자질을 체계적으로 평가해야 한다. 전문적 자질 평가에는 다음과 같은 것들이 포함되어야 한다: (1) 핵심 전문적 자질의 판별, (2) 시간의 경과에 따른 학생의 전문적 자질 변화에 대한 측정, (3) 데이터에 대한 분석과 리뷰(Standard 4.G).
- 박사 프로그램 입학 결정 기준에는 다음과 같은 것이 포함되어야 한다: (a) 박사 수준 학습을 위한 학문적 준비도, (b) 입학 이전의 전문적 경험, (c) 자기 인식 및 정서적 안정도 등을 상담사 전문직에 대한 적합도, (d) 구두 및 서면 의사소통 능력, (e) 문화적 민감도와 인식, (f) 학자 및 리더, 옹호자로서의 잠재성(Standard 6.A.3)

상담수련생에게 중요한 기술과 자질로는 학문적 특성과 비학문적 특성 모두가 언급된다(Swank & SmithAdcock, 2014). 이후 16장에서 기술하겠지만, 개인 내적 및 대인관계에서의 전문적 자질 문제는 상담수련생 교정(remediation) 과정에서 가장 빈번히 언급되는 문제이다(Brown, 2013; Henderson & Dufrene, 2012). 이 장의 다음 섹션에서는 학생 자질에 대한 통합적 평가에 있어 최선의 방법으로 제안할 수 있는 것들을 기술하고자 한다.

자질 평가에 대한 최선의 방법

자질과 가치는 지식과 기술보다 훨씬 추상적이기 때문에 전문적 자질 평가에는 독특한 어려움들이 있다(Dollarhide, 2013). 앞서 언급하였듯이, ACA 상담 윤리 강령(2014)과 상담사 역량 관련 문서들은 서두에서부터 전문적 자질을 중요하게 언급하고 있으나, 상담사가 해야 할 명확한 태도들을 기술해 놓은 문서는 찾아보기 힘들다(Homrich, Delorenzi, Bloom, & Godbee, 2014). 이에 대해 Homrich와 동료들(2014)은 아래와 같이 주장하였다.

> 상담 및 심리 분야, 사회 복지 및 부부 및 가족 상담 분야의 슈퍼바이저들은 수련생의 행동에 대해 명확히 정의되고, 관찰가능하며, 측정 가능한 기준들을 통해 많은 이익을 얻을 수 있다. 이러한 행동 기준들은 여러 임상 세팅을 통틀어 요구되는 최소한의 기대치에 대해 많은 사람들이 동의하고, 공통적으로 인정하는 것들로 구성할 수 있다(p. 129).

이어서 Homrich와 동료들(2014)은 행동 목록 탐색 과정에 대해 자세히 기술한 후, 그 결과 얻어진 상담 분야 대학원생들에게 요구되는 3가지 측면의 최소한의 행동 목록을 기술하였다. 이 3가지 측면은 전문적 행동들, 대인관계 행동들, 개인 내적 행동들이었으며, 조작적으로 정의된 전문적 자질들도 함께 기술되었다. 조작적으로 정의된 자질들을 상담교육자들에게 학생들에게 길러주어야 할 것이 무엇인지에 대한 교육 철학의 토대가 될 수 있다.

> 전문적 자질에 대한 스크리닝은 프로그램 지원자가 상담사로서 성공할 수 있는 잠재력이 있는지 평가하는 입학 심사 과정에서부터 시작된다(CACREP, 2016). Swank와 Smith-Adcock (2014)은 CACREP인준을 받은 상담 프로그램들의 입학 심사 과정을 리뷰하였는데, 석사 학위 프로그램의 대다수가 입학 과정에 자기소개서와 면접이 포함되어 있었다. 이는 지원자가 프로그램과 상담직에 적합한 자질을 갖추고 있는 지 평가하기 위한 것으로 보인다. 나아가, Swank와 동료들은 상담 프로그램들이 입학 심사 과정과 같이 프로그램 초반에 적용할 수 있는 학생 자질에 대한 구체적 측정 방법을 마련할 필요가 있다고 제언하였다(Swank & Smith-Adcock, 2014).

전문적 자질에 대한 최선의 방법은 복합적(multi-modal) 자질 평가로 볼 수 있는데, 여기에는 학과목 이수 전반 및 실습 경험에서 나타나는 학생 자질에 주의를 기울이는 것과 자질 평가를 지속적인 학생 평가와 유예 결정 과정에 포함하는 조치들이 포함된다(Spurgeon et al., 2012; Winterowd et al., 2009). 학생들에게 기대되는 바와 그러한 기대에 대한 이유들을 투명하게 밝히는 것은 프로그램 전반에서 학생들이 자신의 이해와 경험을 통합시키는 데 도움을 준다(V. A. Foster & McAdams, 2009; Spurgeon et al., 2012; Winterowd et al., 2009). 특히, 교수진이 각 과목의 학습성과로서 전문적 자질의 발달을 계획할 때는 더욱 투명한 의사소통이 필요하다(Dollarhide, 2013; Winterowd et al., 2009).

"정서적 학습 측면을 측정하는 것은 학생들의 가치와 태도, 자질의 발전에 어떠한 실제적 학습이 일어나는 것을 측정할 수 있게 한다" (Dollarhide, 2013, p. 223). Dollarhide(2013)는 '사회 및 문화적 다양성' 과목에서 이 원칙을 적용한 결과, 학생들의 정서와 가치 영역에 5개의 학습 단계를 관찰할 수 있었다고 기술하였다; 가치 접하기, 학습에 반응하기, 가치화(valuing), 조직화(organization), 가치 내재화 또는 복합적 가치 통합 또한 그녀는 교육 목표와 교수 방법론 및 과목 내 평가 요소를 연결하는 데 필요한 명시적 가이드를 제공하였다. 상담 교수진들은 Dollarhide가 제공한 가이드를 활용해 전반적 SLO 평가 속 전문적 자질 부분에 보다 명료하고 구체적인 초점을 둘 수 있다. 예컨대, 다문화 관련 과목에서는 개방성과 문화적 다양성에 특별히 초점을 맞춘 SLO 목표를 기술할 수 있다. 피드백을 받아들이고 통합하는 능력은 실습과 인턴십 과목의 SLO로서 설정될 수 있다.

상담 분야에서 전문적 자질 평가에 관한 선행 연구가 풍부한 편은 아니지만, 저자들은 자질 평가의 최선의 방법으로 다음과 같은 비교적 명료한 가이드들을 발견하였다.

- 교수진이 개발시키고자 하는 전문적 자질을 명확히 기술할 것
- 개발시키고자 하는 전문적 자질과 관련된 저널이나 문헌, 윤리강령, 전문가의 의견들을 연결시켜 제시할 것
- 가능한 한 전문적 자질을 구체적인 조작적 정의로 제시할 것
- 입학 심사나 프로그램 전반에 걸친 평가 시스템, 과목별 학습성과에 전문적 자질을 연결시킬 것

다음 섹션에서는 자질 평가과정에 대해 출판된 2개의 모범 사례를 리뷰해 보고자 한다. 상담 프로그램에서 집중하고자 하는 전문적 자질의 선택, 기술, 평가계획에 관심이 있는 교수진에게는 이 사례들이 특별히 도움이 될 수 있을 것이다.

전문적 자질 평가 사례 예시

Spurgeon과 동료들은(2012) 학생의 개인적 자질을 발달시키기 위해 상담 프로그램에서 실시하는 교육과정에 대한 사례연구를 출판한 바 있다. 이들은 상담 프로그램에서 존재하는 전문적 자질 관련 교육들을 리뷰한 후, 교수진의 개인적 가치를 명시하고, 프로그램 관련 주체들에게서 의견을 수렴한 후, 학생 평가 및 교정 과정에 적용할 함의들을 얻었다. 이러한 과정을 통해 이들

은 프로그램에서 중점을 둘 5가지 개인적 자질과 그에 대한 조작정 정의를 다음과 같이 기술하였다(Spurgeon et al., 2012, p.103)

- 헌신 : 배움에의 충분한 투자, 상담사 정체성의 발달, 옹호적 역할 수행, 전문적 수월성 추구, 시민 정신, 협력하기, 학자이자 상담사(scholar/practitioner)로서의 태도, 대인관계 역량
- 개방성: 새로운 아이디어, 배움, 변화에의 개방성, 피드백을 주고 받는 것에의 개방성, 성장에의 개방성, 타인에의 개방성, 자기 발달에의 개방성
- 존중: 다양성을 인식하고 감사히 여기기, 적절한 자기 돌봄, 웰니스 철학에 대한 존중
- 통합성: 개인적 책임감, 개인적이고 전문적 성숙, 정직성, 용기, 일관성
- 자기 인식: 통합성, 겸손, 자기 성찰과 자기 탐색, 역사 속의 현재와 자신의 위치를 이해하기

교수진은 위와 같은 조작적 정의를 웹사이트와 핸드북, 강의 계획서와 실습 평가 형식 등에 명시하여 학생들이 프로그램에서 기대하는 자질이 무엇이고, 이를 어떤 시스템으로 평가하는지를 알 수 있도록 하였다(Spurgeon et al., 2012). 학생들은 프로그램에서 자신들이 전문적 자질을 어떻게 이해하고 느끼게 되는지에 대한 보고서 작성이나 평가에 임하였고, 양적 및 질적 방법으로 수집된 학생들의 반응은 일련의 방식이 프로그램에 정착하는 데 도움을 주었다(Gibbons, Cochran, Spurgeon, & Diambra, 2013). 프로그램에서 전문적 자질 평가를 아직 실시하지 않은 경우, 이들의 논문이 도움이 될 수 있을 것이다.

또 하나의 사례는 Winterowd와 동료들(2009, pp. 680-683)이 제시한 사례이다. 이들은 '다양성을 강조한 상담심리 훈련 모델 가치 선언문'(상담심리 훈련 프로그램 연합, 2006)에서 제시된 가치들을 9가지 덕목으로 조작적으로 정의한 후, 프로그램 성취 표준 문서 및 평정 양식들에 적용하였다. 이 9가지 덕목은 존중, 포용, 협력과 협동, 개방성, 호기심, 자기 인식, 내적 성찰, 문화적 인식, 사회적 정의, 전문적 성장과 개인적 성장이다. 이 사례에서 제시된 평정 척도 형식과 과정에 대한 논의는 프로그램에 적합한 가치와 덕목을 활용해 전문적 자질을 측정하는 방법에 대해 좋은 정보를 제공한다.

상담교육자들에게 전문적 자질에의 강조는 핵심적 과제가 되었다. 프로그램 전반을 통해 전문적 자질을 개발하기 위해서 교수진은 목표로 하는 자질을 조작적으로 정의하고, 이들을 의도적으로 교육과정과 연결시키며, 평가에 자질 평가를 적용하는 일 등을 해야 한다. 아래는 이러한 과정에 도움이 될만한 자료들이다.

참고자료

Brown, M. (2013). A content analysis of problematic behavior in counselor education programs. *Counselor Education and Supervision, 52*, 179-192. doi:10.1002/j.1556-6978.2013.00036.x

Dollarhide, C. T. (2013). Using a values-based taxonomy in counselor education. *Counseling and Values, 58*, 221-236. doi:10.1002/j.2161-007X.2013.00035.x

Homrich, A. M., Delorenzi, L. D., Bloom, Z. D., & Godbee, B. (2014). Making the case for standards of conduct in clinical training. *Counselor Education and Supervision, 53*, 126-144. doi:10.1002/j.1556-6978.2014.00053.x

Spurgeon, S. L., Gibbons, M. M., & Cochran, J. L. (2012). Creating personal dispositions for a professional counseling program. *Counseling and Values, 57*, 96-109.

Swank, J. M., & Smith-Adcock, S. (2014). Gatekeeping during admissions: A survey of counselor education programs. *Counselor Education and Supervision, 53*, 47-61. doi:10.1002/j.1556-6978.2014.00048.x

University of North Carolina at Charlotte. (n.d.). *Professional dispositions plan and information*. Retrieved from http://education.uncc.edu/resources/professional-dispositions-plan-and information

University of Texas at San Antonio. (n.d.). *Fitness to Practice forms*. Retrieved from http://educa-tion.utsa.edu/counseling/fitness_to_practice/

Winterowd, C. L., Adams, E. M., Miville, M. L., & Mintz, L. B. (2009). Operationalizing, instilling, and assessing counseling psychology training values related to diversity in academic programs. *The Counseling Psychologist, 37*, 676-704. doi:10.1177/0011000009331936

제10장

간접지표

지금까지는 학생들이 인턴십, 포트폴리오, 종합시험 및 석박사 학위 논문 등 교육과정 속에서 쌓은 지식과 경험을 어떻게 평가할 것인가에 관해 다루었다. 또한 학생들의 전문적 자질이 지식과 기술의 활용에 어떻게 영향을 미칠 수 있는지에 관해서도 기술하였다. 이러한 요소들은 SLO 평가계획의 핵심에 해당하는 부분들이다. 이와 더불어 강력한 프로그램 평가계획은 학습 환경 평가와 학생들의 학습 수준에 대한 간접지표 평가들을 포함한다. 물론, 간접지표 단독으로 SLO를 측정하는 것은 적절하지 못하지만(Hatfield, 2009), 간접지표들을 통해 얻는 정보들은 학습 맥락과 프로그램 및 학과목 개선 가능성에 대해 중요한 함의를 제공한다.

이 챕터에서는 보다 넓은 의미로서의 프로그램 평가 요소인 간접지표들을 정의하고, 몇 가지 예시들을 제공하고자 한다. 또한 간접지표 인식과 개발에 있어 필요한 개념적 가이드와 추가 자료 목록을 제공하고자 한다.

간접 평가 지표의 맥락

Suskie (2009)는 간접지표를 크게 2가지; 학생의 학습 관련 지표와 학습 과정 관련 지표로 개념화한 바 있다. 학습 관련 지표로는 각 과목과 과제에 부여된 학점, 졸업생들의 취업률과 취업처의 특성, 졸업생들의 취업 시장 인식, 재학생과 졸업생의 학습 경험에 대한 인식, 재학생들의 생산성과 수상실적 등을 포함한다. 학습 과정 관련 지표로는 프로그랜 매체와 강의 계획서, 학생-교수 상호작용 보고서, 각 과목의 운영 방식과 과제들의 속성 등이 있다. 이와 더불어 Suskie는 프로그램 평가의 간접지표에 학생들의 프로그램 경험 만족도와 반응들을 포함할 필요가 있다고 하였다. 물론, 학생들이 프로그램이 제공하는 경험에 만족하지 못한다면, 학생들은 배우도록 의도된 것들을 실제적으로 배우지 못할 것이다. 그러나 저자들의 관점에서는 만족도 또는 불만족 정도가 학생들의 학습성과를 실제적으로 보여주는 지표는 되지 못한다. 오히려 프로그램 만족도는 실제적 학습성과에 대한 그림을 흐리는 요소가 될 때가 많다.

프로그램 평가 방법에 대한 선행 연구에 따르면, 프로그램 평가는 프로그램 관련 주체를 대상으로 한 조사, 즉, 간접 평가 방식이 많이 사용되고 있다. 대학 차원에서 실시하는 조사 종류를 살펴보면, 전국단위 학생 대상 조사 실시 대학이 전체의 80% 이상, 졸업생 대상 조사 실시 대학이 60% 이상, 자체 개발 조사 실시 대학은 60% 이상, 졸업생을 고용한 고용주 조사 실시 대학은 50% 미만으로 나타났다(Kuh et al., 2014). 프로그램 차원에서는 50% 정도의 프로그램들이 자체 개발 조사를, 3분의 1 정도는 졸업생 조사, 5분의 1 정도가 고용주 조사, 5분의 1 정도가 포커스 그룹이나 개별 학생 인터뷰 방식을 사용하는 것으로 나타났다(Ewell et al, 2011).

2009 CACREP 표준 실시 이전에는 상담교육 프로그램 등에서 "교수진이 입학과 교육, 졸업 과정에서 자신의 역할을 잘 하였습니까?"라는 질문을 많이 사용하였다. 이 질문에 대한 답은 재학생, 학위 수료 학생, 졸업생들을 포함해 여러 시기 여러 방법을 통해 수집되었다.

2016 CACREP 표준에 나타난 간접지표의 중점 사항

간접 평가의 전통은 2016년 CACREP 표준에도 계속 이어지고 있으며, 아래 리스트는 상담 관련 모든 프로그램 평가계획에 반드시 포함되어야 하는 간접 평가 지표들이다.

- 프로그램 졸업생 추적 조사(Standard 4.B.3)
- 현장 슈퍼바이저 추적 조사(Standard 4.B.3)
- 고용주 추적 조사Standard 4.B.3)
- 졸업생 수(Standard 4.E.1)
- 자격 시험 통과율((Standard 4.E.2)

- 졸업률(Standard 4.E.3.)
- 취업률(Standard 4.E.4).
- 교수진에 대한 학생들의 강의평가(Standard 4.J.)
- 현장 슈퍼바이저에 대한 학생들의 평가(Standard 4.K.)

졸업생과 그들의 고용주 조사 결과는 간접 평가 지표 중에서도 중요하게 다루어질 때가 많다. "졸업생과 고용주 조사 결과는 교수진 주도의 형성 평가 목적뿐만 아니라 시스템이나 주 차원의 총괄 평가 목적 측면 모두에서 활용성과 신뢰성이 높다는 장점이 있다"(Hoey & Gardner, 1999, p.43). 이 2가지 조사 결과는 특히 프로그램 평가과정에서 평가 데이터 종류를 다원화하기에 좋다. SLO에 대한 직접적인 평가 지표들이 그 속성상 총괄적 성격이 크다면, 간접 평가 지표들은 형성 평가의 의미로서 학생들의 학습이 잘 되고 있거나, 잘 되고 있지 않는 이유에 대해 살펴볼 수 있게 도와준다(Suskie, 2009). 이러한 이유로 상담교육 프로그램들에서는 SLO에 대한 직접 평가 지표와 함께 간접 평가 지표 사용을 필수적으로 고려하는 경우가 많다(Urofky, & Bobby, 2012).

지표들을 효과적으로 사용하기 위해서는 간접 평가 지표와 직접 평가 지표의 장점과 한계, 둘 간의 상호작용에 대해서 이해할 필요가 있다. 예컨대, 재학생과 졸업생들은 자기 자신이 무엇을 모르고 있는지 인식하지 못하는 상황에서(Kruger & Dunning, 1999), 스스로의 지식과 기술에 대해 믿을 만한 정보를 제공하지는 못할 가능성이 높다(Heath, DeHoek, & Locatelli, 2012; Weldy & Turnipseed, 2010). 예컨대, 한 연구에 따르면, 사회 복지 석사과정 학생들의 역량 평가 시 직접 관찰 평가에서는 낮은 수준을 보인 학생들도 간접적 방식인 자기 보고식 평가에서는 높은 수준을 보였다. 반면, 직접 관찰 평가에서 높은 수준의 역량을 보인 학생들은 자기 보고식 평가에서도 일치하는 수준의 보고를 나타낸 바 있다(Calderon, 2013). 또한 시간이 경과하면서 평가자들의 정보 회상 수준도 변화할 수 있다. 프로그램과 대학에 대한 만족과 불만족 사항은 졸업 이후의 삶과 프로그램이 가져다준 다양한 요소들을 인식하게 되면서 점차 변화될 가능성이 높다.

"유예율, 졸업률, 취업률 등은 프로그램의 중요 성과이지만, 이러한 지표들은 학생들이 무엇을 배우고, 무엇을 배우지 못했는지에 대해 정확히 알려주지 못한다"(Suskie, 2009, p.22). 이러한 지표들은 그것에 영향을 미치는 여러 외부 요소들이 있다. 예컨대, 경기가 나빠지면, 취업 시장에서 임금을 받을 수 있는 상담직 수가 줄어드는 경향이 있고, 이러한 상황에서는 매우 유능한 졸업생들조차 졸업 이후 수개월 동안 취업을 하는 데 어려움을 겪는다. 경기 악화는 평균적 취업률과 졸업생 만족도를 낮추고, 고용주들로부터 의미 있는 데이터들을 얻는 일도 어렵게 한다. 프로그램 평가에서 이러한 종류의 데이터들을 사용하는 경우, 평가 결과를 보는 사람들이 프로그램의 성과에 대해 적절한 결론을 내릴 수 있도록 평가 시행 당시 환경 맥락에 대한 정보도 제공할 필요가 있다.

평가계획 시 고려 사항

상담교육자들은 프로그램 개발 계획을 구성할 때 다양한 종류의 간접 평가 지표들을 선택해야 한다. 대학 책무성에 대한 기대 수준이 높아진 가운데, 상담교육자들이 주로 고려하고 있는 간접 평가 지표들에는 3가지 타입이 있다: 추적 조사, 졸업생에 대한 평가 데이터, 강사와 슈퍼바이저 평가. 이 섹션에서는 세 가지 영역별 중요 고려 사항들을 설명하고자 한다.

공식적 추적 조사

2016년 CACREP 표준의 4.B에 따르면, 상담교육 프로그램들은 졸업생과, 졸업생을 고용한 고용주, 현장 슈퍼바이저들을 대상으로 체계적인 조사를 실시하여야 한다. 이 중에서도 대부분 문헌은 졸업생 대상 조사에 초점을 맞추고 있으며, 나머지 고용주와 현장 슈퍼바이저 연구에도 같은 방식의 원리를 적용할 수 있다.

졸업생 추적 조사

Cabrera, Weerts와 Zulick(2005)은 졸업생 추적 조사에 크게 3가지 접근이 있다고 기술하였다: 졸업생 성과 접근, 참여 및 역량 접근, 기부 접근이 그것이다. 졸업생 성과 접근은 졸업 이후 고용 및 활동 상황뿐만 아니라 재학 중 인식한 기관의 특징과 만족도에 관심을 기울인다. 상담교육 분야에서 이러한 접근은 교수진의 지도, 프로그램의 지원에 대해 학생들이 어떻게 인식하였는지를 포함한다. 졸업생들은 그들이 재학 중일 때 접근할 수 있었던 프로그램이나 기관 차원의 도움들(예: Chi Sigma Iota 참여, 멘토링 프로그램 활동)이 무엇이 있었는지 응답하게 된다. 또한 졸업생들은 현재 자신의 고용상태, 급여 수준과 획득한 자격증이나 면허, 전문가 협회 활동 상황, 직업 만족도 등을 보고하게 된다. 전반적으로 이러한 응답들은 교수진이 졸업생들의 활동 상황, 현재 이룬 성과와 프로그램과의 연관성 등을 가늠하게 해준다. 또한 이러한 정보들은 학생들이 졸업 후 자신들이 무엇을 하고 어디로 갈 수 있는지에 대한 이해를 돕기도 한다.

졸업생 대상 조사에서 활동 및 역량 접근은 프로그램을 통해 어떠한 역량을 발전시키고 졸업 이후에도 활용하고 있는지에 초점이 있다(Cabrera et al., 2005). 여기에는 응답자들이 실제 일하며 중요하다고 인식되는 지식과 기술이 무엇인지, 졸업생들이 해당 지식과 기술을 어느 정도 획득하였는지에 대한 정보를 포함한다(Hoey & Gardner, 1999). 활동 및 역량 접근 차원에서 상담사 교육 프로그램들은 주로 SLO나 프로그램 목표들을 명확히 한 후, 졸업생이 현재의 포지션에서 그러한 역량을 얼마나 중요하게 사용하는지 평정하게 하고, 프로그램에서 그 역량을 어느 정도까지 개발시킬 수 있었는지 평정하게 한다. 문항의 특성과 연구 집단 크기에 따라 달라지긴 하지만, 프로그램들은 이 데이터를 통해 점수의 편차, 특정 졸업생 집단의 추이, 프로그램에서의 경험 및 질적 지표 간의 관계 등 보다 자세한 분석을 실시하기도 한다(see Hoey & Gardner, 1999).

마지막 접근은 졸업생들이 기부할 의사나 능력이 있는지를 묻는 데 집중하는 접근이다. 이는 기관의 잠재적 기부자들을 찾으려는 목적의 설문이기도 하다(Cabrera et al., 2005). 저자들의 경험상, 졸업생 기부 접근은 대학이나 단과대 수준에서 실시된다. 상담교육 프로그램 차원에서 기부자들을 찾을 수는 있으나, 프로그램 평가 차원으로 이러한 조사를 작성하게 하는 경우는 찾기 힘들다.

졸업생 대상 조사를 실시하기 위해서는 조사의 목적과 상황 맥락을 분명히 할 필요가 있다. 그래야 이후 의사결정자들이 그들의 목적에 부합하는 가장 중요한 정보를 수집할 수 있다. 상담교육 분야 교수진은 주로 졸업생 성과 접근과 활동 및 역량 접근을 조합하는 것에 가장 관심을 기울인다. 상담교육 분야 교수진이 보다 풍부한 탐색을 위해서는 졸업생 조사를 연구자의 입장에서 디자인하고 실행하길 권장한다. 이는 평가 문항과 조사 디자인, 샘플링과 데이터 분석을 포함한다.

졸업생 추적 조사를 위한 성찰적 질문

다음은 졸업생 추적 조사를 디자인할 때 고려해 볼 만한 질문들이다.

- 우리 프로그램의 포괄적 목표들은 무엇인가?
- 목표 달성을 위해 우리가 진행한 것 중 이미 알고 있는 것들은 무엇인가?
- 목표 이해를 탄탄히 하기 위해 우리가 알아야 하는 것은 무엇인가?
- 교육과정 인준 기준이나 협회 기준을 충족시키기 위해 우리가 알아야 하는 것은 무엇인가?
- 대학과 단과대학, 학과 수준에서 진행하는 모든 정보 수집 과정에 졸업생들이 모두 참여하고 있는가? 만약 그렇다면 새로운 조사를 통해 우리가 얻을 새롭고 독특한 정보가 있는가?
- 조사 질문의 답은 어떤 종류의 변인으로 계획할 것인가? 질적 또는 양적? 구두 또는 서면 답변?
- 조사 방법의 타당도는 어떻게 확보할 것인가?
- 샘플링 계획은 무엇인가? 의미 있는 데이터를 얻기 위해 얼마나 많은 응답자가 필요한가?
- 졸업생들을 조사하기 위한 가장 좋은 방법은 무엇인가? 우편? 이메일? 전화? 아니면 방문?
- 우리가 알아야 하는 정보를 제공하기에 가장 좋은 타이밍은 졸업 후 어느 정도인가? 조사 항목의 특성이 데이터 수집 계획에 영향을 주진 않는가?
- 우리가 필요로 하는 정보를 제공하는 데 졸업생들이 어느 정도의 시간을 투자해야 하는가?
- 졸업생 데이터를 분석하는 데 가장 적절한 방법은 무엇인가? 자료 분석에 필요한 조사 집단 크기와 자료들을 충분히 확보할 수 있는가?
- 졸업생으로부터 정보를 수집하는 데 윤리적으로 고려해야 할 사항이나 보호 수단은 없는가?
- 전반적인 평가계획에 비추어 조사 결과와 주제들은 어떻게 연결시킬 수 있는가?
- 시간이 지나가면서 종단적으로 정보를 비교할 수 있을 것인가? 만약 그렇다면, 조사 계획을 업데이트 하거나 수정해야 할 것은 없는가?

조사 응답률와 정확한 응답 비율은 졸업생 추적 조사에서 특히 문제가 될 수 있다. 중간 크기 정도의 상담교육 프로그램에서 일 년에 10명 내외의 대학원생을 배출하는 데, 졸업생 조사의 응답률은 10~15% 정도인 경우가 흔하다. 이는 의미 있는 정보를 모으는 데 굉장한 어려운 상황이다. 낮은 응답률의 이유에는 설문조사 피로감, 정확하지 않은 연락처, 졸업 후 대학 차원의 각종 조사들의 양, 스팸 메일 필터 등이 있을 수 있다. 물론 졸업생 조사의 낮은 응답률이 수집된 결과의 대표성을 제한하지 않는다는 보고가 있지만(Lambert & Miller, 2014), 교수진은 이러한 상황을 타개할 창의적 방법들을 생각해 볼 필요가 있다. 여기에는 졸업 전 학생들에게 앞으로 하게 될 설문조사를 미리 안내하는 방법, 대학 이메일이 아닌 상용 이`메일 연락처를 받아두는 방법, 마지막 인턴십 학기 때 전화번호 등을 업데이트하는 방법, 우편이나 이메일 초대에 응하지 않는 학생들의 연락처를 수소문해보는 방법, 졸업생들과 의사소통 채널을 유지하는 방법(예: 뉴스레터, 리스트서브, 페이스북 그룹 등)등이 있다. 이러한 활동들은 졸업생 대상 조사뿐만 아니라 공식적인 프로그램 성과 지표 개선에도 도움이 될 수 있다. 아래는 졸업생 설문조사의 한 예시이다.

졸업생 추적 조사 예시

1. 해당 대학의 상담교육 프로그램에서 언제 졸업하셨습니까?
2. 취득한 학위의 특성 분야는 어떤 것입니까?(예: 학교 상담, 정신 건강 상담, 커플 및 부부, 가족 상담)
3. 현재 전문적 포지션은 무엇입니까?(예: 학교 상담사, 면허를 갖춘 전문상담사)
4. 취직했다면 주된 시간을 보내는 기관은 어디입니까? 학교 세팅에서 일하고 있다면, 학교급도 응답해 주시기 바랍니다(예: 초등, 중등, 고등, 대학교)
5. 해당 대학 상담교육 프로그램의 주요 강점은 무엇이라고 생각하십니까?
6. 해당 대학 상담교육 프로그램에서 주요하게 개선할 점은 무엇이라고 생각하십니까?

전문적 자질: 해당 프로그램이 아래 전문적 지식과 기술 영역에 대해 제공해준 학습 경험이 어느 정도였는지 응답해 주시기 바랍니다.

A = 훌륭함 B = 좋음 C = 적절함 D = 부족함 E = 어떠한 학습 경험도 제공받지 못함

_____ 상담사의 책임감과 역할에 대해 성찰하기
_____ 전문가 책임 및 윤리에 대해 이해하기

학습 환경: 해당 프로그램이 아래 전문적 지식과 기술 영역에 대해 제공해준 학습 경험이 어느 정도였는지 응답해 주시기 바랍니다.

A = 훌륭함 B = 좋음 C = 적절함 D = 부족함 E = 어떠한 학습 경험도 제공받지 못함

_____ 모든 학생의 학문적 성장을 촉진하는 환경이 조성되어 있음
_____ 모든 학생의 개인적 성장을 촉진하는 환경이 조성되어 있음
_____ 모든 학생의 직업적 성장을 촉진하는 환경이 조성되어 있음
_____ 모든 학생이 성공적 성취를 할 수 있는 환경임
_____ 모든 학생의 다양성이 지지 받는 환경임

평가 및 성찰 방식: 해당 프로그램이 아래 전문적 지식과 기술 영역에 대해 제공해준 학습 경험이 어느 정도였는지 응답해 주시기 바랍니다.

A = 훌륭함 B =좋음 C = 적절함 D = 부족함 E = 어떠한 학습 경험도 제공받지 못함

_____ 전반적인 프로그램 효과성 평가
_____ 학생과 내담자의 요구사항 사정
_____ 학생들의 학습성과 사정
_____ 학생과 내담자의 개인적/사회적 성과 사정
_____ 사정 결과를 서비스 개선을 위해 환류하기
_____ 최근 연구 결과를 직무에 반영하기
_____ 비판적 사고 기술을 통해 직무 조정하기
_____ 성찰적인 직무 수행
_____ 동료들이나 여타 관계자들과 전문적으로 협력하기

_____ 해당 프로그램의 전반적인 학습 경험을 어떻게 평가하시겠습니까?

귀하가 느끼기에 전문가로서 준비 경험이 부족했던 분야가 있다면, 해당 프로그램과 교수진

들이 개선해야 하는 바에 대해 구체적인 정보를 주시기 바랍니다.

해당 프로그램의 교육과정에서 추가했으면 하는 주제나 경험은 무엇입니까?

해당 프로그램에 대해 추가적으로 하고 싶으신 피드백을 남겨주시기 바랍니다.

현장 슈퍼바이저 추적 조사

모든 상담 수련생은 프로그램의 이수 과정 일부로 실습 경험을 여러 번 수행하므로 학생들이 떠날 시점에는 그들과 밀접하게 일해 본 사람- 바로 현장 슈퍼바이저로부터 학생들의 지식과 기술에 대한 데이터를 모을 수 있다는 장점이 있다. 현장 슈퍼바이저들은 현장에서 실제적 요구들이 있는 상황에서 학생들의 역량이 얼마나 발휘되는지를 의논해 볼 수 있는 대상이다. 학생 실습 기간 동안 공식적인 학생 평가를 수행하는 것 이외에도, 상담교육 프로그램 교수진은 현장 슈퍼바이저에게 실습생을 통해 느낀 프로그램의 강점과 성장 기회에 대한 정보를 요청해 볼 수 있다.

졸업생 대상 조사와 마찬가지로, 현장 슈퍼바이저로부터 정보를 얻는 방법에는 여러 가지가 있다. 예컨대, 상담교육 프로그램 교수진은 각 학생에 대한 평가 봉투 안에 프로그램 자체에 대한 무기명 양적 또는 질적 설문을 포함해 놓을 수 있다. 아니면 모든 상담교육 프로그램 교수진이 현장 방문 시 간단한 인터뷰 질문들을 해 볼 수도 있다. 또는 현장에 배치된 학생들을 잘 알고 있는 주요 인물을 정하여, 프로그램 교수진이 면대면, 전화 또는 화상 회의 방식의 좀 더 긴 인터뷰를 할 수도 있다. 마지막으로 모든 세팅에 배치된 현장 슈퍼바이저들을 자문 패널로 삼아 이들과 정기적으로 포커스 그룹 인터뷰를 진행할 수도 있다.

졸업생 대상 조사와 같이, 교수진은 현장 슈퍼바이저들로부터 얻고자 하는 정보가 무엇인지 먼저 정한 후, 이러한 정보에 접근하기 위한 체계적인 계획을 수립해야 한다. 이상적인 관점에서 보면 이 정보들은 학생들의 학습성과에 대한 직접적 지표와 졸업생들의 경험과 만족에 관한 간접지표들을 보완하는 역할을 할 수 있다. 졸업생 대상 조사에서 고려해 볼 만한 사항에 제시하였던 질문 리스트들은 현장 슈퍼바이저 연구를 계획하는 데도 도움이 될 수 있을 것이다.

고용주 추적 조사

2016 CACREP 인준 기준은 상담 관련 프로그램의 졸업생들을 고용하고 있는 고용주 연구를 수행할 것을 필수로 하고 있다. 교수진들은 졸업생 대상 조사와 그들을 고용하는 고용주들을 위한 조사의 질문이나 연구 디자인이 서로 대응될 수밖에 없다는 것을 느끼게 될 것이다. 그러나 이 두 가지 대응되는 평가를 디자인하는 것은 매우 독특한 요소들을 내포하고 있다. 첫째, 졸업생을 고용하는 고용주에게 연락하는 경로는 대부분 졸업생 자신들을 통해서이다. 다시 말해, 프로그램에서 배출한 졸업생을 고용한 고용주를 컨택할 수 있는 능력은 졸업생들을 컨택할 수 있는 능력에 비례한다. 그러므로 고용주 추적 조사를 위한 데이터베이스를 개발하는 데 있어 졸업생과 지속적으로 관계를 맺고, 적절한 시기에 연락을 취하는 것이 중요하다. 둘째, 고용주들의 경우, 프로그램과의 유대 관계나 연관성 정도가 각기 다르며, 학생들을 매일 관찰할 수 있는 현장 슈퍼바이저들과는 달리 고용하고 있는 졸업생들의 수행 수준에 대해 직접적 정보를 가지지 않고 있는 경우들도 있다.

프로그램 교수진은 졸업생이나 졸업 직전 현장 실습 슈퍼바이저들로부터 얻을 수 있는 정보나 관점이 아닌 어떠한 독특한 정보를 고용주들로부터 얻을 것인지에 대해 우선 고려해 보아야 한다. 예컨대, 고용주들은 장기적 관점에서의 졸업생 수행 수준과 프로그램의 초점과 운영에 영향을 미칠 수 있는 현장의 분위기 등에 대해 독특한 감각을 가지고 있을 수 있다. 현장 슈퍼바이저들과 마찬가지로, 고용주들에게 묻는 질문들이 가장 효과적으로 응답되기 위해서는 서면 응답, 간단한 전화 인터뷰, 자문 패널 구성이나 포커스 그룹 인터뷰 중 어떠한 방법이 가장 효과적인지도 고려해야 한다. 특히, 여러 졸업생을 고용해 온 지역사회 에이전시나 지역 교육청 관련 인사들로 구성된 자문 패널이나 포커스 그룹 인터뷰는 프로그램에 관련해 가장 풍부한 정보를 제공해 주는 원천이 될 수 있다. 졸업생 대상 조사에서 고려해 볼 만한 사항에 제시하였던 질문 리스트들은 고용주 연구를 계획하는 데 역시 도움이 될 수 있을 것이다.

졸업생 성과 데이터

대학 운영과 관련된 여러 규정이 그러하듯, 2016 CACREP 표준 4.E는 상담 관련 프로그램들이 졸업생 성과와 관련된 데이터들을 대중에게 공개할 것을 요구하고 있다. 여기에는 자격시험 통과율, 졸업률, 취업률들이 포함된다. 프로그램 교수진들은 졸업생 성과 데이터에 직접적 지표뿐 아니라 간접적 지표 역시 포함해야 한다. 자격 시험 관련 협회나 테스팅 회사들은 교수들에게 재학생들의 통과율을 바로 알 수 있게 해주는 경우도 많다. 예컨대, 텍사스주의 경우 국가 상담 자격(NCE)시험의 통과율 데이터를 각 상담교육 프로그램에 제공해 준다. 텍사스주 교육사 자격 인준 협회 역시 당해 주 자격시험에 응시한 졸업생들의 통과율과 점수 자료를 교수들에게 제공한다. NCE의 대학원 연계 프로그램에 속해 있는 경우, 교수진은 졸업생들의 NCE의 영역 및 하위 영역별 점수와 같이, 보다 구체적인 결과 보고서도 받을 수 있다. 이 결과 보고서의 수치는 졸업생 성과 데이터 일부로 바로 포함시킬 수 있으며, 졸업생 각각이 NCE 시험에서의 통과 여부와 점수를 교수들에게 알리는 것보다 정확하고 수고롭지도 않다.

마찬가지로, 교수진은 학생들의 졸업률 역시 보고해야 한다. 졸업률은 기관의 효과성을 고민하는 부서에 특히 중요한 수치이며, 대학 운영진이 주목하는 대표적인 수치이기도 하다. 졸업률은 공식적인 대학 자료에 기반해야 하며, 가장 적합한 시간 프레임(예: 3~4년) 내에 졸업하는 학생들과 최대한도(예: 대학이 인정하는 최대한도의 시간 주로 6년)의 시간을 거쳐 졸업하는 학생들의 비율도 명시할 필요가 있다.

교육과정 인준제 관련 협회 중 일부는 졸업 후 180일 이내의 취업률에 대해 알고 싶어 하기도 한다. 소규모 프로그램의 경우, 교수진이 학생들과 가까워 졸업생들과 연락을 유지하면서 졸업 후의 취업 상태에 대해 계속해서 알게 되는 경우도 있다. 프로그램의 규모가 큰 경우에는 졸업생들과 계속해서 연락할 수 있는 수단을 강구하여, 첫 번째 졸업생 추적 조사에서부터 이러한 데이터들을 수집할 계획을 마련해야 한다. 또한 교수진은 180일 이내의 취업률이라는 것이 정확히 어떤 의미인지 역시 졸업생들과 함께 정할 필요가 있다. 조사 당시에는 취업이 되지 않았다면, 그와 관련된 맥락적 정보를 모을 수 있는 문항들이 포함될 필요가 있는데, 일반적으로 개인이 취업 시장에 뛰어들지 않는 이유는 가족이나 건강, 추가 학업과 관련된 것들이다. 아래는 졸업생 고용 관련 조사의 예시이다.

졸업생 고용 조사 예시

졸업생들이 현재 어떻게 지내고 있는지 알고자 합니다. 졸업 후 여러분의 취업 관련 사항을 이해하는 데 도움이 될 수 있도록 아래 문항에 답해 주시기 바랍니다.

1. 졸업 이후 어떠한 상담 관련 전문 가격이나 면허를 취득하였습니까?

   ㅁ 없음

□ 전문 상담 면허(LPC)-인턴

□ 국가 공인 상담 자격(NCC)

□ 공인 학교 상담 자격(Certified School Counselor)

□ 기타(구체적으로 응답해 주시기 바랍니다) ______________________

2. 현재 고용된 상태입니까?

□ 네, 대학 전공과 직접적으로 관련된 직종에 고용된 상태입니다.

□ 네, 대학 전공과 어느 정도 연관이 있는 직종에 고용된 상태입니다

□ 네, 그러나 상담 관련 직종은 아닙니다.

□ 아니요, 그러나 적극적으로 구직 중입니다.

□ 아니요, 그리고 구직 중 상태가 아닙니다.

□ 기타(구체적으로 응답해 주시기 바랍니다) ______________________

3. 현재 고용 중 상태라면, 우선 축하합니다. 우리에게 여러분이 고용된 직종과 기관을 알려 주시기 바랍니다.

직위: ________________________

고용주의 이름(예: 회사 이름, 학교, 도시 등): _________________________

도시 : _____________________ 주: _______________________________

4. 현재 보다 높은 수준의 학위나 다른 전공의 대학원에 진학한 상태입니까?

□ 네

□ 아니오

보다 높은 수준의 학위나 수련 프로그램에 진학한 상태라면,

우선 축하합니다! 현재 공부하고 있는 분야와 학교를 알려주세요.

-학과 프로그램:

-대학:

이 밖에 2006 CACREP 표준의 4.E. 규정에서 요구하고 있지는 않지만, 프로그램 교수진은 졸업생들의 졸업 이후 경험의 맥락을 보다 면밀히 이해하기 위하여 취직한 직업이 전임인지, 파트타임인지, 담당 직무의 성격은 어떠한지, 수입 수준 등 보다 구체적인 정보를 수집할 수도 있다.

교수 및 현장 슈퍼바이저 평가

학생들은 정기적으로 자신들을 지도하는 교수(CACREP 2016 Standard 4.J)들과 현장 슈퍼바이저(CACREP 2016 Standard 4.K)들을 평가할 기회를 갖는다. 대부분의 대학이나 단과대, 학과들은 표준화된 강의평가 절차를 갖추고 있다. 모든 강사와 교수들에게 동일한 평가를 적용하는 경우도 있고, 강사에 따라 보다 초점을 맞출 평가 영역이나 속성을 조정할 기회가 주어지는 경우도 있다. 수백 명의 학부생에게 입문 수준의 과목을 강의하는 강사와 대학원생들과 가까운 관계를 유지하며 실습을 지도하는 강사들이 서로 다른 강의평가 형태를 원하는 것은 어쩌면 당연한 일이다.

상담교육 프로그램에서 기존의 강의평가가 적절한 형태인지 숙고해 볼 기회가 있었다면, 기존 절차를 그대로 적용하는 데 아무 문제가 없다. 그러나 대학이나 단과대, 대규모의 학과에서 적용하는 강의평가 절차는 상담 교육가들이 중요하게 생각하는 강의 효과성 요소를 제대로 잡아내지 못하는 경우가 많다. 이런 경우 프로그램 교수진은 보조 평가의 필요성에 대해 주장할 필요가 있다. 보조 평가는 주로 주관식 반응의 질문들로, 교수진이 알고 싶어하는 학생들의 경험 측면에 대해 보다 풍부한 정보를 얻을 수 있도록 도와준다. 기존 강의평가와 마찬 가지로 이러한 보조 평가를 할 때도 교수진은 각 문항의 목적을 숙고해 질문을 만들고, 학생들이 피드백을 하는 과정에서 안전성과 익명성을 보장받을 수 있도록 해야 한다. 이를 위해서는 교수 평가서는 교수진이 아닌 사람이 배부하고, 결과의 비밀을 유지한 후, 학기말 성적 절차가 마무리되고 교수들이 평가 결과를 확인할 수 있는 등의 절차가 지켜져야 한다.

2016 CACREP 표준에 따르면 현장 슈퍼바이저 평가 또한 정기적으로 시행되어야 한다. 교수 평가와 달리, 현장 슈퍼바이저 평가 포맷이나 도구는 교수진이 개발해야 한다. 자체적으로 개발하는 여타 도구들과 마찬가지로 교수진은 현장 슈퍼바이저 평가도구 개발에 있어 활용성과 실용성을 특히 유의할 필요가 있다. 실제 상담 프로그램에서 사용되는 도구들을 살펴보면, "임상 슈퍼비전 가이드(Best Practices in Clinical Supervision)(ACES; 미국상담교육자협회, 2011)"에 따라 개발한 평가도구를 사용하는 경우도 있고, 슈퍼바이지에게 현장 슈퍼바이저와의 슈퍼비

전 관계에 대해 질문하는 주관식 응답 위주의 질문지를 사용하기도 한다. 교수진은 슈퍼바이지 학생의 심리적 안전을 충분히 고려하는 방법으로 수집된 정보에 기반해 현장 슈퍼바이저에게 피드백을 제공해야 한다. 주어진 학기에 해당 슈퍼바이저가 몇 명의 슈퍼바이지만 지도한 경우나, 학생이 현장 슈퍼바이지에게 취업이나 박사 학위 프로그램 추천서를 부탁해야 하는 경우라면 특히 더 그러하다. 학사 관리 상용 시스템 중에는 학생의 인턴십 기록 관리 시스템이나 과목 관리 시스템 자체에 무기명 조사 기능이 있기도 한데 이를 이용해 볼 수 있다.

일반적으로 강의평가와 현장 슈퍼바이저에 대한 평가는 그들의 전문성 발달을 위한 개인적 피드백으로 간주되지만, 전반적 프로그램 개선을 위해서는 이 평가 결과들을 활용할 필요가 있다. 공식적인 강의평가와 마찬가지로, 학과장 또는 프로그램 대표 교수는 교수진에 대한 학생들의 모든 평가 피드백 사본을 리뷰해 볼 필요가 있다. 학생들이 교수진의 강의나 지도, 슈퍼비전에 대해 염려를 표현하다면, 관계 부처가 나서 해당 교수가 효과적인 강의나 슈퍼비전 전략을 발달시킬 수 있도록 필요한 조치를 해야 한다. 일부 프로그램에서는 교수진과 행정 스태프들이 이 방법을 통해 수집된 자료를 개인적 결정을 내릴 때 활용하기도 한다. 현장 슈퍼바이저 피드백의 경우, 학과장이나 인턴십 코디네이터들이 주제에 따라 학생 평가 답변을 리뷰해 볼 필요가 있겠다. 프로그램 자체적으로 고용된 슈퍼바이저라면 해당 피드백이 일반적인 강의평가 결과와 같은 방식대로 개발되고 활용될 수도 있다. 인턴십이나 실습 기관에 있는 현장 슈퍼바이저라면 프로그램 교수진이 주제별 피드백과 함께 컨설팅 기회, 보다 구체적인 슈퍼바이저 훈련 프로그램을 제공할 필요가 있다. 무엇보다 교수진은 해당 피드백을 통해 계속해서 그 기관에 학생을 보낼 것인가 대해 결정을 내릴 수 있다.

결론

이번 장에서는 프로그램의 질과 학생의 학습 경험에 대한 간접지표에 대해 기술하였다. 재학생, 졸업생, 현장 슈퍼바이저와 졸업생의 고용주들부터 얻을 수 있는 부가 자료들은 프로그램의 강점과 개선해야 할 점들을 밝혀내는 데 도움이 될 것이다. 간접지표 데이터들은 학생들이 학습한 바에 대한 직접적 결과 지표를 넘어서 재학생들이 왜 그리고 어떻게 배우고 있는 지에 대한 심화된 이해를 제공할 수 있다. 또한 졸업률과 자격 시험의 통과율, 취업률 등에 대한 조사는 교수진에게 학생들이 프로그램을 통해 무엇을 얻을 수 있는가에 대한 중요한 맥락적 정보를 제공해 줄 수 있다. 아래 리스트는 프로그램 평가의 간접지표에 대해 보다 심화된 탐색을 위한 자료들이다.

참고자료

Cabrera, A., Weerts, D., & Zulick, B. (2005). Making an impact with alumni surveys. *New Directions for Institutional Research, 126*, 5-17. doi:10.1002/ir.144

Calderon, O. (2013). Direct and indirect measures of learning outcomes in an MSW program: What do we actually measure? *Journal of Social Work Education, 49*, 408-419. doi:10.1080/10437797.2013.796767

Developing a Survey Instrument [Rutgers webpage]: http://njaes.rutgers.edu/evaluation/resources/survey-instrument.asp

Hoey, J. J., & Gardner, D. C. (1999). Using surveys of alumni and their employers to improve an institution. *New Directions for Institutional Research, 101*, 43-59.

Lambert, A. D., & Miller, A. L. (2014). Lower response rates on alumni surveys might not mean lower response representativeness. *Educational Research Quarterly, 37*, 38-51.

Puerzer, R. J., & Rooney, D. M. (2002). The alumni survey as an effective assessment tool for small engineering programs. *Journal of Engineering Education, 91*, 109-116.

Taylor-Powell, E. (1998). *Questionnaire design: Asking questions with a purpose*. Retrieved from http://learningstore.uwex.edu/Assets/pdfs/G3658-02.pdf

제11장

평가도구 개발

이제까지는 여러 종류의 학과목 기반 평가(Course-Based Assessment)들이나 현장 실습, 캡스톤 등 학생들이 자신의 지식과 기술을 보여주도록 하는데 필요한 요건들을 살펴보았다(Suskie, 2009). 지금까지 언급한 것들이 학생들이 무엇을 알고 할 수 있는지 보기 위한 평가 방법 및 활동에 이야기였다면, 이 챕터는 그러한 활동들을 통해 나타난 학생들의 수행 수준을 어떻게 측정해야 하는지에 대한 것이다. 채점등급표와 관찰 양식은 상담교육 분야뿐 아니라 교사 교육, 특수 교육 등 다양한 훈련 프로그램에서 자주 사용되며, 특히 채점등급표와 평정 양식은 대학교 세팅에서 점차 인기를 얻고 있다(Kuh et al., 2014). 이러한 도구들은 기술을 평가할 때 기준점을 제공할 뿐 아니라 학생들에게 기대되는 수준이 어떠한 것인지 알리는 데도 도움을 준다.

이 챕터에서는 SLO를 평가하는 데 사용되는 채점등급표의 타입과 활용 방법들에 대해 포괄적 리뷰를 하고자 한다. 특히, 채점등급표의 목적(예: 학점 및 점수 매기기, 수행 수준을 묘사하기)에 따라 채점등급표 구성 방법을 나누어 설명하고자 한다. 또한 관찰 및 평정 척도의 구성과 활용에 대해서도 기술할 것이고, 의미 있는 데이터를 수집하기 위해 고려해야 할 신뢰도와 타당도에 대한 설명도 제공하고자 한다.

채점등급표

채점등급표(rubrics)은 지식과 기술에 대한 평가 방법 중 가장 객관적 방법 중 하나이다. 채점

등급표는 특정 과제에 대한 점수 가이드이기도 하고, “매우 우수함부터 부족함까지의 질적 수준을 묘사하고, 기준점을 목록화하여 학생들에게 요구하는 기대 수준을 구체화”한 문서 이기도 하다(Reddy & Andrade, 2010, p.435). 채점등급표의 속성상 과제를 어떻게 채점할 것인지 채점 기준과 표준을 학생들에게 안내해야 하기 때문에 어떠한 교수들은 채점등급표의 사용을 꺼리기도 한다(Reddy & Andrade, 2010; Suskie, 2009). 교수들은 과제를 평가하는 구조가 생겼을 때, 그 구조가 그들이 가르치는 방식에 어떻게 영향을 미치는 지도 고려하여야 한다. 채점등급표가 보다 구조화된 형태이긴 하지만, 채점등급표를 통해 이루고자 하는 목적이 유지되는 한, 교수들은 자신이 원하는 형식대로 채점등급표를 구성할 자유가 있다. Andrade(2005)에 따르면, 채점등급표는 교수들이 학습 목표를 명확하게 설정하고, 학생들에게 그것을 알려주는 데 도움이 된다. 또한 학생들이 목표달성을 위해 어떻게 진보해야 하는지에 대한 피드백을 줄 때 가이드가 되기도 한다. 채점등급표 속에서 학습 목표를 구성하는 것은 보다 효율적인 채점과 피드백 시스템을 만들게 하고, 과제에 대해 어떠한 수준의 수행이 요구되는 지 학생들이 이해할 수 있게 한다는 이익이 있다(Ambrose et al., 2010). 과제에 대한 채점등급표를 구성하기에 앞서, 교수진은 다음과 같은 질문들을 고려해 보길 바란다(Allen, 2004; Huba & Freed, 1999; Stevens & Levi, 2005):

- 이 과제가 만들어진 이유는 무엇인가?(과제의 목적 탐색하기)
- 이 과제 또는 비슷한 과제가 이전에 주어진 적이 있었는가?(과제에 요구되는 수준과 채점 결과에 대해 학생들이 갖는 익숙함 정도)
- 이 과제는 전반적인 과목의 내용과 교수-학습 활동 및 다른 과제들과 어떻게 연결되는가? (과제의 유의미성 탐색하기)
- 과제가 성공적으로 달성되려면 학생들은 어떠한 지식, 기술 및 자질을 보여주어야 하는가?(CACREP 표준을 고려하여 학생에게 의도적으로 기르고자 하는 지식, 기술, 자질 명확히 하기)
- 이 과제를 위해 요구되는 과업은 어떠한 것들인가?(과제가 요구하는 지식, 기술, 자질은 이론이나 기타 근거에 기반을 두고 있는지?)
- 학습된 지식, 기술, 자질 각각에 대한 근거는 무엇으로 할 것인가? (리포트, 발표, 상담 세션 비디오 등 과제 결과물과 과제 평가 기준과 연결하기)

- 과제 수행 수준에 대해 가장 높은 그리고 가장 낮은 수준의 기대치는 어떠한가?(기준과 표준에 대한 척도를 통해 등급을 매기거나 채점을 하는 것의 가이드)

상담교육자들은 과목별 평가 및 현장 실습, 종합시험, 학위 논문과 포트폴리오를 진행하는 과정 속에서도 채점등급표를 사용할 수 있으나, 그 목적이 어떠한 것인지 결정지어야 한다. 만약 과제가 SLO를 평가하는 데 핵심 요소라면, 채점등급표의 주요 목적 중 하나는 여러 지식과 기술의 기준점을 반영하는 수행 척도들을 통합해 가는 것이다. 채점등급표가 이러한 목적으로 사용될 때는 통상적으로 다음과 같은 3가지 요소를 포함한다: 평가 기준(evaluation criteria), 질적 지표(quality definition), 채점 등급(scoring strategy)(Popham, as cited in Reddy & Andrade, 2010).

평가 기준(Evaluation Criteria)

평가 기준은 과목을 통해 요구되는 지식과 기술의 차원을 반영하며, 학생들이 보여주거나 수행하는 것의 지표를 무엇으로 할 것인가를 의미한다(Parke, 2001; Reddy, 2007). 간단히 말하면, 채점등급표에서 평가 기준 부분은 과업이나 수행의 여러 차원을 설명해 두는 곳이다. 교수들이 전반적 SLO 평가를 위해 각 과목에 부여해 둔 과제 평가를 하는 데 채점등급표를 사용하려면, 과목에 적용 가능한 CACREP 인준 기준과 채점등급표의 평가 기준을 연결시켜야 한다(Barrio Minton & Gibson, 2012). 이때, 2106년 CACREP에서 명시된 핵심 교육과정 기준과 구체적 전문 영역 기준도 포함시켜 연결짓는다.

평가 차원과 SLO를 연결 짓기 위해서는 SLO를 보다 작은 요소로 쪼개는 일이 필요로 할 때도 있고, 평가 가능한 상태를 위해 조작적 정의를 내려야 하기도 한다. 예컨대, 표11.1은 자살 위험 평가 기술(2016 CACREP 표준 2.F.7.c)을 평가하기 위해 디자인된 채점등급표의 예시이다. 이 채점등급표의 첫 번째 열, 평가 기준을 살펴보면 학생들이 자살 위험 평가를 얼마나 잘 수행하는지 평가하기 위한 5가지 평가 기준이 나열되어 있다: "(자살 사고 여부를 묻는) 그 질문"하기, 상담 기본 기술, 위험 개념화, 보호 요인 평가, 자살 관련 이력 및 위험 신호 확인. 이 부분에 나열된 기술 수행 및 정보 수집 능력들은 상담수련생들이 자살 위험 평가를 실시할 수 있는 지 평가하기 위한 지표들에 해당한다.

평가 기준을 구성하기 위해 도움이 되는 몇 가지 힌트들을 나열하면 다음과 같다.

- 과제나 과업을 간단하고 직접적인 용어를 사용하여 나누라. 모호하고 여러 의미로 해석될 수 있는 용어는 교수와 학생 모두에게 혼란을 가져온다.
- 과업에서 요구되는 지식과 기술, 자질을 구체화하라. 이렇게 하면 학생들이 수행해야 하는 바에 대해 명확한 그림을 그릴 수 있다.
- 과업의 각 차원은 각기 다른 종류의 분석이 필요하다는 점을 기억하라. 어떤 차원은 CACREP의 특정 기준과 연결될 수 있지만, 어떤 차원은 프로그램에서 특징적으로 추구하는 SLO와 관련될 수도 있다.

학생들의 수행 수준이 채점등급표의 질적 지표 부분에 묘사된 지식과 기술 수준 어느 것과 유사한가에 따라 채점 등급이 결정된다.

<표 11.1> "자살 위험 평가 기술" 평가 채점등급표 예시

평가 기준 (evaluation riteria)	채점 등급(scoring strategy)		
	탁월함	만족	허용 불가
	지식과 기술에 대한 질적 지표(quality definition)		
"(자살 사고 여부를 묻는) 그 질문" 하기	자살에 대해 명확하고 직접적으로 질문함.	자살에 대해 직접적으로 질문함.	자살에 대해 명확하고 직접적으로 질문하지 못함
상담 기본 기술	- 적절한 개방형 질문과 반영 기술등 세션 중 상담 기본 기술을 의미 있게 사용함. - 상담 기본 기술 사용을 통해 자살 평가와 개입을 진행함. - 내담자가 자살 사고를 탐색할 만한 지지적인 분위기를 충분히 제공함.	- 상담 기본 기술을 사용하고는 있으나, 과다 또는 과소 사용 또는 적절치 않은 사용을 하고 있음. - 그러나 상담 기본 기술 사용을 통해 자살 평가와 개입을 진행하고 있음. - 내담자가 자살 사고를 탐색할 만한 지지적 분위기를 약간 제공함	- 적절한 개방형 질문과 반영 기술등 세션의 흐름이나 성과를 위한 상담 기본 기술을 의미 있게 사용하지 못함. - 내담자가 자살 사고를 탐색할 만한 지지적 분위기를 제공하지 못하거나, 자살 위험 평가에 필요한 기본적 기술의 조합이 불가함.
위험 개념화	내담자가 용기를 낼 수 있도록 지지를 제공하여, 자살 계획, 수단, 방법 및 의지 등 위험 개념화에 필요한 구체적 정보를 탐색할 수 있음.	위험 개념화 기술 자체는 기계적으로 적용되었으나(예: 위험 개념화에 필요한 정보는 도출됨), 내담자와의 관계 측면이나 질문의 흐름이 다소적절하지 않음.	자살 계획, 수단, 방법 및 의지 등 위험 개념화에 필요한 필수 요소들을 탐색하지 못함.
보호 요인 평가	내담자가 보호 자원 및 자살 억제 요소, 살고자 하는 이유 등을 충분히 탐색함.	내담자가 보호 자원 및 자살 억제 요소, 살고자 하는 이유 등에 주목하고는 있음.	내담자가 보호 자원 및 자살 억제 요소, 살고자 하는 이유 등에 충분히 주목하지 못함.
자살 관련 이력 및 위험 신호 확인	자살 관련 이력에 대해 명확하게 주의를 기울여 탐색함(미국 자살 예방 협회, 2003 참고)	자살 관련 이력에 대해 어느 정도 주의를 기울여 탐색함(미국 자살 예방 협회, 2003 참고)	자살 관련 이력에 대해 주의를 기울이지 못함(미국 자살 예방 협회, 2003 참고)

채점 등급

채점 등급을 마련함에 있어 Suskie(2009)는 적어도 3 수준 이상 5수준 이하로 등급을 설정하라고 제안하고 있다. 채점등급표에 여러 수행 수준이 나열되어 있을 때, 평정자나 학생들은 각 수준의 차이를 정확히 파악하기 어려울 수 있다. 등급 간 구별이 모호할 때 평정의 신뢰도는 내려간다. 하지만 등급 단계가 너무 적으면 보통 등급 상향평준화 현상이 일어난다. 예컨대, 실습

과목에서 학생들은 상담 기술에 대해 “기대 수준 이상”, “기대 수준 이하” 등급만 있다면 거의 “기대 수준 이상” 등급을 받게 된다. 선택지가 너무 제한적일 때 생기는 문제이다. 또한 선택지가 너무 제한적일 때 평정자들은 이례적인 외부 요소들이 나타날 때만 다른 평가를 내리는 경향이 있다. 상담 기술을 자세히 관찰하면 이를 2가지 등급으로만 평가하기 어렵기 때문이다 (Lumley, 2002). 이런 경우, 평정자는 학생의 실제 상담 기술 수준보다 높은 등급으로 평가할 가능성이 높고, 학생들이 자신의 기술 수준에 대해 유리한 해석의 가능성을 제공하게 된다.

채점 등급에 사용하는 용어는 매우 다양하다. 아래는 자주 사용되는 예시 목록이다.

- 기대 이상, 기대 수준, 기대 이하
- 목표 수준 이상, 목표 수준, 목표 수준 이하
- 기대 수준 이상, 기대 만족, 기대 수준 이하
- 탁월함, 우수함, 무난함, 부족
- 통합된 수준, 인지 가능 수준, 발전 중 수준, 인지하지 못함.
- 통과, 실패
- 만족, 불만족
- 목표 수준, 수용 가능, 입문 수준, 전혀 나타나지 않음
- 목표 수준, 수용 가능, 발전 중 수준, 수용 불가
- 목표 수준, 평균 수준, 입문 수준
- 목표 수준, 수용 가능 수준, 발전이 필요함, 수용 불가
- 목표 수준, 3수준 만족(우수함), 2수준 만족(적절함), 1수준 만족(최소한의 수준), 만족된 기준 없음.

표 11.1의 예시 채점등급표에는 각 평가 기준마다 3개의 채점 등급이 제시되어 있다 이에 따라 학생들은 각 평가 기준마다 각각의 등급을 받게 된다. 이는 학생들의 수행 수준 등급을 의미할 수도 있고, 과제에 대한 학점 등급 등의 의미를 가질 수도 있다. 이 채점등급표는 한 가지 수행 표준- 자살 평가 기술을 구성하는 5가지 다른 지식과 기술이 각각의 평가 기준을 통해 평가된다. 교수들은 각 내용 영역과 기술을 따로 평가한 후 5개의 다른 점수를 기록할 수 있다. 이런 경우는 분석적 채점등급표(analytic rubric)이라 할 수 있다.

이와 다른 경우 '전체적 채점등급표'(holistic rubric)라고 불리는 형태를 사용할 수도 있는데, 각각의 지식과 기술을 한가지의 통합 기준에 의해서만 평가하는 형태이다. 예컨대, 박사생들을 위한 과제 중 상담교육 분야에서의 자신의 리더십에 대한 성찰 보고서 과제 같은 경우 이런 종류의 채점등급표로 평가할 수 있다. 과제 전체가 한 가지의 표준과 연결되어 있고, 한 가지 통합 기준(예: 기대 수준 이상, 기대 수준, 기대 수준 이하)으로만 평가되지만, 그 안에 여러 가지 평가 기준을 녹여내는 것은 가능하다.

각 과제에 부여된 채점등급표의 총점은 과목 전체의 학점과 바로 연계될 수도 있고, 아닐 수도 있다. 자살 위험 평가의 경우를 살펴보면. 저자들은 이 과제에 전체 과목 100점 중 15점 정도의 총점을 부여하였다. 교수들은 평가되는 지식과 기술에 따라 성적에 반영되지 않지만, 등급에 따라 기술의 설명만 나누어져 있는 설명적 채점등급표를 사용할 수도 있다. 자살 위험 평가 기술의 경우, 학생들은 이것이 필수적인 기술이라는 것을 잘 알고 있지만, 처음에는 시도해 보기 두려운 기술이기도 하다. 등급이 구분되어 있는 설명적 채점등급표를 통해서 평가는 하지만 성적 반영을 하지 않는 다면, 학생들이 이 기술을 시도해 볼 때 경험하게 될 긴장과 불안을 줄여줄 수 있다. 이런 방법을 통해 교수들은 성적 반영이 없다 해도 평가 기준 요소별 수행 수준에 대한 정보를 학생들에게 제공할 수 있고, 수행 표준에 대한 평가 역시 진행하는 것이며, 학생들의 수행 수준을 기록하고 관리할 수도 있다. 채점등급표를 구성할 때, 평가 기준과 채점 등급을 결정하였으면, 다음은 수행 수준의 질적 지표를 조작적으로 기술해야 할 차례이다.

질적 지표

어떠한 수행을 하기를 요구받는 학생들에게 수준별 설명이나 질적 지표는 큰 도움이 된다(Reddy, 2007). 앞서 기술한 '평가 기준' 부분이 첫 번째 열에 제시되는 정보라면, 질적 기준은 그다음 열부터 연속선상에서 나열된다.

학생들이 특정 수행 표준을 대표할 만한 내용을 이해하고 있다는 것을 어떻게 알 수 있을까? 각각의 수행 표준을 나타낼 만한 기술을 잘 수행할 수 있다는 것은 어떻게 알 수 있는가? 질적 지표는 교수진이 학생들의 지식과 기술을 평가 기준별 기대 이상의, 기대 수준의, 허용 불가한 수준으로 평가하는 데 도움을 준다. 또한 질적 기준은 교수들이 타이밍별, 학생별, 과제별 평가의 일관성을 유지하는 데도 도움을 준다.

Stevens과 Levi(2005)는 질적 수준을 서술하는데 있어, 수행 수준의 가장 높은 수준과 가장 낮은 수준을기술을 먼저 시작하라고 제안하고 있다. 처음으로 질적 지표를 써 보는 사람들은 다음과 같은 질문을 고려해 보길 바란다.

- 평가 기준에 부여된 속성은 구체적으로 어떤 기술과 행동, 특징을 의미하는가?
- 학생들이 과제를 수행하는 데 당신이 보고 싶지 않지만 흔하게 나타나는 실수는 무엇이 있는가?
- 평균 이상, 평균 수준, 평균 이하의 수행은 어떻게 관찰 가능하며 이를 어떻게 묘사할 것인가?

교수들은 양극단 수준의 수행 수준을 정의하고 난 뒤, 중간 수준의 수행들을 정의할 수 있다. 표 11.1에 나타난 바와 같이, 각 평가 기준별 질적 지표는 “탁월함”, “만족”, “허용 불가”라고 이름 붙여진 열에 차례로 기술된다.

예컨대, 표 11.1의 “(자살 사고를 묻는) 그 질문하기” 평가 기준을 살펴보면, ““탁월함”에 해당하는 질적 지표는 학생들이 “그 질문을 명확하고 직접적으로 한다”라고 되어 있다. “명확하고 직접적”이라는 표현은 이 질적 지표의 핵심 표현이며, 학생들이 “자살에 대해 생각하시나요?”와 같은 질문을 내담자에게 하는 것을 의미한다. “만족” 수준에 해당하는 질적 지표는 학생들이 “그 질문을 직접적으로 한다”라고 정의되어 있다. 이 질적 지표에는 “직접적”이라는 표현만 포함되었으므로, 여기에는 학생들이 내담자에게 “자해 같은 것을 생각하시나요?”등의 질문을 하는 걸 의미한다. 이 질문은 내담자에게 스스로는 자해 시도를 하고 있는지는 직접적으로 묻고 있지만, 자살 의도가 있는지는 명확히 묻지 않은 경우이다. “허용 불가” 수준의 질적 지표에는 학생이 “자살에 대해 명확하고 직접적으로 질문하지 않는다”라고 서술되어 있다. 이 경우는 내담자에게 자살이나 자해에 대해 묻지 않은 경우를 의미한다. 학생들이 어떠한 질적 지표를 만족시켰는가에 따라 각각의 평가 기준에 대한 등급을 받게 된다. 당연하게도 수행에 대한 질적 지표는 관찰 가능한 결과나 행동의 형태로 주어져야 한다. 상담 분야에서 관찰 평정(observation rating form)이 사용된 역사가 길기는 하지만, SLO 평가에 있어 채점등급표가 가지는 효과성에 대해서는 좀 더 주목할 필요가 있다.

관찰 평정(observation rating form)

관찰 평정은 상담 프로그램에서 학생들의 현장 실습 경험 평가 목적으로 가장 빈번히 사용되는 방법이다. 박사 수준에서 관찰 평정은 고급 상담 실습이나 강의 실습, 인턴십에서의 슈퍼비전 실습 등에서 임상 기술을 평가하기 위하여 자주 사용된다. 효과적인 관찰 평정 형식을 만드는 일은 효과적 채점등급표를 만드는 일과 유사하게, 평가할 수행 표준에 대한 구체적 평가 기준을 설정하고, 질적 지표와 전반적 채점 등급을 구성하는 일을 포함한다(Barrio Minton & Gibson, 2012). 교수진이 채점등급표 이외에 관찰 평정을 사용하는 것의 주된 차이점은 채점등급표가 한 개의 특정 과제를 평가하는 데 쓰인다면, 관찰 평정은 주어진 시간(예: 실습이나 인턴십 기간) 안에 드러난 전반적 지식과 기술을 평가할 수 있다는 점이다. 또한 질적 지표를 반드시 조작적으로 기술해야 하는 채점등급표와 달리, 관찰 평정 형식에서 질적 지표는 선택적으로 포함시킬지 결정할 수 있는 사항이다.

아래에 제시된 관찰 평정 형식이 고급 실습 과목에 쓰인다고 가정해 보자. 현장 슈퍼바이저가 한 학기 동안 해당 박사 과정 학생을 관찰하고 슈퍼비전 한 후, 아래 형식을 최종 평가의 한 부분으로 사용할 수 있다. 이러한 관찰 평정을 사용하려면 우선 현장 슈퍼바이저가 아래와 같은 형식을 사용해 평가를 할 수 있는 능력이 있다는 걸 전제로 해야 한다. 아래 예시 형식에서는 6가지의 평가 기준(evaluation criteria)이 6개의 문항으로 나타나 있는 것을 볼 수 있다. 각 평가 문항의 채점 등급은 나누어져 있으나, 질적 지표가 구체적으로 쓰여 있지는 않기 때문에, 위쪽에 기재된 "기대 이상","기대 수준","허용 불가 수준" 옆에 기술된 바에 따라 학생들을 평가해야 한다.

<고급 실습 과목에서의 관찰 평정>
고급 실습 과목 수강 학생의 전문성 발달 정도에 대해 아래 척도를 사용해 평가해 주시기 바랍니다
NA= 관찰할 수 없었음
1= 허용 불가 수준(관련 태도, 기술, 행동이 나타나지 않았거나, 적절하게 사용되지 못하였음)
2= 기대 수준(관련 태도, 기술, 행동이 적절하고 꾸준히 나타남)
3= 기대 이상(관련 태도, 기술, 행동이 우수한 수준으로 발달되어 있고, 꾸준히 나타남)
CACREP 2016 박사 과정 기준: B.1.b-f

<상담 기술과 과정>

1. 진솔한 흥미를 가지고 있음	NA	1	2	3
2. 내담자의 관점을 이해하는 능력	NA	1	2	3
3. 다양한 내담자와 관계를 맺는 능력	NA	1	2	3
4. 라포를 형성하고 유지하는 능력	NA	1	2	3
5. 내담자의 문제 패턴을 평가하고 통찰하는 능력	NA	1	2	3
6. 효과적인 조력 기술을 사용함(재진술, 감정반영, 요약, 효과적 탐색 능력, 기타)	NA	1	2	3

위와 같은 형식의 관찰 평정은 전체적(holistic) 평가방식으로 볼 수 있다(Suskie, 2009). 전체적 방식의 관찰 평정은 평가 기준이나 질적 지표에 대한 해석이 평정자나 슈퍼바이저의 주관에 많은 영향을 받기 때문에 신뢰하지 않을 수 있다. 이러한 문제를 해결하기 위해 교수진들은 관찰 평정 사용을 위한 별도 훈련을 제공하거나, 관찰 평정 사용의 구체적인 방향을 마련해 두기도 한다. 채점 등급뿐 아니라, 전체 평균이나 중앙값, 또는 모든 학생 점수의 총합을 표시해 두거나, 전반적 인상에 대한 질적 피드백을 추가할 수도 있다. 교수들은 평균, 중앙값, 총합 중 어떠한 수치가 주어진 관찰 평가 목적에 더 부합하는지 판단해야 한다. 채점등급표와 마찬가지로 학생들의 관찰 평정 역시 특정 CACREP 표준에 연결할 수 있다.

평가도구 개발 과정에서 고려할 점

과제 평가나 SLO를 평가할 도구를 결정하는 일이 연구에서 사용할 측정 도구를 고르는 일과 비슷하게 느껴진다면, 그것은 당신이 옳은 방향으로 가고 있다는 뜻이다. 개별화된 교수-학습과 집단 강의에서의 평가, 프로그램의 결정과 문서화, 기관의 교육과정 인준에 이르기 까지 다양한 평가과정에서 쓰이는 평가 및 측정 도구를 고르는 일에는 숙고의 과정이 필요하다. 피평가자가 평가의 결과를 신뢰할 수 있게 하려면, 평가 주체의 도구에 대한 심층적 이해와 효과적 디자인, 능숙한 사용이 중요하다(Jonsson & Svingby, 2007).

SLO에 대한 직접적 측정 도구 중 채점등급표는 '성과-기반 평가(outcome- based assessment)

의 중심'적 도구로 고려되어야 한다(Reddy, 2007, p. 8). 채점등급표를 사용한 평가는 아래와 같은 여러 가지 이점들이 있다.

- 모호한 교수학습 목표를 명료화하는 데 도움을 준다.
- 학생들이 과제에 대한 교수자의 기대도를 이해하게 해 준다 .
- 학생들의 자기 성장을 돕는다.
- 학생들이 조금 더 나은 수행을 하도록 하는 자극이 된다.
- 과제에 대한 채점이 조금 더 쉬워지고, 빨라지며, 편향을 줄일 수 있고, 일관적이며, 정확해질 수 있다.
- 학생들에게 조금 더 나은 피드백을 줄 수 있다.
- 교수진에게 조금 더 나은 피드백을 줄 수 있다(Andrade, 2005; Suskie, 2009).

적절하게 사용되기만 한다면, 학생들은 명시된 평가 기준에 따라 채점 등급을 받을 것이며, 자신의 수행에 대한 성찰을 촉진하는 구체적인 피드백을 받을 수 있다. SLO 평가를 위해 채점등급표가 사용된다면, 채점등급표는 상담교육 교육과정과 학생 학습과 수행, CAREP기준을 서로 연결하는 데 도움을 줄 수 있다. 다만, 이는 신뢰도가 높고, 타당한 채점등급표가 사용되었을 때만 가능한 일일 것이다.

신뢰도

채점등급표 사용과 관련해 제기되는 문제 중 하나는 도구의 신뢰도와 타당도에 관한 것이다(Jonsson & Svingby, 2007; Reddy, 2007). 채점등급표를 사용하는 데 있어, 채점 또는 평정자 신뢰도(scoring/rater reliability)는 "두 독립적 평정자들에 의해 평가된 점수의 일관성, 또는 한 평정자가 여러 시점에 평가한 점수의 일관성"(Reddy, 2007, p. 12)을 의미한다. 물론 채점등급표가 주로 한 사람의 교수에 의해 사용되기는 하지만, 원칙적으로 같은 수행에 주어지는 평가 등급이나 점수에는 일관성이 있어야 한다. 만약 2명 이상의 평정자들의 특정 SLO에 대해 채점등급표를 사용해 평가하고자 한다면, 프로그램 측은 평정자들 사이에 일관성이 있는 평가를 할 수 있도록 관련 훈련을 제공해야 한다. 예컨대, 프로그램 측에서 박사 과정 학생들을 자살 위험 평가 연습 영상을 평가하도록 고용하였다면, 각각의 박사 과정 학생은 평가 기준을 이해하고, 평가 기준의 채점 등급별로 기대되는 행동의 모습들에 대해 훈련을 받아야 한다. 총괄 책임이 있는 교수가 고용된 박사 과정 학생들끼리 어느 정도 일관성을 보일 때 까지, 영상을 보면서 토의하고 평가하는 과정이 필요하다. 평정자간 신뢰도에 대한 대부분의 연구들에서 평정자간 일치도는 70%를 넘지 않는 것으로 나타난다(Jonsson & Svingby, 2007). 이정도의 평정자간 일치도가 수용될 수 있는 것인지는 채점등급표가 평가하는 것이 무엇이고, 평가의 결과가 얼마나 중요한 것인지에 따라 결정해야 한다. 이것이 과목에서의 과제 평가인지, 임상적 기술 평가 목적인지, 대규모의 성과 평가를 위해 사용되는 것인지 고려해야 한다. 또한 채점등급표에 의한 학생의 성과 평가가 학생의 진학이나 졸업에 얼마나 영향을 주는 지도 고려 요인이다. 평가의 중요도가 높을수록, 교수진들은 보다 타당도가 높고 풍부한 정보를 평가하는 도구를 사용해야 한다.

Moskal와 Leydens(2000)은 채점등급표의 명확도를 가늠하고, 평정자간, 평정자내 일관성을 증진시키기 위해 아래와 같은 질문들을 고려해 볼 것을 제안했다.

- 채점 등급들은 적절히 정의되었는가?
- 채점 등급간 차이는 명확한가?
- 두 독립된 평정자들은 채점등급표에 기반하면 하나의 답변에 같은 점수를 줄 수 있는가?
- 다양한 집단의 학생들에게 채점 기준은 동일하게 적용되는가?
- 채점 기준은 암묵적인 것인가? 공개적인 것인가? (학생들은 평가를 받기 전 평가 기준에 대해 알 수 있는가?)

교수들은 채점등급표를 구성할 때, 평정자간 신뢰도에 영향을 미치는 요인들에 대해 고려할 필요가 있다. 주제가 특정된 채점등급표는 일관성이 좀 더 높은 경향이 있다(Marzano, 2002). 모든 학생들이 동일한 과제를 수행하고, 채점 과정이 명확히 규정되어 있을 때 또한 신뢰도가 높게 나타난다(Brennan, as cited in Jonsson & Svingby, 2007). 만약 학생들이 과제의 주제를 선택할 수 있거나, 자기 주도 프로젝트를 수행하는 경우라면 신뢰도는 낮게 나타난다. 표 11.1.과 같은 자살 위험 평가 기술 평가는 주제가 특정되어 있고 채점등급표에 설명된 행동 기대치가 비교적 명확하므로 높은 수준의 신뢰도를 예상할 수 있다. 반면, 각각의 주제에 관한 구두 발표같은 경우는 내용과 수행 스타일의 다양성을 고려했을 때 보다 낮은 수준의 신뢰도를 보일 수 있다.

평정자의 수, 평정 훈련의 양, 평정을 위해 필요한 전문성 수준 등도 평정자 간 신뢰도에 영향을 미친다(Jonsson & Svingby, 2007). 만약 평정자들이 채점등급표를 채점하는 데 적절한 수준의 훈련을 받는다면 신뢰도 수치는 보다 높아질 것이다. 그러나 평정자의 수가 2인 이상이 되면 평정자수가 많아질수록 높은 수준의 신뢰도는 얻기 힘들다(Marzano, 2002). 이와 비슷하게 신뢰도는 채점 등급 수준의 수가 많아질수록 낮아지는 경향이 있다(Williams & Rink, 2003). 예컨대, 자살 위험 평가에서 채점 등급이 "만족"과 "수용 불가" 등급만 있다면 "탁월함"까지 포함해 등급이 3수준 일 때 보다 평정자 훈련이 조금 덜 주어져도 된다. 다시 말해, 채점 등급의 수준이 늘어날수록 이를 식별해 내기 위한 더 많은 평정자 훈련이 필요하다.

그러므로 교수들은 채점등급표에 사용되는 채점 등급에 관해 보다 신중을 기울일 필요가 있다. 물론 교수들에게는 자신만의 스타일로 과목의 내용에 기반해 채점 등급수를 결정하고 채점등급표를 구성할 자유가 있다. 그러나 프로그램 전체의 입장에서 보면, 각각의 교수와 강사들이 채점등급표의 채점 등급의 수(예; 탁월함, 만족, 수용 불가)를 일정하게 유지하면 여러 가지 이점이 있다(Minton & Gibson, 2012). 프로그램에 교수들이 여러 명이 있는 상황이라면 채점 등급 수가 같은 공통의 척도는 일정 수준 이상의 일치도를 만들어 낼 수 있다. 특정 SLO를 여러 사람이 평가하는 경우라면(예; 실습이나 인턴십 과목에서 현장 슈퍼바이저와 대학 슈퍼바이저의 평가), 공통 척도의 사용이 평가 신뢰도 문제를 개선하는 데 도움이 된다. 또한 SLO를 측정하는 도구에 동일한 채점 등급이 사용된다면, 각각의 다른 수행 마다 다른 채점 등급을 가진 평가도구가 사용될 때 보다, 데이터를 통합해 분석하고 해석할 때 혼란함을 줄일 수 있다. 예컨대, 프로그램에서 사용되는 다양한 평가 채점등급표에서 채점 등급 중 1은 언제나 "기대 수준"을 의미한다고 하면, 교수진들이 해당 과제나 관찰 평정 도구의 평균이나 중앙값에 대해 보다 직관적이고 풍부한 해석할 수 있다.

타당도

채점등급표의 타당도는 신뢰도만큼이나 중요하다. 타당도는 만들어진 채점등급표가 원래 측정하려던 것을 측정하고 있는가에 대한 문제이다. 채점등급표의 타당도는 평가도구가 얼마나 구체적으로 만들어졌는가와 수행 기대 수준이 얼마나 명확히 기술되었는가와 연관이 있다(Moskal & Leydens, 2000). 타당도 관련 정보는 채점등급표를 구성하는 평가 기준과 질적 지표 속에서 찾아야 한다. 위에서 예시한 자살 위험 평가의 경우, 자살 위험 평가에 대한 내용적 지식과 기술 수행을 포함해 몇 가지 평가 기준이 제시되었다. 이러한 모의 상담 기반 평가는 상담 수련생들이 여러 상황과 세팅에서 자살 위험 평가를 수행할 수 있는지를 평가하기 위한 것이다. 그러므로 평가의 내용 뿐 아니라 해당 평가 방법이 타당한 지에 대한 근거도 고려되어야만 한다. 만약 평가의 목적과 상관없는 외부 요소들이 측정되고 채점에 반영된다면, 타당도는 감소할 수 밖에 없다. 아래 질문들은 채점등급표의 타당도에 대해 고려하고자 할 때 사용할 수 있는 질문들이다.

내용
1. 평가 기준이 측정하려는 내용과 상관없는 외부적 내용을 언급하고 있지는 않은가?
2. 평가 기준이 의도한 내용의 모든 측면을 언급하고 있는가?
3. 과제 수행에 필요한 내용인데 채점등급표를 통해 평가되지 않은 내용은 없는가?

구성 요인
1. 채점 기준을 통해 평가되는 구성 요인들은 모두 중요한 내용 측면인가?
2. 평가하고자 구성 요인과 상관없는 평가 기준이 있지는 않은가?

평가 기준
1. 미래의 성공 경험이나 관련된 수행으로 이어지는 역량 기반을 어떻게 채점 기준에 반영할 수 있는가?
2. 미래의 성공 경험이나 관련된 수행의 중요 요소 중 해당 평가도구로 측정할 수 있는 것은 어떤 것인가?
3. 미래의 성공 경험이나 관련된 수행의 중요 요소를 어떻게 측정할 것인가?
4. 미래의 성공 경험이나 관련된 수행의 여러 측면 중 채점 기준에 반영되지 않은 것은 없는가?

(Note. From “Scoring Rubric Development: Validity and Reliability,” by B. M. Moskal and J. A. Leydens, 2000, Practical As-sessment, Research & Evaluation, 7, Table 1. Copyright 2000 by http://PAREonline.net/getvn.asp?v=7&n=10. Reprinted with permission.)

평가 적용 시 나타나는 효과를 탐색해 보면 결과 타당도(consequential validity)를 알아볼 수 있다. 예컨대, 채점등급표의 사용이 강의에 긍정적 또는 부정적 영향을 미쳤다면 이는 채점등급표의 타당도가 결과적으로 나타난 것이라 할 수 있다(Jonsson & Svingby, 2007). 결과 타당도는 채점등급표의 본래 목적과 관계없는 별도의 요인일 수 있으며, 결과에 대한 대안적 해석을 하는 데 도움이 될 수 있다(American Educational Research Association, American Psychological Association [APA], & National Council on Measurement in Education, 1999).

이제 남은 질문은 상담교육자들이 그들이 측정하고자 하는 교육 목표를 측정하기 위하여 어떻게 채점등급표를 디자인하는 가 이다. 이 주제에 대한 연구들에 따르면, 채점등급표에 사용되는 언어는 적절하고 명료하며 측정되어야 할 지식과 기술을 대표할 수 있어야 한다(Reddy & Andrade, 2010). 상담수련생들이 어느 발달 단계에 있는지, 교육과정의 구조 안에서 알게 되는 용어 및 지식과 기술은 무엇인지, 현재 수강 중 과목과 참여 중인 임상 활동에 기반해 이루게 될 목표와 기대들이 무엇인지를 고려하면, 측정 도구에 사용될 용어는 보다 명확해 질 수 있다. 설명적 평가 기준과 질적 지표의 사용은 학생들에게 기대되는 지식과 기술에 대한 해석 오류를 줄일 수 있을 것이다.

참고자료

Association of American Colleges and Universities. (2008). *Civic engagement VALUE rubric*. Retrieved from http://www.in.gov/che/files/All_VALUE_Rubrics.pdf

Buck Institute for Education. (2012). *Rubric for rubrics*. Retrieved from http://bie.org/object/document/rubric_for_rubrics

DePaul University. (n.d.). *Rubrics*. Retrieved from http://teachingcommons.depaul.edu/

Feedback_Grading/rubrics.html

iRubric [rubric design and assessment system webpage]: http://www.rcampus.com/indexrubric.cfm

Jonsson, A., & Svingby, G. (2007). The use of scoring rubrics: Reliability, validity and educational consequences. *Educational Research Review, 2*, 130-144.

Marzano, R. J. (2002). A comparison of selected methods of scoring classroom assessments. *Applied Measurement in Evaluation, 15*, 249-267.

Moskal, B. M., & Leydens, J. A. (2000). Scoring rubric development: Validity and reliability. *Practical Assessment, Research & Evaluation, 7*, Article 10.

Reddy, Y. M., & Andrade, H. (2010). A review of rubric use in higher education. *Assessment and Evaluation in Higher Education, 35*, 435-448. doi:10.1080/02602930902868 59

RubiStar: http://rubistar.4teachers.org/index.php

University of Connecticut. (n.d.). *How to create rubrics*. Retrieved from http://assessment.uconn.edu/docs/How_to_Create_Rubrics.pdf

3부

전진하기,
앞으로 나아가기

지금까지 우리는 SLO 평가의 목적과 프로그램 평가과정에서의 SLO 평가의 역할에 대해서 살펴보았다. 또한 학생들이 상담 프로그램 이수 후에 무엇을 알고 있고 어떤 것들을 할 수 있는지에 대해 더 깊은 이해를 할 수 있도록 도와주는 다양한 평가 방법과 평가 활동들을 수행하기 위한 가이드라인과 고려 요소들에 대해서도 논의했다. 간접 측정의 역할, 자질, 그리고 평가과정에서의 채점 기준(rubric)에 대해서도 이야기해보았다.

질적으로 우수하고 의미 있는 SLO평가를 계획하기 위한 핵심은 이 설계(design) 단계이다. 그러나, 질 높은 측정을 위한 설계만으로는 질적으로 우수한 평가를 하는데 있어서 충분하지 않다. 교육자들은 다음 과정의 비판적 단계를 매우 자주 무시하고, 지속적인 개선과 실행을 알리는데 힘을 쏟고는 한다. 이 책의 다음 장에서 우리는 자료 수집과 관리(12장), 자료 분석(13장), 자료 보고(14장), 프로그램 개선을 위한 자료의 의미 찾기(15장), 학생 지원(16장), 그리고 학술적 노력(17장)과 관련하여 당신에게 도움이 될 행정적 과정들 및 결정들에 대해서 살펴볼 것이다.

제12장

자료 수집과 관리

프로그램 평가의 설계와 실행은 연구를 하듯 많은 것들을 고려해야 한다. 그러나 연구와는 다르게 그 끝이나 최종 결과물이 없다. 프로그램 평가는 거듭된 수정을 거치며 개선되고 지속적으로 진행된다. 이들 수정과 개선사항들은 수집, 분석, 검토된 자료들을 통해서 알 수 있다. 이를 보다 효율적이고 효과적으로 진행하기 위해서, 교수진들은 자료를 체계적으로 수집하고 조직해야 한다(Hatfield, 2009). 이 과정에서 고려해야 할 몇 가지 질문사항들은 다음과 같다.

1. 언제 특정 구성요소(예, SLO, 자질, 수료생, 졸업생, 학교 동문 조사)가 프로그램의 맥락 안에서 수집되는가?
2. 이 과정의 시기는 언제인가?
3. 누가 자료를 수집하는가?
4. 자료는 어떻게 수집되는가?
5. 자료는 어디에 저장되는가?
6. 상업적인 그리고/또는 비상업적인 SLO 평가 프로그램이 사용되는가?
7. 어떤 자료 분석이 수행되는가?
8. 어떤 결과가 보고되는가?
9. 이 결과가 누구에게 보고되는가?
10. 프로그램 교수진은 이 결과를 가지고 무엇을 하는가?

이 장에서는 프로그램 인증을 목적으로 하는 평가와 관련된 위의 질문 1~6번에 대해서 살펴볼 것이다. 그 외의 질문들은 다음 장에서 다뤄질 것이다.

자료 수집과 관리 요소

2009년 CACREP 표준을 시작하기 전, 상담자 교육 프로그램들은 프로그램 효과성과 관련된 보다 일반적인 자료들을 수집하였다(CACREP, 2001). 대부분의 자료는 간접적인 측정을 통해 수집되었고, 크게 SLOs에 초점을 맞추지 않았다. 그러나 SLOs를 평가하는 것은 CACREP 인준을 위한 프로그램 평가과정에서 매우 필수적인 부분이 되었기 때문에, 프로그램이 수집하고 관리해야 하는 자료는 기하급수적으로 증가하였다. 예를 들어, 학교 상담 영역 내에는 34개의 표준규준이 있다(CACREP, 2016). 이것이 34개의 서로 다른 측정을 의미하는가? 반드시 그런 것은 아니지만, 핵심 및 전문성 규준의 각 영역(기초, 상황별 차원, 실습)을 반영하는 학생들의 지식 그리고/또는 기술을 평가하기 위하여 프로그램의 다양한 지점에서 다수의 측정이 있어야 할 것이다. 이 정보를 수집하는 것은 복잡하고, 이 자료를 관리하는 것은 절적하게 계획되지 않으면 다루기 어렵다. 자료 관리 계획을 수립할 때 교수진은 자원, 자료의 물리적 수집, 그리고 과제(artifact)의 특성들을 조사해야 한다.

프로그램 평가과정이 성공하기 위해서는 교수들의 지원, 헌신, 그리고 참여가 매우 중요하다(Peach, Mukherjee, & Hornyak, 2007). 재정적, 인적 및 기술적 자원은 프로그램 평가에서 고려해야 할 가장 중요한 세 가지 자원이다. Kelly, Tong, 그리고 Choi(2010)에 의하면, 다양한 평가 활동들에 적절한 자금을 할당해야 한다. 여기에는 프로그램 사정 및 평가와 관련하여 교수진을 교육하는 것, 평가 관리 시스템(assessment management system, AMS)에 대한 투자, 또는 온라인 포트폴리오 시스템, 자료 수집과 분석을 지원하는 인건비에 대한 예산 책정, 그리고 프로그램 인증의 유지와 재인증을 위한 비용 지불이 포함된다.

재정적 자원은 중요하지만, 훌륭한 인적 자원을 대신할 만큼 권장되지 않는다. 상담자 교육 프로그램의 경우, 인적 자원은 교수진, 프로그램 행정 지원, 학교 또는 대학의 행정 지원, 그리고 기술적 지원을 포함할 것이다. 대학 또는 학교 행정부로부터의 지원은 프로그램 교수진들 사이의 평가 문화를 변화하게 만들 것이다. 이 지원은 SLOs 또는 평가 관리 시스템을 개발하는 추가적인 교육을 포함하고, 프로그램 평가과정의 조직과 실행을 위하여 추가적인 관리적 지원을 받는 것, 또는 교수들이 프로그램 평가에 집중하기 위하여 대학이나 학교 위원회의 의무들로부터 면제받는 것이 될 수 있다. 증가한 업무량을 상쇄할 수 있는 적절한 지원이 제공될 때 프로그램 평가에 대한 교수진들의 저항은 줄어들 것이다.

프로그램 평가를 위한 시간 투자 요소의 일부는 정보를 어떻게 전자적으로 수집, 저장, 관리하는지와 관계된다. 상담자 교육 프로그램이 대학 또는 학교에서 만든 데이터 시스템을 사용한다면, 해당 부서의 개개인이 원자료를 입력할 수 있으므로 기술적 지원은 필요하지 않을 수 있다. 일부는 졸업생이나 현장 슈퍼바이저와 같은 특정 집단에게 온라인 설문조사 형태로 제작 및 배포하여 자료를 수집할 수 있다. 질적·양적 자료 분석에 대한 지원은 기술적 자원과 인적 자원 모두 고려해야 한다.

평가관리 시스템들

고등교육 프로그램의 사정과 평가를 위한 자원들은 수많은 요인으로 인해서 매우 다양하다. 프로그램, 학과, 대학, 학교 또는 대학교의 규모에 따라 자원의 양과 유형을 살펴볼 수 있다(Barrio Minton & Gibson, 2012). 상담 전문 분야가 적은 소규모 프로그램은 직접 손으로 하는 수동적 성과(manual artifact)와 자료 수집이 프로그램의 요구에 충족하는지 확인해야 한다.

이 책의 앞부분에서 설명한 것과 같이, 교수진들은 상담 프로그램을 통해서 학생들의 학습과 성향을 사정하기 위한 다양한 평가 활동과 평가 양식을 사용할 수 있다. 측정을 통해 수집된 자료는 프로그램 효과성을 살펴보기 위해 수집, 분석, 보관되어야 한다. 각 프로그램 교수진은 어디에 그리고 어떻게 이 정보를 저장할 것인지 결정해야 한다. 다음 장에서 우리는 대학 내부의 데이터 시스템과 연결된 상업적 평가 시스템이나 프로그램 외부의 더규모 자료저장방식이 아닌, 손으로 직접 하는 수동적 평가 시스템(manual assessment systems)을 통해 이 자료를 다루는데 고려해야 할 점들을 제안할 것이다.

수동적 자료 관리

자료를 수동적으로 관리하는 프로그램들이 가질 수 있는 몇 가지 이점이 있다. 이 과정에서 교수진들은 온라인 그리고 실제 측정(예, 채점 기준, 평정표)을 통해 자료를 수집하고 학생 결과를 개인별, 학번별, 과목별로 나누어 살펴볼 수 있도록 자료를 조직할 수 있을 것이다.

우리는 Qultrics, Excel, Access, SPSS 데이터베이스를 사용하여 자료를 입력하고 분석하는 다양한 상담자 교육 프로그램의 구성원들로부터 피드백을 받아왔다. 비록 정교하지는 않지만, 이들 시스템은 교수진들에게 그들이 가지고 있는 자료와 프로그램 결과에 대한 이해를 시작할 수 있도록 해준다. 자료 수집과 측정에 초점을 두는 경향이 있는 소규모 프로그램들은 수동적 자료 관리가 최적일 것이다. 예를 들어, 교수는 Excel 스프레드시트나 통계 프로그램을 활용하여 자료를 입력하고, 체계적인 검토 과정을 거쳐 자료를 접근, 집계, 분석할 것이다. 이를 위해 프로그램 교수진들은 다음 질문에 대한 답변을 통해 자료 저장소를 설명해야 한다.

- 이 자료들은 모두 어디에 저장되는가?
- 얼마나 오래 저장할 수 있는가?
- 그 위치에서 자료를 받기 전, 받는 동안, 받은 후에는 어떻게 되는가?

자료 저장소는 프로그램 기반 데이터베이스를 포함한다. 예를 들어, Blackboard, Moodle, Desire2Learn과 같은 학습관리 시스템은 학생들이 과목 또는 프로그램 과제물을 제출할 수 있는 플랫폼을 제공한다. 지정된 교과목 강사와 프로그램 교수진은 학생들의 제출물을 측정하고 평가하는 책임이 있고, 자료 분석을 위하여 더 큰 데이터베이스로 자료를 내보낼 수 있다.

우리의 바람은 평가 문화가 조성되어 현재 가진 기술들로 자료 수집 시스템을 운영할 수 있도록 교수진들을 지원하고, 평가에 대한 관심이 증대되어 더 많은 교수진이 평가에 참여하는 것이다. 상담자 교육 프로그램과 학과에서도 평가에 대한 내부적 관심과 동기를 넘어 평가를 하나의 활동으로 간주하고, 평가에 대한 교수진들의 지속적인 전문성 개발을 위해 그 책임을 다하고 추가적인 지원을 제공해야 한다.

마지막으로, 수동적 평가에 대한 관리를 지속적으로 재평가할 필요가 있다. 아직도 프로그램의 우선순위와 필요성을 충족시키기 위해서 일을 하는가? 이 방법과 과정을 교수가 지속적으로 관리할 수 있는가? 만약 상담자 교육 프로그램이 다양한 상담 분야(예, 학교, 임상, 정신 건강)를 다룬다면, 다수의 겸임 교수들과 캠퍼스가 있고 학생 수가 많다면, 자료 수집과 관리는 매우 복잡할 것이고 교내 데이터베이스에서 다루기는 번거로울 것이다. 상용 온라인 평가관리 시스템은 이런 경우에 사용될 필요가 있다.

상용 온라인 평가관리

상용 온라인 평가관리 시스템은 교육자가 SLO 자료를 수집하고 관리하기 위해 사용하는 전산시스템이다(Oakleaf, Belanger, & Grahan, 2013). 일부 온라인 평가관리 시스템은 학습의 결과물로서 학생들의 과제 보관이 가능하여 온라인 포트폴리오 시스템으로 알려져 있다(Meyer & Latham, 2008). Strudler와 Wetzel(2005)는 고등교육에서 온라인 포트폴리오를 사용하는 주요 이유중의 하나로 "예비 교사의 기준이 충족되는지를 문서화하라는 국가교사교육인증위원회(National Council of Accrediation for Teacher Education; NCATE)의 요구(p. 419)"를 반영하기 위해서라고 보고했다. 이러한 온라인 평가관리 시스템은 인준 기준을 SLOs와 연동하고 학생의 과제물을 조직하고 저장하며 자료의 분석과 보고를 지원하는 종합서비스 시스템으로 기능한다.

만약 상담자 교육 프로그램 교수진이 온라인 평가관리 시스템을 사용하고자 한다면, 다음 질문들에 대한 답변을 원할 것이다.

1. 프로그램의 필요성은 무엇인가?

만약 기존의 교내 프로그램이 평가에서 요구하는 정보를 제공한다던 온라인 평가 관리 시스템을 구매할 필요가 없다. 일부 상담자 교육 프로그램은 교내 직원이 기존의 문서 작업 또는 자료 분석 소프트웨어를 활용하여 자료를 관리하였을 것이다. 아마 교직원들은 그들의 학과를 위해 더 의미 있는 결과를 산출하고자 자료 분석에 더 많은 시간을 할애하야 했을 수도 있다. 예를 들어, 교내 시스템은 자료를 세분화하거나 특정 변수(예, 인구학적 구성)에 따른 조직된 정보를 보고하기 힘들 수도 있기 때문이다. 이런 경우 교수진 또는 교내 직원은 이 과정을 손으로 직접 수행해야 할 것이다.

2. 시스템의 평가 능력은 어떠한가?

상업적인 온라인 평가관리 시스템을 구매하는 주목적은 프로그램 평가에 참여하는 상담자 교육 교수진들을 지원하기 위함이다. 일부 시스템은 형성평가(예, 프로그램 진행에 따른 학습, 행동, 기술의 변화 과정)보다는 총괄평가(예, 최종 프로그램 결과)에 더 적합하다(Oakleaf et al., 2013). 총괄평가는 프로그램 효과성 측정에 좀 더 적합한 반면에, 형성평가는 학생들의 학습 평가(SLOs) 및 프로그램 효과성의 지속적 측정들이 가능하다. 또한 만약 온라인 평가관리 시스템이 직접 측정하는 것(예, 루브릭, 관찰표)과 인준 또는 기타 규준들을 연결한다면, SLOs는 프로그램 커리큘럼의 길잡이가 될 수 있을 것이다.

3. 시스템의 저장 능력은 어떠한가? 무엇을 저장할 수 있고, 얼마나 많이 그리고 얼마나 오랫동안 저장 가능한가?

각 평가관리 시스템은 고유한 저장 기능이 있다. 한 가지 고려해야 할 사항은 그 시스템이 기관에서 기존에 사용하던 자료 관리 도구 및 자료들을 얼마나 잘 통합할 수 있는가이다(RiCharde, 2009). 예를 들어, 학과는 대학원 사무실을 통해 학생들의 입학 자료들을 전자문서 형태로 수집할 수 있다. 이 정보는 상담자 교육 프로그램 평가에서 사용하는 온라인 관리 시스템으로 전송될 수 있지만, "평가관리 시스템 관리자가 설정한 접근 권한에 따라" 제한적인 접근이 가능하다(Oakleaf et al., 2013, p.99). 두 번째 고려해야 할 것은 환경적인 것으로 수많은 학생의 결과물과 자료를 저장하기 위하여 온라인 평가관리 시스템을 선택할 수 있다. 그렇다면 대량의 자료들은 온라인 평가관리 시스템을 지원하는 외부 서버에 보관된다. 또한 대다수의 온라인 평가관리 시스템들은 교수들의 웹사이트와 학술적 결과물들을 제작하고 유지하는 교수의 포트폴리오 기능을 포함한다. 마지막으로, 온라인 평가관리 시스템에서 정보를 얼마나 오랫동안 저장하고 이용할 수 있을 것인가는 온라인 평가관리 시스템에 의해 결정되고 상담자 교육 교수진들, 학교 또는 대학 관리자, 시스템 제공자들과 함께 논의하게 된다.

4. 자료를 관리, 분석, 보고하는 시스템의 능력은 어떠한가?

상담자 교육 프로그램은 자료의 수집과 저장뿐만 아니라 자료의 관리, 분석 및 보고가 어떻게 이루어지는지 파악해야 한다. 상담자 교육 프로그램 구성원들은 프로그램의 개선을 위하여 평가와 SLO 자료를 근거로써 제시해야 한다(CACREP, 2016). 이를 위해, 수집한 자료를 분류하고 면밀하게 평가한다. CACREP 2009 표준 이전에는 프로그램 평가 요약 보고서가 매우 중요했다. 여기에는 프로그램 구성원들의 인구학적 자료와 세세하게 표준화된 자격시험 점수, 졸업률, 고용 결과들을 단순하게 보고했었다.

SLO평가는 이 과정을 보다 세분화하고 평가에 많은 시간을 투자하게 했다. 프로그램 수준에서의 자료 수집과 분류는 계속되었고, 개인 수준과 프로그램 수준의 자료들을 함께 종합 분석하여 상담자 교육 프로그램의 수정과 개선을 위해 사용되었다. 자료의 입력과 분석, 보고 방법은 온라인 평가관리 시스템이 허용하는 정도에 따라 특정 상담자 교육 프로그램에 맞춤화될 수 있다. 또한 자료는 각 프로그램 목적에 적합한 분석이 가능하도록 소프트웨어 시스템으로 전송될 수 있다. 예를 들어 프로그램 교수가 한 학년의 학생실습에 대한 SLO 자료를 분석하는 데 관심이 있다면, 온라인 평가관리 시스템은 특정 학년에 대한 것을 코딩할 수도 그렇지 않을 수도 있고, 자료가 SPSS로 전송되었을 때 교수진들은 특정 학생들에 대한 것들을 코딩하고 분석할 수 있다.

5. 온라인 평가관리 시스템을 사용하는 교수진의 기대는 무엇인가?

앞에서 설명한 바와 같이 교수진들은 그들의 시간을 쉽게 허용하지 않는다. 교수진들이 온라인 평가관리 시스템이 중요하지 않다고 생각하거나 자신의 시간을 허비하는 일이라고 인식한다면 그들은 온라인 평가관리 시스템을 학습하는 것에 저항을 보일 것이다(Suskie, 2009). 그러나 한 번의 교육과 추가적인 지속적 도움이 제공된다면, 교수진들의 저항은 작아질 것이다. 상담교육자들은 시스템과의 상호작용이 교수들과 학생들에게 얼마나 많이 필요한 것인지 고려해야 한다. 예를 들어, 성적 평가를 위해서 학생들은 보고서와 영상을 제출하고 교수들은 시스템에서 이것들을 편리하게 내려받고, 채점하고, 되돌려줄 수 있어야 한다. 매일의 상호작용 외에, 모든 과제, 채점 기준, 채점 양식, 그리고 설문조사들은 자료 수집과 관리에 활용되므로 모두 시스템 안에서 구성될 수 있어야 한다. 프로그램 담당자들은 개별 교수진, 지정된 강사진, 또는 행정 지원 인력들의 이런 기능들에 대한 사용 여부를 결정해야 한다. 온라인 평가관리 시스템을 사용하는 교수진들은 이 시스템 사용이 익숙하지 않은 직원들에게 기꺼이 비공식적인 도움을 제공할 수 있다.

6. 기술적 지원, 사용의 편의성, 안전

온라인 평가관리 시스템을 사용하는 데 있어 가장 큰 장애물 중의 하나는 이 시스템을 사용하기 위한 지원이다. 시스템 사용 비용을 항상 우선으로 고려하지만, 온라인 평가관리 시스템을 사용할 때는 현장 및 외부의 지원이 필요하다(Oakleaf et al., 2013; Suskie, 2009). 온라인 평가관리 시스템에 대한 교육과 기술 관련 지원들은 예산 일부로 편성되어야 한다. 프로그램 교수들은 온라인 평가관리 시스템을 사용하고 운영하는데 얼마나 많은 학습이 필요한지 조사해야 한다. RiCharde(2009)는 프로그램 교수진은 그것이 결과 평가든 프로그램 리뷰든 "가장 사용이 힘든 사람을 고려한 자료 관리 도구를 선택"(p.13)해야 한다고 제안했다. 대부분의 상용 온라인 평가관리 시스템 공급업체는 시스템 관리 비용의 일부로 교육을 제공하지만, 고객서비스의 수준과 형태는 다양하다(Oakleaf et al., 2013).

온라인 평가관리 시스템에 대한 기술지원은 공급업체가 외부에서 관리할 수 있다. 즉, 공급업체가 물리적인 유지 관리와 웹 기반 서비스를 제공하는 것을 의미한다. 온라인 평가관리 시스템 사용을 고려할 때, 학과의 기존의 기술 역량과 수준이 상용 온라인 평가관리 시스템에서 요구하는 것에 상응해야 한다. 또한 온라인 평가관리 시스템과 관련한 기술적 고려 사항들로 자료의 접근, 수정, 문서의 비밀보장에 대하여 생각해보아야 한다. 상담자 교육 프로그램의 경우 온라인 평가관리 시스템을 통해서 제출된 학생 작업물들의 종류와 관련하여 윤리적인 접근을 취해야 한다. 예를 들어서 학생들끼리 제작한 모의 상담 비디오는 시스템 내부에 업로드하기에 적절할 수 있지만, 실제 내담자와의 상담회기는 이런 시스템에 업로드하기에는 매우 적절하지 않을 수 있다. 누가 자료에 접근할 수 있는지에 대한 서버의 보안과 시스템에 저장된 정보들의 자료 보관 기간은 프로그램 수준에서 공급업체와 함께 살펴볼 주제이다. 마지막으로, 프로그램은 자신들이 온라인 평가관리 시스템을 사용하고 유지하는 데 단과대학 또는 대학교의 정보기술(IT) 직원들로부터 어떤 종류의 지원이 가능한지 조사해야 한다(Suskie, 2009). 최소한 IT 직원은 이 시스템과 공급업체가 어떤 지원들을 제공하는지에 대해서 알고 있어야 한다. 캠퍼스 내에 온라인 평가관리 시스템을 두는 것이 좀 더 통제가 가능하지만, 이는 IT 직원의 더 많은 관여와 자원들을 요구하게 될 것이다.

7. 가격은 어떠한가?

자금줄을 쥐고 있는 관리자들이라면 보통 가장 처음에 질문하는 이 내용이 가장 마지막에 등장하는 것이 아마 의아할 것이다. 온라인 평가관리 시스템을 구매하고 계약하는 데 어떤 실수도 하지 말아라. 만약 구매할 수 있는 자금이 있다면, 상담교육자들은 비용 편익 분석을 해봐야 한다. 매해 예산에 반영되지 못하는 일회성 지출이나 학생들의 가입비가 있을 수 있고, 이에 대한 비용지원이 필요할 것이다. 온라인 평가관리 시스템에서는 프로그램에 무엇을 제공하는가? 프로그램에 필요한 모든 사정과 평가들이 가능한가? 학생, 교수, 관리자에게 직접적인 혜택이 있는가? 최종 결정을 하기 전에 이 질문들에 대해서 탐색해봐야 한다.

교수들은 어떤 공급업자에게 접근할 것인지 결정하기 위해서 두 가지를 생각해야 한다. 하나는 단과대학과 대학교가 상용 온라인 평가관리 시스템을 갖춘 경우, 상담자 교육 프로그램 교수들은 이 시스템을 자신들의 개별 평가를 위해서 사용할 수 있을 것이다. 이것에는 아마 상담자 교육을 위한 특정한 기술적 도움이 필요할 수 있을 것임을 명심하라. 두 번째는 상담교육자들은 온라인 평가관리 시스템을 사용하고 있는 타 대학 동료 교수들에게 다음의 질문들을 할 수 있다(Suskie, 2009의 질문들에서 차용).

- 어느 공급업체의 온라인 평가관리 시스템을 사용하고 있는가?
- 연간 수수료 대비 초기 비용은 얼마였는가?
- 시스템이 어디에 있는가(예, 현장 또는 웹 기반)?
- 자료를 보관하는 서버가 얼마나 안전한가?
- 교수들과 직원이 그것을 사용하는가? 그렇다면 어떻게 사용하는가?
- 만약 교수들이 사용하지 않는다면, 누가 사용하지 않고 그 대신 어떻게 하는가?
- 사용자들에게 편리한 기술들인가?
- 이 시스템을 사용하기 위해서 교수들에 대한 교육과 지원은 얼마나 필요한가?
- 이 시스템을 사용하기 위해서 학생들에 대한 교육과 지원은 얼마나 필요한가?
- 시스템이 캠퍼스의 다른 기술과 상호교류가 가능한가? 그렇다면 어떤 것들과 가능한가?
- 기술 및/또는 소프트웨어의 요구사항들은 무엇인가?
- 시스템을 위한 현장 IT직원의 지원은 얼마나 많이 필요한가?

교수진은 공급업체의 후보 명단을 추린 후, 그들의 제품을 온라인상에서 또는 직접 만나서 시연할 수 있도록 그들을 초대해야 한다. 공급업체는 교수진, 직원 및 관리자들의 질문에 답변할 수 있어야 한다. 사용자 권한 지정 기능, 현장 대 웹 기반 접근, 그리고 지원 수준에 따라서 공급업체들의 초기 및 연간 비용에는 차이가 있다. 고등교육에서의 예산은 일반적으로 학과, 학교, 단과대학 및/또는 대학 정책에 달려있다. 초기 의사결정 과정에 단과대학/대학 관리자들이 참여한다면 일반적으로 교수진들이 시스템을 선택할 때의 갈등이 줄어들 것이다.

과정에서의 고려 사항

프로그램 교수진들은 손으로 직접 관리하는 것과 상용 온라인 평가관리 시스템의 장단점들을 반드시 고려해야 한다. 이에 대한 고려 사항들은 앞에서 논의했다. 아마 다음 시스템들이 상용 온라인 평가관리 시스템을 고려할 때 포함되는 일부분일 것이다.

- Chalk & Wire
- Desire2Learn (Brightspace),
- Digication,
- Foliotek,
- Learning Objects,
- Longsight,
- Mahara,
- rCampus, 그리고
- Symplicity

Oakleaf et al.(2013)은 아래와 같이 상용 온라인 평가관리 시스템을 종합적으로 비교했다.

AMS Characteristics AMS 특성들

평가능력 (Assessment Ability)

- 종합평가 지원
- 형성평가 지원
- 과목 수준의 성적산출 지원
- 과목, 교수 등에 대한 학생 평가 지원
- 루브릭 구축 지원
- 루브릭 적용 지원
- 기준을 결과물, 루브릭 등과 연결 등

결과 정렬 (Outcome Alignment)

- 개인별, 학과별, 프로그램별, 부서별 등에서 사용하는 결과 연결/정렬
- 커리큘럼 가이드라인 생성
- 서로 다른 단위 간, 학과 간, 프로그램 간, 부서 간에서 사용하는 결과 연결/정렬
- 학습 결과물 이외의 결과물(학습전략, 연구, 장학금, 성장 과정, 입학, 학생업무, 도서관 등)에 대한 연결/정렬

저장소 용량 (Repository Capacity)

- 평가 증거/자료를 위한 저장소 제공
- 평가 문서 저장
- 학생이 제작한 제품/프로젝트 제출 지원
- 학생이 제작한 제품/프로젝트 평가 지원
- 과거와 현재의 모든 증거/자료의 통합
- 교수들의 생산성 증거/자료 포함

자료 관리 (Data Management)

- 상세분석을 위한 증거/자료의 축적
- 증거/자료의 통계분석 통합
- 기관의 문화/절차에 맞게 용어/이름을 지정할 수 있도록 지원
- 평가과정 기록 보존
- 학생 수준 증거/자료 보존
- 프로그램 수준의 평가 증거/자료 수집과 추적

시스템 통합 (System Integration)

- 예산 시스템을 평가과정에 통합
- 전략 계획을 평가과정에 통합
- 학생 정보 시스템의 증거/자료 통합
- 학습관리 시스템의 증거/자료 통합
- 학생수준의 포트폴리오 지원
- 학생수준의 기관(교수, 직원) 평가 지원
- 평가 과제/책임/업무의 배분 지원
- 역할 기반 또는 단위 기반(학과, 대학 등) 권한이 개별 사용자에게 설정되도록 허용

서비스 지원 (Support Services)

- 호스팅 서비스 제공
- 기관 호스팅 옵션 제공
- 컨설팅/교육 서비스 제공
- 고객서비스 지원 제공

인증보고에 대한 내부보고 (Internal Reporting Accreditation Reporting)

- 내부목적에 적합한 평가보고서 생성(예, 전략기획, 프로그램 검토, 연간 보고서)
- 기관 전반의 직원, 교수, 관리자들의 참여 가능
- 기관 차원의 우선순위, 목표, 임무, 결과를 향한 과정 문서화

- 특정 인준 기관들의 요구사항 지원(예, CAEP[교육자 준비 인증 위원회], SACS[남부 대학 및 학교 협의회] 등)
- 인증 및 프로그램 검토 템플릿 포함
- 외부 목적에 적합한 평가보고서 생성(예, 프로그램 또는 기관 인준 문서)

행동 취하기 (Action Taking)

- "관행 중지(closing the loop)" 과정 지원 (의사결정, 행동 취하기)
- 관계자에게 평가 증거/자료와 결과 보고 지원
- 평가계획 작성
- "행동지침" 계획, "작업" 목록, 그리고/또는 상태 보고서 작성

주. "Choosing and Using Assessment Management Systems: What Librarians Need to Know," by M. Oakleaf, J. Belanger, and C. Graham, 2013, Proceedings of the ACRL 15th National Conference, Appendix A, pp. 102-104에서 인용. Copyright 2013 by the Association of College and Research Libraries. Reprinted with permission.

상담자 교육 프로그램을 평가할 때 온라인 평가관리 시스템을 사용하는 것은 몇 가지 장점이 있다. 시스템이 구현된 이후에는 자료를 수집, 정렬, 관리, 분석, 보고하는 것이 보다 경제적이고 효율적이며 유용하다(Oakleaf et al., 2013; RiCharde, 2009). 특정 과목과 학년에서 개별 학생들에 대한 SLO와 과정에 대하여 추적하는 것은 프로그램을 이수하는 시점에 학생들이 가지게 되는 일반적인 문제들에 대하여 알려주므로 상담교육자들이 즉시 개선할 수 있도록 도와준다. 이러한 자료들을 추적하고 다루는 것은 상담교육자들이 교수와 학습적 측면에서의 역할에 대해서 보다 책임을 가지고 임할 수 있도록 돕는다. 예를 들어, 교수진들의 과제에 대한 평가자료는 과제 주제, 채점표 또는 지침을 수정해야 할 필요성을 제시할 수 있다. 이 자료는 상담교육자가 학생들이 학기 말 교수 평가에서 보고한 코멘트와 우려를 이해하는 데 도움을 줄 것이다. 또한 표준화된 보고와 데이터 수집은 부교수나 박사 과정 강의 조교들의 과목에 대한 기대를 일관성 있게 유지할 수 있도록 한다.

상용 온라인 평가관리 시스템은 프로그램 인준을 위한 목적을 위해 실행해야 하는 프로그램 평가 및 SLO 측정에 대한 필요성을 충분히 다루어준다. 일부 온라인 평가관리 시스템은 프로그

램 인준 평가자들이 학과를 방문했을 때 학생 작업물들을 직접 보여줄 수 있는 저장소로서의 역할을 한다. 교수진들은 학생 작업물들과 피드백, 현장경험 양식 또는 학생들의 포트폴리오 예시들을 온라인 관리 시스템에서 보여줄 수 있을 것이다. 또한 교수진들은 수업 과제나 프로그램 수정이 학생들의 학습에 미치는 영향을 분석하는 것처럼, 시간의 흐름에 따른 학생 작업물들의 비교가 도움이 된다는 것을 알 수 있을 것이다.

온라인 평가관리 시스템을 사용하는 것에 대한 가장 큰 염려는 교수진들을 설득하는 것이다 (Oakleaf et al., 2013; Suskie, 2009). 일부 교수들은 현재 시스템이 전혀 없다는 사실이나 새로운 시스템이 기존의 시스템보다 더 효과적일 것이라는 점을 인정하지 못한다. 교수진들은 시스템을 사용하는 자신들의 능력에 대해 걱정하고 기술적인 측면을 학습하는 것에 주저할 수 있다.

두 번째 문제는 시스템과 관련된 재정적·인적 자원 비용과 관련된 것이다. 최근 상담자 교육 및 슈퍼비전 리스트서브(Listserv)에 배포된 설문조사에서 소수의 응답자만 상담자 교육 프로그램에서 온라인 평가관리 시스템을 사용한다고 응답했다. 대다수는 교수진들이 데이터를 수집, 분석, 관리, 보고하는데 설치, 관리, 지원을 해줄 수 있도록 온라인 평가관리 시스템을 지원하는 현장 인력이 단과대학 또는 학교에 있어야 한다고 지적했다. 이 결과에 의하면 교수진들은 온라인 평가관리 시스템의 기능과 편의성뿐만 아니라 프로그램에서의 필요성까지 인식하고 있는 것으로 보인다.

상담자 교육 프로그램을 위해서 특별히 온라인 평가관리 시스템을 구매하는 것은 비용이 많이 들 것이다. 만약 온라인 평가관리 시스템이 원격 또는 웹을 기반으로 하는 경우, 공급업체가 업그레이드, 백업, 보안과 문제 발생에 대한 책임을 가지고 있기 때문에 현장 IT 직원의 수고스러움이 줄어든다(RiCharde, 2009). 그러나 이 경우에는 시스템 선택의 초기 과정에서 상담교육자들은 자료를 누가 소유하는지, 자료의 보안은 어떻게 되는지, 자료가 다른 데이터베이스와 어떻게 통합되는지 등을 고려해야 한다. 또한 늦장 대응의 결과로 예상되는 문제들을 해결하기 위하여 공급업체의 지원이 있어야 한다.

마지막으로, 어떻게 온라인 평가관리 시스템을 과목 수준에서 사용할 수 있을 것인지 고려하는 것이 중요하다. 많은 온라인 평가관리 시스템은 학습관리시스템(예, Blackboard, Moodle, Sakai)들과 과제 제출, 학생 수행 자료의 저장, 과제 할당과 결과 분석을 호환하여 사용할 수 있다. 대학의 외부 출처들(예, 실습 또는 인턴십 현장 슈퍼바이저)로부터 입력을 요구하는 활동들의 경우, 온라인 평가관리 시스템은 사전에 계획된 시간에 관찰 기록과 평가서 등이 자동으로 생성되도록 조정할 수 있다. 입력된 정보는 분석을 위해서 자동으로 평가 시스템에 통합된다.

프로그램 교수진들이 자료를 수집하고 관리할 것인지 결정하는 과정과는 별개로 고려해야 할 몇 가지 요소들도 있다. 과정의 복잡성 수준은 프로그램, 교수진 및 학생들의 필요성과 관련이 있다. 또한 대학의 재정적·기술적인 인력 지원은 성공적인 프로그램과 학생 평가를 위해서 필요하다.

참고자료

Centers for Disease Control and Prevention [Data collection and analysis webpage]: http://www.cdc.gov/ healthyyouth/evaluation/data.htm

National Institute for Learning Outcomes Assessment. (2012, June). *What to consider when selecting an assessment management system*. Retrieved from https://illinois.edu/blog/view/915/75817

Pell Institute and Pathways to College Network. (2015). *Collect data*. Retrieved from http://toolkit.pellinstitute.org/evaluation-guide/collect-data/

University of Kansas, Work Group for Community Health and Development. (2014). Section 5: Collecting and analyzing data. In *Community Tool Box* (Chapter 37, Operations in Evaluating Community Interventions). Retrieved from http://ctb.ku.edu/en/table-of-contents/evaluate/evaluate-community-interventions/collect-analyze-data/main

제13장

자료 분석

평가계획을 수립하고, 측정하고, 자료 수집이 완료된 후에는 자료의 분석이 필요한 시점이다. 통계분석을 서둘러 선택하기 전에, 교수진은 통계분석을 서둘러 실행하기 전에 자료의 수집 목적을 다시 검토해야 한다. 그 목적은 체계적인 프로그램 평가를 위한 조건을 충족해야 하고, SLO를 평가하고, 개별 프로그램의 구체적 요구들을 탐색하는 등의 조합이 포함될 수 있다. 상담자 교육 프로그램의 교수진들이 CACREP 조건만을 근거로 자료를 분석하고 결과를 보고한다면, 프로그램 평가의 보다 큰 그림은 잃어버리는 것이다. 자료 분석은 프로그램 교수진들이 무엇이 잘 되고 있고 무엇에 더 주의를 기울여야 하는지를 결정하는데 도움을 줄 것이다.

적절한 자료 분석은 자료를 더 깊게 이해하는데 도움을 줄 것이고, 교수진들이 프로그램의 커리큘럼에서 변화가 필요한 부분들을 파악하는데 의미 있는 도움을 줄 것이다. 안타깝게도 이 과정은 복잡한 통계 분석이 필요하다는 잘못된 인식으로 인해서 관심을 받지 못했다. 그러나 이는 꼭 그렇지 않다. 프로그램 평가를 위한 자료의 분석은 전형적으로 빈도분석이나 평균, 백분율과 같은 기술 통계량이 포함된다. 경우에 따라서 집단내 그리고 집단간 비교와 같은 추론 통계가 필요하기는 하다. 어떠한 통계를 수행하든 그 전에 수집된 정보의 양과 유형을 고려하는 것이 중요하다.

이 장에서는 자료를 수집한 이후에, 그러나 어떤 분석도 시작하기 전에, 어떻게 자료를 검토해야 하는지에 대해서 논의할 것이다. 수집된 자료의 유형은 프로그램 평가의 목표에 반영이 될 것이고, 수행될 통계분석과 직접적으로 연관을 가지게 된다. 다음에서는 프로그램 자료 분석을 위한 고려 사항들과 몇 가지 실제적 적용에 대해서 살펴보자.

자료 검토

자료 수집에 사용된 측정들은 프로그램 평가계획에 포함된다. 이 측정들은 프로그램의 필요성, 인구학적 정보, 기준들에 기반하여 이루어져야 하기에 사전에 계획해야 한다. 수집된 자료를 분석하기 전에 교수진들이 밟아야 할 몇 가지 단계가 있다. 먼저, 교수들은 일반적이지 않은 것(outliers)과 발생 가능한 오류들을 염두하고 눈으로 자료들을 검토해야 한다(Office of Planning and Institutional Effectiveness, 2014). 예를 들어 대부분의 학생에게 "기대 충족" 또는 "기대 초과"의 결과가 나오기를 예상하는데, 한 SLO에서 예상치 못하게 대부분의 학생이 "기대 불충족" 수준으로 평가되었다면 이는 측정, 과제, 평가자료의 제시, 측정 도구에 대한 사용, 외부 사건, 또는 이 요인들의 조합들과 관련된 어떤 문제가 있다는 의미가 될 수 있다. 두 번째 예시는 참여자들이 의미를 다르게 이해할 수 있는 단어를 포함하거나 정보가 누락된 설문조사 문항이다. 자료 분석 전에 이에 대해서 감지하지 못했다면, 이 오류는 자료의 잘못된 해석을 야기할 수 있다. 어떤 이유에도 불문하고 교수진들은 자료의 분석과 해석에 앞서 예상하지 못한 결과들에 대해서 면밀하게 검토해야 한다.

두 번째 단계는 누락된 자료 또는 '결측(missingness)'을 고려하는 것이다. 학생의 감소, 질병, 설문조사 완료 거부, 또는 자료 수집과 관련된 기술적 문제와 같이 사회적으로 그리고 자연적으로 자료의 손실이 발생한다. 다양한 이유들로 인해 자료가 누락될 수 있으며 결측치가 무작위로 발생할 수 있다. 그러나 자료에서의 결측은 일정하게 발생할 수도 있다. 예를 들어, 특정 학생, 학번, 평가자들에 대한 자료가 누락될 수 있다. 만약 결측 자료에 일정한 패턴이 있는 경우 프로그램 교수는 이 패턴을 어떻게 해석해야 하고 어떻게 대응해야 하는지 결정해야 한다. 일관된 자료 결측이 있는 경우라면, 자료의 대표성에 문제가 제기될 수 있기 때문에 그 자료는 조심스럽게 해석되어야 한다.

다음, 교수진들은 특정 자료를 수집해야 하는 목표와 근거들을 상기해 보아야 한다. 수집된 자료의 유형은 적합한 분석을 위한 통계적 절차를 결정한다. 정량적 자료의 경우 수집된 자료 유형에 적합하고 프로그램의 요구도 충족할 수 있는 통계 방법을 선택해야 한다(Office of Planning and Institutional Effectiveness, 2014). 예를 들어, 범주형 자료인가? 또는 수치형 자료인가? 범주형은 "학생들의 수행 결과를 유목화는 것에 기반한" 명목형 자료이다(Office of Planning and Institutional Effectiveness, 2014, p. 19). SLO를 측정하기 위한 채점 기준을 사용한다면, 수행 수준은 서로 다른 범주를 의미한다. 예를 들어, “기대 불충족”, “기대 충족”, “기대 초과”로 나누어 본 수행 수준별 범주형 자료는 각 범주에 얼마나 많은 학생들이 속해있는지를 알려줄 수 있다. 이 유형의 자료는 특정 수준만큼 수행한 학생들의 인원수 이외의 정보는 제공하지 않는다. 그러나, 수치형 자료는 좀 더 세세한 정보를 제공할 수 있다. 수치형 자료는 학생들의 수행과 지각된 학습을 측정하는 척도에 기반한다. 예를 들어, 졸업생이나 학교 동문을 대상으로 하는 설문조사에서 상담자 교육 프로그램의 장점과 단점이라고 인식하는 정도를 5점 리커트 척도를 사용하여 측정할 수 있다. 이 리커트 척도는 각 항목의 설명에 다음의 숫자 값을 부여할 수 있다: 1은 전혀 그렇지 않다, 2는 간혹 그렇지 않다, 3은 다소 그렇다, 4는 대체로 그렇다, 5는 항상 그렇다. 특정한 설문조사 문항이든(예, 교사들은 지식이 많음) 전체 설문조사이든(예, 대학원 프로그램 만족도) 수치형 자료는 기본적으로 기술 통계(예, 평균, 중간값, 최빈값)를 포함한다.

프로그램 평가와 SLO에서 사용되는 직접·간접 측정은 범주형이거나 수치형의 자료를 생산할 수 있다. 상담자 교육과 슈퍼비전 박사 과정 프로그램에서 사용하는 과제의 채점 기준을 예로 들어서 직접 측정에 의하여 범주형과 수치형 자료를 수집하는 것을 설명하면 다음과 같다(표 13-1 참조). 이 과제의 경우 CACREP 규준과 맞닿아 있는 몇 가지의 SLO가 측정되고 있다. 각 기준에 대해 달성 가능한 수행 수준에는 “불충족”, “충족”, “뛰어남”이 포함된다. 각 기준에 의한 박사 과정생들의 수행은 이들 범주로 분류될 수 있다. 만약 2015-2016년도에 6명의 학생이 있다면, 범주 결과는 CACREP 2016년 규준 6.B.1.a의 6명의 박사 과정생 중 5명은 ‘뛰어남’ 수준에서, 한 명은 ‘충족’ 수준에서 수행했다는 것을 의미한다. 각 수행 수준에 할당되는 점수의 범위가 있으므로, 전체 값의 제시는 수치형 점수로도 채점이 될 수도 있다. 예를 들어, 6명의 박사 과정생은 CACREP 2016 규준 6.B.1.a에 의해 평균 5.25점의 수행점수를 받을 수 있고, 전체 과제에서 평균 26점의 성적을 받을 수 있다. 이 과제의 수치형 자료는 범주형 자료보다 교수들에게 좀 더 상세한 수행 정보를 제공할 수 있다. 동시에 표본 크기가 너무 작아서 자료에 대한 미분 통계량을 내는 것은 적절하지 않을 수 있다.

<표 13-1> 상담사교육 박사 과정 프로그램 과제 루브릭 예시

요인과 해당 규정	불충족(0~2점)	충족(3~4점)	뛰어남(5~6점)
실습에서 만나고 있는 현재 내담자와 20-30분짜리 상담 비디오 제시. 교수와 동료들에게 사례개념화 보고서 제공함.	20분 미만의 회기, 그리고/또는 사례 개념화 보고서를 제공하지 않음.	20분에서 30분 사이의 회기, 그리고 사례개념화 보고서 제공함.	20분에서 30분 사이의 회기, 회기 중 발생한 특정 사건을 같이 볼 수 있도록 준비, 슈퍼비전에 대한 필요성을 구체적으로 제시, 사례 개념화 보고서가 항목별로 제시되어 통합적으로 이해할 수 있도록 제공함.
선택한 상담 이론의 명제, 교리, 개입들에 대한 개관 제공. 1쪽 분량의 유인물을 학생들과 교수에게 제공(CACREP 2016 규준 6.B.1.a)	개관에 필수적인 모든 항목이 포함되지 않음 그리고/또는 1쪽 분량의 유인물 제공하지 않음.	개관에 모든 필수항목이 포함됨, 1쪽 분량의 유인물 제공됨, 최소 5개의 peer-referred 참고문헌이 개관에 포함됨.	필수항목들이 통합적으로 제시된 개관, 1쪽 분량의 핸드 아웃이 구체적임, 참고문헌이 APA 스타일에 따라 정확하게 제시됨.
상담 회기에서 선택한 이론의 적용가능성에 대한 논의와 시연. (지도자가 승인한) 다른 상담 이론과 비교하여 사례 내담자에게 어떻게 이론을 활용하였고 할 수 있었는지 포함. 주어진 조건 안에서 강 · 약점, 이론적 효과, 다문화 인구에 대한 적용 가능성, 그리고 윤리적 · 법적 고려 사항들에 대한 강조(CACREP 2016 규준, 6.B.1.b, 6.B.1.c, 6.b.1.f)	사례의 내담자에 대한 선택한 이론의 적용 가능성을 토론에 포함하지 않음. 그리고/또는 장·단점, 이론적 효과, 다문화 인구에 대한 적용 가능성, 또는 윤리적·법적 고려 사항들에 대한 논의가 없음.	선택한 이론의 "용어"를 사례의 내담자에 적용하는데 일부 사용하고 있고 장·단점, 이론적 효과성, 다문화 인구에 대한 적용 가능성, 또는 윤리적·법적 고려 사항에 대해서 (비연속적인) 일부 정보를 제공함.	사례의 내담자에게 적용 가능한 이론에 대해서 토론할 때 이론적 "용어"를 지속적으로 사용하고, 장·단점, 이론적 효과성, 다문화 인구에 대한 적용 가능성, 그리고 윤리적·법적 고려 사항에 대한 통합적 개관을 제공함.

사례 내담자에 대한 상담 효과성을 평가하기 위한 다수의 방법들에 대한 논의(CACREP 2016 규준 6.B.1.e).	상담 효과성을 평가하는 방법이 논의되지 않음.	상담 효과성 평가를 위한 하나의 방법이 논의되었으나, 사례 내담자와 학생의 상담 작업과 관계없음.	상담 효과성 평가에 대한 2가지 이상의 방법이 논의되었고, 예시가 제공되었음. 가능하면, 참고문헌도 제시됨.
특정 상담 패러다임과 이론에 기초한 개인 상담 관점을 적용하는 능력(CACREP 2016 규준 6.B.1.b).	내담자의 회기에서 개인 상담 관점을 적용하지 않음.	특정 이론에 기반한 개인 상담 이론을 적용함, 그러나 선택한 패러다임과는 상관없음.	선택한 상담 패러다임에 의하여 특정 이론을 바탕으로 한 개인 상담 관점을 적용하였고 이 관점을 분명하게 기술할 수 있음.
최종 처리	불충족(0-10점)	충족(11-20점)	뛰어남(21-30점)

주. CACREP: Council for Accreditation of Counseling and Related Educational Programs; APA: American Psychological Association

직접 측정과 비슷하게, 범주형 그리고 수치형 자료는 현장 슈퍼바이저 평가나 졸업생 설문조사와 같이 간접 측정으로부터 얻을 수도 있다. 다음 예시는 실습 현장 슈퍼바이저들에게 제시된 범주형 자료 질문들이다.

프로그램의 현장 슈퍼바이저 평가 예시

당신과 실습이나 인턴십을 이수한 석사과정 학생들과의 경험을 바탕으로 대학교 상담사 교육 프로그램에 대한 교육적 평가를 해주시길 바랍니다. 다음 척도를 사용하여 이 학생의 준비도를 실습/인턴십을 이수한 다른 석사과정생 학생들과 비교하여 주시길 바랍니다.

1=매우 부족함　2= 부족함　3=평균　4=평균 이상　5=뛰어남

_____ 학생의 전반적 교육 준비도?
_____ 학생의 임상적 기술 능력?
_____ 학생의 윤리적 행동?
_____ 학생의 이론적 지식?
_____ 학생의 행정 능력?
_____ 학생의 전문성 한계 인식과 필요시 슈퍼비전을 찾는 능력?
_____ 대학교 교수나 직원으로부터의 지원에 대한 슈퍼바이저의 인식?

프로그램의 강점(나열하여 적어주세요):

____

프로그램에서 개선해야 할 점에 대한 제안(나열하여 적어주세요)

____

이 측정은 상담자 교육에 대한 현장 슈퍼바이저의 인식에 기초하지만, 평가를 하는 현장 슈퍼바이저는 한 두명의 실습/인턴십 학생과의 상호작용을 바탕으로 한 대학교 프로그램의 질을 평

가한다. 이 평가는 본질적으로 학생들이 기술을 얼마나 잘 수행했는지에 대한 정보를 제공하지 않기 때문에 학생들을 준비시키는 데 프로그램의 효과성을 간접적으로 측정하는 것이다.

간접 측정을 통한 수치형 자료를 수집하기 위하여 사용하는 채점 또는 평가 양식에는 일반적으로 응답 범위가 포함된다. 아래 졸업생 설문조사는 어떻게 간접적으로 수치형 자료를 수집할 수 있는지를 보여주는 예시이다. 이 설문조사에서는 4점 리커트 척도를 사용하여 졸업생들이 교육적 경험에 대한 요소를 그들이 어떻게 지각하는지에 대해서 평가한다. 이 설문조사의 결과는 중심화 경향성(예, 평균, 중간값, 최빈값)과 분산(예, 표준편차)의 측정치들을 포함하여 기술적인 결과로 제공된다. 예를 들어, 2012년 5월에 졸업한 10명의 설문조사 참여자들은 교육의 질(2번 문항)에 대하여 3.5점의 평균점수를 보일 수 있다. 수치형 결과는 졸업생의 대학원 프로그램에 대한 인식을 계량화 함으로서 좀 더 세부적인 정보를 제공한다.

졸업생 설문조사

다음 항목들에 대해서 다음의 척도를 활용하여 응답해주세요.

1=매우 동의하지 않음 2=동의하지 않음 3=동의함 4=매우 동의함

_____ 전반적으로 상담사 교육 프로그램들의 과목들은 어려움이 있었다.
_____ 전반적으로 수업의 질은 높았다.
_____ 전반적으로 교수진들은 수업준비를 잘 해 왔다.
_____ 상담에서 주어진 주제에 대한 나의 지식은 과목들에서 요구하는 과제 수행을 통해서 향상되었다.
_____ 상담사 교육 프로그램에서 요구되는 임상 경험은 전문 상담가로서 직업을 준비하는데 있어서 탄탄한 기초를 제공하였다.

당신의 학위 프로그램의 발전을 위해서 다음의 내용들에 대한 의견을 나눠주세요.

당신의 학위 프로그램에서 무엇이 가장 유용하다고 생각하십니까?

____

당신이 받은 훈련중에서 가장 효과적인 측면은 무엇이었습니까?

____

당신의 학위 프로그램의 발전을 위해서 제안하고 싶은 것이 있다면 무엇입니까?

____

당신이 받은 훈련 중에서 가장 효과가 적었던 측면은 무엇이었습니까?

____

이 장에 포함된 측정 예시들은 수집할 수 있는 자료의 유형과 응답의 범위를 말해준다. 이들 측정을 계획하는 목적은 프로그램 교수진이 그들의 프로그램 및 SLO 계획을 하는 데 자료 분석을 활용할 수 있도록 하는 데 있다.

자료 분석

교수진들이 어떤 형태의 자료를 수집할 것인지 결정한 후에는 자료의 분석에 관심을 둘 것이다. 먼저 정량적 자료 분석에 관해서 이야기한 후 정성적 자료 분석에 대한 논의를 진행하기로 한다.

SLO에 초점을 맞춘 일반적 자료 분석은 수치와 백분율을 포함한다. 프로그램 평가의 경우 백분율은 전체 참여자 수에 대한 특정 영역을 달성했거나 응답한 인원의 비율로서 수치적 설명을 포함한다(Whiston, 2013). 또한 프로그램 교수진은 프로그램의 결과를 보여주는 변화의 측정값들을 정의하는 수행지표들을 설정할 수도 있다. 이 지표들은 전체 프로그램 목표 및 우선순위와 연계되어야 한다. 한 예로, 졸업생 설문조사는 연구과목을 강화해야 할 필요가 있다는 것을 의미할 수 있다. 한 프로그램은 특정 연구 표준 달성을 위하여 최소 90%의 학생들이 기준을 "충족함"이나 기준보다 "뛰어남"을 받아야 한다고 결정할 수 있다. 만약 25명의 석사과정 학생들 중 23명이 연구 기준에서 "뛰어남"을 받았다면, 이것은 92%가 "뛰어난" 학습 결과를 달성했음을 의미하고 설정된 성과지표들을 초과 달성했음을 뜻한다. 이 예시는 특정한 측정으로부터 얻은 범주형 자료의 수치와 백분율 모두를 포함한다.

앞의 졸업생 설문조사 예시를 수치와 백분율로 생각할 수 있다. 예를 들어, 설문조사를 완료한 졸업생 20명 중 13명은 3번 항목("전반적으로 교수진들은 수업 준비를 잘했다")에 3(동의함)을, 7명은 4(매우 동의함)를 선택했다고 하자. 동의함과 매우 동의함에 해당하는 수치는 13과 7이다. 백분율로는 졸업생 20명 중 13명(65%)이 교직원들이 수업을 잘 준비한다는 것에 동의했고, 20명 중 7명(35%)은 매우 동의했으며, 동의하지 않은 졸업생은 한 명도 없었다. 이 수치는 얼마나 많은 개인이 이 활동에 참여했는지를 보여주며 백분율은 프로그램에서 개인적 성취에 대한 비율을 나타낸다.

또한 기술 통계량과 추론 통계량을 계산할 수도 있다. 평균, 중위수(점수의 오름차순 정렬의 중간값) 및 최빈값(가장 빈번한 점수)은 결과를 보고하고 논의를 제공할 수 있다(Whiston, 2013). 또한 이러한 측정치들은 교수들이 학생들의 집단 간(예, 전문 영역, 과정 또는 동기 간) 비교를 하는 데 도움을 준다. 상담교육자들은 특히 세분화된 자료를 검토할 때 추론 통계(예, t 검정, 분산분석)를 사용하여 통계적으로 유의한 차이나 결과가 있는지를 결정하는 데 관심이 있을 것이다.

지금까지 우리는 전체 학생 모집단에 적용되는 집합 자료의 예시들을 보았다. 프로그램 교수진은 어떤 특성에 따른 결과와 결과를 분석하는 데에도 관심이 있을 수 있다(분할 자료, Meyer & Latham, 2008; Wetzel & Strudler, 2005). 충분히 큰 표본의 경우 프로그램 교수진은 학번, 특정 영역, 성별, 민족, 연령, 또는 기타 학생 특성에 따라 자료를 분류할 수 있다. 많은 경우 미분 통계를 사용하기에는 표본의 크기가 너무 작을 것이다. 그러나 프로그램 교수진은 커리큘럼 변경 전/후 또는 고급 상담 기술 실습을 위한 새로운 접근방식 실행 후, 임상 평가양식 변경 전/후 표준화 검사를 바탕으로 점수를 비교하고자 할 것이다.

또 다른 유용한 통계량은 표준편차(평균에서 점수 또는 점수간 평균 거리; Whiston, 2013)이다. 표준편차는 프로그램 교수진에게 측정, 지시, 학생 및 전체 프로그램에 대해서 중요한 의미를 가지는 반응의 차이에 대해 알려준다. 표준편차가 작으면 학생들의 수행이나 등급에 차이가 거의 없음을 나타낸다. 이는 경험이나 기술과 관련하여 합의하는 바가 크다는 뜻이다. 동시에, 채점 기준 점수 또는 임상 효과성 평가 양식에 대한 작은 표준편차는 현재 시스템이 서로 다른 수준의 수행 정도를 구별하기에 충분하지 않다는 것을 의미한다. 반대로 표준편차가 크면 차이도 크다는 것을 의미한다.

작은 표준편차 또는 큰 표준편차를 구성하는 항목을 결정하는 것은 측정에 사용되는 반응척도에 따라 달라진다. 위의 졸업생 설문조사에서는 4점 리커트 점수의 반응척도를 사용했다. 항목 2의 표준편차가 0.50였다면 반응 간 1점의 차이가 있는 것이므로 작은 표준편차로 간주한다. 만약 표준편차가 2.00이었다면, 표준편차는 반응 간의 차이가 크다는 것을 나타낸다. 항목 2는 교육의 질에 관한 것이기 때문에, 표준편차가 크면 교육의 질, 교수의 변동, 또는 교육과정 변화에 대한 우려를 의미할 수 있다. 채점 기준이나 평가 양식에서 표준편차가 크면 학생 수행에 큰 차이가 있거나 양식을 사용하는 것에 상호 동의가 부족함을 의미할 수도 있다.

정량적 자료를 프로그램 평가의 질적 자료의 맥락에서 고려하는 것도 중요하다. 이전 장에서 논의한 바와 같이, 프로그램 교수진은 인터뷰, 관찰 및 설문조사와 같은 서면 문서를 통해 자료를 획득할 수도 있다. 학생, 현장 슈퍼바이저 또는 고용주와 인터뷰를 실시하는 경우, 더 풍부하고 의미 있는 자료를 위하여 내용을 적절하게 분석해야 한다. 정량적 분석을 통한 의미 있는 결과는 학생 수가 작은 프로그램에 더 적합한 형식일 수도 있다. 편견이 없는 논의를 위해서 프로그램 교수진은 개방형 질문에 대한 응답을 분석하기를 원할 것이다.

프로그램 평가의 특성상, 프로그램의 논리 모델(Logic Model)에 기초한 연역적 분석이 있고 모델에 따른 자료 분석이 수반되어야 한다는 가정이 있을 수 있다. 그러나 모델에 맞지 않는 자료는 프로그램의 비모델적 특성이 자료에 나타나는지에 대한 여부를 결정하기 위해서 주의 깊게 검토되어야 한다(M. Q. Patton, 2003). 프로그램 교수진과 교직원은 수집한 자료의 유형이 적절하다면 범주와 주제에 대한 내용분석 또는 코딩을 수행할 수 있어야 한다. 다른 응답과 유사한 응답이 없는 경우 하나의 응답을 과대 해석하지 않도록 주의해야 한다.

과정상 고려할 점

자료를 어떻게 분석하는지 결정하는 것과 더불어, 교수진들은 자료 분석의 시기도 고려해야 한다. 먼저, 교수진들은 자료 수집 일정을 결정해야 한다. 다음의 질문들을 생각해보자.

- 언제 현장 슈퍼바이저, 고용자, 졸업생, 대학원생 설문조사를 할 것인가?
- 이 정보들을 수집했을 때 분석할 것인가 아니면 그 이후에 할 것인가? 그 이유는 무엇인가?
- SLO 측정 자료는 즉시 분석할 것인가?

- 프로그램 교수진과 교직원들은 모든 결과를 1년에 한 번 분석할 것인가? 아니면 1년에 2번 분석할 것인가?

자료의 분석 시기는 각 개별 프로그램의 필요에 따라 달라진다. 다수의 조교수나 현장 슈퍼바이저를 활용하는 대규모 프로그램은 수업과 슈퍼비전의 질에 대한 인식을 평가하기 위한 방법으로 1년 중 여러 번 자료를 분석하기를 원할 수 있다. 또는, 1년에 한 번 집약된 분석 과정을 통해서 여러 영역에 걸친 주제와 결과에 대해 더 깊은 관심을 가질 수도 있다.

자료의 분석을 위해 상담자 교육 프로그램 교수진 및 교직원은 그들의 학과, 학교 또는 대학 내의 지원이 얼마나 되는지를 사정해야 한다. 평가관리 시스템을 사용하여 자료를 수집하고 관리한다면, 시스템에 자료 분석 도구가 포함되어 있거나 자료를 분석 소프트웨어로 내보내는 방법이 있을 것이다. 단과대학 또는 대학의 평가 또는 인준기관은 프로그램과 협력하여 자료 분석 일정을 포함한 평가계획을 수립할 수 있다. 프로그램 구성원이 자료를 분석하는 경우, 교수진들은 교과목 공개, 금전적 보상, 또는 전문성 개발을 지지해줘야 한다. 자료를 분석하는 것은 시간과 전문지식을 모두 투입해야 하는 것이므로 이것들에 대한 인정이 주어져야 하고 프로그램 교수진들은 공정하게 책임을 분담해야 한다.

마지막으로 명심해야 할 것은 자료의 분석이 자체 연구 또는 기타 외부의 수요를 기다려서는 안 된다는 것이다. 프로그램 평가는 지속적이고 체계적이어야 하며, "프로그램 개선을 위한 프로그램 평가자료를 증거로 활용해야" 한다(CACREP 2016 규준 4.C). 인증 주체와 객체의 검토를 위해서, 또한 자료를 기반으로 한 의사결정을 위해서 연간 보고서 및 평가 결과 공유는 필수적이다. 프로그램이 인증 과정을 진행하고 있다면, 가장 기초적인 것은 이러한 과정들을 완수하는 것이다. 왜 프로그램 평가의 이점이 퇴색되도록 지체하는가? 자료 분석은 상담자 교육 프로그램의 수정, 추가 또는 삭제해야 할 사항을 포함하여 변화할 필요가 있는 개선사항들에 대해서 알려준다. 요점은, 프로그램 교수진들은 프로그램 개선과 더불어 더 효율적으로 일하게 될 것이고, 개인 프로젝트를 진행하기 위한 더 많은 시간을 확보할 수 있을 것이다.

참고자료

Centers for Disease Control and Prevention. (2009a, April). Analyzing qualitative data for evaluation. *Evaluation Briefs, 19*, 1-2. Retrieved from http://www.cdc.gov/healthyyouth/evaluation/pdf/brief19.pdf

Centers for Disease Control and Prevention. (2009b, July). Analyzing quantitative data for evaluation. *Evaluation Briefs, 20*, 1-2. Retrieved from http://www.cdc.gov/healthyyouth/evaluation/pdf/brief20.pdf

Leahy, J. (2004). Using excel for analyzing survey questionnaires. *Program Development & Evaluation* (G3658-14). Retrieved from http://learningstore.uwex.edu/Assets/pdfs/G3658-14.pdf

Patton, M. Q. (2003). *Qualitative evaluation checklist*. Retrieved from https://cyfernetsearch.org/sites/default/files/Patton,%202003.pdf

Pell Institute and Pathways to College Network. (2015). *Analyze quantitative data.* Retrieved from http://toolkit.pellinstitute.org/evaluation-guide/analyze/analyze-quantitative-data/

Taylor-Powell, E., & Renner, M. (2003). Analyzing qualitative data. *Program Development & Evaluation* (G3658-12). Retrieved from http://learningstore.uwex.edu/Assets/pdfs/G3658-12.pdf

University of Kansas, Work Group for Community Health and Development. (2014). Section 5: Collecting and analyzing data. In *Community Tool Box* (Chapter 37, Operations in Evaluating Community Interventions). Retrieved from http://ctb.ku.edu/en/table-of-contents/evaluate/evaluate-community-interventions/collect-analyze-data/main

U.S. Department of Housing and Urban Development, Office of Policy Development and Research.(n.d.). *Program evaluation and analysis: A technical guide for state and local governments*. Retrieved from https://www.bja.gov/evaluation/guide/documents/documentb.html

제14장

자료 보고하기

자료 보고는 프로그램 평가과정의 마지막 부분 중 하나이지만, 결고를 공유하는 방법은 프로그램 평가의 다른 모든 요소만큼 관심을 가져야 한다. CACREP(2016)에 따르면, 프로그램의 형성 및 종합평가 결과는 매년 공인된 프로그램에 의해 이해관계자들에게 배포된다. 프로그램 및 SLO 평가과정의 일부로서 이해관계자마다 보고받기를 원하는 내용(그리고 방식)에 대해서 저마다 다른 요구와 기대를 가지고 있을 것이다. 이 장에서는 프로그램 및 과목 평가들의 결과를 보고하는 것을 다루고자 한다. 그 내용들은 구체적이기 때문에, 우리는 각 과정상 고려해야 할 점들에 대한 관심을 하나로 묶어보려 한다.

결과 공유

누가?

먼저, 자료 분석 결과는 자료 수집 과정에 참여하는 상담자 교육 교수진들과 함께 살펴보아야 한다. 이는 교수진 개개인이 자신의 수업에서 수집된 자료를 제시하고 결과에 영향을 미친 상황적 요인 및 동향에 대한 추가적인 통찰력을 제공할 수 있는 기회가 된다. 각 전문 분야 교수진(예, 임상 정신 건강 상담, 학교 상담, 상담자 교육 및 슈퍼비전)은 SLO 결과를 논의하기 위해 따로 만날 수 있다. 결과에서 드러난 우려되는 사항을 다루기 위해서 교수진은 초기 계획을 시작할 수도 있으며, 또는 이 결과를 해석하는 데 도움을 줄 수 있는 사람이나 프로그램을 수정하는 데 도움을 줄 수 있는 이해관계자를 만나기 위한 계획을 세울 수 있다.

상담자 교육 프로그램의 이해당사자들은 개인, 대학 본부, 임상 현장들, 그리고 프로그램 결과나 프로그램에서 발생하는 어떤 수정 및 변화가 영향을 미치는 다른 기관들이다. 이해당사자들은 다음과 같다.

- 상담자 교육 프로그램에 등록한 학생들
- 졸업생
- 대학원 직원들
- 관리위원회
- 현재 기관의 동료들(예, 단과대학과 대학의 관계자들; 핵심, 부, 정교수들; 교직원들); 그리고
- 상담 실습 및 인턴쉽 현장을 포함한 다른 기관의 동료들

프로그램 교수진이 결과를 해석하고 사용하는 방법에 대한 최종 권고안을 작성하기 전에 이해관계자들과 결과를 공유하고 논의해야 한다. 예를 들어, 프로그램의 커리큘럼과 임상훈련 변경에 대한 결정을 내리기 전에 교수진들은 각 전문 분야의 자문 위원회와 만날 수 있다. 또한 프로그램 외부에서 학생들을 가르치는 협력 교수진과의 미팅은 프로그램 교수진들이 직접 가르치지 않은 수업들을 수정하기 위한 통찰과 변화를 위한 동기를 확인할 수도 있다. 교수-학생 관계에서 발생하는 힘의 차이가 있기 때문에 프로그램 교수진은 재학생들이 평가 결과에 대해 토론하도록 요구를 해서는 안 되지만, 학생들의 자발적인 포커스그룹 또는 익명으로 이루어지는 피드백을 통하여 교수진들은 평가 결과와 변화를 위한 제안들에 대한 맥락을 이해할 수 있을 것이다.

무엇을?

상담교육자는 정확하고 책임감 있는 방식으로 평가 결과를 공개해야 할 윤리적 책임이 있다(ACA, 2014). “평가과정과 평가 결과에 대한 결론을 내리기 위해 누가 청중이고 무엇을 알아야 하는가”를 고려해야 한다(Jonson, 2006, p.65). 어떤 정보를 공유해야 하는지 결정할 때, 상담교육자는 평가과정의 내용, 방법 및 이유와 결과의 특성을 고려해야 한다. 예를 들어, 학생의 비밀보장을 위해서 수집된 결과는 특정 대상자에게만 보고해야 한다(Suskie, 2009). 만약 총 80명의

학생이 있는 프로그램에 남학생이 5명뿐이라면, 성별에 따른 결과는 너무 많은 정보를 드러낼 수 있다. 이 정보는 교수진 간의 토론에만 공개되는 것이 더 적절할 것이다.

두 번째 고려 사항은 청중과 그들의 요구를 이해하는 것이다(Suskie, 2009). 이 결과들을 듣는 것에 있어서 그들의 우선순위는 무엇인가? 이 결과들에 근거하여 그들은 어떤 결정을 내릴 것인가? 이 결과에 대한 질문에 그들은 어떤 답변을 듣기를 원하는가? 다음은 어떤 정보를 공유할 것인지 결정하는 데 도움이 될 만한 청중들의 질문 목록이다. 목록에는 개별 교수진, 교수진 전체, 캠퍼스 리더 및 프로그램 인준위원들이 프로그램 평가 결과에 대해서 그들 자신과 프로그램 담당자에게 할 수 있는 질문이 수록되어 있다. 또한 학생, 현장 슈퍼바이저 및 자문 위원들이 고려해야 할 결과들에 대해 추가적인 질문을 할 수 있다. 졸업생들은 프로그램의 노력에 관심이 있을 수 있으며, 이것은 프로그램이나 학과의 발전을 위하여 졸업생들이 기여할 수 있는 부분이다.

청중들의 질문들

상담자 교육의 개별 교수들

상담자 교육의 개별 교수들은 다음과 같은 질문들을 고려해야 한다.

- 내가 가르치거나 감독하는 과정에서 학생들이 전문 상담자로 성공하는 데 도움이 되는 정보를 배우고 있는가?
- 학생들이 전문 상담자와 일치하는 기술을 시연하고 있는가?
- 학생들이 기술을 배우고 시연하는 데 있어서 어디에서 어려움을 경험하고 있는가?
- 개별 과목들 또는 지식 및 기술 개발과 관련한 문제를 다루기 위해서 나의 교수전략 중 무엇을 개선할 수 있는가?

상담자 교육 교수진과 교직원

상담자 교육 교수진들과 교직원들은 다음과 같은 질문들을 고려해야 한다.

- 학생들은 우리 프로그램에서 전문 상담자가 되기 위해서 배워야 하는 가장 중요한 것들을 학습하고 있는가?
- 학생들은 성공적인 전문 상담자가 되기 위해서 도움이 되는 지식과 기술을 시연하고 있는가?
- 우리 학생들의 학습 및/또는 기술에 개선할 점이 있는가?

- 프로그램의 변화로 인해서 학생들의 학습이 개선되었는가?
- 학생들의 학습 및/또는 상담 기술을 시연하는 능력에 있어서 어떤 장애물이 있는가?
- 학생들의 지식과 기술 습득에 도움을 주기 위해서 우리 상담자 교육 프로그램을 어떻게 변화시킬 수 있을 것인가?
- 식별된 결과(identified outcomes)를 달성하기 위해서 우리 학생들에게 추가적인 자원 및/또는 기술이 필요한가? 만약 그렇다면, 우리는 어떻게 이것들을 확보할 수 있는가?

고등교육/캠퍼스 지도자

고등교육/캠퍼스 지도자들은 다음과 같은 질문들을 고려해야 한다.

- 상담자 교육 프로그램이 프로그램 자체 목표를 달성하는 데 효과적이었는가? SLO는?
- 이 목표들이 인준기관(CACREP)과 일치하고 있는가?
- 프로그램이 현재 자원과 기술들을 효율적으로 운영하고 있는가?
- 교수진들이 가장 효과적이고 효율적인 교육학적·임상적 실습들을 활용하여 학생들의 성취를 돕고 있는가?
- 상담자 교육 프로그램의 목표를 좀 더 효과적으로 달성하기 위해서 교수진들은 추가적 자원 및/또는 기술이 필요한가?
- 우리는 제안된 변화를 위한 도움을 주어야 하는가? 그렇다면, 어떻게 그리고 어떤 것이 있을까?

프로그램 인준 위원들

프로그램 인준 위원들은 다음과 같은 질문들을 고려해야 한다.

- 이 상담자 교육 프로그램은 지속적이고 체계적인 평가를 제시하고 있는가? 그렇다면 어떻게 하고 있는가?
- 프로그램에서 어떤 변화가 있었고, 어떻게 평가되었으며, 결과가 무엇이었나?
- 학생들은 CACREP 규준에 따라 지식과 기술을 시연했는가? 어떻게 했는가?
- 상담자 교육 졸업생들, 현장 슈퍼바이저, 그리고 대학원 교직원들은 목표 달성과 관련한 프로그램 효과성에 대해서 어떻게 인식하고 있는가?
- 현재 자료 분석을 바탕으로 프로그램에 어떤 개선이 필요한가?

- 현재 상담자 교육 프로그램의 자원들은 효과적인 목표 달성을 위해서 적절한가?

개별 과목의 경우, 교수진은 과목평가 결과를 보고하는 데 체계적일 수 있으며, 과정의 하위 구성들도 순환적으로 보고할 수 있다. 이러한 결과에는 점수분포, 수집된 SLO, 과목의 수정 및 실행 후 수정의 결과에 대한 자료까지 포함할 수 있다. 이 정보는 연간 프로그램 평가보고서에 반영되며 SLO의 체계적인 프로그램 평가(evaluation) 및 사정(assessment)을 가져온다.

보고할 때는 명확한 초점을 가지고 긍정적인 결과를 강조해야 한다(Suskie, 2009). 비록 문제적 영역이나 다소 덜 긍정적인 영역에 초점을 맞추어 보고하는 것이 끌리기는 하지만, 권장하는 바는 명확히 드러난 것에 초점을 맞추는 것이다. 긍정적인 결과를 강조하는 것은 교수진들이 무엇을 잘하고 있는지 보여주는 데 도움이 되고, 이것은 그들의 전반적 효과성의 증거가 된다. 고등교육에서는 교수진을 유지하거나 고용하기 위해서 그 근거를 제시해야 하는 경우들이 매우 많다. 성공적인 증거를 제시하는 것은 프로그램이 좋은 자원을 가지고 잘하고 있음을 의미한다.

그러나 매우 잘하고 있는 것들에 너무 큰 주의를 기울이는 것은 의미 있는 프로그램 개선를 위해 프로그램 평가 결과를 사용하는 여지를 주지 못하게 된다. 지속적으로 목표를 충족하거나 초과 달성한다는 것은 프로그램의 기대 수준을 수정해야 한다는 기회를 의미하며 이는 지속적인 개선이 이루어지는 하나의 특징이다. 긍정적인 결과를 덜 다루어야 할 필요는 여기에 있다. 결과가 제공되는 시점에 상담교육자는 부족한 결과의 일부분을 설명할 수 있을 것이다. 특히 우려되는 점을 다루기 위한 실현 가능한 계획이 수립되었을 때 설명이 필요하다. 더욱 발전하기 위한 기회로 삼고 문제 영역과 우려되는 걱정들을 예방하는 것이 프로그램 평가의 주요 목적들 중 일부이다. 학생들의 학습뿐만 아니라 프로그램을 개선하기 위해서 결과들을 활용하는 것은 이러한 영역들을 평가하기 위한 자극제가 된다. 프로그램 교수진은 프로그램이 효과적이지 못하다고 한 개인, 과목 또는 프로그램 구성요소를 탓하지 말아야 한다. 프로그램 평가는 징벌적이 되어서는 안되고, 평가를 통해 드러난 우려사항을 협력적이고 효과적으로 해결할 수 있도록 해야 한다.

어떻게?

결과는 구두 발표, 서면 보고서, 전자 보고서와 시각 자료를 포함하여 다양한 형태로 공유될 수 있다. 프로그램 교수진은 우선 이해관계자의 요구에 따라 프로그램 평가 결과를 전달하는 가장 효과적인 방법을 결정해야 한다. 결과는 프로그램 이해관계자가 접근할 수 있는 형태로 발표되어야 한다. 자료를 배포하는 주된 목적은 단순히 정보를 제공하는 것이 아니라 수신자가 결과를 흡수하고 그로부터 개인적인 의미를 구성하는 것이다(Suskie, 2009).

개별 과목평가 결과는 다음을 포함하여 간단하게 구성될 수 있고, 서면 보고를 통해서 이루어질 수 있다. 서면 보고는 이 장의 마지막에 예시로 제시하였다.

- 들어가는 말 (과목명과 학수번호, 개설 년도)
- 과목에 대한 설명
- 학점 분포
- 과목의 수정사항 (실행 계획, 회의록과 같은 개선 사항과 자료들)
- 과제를 기반으로 한 SLO(채점 기준, 평가양식과 같은 과목의 자세한 평가기준, 평가 결과지)
- 학생 피드백(과목 지침이 아닌 과목 요소에 대하여)
- 교수의 성찰(교수법의 효과성, 과목 구조와 평가, 결과에 영향을 미친 배경 등에 대한 간단한 서술적 성찰)
- 과목 개선 계획(과목 개선을 위한 간단한 활동 개요)

처음에는 과목 평가보고서가 프로그램 교수진들에게 부담이 될 수도 있다. 그러나 프로그램 평가계획에 요구되는 체계적인 평가과정들을 구성하기 위한 노력으로 재구성될 수 있다. 이러한 보고서들은 프로그램 검토와 개선을 위한 예비 자료로써 제공될 수 있을 뿐만 아니라 연간 프로그램 보고서에 제시할 중요 자료로써 활용된다.

프로그램 결과에 대한 연간 서면 보고서가 작성되면, 교수진은 표와 그래프를 활용하여 주요 결과를 제시할 것이다. 표와 그래프는 자료를 간결하게 전달할 수 있으며 더 쉽게 비교 가능하다(Suskie, 2009). 통계 프로그램과 온라인 관리 시스템을 통해 자료의 그래프와 테이블을 생성할 수 있다. 예를 들어, 간단한 파이 또는 막대 차트를 사용하여 인구 통계 자료와 관련된 백분율 및/또는 빈도를 나타낼 수 있다.

표를 통해서 수집된 자료를 보고할 수 있으며, 표 안에는 이전 프로그램 평가에서 언급된 특정 문제를 해결하기 위하여 실행했던 프로그램 개선의 결과가 될 수 있는 점들을 강조할 수 있다. 예를 들어, 한 프로그램은 1년간 NCE 점수 향상에 초점을 맞출 수 있다. 표 14.1은 전문 영역

유형(예: 학교 상담; 부부 및 가족 상담), 성별 및 관리 연도에 따른 점수 차이를 보여준다.

표에 제시된 바와 같이 2012~2013학년도 이전과 이후에는 차이가 있다. 모든 학생 집단에서 긍정적인 방향으로 무엇인가 점수에 영향을 미친 것으로 보인다. 만약 프로그램 교수진이 NCE 점수를 올리기 위해 개입을 했다면, 그것은 효과적이었던 것으로 보인다. 그리고 이 표에는 추가적인 정보를 제공하는 결과가 포함되어 있다. 여학생들이 남학생들보다 시험 성적이 좋았고, 임상 정신 건강 상담과 부부 및 가족 상담 프로그램의 학생들은 학교 상담 학생들보다 성적이 더 좋았다. 이는 프로그램 교수진에게 우려가 되는 결과인가? 그럴 수도 있고, 따라서 프로그램은 더 많은 정보를 수집하여 평가를 진행할 수도 있고 이 문제를 다루기 위해 개입을 할 수도 있다. 교수진은 이 표에 제시된 결과들의 차이가 통계적으로 그리고 실질적으로 유의한지 여부를 판단하기 위해서, 또 이러한 차이가 프로그램에 중요한지 여부를 결정하기 위해서 추가적인 통계 분석을 실시할 수도 있다. 이러한 추가 분석 결과 또한 표를 통해 보고될 수 있다. 자료를 시각적으로 제시하면 통계적 용어에 대한 일반적인 이해가 없는 사람들도 더 쉽게 해석할 수 있다.

<표 14-1> 년도별 국가 공인 상담사격 시험 점수 결과 예시

변수	2011~2012	2012~2013	2013~2014	2014~2015
전체 학생 평균	110	108	123	135
남자	107	103	122	132
여자	114	110	125	139
특별 영역				
임상 정신 건강 상담	113	111	125	139
학교 상담	109	105	119	129
부부 및 가족 상담	111	110	123	135

프로그램 요약 보고서의 목적은 프로그램 평가가 상담자 교육 문화의 일부임을 문서화하는 것이다. 보고서는 (자료에 근거한) 프로그램 개선과 변화로 인한 결과를 강조하기 위하여 하나의 도구로써 사용되기도 한다. 보고서에는 다음의 자료들을 포함해야 한다.

- 졸업생 설문조사
- 현장 슈퍼바이저의 프로그램 평가
- 프로그램 이수률
- 면허증/자격증 취득률
- 각 특정 영역별 SLO 달성 정도
- 직원 설문조사
- 취직률

프로그램 평가 연간 요약 보고서의 구성요소는 다음을 포함할 수 있다.

- 시간 프레임: 이는 프로그램 평가 기간으로 정의된다(예: 2015-2016).
- 평가 방법론: 이는 어떤 자료가 수집되었고 어떻게 수집되었는지에 대한 설명이다. 자료의 출처에는 다음이 포함된다(예: 석사 프로그램 졸업생, 박사 프로그램 졸업생, 석사 및 박사 프로그램 동문 고용주, 인턴 현장 슈퍼바이저에 의한 프로그램 평가).
- 주요 평가 결과: 각 프로그램의 결과는 수준별로 분리되어야 한다(석사과정의 프로그램 결과가 먼저 보고되고 박사 과정 결과가 나중에 보고됨). 이 정보에는 국가 면허취득/인증 결과, 국가 면허/인증 시험 결과, 인턴십 평가, 재학생 설문조사 결과, 현장 슈퍼바이저의 프로그램 평가 결과, 학과 졸업생의 설문조사 결과 등이 포함될 수 있다. 이 정보는 또한 전문 분야별로 세분화될 수 있다. 대량의 자료를 간결하게 표시하고 특정 결과를 강조하기 위해 표, 차트 및 그래프를 사용하는 것이 도움이 될 수 있다.
- 프로그램의 주요 개선사항: 특정 자료를 기반으로 한 프로그램의 주요 수정 사항(석사와 박사 과정을 구분하여 각각)을 제시한다. 여기에는 커리큘럼의 구조, 내용 또는 과정, 교수진 배정, 조언 절차, 현장경험 배치 및 지원이 포함될 수 있다.
- 제언: 제언은 결과 및 개선사항을 기반으로 제시한다. 프로그램 담당자는 프로그램 및 평가 과정과 관련하여 필요한 개선에 대한 권고안을 제안할 수 있다. 프로그램 개선은 물론 프로그램 평가 과정을 위한 사정에 자료를 활용함으로써 교수진들은 지속적인 프로그램 평가의 본질을 달성한다. 프로그램 목적을 위한 자료 사용과 관련된 자세한 내용은 15장에 제시되어 있다.

평가 결과를 보고할 때 SLO와 관련된 특정 요소를 식별하는 데 도움이 되는 질문은 다음과 같다.

- 결과의 측정 방법은 무엇인가? 학생의 학습은 어떻게(직접 또는 간접) 측정되었는가?
- 이 측정의 수행기준 무엇이었나? 학생 수행의 허용 수준은 어느 정도였나? 이것은 어떻게 정의되었나?
- 어떤 자료를 수집했고 누구와 함께 수집했는가? 학생 모집단은 기술되었나(예: 1학년 학생, 학교 CIT)?
- 자료 분석과 결과는 어떠한가? 얼마나 많은 학생이 인정 가능한 수준의 성취를 달성했고 초과했는가?
- 이 결과는 프로그램에 어떤 의미가 있는가? 이런 결과에 기초하여 프로그램, 과정 등을 수정해야 하는가?
- 이러한 SLO를 기반으로 한 프로그램 강점은 무엇인가?
- SLO를 기반으로 하는 프로그램에 대한 제언은 무엇인가?

모든 SLO를 프로그램 평가보고서 각각에 제시하는 것은 효과적이지 않을 수 있다. 교수진과 다른 이해관계자들에게 너무 많은 자료를 제시하는 것은 중요한 연구 결과가 건설적인 방식으로 이해되고 드러나는 것을 방해할 수 있다. 학생들의 학습 성과를 지원하는 결과와 개선을 위해 구현되고 있는 변화를 가져오는 결과를 강조하는 것이 중요하다. 모든 결과는 프로그램 평가의 목표를 구체적으로 측정할 수 있도록 설계된 질문에 답해야 한다는 점을 명심해야 한다. 또한 보고서가 제공되면 다음의 집단에 알려야 한다: 현재 학생들, 프로그램 교수진, 기관 관리자 및 협력 기관 관련자(예: 현장 감독자, 졸업생 고용자, 현장/기관 관리자, CACREP, 2016). 다음은 CACREP에 따라 기관의 웹사이트에 포함될 수 있는 프로그램 연간 보고서의 예시이다.

상담교육대학(Counselor Education University): 2015 프로그램 평가 요약 보고서

CACREP(Counseling and Related Education Programs) 인준 협의회에 따라 상담자 교육 프로그램은 다음과 같은 체계적인 프로그램 평가 활동을 수행한다.

- 프로그램 검토: 커리큘럼 검토, 자문 위원회 피드백, 국가 상담 시험(NCE) 합격률, Praxis 시험 점수, 과목 간 학생 성과 및 성적 프로파일
- 대학원생 및 졸업생들에 대한 후속 연구(석사과정 졸업생, 석사졸업 고용자, 박사 과정 졸업자, 박사졸업 고용자)

2014~2015년도 상담교육 대학의 학생들은 다음과 같은 인구구성 비율을 보였음.

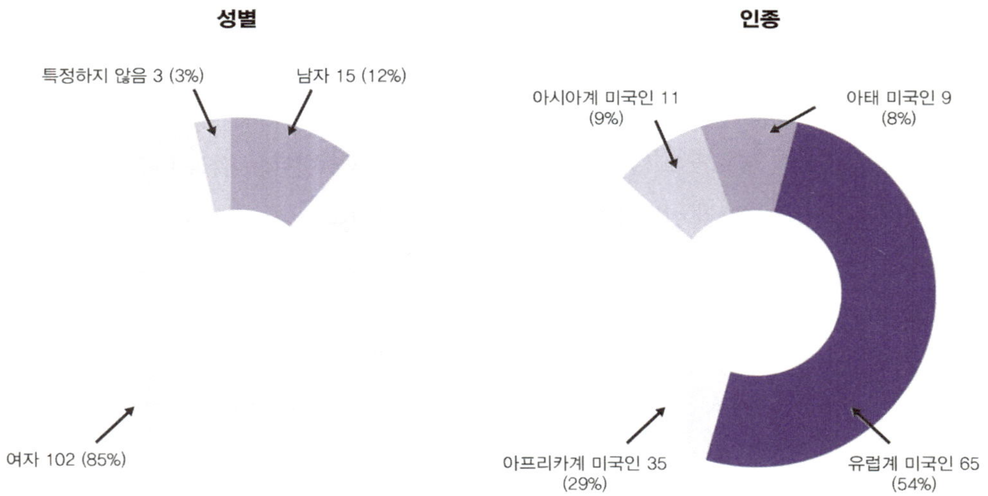

평가 결과: 석사과정 프로그램 (학교 상담과 부부 및 가족 상담 전공)

- 2014-2015년도에 상담교육대학에서 치뤄진 NCE에 응시한 석사과정생 21명 중 20명은 NCE를 통과했음
- 2014-2015년도에 NTE Praxis 시험에 응시한 16명의 학교 상담과 생활지도 전공 석사과정생들은 모두 Praxis 시험을 통과했음(평균 680.85점; 사우스캐롤라이나 학교지침은 550점을 요구함)
- 2014년 가을부터 2015년 봄 학기 사이에 상담교육 대학에서 실시한 졸업생들(30명)에 대한 후속 연구의 응답자(3명, 10%)는 전문적 성장과 활동들에 대하여 다음과 같이 평가함.
  - 응답자의 100%가 현재 상담자로서 근무중
  - 응답자의 33%가 전문가 학회에 참석중; 66%가 전문 학회지를 읽음; 그리고 33%가 지역, 주, 국가, 또는 국제 전문 기관에 있거나 종사 중
- 위의 후속 연구 외에도, 상담교육대학은 학교 상담과 부부 및 가족 상담 전공 졸업생을 대상으로 후속 연구를 실시했음. 학교 상담 전공 졸업생(20명 중 10명)들을 대상으로 한 5점 리커트 척도(1=매우 동의하지 않음, 2=동의하지 않음, 3=중간, 4=동의함, 5=매우 동의함)를 사용한 설문결과는 다음과 같음.
  - 졸업생들은 상담교육대학에서 받은 학업 및 임상 교육에 대해 매우 만족한다는 데 매우 동의함(평균 4.52점).
  - 졸업생들은 전체 학업 및 임상 교육 프로그램이 임상, 교육, 기관 또는 정부 환경에서 전문적인 경력을 쌓을 수 있는 탄탄한 기반을 제공한다는데 중간 정도 동의함(평균 3.81점)
  - 졸업생들은 현장 슈퍼바이저와 대학 교수진들의 기대가 명확하고 합리적이며 현장경험과목에 적합하다는 데 매우 동의함(평균 4.71점)
- 부부 및 가족 상담 전공 졸업생(18명 중 15명)들의 결과는 다음과 같음.
  - 졸업생들은 실습과 인턴십을 위해 교수진이 제공하는 질적 슈퍼비전이 있었다는 것에 동의함(평균 4점)
  - 졸업생들은 다른 감독자들(현장 슈퍼바이저 포함)이 실습과 인턴십을 위해 제공하는 질적 슈퍼비전이 있었다는 것에 매우 동의함(평균 4.33점)
  - 졸업생들은 부부 및 가족 상담전문가로 활동하기 위한 준비에 관심이 있는 다른 사람들에게 상담교육 대학의 부부 및 가족 상담 프로그램을 추천하는 것에 매우 동의함(평균 4.33점)

· 졸업생들은 프로그램의 강점들로 가족, 특정 교직원의 지식/경험, 사전 연습 경험, 개인 슈퍼비전, 치료사로서의 자아에 초점을 맞출 수 있는 체계적인 틀을 제공하고 있다고 보고함.

· 졸업생들로부터 다음의 제언이 있었음: LPC(상담전문가 자격증)/LMFT(부부 및 가족 상담전문가) 자격증을 가진 더 많고 다양한 교수진, 자격증 과정에 좀 더 관심, 졸업 후 직업/외부직에 대한 교류 기회 확대를 위한 네트워크 기회 확대, 성과 진단에 대한 교육 강화, 실습 및 인턴십 배치에 대한 더 많은 지원

· 졸업생 고용자들을 대상으로 한 설문조사도 발송하였지만, 이 기간에는 설문조사 응답지가 회수되지 않았음

- 학교 상담 전공 졸업생 17명 중 15명은 다음과 같이 보고함.

· 졸업생들은 실습과 인턴십을 위해 교수진이 제공하는 질적 슈퍼비전이 있었다는 것에 동의함(평균 4점)

· 졸업생들은 다른 감독자들(현장 슈퍼바이저 포함)이 실습과 인턴십을 위해 제공하는 질적 슈퍼비전이 있었다는 것에 매우 동의함(평균 4.57점)

· 졸업생들은 학교 상담전문가를 준비하는 사람들에게 상담교육 대학의 학교 상담 프로그램을 추천하는 것에 매우 동의함(평균 4.42점)

· 졸업생들은 프로그램의 강점들로 지적인 교수진, 인턴십을 위한 우수한 현장 슈퍼바이저, 종합적인 학교 상담 커리큘럼 등을 보고함

· 졸업들로부터 다음의 제언이 있었음: 교실 관리 과목 제공, 특수교육과정에 대한 요구, 임상 경험에 대한 사전경험 강화, 실습 배치 의사결정 과정 검토, 커리큘럼에 포함된 특정 과정들 재평가

· 졸업생 고용자들을 대상으로 한 설문조사도 발송하였지만, 이 기간 동안에는 설문조사 응답지가 회수되지 않았음

석사과정 졸업률과 고용율

2014~2015년 동안 24명이 학교 상담 과정 석사 학위를, 14명이 부부 및 가족 상담 과정 석사 학위를 취득했음. 졸업생 42명 중 35명은 졸업 직후 상담 또는 상담 관련 직종에 취업했음.

- 모든 주요 과제와 SLO의 측정에서 나온 석사과정생 학습 성과 평가(SLO) 결과를 현재 학교 상담과 부부 및 가족 상담 전공 재학생들을 위해 검토했고, 두 가지 특정 핵심 연구 표준을 제외하고 대부분의 표준은 충족되고 있었음.

석사과정의 중요 개선사항

후속 연구에 참여한 대부분의 개인은 CACREP 2009 표준을 기반으로 한 교육과정으로 프로그램을 이수하였기에, 졸업생 피드백은 CACREP 2016 표준을 충족 또는 초과하도록 프로그램을 수정하는 데 필수적이었음. 주요 개선사항은 다음과 같음.

- 부부 및 가족 상담 전공 학생들의 요구와 기준을 충족하기 위하여 "성 상담" 강좌 신설
- 기존 커리큘럼을 충족하지 못하는 두 가지 연구 표준에 대한 과목 내용과 평가를 제공하기 위해 교과목 연구 업무를 담당하는 교육 재단 교수진의 미팅
- 실무 요건에 추가적인 연구 내용 및 평가 측정 포함

평가결과: 상담자 교육 박사 과정

2014 가을학기부터 2016 봄 학기 동안 상담교육 대학의 교육학과에서 실시한 졸업생들에 대한 공식 후속 연구에 참여한 6명 중 5명은 전문가 성장과 활동에 대해서 다음과 같이 평가함.

- 3명의 응답자는 상담자, 2명은 상담교육자로 고용되었다고 보고함
- 응답자들은 전문가 학회 참석, 전문가 학회지 읽기, 지역, 주, 국가 또는 국제 전문가 학회 사무소 또는 위원회 업무에 관여하고 있는 것으로 보고함
- 응답자들은 자신들이 정규직으로 근무하기 때문에 프로그램의 시간제, 야간 일정이 가장 도움이 된다고 보고함
- 졸업생들은 교수진들이 고용을 위한 배치/도움, 추천서와 함께 더 나은 지원을 제공, 행정/인증으로 이어질 수 있는 교육 수업들을 제공하기 위해 학생들과 더 잘 협력할 것을 제언했음

2014 가을학기부터 2015년 봄 학기까지 교육대학에서 실시한 졸업생을 대상으로 한 후속 연구 외에도, 상담자 교육 및 슈퍼비전 특정 분야의 졸업생(4명 중 3명)에 대한 후속 연구도 실시

하였음. 5점 리커트 척도(1은 매우 동의하지 않음, 2는 동의하지 않음, 3은 중간, 4는 동의, 5는 매우 동의)를 사용하였고 결과는 다음과 같음.

- 졸업생들은 상담자 교육에서 받은 학업 및 임상 교육에 매우 만족한다는 데 매우 동의함(평균 4.66점)
- 졸업생들은 전체 학업 및 임상 교육 프로그램이 개인 업무, 고등교육, 기관 또는 정부 환경에서 전문적인 경력을 쌓을 수 있는 탄탄한 기반을 제공한다는 데 매우 동의함(평균 4.66점)
- 졸업생들은 박사논문을 작성하는 전체 과정에 걸쳐 논문 지도 교수 위원해로부터 유능하고, 지지적이며, 합리적으로 지도를 받았다는 것에 매우 동의함(평균 5점)
- 졸업생들은 첫 번째 강의 경험 후 양질의 개인 슈퍼비전 또는 피드백이 있었다는 점에 매우 동의함(평균 4.66점)
- 졸업생들이 보고한 프로그램의 강점은 다음과 같음: 유능하고 지지적인 교수진, 탄탄한 임상 및 강의 준비, 야간 강좌 개설, 비디오 녹화를 활용한 임상 실습실.
- 졸업생들이 보고한 제언은 다음과 같음: 상담 연구를 강화, 학생들이 질적 연구를 실천할 수 있는 더 많은 기회를 제공, 교수진과의 공동저술 논문 출판 기회 제공 및 논문 제출 과정에 참여할 수 있는 기회를 제공할 것
- 졸업생 고용자들에게 배포된 설문은 해당 기간 동안 한 명도 회수되지 않았음.

박사 과정 학생성취평가 결과

현재 상담자 교육 및 슈퍼비전 박사 과정 재학생들을 위해 모든 주요 과제와 SLOs의 측정 결과를 검토했음. 인턴십의 세 번째 영역(5개 영역 중 3개 영역을 프로그램에 포함해야 함)은 포함되지 않았음.

박사 과정 졸업률과 고용율

2014년부터 2015년 동안 8명의 학생이 상담자 교육 및 슈퍼비전 전공 박사 학위를 취득했음. 졸업생 8명 중 3명은 전임 상담교육자로, 3명은 상담자로서 계속 근무 중, 2명은 상담 조교수로 근무를 시작했으며 상담 실습을 진행 중.

박사 과정의 중요 개선사항

후속 연구에 참여한 대부분의 개인은 CACREP 2009 표준을 기반으로 한 교육과정으로 프로그램을 이수하였기에, 졸업생 피드백은 CACREP 2016 표준을 충족 또는 초과하도록 프로그램을 수정하는 데 필수적이었음. 주요 개선사항은 다음과 같음.

- 일관성 및 체계적 관리를 위하여 연간 2회의 종합 필기시험 날짜 지시하였음
- 박사 학위 자문위원들은 박사 과정 학생들의 연구를 돕고 연구 방법론과 출판 과정에 대해 배울 수 있도록 EDCE 855 (학점 시간 1시간) 인턴십을 활용하였음

결론적으로, 자료 보고는 프로그램의 성과를 요약하고, 프로그램의 목표 계획 및 달성, 그리고 프로그램의 수정을 통해 지속적인 개선을 하고 있는지를 확인하는 시간이다. 이는 많은 계획과 수정이 일어나는 포괄적인 과정이다. 프로그램의 운영은 이러한 과정과 결과 보고를 통해 투명해질 수 있으며, 이는 더 많은 학생 모집, 프로그램 자원, 지역, 주 및 국가적 명성을 포함하는 긍정적인 결과를 가져올 수 있다. 마지막으로, 이는 증거를 기반으로 하는 교육, 슈퍼비전, 그리고 연구를 실행하는 좋은 상담자 교육을 보여준다.

참고자료

Boyd, H. H. (2002). Quick tips: Basics of good evaluation reporting. *Program Development & Evaluation*. Retrieved from http://www.uwex.edu/ces/4h/evaluation/documents/Tipsheet14.pdf

Centers for Disease Control and Prevention, National Center for Chronic Disease Prevention and Health Promotion. (2013). *Developing an effective evaluation report: Setting the course for effective program evaluation*. Retrieved from http://www.cdc.gov/eval/materials/DevelopingAn-Effective-Evaluation-Report_TAG508.pdf

Estell, J. K. (2006). *Streamlining the assessment process with the Faculty Course Assessment Report*. Retrieved from http://secedha.ece.ufl.edu/meetings/2006/Estelle.pdf

Jankowski, N. A., & Provezis, S. J. (2011). *Making student learning evidence transparent: The state of the art*. Retrieved from http://www.learningoutcomeassessment.org/documents/transparencyofevidence.pdf

Office of Academic Planning and Assessment. (2001). *Program-based review and assessment: Tools and techniques for program improvement*. Retrieved from http://www.umass.edu/oapa/oapa/publications/online_handbooks/program_based.pdf

제15장

프로그램 향상을 위한 자료 사용

14장에서 논의한 바와 같이, 자료의 보고는 평가 결과를 프로그램 계획 및 개선에 적용하는 단계로 이어진다. 비록 프로그램 평가와 학생성취평가(SLO) 과정의 모든 측면이 학생들에게 영향을 미칠 수 있지만, 프로그램의 결정 또한 평가 결과에 의해 직접적으로 영향을 받는다. 이 장에서는 프로그램의 수준을 결정하기 위하여 상담교육자는 어떻게 자료를 활용하는지에 대해서 다루고 있다.

프로그램 평가자료에 근거한 상담자 교육 프로그램의 계획 및 개선은 올바른 실행의 하나이다. 이것은 본질적으로 프로그램의 성장과 교수진, 학생, 직원, 지역사회 및 미래 고객들의 발달을 촉진한다. 표준 및 윤리 규정(예: ACA, 2014; CACREP, 2016)은 상담자 교육 프로그램에서 그것이 왜 그리고 어떻게 발생하는지 기술하기 위해서 필요하다. 이 장에서는 "상담자 교육 프로그램 교수진은 프로그램의 개선사항을 알리기 위해서 프로그램 평가자료를 사용하는 증거를 제공한다"는 CACREP 2016 표준 4.C를 따르기 위해서, 프로그램 교육과정 및 정책 개선을 위한 SLO 평가의 최선의 역할에 대해 논의하고자 한다. 증거에 기반한 프로그램의 개선을 위하여 문서화, 계획 및 실행을 위한 실제적 단계들을 이야기할 것이고, 기존의 평가계획을 수정하기 위하여 프로그램 자료를 사용하기 위한 참고할 수 있는 제언들로 마무리하고자 한다.

프로그램 교육과정과 정책 수정 알리기

지난 수십년간 고등교육 프로그램, 학과, 학교, 대학 및 종합대학 전반에 걸친 책무성은 눈에 띄게 증가했다(Ewell 외, 2011). 프로그램의 질과 효과성을 입증하기 위한 평가를 위하여 고등교육 전문가들은 직 · 간접적인 측정을 어떻게 해야 하는지 학습하게 되었다. 현재 프로그램 평가의 실제는 단순히 프로그램 평가 활동에 참여했다는 문서작성을 넘어서 프로그램의 운영을 위하여 평가자료를 어떻게 사용하는지 입증하는 것을 의미한다. 지금까지의 관행을 중지하거나(closing the loop) 프로그램 개선을 위하여 자료를 사용하는 것이 프로그램 평가의 목표이다. 그러나 실은 이것이 평가과정에서 가장 경시되었던 부분이다.

프로그램과 기관이 프로그램 평가와 SLO 자료를 활용해왔던 방법은 다양하다. 학부, 2년 및 4년, 공립, 사립 및 영리 기관의 풀(pool)에서 무작위로 선정된 고등교육 프로그램을 대상으로 한 설문조사에서, 75%만이 프로그램 검토(review)를 위해서 프로그램 평가자료를 사용하고 있었다(Ewell et al., 2011). 프로그램 검토보다는 사용 빈도가 낮았지만, 수업 안내 개선, 인준조건 충족, 교육과정 개선, 계획 수립, 프로그램 평가, 예산 지원, 교수진 평가 등을 위해서도 자료를 사용하였다. 인준 및 비인준 프로그램에서 유사한 비율로 평가자료를 하고 있었지만, 인준된 프로그램은 비인준 프로그램보다 20% 더 자주 평가 활동들에 참여하고 있었다.

프로그램 수준에서 자료는 교육과정을 수정하고 교육의 질을 향상시키기 위해 사용된다(Ewell et al., 2011). 행정실은 자료에 기반하여 예산을 배정하고 교수진을 평가한다. 행정가들과 고등교육 프로그램 교직원들은 프로그램 평가 및 자료 사용 방법과 관련하여 큰 관심을 가진다. (상담자 교육을 포함한) 교육 관련 프로그램에서의 평가활동 수준이 높고, 프로그램 검토를 위해 당연히 자료를 활용한다고 응답한 프로그램은 90%나 된다.

문제는 학과가 자신의 프로그램을 향상시키기 위하여 사정과 평가자료를 얼마나 잘 사용하고 있는가 하는 점이다. 국가 학습 평가 연구소(The National Institute for Learning Outcomes Assessment)는 이 문제를 해결하기 위해 프로그램의 자료 사용에 대하여 아홉 개의 사례를 연구했다(Baker, Jankowski, Provezis, & Kinzie, 2012). 사례연구의 대표 기관들은 캠퍼스 내에 평가문화를 조성하여 평가자료의 사용방법에 대한 의미 있는 태도와 관심을 촉구하였다. 학과에서의 프로그램 및 강의실 수준 개선을 위해 학생의 학습을 반영하는 최고의 자료사용 실태는 다음을 포함한다.

- 교수진의 우선순위 설정
- 전문성 개발을 위한 자원 확보

- 학생 지원 서비스 개선
- 교육과정, 과목 및 과제 수정
- 프로그램 검토/부서 자체 평가 안내
- 교육과정 조정
- 프로그램 결과 개선(Baker 외, 2012, p. 10).

자료의 활용과 관련하여 이러한 것들이 가장 빈번하게 보고된 사항들이지만, 프로그램 교수진은 학생과 교수진의 성장을 최우선시 하고, 학과의 참여를 위해 노력하며 혁신적인 생각과 결과들을 지원하고 이에 대한 보상을 줄 수 있다. 우선순위를 선정하는 과정은 자료와 평가과정에서의 신중한 검토를 통해 진행된다.

프로그램 개선을 위한 자료 사용의 실제적 단계들

자료를 사용할 때 살펴볼 세부적인 부분들은 무엇일까? 프로그램 개선을 위해 수집된 자료를 사용하는 방법들은 다양하고, 효과적인 자료사용을 위해서는 목적이 있어야 한다. Blaich와 Wise(2011년)는 고등교육 기관의 효과적인 자료사용을 위하여 다섯 가지 단계를 제안했다. 이 단계들은 순차적으로 나열된다기 보다는 학과의 요구에 맞춰 사용하면 된다. 다섯가지 단계는 자료 감사, 명확한 초점 개발, 결과 전달, 자원 요청, 학생 기여 및 피드백 구하기 등이 포함된다.

자료 감사

수집된 모든 평가자료와 수집 계획에 있는 모든 자료가 자료의 감사 대상에 포함된다. 교수진은 "학생들이 대학에 가져온 것, 대학에서 경험한 것, 대학에서 배운 것"을 반영하는 데 도움이 되는 자료를 수집한다(Blaich & Wise, 2011, p.13). 기존의 정보 시스템에서 사용할 수 있는 SLO와 함께 표준화 검사들(예: Miller Analogies Test 및 GRE 점수) 및 종합 성취(예: GPA) 자료들을 생각할 수 있다. 자료가 여의치 않으면 이러한 정보들을 만들거나 구해야 할 필요가 있다. 상담자 교육 프로그램의 경우, 학생들의 학습을 위한 자료의 전체 그림을 조사하는 것이 이 자료 감사의 핵심이다.

학생들의 입학 전 자료를 예시로 보자. 일반적으로 대학 및 대학원의 입학처는 성적표, 표준화된 시험 점수들, 추천서(등급을 포함할 수도 아닐 수도 있음) 및 에세이 같은 문서화 된 결과물(artifacts)을 수집한다. 또한 학생들과의 현장 인터뷰 또는 상호작용 중에 면접관들이 평정한 학생들의 등급과 관찰 자료를 수집할 수 있다. 프로그램 교수진들은 이러한 입학 전 자료의 조각들로부터 지원자들 및 프로그램 평가를 위한 실제에 대해서 알 수 있다. 프로그램 교수진은 “프로그램 평가의 이 부분이 다른 측면과 어떻게 연결되어 있는가?” 그리고 “프로그램 평가에 대해 알고 있어야 하는데 알지 못하는 것은 무엇인가?”와 같은 질문을 할 수 있다. 예를 들어 상담자 교육 프로그램에는 합격자를 결정하기 위한 기준 양식(예: GRE/Miller Analogies Test 점수 범위, GPA 및 추천서들)이 있을 수 있다. 하지만, 이 것들은 프로그램 교수진들이 지원 학생들의 성향에 대해 파악할 수 있도록 도움을 주는 것은 아니다. 따라서 학생들의 면접이 필요하며, 개별 교수진들이 평정한 결과들을 상호비교할 수 있는 면접관 채점표가 필요하다고 결정했다. 또한 이러한 자료와 면접관의 평정 결과를 신뢰할 수 있는지 아닌지를 결정하기 위해 학생이 입학 후에 프로그램에서 수행하는 것들과 비교할 수 있다. 자료 수집의 이러한 측면을 전체 프로그램의 맥락에 대입하면 교수진이 프로그램 개선을 위한 우선순위를 결정하는 데 도움이 될 것이다.

명확한 초점 개발

프로그램 개선을 위해 자료를 효과적으로 사용하는 두 번째 단계는 해당 연도의 세 가지 우선순위 또는 결과로 관심을 좁혀서 프로그램 개선에 대한 명확한 초점을 개발하는 것이다(Blaich & Wise, 2011). 접근가능한 방대한 자료로 인해 프로그램 담당자들은 자료에 압도되기 쉬우며, 그렇다면 프로그램의 효율성에 대해 이야기하지 못한다. 방대한 자료들이 제시하는 프로그램 개선을 위한 다양한 선택지가 있을 것이므로 프로그램 교수진들은 무엇부터 개선할 것인지 그 우선순위에 관심을 가져야 한다.

우선순위에 관심을 갖는다는 것은 지속적이고 체계적인 검토를 하는 과정을 포함하여, 이는 프로그램 개선을 위한 단계들에서 그 목적을 필요로 한다. 학과의 교직원들은 매년 무언가를 개선하고 시행하고자 프로그램의 사정(assessment) 및 평가(evaluation)를 계획하는데 이를 위하여 프로그램의 임무와 목표를 검토하여야 한다. 예를 들어, 상담자 교육 프로그램 구성원들은 매년 학생들에 대한 리뷰를 실시할 수 있지만 유일한 데이터 출처는 성적이다. 학생들이 프로그램을 어떻게 평가할지 또는 학생들의 성향에 따라 어떻게 다르게 평가할지에 대한 정보는 없다. 그래서 교수진은 입학 절차 내에 학생들의 성향을 체계적으로 평가하는 장치를 만들기로 결정하였고, 결과적으로 이것은 다음 해의 검토(review)와 교정(remediation) 과정에 영향을 미치게 된다.

프로그램에 대한 SLO와 표준화된 측정치(예: NCE 결과) 자료가 학생들이 특정 영역에서 미진하다는 것을 의미하는 경우, 프로그램 교수진은 이 영역을 검토하여 개선의 기회로 삼을수 있다. 이는 취약 과목 내용, 지침 또는 전문가로서의 정체성을 의미할 수 있다. 자료를 통해 NCE의 성과와 학생-교수 관계에 대한 개선이 우선순위로서 드러날 수 있고, 전임 교수를 추가하는 전략을 알려줄 수도 있다. 즉, 자료가 제시하는 결과에 초점을 맞추는 것은 프로그램의 목표와 관련하여 그 우선순위를 결정할 수 있게 된다.

결과 전달

앞서 언급했듯이 사정(assessment)과 평가 문화는 프로그램, 학교 및 대학의 일부가 되어야 한다. 만약 이것이 시행된다면, 결과에 대한 의사소통의 세 번째 단계는 평가 문화의 구성요소로서 자연스럽게 발생한다. Blaich와 Wise(2011)는 프로그램 교수진이 데이터를 보고하기 전에 프로그램 평가, 자료 및 결과에 대한 의사소통을 시작할 것을 제안했다. 프로그램 목표들은 (1) 다문화 및 다원주의 사회의 상담 실제에 관한 현재 지식과 예견된 필요성을 반영하고; (2) 상담자 교육 프로그램 교수진, 재학생 및 졸업생들, 협력 기관 직원 등 프로그램 수행에 관련된 모든 사람의 의견을 반영하며; (3) 학생들의 학습을 다루고; (4) 평가될 수 있도록 작성된다(CACREP 2016 표준 2.B).

프로그램 교수진이 프로그램 목표를 개정하기 위해 전문분야 자문위원회를 소집하는 것은 일반적이다. 프로그램 우선순위, 현재 자료, 계획된 개입 및 평가 노력과 관련한 논의를 진행하게 되고, 이러한 논의에서 "만약에" 질문(예: 만약에 결과가 예상한대로 나타나지 않고 회복할 수 없으면 어떻게 해야 하는가?)을 하는 것은 교수진이 자료를 검토하고 개선에 대한 결정을 할 때 대안을 제시할 수 있게 된다. 또한 상담자 교육 프로그램 교수진은 변화를 계획하고 이행하는데 필요한 학과, 단과대 및 대학의 지원들을 가늠하기 위하여 이러한 논의를 진행할 것을 권한다. 이러한 논의들은 자원을 요청하기 위한 기초작업이 된다.

자원 요청

프로그램 사정 및 평가를 계획했다면 상급 관리자로부터 자원(resources)을 제공받기를 바란다. 자원들에는 (자료 분석을 위한)소프트웨어, (보고서 입력과 정보 수집을 위한)인력 지원, 과정 조정 및 보고서 작성을 위한 시간 확보 등이 일반적으로 포함된다. 이 모든 활동은 무엇을 위해서 하는가? 계획을 실행하기 위해서 모든 자원이 제공된다. 그러나 어떤 자원들이 자료를 사용하는데 필요할 것인가? 유감스럽게도 이 질문에 구체적으로 답변할 수는 없다. 그러나 자원들에 대한 질문에 답변하기 위하여 검토해야 할 몇 가지 질문을 공유하고자 한다.

- 프로그램의 목표를 달성하기 위해 어떤 자원이 필요한가?
- 재학생, 졸업생 및 협력 기관과 만나 예상가능한 실제 결과 데이터에 대한 피드백을 얻기 위해는 어떤 자원이 필요한가?
- 현재 사용 가능한 자원들은 무엇이며, 예상한 결과가 나타날 경우 어떤 자원이 필요한가?
- 프로그램 목표를 수정하는 데 어떤 자원이 필요한가?
- 예상한 결과가 나타나지 않을 경우 어떤 자원이 필요한가?
- 어디에 자원(사람/사무실)을 요청하는가?
- 자원을 얻지 못할 경우 (예를 들어, 학생, 교수, 직원, 부서, 단과대학, 대학, 지역사회, 참여기관들에) 어떤 결과가 초래될 수 있는가?

자원 요청에 대하여 기관장들의 반색이나 우려가 예상되는바, 이에 대한 근거를 제시하기 위하여 이들에게 제출할 자원 요청 계획서를 작성하여 이 질문들에 포괄적으로 답변할 것을 권장한다. 일부 프로그램 교수진은 외부 자문을 프로그램 평가계획의 자원으로 요구할 수 있으며, 이는 이러한 목적들과 관련된 기관 예산으로 확장될 수 있는 계획 및 재정적 자원을 필요로 한다.

학생 기여(input) 및 피드백 구하기

프로그램의 자료를 효과적으로 사용하기 위한 또 하나의 단계는 재학생 및 졸업생들과 비공식적인 대화를 나누는 것이다. 이것은 결과를 전달하는 단계의 확장처럼 보일 수 있지만, 이는 "만약에(what if)" 에 대한 것이 아니라 "어떠한가(what about)"에 대한 것이다. 예를 들어, 입학과정은 효과적인가 그렇지 않은가? 종합시험은 학생들의 학습을 평가하기에 적절한가 그렇지 않은가? 임상에서 제공되는 피드백은 학생들이 시간이 지남에 따라 기술을 쌓도록 도와주는가 그렇지 않은가?

학생들의 기여와 피드백은 중요하기에 프로그램 구성원은 이 단계에서 윤리적 지침과 힘의 차이를 인지하고 있어야 한다. 예를 들어, 재학생들은 입학 조건들에 대해 토론하거나 그들에게 어려웠었던 프로그램의 요소들을 공유하는 데 있어서 편안함을 느낄 수도 있지만 그렇지 않을 수도 있다. 따라서 이러한 논의들은 프로그램 과정이나 요소의 일부가 아니라 프로그램 개선을 위한 기회로 제시되어야 한다. 이러한 논의에서 얻은 정보는 프로그럼 구성요소와 평가 결과 간의 연결을 이해하는 데 도움이 된다. 즉, 평가자료는 이러한 논의가 이루어진 후에야 비로소 이해될 수 있고, 따라서 적절한 개선책이 도출될 수 있다.

이러한 단계와 더불어 프로그램 교수진은 자료를 활용하는 시간 단위를 고려해야 한다. Blaich와 Wise(2011)에 따르면 프로그램 평가자료로부터 도출된 1~2개의 학습 결과를 이해하고 계획하고 실천하는 데는 3~4년이 걸릴 수 있다. 이 과정은 프로그램이 효과적이고 포괄적인 적합한 목표를 구현하기 위해 상당한 인내심과 이에 대한 예상을 요구한다.

이러한 것들이 상담자 교육 프로그램에서 나타나는 최근의 요구사항과 과정이다. 최선의 사정과 평가는 상담자 교육 프로그램의 핵심 훈련 요소이자 정체성에 대한 연구자들의 역할 중 일부이고, 따라서 사정과 평가가 제외되어서는 안 된다. 이 책을 쓰면서 갖게 되는 주된 관심사는 상담전문 학술지와 책에서 제시하는 프로그램 평가의 문헌과 연구의 부족이나, 이는 학과 또는 전문가가 해야 한다. 학과가 할 수 있는 최선은 프로그램 평가과정이 일관성 있도록 진행하는 것이다. 프로그램 평가는 역동적 과정으로 사람, 정책 및 표준이 항상 변화한다. "고장나지 않았으면 고치지 말라"는 오래된 격언은 여기에는 적용되지 않으며, 프로그램 교수진들은 프로그램 평가에 지속적으로 참여해야 한다. 상담전문가와 교육자는 책무성을 가지고 프로그램 평가에 참여하여 이러한 과정 및/또는 결과를 문서화하여 출판하기를 권유한다. 상담 분야 내에서의 프로그램 평가는 다른 분야에 대한 의존도를 낮출 필요가 있다. 이에 대한 충분한 자원을 개발할 때까지, 프로그램의 평가자료를 사용하는 것에 관련한 몇 가지 좋은 자원을 이 장의 끝에 제공하고자 한다.

참고자료

Baker, G. R., Jankowski, N. A., Provezis, S., & Kinzie, J. (2012). *Using assessment results: Promising practices of institutions that do it well*. Retrieved from http://www.learningoutcomesassessment. org/documents/CrossCase_FINAL.pdf

Berrett, D. (2014, January 21). Colleges measure learning in more ways, but seldom share results. *The Chronicle of Higher Education*. Retrieved from http://chronicle.com/article/CollegesMeasure-Learning-in/144117/?cid=at&utm_source=at&utm_medium=en

Blaich, C., & Wise, K. (2011). *From gathering to using assessment results: Lessons from the Wabash National Study*. Retrieved from http://learningoutcomesassessment.org/documents/Wabash_001.pdf

제16장

학생 개인 발달을 지원하기 위한 자료의 사용

SLO 평가과정은 학생들이 상담자 교육 프로그램에 참여한 결과로 무엇을 알고 있고 무엇을 할 수 있는지를 파악할 수 있는 기회이다. 이 과정은 프로그램의 질과 과정을 전체적으로 검토하고 개선할 수 있는 기회이며, 학생들이 효과적인 상담을 하기 위해 필요한 지식과 기술을 개발함에 따라 학생들 개개인에 적합한 지원을 제공할 수 있는 유일한 기회가 된다.

ACA 윤리강령(ACA, 2014) 및 CACREP 2016 표준(CACREP, 2016)은 학생들에게 기대하는 역량들을 분명하게 제시하고, 계획적으로 역량들을 평가하며, 학생들의 발달을 지원하고, 이 직업에서 성공하기 위한 잠재력이 크지 않은 학생들을 이 분야에 한층 더 적응할 수 있도록 지도하는 교정조치에 대하여 상담교육자들의 책임으로서 분명하게 제시하고 있다. 이러한 과정은 매우 중요한 것이므로 아래에 개별 학생을 지원하는 것과 관련된 특정 인준 및 윤리 규준의 목록을 제시하였다.

개별 학생 지원과 관련된 CACREP 2016 표준

개별 학생 지원과 관련한 CACREP 2016 표준은 다음과 같다(강조).

- 1학기 등록 전 또는 초에는 새로운 학생들에 대한 신입 오리엔테이션을 제공하여 프로그램

핸드북을 나눠주고 논의하며, 상담훈련생으로서의 학생들의 윤리적 · 직업적 의무 및 개인적 성장 기대들에 대해서 설명하고, 면허증/자격증 취득 가능성에 대해서 검토한다(표준 1).

- 학생 핸드북에는 (1) 학과의 사명 및 프로그램 목표, (2) 전문적 상담 기관, 참여 기회 및 학생들에게 적절한 활동들에 대한 정보, (3) 대학 입학 요건, (4) 학생들에 대한 기대, (5) 학술적 이의에 대한 정책, (6) 인증 및 고용을 위한 학생 추천 절차를 설명하는 서면 승인 정책, (7) 학생의 유지, 교정 및 프로그램 중도탈락을 위한 정책(표준 1.N)을 포함한다.
- 상담자 교육 프로그램은 기관의 정당한 절차와 정책, 상담 전문직의 윤리강령 및 기준에 부합하는 프로그램을 위해 학생의 유지, 교정 및 중도 탈락을 위한 정책을 수립하고 준수한다(표준 1.O).
- 학생 실습과 인턴십의 일환으로 학생의 상담 수행과 지식의 통합 및 적용 능력에 대한 형성 및 종합평가를 실시한다(표준 3.C).
- 상담자 교육 프로그램 교수진은 지식과 기술의 통합에 대한 학생들의 학습을 평가함으로서 프로그램 전반에 걸쳐 각 학생의 발달을 체계적으로 평가한다. 평가과정에는 다음을 포함한다: (1) 8개 핵심 영역 각각 및 학생의 전문 영역 각각(박사 과정의 경우, 5개 박사 핵심 영역 각각)에서 발생한 학습의 주요 성과 지표, (2) 여러 시점에 걸쳐 다양한 척도를 사용한 학생들의 학습 측정, 그리고 (3) 자료의 검토 또는 분석(표준 4.F)
- 상담자 교육 프로그램 교수진은 프로그램 전반에 걸쳐 각 학생의 전문적 성향을 체계적으로 평가한다. 평가과정에는 다음을 포함한다: (1) 중요 전문적 성향 파악, (2) 여러 시점에 걸쳐 학생의 전문적 성향 측정, (3) 자료 검토 또는 분석(표준 4.G.)
- 상담자 교육 프로그램 교수진은 학생의 유지, 교정 및 중도 탈락과 관련한 개별 학생 평가자료를 사용하기 위한 체계적 절차를 마련한다(표준 4.H).

개별 학생 지원과 관련한 ACA(2014) 윤리 규정

개별 학생 지원과 관련한 ACA(2014) 윤리 규정은 다음과 같다(강조).

- 슈퍼바이저는 수련생의 성과와 관련하여 지속적인 피드백을 제공하고 문서화하며, 슈퍼비

전 관계를 통해서 정기적인 공식 평가 회기들을 계획한다(표준 F.6.a).

- 초기 및 지속적인 평가를 통해 슈퍼바이저는 수련생의 수행을 방해할 수 있는 한계들에 대해서 인지할 수 있다. 필요하면 슈퍼바이저는 교정적 지원을 확보하여 수련생을 도울 수 있다. 수련생들이 다양한 내담자에게 유능한 전문적 상담 서비스를 제공할 수 있다는 것을 입증할 수 없는 경우, 훈련 프로그램, 상담 장면, 전문가 자격 과정 또는 상담 자원봉사들을 중지할 것을 권장한다. 슈퍼바이저는 자문을 구해야 하며 수련생을 중도 탈락시키거나 지원하기 위한 의뢰들에 대하여 그 결정 과정과 목적을 문서화해야 한다. 수련생들이 그러한 결정을 따르는 데 자신이 선택할 수 있는 대안들이 있다는 것을 인지하고 있음을 확인한다(표준 F.6.b).
- 상담교육자들은 프로그램 오리엔테이션이 학생들의 상담자 교육 프로그램 첫 시작이며, 그 이후 교육 및 임상 훈련기간 내내 학생들은 계속 발달하는 과정이라는 것을 인지한다. 상담자 교육 교수진은 예비 및 재학생에게 다음을 포함하여 상담자 교육 프로그램의 기대에 대한 정보를 제공한다.
  1. 직업의 가치와 윤리적 원칙
  2. 성공적인 훈련에 필요한 기술 및 지식 습득의 유형과 수준
  3. 기술적 요구사항
  4. 프로그램 훈련 목적, 목표, 임무 및 다루어지는 주제
  5. 평가 기준
  6. 훈련 과정의 일부로서 자기 성장 또는 자기 노출을 촉진하는 훈련의 구성요소
  7. 임상 현장경험 요구에 대한 현장의 슈퍼비전 유형 및 요구사항
  8. 학생과 슈퍼바이저 평가 및 중도 탈락 정책과 절차
  9. 졸업생을 위한 최신의 고용 전망(표준 F.8.a)
- 상담교육자는 학생들의 전문적 역량에 영향을 미칠 가능성이 있는 개인적인 문제를 다루도록 요구할 수 있다(표준 F.8.d).
- 상담교육자는 훈련 프로그램 이전과 과정 전체에 걸쳐 학생들에게 기대되는 역량 수준, 평가 방법 및 이론과 임상 역량 모두에 대한 평가 시기를 분명하게 명시한다. 상담교육자는 훈련 프로그램 전반에 걸쳐 학생들에게 그들의 수행과 관련한 지속적인 피드백을 제공한다(표준 F.9.a).

- 지속적인 평가를 통해 상담교육자들은 상담 능력을 달성하지 못하는 일부 학생들이 있다는 사실을 인식하고 대처한다. 상담교육자는 다음의 것들을 수행한다:
  1. 필요하다면 교정 지원을 보장하기 위해서 학생을 돕는다.
  2. 전문적 조언을 구하고 학생들을 중도 탈락시키거나 지원하기 위한 의뢰들에 대하여 그 결정 과정과 목적을 문서화한다.
  3. 학생들은 지원이 필요하거나 중도탈락 결정에 대한 정보를 적시에 받을 수 있어야 하고 기관의 정책 및 절차에 따라 학생들에게 적절한 절차를 제공함을 보장한다(표준 F.9.b).
- 학생이 상담을 요청하거나 교정 과정의 일환으로 상담 서비스가 제안될 경우, 상담교육자는 학생들에게 적합한 서비스가 무엇인지 분명히 할 수 있도록 도와야 한다(표준 F.9.c).

이 장에서는 학생 검토(review)와 유지(retention)를 위한 모범 사례(best practice)에 대해 논의하고 학생들이 예상대로 진행 중인지 아닌지에 대해 자료를 사용하여 판단할 수 있는 기회를 가져보고자 한다. 그리고 교정(remediation) 기회와 문지기(gatekeeping) 역할을 위한 핵심 자원들을 제공하는 것에 대한 논의를 하며 마무리하려 한다. 즉, SLO 평가과정을 통해서 학생들을 든든하게 지지하기 위한 몇 가지 실제적인 팁을 이 장의 전반에 걸쳐 제시하고자 한다.

학생 검토의 모범 사례

CACREP 2016 표준(CACREP, 2016)과 ACA 윤리강령(ACA, 2014)은 모두 상담교육자와 슈퍼바이저가 학생들에 대한 기대를 명확히 하고 프로그램 과정에 대한 형성적인 피드백을 학생들에게 제공하며, 주요 과목 또는 교육과정을 마무리할 때 종합평가를 해야 할 책임이 있다는 것을 분명히 하고 있다. 또한 CACREP와 ACA는 모두 전문 상담가들의 행동과 일치하는 효과적인 학업 수행, 임상 기술과 성향을 포함하여 다양한 행동에 프로그램이 관심을 가져야 할 필요성에 대해서 하고 있다. 앞장에서는 학업 및 임상 학습을 평가하는 방법들에 대하여 집중적으로 다루었고, 9장에서는 덜 가시적인 성향 또는 특성을 평가하는 절차에 대해서 다루었다.

상담교육자는 SLO와 성향에 대한 지속적인 평가에 참여함으로써 학생들의 수행과 관련한 풍부한 자료를 확보하게 될 것이다. 이 장에서는 학생 검토(student review)를 의미 있는 과정으로 구성하기 위하여 고려해야 하는 점을 이야기해 보고자 한다.

이 책의 앞부분에서 논의된 SLO 기술과 교육과정의 큰 그림을 그리는 과정은 상담교육자가 학생들의 성과에 대하여 가지는 기대들이 무엇인지를 명확하게 기술하는 과정이 된다. 이 정보를 학과 홈페이지, 학생 핸드북 및 강의안에 게시함으로써, 학생들은 어떤 기준으로 평가를 받게 되는지 투명하게 알 수 있을 것이다. 이러한 의사소통은 다양한 방법으로 여러 번 이루어지는 것이 이상적이다. 그렇다면 학생들은 필요하다면 자료를 바로 찾아볼 수 있고, 적시에 그들의 발달단계에 맞는 요구사항을 이해할 수 있다(V. A. Foster & McAdams, 2009; Pease Carter & Barrio Minton, 2012).

다음, 학생들의 발달과 성과를 언제 평가할 것인지 결정해야 한다. 여기에는 교육과정의 평가활동 시기 또는 배치가 포함되지만 이에 국한되지는 않는다. 예를 들어, 프로그램 교수진은 강좌기반평가(Course-based assessments; CBA)를 평가의 주 방법으로 활용하기로 결정할 수 있다. 이 경우, 과목의 강사는 채점 기준표를 사용하여 학생들의 학습을 평가할 책임이 있다. 개인은 해당 과목을 통과할 수 있는 점수를 받기 위해서 일정 수준의 수행을 요구하는 과목의 평가기준을 가지고 있을 수 있다. 또한 교수진은 과목을 기반으로 하는 핵심 평가에서 SLO를 충족하지 못하는 학생은 합격 가능한 총점수를 받았다고 해도 다음 과목을 더 듣기 전에 추가 학습을 해야 한다는 규정을 둘 수 있다. 동시에, 학생의 전체적 발달이라는 더 큰 그림에 관심두지 않고 강좌기반평가 피드백과 과목 성적에만 의존하는 것은 학생의 학습을 전체적으로 지원하는 다양한 기회를 차단하는 것이 될 수도 있다.

발달을 평가하기 위한 방법들은 상담자 교육 프로그램 수 만큼이나 다양하다. 일부 프로그램은 전체 교직원에게 체계적인 발달을 평가하는 과정을 요구할 수 있으며, 다른 프로그램은 학생들의 발달과 관련한 위원회를 임명할 수 있으며, 또 다른 프로그램들은 진행 상황을 검토하고 피드백을 제공하는 학생-자문 위원회를 만들 수도 있다. 이 평가는 날짜에 따라서 또는 중요한 사건들에 따라서 진행할 수도 있다. 날짜에 따른 검토는 매년 한 번, 매 학기 말에, 또는 순환적으로 진행된다. 관문을 중시하는 평가는 지정된 과목 또는 프로그램 전환 시 기준이 되는 검토가 포함된다. 예를 들어, 매 학기마다 일정 수의 학점을 이수한 모든 학생을 검토하거나, 특정 단계 또는 과정 전환 시에 학생 검토를 실시할 수 있다. 임상 과목들의 선수과목, 실습과 인턴십의 신청, 종합시험이나 논문작성의 신청은 자연스럽게 학생의 진행 상황 및 준비도를 점검할 수 있는 시점이 된다.

SLO 평가를 계획하는 것과 마찬가지로 교수진들은 자신의 프로그램이 가진 고유한 특성들에 맞게 이러한 결정을 하는 것이 매우 중요하다. 조교수가 거의 없는 풀타임 학생 집단 프로그램에서 5명의 교수들이 실용적이고 효율적이라고 생각하는 것은 같은 수의 조교수가 있는 파트타임 학생-중심 프로그램에서 20명의 교수진이 실용적이고 효율적이라고 생각하는 것과 매우 다를 것이다. 마찬가지로, 관문 인터뷰를 수행해야 하는 또는 특정 시점마다 학생들을 확인하고 조언을 주어야 하는 프로그램 관리자는 운영과는 거리가 먼 프로그램 관리자들과 비교하여 지도 교수가 주관하는 체계적인 검토 과정들을 더 잘 통합할 수 있을 것이다.

세 번째 필수조건은 프로그램이 어떻게 평가를 할 것인가에 대한 계획을 가지고 있어야 한다는 것이다. 여러분이 지금까지 이 책을 읽었다면 아마도 이미 핵심 교육과정 영역에서의 학생 학습, 현장경험들, 그리고 종합시험이나 논문과 같은 최종 활동들에 대한 평가를 위하여그 절차들을 구체화 하는 과정들에 대해 알고 있을 것이다. 또한 지원자들의 성향들을 평가하기 위한 절차들도 생각했을 것이다. 그러므로 이 단계에서는 사용하고자 하는 평가의 활동들과 책임 당사자들 그리고 평가 시기들에 대하여 광범위하게 고려해야 할 것들을 종합해보고자 한다.

다음으로 프로그램은 "학생 학습의 주요 성과지표"(CACREP 2016 표준 4.F)와 "핵심 전문성 성향"(CACREP 2016 Standard 4.G)을 사정하기 위한 측정들을 분명히 해야 한다. 이 책의 앞부분에서 언급한 과정을 따라서 평가들을 구분하고 관련된 측정을 개발하였다면, 이것들은 계획 과정에서 자연스럽게 진행되었을 것이다. 아마, 평가 유형에 대한 이해가 과정을 결정하는데 도움이 될 것이다. 예를 들어, 관문에 의한 평가를 한다면, 프로그램 교수진은 세 가지 주요 SLO에 초점을 두기로 결정하고 이 SLO를 강좌기반평가와 연결할 것이며, 학생 파일에 보관된 체계적인 검토 양식 또는 자료를 통해 문서화할 것 이다. 또한 프로그램 구성원은 지속적 성장을 위한 제안과 교수진의 추천을 포함하여 평가 결과가 기재된 공식 문서를 전달받기로 결정할 수 있다. 규모가 더 작은 프로그램에서는 다양한 출처로부터의 평가들을 종합하고 학생들의 발전과 관련한 전반적인 결정들을 내리기 위하여, 하나의 방법으로서 조언을 위한 의식을 만들 수 있다. 예를 들어, 매 학년말에 종합시험이나 논문 제안서, 학생 종합 리뷰와 피드백을 박사 과정 커리큘럼에 포함시킬 수 있다. 어떤 형태이든 프로그램 구성원은 무엇을 검토할 것이고 어떻게 이 자료들이 문서화 될 것인지를 분명히 해야 한다.

이 후, 프로그램은 "자료 분석 검토"(CACREP 2016 표준 4.F와 4.G)에 대한 절차들을 설명해야 한다. 이전과 마찬가지로, 사용할 평가 및 측정을 분명히 하는 과정은 자연스럽게 어떻게 자료를 분석하고 사용할 것인가에 대한 결정으로 이어진다. 설사 공식적이고 체계적인 검토를 하기 전이라도 이 단계에서는 발달을 촉진하기 위해 사용할 것으로 예상되는 자료와 수행 수준을 분명히 해야 한다. 이것은 자료의 형태와 보관을 비롯하여 개별 프로그램이 고려해야 할 사항들에 따라 달라질 것이다. 중앙집중식 평가관리 시스템(AMS)이 있는 프로그램은 개인 보고서에 접근할 수 있을 것이다. 이런 시스템이 없는 프로그램은 개인의 수준을 결정하기 위하여 자료들을 추적하기 위한 절차들을 심사숙고하여 설계해야 한다.

마지막으로, 프로그램은 학생들의 유지와 교정을 위하여 그 과정들을 자세히 설명해야 한다. 학업적, 개인적, 또는 임상적 발달에 대한 염려가 있는 교수진은 이러한 사안들에 대해서 학생들에게 주의를 주고 역량 발달을 촉진하기 위해 학생들과 협력해야 할 책임이 있다. 이상적으로는 이러한 과정이 투명하고 개방적인 방식으로 수행된다(Foster, Leppma, & Hutchinson, 2014; Foster & McAdams, 2009). 교정조치(remediation)와 문지기(gatekeeping) 역할의 모범 사례에 관한 문헌들은 상당히 많기 때문에 이 것에 대해서 바로 살펴보자.

교정조치와 문지기의 모범 사례

몇몇 상담 학자는 상담 지식이나 기술 습득에 어려움을 겪고 있거나 문제 행동을 보이는 학생들을 식별하고 지원하는 데 있어서 강도 높은 수행 평가 절차들이 중요하다는 의견을 가지고 있다. CACREP 2016 표준(CACPREP, 2016)과 ACA 윤리강령(ACA, 2014)에서 설명하고 있는 것과 같이, 학생들이 상담자가 되기 위해 필요한 지식, 기술, 태도를 개발할 수 없거나 개발을 원하지 않을 때, 상담교육자는 문제가 될만한 것들을 제거하고 줄이기 위해 학생들을 지원하는 그리고 문제 행동들을 식별하는 윤리적, 법적 책임을 가지고 있다. 이 과정은 입학 전부터 시작이 되고 졸업, 퇴학 또는 프로그램에서 중도탈락 될 때까지 계속된다(Ziomek-Daigle & Christensen, 2010).

기존 문헌을 체계적으로 분석한 Henderson과 Dufren(2012)은 교정조치와 관련하여 윤리적 행동, 정신 건강 진단상의 증상, 유전적 특성, 상담 기술, 피드백, 자기성찰 능력, 개인적 어려움, 절차적 준수의 8가지 주요 주제를 발견했다. 이러한 주제들은 상담자 교육(Li, Trusty, Lampe, & Lin, 2008, Ziomek-Daigle & Christensen, 2010) 및 전문 심리학(Vacha-Haase, Davenport, & Kewsky, 2004)에서 말하는 문지기의 실제와 관련된 직접적인 연구들과 일치한다.

주목할 점은 교정조치가 필요한 이러한 요인 중 상당수는 학생의 전반적 태도에 초점을 맞추고 있다는 것이다. 많은 경우 SLO 채점 기준표는 태도보다는 지식과 기술에 더 큰 초점을 두고 있으며, 따라서 평가과정에 차이를 만들게 된다. 상담자의 자질이 교육과정에서 중요하다고 가정한다면(그렇다고 믿으며), 상담자 교육 프로그램은 학생들에게 기대하는 것의 일부로서 그 내용을 분명하게 표현해야 한다. Brown(2013)은 상담자 교육 프로그램 중 약 1/3이 학생들의 문제 행동을 사정하기 위해 평가도구를 사용한다는 것과 대부분의 평가도구에서 사정의 초점을 책임, 역량, 개인적 성숙 및 진실성과 같이 학생들의 자질에 둔다는 것을 발견했다. 이런 평가도구의 사용은 학생들에 대한 기대를 투명하게 만드는 또 다른 방법이다.

교정이 필요한 상황들은 매우 중요하고, 이는 확실히 학생들과 상담교육자들에게 유사한 감정을 불러일으키는 경향이 있다. 다행히 엄격한 교정조치는 철저한 평가로부터 시작된다(McAdams & Foster, 2007). McAdams과 Foster(2007)는 상담교육자들에게 공정하고 적절한 교정적 조치들에 대한 지침을 제공했다. 특히, 교정조치에 대한 계획은 세 가지 구체적인 요구사항들을 충족해야 할 필요가 있다고 지적했다.

- 실제적 정당성: 지나치게 제한적이지 않고, 처벌이나 훈육보다는 교정적인 의도를 가지고 제작된 적절하고 비교 가능한 계획을 가져야 한다는 것을 포함한다.
- 절차적 정당성: 명확한 기대와 과정을 통한 슈퍼비전과 지원, 정기적인 진행 상태 평가 및 철저한 문서화가 필요하다는 것을 포함한다.
- 근본적 공정성: 학생의 고유한 동기와 정체성들에 대한 적응성뿐만 아니라 학생들의 요구사항에 대한 접근성에 대한 고려가 필요하다는 것을 포함한다.

근본적인 공정성에 대한 생각과 마찬가지로, 문화적 요인을 고려하여 교육자의 문제 행동을 평가하고 학생들의 학습 환경에 반응할 때 자각을 동반한 성찰은 특히 중요하다(Goodrich & Shin, 2013).

문제적 행동이나 수행상의 결함을 식별하는 상담교육자는 학생들이 프로그램과 상담 분야에서 성공하기 위해 필요한 행동들을 개발할 수 있도록 명확하고 구체적이며 공정하고 책임감 있는 계획을 수립해야 한다.

Henderson과 Dufren(2011)은 문헌들이 과정으로서의 교정조치가 아닌 교정조치 후 중도탈락 절차에 초점을 맞추고 있다고 비판했다. 이들은 교정조치에 대한 문헌들에서 몇 가지 제안해야 할 점들을 확인하였고, 다음과 같은 지원책들을 잠재적 개입 전략에 포함해야 한다고 주장했다.

- 개인상담
- 교수진과의 만남 증대
- 슈퍼비전 강화
- 학업 또는 임상 과목들 재수강
- 임상실제에서 제외하기
- 추가 과제
- 추가 과정(coursework)
- 휴직, 그리고
- 워크숍 또는 지속적 교육

교정조치들을 위한 위의 방법은 교정조치 과정들에 관한 연구들에서 도출된 결과들과 일치하며, 특히 개인 상담을 가장 빈번하게 사용하는 결과와 관련이 있었다(Vacha-Haase et al., 2004; Zoomek-Daigle & Christensen, 2010).

교정조치를 엄격하게 계획하기 위하여 학자들은 구체적인 가이드라인을 제공했다. 예를 들어, Kress와 Protivnak(2009)는 문제 행동의 식별, 교정 활동의 식별, 형태별 피드백, 과정에 대한 학생들의 참여, 절차상의 중요한 한 부분으로서의 서명, 지정된 기간, 이의제기를 할 수 있는 권리, 교정 기회가 없는 중도 탈락에 대한 규정들에 대한 가이드라인과 전문성 개발 계획(Professional Development Plan) 견본 양식을 제공하였고, 이 결과는 다른 상담 학자들의 연구 결과와 일치한다(예: Bhat, 2005; McAdams & Foster, 2007; Wilkerson, 2006). 그림 16-1에는 우려 사항들과 교정 활동들을 문서화하는데 도움을 받을 수 있는 전문성 개발 계획의 예시가 포함되어 있다. 또한 마지막의 참고문헌 목록에는 특히 학생의 발달 과정을 안내하는데 유용한 여러 가지 프로그램 웹 페이지와 핸드북에 대한 링크가 포함되어 있다.

이름: ________________ 날짜: ________________

____________ 프로그램에서 _______의 상담학 학위 수여를 위하여, 상담 교수진들은 우리 프로그램 규정에 따라 다음 활동들에 대하여 위 학생의 지속적 참여를 요구한다.

A 전문성 영역: ____

1.
2.
3.

B 전문성 영역: ____

1.
2.
3.

위에 언급된 행동들을 성공적으로 수행하기 위하여 학생은

1.
2.
3.

본인은 이 문서의 조건들을 이해하고 있으며 이에 동의합니다. 본 계약을 위반하는 경우 상담 프로그램에서 중도 탈락할 수 있음을 알고 있습니다. 본인은 계약/계획서에 서명하기 전에 이 계획에 이의를 제기할 수 있음을 알고 있습니다. 본인은 이 문서의 모든 조건을 이해하고 있으며 동의합니다. 만약 1년 이내에 본 계약서에 명시된 모든 과업을 완수하지 못하면, 상담 프로그램을 계속 이어나갈 수 없다는 것을 본인은 알고 있습니다. 또한 본인은 프로그램을 계속 수행할 수 있도록 하는 정책을 이해하고 있으며, 특정 행동들을 위반할 경우(예, 윤리 위반), 본 계약은 무효화 되고, 그 즉시 프로그램에서 탈락됨을 분명히 알고 있습니다.

날짜______________________________ 학생 서명

날짜______________________________ 교수 서명

<그림 16-1> 전문성 개발 계획 예시

주: "Professional Development Plans to Remedy Problematic Counseling Student Behaviors," by V. E. Kress and J. J. Protivnak, 2009, Counselor Education and Supervision, 48, pp. 165-166. Copyright 2009 by the American Counseling Association. Reprinted with permission.

참고자료

Brown, M. (2013). A content analysis of problematic behavior in counselor education programs. *Counselor Education and Supervision, 52*, 179-192. doi:10.1002/j.1556-6978.2013.00036.x

Foster, V. A., & McAdams, C. R., III. (2009). A framework for creating a climate of transparency for professional performance assessment: Fostering student investment in gatekeeping. *Counselor Education and Supervision, 48*, 271-285. doi:10.1002/j.1556-6978.2009.tb00080.x

Goodrich, K. M., & Shin, R. Q. (2013). A culturally responsive intervention for addressing problematic behaviors in counseling students. *Counselor Education and Supervision, 52*, 43-55. doi:10.1002/j.1556-6978.2013.00027.x

Henderson, K. L., & Dufrene, R. L. (2011). Student remediation: Practical considerations for counselor educators and supervisors. From *VISTAS Online*. Retrieved from http://www.counseling.org/resources/library/vistas/2011-v-online/Article_45.pdf

Henderson, K. L., & Dufrene, R. L. (2012). Student behaviors associated with remediation: A content analysis. *Counseling Outcome Research and Evaluation, 3*, 48-60. doi:10.1177/2150137812437364

Kress, V. E., & Protivnak, J. J. (2009). Professional development plans to remedy problematic counseling student behaviors. *Counselor Education and Supervision, 48*, 154-167.

McAdams, C. R., & Foster, V. A. (2007). A guide to just and fair remediation of performance deficiencies. *Counselor Education and Supervision, 47*, 2-13.

University of North Texas, College of Education [website to download exemplar policies and forms; see Master's Student Handbook]: http://www.coe.unt.edu/counseling-and-higher-education/resources/counseling-resources

University of Texas at San Antonio, College of Education and Human Development [website to download exemplar policies and forms]: http://education.utsa.edu/counseling/fitness_to_practice/

Ziomek-Daigle, J., & Christensen, T. M. (2010). An emergent theory of gatekeeping practices in counselor education. *Journal of Counseling & Development, 88*, 407-415. doi:10.1002/j.1556-6678.2010.tb00040.x

제17장

SoTL에서 자료 사용

15장과 16장에서 언급했듯이, SLO를 개발하고 실행하는 과정은 학생들이 무엇을 배우고 있는지에 대한 즉시적이고 제한적인 평가를 넘어서는 이점을 가진다. 우리는 여러분들이 이 마지막 장에서 평가과정의 다음 단계인 교육적인 연구를 진행하고 발표하기를 권유한다.

SLO 평가를 의무화하는 인준 표준은 추가적인 단계를 밟고 교육적인 연구를 생산할 수 있는 특별한 기회를 제공하며, 이는 상담자 교육과 관련한 문헌 자료에 기여하게 된다. SoTL은 Boyer(1990)에 의해 학문의 재숙고(Scholarship Reconsidered)에서 처음 논의되었다. 시간이 흐름에 따라, 카네기 재단은 교수학습방법론(Scholarship of Teaching and Learning, SoTL)을 "교육이나 학습의 문제, 훈육에 대한 인식론에 적합한 방법으로 문제를 연구하는 것, 결과를 실제에 적용하는 것, 결과의 전달과 소통, 자기 성찰 및 동료 검토"(Cambridge, 2004; McKinney, 2004, p.2에서 재인용), 또는 간단하게 "공적 교육과 학습에 대한 체계적 성찰"(McKinney, 2007, p.157)로서 정의했다. SoTL에 대한 교육적 연구와 출판은 교수 방법과 학생들의(또한 잠재적 학생들의) 결과를 연결하는 논리적인 단계이다.

ACA 학술지의 교수 및 학습 관련 출판물에 대한 최근 연구에서 상담자 교육 관련 논문 중 약 10%만이 SLO에 대한 공식적인 평가를 포함하고 있었으며, 연구 설계와 분석의 엄격함도 매우 다양했다(Barrio Minton, Wachter Morris, & Yaites, 2014). 인준의 주요 부분이 SLO를 문서화하는 것이 됨에 따라 상담교육자는 이 SLO를 통해 교육의 실제를 평가할 수 있게 되었다.

그러나, SLO 자료를 수집하기 위한 요구사항들이 이 분야가 발전하도록 엄격하게 연구하는 데 도움이 된다는 것을 의미하지는 않는다. 전통적 학문에서의 발견들과 마찬가지로, SoTL은 잘 설계되어야 한다. 상담자 교육 내외부의 SoTL 경험에 비추어 볼 때, 출판물은 때로 덜 엄격해 보이는데 이는 뒤늦게 생각하고 설계했기 때문이 아닐까 싶다. 교수진들은 매우 훌륭했던 교수 방법의 경험을 공유하기를 원할지도 모른다. 그러나 교수진들은 전통적 연구와 유사한 깊이와 이론적 수준에서 교수 방법에 영향을 미쳤던 개념들을 검토하지 않을 수도 있다. 마찬가지로, 그 교수 방법의 결과로서 학생들이 얻은 명시적 지식과 기술에 초점을 맞추기보다는 학생들의 인식이나 학습 경험에 대한 만족도에 초점을 맞출 수 있다. 적합한 연구 설계를 위하여 심사숙고하고 신중하게 적용하기 위하여 이미 수집한 자료를 철저하게 평가하는 것은 교수 방법을 향상시킬 수 있는 기회가 된다.

CACREP 2009 표준은 상담자 교육을 위하여 학생들의 성공적인 학습과 평가에 새롭게 초점을 맞추었다. 이러한 경향은 2016년 표준으로 이어졌으며, 상담자 교육 프로그램을 가진 대학에 영향을 미치는 또 다른 인준기관들(예: NCATE/CAEP)의 요구사항을 반영하였다. 2009년 표준은 박사 과정의 경우 강의 준비 및 참여와 관련된 기본 지식과 기술에 대해서 요약했었다. 2016년 표준은 성인의 발달과 학습에 대한 관심을 포함하여, 온라인 교육, 문지기 역할, 학습 평가 및 멘토링을 포함한 몇 가지 교수적 측면에 대하여 더 구체이고 명확하게 제시하고 있다. 이는 상담교육자와 박사 과정 학생들에게 현장의 상담자와 미래의 상담교육자들을 훈련하기 위해 사용하는 교수 방법들을 평가하는 방식에 대해 비판적으로 생각할 수 있는 기회를 제공하였다.

상담자들을 잘 훈련시키기 위해서는 학생들의 학습을 어떻게 평가하는지를 이해하고 설명할 수 있어야 한다. 이를 위해 잘 설계된 SoTL의 결과를 공유하는 것은 상호 학습의 혜택이 된다. 이제는 교수방법에 대한 전략, 개인의 통찰력, 그리고 학생들의 즐거움에 대한 논의를 넘어서, 실제적인 증거를 가지고 이상적인 학습에 대하여 좀 더 근본적인 학문적 토론으로 나아가야 할 때이다.

교육적 연구를 수행하기 위한 도전과 고려 사항들

SoTL에 대한 교육적 연구를 수행하는 것은 전통적 학문과 같은 연구를 수행하는 것과 유사한 과정이다. 주요한 차이는 과정 자체가 아니라, 탄탄한 연구를 설계하고 수행하기 위한 세부 사항들에 주의를 기울이는 것이다. 이 도전은 상담자 교육에만 국한된 것이 아니며, 교수이자 연구원으로써 자신에 대해 어떻게 생각하느냐와 관련이 있다. 엄격한 교육적 연구를 수행하는 것은 교수와 연구자로서의 정체성을 형성하고 연구의 설계와 자료의 수집 방법을 고려하는 동안 분명한 목적을 가진 과제를 구축하는 것을 의미한다.

첫째, 교육적 연구를 설명하는 것은 교수법에 대한 단순한 설명 그 이상을 의미한다. 비록 초기 결과 자료가 없어도 교수법에 대해 철저히 논의할 여지는 있지만, 그 특정 기법에 대한 근거는 필요하다. 성인 학습 이론들뿐만 아니라 상담 문헌들로부터 추출할 수 있는 근거는 무엇인가? 만약 이것이 학습이론으로부터의 의미 있는 출발처럼 보이는 혁신적인 기술이라면, 그것이 성공적일 것이라고 생각하는 이유에 대한 근거는 무엇인가? 그것에 기반하여 교수법의 의도를 증명하고 실제적인 학습에 대한 연구를 하는 것은 교수학습 방법이 효과가 있다는 주장에 대한 이유를 강조하는 데 도움이 될 것이다.

둘째, 다른 연구들처럼 연구의 목적과 연구 질문들이 명시적으로 진술되고 운영되어야 한다. 이는 교수 활동에 참여하기 전에 이것에 주의를 기울이는 것을 의미한다. 상담자 교육 분야의 SoTL 관련 논문들은 어떤 것이 얼마나 잘 작동했는지에 대하여 너무 자주 흥분하고 이를 다른 사람들과 나누고 싶은 열망을 내비치는 것처럼 보인다. 만약 어떤 과제나 수업 활동이 좋은 학습 성과를 가져올 것으로 예상한다면, 그것이 효과적이었는지 여부를 평가할 수 있도록 사전 계획을 세운다면 더 체계적인 연구를 수행하는 데 도움이 될 것이다. 이는 또한 만족도, 흥미 또는 개인적인 의미에만 초점을 맞춘 질문을 넘어서 지식과 기술 습득 정도를 측정하는 것을 통합한 것을 의미한다.

분명한 조작적 변수와 연구 질문들을 가지고 있는 것은 적합한 표집을 선택하는 것에도 도움을 준다. 교수 방법과 교수법에 대한 초기 평가는 단일 프로그램 또는 단일 강의실에서 이루어질 수 있다. 그러나 프로그램 간에 협업이나 일반화 가능성을 높이기 위해, 또는 타당도를 낮추는 위협을 줄이기 위해 계획을 통해 다중 측정값을 사용할 수 있을 것이다.

SoTL에 참여하고 정량적 설계를 활용하는 교수진은 심리측정 측면에서 검증된 도구들을 선택하고, 설문조사 구성을 위한 도구적 설계 프로토콜을 활용해야 한다. 학습 결과를 평가하는 외부 평가자는 교수자의 잠재적인 편견을 최소화할 수 있는 평가를 할 수 있는 또 다른 도구가 된다. 교육과정의 순서와 내담자와 함께 상담 실제 경험을 살펴보는 것은 학습과 임상과의 관계, 내담자 결과, 후속 과목들에서의 학습의 깊이와 폭뿐만 아니라 과목의 즉시적 영향을 탐색할 수 있는 기회가 된다.

사전 계획은 전통적인 정량적 설문 응답이 아닌 대안적 설계를 선택할 수 있는 가능성을 높인다. 예를 들어, 교실에서 발생하는 학습을 평가하는데 단일 과목, 혼합 방법 및 질적 설계를 활용할 수 있다. 특히 중요한 것은 자료를 수집하기 전에 적절한 설계를 결정하는 것이다. 질적 방법은 정량적 설문과 매우 다르고 최선의 방법으로 연구 질문을 설정하기 위해 충분히 심사숙고해야 한다. 또한 양적 방법은, 연구자와 교수자의 잠재적인 역할분리 관계를 인지하고 편견과 이해 갈등을 최소화하기 위해 안전장치를 사용하는 것이 특히 중요하다. 질적 · 양적 설계를 하는데 고려해야 할 점과 어려운 점은 표 17-1을 참조바란다.

SoTL를 원하는 상담교육자들에게 권유하는 것은 다른 연구 프로젝트처럼 교육적 연구로서 접근하라는 점이다. 좋은 연구 질문부터 시작하라. 그 질문에 대답하기 위하여 가장 알맞은 방법론을 선택하라. 자료의 출처를 명확히 하라. 내부 · 외부 타당도를 위협하는 것을 제한하라. 적합한 통계 방법을 사용하여 자료를 분석하라. 교수, 연구, 실제의 잠재적 영향들을 더 깊게 이해하기 위하여 분석 자료를 비판적으로 검토하라. 그렇게 함으로써, 여러분들은 교수 실제(및 연구 능력)를 강화할 수 있을 것이고, 상담교육자와 관련 전문가들이 활용할 수 있는 지식 체계에 의미 있는 기여를 하게 될 것이다.

<표 17-1> 교육적 연구에서의 어려움과 고려 사항들

설계 종류	어려움	고려 사항
양적	지나치게 일반적이거나 명명할 수 없는 디자인 설계 연구자/교수자의 고립 수집된 자료의 깊이와 폭 기술이나 지식 습득보다 개인 성찰에 초점	자료 수집에 앞서 설계와 분석을 분명히 하기 이해갈등과 연구자/교수자의 편견을 최소화하기 위한 안전장치 마련 학습 결과물과 개인적 성찰을 넘어서는 학생의 성장을 측정하는 측면에 대한 고려 연구문제들과 적합한 분석을 구체화 하기
질적	지나치게 일반적이거나 명명할 수 없는 디자인 설계 연구자/교수자의 고립 통계 기술에 대한 과도한 관심 낮은 power 낮은 효과 크기 연구문제와 분석의 매칭 연구의 한계점이 거의 없음	교수의 편견이나 요구를 최소화 하는 방법을 명료화 작은 표집단위를 위한 분석과 자료 사용 개별 주제 탐색들의 연계 고려 적절한 표집 크기의 결정을 위한 사전 power 분석 수행 효과 크기 결과 분석 연구설계와 도구를 분석방법과 매칭 솔직하게 연구의 한계점을 토론

4부

적용

솔직해져 봅시다. 당신은 이 책을 여기까지 모두 읽으셨습니까? 아니면 과제를 위한 아이디어를 얻기 위해 훑어보시다가 여기까지 오셨나요? 아직 SLO 평가가 무엇인지 정확하게 이해하지 못했다면, 지금 바로 뒤로 돌아가서 당신이 지금 하고 있는 것이 무엇이고 왜 해야하는지, 단순히 과제들을 나열하는 것이 아니라 의도를 가지고 수행한다는 것이 왜 그렇게 중요한지 확실히 이해하고, 이 장으로 돌아와서 계속 읽으시길 바랍니다.

네, 지금까지 우리는 SLO 평가과정의 모든 요소를 빠짐없이 꼼꼼하게 살펴보았습니다. 이러한 원리들을 통해 당신의 강의에, 현장경험에, 그리고 프로그램 전체에 적용할 수 있는 방법들을 끊임없이 생각해보셨기를 바랍니다. 이 책의 나머지 부분에서는 상담교육자가 CACREP 핵심 과정 및 특별 영역 각 부분에서 학습에 대한 평가를 진행할 때 주요하게 논의할 사항들에 대해서 다루고 있습니다. 이를 위해 핵심 분야와 전문 분야에서 연구로 유명한 저자들을 선정했습니다. 우리가 질문한 두 가지는 CACREP 2016 표준과 그들의 일을 직접적으로 연결하고 당면 과제를 다루기 위한 다양한 대안들을 제시해 달라는 것이었습니다.

이 부분은 음식 조리법이나 원스톱(one-stop) 가게가 아닌 탐색의 시작점으로서 여러분들에게 제시하고자 합니다. 당신의 개성 있는 프로그램을 위해서 당신이 알고 싶은 것이 무엇인지 큰 그림을 먼저 고려한 후에 그 예시들을 살펴보시기를 바랍니다. 그 후에, 오직 당신만이 당신의 과정에 가져올 수 있는 의도성, 창조성, 제한된 맥락, 그리고 아마도 당신의 과업에 유용한 예시들을 발견하게 될 것입니다. 과제와 그에 상응하는 채점 기준표를 당신에게 맞는 방법으로 자유롭게 적용하시길 바랍니다.

- Carrie A. Wachter Morris, Casey A. Barrio Minton, and Donna M. Gibson

제18장

전문 상담 오리엔테이션 및 윤리적 실천

Margaret R. Lamar and Tyler M. Kimbel

전문 상담 오리엔테이션 및 윤리적 실천(Professional Counseling Orientation and Ethical Practice)은 2016 CACREP의 제2절인 '전문 상담 정체성'(Professional Counseling Identity)에 제시된 첫 번째 핵심 교육과정 영역이다. 이 핵심 영역의 내용은 상담수련생들이 전문적 정체성을 형성하고, 임상 기술을 위한 기초 지식 기반을 다지기 위해 상담교육 프로그램 시작 단계에서부터 지속적으로 자주 교육되어야 한다. 석사과정 상담 프로그램에 등록한 학생들은 대학원 과정 시작 시 오리엔테이션 수업을 통해 상담전문가가 누구인지에 대한 이해를 발달시키기 시작한다(Gibson, Dollarhide, & Moss, 2010). 상담 학생들은 계속 변화하는 상담직의 현 상황 속에서 직업 정체성의 중요성을 인식하고 이를 명확하게 표현할 수 있어야 한다. 이는 먼저 공통된 상담자 정체성을 형성하고, 그들이 선택한 세부 상담 분야에서 더 정교화되는 것을 의미한다. 아울러, 상담교육자는 상담 지식 및 기술뿐만 아니라, 전문적 정체성을 강화하는 태도 및 신념을 상담수련생들이 발달시킬 수 있도록 돕는 것이 중요하다(Owens & Neale-McFall, 2014). 오리엔테이션은 학생들이 대학원 프로그램을 마치는데 필요한 많은 시간과 노력을 들이기 전에 상담전문가가 하는 일은 무엇이며, 상담이 다른 돌봄 직업군들의 업무와 어떻게 관련되는지, 그리고 그들이 앞으로 어떠한 직업적 미래를 기대할 수 있는지에 대한 전체적인 관점을 형성하는 데 도움이 된다(Granello & Hazler, 1998). 그리고 윤리 실천 교육은 학생들에게 자신이 선택한 세부 상담 분야에서 대중의 건강, 안전 및 복지 증진시킬 수 있는 유능하고 윤리적인 실무자가 되기 위해 필요한 지식과 기술을 제공한다는 점에서 전문 상담 오리엔테이션을 통한 기초적 토대 마련과 밀접하게 연관된다.

전문 상담 오리엔테이션 및 윤리적 실천의 핵심 교육과정 표준내용은 학생들에게 상담 직업의 풍부한 역사(CACREP 2016 표준 2.F.1.a), 전문상담사의 다양한 역할과 기능(CACREP 2016 표준 2.F.1.b, 2.F.1.c.), 상담자가 내담자에 대해 가져야 하는 윤리적 책임(CACREP 2016 표준 2.F.1.i) 등에 대해 학습할 수 있는 기회를 제공한다. 오리엔테이션 및 윤리 관련된 주제들은 초급 상담가들이 전문적인 정체성을 발달시키는 데 필수적이기 때문에, 이 핵심 영역에서 학생들이 학습하는 내용들은 다른 7개의 핵심 영역으로 확장될 수 있는 발판이 된다. 상담교육자들은 이 분야의 SLO를 평가할 때 기본 지식에 대한 평가는 물론, 상담직, 상담자 정체성, 상담자 발달, 그리고 상담 분야의 최근 이슈들에 대한 학생들의 이해까지 평가하는 것이 적절하다. 이것은 학생들이 상담전문가가 되기 위한 여정에 발돋움하고, 상담전문가로서의 정체성을 조기에 형성할 수 있도록 도와준다. 결과적으로, 윤리적 실천과 관련된 학습을 평가하는 것은 상담수련생들의 상담 실무를 가이드할 뿐만 아니라, 상담수련생들이 상담전문가 윤리강령의 역할을 이해하는 데 중요하다. 상담교육자들은 학생들이 그들의 직업적인 윤리강령과 이 지식을 내담자들을 만나는 실무에 어떻게 적용할 수 있는지 이해하도록 분명하게 지도해야 한다. 윤리적으로 어떻게 적용하는지 이해한다는 것은 윤리적 딜레마를 식별하는 방법을 아는 것을 의미하며, 이는 이 핵심 영역과 관련된 SLO 평가에도 포함되어야 한다.

아래에 제안된 과제들은 전문적인 상담 오리엔테이션과 윤리적 실천의 핵심 영역에서 다루는 내용과 관련된 SLO에 대한 평가와 학생들의 학습을 향상시키기 위해 개발되었다. 전문성 발달 계획 포트폴리오 과제(Professional Development Planning Portfolio)는 학생들에게 상담전문가의 정체성을 이해하고, 이를 형성할 수 있는 출발점을 제공하기 위해 고안되었다. 이 포트폴리오 과제는 학생들이 대학원 과정에서 스스로 실천하며 확장해 갈 수 있는 전문성 개발 계획을 작성하는 데 도움이 될 것이다. 또한 이 과제는 학생들이 상담자의 실제 삶, 자기 관리 계획, 상담직 관련 적극적인 실습 참여, 면허/인증 프로세스에 대한 지식 등과 같은 다른 중요한 주제에 대해 성찰하도록 돕는다. 상담 및 정신 건강 관련 전문직 탐색과제(Exploring Counseling and Related Mental Health Professions)는 학생들이 상담자의 직업적 정체성을 더 깊게 이해하고, 다른 정신 건강 전문직과 명확하게 구별할 수 있도록 돕기 위한 것이다. 마지막으로, 윤리 그룹 프로젝트(Ethics Group Project)는 윤리적 의사결정 모델을 적용하여 윤리적 딜레마를 식별하고, 이를 적절하게 대처하는 학생들의 능력을 높이기 위해 고안되었다. 이 활동을 통해 학생들은 윤리적인 문제를 전문적이며 적합한 방법으로 해결할 수 있는 능력을 보여줄 수 있어야 한다.

전문성 발달 계획 포트폴리오

측정된 SLO: CACREP 2016 표준 2.F.1.b, 2.F.1.c, 2.F.1.d, 2.F.1.e, 2.F.1.f, 2.F.1.g, 2.F.1.k

한 학기/분기 동안, 당신은 전문성 발달의 다양한 영역을 다루는 여러 요소로 구성된 포트폴리오를 작성하게 될 것이다. 이 포트폴리오의 목적은 학생들이 전문가로서 지속적으로 성장하기 위한 전문성 발달 계획을 설계하는 것이다. 이 과제는 본 수업 이후에도 지속적으로 수정, 보완되는 생생한 문서가 될 것이다. 이러한 전문성 발달은 달성되는 것이 아니라, 오히려 이 상담 교육과정과 앞으로 커리어 내내 상담자로서 자신만의 전문적 정체성을 발달시키기 위한 도약점으로 인식해야 한다.

셀프 케어 계획(표준 2.F.1.l)

상담자 손상은 많은 상담가가 경험하는 대표적 어려움이다. 셀프 케어 계획은 상담자 자신의 건강을 증진하고, 내담자에게 최상의 서비스를 제공하기 위한 중요한 도구가 된다. 당신은 상담자로서 건강을 유지하기 위해 자기 관리 계획을 세워야 한다. 이 목록은 건강을 유지하기 위해 정기적으로 수행해야 하는 요소들을 포함한다. 이 계획의 목표는 상담자들이 손상을 느낄 때 이 계획을 한번 훑어보게 하는 것 아니라, 이러한 행동에 지속적으로 관여하도록 하는 것이다. Myers와 Sweeney(2008)의 셀프 웰니스 모델(Essential Self Model of Wellness)에 기초하여 각 범주(창조적, 대응적, 사회적, 본질적, 신체적 등) 내에서 2~3개의 적절한 활동이나 행동들을 포함하라. 당신은 독서, 동료들, 셀프 케어 평가, 스스로의 상상력을 통해 영감을 얻을 수도 있을 것이다. 이 목록은 최종 결과물이 아니며, 지속적으로 수정, 보완되어야 한다.

상담사 면허 및 자격 요건(표준 2.F.1.g)

졸업 후 취득하고자 하는 상담전문가 자격증(예: 전문상담사, 학교 상담사, 결혼 및 가정 치료사)을 기초하여 전문 상담가가 되기 위한 해당 주(state)의 면허 또는 자격증 요구사항에 대한 간략한 개요를 작성하기 바란다. 당신이 거주하며 실습을 하고자 하는 주에서 요구하는 자격 요건들을 나열한다. 정보를 찾은 웹사이트 또는 리소스를 인용하도록 한다. 대부분의 미국 주에는 상담사 면허를 전담하는 웹사이트(예: 면허 위원회)가 있다. ACA 웹사이트에는 주별 공인 전문상담사 면허 정보 링크가 있으며, ASCA 웹사이트에는 주별 학교 상담사 면허/인증 링크를 제공하고 있다. 유학생들을 위해, 정부 웹사이트는 필요로 하는 정보를 제공하고 있다. 본 과제의 개요에 다음 항목들을 포함해야 한다. 전문상담사 자격증 명칭(예: 전문상담사, 정신 건강 상담사, 결혼 및 가족 치료사), 교육 요건, 슈퍼비전 받은 실무/경험 요건, 필요한 시험, 신청 절차 및 해당 주에서 전문상담사 면허를 취득하기 위해 필요한 기타 요구사항들 등이다.

계속 교육 및 면허 유지 (표준 2.F.1.g)

당신이 현재 거주하는 주 또는 당신이 앞으로 거주하며 실습하고자 하는 주에 대한 계속 교육 및 기타 면허 유지를 위한 요구사항에 대한 간략한 개요를 작성하라. 정보를 찾은 웹사이트 또는 출처를 인용하라. 위의 요구사항과 함께, 계속 교육을 받기 위한 세 가지 리소스를 찾아 나열하라.

전문적 참여 (표준 2.F.1.f)

전문가 조직에 계속 참여하는 것은 상담전문가로서의 정체성 발달에 중요하다. 당신이 지원하고자 하는 세 개의 상담전문가 조직 또는 협회의 개요를 작성하라. 개요에는 기관명, 기관의 대표 상담영역, 회원이 되는 방법, 회원 혜택, 최신 뉴스 또는 이벤트, 전문성 개발 기회, 조직 참여 방법 등을 포함한다. 각 상담전문가 조직의 웹사이트를 인용하라. 국가 또는 국제 상담전문가 조직이나 지방, 주 또는 지역 내 상담전문가 조직을 포함할 수 있다.

전문 상담영역 개발(표준 2.F.1.a)

상담전문가로서의 정체성을 형성하는 것 외에도, 많은 상담자는 선택된 전문 분야와 관련된 정체성을 형성하게 된다. 당신이 계속 관심을 가지고 추구해보고 싶은 두 개의 전문 상담 분야를 탐색하라. (예: 중독, 진로, 임상적 정신 건강, 임상 재활, 대학 상담 및 학생 문제, 결혼, 부부 및 가족, 학교). 선택한 각 전문 분야에 대해 간략한 역사(예: 이 영역이 어떻게 전문 상담영역이 되었는지), 앞으로 주로 만나게 될 내담자 집단, 전형적인 직장 환경, 전문가 협회, 필수교육요건, 사용 가능한 면허 또는 자격증 등을 포함하라.

전형적인 하루: 상담사로부터 학습(표준 2.F.1.b, 2.F.1.c)

이 과제의 목적은 상담 현장 전문가와의 인터뷰를 통해 학생들의 상담에 대한 이해를 심화 시키는 것이다. 본인이 하는 일에 대해 인터뷰를 해 줄 임상 현장의 상담자를 찾는다. 당신이 관심이 있는 특수 상담영역이나 내담자 집단을 현재 상담하고 있는 분을 찾는 것이 좋다. 약속을 정하고 질문을 미리 준비하도록 한다. 전형적인 하루 일과, 직업적 관심사, 어려움, 어떻게 다른 전문가들과 협업하는지, 직업 정체성, 내담자 유형/전문 상담 분야, 그리고 추가적으로 궁금한 주제에 관해 이야기해 보라. 30~45분 정도 인터뷰를 진행한다. 인터뷰한 상담자의 배경 정보(예: 근무 환경, 경력, 면허 또는 자격증), 인터뷰의 하이라이트, 상담가로서의 직업과 정체성에 대해 배운 것에 대한 개인적인 성찰 등을 포함하여 3~4페이지 분량으로 인터뷰 내용을 요약한다.

전문적인 옹호 제안서 (표준 2.F.1.d, 2.F.1.e)

본 제안서는 상담 직업의 활성화를 위한 옹호 프로젝트를 설계하는 것이다. 제안서에는 다음 항목을 포함한다: 옹호 프로젝트의 목적, 옹호 노력을 통해 도달하기를 바라는 사람, 프로젝트와 관련된 활동에 대한 상세한 설명, 예상 결과, 그리고 이 프로젝트가 어떻게 상담직업을 활성화할 수 있는지 등. 문헌을 인용하면서 본인이 선택한 옹호 영역의 필요성에 대해 논의하라. 표 18.1에는 이 과제와 관련된 채점 기준이 포함된다.

<표 18.1> 전문성 발달 계획 포트폴리오 채점 기준

평가영역 (CACREP 표준)	기대 이하	기대 충족	기대 이상
셀프 케어 계획 (2.F.1.l)	웰니스 모델의 하나 이상의 범주가 누락되었거나, 하나 이상의 범주 내에 충분한 수의 셀프 케어 활동이 없거나, 부적절한 활동이 포함됨;상담자 웰니스 또는 셀프 케어에 대한 이해를 입증하지 못함.	모든 범주에 적절한 셀프 케어 활동이 포함됨; 범주별로 2~3개의 관련 활동이 포함됨; 대부분의 활동은 명확하게 설명됨; 상담자 웰니스 및 셀프 케어에 대한 기본적인 이해를 보여줌.	각 범주에 필요한 적절한 셀프 케어 활동 수 이상을 포함함; 활동은 명확하고 포괄적으로 설명됨; 상담자 웰니스 및 전체적인 셀프 케어에 대한 탁월한 이해를 보여줌.
상담 면허 또는 자격증 필요 요건 (2.F.1.g)	하나 이상의 항목이 누락되었거나, 두 개 이상의 영역에서 충분한 세부 정보가 없거나, 적절한 인용이 누락되었거나, 완전히 잘못된 정보가 포함됨; 전문가 면허 또는 인증 절차 및 요구사항에 대한 기본적인 이해를 보여주지 못함.	모든 항목에 대한 적절한 설명이 포함됨; 대부분의 항목이 명확하게 설명됨; 전문가 면허 또는 자격증 취득 프로세스 및 요구사항에 대한 기본적인 이해를 보여줌.	필요한 각 항목에 대한 세부 정보를 상세하게 제공함; 설명은 명확하고 포괄적임; 전문 면허 또는 자격증 취득 절차 및 요구사항에 대한 훌륭한 이해를 보여줌.
계속 교육 및 면허 유지 (2.F.1.g)	하나 이상의 항목이 누락되었거나, 두 개 이상의 영역에서 충분한 세부 정보가 없거나, 적절한 인용이 누락되었거나, 완전히 잘못된 정보가 포함됨; 계속 교육 자원 및/또는 면허 유지 요건에 대한 기본적인 이해를 보여주지 못함.	요구사항 및 교육 자원에 대한 적절한 설명이 포함됨; 계속 교육 자원 및 면허 유지 요건에 대한 기본적인 이해를 보여줌.	필요한 각 항목에 대한 세부 정보를 상세하게 제공함; 계속 교육 자원 및 면허 유지 요건에 대한 탁월한 이해도를 보여줌.
전문적 관여 (2.F.1.f)	하나 이상의 항목이 누락되었거나, 두 개 이상의 영역에서 충분한 세부 정보가 없거나, 적절한 인용이 누락되었거나, 완전히 잘못된 정보가 포함됨; 전문 상담	모든 항목에 대한 적절한 설명이 포함됨; 대부분의 항목이 명확하게 설명됨; 전문 상담 조직 및 관련 참여 기회에 대한 기본적인 이해를 보여줌.	필요한 각 항목에 대한 세부 정보를 상세하게 제공함; 전문 상담 조직 및 관련 참여 기회에 대한 탁월한 이해도를 보여줌.

	조직 및 관련 참여 기회에 대한 기본적인 이해를 보여주지 못함.		
전문 상담영역 개발 (2.F.1.a)	하나 이상의 항목이 누락되었거나, 두 개 이상의 영역에서 충분한 세부 정보가 없거나, 적절한 인용이 누락되었거나, 완전히 잘못된 정보가 포함됨; 적어도 두 개의 전문 상담 분야에 대한 기본적인 이해를 보여주지 못함.	모든 항목에 대한 적절한 설명이 포함됨; 대부분의 항목이 명확하게 설명됨; 적어도 두 개의 전문 상담 분야에 대한 기본적인 이해를 보여줌	필요한 각 항목에 대한 세부 정보를 상세하게 제공함; 적어도 두 개의 전문 상담 분야에 대한 탁월한 이해도를 보여줌.
전형적 하루: 상담전문가로부터 학습 (2.F.1.b, 2.F.1.c)	하나 이상의 항목이 누락되었거나, 두 개 이상의 영역에서 충분한 세부 정보가 없거나, 적절한 인용이 누락되었거나, 완전히 잘못된 정보가 포함됨; 상담전문가의 역할, 책임 및 기능에 대한 기본적인 이해를 보여주지 못함.	모든 항목에 대한 적절한 설명이 포함됨. 대부분의 항목이 명확하게 설명됨; 상담전문가의 역할, 책임 및 기능에 대한 기본적인 이해를 보여줌.	필요한 각 항목에 대한 세부 정보를 상세하게 제공함; 상담전문가의 역할, 책임 및 기능에 대한 탁월한 이해도를 보여줌.
전문적 옹호 제안서 (2.F.1.d, 2.F.1.e)	하나 이상의 항목이 누락되었거나, 두 개 이상의 영역에서 충분한 세부 정보가 없거나, 적절한 인용이 누락되었거나, 완전히 잘못된 정보가 포함됨; 제안서는 전문적 옹호에 대한 기본적인 이해를 보여주지 못함.	관련 옹호 프로젝트에 대한 적절한 설명이 포함되며, 문헌의 적절한 근거가 포함되며, 대부분의 항목이 명확하게 설명됨; 제안서는 전문적 옹호에 대한 기본적인 이해를 보여줌.	필요한 각 항목에 대한 세부 정보를 상세하게 제공함; 제시된 아이디어는 최신 관련 문헌에 충실하게 근거함; 설명이 명확하고 포괄적임; 제안서는 전문적 옹호에 대한 탁월한 이해도를 보여줌.

참고. CACREP = 상담 관련 교육 프로그램 인준 위원회

상담 및 정신 건강 관련 직업 탐색

측정된 SLO: CACREP 2016 표준 2.F.1.b, 2.F.1.f, 2.F.1.g, 2.F.1.i

이 과제는 전문적 정체성, 업무 범위, 전문 조직, 면허 요건, 윤리 강령, 상담 및 정신 건강 관련 전문가들의 일상적 기능에 대해 학습하는 데 중점을 두고 있다. 다음의 정신 건강 직업들을 비교하는 표를 만든다. 이 표에는 전문상담사, 결혼 및 가족 치료사, 임상 사회복지사, 중독상담사, 심리학자 및 정신과 의사 등의 역할이 포함되어야 한다. 위에 나열된 각 전문가에 대한 직업 탐색표에 다음 항목들을 포함하라.

- 주요 기능, 일상 업무, 공식 인정된 상담실무 범위 및 각 전문가 유형별 일반적인 직무환경
- 인증 기관 또는 이러한 전문가가 일반적으로 속한 전문 회원 협회와 같은 주요 전문 조직
- 각 정신 건강 전문가에 대해 사용 가능한 면허 또는 자격증 명칭
- 각 정신 건강 전문가에게 요구되는 전문가 윤리 및 행동 강령

작성하는 표는 모든 전문가에 대한 각 항목을 명확하고 간결하게 제시해야 한다. 표가 완성되면, 정신 건강 전문가 표에 포함시킨 정보에 대한 2~3페이지 분량의 성찰 보고서를 작성하라. 성찰문에는 다음 질문들에 대해 답하도록 한다. 다른 정신 건강 전문직들은 상담 직종과 어떤 점이 유사한가? 또 그들은 어떤 부분이 다른가? 어떤 맥락적 요인이 이러한 유사점과 차이점에 기여하는가? 표 18.2에는 이 과제와 관련된 채점 기준이 포함된다.

<표 18.2> 상담 및 정신 건강 관련 직업 탐색 채점기준

다음 점수를 사용하여 아래 채점 기준의 각 항목을 평가하십시오.			
2 = 기대 이상. 표가 모든 전문가에 대한 각 항목에 대해 정확하고 상세한 정보를 제공함; 모든 항목의 기술이 명확하고 간결할 뿐만 아니라 전체적으로 포괄적임.			
1 = 기대 충족. 표에 모든 항목을 포함; 모든 전문가에 대한 각 항목에 대해 정확한 정보를 제공함; 대부분 항목의 기술이 명확하고 간결함.			
0 = 기대 이하. 표에 하나 이상의 항목이 누락됨; 여러 항목의 기술이 부정확한 정보를 포함하거나 표 완성도가 눈에 띄게 부족함.			
각 행에 점수를 합산하여 합계 점수를 계산한 다음, 합계 점수를 합산하여 총 점수를 계산함 (가능한 최고 총점 = 60). 다음 범위를 사용하여 전체 학습 결과가 충족되는 정도를 결정함.			
총점: 46~60점 = 기대 이상, 30~45점 = 기대 충족, 29점 이하 = 기대 이하			
1. 표 2.F.1.b. 주요 전문 기능 지식			
전문상담사	□ 2	□ 1	□ 0
결혼 및 가족치료사	□ 2	□ 1	□ 0
임상 사회복지사	□ 2	□ 1	□ 0
중독상담사	□ 2	□ 1	□ 0
심리학자	□ 2	□ 1	□ 0
정신과 의사	□ 2	□ 1	□ 0
	합계 ________		
2. 표 2.F.1.f. 전문가 조직 지식			
전문상담사	□ 2	□ 1	□ 0
결혼 및 가족치료사	□ 2	□ 1	□ 0
임상 사회복지사	□ 2	□ 1	□ 0
중독상담사	□ 2	□ 1	□ 0
심리학자	□ 2	□ 1	□ 0
정신과 의사	□ 2	□ 1	□ 0
	합계 ________		
3. 표 2.F.1.g. 면허 또는 자격증 지식			
전문상담사	□ 2	□ 1	□ 0

결혼 및 가족치료사	□ 2	□ 1	□ 0
임상 사회복지사	□ 2	□ 1	□ 0
중독상담사	□ 2	□ 1	□ 0
심리학자	□ 2	□ 1	□ 0
정신과 의사	□ 2	□ 1	□ 0
	합계 ________		
4. 표 2.F.1.i. 적절한 윤리 강령 지식			
전문상담사	□ 2	□ 1	□ 0
결혼 및 가족치료사	□ 2	□ 1	□ 0
임상 사회복지사	□ 2	□ 1	□ 0
중독상담사	□ 2	□ 1	□ 0
심리학자	□ 2	□ 1	□ 0
정신과 의사	□ 2	□ 1	□ 0
	합계 ________		
5. 성찰 보고서: 상담직과 정신 건강 관련 타전문직 직업의 유사점과 차이점을 파악, 이해, 종합할 수 있는 능력. (이 항목의 총점수에 6을 곱하여 성찰 보고서의 합계 점수를 계산함)			
전문상담사	□ 2	□ 1	□ 0
결혼 및 가족치료사	□ 2	□ 1	□ 0
임상 사회복지사	□ 2	□ 1	□ 0
중독상담사	□ 2	□ 1	□ 0
심리학자	□ 2	□ 1	□ 0
정신과 의사	□ 2	□ 1	□ 0
	합계 ________ X 6 = ________		
전체 총합 점수: ________ 다음 중 하나 선택	□ 29점 이하 = 기대 이하 □ 30~45점 = 기대 충족 □ 46~60점 = 기대 이상		

윤리 그룹 프로젝트

측정된 SLO: CACREP 2016 표준 2.F.1.i

이 과제의 목적은 윤리적인 의사결정 기술을 개발하고, 상담 기관의 윤리적 딜레마를 해결하기 위해 다른 사람들과 협력해보는 경험을 하는 것이다. 학생들을 팀으로 나누고, 각 팀은 같은 기관에서 협력적으로 일을 하는 상담전문가들의 그룹이라고 가정한다. 각 팀은 아래 목록에서 선택한 두 가지 이상의 윤리적 문제가 포함된 사례를 작성하여 교수자에게 제출한다. 그런 다음 각 팀에게는 다른 팀에서 작성한 사례를 제공한다.

아래 목록에서 윤리적 문제를 선택할 수 있다. (우선 어느 팀을 먼저 선택할지 결정하기 위해 추첨한다. 각 팀은 첫 번째 라운드에서 하나의 주제를 선택한 다음, 팀 순서를 반대로 하여 두 번째 이슈를 선택한다. 하나의 이슈는 오직 한 팀에서만 선택 가능하다.)

- 슈퍼비전
- 다중 관계
- 경계 위반
- 상담사 손상
- 내담자 의존
- 가치 충돌
- 다문화 이슈
- 사전동의
- 기록 보관
- 온라인 상담
- 상담 관련 테크놀로지 사용
- 아동 및 청소년
- 동료의 비윤리적인 행동
- 신뢰성
- 성적 매력
- 역량

- 커플 및 가족
- 그룹
- 선물
- 물물교환(Bartering)

각 팀은 제시된 윤리적 딜레마를 해결하기 위해 윤리적 의사결정 모델을 적용해보도록 한다. 각 팀은 사례에 대해 논의한 내용을 구두로 발표한다. 발표 시에 우려 사항에 대해 간략히 설명하고, 잠재적인 행동 방침 및 시사점에 대해 논의하며, 본인의 팀이 취한 조치를 뒷받침하는 최신 연구 근거 및 최종 결정을 제시해야 한다. 표 18.3은 이 과제와 관련한 채점 기준을 포함한다.

<표 18.3> 윤리 그룹 프로젝트 채점 기준

기준 (CACREP 표준)	기대 이하	기대 충족	기대 이상
윤리 그룹 프로젝트/발표 (2.F.1.i)	프레젠테이션은 윤리적인 의사결정 모델의 구성요소가 누락되었거나 활용되지 않음; 사례에 나타난 하나 이상의 윤리적 문제를 식별하지 못함; 프레젠테이션은 윤리 문제에 대한 해결 방안을 요약하는 데 충분한 세부 정보가 부족함; 해결에는 부적절한 행동 방침이 포함됨; 윤리적 문제에 대한 윤리강령이 인용되지 않음; 프레젠테이션은 윤리적 딜레마를 식별하거나 윤리적 의사결정 모델을 적용하는 기본적인 능력을 보여주지 못함.	프레젠테이션은 윤리적 의사 결정 모델을 적절하게 활용하고, 사례에 존재하는 윤리적 문제를 충분히 식별함; 프레젠테이션은 윤리적 문제에 대한 결의안을 요약하는 데 충분한 세부 사항을 제공함; 해결방안을 위한 적절한 행동방침이 포함됨; 윤리적 문제에 대한 윤리강령이 인용됨; 해결방안을 지지하는 참고문헌들을 포함; 프레젠테이션은 윤리적 딜레마를 식별하고 윤리적 문제를 해결하기 위해 윤리적 의사결정 모델을 적용할 수 있는 기본적인 능력을 보여줌.	프레젠테이션은 문화적 맥락 내에서 윤리적인 의사결정 모델을 적용하는 데 있어 그 이상의 역할을 함. 즉, 사례에 존재하는 세 가지 이상의 잠재적 윤리 문제를 식별함; 윤리적 의사결정 프로세스에 대한 설명이 명확하고 포괄적임; 윤리적 문제에 대한 윤리강령이 적절하게 인용됨; 윤리적인 행동 방침이 선택되고 명확하게 설명됨; 프레젠테이션은 윤리적 딜레마를 식별하거나 윤리적 문제를 해결하기 위해 윤리적 의사결정 모델을 적용할 수 있는 탁월한 능력을 보여줌.

참고. CACREP = 상담 관련 교육 프로그램 인준 위원회

제19장

사회문화적 다양성

C. Peeper McDonald and Catherine Y. Chang

사회문화적 다양성에 관한 연구는 상담 분야의 중요한 이슈이며, 우리가 상담전문가, 교육자, 슈퍼바이저로 만나는 내담자와 학생들이 점점 다양해지면서 그 관련성이 더욱 높아지고 있다(Hanna & Cardona, 2012; Rockquemore, Brunsma, & Delgado, 2009). 이처럼 사회문화적 다양성이 증대됨에 따라, 상담의 4번째 힘인 다문화주의는 상담자 훈련의 모든 영역에 스며들어야 하는 핵심 개념으로서 특히 다문화 상담 및 훈련에 사용되는 기술의 확대와 관련하여 더 많은 관심을 받아왔다(Hana & Cardona, 2012; Pedersen, 1991). 사회문화적 다양성에 관한 연구 및 통합은 상담 분야에서 매우 강조되고 있으며, 이런 결과로 사회문화적 다양성은 상담자 훈련과 관련하여 상담자의 핵심역량이며 상담교육과정 표준의 핵심 영역으로 다루고 있다.

상담 분야에서 다문화주의를 적극적으로 수용하고 있는 만큼 상담교육자들은 상담수련생들에게 사회문화적 다양성에 대해 가르치는 책임을 다할 필요가 있다. 상담자 교육 문헌에서는 모든 영역에서 학생의 지식, 기술 및 태도에 대한 평가를 강조하고 있지만, 학생들의 사회문화적 다양성과 관련된 최소한의 역량 달성 정도를 평가하는 것은 쉬운 일이 아니다(Arredondo et al., 1996). 사회적 다양성을 학습하는 궁극적인 목표는 사회문화적 다양성이 어떻게 상담 관계에 영향을 미칠 수 있는지를 이해한다는 것이다. 이를 위해 사회문화적 다양성을 배우는 과정에서 학생들은 자신이 문화적으로 어떤 존재인지 들여다보고, 그들이 타인에게 어떠한 영향을 미치는지를 인식하게 된다. 많은 학생에게 이 과정은 어려울 수 있고 종종 그들을 취약하게 만들기도 한다.

사회문화적 다양성 영역을 학생들에게 가르치고 이를 평가하는 것은 복잡한 과정이지만 보람된 일이므로, 본 장에서는 사회문화적 다양성과 관련된 CACREP(2016) 공통 핵심 역량들의 학습을 평가하기 위한 3가지 활동과 채점 기준을 제공하고자 한다. 첫 번째 활동은 학생들이 자신이 어떤 문화집단의 구성원이며, 이러한 특정 집단의 구성원으로서 얻게 되는 특권을 파악하고, 특권집단의 구성원이라는 것이 그들의 상담에 어떤 영향을 미치는지에 대해 성찰하도록 하는 활동이다. 두 번째는 포토 저널 과제이다. 본 과제에서 학생들은 사진과 성찰적 글쓰기를 매체로 본인들이 타인들과의 관계에서 어떤 모습인지, 상담하기 어려운 내담자 집단과의 관계형성 문제를 어떻게 해결할 수 있는지, 그리고 그들의 존재가 내담자와 상담하는데 전반적으로 어떤 영향을 미치는지에 대해 논의하게 된다. 마지막 활동은 특정 다문화 집단에 대한 종합 조사 보고서이다. 이 과제에는 그 집단의 역사와 현재 상황, 그 집단의 구성원들에 대한 학생의 초기 및 현재 반응에 대한 성찰이 포함된다.

누리고 있는 특권에 대한 성찰 활동 (Chang, Gnilka, & O'Hara, 2014)

측정된 SLO: CACREP 2016 표준 2.F.2.d, 2.F.2.h

'백색 인종이 가진 특권(white privilege)'이란 이 유형에 속하지 않는 사람들은 누릴 수 없는 혜택을 누리게 하는, 마치 특별한 노력 없이 매일 현금처럼 사용할 수 있는 자산들이 가득한 보이지 않는 배낭이라고 정의할 수 있다(McIntosh, 1989). 다양한 문화 그룹의 멤버십은 어떤 특권들과 연관될 수 있다. 4개로 구성된 본 활동에서 학생들은 먼저 자신이 속한 문화 집단의 이름을 정하고, 그 집단과 관련된 특권을 나열하도록 한다. 그런 다음, 그들은 자신이 누리는 특권이 이 그룹에 속하지 않는 다른 사람들에게 어떤 영향을 미치는지에 대한 예시들을 작성하도록 한다. 참여학생들은 그들이 멤버십을 공유하는 문화 그룹과 그들이 누리고 있는 특권들에 대해 나열하고, 이에 대해 개인적으로 성찰하는 시간을 보낸 후, 교수자는 이 활동이 학생들 자신 뿐만 아니라 다양한 문화집단의 내담자들에 대한 이해를 어떻게 촉진시켰는지에 관하여 그룹토론을 진행한다. 그룹 토론하는 과정에서 학생들은 특권 안에서 의도적 혹은 비의도적으로 억압하고 차별하게 만드는 선입견 및 편견들, 그리고 그 과정을 줄이는 데 본인들이 미래의 상담전문가로서 어떠한 역할을 해야 하는지를 배우게 된다. 토론이 끝난 후, 학생들에게 3~4페이지 분량의 보고서를 작성하게 하여 본 활동에 대해 성찰하도록 한다. 이 보고서에서 학생들은 각 문화 그룹과 연관된 특권들을 나열하고, 다음 질문들에 답하게 된다.

1. 내가 경험하는 특권은 이 같은 그룹에 속하지 않는 다른 사람들에게 어떤 영향을 미칠까?
2. 특권 그룹의 멤버십이 그 동일한 특권을 공유하지 않는 내담자와의 상담에 어떤 영향을 미칠까?

표 19.1은 이 과제와 관련된 채점 기준을 포함한다.

<표 19.1> 멤버십은 나름의 특권을 가짐 채점 기준

평가영역 (CACREP 표준)	기대 이하	기대 충족	기대 이상
전통, 태도, 신념, 이해 및 문화적 경험이 타인에 대한 개인의 관점에 미치는 영향 (2.F.2.d)	특권이 문화적으로 다양한 내담자에게 미치는 영향, 특권에 관한 태도 및 신념에 대한 최소한의 지식을 보여줌.	특권이 문화적으로 다양한 내담자에게 미치는 영향, 특권에 관한 태도 및 신념에 대한 적절한 지식을 보여줌.	특권에 관한 태도 및 신념에 대한 탁월한 지식을 보여줌. 특권이 문화적으로 다양한 내담자에게 미치는 영향에 대한 그룹학습에 상당히 기여함.
상담자와 내담자에 대한 권한과 특권의 영향 (2.F.2.e)	상담사와 내담자를 위한 권한과 특권의 영향에 대한 최소한의 인식을 보여줌.	상담사와 내담자에게 권한과 특권의 영향에 대한 적절한 인식을 보여줌. 특권이 같은 그룹에 속하지 않는 내담자와의 관계에 미치는 영향에 대한 토론에 기여함.	상담사와 내담자에 대한 권한과 특권의 효과에 대한 탁월한 인식을 보여줌. 특권이 같은 그룹에 속하지 않는 내담자와의 관계에 미치는 영향에 대한 토론에 상당히 기여함.
고의적 및 비의도적 억압과 차별의 장벽, 편견, 과정을 식별하고 제거하기 위한 전략 (2.F.2.h)	특권과 관련하여 의도적, 비의도적 억압과 차별을 야기하는 편견, 선입견, 그 과정을 제거하는 데 요구되는 개인적인 역할에 대한 최소한의 이해를 보여줌.	적절한 이해를 보여주며, 특권과 관련된 편견/선입견 및 의도적/비의도적 억압을 제거하는 데 요구되는 개인적 역할에 대한 토론에 기여함.	탁월한 이해를 보여주며, 편견/선입견 및 의도적/비의도적 억압을 제거하는 데 있어 특권과 개인적 역할에 대한 토론에 상당히 기여함.

참고. CACREP = 상담 관련 교육 프로그램 인준 위원회

포토 저널 (Or & Smith, 2013에서 인용)

측정된 SLO: CACREP 2016 표준 2.F.2.a, 2.F.2.b, 2.F.2.h

이 활동은 한 학기 내내 누적되는 성찰 경험을 위해 고안되었다. 학생들은 그들이 상담하기 어려울 것이라고 예상되는 내담자 집단을 나타내는 사진들과 학생들이 누구인지 잘 표현해주는 사진들을 창작하게 될 것이다. 학생들은 각 사진과 함께 간단한 성찰일지(최소 한 단락 이상 최대 한 페이지 이하)를 작성한다. 그런 다음, 교수자는 포토 저널에 대한 비밀유지를 강조하면서 본 활동을 통해 경험한 것들에 대해 그룹 토론을 하도록 한다. 포토 저널에 대한 성찰 내용은 다음과 같은 질문들에 답하는 식으로 작성하도록 한다.

1. 나는 누구인가? (어떤 문화 그룹에 소속되어 있다고 느끼나?) 나를 대표하는 사진으로 왜 이 사진을 선택했나?
2. 본인이 소속된 문화집단 중 어떤 집단이 사회적으로 특권을 누리고 있으며 본인은 그 특권을 어떻게 경험하고 있는가?
3. 사진은 자신의 어떤 측면을 표현하지 못하는가? 사진에 나타나지 않을 수 있는 본인의 정체성은 무엇인가? 이로 인해 오해를 경험한 적이 있는가? 외모만으로 다른 사람들에 대해 잘못된 선입견을 품었던 적이 있는가?
4. 본인의 사진은 국내 및 국제적으로 다양한 그룹 내 또는 그 그룹 간의 특성과 관심사를 포함하여 다문화적 및 다원적 경향에 대해 무엇을 말하고 있는가?
5. 어떤 유형의 내담자를 상담하는 것이 가장 걱정이 되나? 그 이유는 무엇인가? 그 내담자 집단을 상담하는 것에 대한 두려움과 불안을 극복하기 위해 무엇을 시도해 볼 수 있는가?
6. 본인이 숨기고 있는 편견은….
7. 이 포토 저널은 다문화 상담 이론, 정체성 발달, 사회 정의에 대한 본인의 성장과 이해에 어떻게 기여했는가?
8. 이런 내담자 집단은 역사적으로 어떤 억압과 편견을 직면해 왔는가?
9. 이 과제를 통해 본인과 다른 사람들에 대해 무엇을 배웠는가?

표 19.2는 이 과제와 관련된 채점 기준을 포함한다.

<표 19.2> 포토 저널 채점 기준

평가영역 (CACREP 표준)	기대 이하	기대 충족	기대 이상
전국적 또는 국제적으로 다양한 집단 내/간의 다문화 및 다원적 특성 (2.F.2.a)	포토 저널 내용에 제시된 다양한 집단 내/간의 특성과 문제를 포함하여 다문화 및 다원적 경향에 대한 최소한의 지식을 보여줌.	포토 저널의 내용에 제시된 다양한 집단의 특성과 문제를 포함하여 다문화 및 다원적 경향에 대한 적절한 지식을 보여주고 포토 저널에 대한 토론에 기여함.	포토 저널의 내용에 제시된 다양한 집단의 특성과 문제를 포함하여 다문화 및 다원적 경향에 대한 탁월한 지식을 보여주며, 포토 저널 토론을 통한 그룹 학습에 상당히 기여함.
다문화 상담, 문화적 정체성 발달, 사회정의 및 옹호이론/모델 (2.F.2.b)	포토 저널의 내용에 제시된 다문화 상담, 문화 정체성 발달, 사회정의 및 옹호이론에 대한 최소한의 지식을 보여줌.	다문화 상담, 정체성 개발, 사회정의 및 옹호이론에 대한 적절한 지식을 보여줌.	다문화 상담, 정체성 개발, 사회정의 및 옹호이론에 대한 탁월한 지식을 보여주며, 포토 저널에 대한 그룹토론에 상당히 기여함.
의도적 및 비의도적 억압과 차별의 장벽, 편견, 과정을 식별하고 제거하기 위한 전략 (2.F.2.h)	의도적/비의도적 억압하고 차별하게 하는 편견, 선입견, 과정을 제거하기 위한 개인적 전략에 대한 최소한의 이해를 보여줌.	적절한 이해를 보여주며, 포토 저널에 나타난 편견/선입견 및 의도적/비의도적 억압을 제거하기 위한 개인적 역할에 대한 토론에 기여함.	탁월한 이해를 보여주며, 편견/선입견 및 의도적/비의도적 억압을 제거하기 위한 개인적 역할 및 포토 저널에 대한 토론에 상당히 기여함.

참고. CACREP = 상담 관련 교육 프로그램 인준 위원회

다른 삶의 방식에 대한 단기 속성 강좌 (Wachter, 2007에서 인용)

측정된 SLO: CACREP 2016 표준 2.F.2.a, 2.F.2.b, 2.F.2.h

이 프로젝트를 위해, 학생들은 그들이 상담하기 어려운 내담자 그룹을 선정한다. 선정한 후, 학생들은 선정한 그룹에 대한 지식과 이해를 쌓기 위한 계획을 작성하고 수행한다. 이 과제는

본질적으로 통합 과제이기 때문에 몇 주간의 성찰, 연구, 기획, 실행이 필요하다. 따라서 이 과제는 벼락치기가 불가능하다.

이 프로젝트를 성공적으로 완료하려면, 학생은 다음 작업들을 수행해야 한다.

- 지식이 부족하거나, 공감 또는 이해를 통해 그들의 당면한 어려움을 살펴보고자 하는 그룹을 선정한다.
- 억압, 선입견 또는 편견에 대한 지배적 또는 관련 문화의 역사적 기록을 분석한다.
- 해당 그룹에 대한 현재 대중문화적 메시지들을(예: TV 및 기타 미디어 표현) 분석한다.
- 선정한 그룹에 영향을 미치는 현재 주제와 동향을 분석한다.
- 직접 스스로 인터뷰에 참여하여 선정한 그룹의 적어도 한 명의 구성원과 상호 작용하고, 적극적으로 그들의 경험을 듣고 이해할 기회를 얻는다. 이상적으로는, 다른 학생들이 진행하는 다수의 인터뷰에 학습자로 참여하여 그 그룹의 관점에 대해 경청하고 긍정적인 대화와 상호작용을 하는 것이 좋다.
- 경험에 대한 10~15페이지 분량의 보고서를 작성한다.

이 과제의 내용은 다음과 같이 구성된다.

- 학생이 그 그룹을 선정한 이유(즉, 본인이 인식한 어려움은 무엇인가?).
- 역사적 및/또는 체계적 억압에 대한 개요.
- 인기 있는 미디어 콘텐츠 및 테마의 예
- 참여했던 체험 활동의 간략한 개요.
- 본인이 인터뷰한 개인들의 특징은 어떤 정체성 모델들과 일치하는가? 이 그룹에 적합한 정체성 모델이 없다면 어떠한 유사점들을 유추해볼 수 있는가? 여기에는 구체적인 인터뷰 예시, 인용, 이러한 결론에 도달한 과정에 대한 논리적 설명 등이 포함되어야 한다.
- 자신의 정체성 발달과 관련된 정서, 반응과 인지에 대한 분석. 문화적 존재로서 발달한다는 측면에서 볼 때 당신은 어디에 있는가?
- 이 활동이 당신에게 준 영향
- 문화적 존재로서 자신의 성장과 도전에 대한 전반적인 성찰

표 19.3는 이 과제와 관련된 채점 기준을 포함한다.

<표 19.3> 다른 삶의 방식에 대한 단기 속성 강좌 채점 기준

평가영역 (CACREP 표준)	기대 이하	기대 충족	기대 이상
개인적 통찰 및 성찰	보고서에 최소한의 성찰적 요소만 포함함. 성찰내용이 피상적이고 표면적임.	보고서에 성찰적 요소 적절하게 포함함. 개인적 편견을 식별하고, 정체성 발달의 맥락에서 자신의 개인적 성찰에 대해 논의함.	종이의 반사 구성요소에 대한 훌륭한 생각과 관심을 보여줌. 개인적인 편견은 종이로 소유되고 직면함. 성장과 도전에 대한 성찰에는 구체적인 계획, 목표 또는 세부 사항이 포함됨.
전국적 및 국제적으로 다양한 집단 내/간의 다문화 및 다원적 특성 (2.F.2.a)	보고서에 제시된 다양한 그룹 내/간 특성 및 관심사를 포함하여 다문화적, 다원적 경향에 대한 최소한의 지식을 보여줌.	학생의 자기성찰과 학습의 종합을 특별히 강조하면서 보고서에 제시된 다양한 그룹 내에서 그리고 다양한 그룹 내/간 특성과 관심사를 포함하여 다문화적, 다원적 경향에 대한 수용 가능한 지식을 보여줌.	학생의 자기성찰, 학습의 종합, 학습이 미래 상담 결과에 미치는 영향을 특별히 강조하면서 보고서에 제시된 다양한 그룹 내/간 특성과 관심사를 포함하여 다문화, 다원적 경향에 대한 탁월한 지식을 보여줌.
다문화 상담, 문화적 정체성 발달, 사회정의 및 옹호이론/모델 (2.F.2.b)	보고서에 제시된 다문화 상담, 문화 정체성 개발, 사회 정의 및 옹호 이론에 대한 최소한의 지식을 보여줌.	다문화 상담, 정체성 개발, 사회 정의 및 옹호 이론에 대한 수용 가능한 지식을 보고서 내용으로 제시하며, 학생의 식별된 그룹에 대한 이해와 관련하여 구체적으로 보여줌.	보고서에 제시된 다문화 상담, 정체성 개발, 사회 정의 및 옹호 이론에 대한 탁월한 지식을 보여줍니다. 특히 학생이 식별된 그룹에 대한 이해와 미래 상담사로서 학생에게 미치는 영향과 관련됨.
의도적/비의도적 억압과 차별의 장벽, 편견, 과정을 식별하고 제거하기 위한 전략 (2.F.2.h)	편견, 선입견, 의도적 및 비의도적 억압과 차별의 과정을 제거하는 개인 전략에 대한 최소한의 이해를 보여줌. 이는 보고서 내에서 증명된 학생의 식별된 그룹과 관련이 있기 때문.	수용 가능한 이해를 보여주고, 학생의 식별된 그룹과 관련된 편견/선입견과 의도적/비의도적 억압을 제거하는데 있어 개인적 역할에 대한 토론에 기여할 수 있으며, 종이 내용 내에서 입증된 의미 있는 자기성찰에 특별히 고려됨.	특별한 이해를 보여주고 의미 있는 자기 성찰과 그 방법에 대해 특별히 고려하여 학생의 확인된 그룹과 관련된 편견/선입견과 의도적/비의도적 억압을 제거하는 데 포토 저널 및 개인적인 역할에 대한 토론에 상당히 기여함. 학생은 종이의

			내용 내에서 입증된 변화의 주체가 될 계획임.
글의 질	반복적인 글쓰기 오류 때문에 의미전달의 어려움이 있음; 초점, 논리, 구성, 양식, 문법 또는 APA 양식 중 두 개 이상 오류가 포함됨.	부분적으로 글쓰기 오류가 있으나 전체적인 의미전달은 명료함; 초점, 논리, 구성, 양식, 문법 또는 APA 양식 중 한 개 이상 오류가 포함됨.	글쓰기가 아주 명료하고 훌륭함; 초점, 논리, 구성, 양식, 문법 및 APA양식 작성 모두 탁월함.

참고. CACREP = 상담 관련 교육 프로그램 인준 위원회; APA = 미국 심리학회.

제20장

인간의 성장과 발달

Laura M. Gonzalez and Maria Adele Paredes.

이 장은 상담 분야에서의 인간발달과 웰빙에 대한
그녀의 헌신을 기리는 뜻에서 Jane E. Myers 박사에게 바친다.

상담전문가들은 그동안 인간의 발달, 성장 및 복지 증진이라는 핵심 가치를 위해 노력해왔다. 사실, 이것은 정신병리적 문제를 다루거나 사회적 맥락을 개선하는 데 중점을 두는 유사 전문 직종과 상담전문가인 우리를 구별하는 중요한 부분이다(Vacc & Loesch, 2000). 진로 발달에서 시작되어 강점 강화 및 웰니스 유지를 중시하는 현재에 이르기까지, 상담가들은 전문직으로서 인간 삶의 모든 과정 및 기능영역(예: 인지, 사회, 정서, 정체성, 도덕, 신체적, 심리적 발달)에서 내담자의 성장을 증진시키기 위해 지속적으로 노력해왔다(Vacc & Loesch, 2000). 따라서, 인간 발달에 대한 상담 분야의 연구는 질병의 증상이나 의학 및 심리학적 진단에 초점을 맞춘 것과 대조적으로, 여러 영역에 걸쳐 진화하는 우리의 능력과 욕구에 초점을 둔다. 상담 분야의 문헌들은 영적 성장, 중독, 진로평가, 학교 상담, 가족치료, 다문화 상담 등의 다양한 주제를 다루며, 발달적 관점에서 광범위하게 탐구해왔다. 따라서 상담자 교육의 교육과정은 여러 분야에서의 다루어진 인간 발달을 하나의 주제로 통합해서 다룬다. 인간발달의 내용을 중점적으로 다루는 '인간발달' 교과목 외에도, 인간발달에 대한 내용은 다른 교과들(예: 진로, 다문화, 상담기술, 집단상담, 측정 및 평가)이나 다른 전문영역들(예: 아동, 청년, 청소년, 성인, 노인, 부부 및 가족, 학교, 대학상담)에서도 다루어질 수 있다.

CACREP 2016 표준은 학습, 성격, 신경 생물학, 사회 시스템, 환경 상황 및 개인 특성을 포함하는 전생애적 발달을 강조하고 있다. 또한 이 표준안은 인간발달에 영향을 미칠 수 있는 위기, 재난, 외상, 중독 및 기타 스트레스 요인들 포함하고 있다. 마지막으로, 상담자들은 탄력적인 대응할 수 있으며, 전생애에 걸친 내담자의 복지를 증진할 수 있는 개입전략을 사용하도록 요구된다. 정신병리학, 측정 및 진단 분야의 교육과정 프로그램의 경우, 발달적 관점은 유용한 전환점이 될 수 있다. 모든 규범적 및 발달적 문제는 개별적 진단 관점에서 종합적 사례개념화 관점(Ivey, Ivey, Myers, & Sweeney, 2005; Zalaquett, Fuerth, Stein, Ivey, 2008)으로 전환함으로써 새롭게 개념화할 수 있다. 즉, 내담자가 보고하는 정신 건강 관련 증상들을 주어진 환경 안에서 경험하는 도전이나 장벽에 대처하기 위한 발달적 대응이나 노력으로 이해할 수 있다(Ivey & Ivey, 2005). 이는 내담자의 사고, 행동, 정서는 현재 삶의 맥락에서 역기능적일 수 있지만 반드시 병적인 것만은 아닐 수 있다는 것을 의미한다(Zalaquett et al., 2008).

발달적 상담 및 치료 (Ivey, 1986)는 교수자와 학생들 모두에게 발달이론을 상담 실제와 연결시킬 수 있는 기회를 제공한다. 따라서 발달적 상담 및 치료의 관점에서 상담수련생은 내담자의 심리사회적 스트레스 요인들이 어떻게 생물학적, 가족관계적, 문화적, 사회적 맥락과 상호작용하는지 인식할 수 있게 된다. 발달에 초점을 둔 상담사정면접은 상담자들이 내담자가 본인의 호소문제를 설명하기 위해 어떤 정보처리패턴을 활용하고 있는지, 그 특정 상황에서 차단되거나 활용되지 못하게 되는 패턴은 무엇인지 파악할 수 있도록 한다. 이처럼 건강한 발달과 웰니스를 위한 개입은 차단된 패턴을 발견하도록 도우며, 본인의 강점을 강화하고, 발달을 촉진하는 데 초점을 두기 때문에, 내담자는 이를 통해 삶의 의미를 새롭게 구성할 수 있고 문제를 해결하는 새로운 방법을 경험할 수 있게 된다. 이러한 개입은 환경 또한 고려하기 때문에 빈곤이나 차별과 같은 맥락적 스트레스 요인들로 인해 힘들어하는 내담자들을 병리적으로 보지 않고, 건강한 발달을 위한 장벽과 장애물을 제거하는 데 중점을 둔다.

본 장에서 포함된 과제와 활동은 여러 다른 교과들에서 도출되었으며, 상담 장면에서 발달을 효과적으로 다루기 위한 다양한 모델을 제공하는 것을 목적으로 한다. 그러나 우리는 독자들이 이러한 모델을 창의적이고 적응적으로 사용할 것을 권장한다. 예를 들어, 발달 면접 과제(developmental interview)의 사례 개념화 활동을 확장하여 DSM 진단적 접근과 발달적 상담 접근을 비교하고 대조하는 데 활용해 수 있다. 또한 더 다양한 사례에 적용해보기 위해 이전 수업에서 다룬 내용과 관련된 맥락적 고려 사항들을 보여주는 비디오 사례들을 포함할 수도 있다.

마찬가지로, 디지털 미디어 프로젝트(digital media project)는 학생들이 아동들, 청소년들 또는 어른들을 관찰하거나 그들과 상호작용하는 데 활용될 수 있다. 또한 교수자는 가장 관련성이 높은 발달영역(예: 인지, 사회, 정서, 정체성, 심리)으로 초점을 좁히거나 범위를 넓게 하여 여러 발달영역에서 어떻게 통합적으로 발달하는지 살펴보도록 할 수 있다. 학생들은 왜 개인이 사회적보다는 인지적으로 더 빠르게 발달하는지 뿐만 아니라, 필요한 발달영역에서 어떤 유형의 상담적 개입들을 제공할 수 있는지에 대해 생각해볼 수 있다.

마지막으로 발달적 전환 보고서(developmental transition paper)는 교수자가 적용하고자 하는 수업 수준에 따라 그 범위를 좁히거나 넓힐 수 있다. 발달적으로 전환기에 해당하는 연령에 대해 논의할 때, 교수자는 각 생애 단계에 최적의 건강 및 웰빙 상태를 나타내는 지표들에 대해 토론하도록 교실 토론을 심화시킬 수도 있다. 구체적으로, 학생들이 각 연령대에서 경험할 수 있는 전형적인 장벽/위기/스트레스요인의 종류와 내담자의 발달 수준에 맞게 탄력적으로 적용할 수 있는 지원 방법 및 자원의 유형에 대해 토의를 하도록 돕는다. 이 과제에 대한 설명은 ACA-ACES 강의 계획서 모음집에 공유된 수업계획서(MHS 6423- 청소년 상담 수업)의 내용을 수정한 것이다.

발달 면접

측정된 SLO: CACREP 2016 표준 2.F.3.a, 2.F.3.b, 2.F.3.c, 2.F.3.e

본 과제에서는 Tamase(1989)의 자기성찰적 발달 상담(Introspective Developmental Counseling; IDC) 프로토콜(Ivey et al., 2005의 부록 참조)을 이용하여, 다른 수강생과의 인터뷰를 실시한다. 모든 회기는 상담실에서 진행하며, 회기 내용은 비디오로 녹화하여 실습 수업의 일부로 슈퍼비전을 받도록 한다. 한 회기에서는 내담자 역할을, 또다른 회기에서는 상담자 역할을 하도록 한다. 1회기 시간은 50~60분이다.

개인정보(한 단락 이상 최대 0.5 페이지), IDC 인터뷰(한 단락이상 최대 0.5 페이지), 발달이론에 대한 학습한 내용(2.5 페이지)을 간략하게 기술한 3페이지 분량의 보고서(APA 양식)를 작성한다. 학습한 내용은 수업에서 다루었던 적어도 세 가지 이상의 발달 이론들이나 이슈들과 관련되어야 한다. 선택한 이론에 대한 참고문헌을 제시해야 하며, 이론의 특징에 대한 간략한 진술과 이론을 뒷받침하는 하나 이상의 인터뷰 예문을 포함해야 한다. 인지기능에 대한 평가는 인터뷰 내용 요약에 포함한다. 본 보고서 마지막에는 IDC 인터뷰 질문의 전체 또는 일부가 미래 내담자를 만날 때 어떻게 활용될 수 있는지에 대한 결론(0.5 페이지 정도 작성)이 제시되어야 한다.

표 20.1, 20.2 및 20.3은 발달 면접 및 제시된 다른 과제들의 채점 기준을 포함한다.

<표 20.1> 발달 인터뷰 채점 기준

평가영역	기대 이하	기대 충족	기대 이상
내담자 입장을 이해하기 위한 실습 참여	학생이 실습 면접의 내담자 또는 상담사 부분을 완료하지 못함.	학생은 실습 면접의 두 부분을 모두 완료했지만, 인간 개발에 대한 통찰력이 나타나지 않는 표면적 수준(상담사 또는 내담자)에서 다루어짐.	학생은 실무면접의 두 부분을 모두 완료하였고, 프로토콜을 철저히 수행하고 내담자의 관점에서 진정한 세부 사항을 공유하는 데 있어 부지런한 노력을 보임.
상담자 관점에서 IDC 프로토콜 수행	인터뷰 보고서에는 내담자 서술에 대한 설명이 거의 없고, 내담자의 스타일에 대해 배울 수 없거나, 깊이와 통찰력이 부족함. 실제적인 상담 운동으로서, 그 학생은 기술을 입증하지 못함.	인터뷰 보고서에는 기본적인 수준의 내담자 서술에서 요구되는 섹션과 내용이 수록됨. 그러나 통찰력과 설명은 상세하거나 완전히 표현되지 못함. 실제적인 상담 연습으로, 그 학생은 적절한 기술을 보여줌.	인터뷰 보고서에는 필요한 섹션이 수록되어 있으며, 내담자 설명에 있어 새롭고 중요한 의미를 부여함. 통찰력은 상세하고 명료하게 제공된다. 실제적인 상담 운동으로서, 그 학생은 높은 수준의 기술을 보여줌.
성격, 학습 스타일 및 환경 요소를 포함한 전생애적 발달이론	보고서는 어떤 발달이론에서도 기초를 보여주지 못함.	학생들은 발달이론을 언급하지만, 가정과 세부 사항에 대한 숙달성을 보여주지 못함. 학생들은 인간 발달이론에 대한 기본적인 이해를 보여준다.	학생들은 발달이론의 전폭적이고 깊이 있는 사용법을 보여줌. 학생들은 인간의 발달에 대해 깊은 이해와 통찰력을 보여줌.
글쓰기 표현	문어체 표현은 초점, 논리, 조직, 스타일, 문법 또는 APA 스타일 중 하나 이상에서 부족함을 나타냄.	문어체 표현이 집중력, 논리, 조직력, 스타일, 문법, APA 스타일에 가끔 부족함이 보이지만 대부분 작가의 의미를 잘 전달함.	작성한 내용이 유창하고 명료하며 표현력이 풍부하고 정확함. 글의 초점, 논리, 구성, 양식, 문법, APA 양식 등에 오류가 전혀 없음.

참고. IDC = 자기성찰적 발달 상담, APA = 미국 심리학회

관심 집단의 맥락적 발달 과정을 기술하기 위해 디지털 스토리텔링을 활용하기

측정된 SLO: CACREP 2016 표준 2.F.3.e, 2.F.3.f, 2.F.3.g, 2.F.3.i

학생들에게 소그룹으로 다음의 활동을 하도록 한다.

- 더 알고 싶은 집단을 선정하라.
- 학문적 문헌을 검토하여 선정한 집단의 정신 건강 문제나 웰빙 문제가 어떻게 설명되어 왔는지 또는 그들의 발달을 위해 어떤 이론이 사용되었는지 이해하라. 그룹을 위해 간단한 문헌 검토 보고서를 작성하라. 이 보고서는 당신이 발견한 기사를 설명한 후 그 정보를 통합하여 이 인구 집단에서 개인의 발달 강점과 도전에 대해 아직 알 수 있는 것과 알 수 있는 것에 대한 그림을 만든다. 그 과제는 3~4페이지로 APA 양식에 맞게 작성하라.
- 해당 집단과 직접 의사소통을 해 볼 수 있는 방법(예: 기관, 지원 업체, 커뮤니티 내 연락처, 소셜 미디어 사이트)을 찾는다. 사전동의서를 꼭 제공하고, 동의서에는 공유된 모든 내용은 수업 최종 발표에만 사용되며 그 이외에는 비밀보장이 될 것이라는 사실을 포함하도록 한다. (참고: 이 과제는 원래 대학생 모집단을 연구하기 위해 시행되었으므로, 더 큰 스트레스를 겪고 있거나 정신 건강 문제를 가지고 있을 가능성이 높은 집단에게 이 과제를 적용할 경우에는 윤리적인 고려가 더 필요함.)
- 해당 집단의 약 8~10명 구성원을 섭외하여 다음의 질문들을 잘 보여주는 3장의 사진이나 이미지들을 보여 달라고 요청한다.
  · 본인이 속한 공동체의 일원으로서의 삶은 어떠한가?
  · 개인적, 사회적, 학문적 또는 직업적 목표를 달성하려고 할 때 이 그룹의 구성원으로서 경험하는 스트레스 요인 또는 장벽은 무엇인가?
  · 본인에게 성공 또는 웰빙을 달성한다는 것은 어떤 의미인가? 어려운 문제들에 탄력적으로 대처하는 데 도움이 되는 것은 무엇인가?
- 참여자들이 보여준 이미지들이나 질문들에 대해 그들의 답변을 들을 수 있는 적절한 방법을 찾는다. (예: 개별 약속, 그룹 미팅, 공개 포럼, 웹 기반 옵션)
- 이 경험이 이 인구 집단에서 개인에 대한 당신의 생각을 어떻게 변화시키고 있는지에 대한

성찰 로그를 보관하라.

- 마지막 두 수업 동안 공유할 프레젠테이션을 만드십시오. 여기에는 PPT 또는 Prezi, 오디오/비디오 파일 또는 미디어 "벽"이 포함될 수 있지만 이에 국한되지는 않는다. 여러분의 급우들이 이러한 각 개인의 입장에서 어떤 모습인지 이해하도록 돕기 위해 디지털 스토리텔링을 생각해보라.

최종 수업 프레젠테이션에서 다음 내용들을 제공하기 바람.

1. 선택한 모집단(예: 크기, 인구 통계, 문화, 사회, 교육적 특성)에 대한 간략한 설명(15분)
2. 디지털 스토리텔링 프로젝트—경험이나 요구를 자신의 말로 기술하는 개인(15~20분)
3. 그들의 요구를 해결하기 위해 개발되거나 강화될 필요가 있는 상담 서비스들에 대한 설명(15분).
4. 이 활동에 참여하면서 선정한 집단에 대한 인식이 어떻게 변화되었는지에 대한 성찰: 본인이 작성한 저널의 내용을 활용하여 작성 가능 (10분).

<표 20.2> 디지털 스토리텔링 채점 기준

평가 영역 및 기준	기대 이하	기대 충족	기대 이상
작성 내용			
인간 발달, 기능, 행동에 영향을 미치는 개인적, 생물학적, 신경학적, 생리학적, 체계적, 영적, 환경적 요인	문헌 리뷰에서 학생은 이론을 참조하지 않으며 인용된 연구들이 표면적으로 제시되었으며, 심도 있게 통합되지 못함. 학생들은 이 집단의 주요 발달 문제를 전달하지 못함.	문헌 리뷰에서 학생들은 이론을 포함하고 인용된 연구 간의 어느 정도 연관성을 제시함. 학생들은 이 집단의 발달 문제에 대한 기본적인 모습을 전달함.	문헌 리뷰에서 학생들은 이론을 활용하고 인용된 연구들을 훌륭하게 통합하여 제시함. 학생은 선택된 집단과 그들의 발달에 대한 모습을 상세하게 잘 제시함.
전 생애에 걸쳐 위기, 스트레스 요인 및 기타 트라우마가 유발 사건이 개인들에게 미치는 영향	학생은 이 집단에 대한 관련 상황별 고려 사항이나 스트레스 요인을 전달하지 못함.	학생은 이 집단에 대한 관련 상황별 고려 사항 또는 스트레스 요인의 기본 모습을 전달함.	학생은 이 집단에 대한 관련 상황별 고려 사항 또는 스트레스 요인의 전체 모습을 잘 전달함.
심리적 탄력성, 최적의 발달 및 복지 증진을 위한 윤리적, 문화적 개입전략	학생은 이 집단의 요구를 해결하거나 건강한 개발을 촉진할 수 있는 관련 전략이나 자원을 전달하지 못함.	학생은 이 집단의 요구를 해결하거나 건강한 개발을 촉진할 수 있는 관련 전략이나 자원의 기본적인 그림을 전달함.	학생은 이 집단의 요구를 해결하거나 건강한 개발을 촉진할 수 있는 관련 전략 또는 자원의 전체 모습을 잘 전달함.
구두발표			
디지털 미디어 사용: 창의성 및 스타일	시각적 이미지는 희박하고 면접을 본 학생들의 디지털 이야기에 통합되지 못함. 창의성과 스타일은 미미함.	시각적 이미지는 면접을 본 학생들의 관점을 충분히 나타냄. 이미지가 통합되어 학생들의 이야기를 제시하였으며, 창의성과 문체가 적절함.	시각적 이미지는 생생하며 인터뷰에 응한 학생들의 명료하고 설득력 있는 디지털 스토리를 제공함. 전체적인 디지털 프로젝트는 완전히 통합되어 있고, 이미지는 서사를 뒷받침하는 추가적인 세부사항을 제공함. 창의성과 문체가 뛰어남.

발표 스타일	팀 구성원은 학습과 발표 방식의 창의성에 대한 언급은 미미함. 프레젠테이션은 모집단에 대한 총체적이고 일관성 있는 견해로 요약되지 못함.	팀 구성원은 학습에 대한 설명과 발표 방식의 창의성이 적절함. 프레젠테이션은 기본 수준에서 모집단에 대한 일관성 있는 관점을 제시함.	팀원은 학습에 대한 평가와 발표 방식의 창의성이 우수함. 프레젠테이션은 인구의 총체적이고 설득력 있게 제시됨.
초점/구성	언어 및 디지털 미디어 프레젠테이션은 집중적이거나 논리적이거나 설득력이 부족함.	구두 및 디지털 미디어 프레젠테이션은 어느 정도 집중적, 논리적 또는 설득적임.	언어 및 디지털 미디어 프레젠테이션은 매우 집중적, 논리적, 설득적임.

발달적 전환 보고서

측정된 SLO: CACREP 2016 표준 2.F.3.a, 2.F.3.e, 2.F.3.f, 2.F.3.i

학생들은 과도기 동안 자신이 직면하고 있는 발달적 문제를 사전 조사하고 논의할 준비 한다. 다음과 같은 예시들이 포함될 수 있지만 이에 국한되지는 않는다.

- 유치원 활동에서 초등학교로의 전환
- 고등학교에서 직장 또는 대학으로의 전환
- 후기 청소년 역할에서 초기 성인 역할로 전환
- 직업인 역할(예: 진로, 가족 책임)에서 은퇴로 전환

학생들은 위에 열거된 네 가지 발달적 전환기 중 하나를 선택하고 6~8페이지 분량의 보고서를 작성한다. 학생들은 본인이 선택한 전환기에 대해 우선 설명함으로써 보고서와 논의 내용에 대한 맥락을 제공한다. 이러한 전환기에 본인이 인지/학습적, 사회적, 정서적, 신체적 발달과 관련하여 기대할 수 있는 변화들을 포함하여 작성한다. 또한 이 전환기 단계에 주로 상호작용하는 부모, 배우자 또는 친구들을 위한 조언 및 자원들을 포함할 수 있다. 마지막으로, 이런 전환과정에 도움이 되는 상담적 개입에 대해 작성한다. 수업 시간에 공유할 1페이지 분량의 개요를 준비한다. 본 보고서는 미국심리학회 출판 매뉴얼(6차 개정; APA, 2010)에 수록된 APA 양식에 맞게 작성되어야 한다.

<표 20.3> 발달적 전환 보고서 채점 기준

평가영역	기대 이하	기대 충족	기대 이상
전생애적 발달 및 전환 이론	발달 기간 및/또는 그들 사이의 전환에 대한 설명은 완전히 정확하지 못함	발달 기간과 전환의 구성요소는 존재하며 정확하지만, 세부 사항이나 정교함이 부족함	발달 기간과 전환은 완전히 정확하고 웅변과 디테일로 묘사됨.
인간의 발달, 기능, 행동에 영향을 미치는 개인적, 생물학적, 신경학적, 생리학적, 체계적, 영적, 환경적 요인	학생은 발달 유형(예: 인지/학습, 사회적, 정서적, 신체적) 중 하나만 포함.	발달 유형 중 2, 3가지 유형의 세부 내용을 포함하여 잘 제시됨; 또는 3가지 이상의 유형이 제시되었으나, 그 설명이 부족함	여러 발달 유형을 포함하였으며, 이러한 영역에서 예상되는 변화에 대한 자세한 설명을 제공함.
심리적 탄력성 및 최적의 발달을 촉진시키기 위한 개입 (예: 상담 실습)	단 하나의 실제적인 시사 부분(예: 부모에 대한 조언 또는 상담 개입)만 포함되며, 예시할 수 있는 예는 거의 제공되지 못함.	실제적인 의미 영역은 모두 포함되지만(부모/동료 및 상담 개입), 상세 설명은 부족함.	두 가지 시사 부분이 모두 포함되어 있으며, 학생은 이러한 발달 변화를 겪는 개인을 지원하는 방법을 명확하게 기술함으로써 이론에서 응용으로 옮겨갈 수 있는 분명한 능력을 보여줌
글의 질	보고서는 APA 양식을 따르지 않으며, 명확하고 논리적으로 작성되지 않으며, 한 페이지 개요를 포함하지 않음.	보고서는 APA 양식에 맞지 않는 몇 개의 오류가 있으나, 기본적인 수준의 명확성으로 의미를 전달하며, 최소한의 세부 사항으로 한 페이지 개요를 포함함.	보고서는 APA 양식에 맞게 잘 작성되었으며, 그 의미를 명쾌하고 논리적이며 설득력 있게 전달하며, 한 페이지 분량의 전체 개요를 포함함.

참고. APA = 미국 심리학회

제21장

진로상담 및 개발

Marie F. Shoffner

진로상담자 또는 진로상담을 수강하는 학생들의 훈련 및 슈퍼비전에 대한 연구는 상대적으로 부족한데, 특히 "진로상담자 양성을 위한 효과적인 교육적 접근에 대한 경험적 또는 이론적 연구가 부족하다" (Ladany & O'Shaughnessy, 2014, p. 375). Barrio Minton 등(2014)은 10년간의 상담 분야 논문들을 검토한 결과, 진로상담교육에 대한 연구는 겨우 4편뿐이라고 보고하였다. 최근까지, 진로 관련 수업들의 성과를 평가하는 방법에 대한 문헌도 상대적으로 적었다. 그러나, 진로상담에 관한 여러 문헌에서는 진로 관련한 변인들을 평가하는 방법들을 상담수련생들이 잘 학습하도록 도울지(예: Osborn, 2009), 그리고 진로상담 및 개발 수업들의 여러 활동들을 어떻게 다른 석사 교육과정들뿐만 아니라 학생들 자신의 진로개발과 관련되고 연결되도록 설계할지에 대해 지속해서로 논의되어 왔다(예: ACES & National Career Development Association [NCDA], 2000; Ladany & O'Shaughnessy, 2014; Osborn, 2009; Pope & Minor, 2000).

학생들은 종종 진로상담 및 개발의 핵심 내용 영역이 중요하지 않다고 생각한다(Ladany & O'Shaughnessy, 2014; Lara, Kline, & Paulson, 2011; Toman, 2012). 진로 교과목을 수강하기 전에, 많은 학생은 진로상담에 대한 오해와 부정적인 생각을 가지고 있다(Lara et al., 2011). 학생들은 진로상담 수업이 임상적 적용과 관련이 없거나 그 적용가능성이 부족하다고 생각한다 (Ladany & O'Shaughnessy, 2014). Ladany와 O'Shaughnessy(2014)는 진로상담에 대한 학생들의 낮은 관심과 부정적인 태도를 설명하기 위해 '열정 공백(enthusiasm gap)'이라는 용어를 사용했다(Lara et al., 2011).

그러나, 일의 세계는 모든 내담자의 삶에서 중요한 측면이며, 개인의 복지 증진에 미치는 진로 개발의 역할과 그에 대한 이해는 윤리적인 상담실무에 있어 매우 중요하다. 그렇게 때문에 비록 많은 진로상담전문가들과 상담교육자들은 진로상담이 상담자 교육에서 계속 소외되어 왔다고 여기고 있지만 (예, Ladany & O'Shaughnessy, 2014; Lara et al., 2011; Toman, 2012), 상담교육 인준기관 및 상담 전문협회들은 진로상담을 상담자 교육의 필수요소로 인정하고 있다(Lara et al., 2011).

상담 전공 프로그램이 진로상담에 특화되어 있지 않다면, 대부분의 석사과정 학생들은 석사과정 동안 한 과목의 진로상담 및 개발 수업을 이수한다(Lara et al., 2011). 그러므로 이 수업은 진로상담에 대한 학생들의 관심과 태도에 많은 영향을 미치게 된다. 이 진로 수업에 포함된 활동들, 이 수업을 가르치는 교수자의 태도, 그리고 동료 학생들의 긍정적인 혹은 부정적인 코멘트들 모두 학생들의 태도에 많은 영향을 미친다(Lara et al., 2011).

Lara 등(2011)은 그들 연구에서 학생들이 자신의 삶에 또는 내담자의 진로에 진로 개념 및 내용을 적용하고 통합했을 때, 진로 개입 및 진로 개발의 중요성을 인식했다고 보고하였다. 또한 그들은 동료 학생들 또는 내담자들과의 실습 활동이 진로상담에 대한 긍정적인 태도 형성과 관련이 있다고 보고하였다. 하지만, 이 연구에 참여했던 학생들은 진로상담 실습에서 본인이 유능하다고 느끼지 못했다(Lara et al., 2011).

Toman(2012)은 "학생들이 자신의 진로 스토리의 특성을 이해할 수 있는 학습환경을 조성하는 것이 진로상담 및 개발 분야에 대한 흥미를 이끌 수 있는 한 가지 방법"이라고 제안했다(p. 188). 또한 진로상담을 다른 상담영역들과 연결시키는 것은 진로상담이 상담교육의 비주류에 해당한다는 믿음을 방지한다(Lara et al., 2011). 이 두 가지의 제안 모두 ACES와 NCDA(2000)의 권고사항과 일치한다.

이 장에서는 2개의 과제와 1개의 시연 활동을 소개하였다. 이는 석사과정 학생들이 진로 이론 및 평가(assessment)에 대한 이해를 높이고, 이를 그들 자신의 진로 개발에 대한 이해에 적용하도록 도우며, 표준화/비표준화 검사에 대한 해석 및 진로상담 기술을 향상시키는 데 활용될 수 있다. 첫 번째 활동은 이미 기초적인 상담 기술 및 이론 수업을 이수한 석사과정생들의 상담 능력을 개발하기 위한 것이다. 두 번째 활동은 학생의 본인 진로에 대한 자기평가에 초점을 맞춘 과제이다. 마지막 활동은 상담 개입 포트폴리오(또는 온라인 포트폴리오)로, 이는 특정 집단의 진로상담 및 개발을 위한 구체적인 개입 방법을 작성해보는 활동이다.

진로상담 및 평가 실습

측정된 SLO: CACREP 2016 표준 2.F.4.e, 2.F.4.i

본 상담 실습 활동은 학생들의 적성, 흥미, 가치관, 성격 등 핵심 진로 개발 요소들을 평가하는 기술을 확인하고(표준 2.F.4.e), 진로 계획 및 의사결정을 위한 평가도구와 기법 사용에 대한 학생의 역량을 평가하기(표준 2.F.4.i) 위해 설계되었다.

모든 학생들이 본 수업의 일환으로 다양한 진로 관련 평가에 참여하도록 한다. 학생들은 수업 시간동안 진로 가계도(Career Genogram), 진로 인생곡선그래프(Career Lifeline), 홀랜드 SDS 검사(Self-Directed Search), 스트롱 흥미검사(Strong Interest Inventory), 가치 분류/순위(Values Sort/Ranking), MBTI검사(Myers Briggs Type Indicator) 그리고 생애 스토리(Life Story) 등 평가도구들을 활용하여 순차적으로 동료 학생들과 실습을 하도록 한다. 이때 박사 과정생과 교수자는 학생들의 수행을 평가한다. 표 21.1과 21.2에는 이러한 과제들과 관련된 채점 기준이 제시되어 있다.

<표 21.1> 진로상담 및 평가 실습 채점 기준

평가영역 (CACREP 표준)	기대 이하	기대 충족	기대 이상
능력, 흥미, 가치관, 성격 및 기타 진로 개발 요소들을 평가하는 전략 및 기술의 사용 (2.F.4.e)	평가 완료 및 내담자 역할 또는 상담사 역할 실습에 적극적으로 참여하지 못함. 교수자 또는 박사 과정 학생이 제안하는 상담지침은 다루려 하지 않음. 피드백에 근거하여 상담에 반영하지 않음.	평가를 완료하고 내담자 역할과 상담사 역할을 실습하는 데 적극적으로 참여함. 교수자가 제안하는 가이드라인을 다루려고 시도함. 피드백에 근거하여 상담에 반영함. 상담 및 평가 스킬을 어느 정도 성장함.	평가를 완료하고 내담자 역할과 상담사 역할을 실습하는 데 적극적으로 참여한다. 교수자가 제안하는 가이드라인을 다루려고 시도한다. 피드백에 근거하여 상담에 반영함. 여러 상담에 걸쳐 피드백을 일반화함. 상담 및 평가 기술에서 유의하고 일관성 있는 성장을 나타냄.
진로 계획 및 의사 결정과 관련된 평가도구 및 기법을 식별 및 수행역량 (2.F.4.i)	평가도구를 적절하게 사용하지 않거나 진로 탐색, 계획 및 의사 결정과 관련된 상담 기법을 사용하지 않음	대부분의 평가도구를 적절하게 사용하고, 대부분의 경우 강사가 기술한 진로 탐색, 계획 및 의사 결정과 관련된 상담기법을 사용함.	거의 항상 모든 평가도구를 적절하게 사용하고, 강사가 기술한 진로 탐색, 계획 및 의사 결정과 관련된 상담 기법을 사용함. 학기 중에 평가도구 및 기법의 사용량이 지속적으로 증가함.

참고. CACREP = 상담 관련 교육 프로그램 인준 위원회

진로여정 자기평가

측정된 SLO: CACREP 2016 표준 2.F.4.a, 2.F.4.b, 2.F.4.c, 2.F.4.d

학생들은 학기 중 여러 번의 표준화 및 비표준화 진로 평가에 참여하고, 이 평가에 대한 상담 실습에도 참여하게 될 것이다. 이러한 평가는 진로 개발 및 진로상담 과정에 대한 이해를 돕는다. 이런 평가도구들은 자신에 대한 이해도를 높이고, 성장하며, 비판적으로 사고할 수 있도록 돕는다. 학기 중의 모든 진로사정 및 실습 경험은 이 과제를 위한 기초자료(데이터)를 제공한다.

본 과제에서 학생들은 홀랜드 SDS검사, 스트롱 흥미검사, 기술 자신감 검사(스트롱 흥미검사의 일부), MBTI 검사에 나타난 자신의 특징에 대해 작성하고, 자신의 검사 결과에 대한 상세한 논의를 제시해야 한다. 학생들은 그들의 개인적인 진로 개발을 위해 이러한 검사 결과를 어떻게 적용할 수 있을지에 대한 내용도 포함해야 한다.

또한 학생들은 수업 동안 사용해본 다른 모든 평가들에서 얻은 추가 정보를 포함해야 한다. 이 과제에서 학생들은 현재 소속된 상담교육프로그램 내에서의 여정을 포함하여, 이러한 표준화, 비표준화 평가내용들이 그들의 진로여정 안에서 어떻게 묘사되는지에 대해 논의해야 한다.

<표 21.2> 진로 여정 자기평가 채점 기준(200점)

평가영역 (CACREP 표준)	기대 이하	기대 충족	기대 이상
APA 양식, 적절한 문법, 올바른 맞춤법 준수	APA양식을 준수하지 않거나 잘못된 문법, 철자법 및/또는 구두점 사용 (0~17점)	대체적으로 APA양식을 준수함; 거의 항상 정확한 문법, 철자법, 구두점사용. (17~18점)	항상 APA양식을 준수함. 항상 올바른 문법, 철자법 및 구두점 사용. (18.5~20점)
3가지 주요 평가도구(스트롱흥미검사, MBTI검사, 가치관 검사)의 목적 및 사용에 대한 이해 (2.F.4.e, 2.F.4.i)	스트롱흥미검사, MBTI 또는 가치관검사는 논의하지 않거나, 이 세 가지 평가의 세부 결과를 포함하지 않거나, 개인 진로여정에서 해당 결과의 의미(관련성)를 다루지 못함. (0~29.5점)	각 평가의 목적에 대한 기본 정보를 포함하여 스트롱흥미검사, MBTI 및 가치관 검사가에 대해 논의함. 상세하고 관련성 있는 결과 및 그 결과의 의미(관련성)를 개인 진로여정에 제시함. (30~32.5점)	각 항목의 목적, 구조, 사용 및 속성에 대한 기본 정보를 포함하여스트롱흥미검사, MBTI 및 가치관검사에 대해 논의함. 관련 결과와 그 결과의 세부적인 의미(관련성)를 개인별 여행으로 제시함. (32.5~35점)
추가 평가도구의 목적과 사용에 대한 이해 (진로가계도, 진로인생곡선, SDS, 생애스토리) (2.F.4.e, 2.F.4.i)	추가 평가를 논의하지 않거나, 추가 평가 결과를 포함하지 않거나, 해당 결과의 의미를 다루지 못함 (0~29.5점).	진로개발에 대한 최소 두 가지 이론/모형을 올바르게 제시하고 이를 개인진로여정과 연관시킴; 제시한 이론/모델과 세 가지 기본 평가(스트롱흥미검사, MBTI, 가치평가) 및 개인진로여정을 올바르게 연결함. (30~32.5점)	진로개발에 대한 최소 세 가지 이론/모형을 올바르게 제시하고, 이를 개인진로여정과 세부적으로 연관시킴; 제시한 이론/모델과 세 가지 기본 평가, 수업에서 다룬 다른 평가결과 및 개인진로여정을 올바르게 연결함. (32.5~35점)
진로개발, 상담, 의사결정의 이론과 모델에 대한 지식 및 이해 (2.F.4.a)	진로 개발의 이론이나 모델을 다루지 않거나, 이론이나 모델을 잘못 제시함 (0~29.5점).	진로 개발에 대한 최소 두 가지 이론/모형을 올바르게 제시하고 이를 개인진로여정과 연관시킴. 이러한 이론/모델을 세 가지 기본 평가(스트롱흥미검사, MBTI, 가치평가) 및 개인진로여정에 올바르게 연결함. (30~32.5점)	진로 개발에 대한 최소 세 가지 이론/모형을 올바르게 제시하고, 이를 개인진로여정과 세부적으로 연관시킴. 이러한 이론/모델을 세 가지 기본 평가, 기타 동급 내 평가 및 개인진로여정에 올바르게 연결함. (32.5~35점)

업무, 가족 및 기타 삶의 역할과 요소 사이의 상호관계에 대한 지식 (2.F.4.b)	업무, 가족, 삶의 역할 또는 기타 요소 간의 상호관계를 다루지 않거나(문화나 다양성 포함), 진로 이론/모형과 관련되지 않거나 어떠한 평가에도 연결되지 못함. (0~29.5점)	초기 진로 경험(0~10세), 가족 영향, 삶의 역할 및 문화를 포함한 일과 가족 간의 상호관계를 올바르게 다루고, 이를 두 개의 이론/모델과 관련지어 기술함. 이를 여러 평가도구와 연결함. (30-32.5점)	초기 진로 경험(0~10세), 가족 영향, 삶의 역할 및 문화를 포함한 일과 가족 간의 상호관계를 올바르게 다루고, 이를 세 가지 이론/모형과 관련지어 기술함. 이를 가장 많이 다룬 평가도구와 연결함. (32.5~35점)
인터넷, 컴퓨터 기반 개입 시스템, 인쇄물 등을 통해 이용할 수 있는 진로, 직업, 직업 및 노동 시장 정보 자원, 기술 및 정보 시스템 (2.F.4.c)	개인 진로 여정과 관련한 진로 및 직업, 교육, 직업/노동 시장 정보 및 동향의 상호작용을 다루지 않음. (0~17점)	개인진로여정과 관련한 진로 및 직업, 교육, 직업/노동시장정보 및 동향의 상호작용을 다룸. (17~18점).	개인진로여정과 관련한 진로 및 직업, 교육, 직업/노동시장정보 및 동향의 상호작용을 다룸. 이를 평가 및 일, 가족 및 기타 삶의 역할 간의 관계와 연결함. (18.5-20점)
내담자의 전반적인 삶에 미치는 직무환경 평가 방법에 대한 이해 (2.F.4.d)	직무환경과 이 환경이 전반적인 삶에 미치는 영향에 대해 다루지 않음 (0~17점)	직무환경과 이 환경이 전반적인 삶에 미치는 영향에 대해 다룸 (17~18점)	직무환경과 이 환경이 전반적인 삶에 미치는 영향에 대해 다룸; 진로 이론/모델과 연결함. (18.5~20점)
총점경간	0-169	171-184	185.5-200

Note. CACREP = 상담 관련 교육 프로그램 인준 위원회; APA= 미국 심리학회; MBTI = Myers Briggs Type Indicator

진로상담 및 개발 개입 포트폴리오

측정된 SLO: CACREP 2016 표준 2.F.4c, 2.F.4.f, 2.F.4.g, 2.F.4.h, 2.F.4.j

학생들은 본 과제를 통해 초, 중, 고등학교, 대학, 또는 정신 건강 관련한 임상현장에서 활용할 수 있는 일련의 진로상담 개입 방법 모음을 준비하게 될 것이다. 이러한 개입은 온라인 포트폴리오로 작성될 수 있다. 포트폴리오는 다음과 같이 구성되어야 한다.

Ⅰ. 소개
Ⅱ. 웹사이트
Ⅲ. 교육적 또는 구조화된 수업계획
Ⅳ. 발표 중심 수업계획
Ⅴ. 집단상담 수업계획 (6회기)
Ⅵ. 참고자료

학생들은 도입부에 발달적 진로 문제 및 요구, 진로 개발의 전반적인 목적/목표, 그들이 선택한 모집단을 위한 일반적 개입전략을 포함해야 한다. 이 도입부에는 개입하고자 하는 특정 대상군에게 영향을 미치는 문화적 요인에 대해 같이 기술해야 한다.

웹사이트는 선택한 내담자 집단에 초점을 맞춰야 하며, 적어도 하나의 웹사이트는 흥미검사 또는 능력/기술검사를 포함해야 하며, 두 번째 웹사이트는 직업 데이터베이스 또는 직업 정보를 포함해야 하며, 세 번째 웹사이트는 (학생들을 위한) 진로 관련 활동 정보들을 포함해야 한다. 또한 기타 웹사이트에는 (내담자들을 위한) 직업 검색 웹사이트, 진로 관련 활동 웹사이트가 포함될 수 있다. 포함한 모든 웹사이트는 웹사이트에 대한 직접 연결 가능한 URL(복사 후 - 붙여넣기가 아닌 다이렉트 링크이여야 함), NCDA의 웹사이트 평가 가이드라인(모든 평가 기준)을 활용한 웹사이트 평가 결과, 상담자와 내담자(또는 내담자 그룹)가 진로 개입 시 웹사이트를 어떻게 사용할 수 있는지에 대해 간략한 설명문(한 단락 정도 분량) 등이 포함되어야 한다. 모든 웹사이트는 바로 접속할 수 있어야 한다.

나머지 개입 방법들은 다음과 같다: (K-12 학생을 위한) 수업지도안 또는 (정신 건강 상담사들이 만나는 대학생 또는 특정 집단을 위한) 프로그램 기획안; 부모, 교사, 중요한 타인, 정신 건강서비스 전문가, 또는 대학 교수자를 위한 수업계획안 (예: 초등학생과 함께 사용할 진로 관련 활동에 대한 학부모용 발표 자료, 교과과정에 진로 관련 활동을 통합하는 방법에 대한 교사용 자료, 전형적인 대학생 진로 개발에 대한 교수용 프로그램, 내담자 진로 개발을 위한 그룹 홈 상담자용 교육자료 등); 진로 개발에 초점을 맞춘 집단상담 개요 및 6개의 회기 프로그램 (즉, 6회기 프로그램 계획).

이러한 각각의 개입 방법들은 다른 상담자들(학교 상담자, 대학/대학 상담자 또는 정신 건강 상담사)이 수행할 수 있도록 기술되어야 한다. 따라서 각 개입에는 세세한 활동에 대한 목적, 목표, 방법, 자료 및 평가 방법이 포함되어야 한다.

개입 방법들은 필요에 따라 개발되거나 수정될 수 있어야 하며, 이는 선택된 연령층에게 적합한 최선의 개입이 될 수 있도록 통합되고 보완될 필요가 있다. 어떠한 개입내용도 인터넷, 문서들, 혹은 다른 인쇄물이나 온라인 출판물을 직접 복사해서는 안 된다. 학생들이 추가적인 연구를 하도록 독려해야 한다. 예를 들어, Professional School Counselor, Journal of College Counseling, Career Development Quarterly 등과 같은 학술지들은 진로개입의 기초가 되는 논문들을 포함하고 있다. 학생들은 모든 출처에 인용표기를 해야 한다(APA 양식으로). 표 21.3은 이 과제와 관련된 채점 기준을 포함한다.

<표 21.3> 진로상담 및 개발 개입 포트폴리오 채점 기준(100점)

평가영역 (CACREP 표준)	기대 이하	기대 충족	기대 이상
개입 포트폴리오 구성	하나 이상의 섹션이 포함되지 않거나, 목차가 포함되지 않거나, 섹션이 명확하게 분리되어 기술되거나 적절히 표시되지 않음. 접속이 불분명함. 포트폴리오는 이용하기 불편함. (0~17.5점)	포트폴리오의 모든 섹션이 수록되어 있으며, 목차가 포함됨. 포트폴리오는 이용하기 편리함. 일부 섹션은 별도의 섹션에 명확히 기술되어 있지 않거나 적절히 표시되지 않음. 구간이 쉽게 접근할 수 없거나 접근이 불분명함. (18~18.5점)	포트폴리오의 모든 섹션이 포함되어 있으며, 별도의 표시된 섹션에 명확하게 기술됨. 각 세션은 접근이 용이하고, 접근방법이 명확함. 명확하고 포괄적인 목차가 포함되며 각 섹션에 바로 연결됨. 포트폴리오는 이용하기 편리함. (19~20점)
수업계획	모든 관련 섹션에 대한 수업계획이 포함되지 않음. 수업계획은 모든 구성요소를 포함하지 않거나 제공된 템플릿에 기초하여 설계되지 않음. 둘 이상의 강의 계획의 섹션이 논리적으로 일관되지 않거나, 둘 이상의 강의 계획에는 모호하거나 측정할 수 없는 목표가 포함됨. 두 개 이상의 수업계획이 독자가 실행할 수 있을 만큼 명확하지 않거나 완전하지 않음 (0~17.5점).	모든 관련 섹션에 대한 수업계획이 포함됨. 수업계획은 모든 구성요소를 포함하며 제공된 템플릿에 기초하여 설계. 수업계획 중 하나의 섹션이 논리적으로 일관되지 않거나, 강의 계획 중 하나는 모호하거나 측정할 수 없는 목표를 포함. 한두 가지 수업계획이 독자가 실행할 만큼 명확하거나 완전하지 않음. (18~18.5점).	모든 관련 섹션에 대한 수업계획이 포함됨. 수업계획은 모든 구성요소를 포함하며 제공된 템플릿에 기초하여 설계. 수업계획의 모든 섹션은 논리적으로 일치함(예: 목표와 평가는 분명하고 명확하게 연결됨). 모든 목표는 명확하고 측정할 수 있음. 모든 수업계획은 명확하고 완벽하여 독자가구현이 가능함. (19~20점)
웹사이트 (2.F.4.c)	6개 섹션이 모두 포함되어 있지 않거나, 두 개 이상의 웹사이트가 설명되어 있지 않음. 자세한 웹사이트 설명은 없음. (0~17.5점)	6개 구간이 모두 포함; 웹사이트 중 하나 또는 두 개가 설명을 포함하지 않음. 필요한 수의 웹사이트에는 더 많은 설명이	6개 구간이 모두 포함. 필요한 웹사이트 섹션의 4개 또는 6개는 웹사이트 상세 설명을 포함. 웹사이트의 두 개 또는 세 개(그룹 규모에 따라)는 내담자층(K-12 또는 중학생

		포함되어 있지 않거나, 설명이 불충분함. (18-18.5점).	이후)과 웹사이트를 사용하는 것을 포함하여 좀 더 내밀한 설명을 포함함 (19-20점).
진로 개발 프로그램 기획, 조직, 실행, 관리, 평가에 대한 지식 (2.F.4.f)	도입부에 해당 개입이 진로 개발 프로그램에 어떻게 적합한지에 대해 명확하게 기술하지 않음; 2개 이상의 프로그램 평가 방법이 불분명하거나 관련 모집단의 전반적인 진로개발과 연관되지 않음. (0-7.5점)	도입부에 해당 개입이 진로 개발 프로그램에 어떻게 적합한지에 대해 명확하게 기술함; 1~2개의 프로그램 평가 방법이 불분명하거나 관련 모집단의 전반적인 진로개발과 연관되지 않음. (8~8.5점)	도입부에 해당 개입이 진로개발 프로그램에 어떻게 적합한지에 관한 명확하게 기술함; 모든 프로그램 평가 방법이 명확하며 관련된 모집단에 대한 전반적인 진로개발과 연관됨. (9~10점)
다양한 내담자 집단의 진로 개발 및 글로벌 고용기회 창출을 위한 개입 방법에 대한 지식 (2.F.4.g)	도입부나 수업계획에 다양한 학생들을 위한 개입 방법을 언급하지는 않거나 부분적으로 다룸; 3개 이상의 웹사이트 선정 및 설명이 해당 집단의 진로 개발 및 고용기회에 어떻게 연관되는지 명료하게 기술하지 못함. (0-7.5점)	도입부나 수업계획에 다양한 학생들을 위한 개입 방법을 언급했지만 명확하지 않거나 모호함; 1~2개의 웹사이트 선정 및 설명이 해당 집단의 진로 개발 및 고용기회에 어떻게 연관되는지 명료하게 기술하지 못함. (8-8.5점)	도입부와 수업계획에 다양한 학생들을 위한 개입 방법에 관해 명확하게 기술함; 웹사이트 선정 및 설명이 해당 집단의 진로 개발 및 고용기회에 어떻게 연관되는지 명료하게 기술함. (9~10점)
내담자의 진로, 교육, 생애 설계 및 관리 기술 향상을 위한 개입 방법에 대한 지식 (2.F.4.h)	도입부 및 수업계획에는 진로 개발 및 생애 설계 능력 향상을 위한 개입 방법이 포함되어 있지 않거나, 작성된 내용이 해당 집단과 명확하게 관련되지 않거나 부적절함. (0-7.5점)	도입부 또는 수업계획에 진로 개발 및 생애 설계 능력 향상을 위한 체계적, 상세한 개입 방법이 포함되었지만, 발달상 부적절함. (8~8.5점)	도입부 또는 수업계획에 진로 개발 및 생애 설계 능력 향상을 위한 체계적이며 상세한 개입 방법들이 포함됨. (9~10점)
진로개발을 위한 윤리적, 문화적 개입 방법에 대한 지식 (2.F.4.j)	도입부나 수업계획에 다문화적으로 진로 개발을 다루는 개입 방법을 전혀 제시하지 않거나 비윤리적인 방법을 제시함. (0-7.5점)	도입부 및 수업계획에 윤리적, 다문화적으로 진로 개발을 다루는 개입 방법을 명료하게 제시하였지만, 해당 개입전략이 도입에서 실행 계획까지 통합되어 연결되지 못함. (8~8.5점)	도입부 및 수업계획에 윤리적, 다문화적으로 진로 개발을 다루는 개입 방법을 명료하게 제시하였으며, 해당 개입전략이 도입에서 실행 계획까지 통합되어 연결됨. (9~10점)

Note. CACREP = 상담 관련 교육 프로그램 인준 위원회

제22장
상담 및 조력 관계

Jacqueline M. Swank, M. Kristina DePue, and Jonathan H. Ohrt

'조력관계(helping relationship)'란 2016 CACREP 인증 석사과정 상담 프로그램의 8가지 공통 핵심 교육영역 중 하나이며 (표준 2.F.5), 이는 상담 이론 및 모델에서부터 지역사회의 조력자원까지 포함하는 14개의 구성요소로 구성되어 있다. 상담교육자들은 이와 같은 핵심교육 영역의 여러 구성요소 내용들을 석사과정 상담교육 과정 전반에 걸쳐 여러 이론 및 기술 수업들에 스며들게 하고 있다. 또한 조력 관계 영역의 구성요소는 6개의 특수 영역 상담 프로그램의 SLO 평가와도 관련된다. 물론 각 구성요소는 상담전문가 준비과정에 매우 중요하지만, 본 장에서는 모든 요소를 직접적으로 다루지는 못하였다. 따라서 이 장에서 다음의 5가지 요소를 강조하고자 한다: (a) 상담자 자질 및 행동 (표준 2.F.5.f); (b) 면접, 상담 및 사례 개념화 기술 (표준 2.F.5.g); (c) 개인적 상담모델 (표준 2.F.5.n); (d) 상담 이론, 모델 및 전략 (표준 2.F.5.c); (e) 지역사회의 자원 활용 (표준 2.F.5.k)

상담자의 자질 및 행동과 함께 기초적인 상담 기술은 조력 관계 형성의 기본역량 영역이다. 따라서 상담교육자는 상담직의 게이트 키퍼로써 상담 전공 학생들의 상담역량을 평가할 법적, 윤리적 책임이 있다(ACA, 2014; CACREP, 2009; Lambie, Mullen, Swank, 2015; Swank & Lambie, 2012; Swank, Lambie & Witta, 2012). 상담 기술에 대한 측정 및 평가는 수십 년간 연구자들 사이에 논의되어 왔지만, 상담 기술, 상담자 자질 및 행동 등의 상담역량을 종합적으로 평가하는 측정 도구인 상담역량척도(Counseling Competencies Scale; 이하 CCS, Swank et al., 2012)가 최근 들어서야 개발되었으며, 상담교육의 학습 성과를 측정하는 활용될 수 있음을 입증되었다(Swank & Lambie, 2012). 따라서, 본 장에서 우리는 학생들의 상담 기술 역량들을 평가할 수 있는 활동들을 소개하고, 상담 기술, 상담자 자질 및 행동을 평가하는 데 상담역량 척도-개정판 (Counseling Competencies Scale–Revised; CCS-R; Lambie et al., 2015)을 어떻게 활용할 수 있는지를 설명하고자 한다.

상담자의 이론적 지향은 내담자들과 상호작용하는 데 기초가 되기 때문에 상담 이론은 상담 관계 형성의 중요한 요소이다. 상담 이론을 이해하고, 본인과 일치하는 이론적 지향성을 확인하는 것은 복합적인 발달 과정이다. 상담교육자들은 상담교육 과정 내내 학생들이 상담 이론에 대한 이해 및 성찰 활동을 지속할 수 있도록 해야 한다(Spruill & Benshoff, 2000). 따라서, 우리는 학생들이 자신들의 이론적 지향 발달에 대해 개념화하고 성찰할 수 있도록 돕는 활동을 제시하였다.

마지막으로, "자문(consultation)이란 다양한 환경(기관, 학교, 기업 등)에서 개인 또는 단체가 더 효과적으로 일할 수 있도록 돕는 조력 관계를 의미한다."(Dougherty, 2005, p.1). 학교 상담자들은 종합적, 발달적 학교 상담 프로그램을 제공하기 위한 자문을 제공하게 된다(ASCA, 2012). 아울러, 지역사회 상담자들은 부모, 교사, 그리고 다른 관련자들에게 자문 서비스를 제공하기도 한다. Guli(2005)는 18개 연구를 리뷰한 연구에서 학부모에 대한 자문은 학교 관련 행동들을 변화시키는 효과적인 방법이라고 보고하였다. 따라서, 상담 전공 학생들이 자문 과정에 대한 이해하는 것은 매우 중요하다. 따라서, 우리는 자문모델을 어떻게 선택하고, 구현할 수 있는지에 대해 설명하고, 이 과정을 통해서 학생들의 지식과 기술을 평가할 수 있는 활동을 소개하였다.

상담 회기 분석

측정된 SLO: CACREP 2016 표준 2.5.F

이 과제는 상담 기술 수업에서 사용될 수 있다. 상담 회기는 이 수업을 수강하는 두 명의 학생들을 짝지어 진행한다. 수업 중에 학생들이 본인들의 실제 관심사에 대해 토론하도록 권장한다.

파트너와 50분의 개인 상담을 실시하고 이를 녹화한 후, 다음 세 가지의 분석을 실시한다.

1. 해당 회기 내용을 검토하고, 10분간의 축어록을 전사한다. 단, 회기 시작 후 또는 종료 전 10분이 아닌 부분을 전사하도록 한다. 내담자를 소개하는 간단한 단락을 작성하고, 다음 세 가지 내용을 포함한 표를 작성한다. (1) 축어록, (2) 어떤 기술이 사용되었는지(상담자의 답변만 해당), (3) 본인이 무엇을 했는지, 왜 그랬는지, 어떻게 다르게 할 수 있었는지(상담자의 답변만 해당; Young(2012)의 적용방법을 참조함).
2. 회기에 대한 2~4페이지의 자체 평가 보고서를 작성한다. (내담자의 문제 제시, 이후 회기에서 내담자와 어떻게 협력할 것인지, 회기 중 자신의 강점 및 어려움 [각 최소 2개 이상 작성], 회기 진행에 대한 성찰 등 포함할 것)
3. 상담역량 척도-개정판(CCS-R)의 첫 번째 파트인 상담기술 및 치료적 요인 영역을 평가한다.

상담역량 척도-개정판 (Counseling Competencies Scale-Revised: CCS-R)

상담역량 척도-개정판(CCS-R)은 상담자와 상담수련생의 기술 발달 및 전문 역량을 측정한다. 또한 CCS-R은 상담자와 수련생에게 상담 스킬을 적용하고 치료 조건을 촉진하는 능력, 상담 자질(중요한 특성들) 및 행동 등에 대한 직접적인 피드백을 제공함으로써 효과적이고 윤리적인 전문 상담자로서의 발달을 돕기 위해 개선이 필요한 실제 영역에 대한 정보를 제공한다.

척도 평가 가이드라인

- 기대 이상/역량 입증 (5) = 상담사 또는 수련생이 매우 우수한(예를 들어, 초급 상담전문가에 대한 기대치를 상회하는) 수준의 해당 상담영역에 대한 지식, 기술 및 자질, 치료 조건의 촉진 능력, 전문적 자질 및 행동 등을 보이는 경우.
- 기대 충족 / 역량 입증 (4) = 상담사 또는 수련생이 일관되고 능숙한 수준의 해당 상담영역에 대한 지식, 기술 및 자질, 치료 조건의 촉진 능력, 전문적 자질 및 행동을 보이는 경우. 초급 상담전문가는 그들의 실습 또는 인턴십이 종료될 때 "역량 입증" 수준에 있어야 한다.
- 기대 근접 / 역량 개발 중 (3) = 상담사 또는 수련생이 해당 상담영역에 대한 지식, 기술 및 자질, 치료 조건의 촉진 능력, 전문적 자질 및 행동을 일관되지 않고 제한된 수준으로 보이는 경우.
- 기대 이하 / 불충분한 / 수용 불가한 (2) = 상담사 또는 수련생이 해당 상담영역에 대한 지식, 기술 및 자질, 치료 조건의 촉진 능력, 전문적 자질을 제한된 수준으로 보이거나 보이지 않는 경우.

- 해로운 (1) = 상담사 또는 수련생이 해당 상담 영역에 대한 지식, 기술 및 자질, 치료 조건의 촉진 능력, 전문적 자질 및 행동 수준이 내담자에게 해를 끼칠 정도일 경우.
- 지침: 채점 기준 설명에 따라 상담사 또는 수련생의 상담 기술, 치료 조건을 촉진하는 능력, 전문적 자질 및 행동을 평가하여 왼쪽의 "점수"란에 해당 등급을 기록하기 바랍니다.

(Note. From "The Counseling Competencies Scale: Validation and Refinement," by G. W. Lambie, P. R. Mullen, J. M. Swank, and A. Blount, 2015.Copyright 2015 by Glenn W. Lambie. Contact Glenn W. Lambie (Glenn.Lambie@ucf.edu) at the University of Central Florida Counselor Education Program regarding use. Reprinted with permission.)

CACREP 2016 핵심표준과 CCS-R척도의 관련성

- 개인 및 전문적 자가 평가를 위한 전략 및 실무에 대한 함의(섹션 II, 표준 1.k).
- 상담사 역할에 적합한 자가 관리 전략(섹션 II, 표준 1.l)
- 다문화 상담 역량(섹션 II, 표준 2.c)
- 서로 다른 능력과 차별화된 개입 전략을 이해하기 위한 개념적 틀(섹션 II, 표준 3.h)
- 대면 및 비대면으로 관계를 수립하고 유지하기 위한 윤리 및 문화 관련 전략(섹션 II, 표준 5.d)
- 상담 과정에 영향을 미치는 상담사의 특성 및 행동(섹션 II, 표준 5.f)
- 초기 인터뷰, 상담 및 사례 개념화 기술(섹션 II, 표준 5.g)
- 발달단계에 적합한 상담적 처치 또는 개입 계획(섹션 II, 표준 5.h)
- 학생들이 본인의 상담 모델을 개발하는 데 도움을 주기 위한 과정(섹션 II, 표준 5.n)
- 상담교육프로그램은 학생들의 유지, 교정, 퇴학과 관련한 학생들의 개별 평가자료의 활용을 위한 체계적인 절차를 갖추고 있음(섹션 4, 표준 H).
- 실습과 인턴십을 포함하는 상담실습은 슈퍼바이저의 감독 하에 상담 이론 및 기술 적용할 수 있도록 제공됨. 이러한 경험은 학생들이 자신의 커뮤니티의 인종적, 인구학적 다양성을 대표하는 내담자에게 상담할 기회를 제공함(섹션 III, Professional Practice).
- 석사과정 상담 실습 (섹션 III, Professional Practice)
  A. 실습 및 인턴십에 등록하는 동안 학생들은 개인별 전문 상담책임보험에 가입되어 있어야 한다.

B. 실습생에 대한 슈퍼비전은 프로그램에 적합한 오디오/비디오 녹음 및 녹화 또는 내담자와 학생들의 상호작용에 대한 실시간 슈퍼비전이 포함된다.

C. 배운 지식을 통합하고 응용하는 학생의 상담 수행 및 능력에 대한 형성적, 종합적 평가를 실습 과정의 일부로 실시한다.

F. 학생들은 1학기 동안 수련 감독 하에서 최소 10주간의 걸쳐, 최소 100시간 이상의 상담 실습을 완료해야 한다.

G. 실습생들은 상담 기술 개발을 위해 실제 내담자를 만나는 최소 40시간 이상의 상담회기를 이수해야 한다.

H. 실습생들은 (1) 상담교육 프로그램 교수진, (2) 상담교육 프로그램 교수진의 수련 감독 하에 있는 학생 슈퍼바이저, (3) 수련감독 협약에 따라 상담교육 프로그램 교수진과 정기적으로 협력하는 현장 슈퍼바이저 등과 주 평균 1시간씩의 개별 또는 3인조 슈퍼비전을 받아야 한다.

I. 실습생들은 실습 기간 내내 정기적인 스케줄에 따라 일주일에 평균 1.50시간의 그룹 슈퍼비전에 참여한다. 그룹 슈퍼비전은 상담교육 프로그램 교수진 또는 상담교육 프로그램 교수진의 감독하에 있는 학생 슈퍼바이저가 실시하여야 한다.

표 22.1은 상담기술 및 치료적 요인과 관련된 채점 기준을 포함하며, 표 22.2는 상담 자질 및 행동과 관련된 채점 기준을 포함한다.

<표 22.1> Part 1: 상담기술 및 치료적 요인

#	점수	주요 상담 기술	구체적인 상담 자질과 행동 묘사	기대 이상/ 역량 증명 (5)	기대 충족/ 역량 증명 (4)	기대 근접/ 역량 개발 중 (3)	기대 이하/ 수용 불가 (2)	해로운 (1)
1.A		비언어적 기술	앉는 위치, 눈맞춤, 자세, 내담자와의 거리, 목소리 톤, 말의 속도, 침묵의 사용 등 포함 (내담자의 정서 상태와 문화적 규범에 부합함)	유대감 및 공감을 전달하는 수준의 효과적인 비언어적 의사소통 기술을 보임 (85%).	대부분의 상담 회기에서 효과적인 비언어적 의사소통 기술을 보임 (70%).	일관되지 않은 비언어적 의사소통 기술을 보임.	제한된 비언어적 의사소통 기술을 보임.	내담자를 무시하거나 평가적인 태도를 보이는 등 부족한 비언어적 의사소통 기술을 보임.
1.B		격려	"...에 대해서 더 말해주세요", "음"과 같은 가벼운 격려 및 대화 초대 기법들을 포함	적절한 격려를 사용하여 치료적 관계 발달을 촉진함 (85%).	대부분의 상담 회기에서 적절한 격려를 사용하여 치료적 관계 발달을 촉진함 (70%).	적절한 격려를 사용하는 것에 일관성이 없음.	적절한 격려 사용에 제한된 능력을 보임.	평가적인 태도로 기술을 사용하는 등 적절한 격려를 사용하는 능력이 부족함.
1.C		질문	개방형 및 폐쇄형 질문을 적절하게 사용함 (예: 이중 질문 피하기)	개방형 질문과 폐쇄형 질문을 적절히 사용하고, 개방형 질문에 주안점을 둠 (85%).	대부분의 상담 회기에서 개방형 질문과 폐쇄형 질문을 적절하게 사용함 (70%).	개방형 질문 사용에 일관성이 없고 폐쇄형 질문을 장시간 사용함.	개방형 질문을 사용하는 능력이 제한적이고 질문의 효과가 한정적임.	질문이 내담자를 혼란스럽게 하거나 상담 과정을 제한하는 등 개방형 질문을 적절하게 사용하는 능력이 부족함.
1.D		반영 (a) 재진술	내용에 대한 기초적인 반영 - 재진술 (커플 및 가족 내담자인 경우, 여러 내담자의 다양한 관점을 재진술)	하나의 주요 치료적 접근으로 재진술을 적절하게 사용함 (85%).	재진술을 적절하게 사용함 (상담 회기의 대부분; 70%).	일관성이 없고 부정확한 재진술을 하거나 기계적으로 똑같은 말을 반복하여 반응함.	제한된 재진술 능력을 보이거나 종종 부정확한 재진술을 함.	평가적이거나, 무시하는 것과 같은 부족한 재진술 능력을 보임.
1.E		반영 (b) 감정반영	감정에 대한 반영 (커플 및 가족 내담자의 경우, 각 내담자의 감정을	주요 접근법으로 감정반영을 적절하게 사용함 (85%).	감정반영을 적절하게 사용함 (상담회기의 대부분; 70%).	감정반영에 일관성이 없고 내담자의 정서와 일치하지	제한된 감정반영 능력을 보이거나 종종 부정확한	평가적이거나, 무시하는 것과 같은 부족한 감정 반영

			반영)			않음.	감정반영을 함.	능력을 보임.
1.F		반영 (c) 요약하기	내용, 감정, 행동, 향후 계획 등을 요약하기 (커플 및 가족 내담자의 경우, 상호작용 관계 패턴을 요약)	내용, 감정, 행동 및 향후 계획을 요약하는 능력을 일관되게 보여줌(85%).	내용, 감정, 행동 및 향후 계획을 포함한 요약하기를 적절하게 사용함 (상담 회기의 대부분; 70%).	일관되지 않고 부정확한 요약 사용 능력을 보임.	제한된 요약 사용 능력을 보임 (예. 상담사가 내담자를 이해하지 못했거나 상담 과정보다는 내용에 과하게 집중했음이 요약에서 드러남).	평가적이거나, 무시하는 것과 같은 부족한 요약 능력을 보임.
1.G		고급반영 (의미)	가치와 핵심 신념을 포함한 의미에 대한 고급 반영 (상담을 보다 깊이 있는 수준으로 이끎)	의미 반영을 일관적으로 사용하고, 상담 회기 중 보다 깊이 있는 대화를 촉진함 (85 %).	의미 반영을 적절하게 사용하여 상담 회기 중 탐색을 촉진함 (상담 회기의 대부분; 70 %).	일관적이지 않고 부정확한 의미 반영 사용 능력을 보임. 상담 회기가 피상적으로 보임.	제한적인 의미 반영 사용 능력을 보이거나, 상담 주제를 자주 전환함.	평가적이거나, 무시하는 것과 같은 부족한 의미 반영 사용 능력을 보임.
1.H		직면	내담자가 자신의 모순을 자각하고 평가하도록 도전하기	내담자들의 말과 행동에서 드러나는 모순과 불일치를 상담사가 지지적인 방식으로 언어화하여 문제를 제기하는 능력을 보임. 도전과 지지를 균형 있게 사용 (85%).	내담자들의 말과 행동에서 드러나는 모순과 불일치를 상담사가 지지적인 방식 (직면할 수 있지만 주저하는) 으로 언어화하여 문제를 제기하는 능력을 보임. 혹은 불필요하여 사용하지 않는 것이 적절했음 (상담회기의 대다수:70%).	내담자들의 말과 행동에서 드러나는 모순과 불일치를 지지적인 방식으로 언어화하여 직면하는 능력을 비일관되게 보임. 최소한으로 사용하거나 기회를 놓침.	내담자들의 말과 행동에서 드러나는 불일치를 지지적이고 배려하는 방식으로 언어화하여 직면하는 능력을 제한적으로 보임. 관련 기술이 부족함.	내담자를 평가절하하고, 거칠고, 평가적이고, 공격적인 태도를 보이는 등 부족한 직면 사용 능력을 보임.
1.I		목표 설정	상담사는 현실적이고 적절하며 달성 가능한 치료 목표를 수립하기 위해 내담자와 협력한다(커플 및 가족 내담자의 경우, 목표	내담자와 함께 협력적이고 적절한 치료 목표를 수립할 수 있는 능력을 일관적으로 보임 (85%).	내담자와 협력적이고 적절한 치료 목표를 수립할 수 있는 능력을 보임 (상담회기 대다수에서; 70%).	내담자와 협력적이고 적절한 치료 목표 수립을 위한 능력을 비일관적으로 보임.	내담자와 협력적이고 적절한 치료 목표 수립을 할 수 있는 능력을 제한적으로 보임.	달성 가능하지 않은 목표를 세우거나 내담자에게 해가 되는 목표에 동의하는 등 협력적 치료 목표를 개발하는 데 부족한

			설정은 공동의 치료 목표를 수립하는 데 도움이 된다)					능력을 보임.
1.J		상담의 초점 유지	상담사는 내담자가 본인의 치료 목표에 (재)초점을 맞추도록 돕는다(즉, 목표지향적 상담)	내담자의 목표 달성에 (재)초점을 둔 상담 진행에 일관된 능력을 보임 (85%).	내담자의 목표 달성에 초점/재초점을 둔 상담을 진행하는 능력을 보임 (상담회기 대다수에서; 70%).	내담자의 목표 달성에 초점/재초점을 둔 상담 진행에 비일관적인 능력을 보임.	내담자의 목표 달성에 초점/재초점을 둔 상담 진행에 제한된 능력을 보임.	상담 목표와 관련 없는 내용에 초점을 맞추는 등 상담의 초점을 유지하는 능력이 부족함.
1.K		치료 환경 촉진 a: 공감과 배려	정확한 공감과 배려를 표현함. 상담사는 열린 마음으로 내담자와 온전히 함께 한다 (즉시성과 구체성 포함)	공감적이고 적절한 반응을 하는 일관된 능력을 보임 (85%).	공감적이고 적절한 반응을 하는 능력을 보임 (상담회기 대다수에서; 70%).	공감적이고 적절한 반응을 하는 비일관된 능력을 보임.	공감적이고 적절한 반응을 하는 제한된 능력을 보임.	내담자가 안전하지 않은 환경을 제공하는 등 공감과 배려를 표현하는 능력이 부족.
1.L		치료 환경 촉진 b: 존중과 연민	상담사는 내담자에게 적절한 존중과 연민을 표현한다	내담자를 존중하고, 수용하며, 측은한 태도를 일관적으로 보임 (85%).	내담자를 존중하고, 수용하며, 측은한 태도를 보임 (상담회기 대다수에서; 70%).	내담자를 존중하고, 수용하며, 측은한 태도를 비일관적으로 보임.	내담자를 존중하고, 수용하며, 측은한 태도를 제한적으로 보임.	조건적으로 존중을 표하는 등 존중하고, 측은한 태도가 부족.

__________ : 총점 (60점 만점)

<표 22.1> Part 1: 상담기술 및 치료적 요인

#	점수	주요 상담기술	구체적인 상담 자질과 행동 묘사	기대 이상/ 역량 증명 (5)	기대 충족/ 역량 증명 (4)	기대 근접/ 역량 개발 중 (3)	기대 이하/ 수용 불가 (2)	해로운 (1)
1.A		비언어적 기술	앉는 위치, 눈맞춤, 자세, 내담자와의 거리, 목소리 톤, 말의 속도, 침묵의 사용 등 포함 (내담자의 정서 상태와 문화적 규범에 부합함)	유대감 및 공감을 전달하는 수준의 효과적인 비언어적 의사소통 기술을 보임 (85%).	대부분의 상담 회기에서 효과적인 비언어적 의사소통 기술을 보임 (70%).	일관되지 않은 비언어적 의사소통 기술을 보임.	제한된 비언어적 의사소통 기술을 보임.	내담자를 무시하거나 평가적인 태도를 보이는 등 부족한 비언어적 의사소통 기술을 보임.
1.B		격려	"...에 대해서 더 말해주세요", "음"과 같은 가벼운 격려 및 대화 초대 기법들을 포함	적절한 격려를 사용하여 치료적 관계 발달을 촉진함 (85%).	대부분의 상담 회기에서 적절한 격려를 사용하여 치료적 관계 발달을 촉진함 (70%).	적절한 격려를 사용하는 것에 일관성이 없음.	적절한 격려 사용에 제한된 능력을 보임.	평가적인 태도로 기술을 사용하는 등 적절한 격려를 사용하는 능력이 부족함.
1.C		질문	개방형 및 폐쇄형 질문을 적절하게 사용함 (예: 이중 질문 피하기)	개방형 질문과 폐쇄형 질문을 적절히 사용하고, 개방형 질문에 주안점을 둠 (85%).	대부분의 상담 회기에서 개방형 질문과 폐쇄형 질문을 적절하게 사용함 (70%).	개방형 질문 사용에 일관성이 없고 폐쇄형 질문을 장시간 사용함.	개방형 질문을 사용하는 능력이 제한적이고 질문의 효과가 한정적임.	질문이 내담자를 혼란스럽게 하거나 상담 과정을 제한하는 등 개방형 질문을 적절하게 사용하는 능력이 부족함.
1.D		반영 (a) 재진술	내용에 대한 기초적인 반영 - 재진술 (커플 및 가족 내담자인 경우, 여러 내담자의 다양한 관점을 재진술)	하나의 주요 치료적 접근으로 재진술을 적절하게 사용함 (85%).	재진술을 적절하게 사용함 (상담 회기의 대부분; 70%).	일관성이 없고 부정확한 재진술을 하거나 기계적으로 똑같은 말을 반복하여 반응함.	제한된 재진술 능력을 보이거나 종종 부정확한 재진술을 함.	평가적이거나, 무시하는 것과 같은 부족한 재신술 능력을 보임.
1.E		반영 (b) 감정반영	감정에 대한 반영 (커플 및 가족 내담자의 경우, 각 내담자의 감정을 반영)	주요 접근법으로 감정반영을 적절하게 사용함 (85%).	감정반영을 적절하게 사용함 (상담회기의 대부분; 70%).	감정반영에 일관성이 없고 내담자의 정서와 일치하지 않음.	제한된 감정반영 능력을 보이거나 종종 부정확한 감정반영을 함.	평가적이거나, 무시하는 것과 같은 부족한 감정 반영 능력을 보임.

1.F		반영 (c) 요약하기	내용, 감정, 행동, 향후 계획 등을 요약하기 (커플 및 가족 내담자의 경우, 상호작용 관계 패턴을 요약)	내용, 감정, 행동 및 향후 계획을 요약하는 능력을 일관되게 보여줌(85%).	내용, 감정, 행동 및 향후 계획을 포함한 요약하기를 적절하게 사용함 (상담 회기의 대부분; 70%).	일관되지 않고 부정확한 요약 사용 능력을 보임.	제한된 요약 사용 능력을 보임 (예. 상담사가 내담자를 이해하지 못했거나 상담 과정보다는 내용에 과하게 집중했음이 요약에서 드러남).	평가적이거나, 무시하는 것과 같은 부족한 요약 능력을 보임.
1.G		고급반영 (의미)	가치와 핵심 신념을 포함한 의미에 대한 고급 반영 (상담을 보다 깊이 있는 수준으로 이끎)	의미 반영을 일관적으로 사용하고, 상담 회기 중 보다 깊이 있는 대화를 촉진함 (85 %).	의미 반영을 적절하게 사용하여 상담 회기 중 탐색을 촉진함 (상담 회기의 대부분; 70 %).	일관적이지 않고 부정확한 의미 반영 사용 능력을 보임. 상담 회기가 피상적으로 보임.	제한적인 의미 반영 사용 능력을 보이거나, 상담 주제를 자주 전환함.	평가적이거나, 무시하는 것과 같은 부족한 의미 반영 사용 능력을 보임.
1.H		직면	내담자가 자신의 모순을 자각하고 평가하도록 도전하기	내담자들의 말과 행동에서 드러나는 모순과 불일치를 상담사가 지지적인 방식으로 언어화하여 문제를 제기하는 능력을 보임. 도전과 지지를 균형 있게 사용(85%).	내담자들의 말과 행동에서 드러나는모순과 불일치를 상담사가 지지적인 방식 (직면할 수 있지만 주저하는) 으로 언어화하여 문제를 제기하는 능력을 보임. 혹은 불필요하여 사용하지 않는 것이 적절했음 (상담회기의 대다수:70%).	내담자들의 말과 행동에서 드러나는 모순과 불일치를 지지적인 방식으로 언어화하여 직면하는 능력을 비일관되게 보임. 최소한으로 사용하거나 기회를 놓침.	내담자들의 말과 행동에서 드러나는 불일치를 지지적이고 배려하는 방식으로 언어화하여 직면하는 능력을 제한적으로 보임. 관련 기술이 부족함.	내담자를 평가절하하고, 거칠고, 평가적이고, 공격적인 태도를 보이는 등 부족한 직면 사용능력을 보임.
1.I		목표 설정	상담사는 현실적이고 적절하며 달성 가능한 치료 목표를 수립하기 위해 내담자와 협력한다 (커플 및 가족 내담자의 경우, 목표 설정은 공동의 치료 목표를 수립하는데 도움이 된다)	내담자와 함께 협력적이고 적절한 치료 목표를 수립할 수 있는 능력을 일관적으로 보임 (85%).	내담자와 협력적이고 적절한 치료 목표를 수립할 수 있는 능력을 보임 (상담회기 대다수에서; 70%).	내담자와 협력적이고 적절한 치료 목표 수립을 위한 능력을 비일관적으로 보임.	내담자와 협력적이고 적절한 치료 목표 수립을 할 수 있는 능력을 제한적으로 보임.	달성가능하지 않은 목표를 세우거나 내담자에게 해가 되는 목표에 동의하는 등 협력적 치료 목표를 개발하는 데 부족한 능력을 보임.

1.J		상담의 초점유지	상담사는 내담자가 본인의 치료 목표에 (재)초점을 맞추도록 돕는다 (즉, 목표지향적 상담)	내담자의 목표 달성에 (재)초점을 둔 상담 진행에 일관된 능력을 보임 (85%).	내담자의 목표 달성에 초점/재초점을 둔 상담을 진행하는 능력을 보임 (상담회기 대다수에서; 70%).	내담자의 목표 달성에 초점/재초점을 둔 상담 진행에 비일관적인 능력을 보임.	내담자의 목표 달성에 초점/재초점을 둔 상담 진행에 제한된 능력을 보임.	상담 목표와 관련 없는 내용에 초점을 맞추는 등 상담의 초점을 유지하는 능력이 부족함.
1.K		치료환경 촉진a: 공감과 배려	정확한 공감과 배려를 표현함. 상담사는 열린 마음으로 내담자와 온전히 함께 한다 (즉시성과 구체성 포함)	공감적이고 적절한 반응을 하는 일관된 능력을 보임 (85%).	공감적이고 적절한 반응을 하는 능력을 보임 (상담회기 대다수에서; 70%).	공감적이고 적절한 반응을 하는 비일관된 능력을 보임.	공감적이고 적절한 반응을 하는 제한된 능력을 보임.	내담자가 안전하지 않은 환경을 제공하는 등 공감과 배려를 표현하는 능력이 부족.
1.L		치료환경 촉진b: 존중과 연민	상담사는 내담자에게 적절한 존중과 연민을 표현한다	내담자를 존중하고, 수용하며, 측은한 태도를 일관적으로 보임 (85%).	내담자를 존중하고, 수용하며, 측은한 태도를 보임 (상담회기 대다수에서; 70%).	내담자를 존중하고, 수용하며, 측은한 태도를 비일관적으로 보임.	내담자를 존중하고, 수용하며, 측은한 태도를 제한적으로 보임.	조건적으로 존중을 표하는 등 존중하고, 측은한 태도가 부족.

__________ : 총점 (55점 만점)

<표 22.2> Part 2: 상담 자질 및 행동

#	점수	주요 상담사 자질과 행동	구체적인 상담 자질과 행동 묘사	기대 이상/ 역량 증명 (5)	기대 충족/ 역량 증명 (4)	기대 근접/ 역량 개발 중 (3)	기대 이하/ 수용 불가 (2)	해로운 (1)
2.A		전문가 윤리	한국상담학회 및 한국상담심리학회의 윤리 지침을 준수; 역량 내에서 상담을 실시하는 것을 포함	일관되고 고차원적인 (즉, 탐색과 숙고에 기반) 윤리적 행동 및 판단을 보임.	일관된 윤리적 행동 및 판단을 보임.	윤리적 행동과 판단력을 보여주지만 구체적인 수준의 기본적인 윤리적 의사결정에 한함.	제한적인 윤리적 행동 및 판단, 제한된 윤리적 의사결정을 보임.	윤리적 규범을 위반하거나 잘못된 의사결정을 내리는 등 부족한 윤리적 행동 및 판단을 보임.
2.B		전문가 행동	슈퍼바이저, 동료 및 내담자에게 전문가적 태도로 행동한다(예. 정서조절). 동료들의 문화를 존중하고 이해하며 타인과 효과적으로 협력할 수 있다	일관된, 고차원적인 존중과 배려를 보이며, 모든 전문적 상호작용에서 적절한 행동을 보임.	일관된 존중과 배려하는 태도를 보이며, 모든 전문적 상호작용에서 적절한 행동을 보임.	비일관된 존중과 배려하는 태도를 보이며, 대부분의 전문적 상호작용에서 적절한 행동을 보임.	제한된 존중과 배려하는 태도를 보이며, 일부 전문적 상호작용에서만 적절히 행동함.	반복적으로 다른 사람을 무시하거나, 상담 회기나 수업의 전문적인 분위기를 방해하는 등 비전문적인 행동을 보임.
2.C		전문적 & 개인적 바운더리 유지	슈퍼바이저, 동료, 내담자와 적절한 경계를 유지함	슈퍼바이저, 동료, 내담자와 일관되고 견고한 적절한 경계를 보임.	슈퍼바이저, 동료, 내담자와 일관되고 적절한 경계를 보임.	슈퍼바이저, 동료, 내담자와 비일관적으로 적절한 경계를 보임.	슈퍼바이저, 동료, 내담자와 부적절한 경계를 보임.	이중관계를 가지는 등 슈퍼바이저, 동료, 내담자와 부적절한 경계를 보임.
2.D		상담 현장과 수업 규칙에 대한 지식 및 준수	모든 상담 현장과 수업의 규칙 및 절차에 관한 이해를 보여줌	모든 상담 현장과 수업의 규칙 및 절차를 일관적으로 준수, 높은 출석율과 참여도 포함.	대부분의 상담 현장과 수업의 규칙 및 절차를 일관적으로 준수, 높은 출석율과 참여도를 포함.	상담 현장과 수업의 규칙 및 절차를 비일관적으로 준수, 평균적인 출석율과 참여도를 포함.	상담 현장과 수업의 규칙 및 절차를 제한적으로 준수, 평균적인 출석율과 참여도를 포함.	슈퍼바이저/교수자와의 논의 후에도 규칙을 준수 하지 않는 등 상담 현장과 수업의 규칙 및 절차를 준수하지 않음.

2.E		기록 관리 및 과업 완수	모든 주간 기록 및 과업을 정확하고 신속하게 완수한다(예. 사례 일지, 심리사회적 보고서, 치료 계획서, 슈퍼비전 보고서)	모든 필수적 기록, 문서 작업, 할당된 과업을 철저하고 포괄적이며 시간에 맞게 완수함.	모든 필수적 기록, 문서 작업, 과업을 능숙하고 시간에 맞게 완수함.	모든 필수적 기록, 문서 작업, 과업을 완수하되 일관되지 않고 미심쩍은 방식으로 실행함.	필수적 기록, 문서 작업 및 과업을 일관적이지 않고 빈약하게 완수함.	서류 작업 또는 과제를 지정된 마감일까지 완수하지 못함.
2.F		상담 관계에서의 다문화 역량	(인종, 민족, 성, 영성, 종교, 성적지향, 장애, 사회적 계급 등) 문화에 대해 존중하고 그 문화가 치료적 관계에 영향을 주는 방식을 자각하고 적절하게 반응한다	내담자와의 상호작용에서 일관된 높은 다문화 역량(지식, 자기 인식, 이해, 기술)을 보임.	내담자와의 상호작용에서 다문화 역량(지식, 자기 인식, 이해,기술)을 보임.	내담자와의 상호작용에서 비일관된 다문화 역량(지식, 자기 인식, 이해, 기술)을 보임.	내담자와의 상호작용에서 제한된 다문화 역량(지식, 자기 인식, 이해, 기술)을 보임.	상담 관계에서 문화의 중요성에 대해 존중하지 않고, 무시하며, 방어적인 태도를 보이는 등 부족한 다문화 역량을 보임.
2.G		정서적 안정성, 자기 통제	자기인식 및 정서적 안정성(즉, 기분과 정서 사이의 일치) 및 내담자와의 관계에서의 자기 통제(즉, 자제력)를 보여준다	내담자와의 상호작용에서 일관된 정서적 안정성 및 적절성을 보임.	내담자와의 상호작용에서 정서적 안정성 및 적절성을 보임.	내담자와의 상호작용에서 비일관된 정서적 안정성 및 적절성을 보임.	내담자와의 상호작용에서 제한된 정서적 안정성 및 적절성을 보임.	내담자에게 정서적으로 격앙된 상태로 반응하는 등 내담자와의 관계에서 부족한 정서적 안정성 및 적절성을 보임.
2.H		배움과 성장에 대한 동기부여/ 주도적 태도	치료적 역량의 학습 및 개발을 위한 활동에 적극 참여한다	전문적이고 개인적인 성장과 발달을 촉진하는 데 지속적이고 적극적으로 참여함.	전문적이고 개인적인 성장과 발달을 촉진하는 데 지속적으로 참여함.	전문적이고 개인적인 성장과 발달을 촉진하는 데 비일관적으로 참여함.	전문적이고 개인적인 성장과 발달을 촉진하는 데 참여가 제한적임.	직업에 대해 이해가 부족하고 학습에 무관심한 등 전문적이고 개인적인 성장과 발달을 촉진하는 데 참여가 부족함.
2.I		피드백에 대한 개방성	비방어적으로 반응하고 슈퍼바이저와 교수자의 피드백에 따라 행동을 수정한다	슈퍼바이저와 교수자의 피드백에 대한 일관적이고 우수한 개방성을	슈퍼바이저와 교수자의 피드백에 대한 일관적인 개방성을 보이며	슈퍼바이저와 교수자의 피드백에 대한 개방성을 보이지만 의견에 따른	슈퍼바이저와 교수자의 피드백에 대한 개방성이 부족하고 의견에 따른	슈퍼바이저와 교수자의 피드백에 개방성이 없고 피드백을 받았을 때

				보이며 의견에 따른 수정사항을 실행함.	의견에 따른 수정사항을 실행함.	수정사항을 실행하지 않음.	수정사항을 실행하지 않음.	방어적이고 무시함.
2.J		유연성 & 적응성	변화하는 환경, 예상 밖의 사건, 새로운 상황에 유연하게 대처할 수 있는 능력을 보여준다	적절하게 적응하고 상황을 읽고 유연하게 대처하는 데 일관되고 우수한 능력을 보임.	적절하게 적응하고 상황을 읽고 유연하게 대처하는 데 일관된 능력을 보임.	내담자의 다양하고 유동적인 요구에 적응하고 유연하게 대처하는 데 비일관된 능력을 보임.	내담자의 다양하고 유동적인 요구에 적응하고 유연하게 대처하는 데 제한된 능력을 보임.	상담에서 융통성이 없는 모습을 보이는 등 내담자의 다양하고 유동적인 요구에 적응하는 능력이 부족함.
2.K		일치성 & 진정성	순간에 온전히 머무르며 "진솔"한 태도를 보여준다	진정성 있고 자신과 타인을 수용하는 데 일관되고 우수한 태도를 보임.	진정성 있고 자신과 타인을 수용하는 데 일관된 태도를 보임.	진정성 있고 자신과 타인을 수용하는 데 비일관된 태도를 보임.	진정성 있고 자신과 타인을 수용하는 데 제한된 능력을 보임 (불일치함).	솔직하지 않은 태도를 포함하여 진정성 있고 자신과 타인을 수용하는 태도가 부족함.

슈퍼비전 교수자/ 임상 슈퍼바이저의 서술식 피드백
관찰하신 상담사/상담 수련생의 강점을 기술하세요.

관찰하신 상담사/상담 수련생의 개선점을 기술하세요.

현 시점에서 상담사/상담 수련생의 임상 경험의 전반적인 수행에 대해 기술하세요.

상담사/상담수련생의 성명 ______________________ 날짜 ______________

슈퍼바이저의 성명 ______________________ 날짜 ______________

본 상담역량 척도(CCS-R)을 상담사/상담수련생과 리뷰한 날짜 ______________________

상담사/상담수련생의 성명 ______________________ 날짜 ______________

슈퍼바이저의 성명 ______________________________ 날짜 ______________________

참고. 슈퍼비전 교수자/ 임상 슈퍼바이저가 상담사/상담 수련생의 상담역량 향상 정도에 우려되는 점이 있을 시, 또다른 훈련된 슈퍼바이저가 상담사/상담 수련생을 관찰하여 추가적 피드백을 제공하도록 해야함.

역자 주 : 본 CCS-R 척도의 CCS-R척도의 문항 번역은 조항, 김나영(2021). 상담자 교육 평가모형: CCS-R의 국내 적용가능성 및 도입과제. 학습자교과교육연구, 21(3), 581-604에서 참조함.

통합 상담 이론 보고서

측정된 SLO: CACREP 2016 표준 2.F.5.a, 2.F.5.n

본 과제에서 학생들은 자신만의 상담 이론 보고서를 작성해본다. 다음의 내용들을 포함할 수 있지만, 반드시 이에 국한할 필요는 없다.

- 인간 본성에 대한 철학적 패러다임이나 관점
- 상담자의 기능과 역할
- 내담자의 기능 또는 역할
- 상담 과정의 목표 또는 결과
- 본인이 사용할 수 있는 기법 및 전략
- 다문화적 고려 사항
- 접근방식의 강점 및 한계
- 제시한 상담 이론이 본인의 세계관과 어떻게 부합하는지에 대한 논의

본인이 작성한 내용을 뒷받침하기 위해 적어도 5개 이상의 학술지 논문을 사용해야 한다. 보고서는 표지와 참고문헌 페이지를 포함하여 8~12페이지로 작성되어야 한다. 보고서는 적절한 제목 페이지, 표제, 여백 및 간격을 포함하여 APA 양식에 맞게 작성되어야 한다(초록은 필요 없음). 표 22.3은 이 과제와 관련된 채점 기준을 포함한다.

<표 22. 3> 통합 상담 이론 보고서 채점 기준

평가영역 (CACREP 표준)	기대 이하	기대 충족	기대 이상
이론 선정 근거: 선정한 이론과 본인 세계관의 일치 (2.F.5.a, 2.F.5.n)	이론을 선정한 최소한의 또는 부정확한 근거 및 설명을 제시함.	이론을 선정한 적절한 근거 및 설명을 제시함.	이론을 선정한 포괄적인 근거와 자세한 설명을 제시함.
이론의 주요 개념: 인간 본성, 상담목표 및 결과, 기법들 (2.F.5.a)	하나 이상의 주요 이론개념들에 대한 최소한의 또는 부정확한 설명을 제시함.	대부분의 주요 이론개념에 대한 적절한 설명을 제시함.	모든 주요 이론개념들에 대한 포괄적인 설명을 제시함.
상담자 및 내담자의 역할 확인 및 설명(2.F.5.a)	상담자 및 내담자의 역할에 대한 최소한의 또는 부정확한 설명을 제시함.	상담자와 내담자의 역할에 대한 적절한 설명을 제시함.	상담자와 내담자의 역할에 대한 포괄적인 설명을 제시함.
변화 기제에 대한 이론적 이해 (2.F.5.a)	변화 기제에 대한 이론적인 개념의 최소/기본적인 내용만 기술함.	변화 기제에 대한 이론적인 개념을 적절하게 기술함.	변화 기제에 대한 이론적인 개념을 포괄적으로 기술함.
다문화적 고려 사항: 상담에 문화적 요소가 포함되거나 포함되지 않는지 검토 (2.F.5.a)	다문화적 요인에 대한 기본적 설명을 제시함.	다문화적 요인에 대한 적절한 설명을 제시함.	다문화적 요인에 대한 포괄적인 설명을 제시함.
이론 비평: 장점과 한계 (2.F.5.a)	참고문헌이 빈약하며, 이론의 최소한의 장단점만 포함.	참고문헌을 통한 근거제시와 함께 이론의 장단점을 적절하게 포함.	참고문헌을 통한 근거제시와 함께 이론의 종합적인 장단점을 포함.
보고서 작성의 질	다수의 문법, 구문, APA양식 오류가 심각함.	소수의 문법, 구문, APA양식 오류가 포함된 적절한 글쓰기.	문법, 구문, APA 양식 오류가 거의 없는 훌륭한 글쓰기.

참고. CACREP =상담 관련 교육 프로그램 인증 위원회; APA= 미국 심리학회.

자문 모델

측정된 SLO: CACREP 2016 표준 2.F.5.c, 2.F.5.j

본 과제에서는 전문적인 문헌 자료에 기초하여 부모, 교사, 또는 기타 정신 건강전문가와 함께 일할 때 사용할 수 있는 실용적인 자문모델을 작성한다. 논의 파트엔 선정한 자문이론과 그와 관련한 참고문헌을 제시하고, (a) 자문 단계, (b) 문화적 고려 사항, (c) 자문목표 설정, (d) 자문 효과의 평가방 법을 포함한다. 그런 다음, 본인에게 내담자 문제를 가져온 가상의 의뢰인을 설정하고 그 사례에 대해 기술한다. 본인의 자문모델에 따른 자문계획의 개요를 작성한다. 본인이 사용하고자 하는 구체적인 자문형식과 개입 방법에 대해 설명한다. 자문을 받는 사람의 내담자에게 도움이 될 수 있는 5개의 활용 가능한 지역사회 자원들에 대해 작성한다. 보고서는 적절한 제목 페이지, 표제, 여백 및 간격을 포함하여 APA 양식 지침에 맞게 작성되어야 한다(초록은 필요 없음). 표 22.4는 이 과제와 관련된 채점 기준을 포함한다.

<표 22. 3> 자문(컨설팅) 모델 채점 기준

평가영역 (CACREP 표준)	기대 이하	기대 충족	기대 이상
상담 이론, 모델 및 전략 (2.F.5.c)	설명이 불충분함; 이론, 모델 및 상담 전략의 이해를 입증하지 못함; 몇 가지 중요한 측면을 놓침	적절한 설명; 컨설팅 이론, 모델 및 전략에 대한 만족스러운 이해도를 보여줌	심오한 설명; 이론, 모델 및 상담 전략에 대한 탁월한 이해도를 보여줌
자문 실습 (2.F.5.c)	설명이 불충분함; 자문 실행에 대한 이해를 보여주지 못함; 몇 가지 중요한 측면을 놓침.	적절한 설명; 자문 실행에 대한 만족스러운 이해도를 보여줌.	심오한 설명; 자문 실행에 대한 탁월한 이해도를 보여줌.
지역사회 자원활용 (2.F.5.j)	설명이 불충분함; 지역사회 자원 활용에 대한 이해를 보여주지 못함; 몇 가지 중요한 측면을 놓침.	적절한 설명; 지역사회 자원 활용에 대한 만족스러운 이해도를 보여줌.	심오한 설명; 지역사회 자원 활용에 대한 탁월한 이해도를 보여줌.
보고서 작성의 질	다수의 문법, 구문 및/또는 APA 스타일 형식 오류가 심각함.	소수의 문법, 구문 및/또는 APA 스타일 형식 오류가 포함된 적절한 글쓰기.	문법, 구문 또는 APA 스타일 형식 오류가 거의 없는 훌륭한 글쓰기.

참고. CACREP = 상담 관련 교육 프로그램 인준 위원회; APA= 미국 심리학회.

제23장

집단상담 및 프로그램

Jonathan H. Ohrt

집단상담 프로그램은 다양한 임상 및 교육 현장에서 긍정적인 상담성과를 가져오는 효율적인 상담 방법으로 널리 사용되고 있다(Burlingame, Fuhriman, & Mosier, 2003; Steen, Bauman, & Smith, 2007). 집단 프로그램의 임상적 효과와 빈번한 활용을 고려할 때 상담자 훈련 초기에 집단 프로그램에 대한 질 높은 교육을 받는 것이 중요하다. 미국 집단상담전문가협회(Association for Specialists in Group Work, 2000)는 집단상담에 대한 교육을 집단전문가 훈련 표준안(Professional Standards for the Training of Group Workers)에서 강조하고 있으며, 2016년 CACREP 표준안(CACREP, 2016) 역시 집단상담 및 프로그램을 상담교육 석사과정의 핵심 영역에 포함하고 있다. 또한 CACREP 인준 상담 프로그램의 학생들은 임상 경험의 일부로 집단을 운영해보는 경험을 해야만 한다. 두 표준 교육과정안의 저자들은 미래의 집단상담전문가들을 훈련시키기 위해 다양한 교육적, 경험적 접근방법을 권고하고 있다. 집단상담 수업의 내용은 집단을 운영하는 경험 외에도 집단 발달, 집단 역동, 치료적 요인, 집단 단계, 리더십 스타일, 집단 유형 등의 주제가 일반적으로 포함된다(Association for Specialists in Group Work, 2000; Corey, Corey, & Corey, 2014). 풍부한 집단상담자 훈련 경험이 있는 상담전문가들을 대상으로 한 연구에 따르면, 집단을 효과적으로 촉진하기 위해서는 사전 계획 수립, 리더십 스타일 및 역할 개발, 집단 과정 및 역동에 대한 이해가 필수적이라고 보고하였다(Ohrt, Ener, Porter, & Young, 2014).

집단상담은 개인 상담에서 요구되는 역량은 물론, 집단상담만의 고유한 지식과 기술이 요구된다. 따라서, 상담교육자들은 집단상담에 대한 학생들의 학습 및 기술을 평가해야 하는 책임이 있으며, 이를 위해 상담교육자들은 다양한 학습 활동 및 평가전략들을 개발하여 석사과정 상담 전공생들이 윤리적이며 다양성에 민감한 태도로 효과적인 집단을 계획, 구성 및 실행할 수 있는 역량을 갖추고 졸업할 수 있게 힘써야 한다.

따라서, 본 장에서는 관련된 세 가지 과제를 소개하고, 석사과정 상담교육 프로그램에 요구되는 집단상담과 관련 핵심 영역에 대한 평가 채점 기준 예시를 제시하였다. 첫 번째 활동은 학생들이 관심 있는 특정 내담자 집단을 위한 집단 프로그램을 설계하고, 그 집단을 촉진하기 위한 개입 방법들을 작성해보기 위해 고안되었다. 두번째 활동은 학생들이 집단의 발달에 영향을 미치는 집단의 과정 및 역동을 한편의 장편 영화를 통해 성찰해보는 것이다. 세번째 활동은 학생들이 집단이론 발표와 개입 시연을 통해 이론적, 경험적으로 입증된 집단상담 기술 및 지식을 증명할 수 있는 기회를 제공한다.

집단 프로그램 계획서 및 교육과정 개발

평가된 SLO: CACREP 2016 표준 2.F.6.a, 2.F.6.b, 2.F.6.d, 2.F.6.e, 2.F.6.f, 2.F.6.g

집단상담 프로그램 제안서를 작성하고, 그 집단 프로그램의 6주 교육과정을 개발해보자. 우선 집단상담 프로그램을 실행해보고 싶은 특정 집단(예: 어린이, 청소년, 대학생, 노인) 하나를 선정한다. 집단 프로그램 운영방식(즉, 과제, 심리교육, 상담, 심리치료) 중 하나를 선택한 후, 구체적인 계획서 및 교육과정을 개발한다. 집단상담 프로그램은 6회기로 구성되어야 한다. 수업계획 양식(예시 형식은 아래에 포함됨)을 활용하여 작성해 볼 수도 있다. 권장 페이지 수는 18~22 페이지로, 보고서는 적절한 제목 페이지, 표제, 여백 및 간격을 포함한 APA 양식에 맞게 작성되어야 한다(초록은 불필요). 계획서에는 최소한 다음과 같은 구성요소가 포함되어야 한다.

1. 집단 운영방식 설계의 배경 및 근거 (즉, 과제, 심리교육, 상담, 심리치료).

2. 자신의 근거를 뒷받침하는 관련 문헌 (최소한 5개의 학술지 논문): 선택한 모집단이 상담 관련 서비스가 필요한 이유에 대한 근거를 제시한다.
3. 집단의 목표: 3~5가지의 집단목표를 설정하고, 각 회기의 목표를 포함한다.
4. 집단의 구성 (즉, 이질적 또는 동질적, 연령 또는 학년, 성별, 호소 문제, 집단원 수)
5. 집단을 계획할 때 고려해야 할 사항들: 사전동의서를 첨부하기. 집단원을 모집, 선택 및 선별하는 방법에 대해 설명하기. 집단에 포함되는 기준과 구성원이 집단에 적합하지 않은 원인이 무엇인지 설명하기. 언제, 어디서 집단이 실시되는지 설명하기. 집단이 얼마나 진행될지 논의하기. 이런 과정의 근거가 되는 문헌 자료를 활용하기.
6. 윤리적, 다문화적 고려 사항: 집단과 관련된 다양한 윤리적 이슈와 이를 어떻게 해결할 것인지에 대해 논의하라. 집단 내의 다양성을 어떻게 다룰지를 논의한다.
7. 집단에서 적용할 이론적 접근: 문헌들의 근거와 함께 집단에 대한 이론적 접근을 설명한다. 개발된 프로그램 활동들은 본인의 이론적 접근과 일치해야 한다.
8. 집단의 과정과 내용의 균형을 맞추는 방법: 당신 어떻게 집단에 참여하여 회기 중에 집단 과정과 내용을 균형 있게 다룰 지에 대해 논의한다. 또한 교육과정의 각 회기별로 잠재적인 과정 질문과 구체적인 회기 내용(활동, 개입, 토론 주제)을 포함한다.
9. 집단 웜업, 실행 및 마무리 단계에 어떻게 참여할 것인지에 대한 예시: 집단 회기의 초기, 작업 및 종결 단계에서 사용할 개입 방법에 대해 논의하라. 또한 교육과정 내의 각 회기에 대한 아이스 브레이킹 및 준비 활동, 행동 개입, 마무리 활동 등을 포함한다.
10. 리더십 역할 및 기능: 리더십 스타일과 집단의 각 단계에서 리더의 역할과 책임에 대해 논의한다.
11. 평가: 집단의 효과를 평가하기 위해 종결 및 후속 평가를 수행하는 방법에 대해 논의한다 (예: 어떤 형태의 평가를 사용하시겠습니까). 진전을 보이지 않거나 집단 참여로 인해 해를 입은 집단원을 위해 어떠한 조치를 할지 기술한다.
12. 대인관계 학습: 집단 내에서 배운 대인관계적 학습을 집단 밖의 삶으로 전환하도록 집단원들을 어떻게 도울 수 있는지 서술한다.

6회기 교육과정에 다음 요소들을 포함한다. 추천하는 집단 회기 구성요소는 다음과 같다.

- 회기 주제
- 목적 및 목표
- 준비물
- 활동/개입 방법
- 웜업 (체크인, 소개, 주제 리뷰)
- 작업/과정(새로운 기술 및 행동; 토론; 역할극, 과정 질문)
- 마무리 (학습한 내용 확인, 체크아웃)

표 23.1은 이 과제와 관련된 채점 기준을 포함한다.

<표 23.1> 집단 프로그램 계획서 및 교육과정 채점 기준

평가영역 (CACREP 표준)	기대 이하	기대 충족	기대 이상
집단 프로그램	집단 프로그램 및 대상 집단에 대한 명료한 설명 부족. 대상 집단에 대한 설명 없거나 부족함.	집단 프로그램 및 대상 집단에 대한 적절한 설명. 대상 집단의 일부 특성에 대한 설명 제시.	집단 프로그램 및 대상 집단에 대한 설명이 우수함. 대상 집단의 여러 특성에 대한 설명 제시.
설계 배경 및 근거(2.F.6.f)	집단 설계에 대한 배경 또는 근거에 대한 부적절한 논의; 최소한의 배경 설명 또는 근거 제시; 예시 근거가 부족하거나 없음; 참고문헌 부족	집단 설계에 대한 배경 또는 근거에 대한 적절한 논의; 배경 설명 및 논리적 근거 제시; 예시 포함; 일부 참고문헌 포함	집단 설계에 대한 배경 또는 근거에 대한 훌륭한 논의; 배경 설명 및 논리적 근거 제시; 여러 예시 포함; 많은 참고문헌 포함
집단 목표	목표에 대한 불충분한 설명; 목표가 몇 개만 제시되거나 아예 없음; 불명확한, 모호한, 비현실적인 목표	일부 목표에 대한 충분한 설명; 명확한, 구체적인, 현실적인 목표 제시	다수의 목표들에 대한 훌륭한 설명; 명확한, 구체적인, 현실적인 목표 제시
프로그램 구성 (2.F.6.e)	프로그램 구성에 대한 불충분한 설명; 집단구성 요소가 부족하거나 전혀 제시되지 않음	프로그램 구성에 대한 충분한 설명; 소수의 집단구성 요소가 제시됨	프로그램 구성에 대한 훌륭한 설명; 다수의 집단구성 요소가 제시됨
집단 실행 절차 선정 및 고려 (2.F.6.e, 2.F.6.g)	프로그램 실행 절차에 대한 부적절한 선정 및 고려; 구성요소가 부족하거나 전혀 제시되지 않음; 참고문헌 누락.	프로그램 실행 절차에 대한 적절한 선정 및 고려; 소수의 구성요소가 제시됨; 일부 참고문헌 포함.	프로그램 실행 절차에 대한 탁월한 선정 및 고려; 다수의 구성요소가 제시됨; 다수의 참고문헌 포함.
윤리 및 다문화에 대한 고려 (2.F.6.g)	집단의 윤리적, 다문화적 측면에 대한 불충분한 고려; 관련된 전략 예시가 부족하거나 제시되지 않음.	집단의 윤리적, 다문화적 측면에 대한 충분한 고려; 관련된 전략 예시가 일부 제시됨.	집단의 윤리적, 다문화적 측면에 대한 탁월한 고려; 관련된 전략 예시가 다수 제시됨.

집단 상담 이론적 접근 (2.F.6.a)	이론적 접근에 대한 부적절한 논의; 선행연구와 불일치; 모호한 개념; 경험적 근거 부족	이론적 접근에 대한 적절한 논의; 선행연구와 일치; 소수의 주요 개념 제시; 경험적 근거 포함	이론적 접근에 대한 적절한 논의; 선행연구와 일치; 다수의 주요 개념 제시; 여러 문헌을 활용한 경험적 근거 포함
집단 과정 및 내용 (2.F.6.b)	집단 과정 및 내용, 이 둘의 균형에 대한 부적절한 설명; 상세한 예시 부족.	집단 과정 및 내용, 이 둘의 균형에 대한 적절한 설명; 상세한 예시 제시.	집단 과정 및 내용, 이 둘의 균형에 대한 훌륭한 설명; 다수의 상세한 예시 제시.
집단 웜업 단계(2.F.6.b, 2.F.6.d)	웜업 단계 개입에 대한 부적절한 고려; 구체적인 개입 예시 부족.	웜업 단계 개입에 대한 적절한 고려; 구체적인 개입 예시 일부 제시.	웜업 단계 개입에 대한 훌륭한 고려; 구체적인 개입 예시 다수 제시.
집단 실행 단계 (2.F.6.b, 2.F.6.d)	실행 단계 개입에 대한 부적절한 고려; 구체적인 개입 예시 부족.	실행 단계 개입에 대한 적절한 고려; 구체적인 개입 예시 일부 제시.	실행 단계 개입에 대한 훌륭한 고려; 구체적인 개입 예시 다수 제시.
집단 종결 단계(2.F.6.b, 2.F.6.d)	종결 단계 개입에 대한 부적절한 고려; 구체적인 개입 예시 부족.	종결 단계 개입에 대한 적절한 고려; 구체적인 개입 예시 일부 제시.	종결 단계 개입에 대한 훌륭한 고려; 구체적인 개입 예시 다수 제시.
리더 역할 및 기능 (2.F.6.b, 2.F.6.d)	리더의 역할과 기능에 대한 부적절한 설명; 리더의 역할에 대한 예시 부족; 참고문헌 부족.	리더의 역할과 기능에 대한 적절한 설명; 리더의 역할에 대한 소수의 예시 제시; 참고문헌 소수 포함.	리더의 역할과 기능에 대한 탁월한 설명; 리더의 역할에 대한 다수의 예시 제시; 참고문헌 다수 포함.
집단 평가 (2.F.6.d)	집단의 효과를 평가하기 위한 종료 및 추후 평가에 대한 부적절한 설명; 지나치게 단순화된 평가 방법 제시.	집단의 효과를 평가하기 위한 종료 및 추후 평가에 대한 적절한 설명; 충분한 평가 방법 제시.	집단의 효과를 평가하기 위한 종료 및 추후 평가에 대한 탁월한 설명; 다수의 종합적 평가 방법 제시.
대인 관계 학습 (2.F.6.d)	리더가 집단원이 학습한 내용을 집단 밖의 삶에 적용하도록 돕는 방법에 대한 부적절한 설명; 상세한 예시 부족.	리더가 집단원이 학습한 내용을 집단 밖의 삶에 적용하도록 돕는 방법에 대한 적절한 설명; 소수의 상세한 예시 제시.	리더가 집단원이 학습한 내용을 집단 밖의 삶에 적용하도록 돕는 방법에 대한 훌륭한 설명; 다수의 상세한 예시 제시.
글쓰기의 질: 인용, 글쓰기 및 APA양식	다수의 문법, 구문, APA 양식 오류가 포함된 부적절한 글쓰기.	소수의 문법, 구문, APA 양식 오류가 포함된 적절한 글쓰기.	문법, 구문, APA 양식 오류가 거의 없는 훌륭한 글쓰기.

참고. CACREP =상담 관련 교육 프로그램 인준 위원회, APA= 미국심리학회

집단 비디오 성찰

측정된 SLO: CACREP 2016 표준 2.F.6.b, 2.F.6.c

참고: 이 과제는 기말고사 과제로 설계되었다. 제시된 예시에서는 영화 'Breakfast Club'(Tanen & Hughes, 1985)을 사용하였다. 집단상담에 대해 가르치는 데 활용할 수 있는 수 있는 다른 영화들로는 Moe, Autry, Olson, & Johnson(2014)과 Tyler & Reynolds(1998) 등이 있다.

이번 과제의 목적은 학생들이 한 학기 동안 학습한 집단의 발달에 대한 지식을 확인하는 것이다. 영화 'Breakfast Club'을 본 후, 질문 당 1~2 단락으로 다음 내용에 답하라.

- 영상에서 확연히 드러나는 집단발달단계에 대해 토의한다. 집단의 분위기와 집단내 상호작용이 각 단계(초기, 전환, 작업, 종결)에 따라 어떻게 나타나는지 그 예를 제시한다.
- 영상에서 등장인물이 그려내는 집단원의 역할에 대해 설명하라. 그 역할을 명명하고, 그 등장인물이 나타내는 해당 역할의 특성의 예를 제시하라. 일부 등장인물들은 다수의 집단원 역할 유형의 특성을 나타낼 수 있다.
- 이 집단에 대해 작용하고 있는 것으로 보이는 치료적 요인을 확인한다. 각 요인을 명명하고, 집단이 그 등장 인물에게 어떻게 치료적으로 작용하는지에 대한 예를 제시하라.
- 내용과 과정에 대해 논하라. 등장인물들이 논의한 내용은 무엇인가? 어떤 집단 과정(예: 여기-지금 상호작용, 집단의 발달)이 드러났는가? 등장인물들이 집단 과정에 어떻게 참여하고 있는가? 그 예는 무엇인가?

표 23.2는 이 과제와 관련된 채점 기준을 포함한다.

<표 23.2> 집단 비디오 성찰 채점 기준

평가영역 (CACREP 표준)	기대 이하	기대 충족	기대 이상
집단 단계 (2.F.6.b)	집단 단계에 대한 부적절한 논의, 각 단계의 구체적인 예가 부족하거나 주요 핵심을 놓침	집단 단계에 대한 적절한 논의와 함께 각 단계의 구체적인 예시 제시	집단 단계에 대한 심오한 논의와 함께 각 단계의 구체적인 예시 다수 제시

집단원의 역할 및 특징 (2.F.6.b)	집단원의 역할 및 특징에 대한 부적절한 기술, 각 단계의 구체적인 예가 부족하거나 주요 핵심을 놓침	구체적인 예시와 함께 집단원의 역할 및 특징에 대한 적절한 기술	다수의 구체적인 예시와 함께 집단원의 역할 및 특징에 대한 풍부한 기술
집단의 치료적 요인 (2.F.6.c)	집단 치료적 요인에 대한 부적절한 기술, 각 단계의 구체적인 예가 부족하거나 주요 핵심을 놓침	구체적인 예시와 함께 집단 치료적 요인에 대한 적절한 기술	다수의 구체적인 예시와 함께 집단 치료적 요인에 대한 풍부한 기술
집단 내용 및 과정 (2.F.6.b)	집단 내용 및 과정에 대한 부적절한 기술, 각 단계의 구체적인 예가 부족하거나 주요 핵심을 놓침	구체적인 예시와 함께 집단 내용 및 과정에 대한 적절한 기술	다수의 구체적인 예시와 함께 집단 내용 및 과정에 대한 풍부한 기술
전체적 작성법 및 답변의 적절성	불충분한 글쓰기, 답변에 다수의 문법 오류가 포함됨, 읽기 어려움.	충분한 글쓰기, 답변에 소수의 문법 오류는 있으나 읽기 쉽게 잘 작성됨.	탁월한 글쓰기, 답변에 문법 오류가 거의 없으며, 읽기 쉽게 잘 작성됨.

참고. CACREP = 상담 관련 교육 프로그램 인준 위원회.

집단 이론 발표 및 시연

측정된 SLO: CACREP 2016 표준 2.F.6.a, 2.F.6.d, 2.F.6.g

집단상담에 대한 이론적 접근에 대해 발표하기 위해 팀으로 작업한다. 학생들은 전공교재들 또는 학술지 논문들과 같은 외부 참고자료는 물론, 본문의 내용을 활용하여 정보를 수집할 수 있다. 이 발표 및 시연 활동은 40분 동안 진행되어야 하며, 이론에 대한 발표, 교실 토론, 그리고 두 번의 시연 체험 활동이 포함된다.

1. 선택한 상담 이론의 기본 개념 및 그 이론에서 요구하는 집단리더의 역할을 간략하게 제시한다. 관련 참고문헌의 근거 및 다양한 대상으로 입증된 이론의 효과에 대한 연구를 제시한다. 선택한 집단상담 이론과 개입 방법들과 관련하여 윤리적, 문화적으로 고려해야 할 사항들에 대해 논의한다.
2. 학생들을 자신이 선택한 이론과 일치하는 두 개의 역할극 그룹으로 나눈다. 발표자는 집단

리더로, 다른 학생들은 집단원으로 참여하면서 준비한 개입이 집단 안에서 어떻게 작용하는지 관찰하도록 한다. 집단활동을 효과적으로 촉진하기 위한 집단상담기술을 사용할 수 있다.

3. 각 개입에 대한 다음의 상세한 정보들이 포함된 유인물을 제공한다. (이 유인물은 1~2 페이지의 수업계획서 형태로 작성될 수 있다; 수강하는 모든 학생을 위한 충분한 복사본을 준비하도록 한다.)
   a. 개입 방법의 명칭
   b. 가장 적절한 내담자 구성 (예: 어린이, 청소년, 성인, 커플 및/또는 가족)
   c. 적절한 연령
   d. 적합한 내담자 문제 (이 활동들은 어떤 내담자 문제에 적합한가?)
   e. 부적합한 내담자 문제 (이 활동들이 적용되기 어려운 내담자 문제는 무엇인가?)
   f. 개입 방법이 도출된 근거자료 (출처 인용)
   g. 필요한 자료 및 물품 목록
   h. 활동에 필요한 사전준비에 대한 설명 (집단과 만나기 전에 수행해야 할 작업)
   i. 활동에 대한 상세한 설명
   j. 적절한 후속 조치/과정 질문 (활동을 어떻게 마무리하는지, 어떻게 대응하는지, 학습한 내용을 집단 밖의 삶에 어떻게 적용하는지 등)

표 23.3은 이 과제와 관련된 채점 기준을 포함한다.

<표 23.3> 집단 이론 발표 및 시연 채점 기준

평가영역 (CACREP 표준)	기대 이하	기대 충족	기대 이상
발표 – 집단이론 (2.F.6.a)	이론의 주요 개념에 대한 명료하지 않고 부정확한 개요 제시; 예시 부족.	이론의 주요 개념에 대한 일부 예시와 함께 명료하고 정확한 개요 제시.	이론의 주요 개념에 대한 다수의 예시와 함께 명료하고 정확한 개요 제시.
발표 – 집단리더 역할 (2.F.6.a, 2.F.6.d)	이론과 일치하는 집단리더의 역할과 기능에 대해 불충분한 요약 제시; 예시 부족.	이론과 일치하는 집단리더의 역할과 기능에 대해 일부 예시와 함께 충분한 요약 제시.	이론과 일치하는 집단리더의 역할과 기능에 대해 다수의 예시와 함께 심오한 요약 제시.
발표 – 윤리적, 다문화적 고려 (2.F.6.g)	이론적 개입 방법과 관련하여 윤리적, 다문화적으로 충분히 고려하지 못함; 구체적인 예시 부족.	이론적 개입 방법과 관련하여 소수의 예시를 제시하며 윤리적, 다문화적으로 고려할 점을 충분히 강조함.	이론적 개입 방법과 관련하여 다수의 예시를 제시하며 윤리적, 다문화적으로 고려할 점을 훌륭하게 강조함.
발표 – 경험적 증거 (2.F.6.a, 2.F.6.d)	집단 접 방법에 대한 불충분한 경험적 증거를 제시; 문헌 인용 예시 부족.	집단 접근방법에 대한 충분한 경험적 증거를 제시; 소수의 문헌 인용 예시 포함.	집단 접근방법에 대한 심오한 경험적 증거를 제시; 다수의 문헌 인용 예시 포함.
시연 – 개입의 적절성 (2.F.6.a, 2.F.6.g)	효과적, 윤리적, 다양성에 민감한 개입에 대한 부적절한 설명 - 일관되지 않음.	효과적, 윤리적, 다양성에 민감한 개입에 대한 적절한 설명 - 제시된 이론과 일치.	효과적, 윤리적, 다양성에 민감한 개입에 대한 뛰어난 설명 - 제시된 이론과 일치.
시연 – 집단기술 (2.F.6.d)	관련한 집단상담기술(예: 대화초대, 연결, 요약)의 사용을 하지 않았거나 부족함; 비효과적인 기술사용.	관련한 몇 개의 집단상담기술(예: 대화초대, 연결, 요약)을 적절하게 사용함; 효과적으로 기술을 사용할 수 있는 기회를 종종 놓침.	관련한 몇 개의 집단상담기술(예: 대화초대, 연결, 요약)을 훌륭하게 사용함; 효과적인 기술 사용.
유인물 (2.F.6.a, 2.F.6.f, 2.F.6.g)	유인물이 제공되지 않았거나, 제공된 유인물이 상세하지 못함.	개입 방법을 상세하게 잘 묘사하는 실용적인 유인물이 제공됨; 부분적인 정보누락이 있으나, 전체적인 내용은 명료하며, 실용적임.	개입 방법을 아주 상세하게 잘 묘사하는 실용적인 유인물이 제공됨.
발표의 전반적인 평가	학생들의 상호작용 또는 참여가 부족함; 교실 토론을 촉진하는데 실패함.	학생들의 부분적 상호작용 및 참여, 교실토론을 촉진함.	학생들의 적극적 상호작용 및 참여, 교실토론을 촉진함.

참고. CACREP = 상담 관련 교육 프로그램 인준 위원회.

제24장

평가 및 검사

Rebecca A. Newgent
and Molly Watkins

상담전문가가 되기 위해선 평가(assessment)와 검사(testing)가 각각 무엇을 의미하는지 이해하는 것은 중요하다. 평가는 내담자에 대한 상담자의 이해도를 높이고, 치료 계획 및 성과 평가에 도움을 주는 여러 가지 평가 방법을 포괄하는 광범위한 개념이다. 일반적으로 평가 영역은 성격 평가, 진로 평가, 지능 평가 및 능력 평가 등으로 구성된다(Hayes, 2013).

평가는 다양한 형태를 취할 수 있다. 가장 일반적으로 사람들은 평가를 검사로 간주한다. 상담에서 검사는 행동, 태도, 사고 그리고 정서를 측정하는 데 도움이 되지만, 이는 평가의 한 측면일 뿐이다. 평가는 훨씬 더 포괄적이다. 평가에 검사가 포함될 수 있지만, 평가에는 검사이외에도 여러 출처의 정보가 포함된다. 예를 들어, 접수 면접은 내담자의 정신 상태, 심리 사회적 역사 및 현재 기능에 관한 중요한 정보를 제공하는 평가의 한 형태이다. 교사, 부모 및 가족 구성원도 인터뷰나 다른 평가도구들을 통해 내담자에 대한 유용한 정보를 제공할 수 있다.

만약 당신이 상담자라면 당신은 이미 평가를 하고 있을 것이다. 상담자들은 내담자와의 상호작용의 모든 측면에 대해 평가를 하게 된다. 접수 면접부터 종결까지 평가는 상담자에게 필요한 요소이다. 평가를 잘 활용하기 위해서는 상담자에게 평가와 관련한 역사적 관점, 절차, 기본적인 통계개념, 평가활용, 윤리적/문화적 개입 방법 등에 대한 이해가 요구된다(CACREP 2016 표준 2.F.7).

CACREP (2016)은 학생들이 상담자 정체성을 잘 갖춘, 유능하고 윤리적인 전문가로 성장하기 위해 평가 및 검사역량 관련한 표준 교육과정을 규정하고 있다. 즉, CACREP는 평가 및 검사 영역을 상담전문가의 정체성을 정의하는 8가지 공통 핵심 교육과정 중 하나로 정의하고 있다. 모범적 사례를 살펴보면, 상담자 교육의 SLO 평가는 다양한 측정 도구의 활용이 요구된다. 다시 말해, 상담 전공 학생들의 학습 성과를 평가하고자 할 때는 두 가지 이상의 평가도구를 사용하는 것이 중요하다.

본 장에서는 평가 및 검사의 핵심역량에 대한 상담수련생들의 학습 성과를 평가하기 위한 세 가지 과제와 채점 기준을 제공하고자 한다. 첫 번째 활동은 석사과정 학생들이 평가 시 사회문화적 요소와 윤리적 요소를 고려하여, 평가과정을 통해 얻어진 결과를 어떻게 분석하는지에 대한 이해를 돕고자 고안되었다. 두 번째 활동은 학생들이 기존의 평가도구를 비판적으로 분석하여, 그들 자신만의 검사 도구를 개발하기 위한 검사 비평 과제이다. 세 번째 과제는 학생들이 수업에서 배운 모든 요소를 적용하여 스스로 평가도구를 개발해야 하는 종합 기말과제이다.

평가 보고서

측정된 SLO: CACREP 2016 표준 2.F.7.e, 2.F.7.f, 2.F.7.m

학생들은 NEO 성격검사-3 (NEO Personality Inventory-3; McCrae, Costa, & Martin, 2005) 및 특성요인 불안검사(State-Trait Anxiety Inventory; Spielberger, 1983)를 스스로 실시하고, 그 결과를 해석하여 평가보고서를 작성한다. 최소한으로 다음 목차의 내용들이 보고서에 포함되어야 한다.

- 의뢰된 이유 (1점)
- 배경 및 역사 (심리사회적 역사, 의료/상담 경험, 약물 사용 및 남용, 교육 및 직업 정보, 기타 관련 정보) (4점)
- 평가 절차 (1점)
- 행동 관찰(정신 상태 검사 포함)(1점)

- 평가 결과 (NEO 성격검사-3, 특성요인 불안검사, 진단적 인상) (9 점)
- 권고사항 (1점)
- 요약 (3점)

보고서는 최신 APA양식(그렇지 않은 경우 3점 감점)으로 작성되어야 하며, Bloom의 개정된 분류체계 레벨 3~4수준 (Anderson & Krathwohl, 2001; 그렇지 않은 경우 3점 감점)으로 작성되어야 한다. 본 과제는 학생들이 적용(즉, 주어진 상황에서 절차를 수행)해보고, 과제의 각 요소를 분석(즉, 해당 자료를 구성요소로 구분하여 각 요소가 서로 어떻게 관련되고, 전체적인 구성 및 목적에 어떤 영향을 미치는지 설명)해보도록 한다. 이 과제의 총점은 20점이다. 표 24.1에는 이 과제와 관련된 채점 기준을 포함한다.

<표 24.1> 평가 보고서 채점 기준

평가영역 (CACREP 표준)	기대 이하	기대 충족	기대 이상
진단 및 계획 (2.F.7.e)	개념화, 진단 및 계획을 수립하는 최소한의 또는 부정확한 능력을 보여줌; 상당한 불일치 또는 오류; 부정확한 요약 및 행동관찰.	개념화, 진단 및 계획할 수 있는 능력을 일부 입증함; 일부 불일치 또는 오류; 요약 및 행동관찰은 더 보완될 필요가 있음.	개념화, 진단 및 계획할 수 있는 적절한 능력을 보여줌; 불일치 또는 오류가 없음; 심오한 요약 및 행동관찰.
기본 개념 (2.F.7.f)	검사 및 평가의 기본 개념에 대한 최소한의 또는 부정확한 지식을 보여줌; 상당한 불일치 또는 오류; 해석의 논리성 부족.	검사 및 평가의 기본 개념에 대한 지식을 일부 입증함; 일부 불일치 또는 오류; 해석은 더 심오할 필요가 있음.	검사 및 평가의 기본 개념에 대한 적절한 지식을 보여줌; 불일치 또는 오류가 기록되지 않음; 심오한 해석.
윤리 및 문화 전략(2.F.7.m)	평가결과의 해석에 윤리적, 문화적 요소를 통합하는 최소한의 또는 부정확한 능력을 보여줌; 상당한 불일치 또는 오류; 해석의 논리성 부족.	윤리적, 문화적 요인을 평가 결과 해석과 통합할 수 있는 능력을 일부 입증함; 일부 불일치 또는 오류; 해석은 더 심오할 필요가 있음.	평가 결과의 해석과 함께 윤리적, 문화적 요소를 통합할 수 있는 적절한 능력을 보여줌; 불일치 또는 오류가 기록되지 않음; 심오한 해석.

참고. CACREP = 상담 관련 교육 프로그램 인준 위원회

검사 비평

측정된 SLO: CACREP 2016 표준 2.F.7.h, 2.F.7.m

본 과제에서는 심리검사 모음집(Tests in Print) 또는 정신측정 연감(Mental Measurements Yearbook)에서 찾은 하나의 검사 도구에 대한 검사 비평을 작성한다. 모든 동료 수강생들과 교수자에게 자신의 검사 비평 사본을 제공하도록 한다. 검사 선정은 사전에 교수자로부터 승인을 받아야 한다. 최소한 다음 항목들이 비평에 포함되어야 한다.

- 일반 정보(검사의 내용, 해당되는 경우 판과 양식을 포함, 저자, 출판사, 출판일, 설명서, 규준 및 보조 자료의 날짜, 검사 실시 시간, 검사 비용, 책자, 답안지, 채점 서비스 등 포함)
- 검사의 목적 및 특징에 대한 간략한 설명(검사유형: 개인, 집단, 수행 능력, 적성; 검사사용 가능 대상: 연령 범위, 유형, 검사내용의 특징: 하위 검사 및 추가 점수, 문항 유형)
- 실용적 평가 (검사 자료의 질적 특징: 검사 책자의 디자인, 편집 완성도, 사용 편의성, 매력도, 내구성, 사용하고자 하는 집단에 대한 적합성; 실시 용이성: 지시문들의 명확성, 채점 절차, 컴퓨터 채점 소프트웨어, 안면 타당도, 수험자와 라포형성 필요성)
- 기술 평가(규준 [규준/점수 유형, 표준화 표본; 특성, 크기, 대표성, 표본추출 절차, 하위그룹 규준], 신뢰도 [유형, 신뢰성 확립 절차, 장기 안정성]), 타당도 [유형, 절차]
- 사용자 자격
- 요약 평가(주요 강점/약점)
- 참고문헌

참고: 위의 모든 정보를 일부 검사에 사용할 수 없거나 관련성이 없을 수 있다. 비평은 APA 양식에 맞게 Bloom의 개정된 분류체계 레벨 3~4로 작성해야 한다. 이 과제를 수행하려면 이 과제에 포함된 요소를 적용(즉, 주어진 상황에서 절차를 수행)하고 분석(즉, 해당 자료를 구성요소로 분해하여 해당 부품이 서로 어떻게 관련되고 전체 구조와 목적에 어떤 영향을 미치는지 설명)해야 한다.

표 24.2에는 이 과제와 관련된 채점 기준을 포함한다.

<표 24.2> 검사 비평 채점 기준

평가영역 (CACREP 표준)	기대 이하	기대 충족	기대 이상
신뢰도 및 타당도 (2.F.7.h)	신뢰도 및 타당도에 대한 최소한의 또는 부정확한 이해도를 보여줌; 경험적 연구의 신뢰도 및 타당도 데이터를 보고하지 않음; 해석의 논리성 부족.	신뢰도 및 타당도에 대한 부분적인 이해도를 보여줌; 신뢰도 및 타당도 데이터 보고에서 일부 오류; 해석은 더 심오할 필요가 있음.	신뢰도 및 타당도에 대한 적절한 이해도를 보여줌; 신뢰도 및 타당도 정보를 정확하게 보고함; 심오한 해석.
윤리적, 문화적 전략 (2.F.7.m)	윤리적, 문화적 전략에 대한 최소한의 이해 또는 부정확한 이해도를 보여줌; 평가 및 검사선정, 실시, 해석과 관련된 윤리적, 문화적 문제를 식별하지 못함.	윤리적, 문화적 전략에 대한 부분적인 이해도를 보여줌; 평가 및 검사선정, 실시, 해석과 관련된 윤리적, 문화적 문제를 부분적으로 식별함.	평가 및 검사의 선택, 실시, 해석과 관련된 윤리적, 문화적 전략에 대한 적절한 이해도를 보여줌.
APA 양식	0점	1점	2점
Bloom의 개정된 분류체계 레벨 3-4	0점	1점	2점
중요도, 완성도, 정확도	0점	1점	2점

참고. CACREP = 상담 관련 교육 프로그램 인준 위원회, APA = 미국심리학회

종합 기말과제

측정된 SLO: CACREP 2016 표준 2.F.7.a, 2.F.7.f, 2.F.7.g, 2.F.7.i

본 과제는 어떤 구체적인 목적을 위해 특정 대상 집단에게 사용할 수 있는 평가도구를 개발해 보는 것이다. 우선 관심 대상 집단과 평가의 목적을 정의한다. 그런 다음, 제공된 정보를 사용하여 평가도구를 개발한다. 본인이 수행할 모든 단계 및 구체적인 절차에 대해 정의한다. 또한 평가 절차와 관련된 모든 요소가 포함되어야 한다. 여기에 수업교재와 강의에서 제공된 모든 정보를 포함하도록 한다. 적용한 모든 절차에 대해 기록한 후, 실제 개발된 평가도구의 완성본을 제출한다.

개인 또는 그룹으로 최종 과제를 수행할 수 있다(그룹당 5명 이내). 그룹으로 수행하기로 선택한 경우, 모든 그룹 구성원이 동일한 등급을 받게 되므로 반드시 사전 합의를 해야 한다.

만점을 받기 위해서 반드시 Bloom의 개정된 분류체계 3~4수준이 적용되어야 한다. 이 수준 이하에서의 수행은 낮은 점수를 받게 될 것이다. 평가내용은 APA 양식에 맞게, 그리고 Bloom의 개정된 분류체계 3~4수준으로 작성되어야 한다. 학생들은 이 과제의 모든 요소를 적용(즉, 주어진 상황에 맞게 절차를 수행)하고, 분석(즉, 해당 자료를 구성요소로 구분하여 각 요소가 서로 어떻게 관련되고, 전체적인 구성 및 목적에 어떤 영향을 미치는지 설명)해야 한다. 표 24.3에는 이 과제와 관련된 채점 기준을 포함한다.

<표 24.3> 종합 최종 검사 채점 기준

평가영역 (CACREP 표준)	기대 이하	기대 충족	기대 이상
		내용	
역사적 이해(2.F.7.a)	평가의 특징 및 의미에 대한 최소한의 또는 부정확한 이해; 평가개발과 관련된 필수 단계, 과정 및 절차를 식별하지 못함.	평가의 특징 및 의미에 대한 부분적인 이해; 평가개발과 관련된 필수 단계, 과정, 절차를 잘 식별하지 못함.	평가의 특징 및 의미에 대한 적절한 이해; 평가개발과 관련된 모든 필수 단계, 과정 및 절차가 잘 제시됨.
기본개념 (2.F.7.f)	표준화 및 비표준화 검사의 기본 개념에 대한 최소한의 또는 부정확한 이해; 그룹 및 개인에 대한 평가도구 개발 프로세스를 포함하지 않음.	표준화 검사와 비표준화 검사의 기본 개념에 대한 부분적인 이해; 그룹 및 개인에 대한 평가도구 개발을 위한 프로세스를 부분적으로 포함.	표준화 검사와 비표준화 검사의 기본 개념에 대한 적절한 이해; 그룹 및 개인에 대한 평가도구 개발을 위한 프로세스가 잘 제시됨.
통계적 개념 (2.F.7.g)	통계적 개념에 대한 최소한의 또는 부정확한 이해; 측정척도, 중심경향성, 분산도, 분포의 형태 및 유형, 평가도구의 상관관계에 대한 데이터를 포함하지 않음.	통계적 개념에 대한 부분적인 이해; 측정척도, 중심경향성, 분산도, 분포의 형태 및 유형, 평가에 대한 상관관계에 대한 제한된 데이터를 포함.	통계적 개념에 대한 적절한 이해; 측정척도, 중심경향성, 분산도, 분포의 형태 및 유형, 평가에 대한 상관관계에 대한 충분한 데이터를 포함.
적용	교육, 진로, 개인적/사회적 발달 등의 목적으로	교육, 진로, 개인적/사회적 발달 등의 목적으로	교육, 진로, 개인적/사회적 발달 등의 목적으로

(2.F.7.i)	평가도구를 활용하는 것에 대한 최소한의 또는 부정확한 이해; 대상 집단에 대한 평가도구 사용 및 적용 방법을 포함하지 않음.	평가도구를 활용하는 것에 대한 제한된 이해; 대상 집단에 대한 평가도구 사용 및 적용 방법을 일부 제시.	평가도구를 활용하는 것에 대한 적절한 이해; 대상 집단에 대한 평가도구 사용 및 적용 방법을 구체적으로 제시.
		채점	
구성 및 종합	체계화되지 않고 단편화됨 (0점)	3점	잘 정리되고 종합됨 (6점)
명료성	흐릿하고, 횡설수설하며 모호 (0점)	3점	명확하고 간결 (6점)
깊이	피상적 이해 (0)점)	3점	심층 이해 (6점)
폭	제한된 지식 (0점)	3점	폭넓은 지식 (6점)
주요 개념	주요 개념 미포함(0점)	3점	주요 개념 포함 (6점)
구체적 근거	의견, 사실적 지원 없음 (0점)	3점	사실이 뒷받침하는 의견 (6점)
APA 양식	형식 준수 부족 (0점)	3점	APA 스타일 형식 (6점)
Bloom의 개정된 분류체계	Bloom의 개정된 분류체계 레벨 1~2 (0점)	3점	Bloom의 개정된 분류체계 레벨 3~4 (6점)

참고. CACREP =상담 관련 교육 프로그램 인준 위원회, APA= 미국심리학회.

제25장

연구와 프로그램 평가

A. Stephen Lenz

근래 상담교육자가 학생 수련 경험 내에 연구와 성과 데이터를 통하여 뒷받침되는 개입전략 포함의 중요성을 강조해야 한다는 인식이 점점 더 증가하고 있다(CACREP, 2016). 따라서, 상담자가 이러한 성과 중심 접근을 비판하거나 함께 사용하도록 권장하는 데에 필요한 지식과 기술을 보여줄 수 있는 능력을 갖추는 것은 이제 윤리적 의무로 간주되고 있다 (ACA, 2014). 모든 석사 수준의 졸업생들이 다양한 연구 프로그램을 실시하는 것에 관심을 가지지 않을 수 있지만, CACREP 표준은 학생들이 기존의 프로그램과 내담자들이 받는 상담의 질을 평가하는 기본적인 전략을 구현할 뿐만 아니라 치료에 관련된 결정을 내리는 데에 도움이 되는 정보를 제공할 수 있는 연구의 능동적인 소비자가 될 수 있는 틀을 제공하고 있다. 상담교육자는 잘 개발된 교육, 시범적 제시, 실습 활동을 통하여 관련 내용에 관한 이해도를 증진시키고, 학생들이 연구와 프로그램 평가와 같은 중요한 활동에 대해 대체로 가지고 있는 방어적인 태도를 상쇄시켜 관련 내용에 대한 흥미를 높일 수 있다.

비록 연구와 프로그램 평가는 공통된 요소를 많이 포함하고 있지만, 여러 학자는 이 둘 간의 주요한 차이점은 각각의 목표에서 드러난다고 보고 있다(Benkofske & Heppner, 2008; Daniels, 2010; Fitzpatrick, Sanders, & Worthen, 2011; Posavac, 2011). Benkofske와 Heppner (2008)는 연구자들이 주로 일반적인 지식의 토대에 기여하는 것에 좀 더 초점을 맞추었지만, 프로그램 평가자들은 특정 프로그램에 참여하는 특정 집단의 사람에게 무엇이 가장 효과적이었는지를 밝히는 것에 초점을 두었다고 시사하였다. 이러한 관점에서 보면, 모든 프로그램 평가자들은 연구 방법론을 실시하는 것에도 관여하지만, 모든 프로그램 평가가 전반적인 지식의 토대에 기여하려는 의도를 가진 것은 아니다. 내 개인적인 경험에 의하면, 이러한 구분은 학생들이 연구와 평가에 관한 수업 활동에 참여하는 것을 촉진시키는 데에 중요한 부분이다. 이어서, 상담사가 대답하고자 하는 질문이 어떤 연구 방법을 사용해야 하는지를 이해하는 것은 중요하다. 마지막으로, 어떤 개입이 내담자에게 적합한지 정하기 위해 최근 연구를 평가하든, 프로그램이 목표로 한 결과를 어느 정도 이루었는지를 평가하든, 상담 전공 학생들은 두 접근의 중요한 부분이 무엇인지 파악할 수 있어야 한다.

본 장은 세 개의 과제와 석사 수준의 연구와 프로그램 평가 범위 내에서 SLO를 측정하기 위한 관련 채점 기준을 제공한다. 첫 번째 활동은 학생들이 증거기반 실제(practice)에 관련된 문헌을 찾아내고, 이 개입의 근거를 제공하는 연구들 각각의 특성을 비판적으로 평가할 수 있는 것을 돕도록 설계되어 있다(CACREP 2016 Standards 2.F.8.a, 2.F.8.d, 2.F.8.f, 2.F.8.h, 2.F.8.i). 두 번째 활동은 수업 내용을 실용적으로 적용한 활동으로, 학생들이 연구 문제 간의 관계를 고려하고, 적합한 연구/평가 방법을 선택하고, 관심 있는 종속변수를 찾아내는 것을 돕기 위한 것이다(CACREP 2016 Standards 2.F.8.d, 2.F.8.e, 2.F.8.f). 마지막 과제는 학생들이 예시 사례에 프로그램 평가에 관한 지식과 기술을 적용하는 것을 요구한다(CACREP 2016 Standards 2.F.8.c, 2.F.8.d, 2.F.8.e, 2.F.8.f, 2.F.8.h, 2.F.8.i).

증거기반 실제를 조사하여 평가하기

측정된 SLO : CACREP 2016 표준 2.F.8.b, 2.F.8.e, 2.F.8.g, 2.F.8.i, 2.F.8.j

본 활동은 전문적 문헌 내에서 당신이 증거기반 개입을 조사하고 효과성에 대한 근거를 제시하는 각각의 연구의 특성을 비판적으로 평가하도록 고안되어 있다. 본 과업을 완수하기 위하여 다음을 시행하라.

1. 증거기반 실제를 조사하라.
   a. 웹 브라우저를 사용하여 http://www.nrepp.samhsa.gov/ 에 접속한 후, 약물중독과

정신 건강 서비스 관리 기관의 증거기반 프로그램과 개입 목록을 살펴보라.

b. 그 후, 약물중독과 정신 건강 서비스 관리 기관에서 승인한 모든 개입 방법을 확인하기 위해 "개입 찾기" 메뉴를 사용하라.

c. 그 중 한 가지 개입(예. 수용 전념 치료)을 선택하고 서술된 정보를 확인한 후, 검토를 위해 연구의 질(Quality of Research)에 관한 자료 중 하나를 선택하라.

2. 특성을 비평하며 연구의 장점을 비판적으로 평가하라.
   a. 치료. 연구의 초점이 되는 치료를 찾고 관련 내용을 서술하라.
   b. 참여자 특성. 참여자의 특성인 나이, 성별, 인종, 성적지향, 소재지 등 표본에 대한 정보를 기술하라.
   c. 연구 설계. 연구에서 사용된 연구 설계를 확인하라. 실행한 연구 설계가 인과관계를 촉진하는 정도를 기술하라. 치료의 지속적인 효과에 관한 추론의 근거를 제시하기 위해 연구자가 실행한 종단적 혹은 후속 측정 간격에 대한 정보를 찾고 기술하라.
   d. 의도된 치료 결과. 당신이 선택한 연구의 종속변수를 찾고 기술하라.
   e. 수많은 집단에 대한 연구 결과의 적용. 당신이 선택한 연구의 결과를 고려할 때, 다음과 같은 집단에게 개입을 제공하기 위해 연구 결과를 적용하는 것이 얼마나 가능할지 관련 정보를 찾고 논의하라:
      i. 참전 군인으로 외상 후 스트레스 장애를 겪고 있는 남성
      ii. 외현적 장애를 가지고 있으며 그 결과, 학업적 어려움을 겪고 있는 아이
      iii. 경제적 스트레스로 인해 연인 혹은 결혼 관계에서 문제를 겪고 있는 커플
      iv. 장애를 가지게 되어 우울 관련 증상을 겪고 있는 내담자
      v. 태평양 연안 북서부에 거주하고 있는 라틴 아메리카계(Hispanic/Latino)

표 25.1은 본 과제와 관련된 채점 기준을 포함하고 있다.

<표 25.1> 증거기반 실제를 조사하여 평가하기

기준 (CACREP 표준)	기대 이하	기대 충족	기대 이상
연구로 검증된 상담 개입을 찾아낼 수 있는 능력을 보임(2.F.8.b)	어떤 개입도 포함되지 않았거나 개입이 NREPP 개요에 포함된 것이 아님	개입을 포함하였고, 해당 개입이 NREPP 개요 목록에 포함된 것임	개입을 포함하였고, 선정한 이유에 대해 간단한 근거를 포함하였으며, 개입에 대한 정보를 서술함
상담 개입을 찾고 평가할 수 있는 능력을 보임(2.F.8.e)	개입에 관한 정보가 없거나 개입의 이름만 제시함	개입을 포함하였고 간단한 정보를 서술함	개입을 포함하였고 해당 개입의 내용과 과정 요소를 서술함
검사 결과 해석 시, 문화적으로 관련된 맥락을 서술하는 능력을 보임(2.F.8.j)	관련한 특성 세 개 이하를 보고서에 포함하고 서술함	다섯 개의 관련 특성을 보고서에 모두 포함하고 간단히 서술함	다섯 개의 관련 특성을 보고서에 모두 포함함; 의미 있는 서술을 위한 기술이 통합적으로 제시됨
연구 설계 간의 차이를 구분할 줄 알고, 인과관계 추론의 정도를 평가하는 능력을 보임(2.F.8.g)	정확한 연구 설계를 찾지 못하였고, 인과관계에 관한 정보를 포함하지 않음	정확한 연구 설계를 찾았으나, 후속 연구 및 종단 연구에 관한 인과관계 추론에 관한 논의가 제한적임	정확한 전략을 찾았고, 인과관계 추론을 돕는 연구 설계 내의 변수 간 관계에 관한 설명을 유기적으로 제시함
상담에서 성과분석 및 데이터 사용에 대해 이해함(2.F.8.i)	종속변수가 부정확하게 기재되었거나 제시되지 않음	종속변수를 포함하였고 간단히 서술함	종속변수를 포함하였고 관련 내용을 서술하였으며 성과를 측정하기 위해 어떤 도구를 사용하였는지 포함함
연구 결과 해석 시, 윤리적 문화적 함의를 고려하는 능력을 보임(2.F.8.j)	모든 집단에 대한 내용이 다루어지지 않았거나 여러 집단에 결과를 일반화하는 것에 관한 이해도를 제대로 보이지 못함	결과의 적용 가능성에 대해 간단히 서술하였고, 일반화 가능성에 대해 네/아니오 식의 사고를 기반으로 서술함	각 집단에 대한 일반화 가능성을 유기적으로 논하였고, 문화적 고려 사항에 명확하게 제시함

주. CACREP = Council for Accreditation of Counseling and Related Educational Programs; NREPP= National Registry of Evidence-Based Programs and Practices.

연구설계와 프로그램 질문을 연결하기

측정된 SLO : CACREP 2016 표준 2.F.8.e, 2.F.8.f, 2.F.8.g

본 활동은 연구 문제를 평가하고, 적합한 방법론을 선택하고, 성과를 측정할 방법을 연습할 활동을 제공하기 위해 고안되었다. 아래에는 관심 있는 연구 문제를 반영한 결과물 연구나 프로그램 평가에 관련된 간단한 시나리오를 제공하고 있다. 프로그램이나 맥락에 관한 정보를 바탕으로, 두 가지 과업을 수행하라:

- 질문에 답하기 위해 가장 적합한 연구의 종류나 프로그램 평가 설계를 제시하라.
- 연구 문제와 관련된 측정 가능한 성과를 적어도 두 개 제시하라.

시나리오 1

식이 장애를 치료하기 위한 외래환자용 집중 프로그램에 참여하고 있는 교수들이 인증 기관에 제출할 성과를 보고해야 한다. 모든 환자는 프로그램 시작, 끝, 치료 한 달 후에 총 세 번의 검사를 포함하는 6주 과정의 프로그램의 일환으로 표준화된 치료를 받는다. 이 집중 프로그램 실시 담당자는 다음에 대해 알고 있어야 한다. (a) 환자들이 치료의 결과로서 임상적으로 의미 있는 정도의 변화를 보고하였나?, (b) 프로그램 내에서 환자들이 생각하기에 개입에서 가장 효과적인 측면은 무엇인가?

시나리오 2

한 학교 상담사는 도시지역 초등학교 교사와 함께 웰빙 증진을 위한 개입을 실시할 것을 요청받았다. 상담사의 학교는 역사적으로 성취 평가 기준점을 통과하는 점수를 받는 것에 어려움을 겪고 있다. 행정가들의 지원을 받고 있고, 교사들은 그 지역 평균보다는 살짝 높은 수준의 월급을 받고 있지만, 교사 이직률은 매년 경고 수준인 28%이며, 이직 이유로 가장 많이 언급되는 것은 소진이다. 학교 상담사가 일하고 있는 학교의 교장은 효과적인 프로그램이 있다면 프로그램 실시를 위해 추가적으로 더 많은 예산을 제공하겠다고 한다. 어떤 프로그램을 할지 정한 상담사는 다음과 같은 사항을 확인해야 한다. (a) 초등학교 교사의 소진을 줄이기 위한 전인적 접근의 웰빙 프로그램이 얼마나 효과적인가?, (b) 초등학교 교사의 일 - 생활 사이의 균형을 높이기 위해 전인적 접근을 사용하는 웰빙 프로그램이 얼마나 효과적인가?

시나리오 3

프로그램 평가자는 대도시 지역의 여학생들을 위한 방과 후 프로그램에 서비스를 제공할 것을 요청받았다. 이 프로그램은 주로 외부 예산을 받았으며 도시의 다른 지역에 이 프로그램을 확장하기 위해 추가 예산을 받을 정도로 성과가 좋은지를 확인하기 위해 검토를 받고 있다. 특히 프로그램 디렉터는 폭력적인 태도를 감소시키고, 학교에서 품행 관련 의뢰 사례 수를 줄이고, 친사회적 문제해결 전략 사용 및 성적 향상을 위한 모둠 기반 갈등 해소 개입의 효율성에 관한 데이터를 제출하기를 요청받았다. 모둠은 6주간 일주일에 세 번씩 모인다. 모이지 않는 다른 날에는 학생들이 과제에 관한 도움을 받기 위해 개인 지도교사를 만난다. 표 25.2는 본 과제와 관련된 채점 기준을 포함하고 있다.

<표 25.2> 연구설계와 프로그램 질문을 연결하기

기준 (CACREP 표준)	기대 이하	기대 충족	기대 이상
질적, 양적, 혼합적 연구 방법에 관한 지식을 보임(2.F.8.f)	선택한 연구 설계가 연구 문제를 답하는 데에 도움이 되지 않음	선택한 연구 설계가 연구 문제를 답하는 데에 도움이 됨; 간단한 근거가 제시됨	선택한 연구 설계가 연구 문제를 답하는 데에 도움이 됨; 근거가 자세히 제시됨
연구와 프로그램 평가에 사용된 연구 설계에 관한 지식을 보임(2.F.8.g)	선택한 연구 설계가 연구 문제를 답하는 데에 도움이 되지 않음	선택한 연구 설계가 연구 문제를 답하는 데에 도움이 됨; 간단한 근거가 제시됨	선택한 연구 설계가 연구 문제를 답하는 데에 도움이 됨; 근거가 자세히 제시됨
연구 질문과 관련된 측정 가능한 성과를 찾아내는 능력을 보임(2.F.8.e)	측정 가능한 성과를 찾아내지 못하였거나 주어진 연구 설계에서는 성과를 측정할 수 없음	측정 가능한 연구 성과가 제시된 연구 설계에 상응함	측정가능한 연구 성과가 제시된 연구 설계에 상응함. 예시 평가 방법이 제시됨

주. 본 채점 기준은 모든 시나리오에 사용되기 위해 만들어짐.

프로그램 평가계획에 관한 활동

측정된 SLO : CACREP 2016 표준 2.F.8.d, 2.F.8.e, 2.F.8.f, 2.F.8.g, 2.F.8.h, 2.F.8.i, 2.F.8.j

본 활동은 프로그램 평가 활동 계획을 숙지하는 것을 돕기 위해 고안되었다. 주어진 짧은 시나리오를 읽고, 아래의 질문에 답하라. 중요한 개념을 파악할 뿐 아니라 관련되는 예시를 제공함으로써 질문에 대한 답을 포괄적으로 제시하라.

시나리오

당신은 미국의 중서부 지역의 배송 및 신속 배달 서비스를 제공하는 거대한 업체에서 일하는 경영진을 위해 일주일 동안 합숙으로 진행하는 리더십 프로그램 평가를 요청받았다. 이 시나리오를 염두에 두고,

1. 어떤 성과를 고려하는 것이 중요하리라 생각되나?
2. 1번 질문에서 답한 성과를 측정하기 위한 설문지를 만든다면, 어떤 문항을 만들겠나?
3. 데이터 수집을 위해 어떤 연구 방법이 가장 적합하며 이유는 무엇인가?
4. 3번 질문에서 선택한 연구 설계에 기반하여, 어떤 데이터 분석을 실시할 것이며 이유는 무엇인가?
5. 선택한 연구 설계와 데이터 분석 계획을 고려하였을 때, 연구 결과를 일반화(generalizability)하는 데에 관한 제한점은 무엇인가?
6. 보고서를 제출할 때에 고려해야 할 이해관계자는 누구인가?
7. 평가를 완성하는 데에 고려해야 할 중요한 요소인 대상 집단, 환경, 지역적 장소에 관한 문화적 고려 사항은 무엇인가?

표 25.3은 본 과제와 관련된 채점 기준을 포함하고 있다.

<표 25.3> 프로그램 평가 계획 채점 기준 예시

기준 (CACREP 표준)	기대 이하	기대 충족	기대 이상
연구 질문과 관련된 측정 가능한 성과를 찾아내는 능력을 보임(2.F.8.e)	측정 가능한 성과를 찾아내지 못하였거나 주어진 연구 설계에서는 성과를 측정할 수 없음	측정 가능한 연구 성과가 제시된 연구 설계에 상응함	측정 가능한 연구 성과가 제시된 연구 설계에 상응함. 예시 평가 방법이 제시됨
성과 측정을 위한 설문을 개발하는 데에 필요한 지식을 보임(2.F.8.d)	질문 1에서 찾은 성과를 문항이 반영하지 못하거나 찾은 모든 성과를 반영하지 못함	질문 1에서 찾은 성과를 문항이 반영하고, 성과와 문항 사이의 관계가 명확하게 상술되지 않음	질문 1에서 찾은 성과를 문항이 반영하고 성과와 문항 사이의 관계가 명확하게 상술됨
프로그램 평가를 위해 어떤 연구 방법을 사용할지에 관한 지식을 보임 (2.F.8.f, 2.F.8.g)	선택한 연구 설계가 연구 문제를 답하는 데에 도움이 되지 않음	선택한 연구 설계가 연구 문제를 답하는 데에 도움이 됨; 간단한 근거가 제시됨	선택한 연구 설계가 연구 문제를 답하는 데에 도움이 됨; 근거가 자세히 제시됨
프로그램 평가를 위해 사용된 데이터 분석 전략에 관한 지식을 보임(2.F.8.h)	선택한 분석 전략이 사용한 연구 설계에 상응하지 않음	선택한 분석이 연구 문제를 답하는 데에 도움이 됨; 간단한 근거가 제시됨	선택한 분석이 연구 문제를 답하는 데에 도움이 됨; 근거가 자세히 제시됨

성과 데이터를 사용하고 일반화 가능성의 한계에 관한 지식을 보임(2.F.8.i)	연구 설계의 제한점과 일반화 가능성에 관한 내용이 제대로 서술되지 않았거나 부정확함	일반화 가능성에 관해 간단히 서술하였고 내용이 정확함	연구 설계의 제한점에 관해 유기적인 서술을 제시함
프로그램 평가를 완성하고 결과 보고 시 관련 문화적 고려 사항에 대한 지식을 보임(2.F.8.j)	집단, 환경, 지역적 요인에 관한 논의가 적거나 없음	집단, 환경, 지역적 요소에 관한 정보를 포함하였고, 각 영역에 대해 간단히 서술함	집단, 환경, 지역적 요소에 관한 정보를 포함하였고, 모든 특징을 의미 있게 통합하여 제시함

주. CACREP = Council for Accreditation of Counseling and Related Educational Programs.

제26장

중독상담

ortney Stark, Kristopher M. Goodrich,
Heather C. Sands

상담 프로그램에 대한 CACREP 2016 표준은 다른 전문 분야와 마찬가지로 약물 중독상담사가 되기 위해 진학하는 학생들에게 요구되는 구체적인 능력 기준을 제시한다. 그 기준은 학생들이 정신 건강의 큰 맥락 내에서 중독을 이해하고, 또한 학교 상담, 결혼, 가족, 커플 상담, 재활 상담의 맥락 내에서 이해하도록 한다. 상담 분야 내에서 중독상담에 대한 기대 수준이 계속 변화하고 이러한 변화를 충족시키기 위해, CACREP 표준에서는 약물 중득에 관한 상담사의 이해와 치료에 관해 다중시스템적 접근(multisystem approach)에 대해 기술하고 있다. 이러한 기준은 중독의 발달과 회복 과정에 영향을 미치는 많은 체제적 영향력들을 이해하는 것뿐만 아니라 생물심리사회적 영향에 대한 이해를 촉진시킨다.

이러한 다중시스템적 접근은 중독과 치료에 대한 상담사의 이해를 도울 수 있는 다양한 원인을 포괄한다. 이러한 기준은 질병모델(disease model)부터 위해감축(harm reduction) 패러다임까지, 다양한 시각에서 중독치료의 정당성에 대해 명시하고 있다. 중독상담에 관한 CACREP의 최근 개정 내용은 개인과 사회에 약물 사용이 미치는 부정적인 영향을 줄이는 것을 치료의 타당한 목적 중 하나로 인정하며, 위해 감축의 원리를 포함하고 있다. 위해감축은 상담 전략으로서 인지－행동적 접근과 해결중심적 접근의 원리들을 활용하고 있다. 전반적으로 이러한 접근은 중독 물질 절제(abstinence)보다는 회복과 변화 과정에 있는 내담자를 만날 수 있도록 하기 때문에 치료 서비스를 받기 위한 기준을 낮춤으로써 접근성을 높인다. 이러한 관점은 기존 중독에 대한 관점과 통합되어 내담자의 입장과 임상적 치료의 필요성을 더 잘 이해할 수 있도록 돕는다. 비록 CACREP 2016 표준이 중독상담의 여러 접근 중 하나를 구체적으로 말하거나 더 낫다고 명시하지는 않고 있지만, 가장 최근의 개정안은 중독에 관한 다중시스템적 접근의 활용에 관한 내용을 늘렸다.

주어진 과업(Artifacts)은 구조화된 활동으로, 이는 상담수련생이 상대적으로 간단하고 덜 구조화된 대화에 우선 참여하도록 하고, 이후 내용과 기술 적용의 통합을 요하는 점점 더 복잡한 과업을 수행하게 한다(Bonwell, 1993, p.2). 각 과업은 사전 활동, 다른 상담에 관한 수업, 개인적, 전문가적 경험을 통해 길러진 지식과 이해도에 기반한다. 이러한 과업을 수행하기 위해 학생들은 수업에서 할당된 교재와 수업 토론 및 활동을 통해 습득한 지식을 반복적으로 상기해야 한다. 따라서 이러한 과제에서 학생들은 이해와 적용하는 과정을 통해 정보를 활용할 뿐만 아니라, 자연스럽게 받아 들여왔던 인지적 스키마(schema)를 수정하며 새로운 지식과 이해를 분석하고 통합한다는 이점이 있다(Bloom, 1956).

온라인 환경: 토론 게시판

측정된 SLO: CACREP 2016 표준5.A.1.b, 5.A.1.c, 5.A.3.d

이러한 온라인 환경 토론 게시판의 목적은 학생들의 이해도, 기술 습득, 새로운 시각에 대한 수용 정도를 학기 초에 측정하고, 학기 중간 및 기말에 학생들의 발달 수준을 재측정하기 위함이다. 각 게시물을 통해 학생들은 중독과정 및 중독의 개념화와 치료에 관한 위해 감축 접근에 대한 인식과 이해 정도를 평가받게 된다.

게시물 1 지시문

중독은 무엇으로 구성되어 있으며 개인이 어떻게, 왜 중독이 된다고 생각하나? 위해 감축과 회복 과정에서 중독 물질 절제의 역할에 대한 당신의 현재 이해 정도나 당신의 현재 믿음은 무엇인가? 위해감축 모델과 회복에서 중독 물질 절제의 역할에 대해 당신이 생각하는 장점과 한계점은 무엇인가?

게시물 2 지시문

위해감축 프로그램이나 관련 전략에 대해 어떻게 생각하는가? 위해감축과 중독 물질 절제가 연속선(continuum)의 양극단을 차지한다면 (그림 26.1), 앞서 언급된 모델들(윤리적 모델-중독 물질 절제만 가능, 질병 모델, 위해감축 모델)에 대해 어느 지점에 동의한다고 할 수 있나? 중독에 대한 당신의 개념화에 따라 한 모델을 선택하여 다음 원칙 중 두 개 이상을 골라 왜 그 중독상담 모델을 지지하는지 설명하라: 웰빙, 예방, 컨설테이션, 교육, 옹호

질병모델	윤리적 모델	위해감축 모델
중독 물질 절제가 목표임	중독 물질 절제만 가능	개인과 사회에 끼치는 위해를 줄이는 것을 목표로 함
약의 부정적인 효과에 관해 개인을 교육함으로써 사용을 줄이도록 함. 구금보다 치료를 선호함.	약물의 접근성을 낮추고 사용을 불법화하고 벌을 줌으로써 사용을 줄임.	전염병에 대한 정보와 안전 사용 관행을 개인에게 가르침. 개인이 더 오래 살수록, 변화의 다음 단계로 넘어가고 치료에 성공할 가능성이 커짐.

<그림 26.1> 중독에 대한 다양한 접근의 연속선 상에서의 비교(continuum)

이번 학기 동안 당신의 경험을 고려하였을 때, 중독이 무엇으로 구성되어 있으며 개인이 어떻게, 왜 중독이 된다고 생각하는가? 이 수업의 구체적으로 어떤 부분이 중독, 위해감축 관점, 회복에서 중독 물질 절제의 역할에 대한 생각, 느낌, 신념에 영향을 주었나?

토론 게시판 게시물 1과 3: 학습 목표

학생이 약물 남용 및 다른 중독에 관한 중독 이론과 모델에 대한 이해를 보임(CACREP 2016 표준 5.A.1.b):

기대 이상 (4)
- 위해감축과 중독 물질 절제만을 강조하는 접근을 약물 남용 개념화를 위한 하나의 모델로서 이해하고 인식하는 데에 우수한 능력을 보임
- 각 관점의 장점과 한계점을 비판적으로 평가하는 데에 참여함
- 자신의 믿음과 성찰에 대해 서술함
- 토론 게시판 게시물이 적어도 3~4개의 완전한 문단이며, 문법 오류가 없고 적절한 곳에 적절한 APA 양식으로 인용함

기대 충족 (3)
- 위해감축과 중독 물질 절제만을 강조하는 접근을 약물 남용 개념화를 위한 하나의 모델로서 충분히 이해함
- 각 관점의 장점과 한계점에 대해 어느 정도 기술함
- 자신의 믿음과 성찰에 대해 서술함
- 토론 게시판 게시물이 적어도 2~3개의 문단이며, 약간의 문법 오류가 있고 적절한 곳에 APA 양식으로 인용하려고 노력함

약간의 노력을 요함 (2)
- 위해감축과 중독 물질 절제만을 강조하는 접근이 약물 남용 개념화를 위한 하나의 모델이라는 기본적인 내용을 이해함
- 위해감축 모델이나 중독 물질 절제만을 강조하는 모델의 장점이나 한계점에 대해 언급은 하지만 충분히 설명하지는 않음
- 자신의 성찰을 조금 포함함
- 토론 게시판 게시물이 2~3개의 문단이며, 약간의 문법 오류가 있고 적절한 곳에 APA 양식으로 인용하려고 노력함.

상당한 노력을 요함 (1)
- 위해감축과 중독 물질 절제만을 강조하는 접근이 약물 남용 개념화를 위한 하나의 모델이라는 기본적인 내용을 이해하지 못함
- 위해감축 모델이나 중독 물질 절제만을 강조하는 모델의 장점이나 한계점에 대해 잘못 이해함
- 자신의 성찰에 대해 제시하지 못하거나, 관련 지식 내용을 제시하지 않고 개인적인 감상만 기술함
- 토론 게시판 게시물이 1~2개의 문단이며, 심각한 문법 오류가 있고 APA 양식으로 인용하려고 노력하지 않음

기준 미달 (0)
- 학생이 토론 게시판 과제를 제출하지 않음. 또는
- 학생이 주제에 관해 불완전하거나(문단 형식이 아님), 포괄적이지 않거나, 정확하지 않은 이해를 보임

토론 게시판 게시물 2: 학습 목표

학생이 약물 남용 및 다른 중독에 관한 기술과 개입뿐만 아니라 증독에서의 웰빙, 예방, 컨설테이션, 교육, 옹호에 관한 원칙들에 대한 이해를 보임 (CACREP 2016 표준 5.A.1.c, 5.A.3.d):

기대 이상 (4)
- 약물 남용의 치료와 개념화에 있어서 위해감축 프로그램과 전략에 대한 적용에의 우수한 인식과 이해도를 보임
- 중독에 관한 인지적 스키마에 대한 자기 측정과 평가에 대해 참여함.
- 다른 관점들에 대해 인지하고 있음
- 약물 남용의 개념화에 있어서 윤리적 모델, 질병 모델, 위해감축 모델에 대한 우수한 이해도를 표현함
- 본인이 동의하는 특정 모델을 찾고, 동의하는 이유를 설명하기 위해 다음 중 두 개 이상의 항목에 대해 다룸: 웰빙, 예방, 컨설테이션, 옹호
- 토론 게시판 게시물이 적어도 3~4개의 완전한 문단이며, 문법 오류가 없고 적절한 곳에 적절한 APA 양식으로 인용함

기대 충족 (3)
- 약물 남용의 개념화에 있어서 위해감축 프로그램과 전략에 대한 적용에 충분한 인식과 이해도를 보임
- 중독에 관한 인지적 스키마에 대한 자기 측정과 평가에 대해 기본적으로 참여함
- 다른 관점들에 대해 인지하고 있음
- 약물중독의 치료와 개념화에 있어서 윤리적 모델, 질병 모델, 위허감축 모델에 대한 충분한 이해도를 표현함
- 본인이 동의하는 특정 모델을 찾고, 동의하는 이유를 설명하기 위해 다음 중 한 개의 항목에 대해 다룸: 웰빙, 예방, 컨설테이션, 옹호
- 토론 게시판 게시물이 적어도 2~3개의 문단이며, 약간의 문법 오류가 있고 적절한 곳에 APA 양식으로 인용하려고 노력함

약간의 노력을 요함 (2)
- 약물중독의 치료와 개념화에 있어서 위해감축 프로그램과 전략에 대한 적용에 기본적 이해도를 보임

- 중독에 관한 본인의 인지적 스키마에 대한 자기 측정이나 평가에 대해 언급은 하지만 충분히 표현하지는 못함
- 다른 관점들에 대해 인지하고 있지 않음.
- 약물 남용의 개념화에 있어서 다음 중 두 모델에 대한 이해도를 표현함: 윤리적 모델, 질병 모델, 위해감축 모델.
- 본인이 동의하는 특정 모델을 찾았으나, 동의하는 이유에 대해 다음 항목들을 다루지 않음: 웰빙, 예방, 컨설테이션, 옹호
- 토론 게시판 게시물이 2~3개의 문단이며, 약간의 문법 오류가 있고 적절한 곳에 APA 양식으로 인용하려고 노력함

상당한 노력을 요함 (1)
- 약물중독의 치료와 개념화에 있어서 위해감축 프로그램과 전략에 대한 적용에 기본적 이해도를 보이지 않음.
- 중독에 관한 본인의 인지적 스키마에 대한 자기 측정이나 평가에 대해 적절하게 표현하지 못함
- 다음 모델 중 하나 이상에 대해 잘못된 이해를 보임: 윤리적 모델, 질병 모델, 위해감축 모델.
- 약물중독의 치료와 개념화에 있어서 다음 중 두 모델에 대한 이해도를 표현함: 윤리적 모델, 질병 모델, 위해감축 모델.
- 본인이 동의하는 특정 모델을 찾았으나, 동의하는 이유에 대해 설명하지 않음
- 토론 게시판 게시물이 1~2개의 문단이며, 심각한 문법 오류가 있고 APA 양식으로 인용하려고 노력하지 않음

기준 미달 (0)
- 학생이 토론 게시판 과제를 제출하지 않음. 또는
- 학생이 주제에 관해 불완전하거나(문단 형식이 아님), 포괄적이지 않거나, 정확하지 않은 이해를 보임

내담자 사례 개념화

측정된 SLO: CACREP 2016 표준5.A.2.b, 5.A.2.i, 5.A.2.l, 5.A.2.d, 5.A.3.b, 5.A.3.c, 5.A.3.e, 5.A.3.f, 5.A.3.g, 5.A.3.h

본 과제의 목적은 학생들이 내담자의 호소 문제와 치료를 거시적, 미시적 수준 모두에서 평가하며 내담자 사례에 비판적으로 참여하도록 하기 위함이다. 본 과업을 위해, 교육자들은 내담자의 호소 문제가 약물중독과 다른 질환을 동시에 포함하는 예시 사례를 고르는 것이 권장된다. Kleim과 Wells(2009)의 사례집에 나온 "Yola와 그 남자"의 사례를 사용하는 것을 본 장의 저자들은 선호하지만, 다른 예시 사례도 이러한 종류의 과제에 사용할 수 있고 적합하다. 한 예시로는 세 번째 과업에서 논의된 것처럼 학생들이 Darkina (EmpowHER, 2011)라는 유튜브를 보도록 하고, 그 영상에 기반하여 소감을 쓰도록 하는 것이다. 학생들은 다음의 항목을 포함하여 선택된 사례를 분석할 것이다.

- 진단
- 상담
- 예방
- 개입
- 공존성(comorbidity)에 관한 지식
- 감별 진단과 관련 의료적 이슈
- 스크리닝과 평가
- 법적, 윤리적 상황
- 제도적, 역사적, 정치적 상황

제시된 내담자 사례 예시를 검토하라. 사례연구에서 논의된 내담자는 심각한 정신 건강 질환과 약물 및/또는 알코올 의존성으로 진단을 받았다. 본 사례를 살펴본 후, 당신이 내담자의 상담사인 것처럼 사례 개념화를 한 후 6~8페이지의 보고서를 작성하라. 이 과정을 돕기 위해 아래의 평가 영역을 사용하라.

평가 영역

평가 영역은 다음을 포함한다.

- 진단, 상담, 예방, 개입: 심각한 정신 건강 질병과 약물 및 알코올 의존성으로 추정된 내담자의 진단을 바탕으로 당신이 사용할 세 가지 상담 전략과 그 이유를 설명하라.
- 공존성에 관한 지식, 감별 진단 및 / 또는 관련 의료적 이슈: 내담자의 약물 사용 장애가 다른 의료적, 심리적 질환이나 장애와 어떻게 닮거나 공존할 수 있는지 고려하라. 무엇이 내담자가 겪고 있는 공존 질환의 질병 개념과 원인일 수 있나?
- 스크리닝과 평가: 내담자가 가지고 있을 수 있는 약물중독 장애와 과정 중독(process addiction)을 진단하기 위해 어떤 표준화된 스크리닝과 평가도구를 사용할지와 이유를 설명하라.
- 법적, 윤리적 상황: ACA 윤리 조항(ACA, 2014), 현재 법 기준, 지역/주/국가적 차원의 공공 정책에 관한 정보를 사용하여 내담자와의 상담에서 어떻게 법적, 윤리적 이슈를 다룰 것인가?
- 제도적, 역사적, 정치적 상황: 어떤 제도적, 역사적, 현 정치적 상황(예. 제도적 인종차별, 이민, 가난, 복지, 장애에 관한 정치적 분위기)이 내담자의 사례에 영향을 미칠 수 있나? 내담자의 권리를 옹호하기 위해 어떤 전략을 사용할 수 있나 (예. 평등 향상, 예산 증설, 내담자와 정신 건강, 중독, 재활, 커플 및 가족 상담에 영향을 미칠 수 있는 프로그램 촉진을 위하여 지역/주/국가적인 공공정책 및 로비활동)?

평가 채점 기준

과제 설명에 있는 지시문에 따르고, 평가 영역 각각에 대해 다루며 과제를 작성하라. 학생이 다룬 내용에 기반하여 채점이 이루어질 것이다. 내담자 사례는 전체적으로 그 구성과 명료성에 기반하여 평가될 것이다. 본 과제는 총 25점 만점이며 제시된 각 영역을 부적절하게 작성할 시 감점될 것이다. 내용과 구성에 대한 평가 기준은 아래와 같다.

- 구성
- 문법, 문장구성, 문장 연결성, 구두점, 맞춤법을 제대로 사용함
- 가이드라인에 주어진 질문을 사용하며 각 평가 영역을 다룸: 증상과 진단, 상담 전략, 스크리닝 및 평가, 법적/윤리적 이슈, 옹호 관련 문제점을 포함함
- APA 스타일 양식을 따름

내용
- 평가의 각 영역에 대한 관련 정보를 자세히 기술함: 증상과 진단, 상담 전략, 스크리닝

및 평가, 법적/윤리적 이슈, 권리 옹호 관련 문제점을 포함

- 모든 정보에 관하여 뒷받침할 수 있는 문헌 정보를 제시함
- 사례연구를 분석하여 임상적 결정을 어떻게 내렸는지 명확하게 기술함: 학생은 관련 문헌, 분야 내 트렌드에 관한 예시, 중독 관련 자료들 (예. 약물 남용 및 정신 건강 관리처(Substance Abuse and Mental Health Services Administration)나 미국 국립 약물 남용 연구소 (National Institute on Drug Addiction)에서 나온 출판물)을 사용하여 해석과 내용 이해에 관한 근거를 제시함.

표 26.1 은 본 과제에 관련한 채점 기준을 포함하고 있다.

<표 26.1> 내담자 사례 개념화 채점 기준

평가 영역 (CACREP 표준)	학생 과제에 대한 교수자 평가: 구조와 내용	학생 점수 [a]
증상 및 진단 (5.A.2.i, 5.A.3.c, 5.A.2.b)	주어진 진단에 기반하여 내담자가 경험한 증상을 기술함 세 가지 상담 전략을 설명하고 내담자와 내담자의 호소 문제에 어떻게 적용할지 기술함; 각 전략을 선택한 이유를 설명함	__/4점
상담 전략 (5.A.3.e, 5.A.3.f, 5.A.3.g)	내담자의 약물중독질환이 의료적, 심리적 질환 및 장애와 어떻게 닮았거나 공존할 수 있는지 설명함. 중독의 질병적 개념을 설명함 내담자의 공존 질환의 원인에 대해 설명함	__/3점
스크리닝과 측정 (5.A.3.b, 5.A.3.c)	표준화된 스크리닝과 평가도구를 파악함 도구를 선택한 기준 및 약물 남용 및 과정 중독을 파악하기 위해 어떻게 도구를 사용할지 설명함	__/2점
법적, 윤리적 이슈 (5.A.2.l, 5.A.3.h)	구체적인 윤리적 법적 이슈를 찾고 설명함 ACA 윤리조항(ACA, 2014)을 인용함 주법(state law)을 인용함 지역, 주, 국가 단위의 공공 정책을 인용함 법원에서 의뢰된 내담자의 치료에 관한 법적, 윤리적 고려 사항을 다룸	__/5점
옹호 이슈 (5.A.3.h, 5.A.2.d)	과제 설명에 열거된 것과 같이 가이드라인에서 제시된 모든 질문을 다룸 내담자를 지지하기 위해 사용될 수 있는 옹호 전략을 논함 규제 정책과 약물 남용 정책이 중독치료 방법에 어떻게 영향을 미치는지 논함 다음 항목에 대해 내담자의 경험에 어떻게 영향을 미치는지 다룸 · 제도적 상황 · 역사적 맥락 · 정치적 상황	__/6점
구조와 내용	APA 양식을 따름 문법, 문장구성 및 문장 연결성을 알맞게 구현함 분량 기준인 6~8페이지를 충족함 평가 영역을 모두 충분하게 다룸 과제가 잘 구성되어 있고, 주제 간 연결성이 적절함	__/5점

주. 각 항목은 1점을 의미하며, 첫 카테고리 (증상 및 진단)만 각 항목이 2점으로 총 4점 만점임. CACREP = 상담 및 관련 교육 프로그램 인준 기관; ACA= 미국상담학회; APA = 미국심리학회

a 각 항목당 가능한 총점은 /뒤에 표기.

수업 중 학습활동: Darkina의 이야기 공유

측정된 SLO: CACREP 2016 표준5.A.2.b, 5.A.2.c, 5.A.2.e, 5.A.2.j, 5.A.3.g

이 수업 중 학습 활동의 목적은 학생들이 위해 감축 전략을 어떻게 적용할지 생각해 볼 수 있는 비디오 인터뷰를 통해 자극적인 내담자 사례를 제시하기 위해서이다. 본 구조화된 활동은 학생들이 실제 상담 장면에서 위해 감축 개입이 어떻게 구현될 수 있는지에 대해 다른 학생들과 상호작용하고 토론할 수 있는 기회를 제공한다. Darkina의 인터뷰 (EmpowHER, 2011)를 사용하는 것은 학생들이 약물 남용과 성매매와 관련된 낙인의 그 이면을 볼 수 있고, 각 개인이 약물 장애로 겪게 되는 독특한 경험과 인간으로서의 면모를 존중하도록 독려한다. 본 활동은 중독상담의 원인, 미국 내에서의 중독 정책과 개입의 변화, 변화 모델의 단계 (Prochaska, DiClemente & Norcross, 1992), 위해 감축 전략 사용에 관한 윤리, 위해 감축에 관한 자원 및 서비스에 관한 기초적인 이해를 요하므로, 심화 단계의 상담 수업에서 활용하는 것이 적절하다.

- Darkina: 중독상담: 도움을 어떻게 받는가? 라는 내담자의 사례를 보여준다(EmpowHER, 2011; http://www.empowher.com/users/darkina). 수업 시작 전에 링크가 제대로 작동하는지 확인하고, 그렇지 않을 경우 다른 사례연구 비디오 인터뷰를 https://www.youtube.com/에서 찾아서 보여주라.
- 학생들에게 다음과 같은 지시문을 제시하라.
  · Darkina의 회복 과정에 대해 개략적으로 제시하고, 정신적 외상경험, 인생에서의 주요 사건, 중독과 회복 과정에서 주요한 단계를 포함하라.
  · 변화 단계를 계속 반복하는 Darkina의 경험은 어떤 모습인가?
  · Darkina의 회복 과정에서 위해를 줄이고, 자원을 구축하고, 현재의 상태가 되는 것을 돕기 위해 다양한 기관과 단체는 어떤 역할을 했나?
  · Darkia는 어떤 생물사회심리학적 요인이 자신의 약물 남용에 기여한다고 파악하였나?
  · Darkina와 같은 사람의 회복 과정에 위해감축전략이 어떻게 드움이 되었거나 해를 끼쳤나?
  · Darkina의 변화 과정의 어떤 단계에서 위해 감축 전략이 도움이 될 수 있었나 (예. 본인이 활발하게 약물을 사용할 때, 성매매 산업에서 일할 때, 숙고 전 단계 [아직 약물 사용이 문제로 여겨지지 않음], 바늘 교환/ 콘돔과 안전 성관계, 안전 사용 관행 따르

기)? 어떤 단계에서 위해 감축 전략이 도움이 되지 않았나? 언제 위해 감축 전략이 적합한지 어떻게 알 수 있는가?
- 수업에서 토론을 진행하라; 이전 수업에서 얻은 정보, 인식, 이해를 통합하라.

Darkina의 이야기 공유 채점 기준

기대 이상 (3)

- 학생이 언어적, 비언어적으로 토론에 참여하고 있는 태도를 보이며 토론에 기여할 수 있는 내용을 제시하고 대화에 직접적이며 활발하게 참여함
- 토론 참여시 수업에서 기존에 학습한 지식을 새로운 지식 및 생각과 통합하여 제시함
- 학생이 대안적인 견해를 존중함
- 학생이 사전에 제시된 토론 주제 두 개 이상을 다룸
- 학생이 사전에 제시된 학생 학습 목표 중 적어도 두 개를 다룸

기대 충족 (2)

- 학생이 수업 중 대화에 기여함으로써 토론에 참여함; 기여한 내용이 주제와 관련됨
- 토론 참여시 수업에서 기존에 학습한 지식을 새로운 지식 및 생각과 통합하여 제시함
- 학생이 대안적인 견해를 존중
- 학생이 사전에 제시된 토론 주제 한 개 이상을 다룸
- 학생이 사전에 제시된 학생 학습 목표 중 적어도 한 개를 다룸

노력 요함 (1)

- 학생이 출석만 함으로써 수업 활동에 수동적으로 참여함; 학생이 비언어적인 표현을 통해 참여하고 있음을 보임
- 수업 중 대화에 전혀 직접적으로 기여하지 않음
- 학생이 대안적인 견해를 존중함
- 학생이 사전에 제시된 토론 질문이나 학습 목표를 다루지 않음

기준 미달 (0)

- 학생이 수업에 출석하지 않았음, 또는
- 학생이 수업에 출석하였으나 타인의 견해를 존중하지 않음

치료 기관 보고서

측정된 SLO: CACREP 2016 표준5.A.1.c., 5.A.2.a, 5.A.2.d, 5.A.2.I, 5.A.3.d, 5.A.3.h

본 과제의 목적은 학생들이 중독 장애를 가진 개인의 치료에 사용할 수 있는 자원에 친숙해지게 하기 위한 것으로, 학생들의 "중독과 약물 남용 예방 및 치료과정에 관한 이해를 높이고 지지할 수 있는 문화적으로 적합한 교육 프로그램"에 관한 이해도를 높임으로써, 중독상담 CACREP 2016 표준 중 2.g.를 충족시킨다. 본 과제는 또한 학생들이 익숙하지 않은 기관에 연락을 하여 기존에 해보지 않은 것에 도전해 볼 수 있는 기회를 제공한다.

본인이 현재 익숙하지 않은 기관에 전화를 하거나 직접 방문하여 약물 남용 치료 기관에서 일하는 사람에게 연락을 취하라. 본인의 소속 (대학)을 밝히고, 기관의 서비스에 관한 간략한 인터뷰를 요청하라. 기관의 장, 임상 슈퍼바이저, 또는 상담사와 통화할 수 있을 것이다.

기관에 연락을 취한 후, 2~3 페이지 분량으로 기관, 내담자 집단, 치료 전략, 관심을 기울여야 하는 법적 혹은 윤리적 이슈에 관해 기술하라. 다음 영역을 포함하라.

- 정보 수집을 위한 인터뷰 대상자 정보: 인터뷰 대상자의 이름, 직위나 자격증 수준, 기관 내의 역할, 전화번호를 제시하라.
- 기관 정보: 기관에 대해 기술하라. 어떤 분위기였나 (예. 잘 관리된, 더러운, 환영하는)? 위치는 어디인가? 기관을 자주 방문하는 내담자가 쉽게 찾아갈 수 있는 위치였나? 기관이 운영되기 위해 예산은 어떻게 확보하나?
- 내담자 정보: 기관을 이용하는 내담자에 대해 기술하라. 내담자의 분포는 어떠한가(예. 성 정체성, 성적지향, 장애 여부, 사회경제적 지위, 인종/민족성)? 본 기관에서는 어떤 약물이 가장 자주 사용된다고 보는가? 내담자가 서비스를 이용하기 위해 충족해야 하는 자격 기준이 있는가? 있다면 구체적인 기준은 무엇인가?
- 치료 전략: 치료 전략을 기술하라. 사용되고 있는 주된 치료 방법은 무엇인가? 사용되는 방법의 효용성을 어떻게 측정하는가? 치료과정에서 자주 겪게 되는 어려움은 무엇인가? 다양한 내담자들과 상담할 때, 어떻게 다문화적 역량을 활용하는가? 긴급상황과 위기 상황을 어떻게 관리하는가?
- 윤리적/법적 이슈: 기관이 자주 겪는 법적, 윤리적 이슈를 기술하라. 법원 체계와 어떤 관계가 있나? 법적으로 의무인 의뢰 상담에 대한 내용이 있다면 포함시킬 수 있다.
- 개인적 경험: 본인의 경험과 그에 대한 해석을 기술하라.

평가 채점 기준

과제 설명에 있는 지시문에 따르고, 평가 영역 각각에 대해 다루며 과제를 작성하라. 학생이 다룬 내용에 기반하여 채점이 이루어질 것이다. 내담자 사례는 전체적으로 그 구성과 명료성에 기반하여 평가될 것이다. 각 영역은 5점 만점이며 총 35점 만점이다. 제시된 각 영역을 부적절하게 작성할 시 감점될 것이다. 내용과 구성에 대한 평가 기준은 아래와 같다.

구성

- 문법, 문장구성, 문장 연결성, 구두점, 맞춤법을 제대로 사용함
- 가이드라인에 주어진 질문을 사용하며 각 평가 영역을 다룸: 기관 정보, 내담자 정보, 치료 전략, 윤리적/법적 이슈, 개인적 경험을 포함함
- APA 스타일 양식을 따름

내용

- 평가의 각 영역에 대한 관련 정보를 자세히 기술함: 기관 정보, 내담자 정보, 치료 전략, 윤리적/법적 이슈, 개인적 경험을 포함함
- 모든 정보에 관하여 뒷받침할 수 있는 개인적 의사소통 내용, 기관 자료, 추가 문헌정보를 제시함

표 26.2는 본 과제에 관련한 채점 기준을 포함하고 있다.

<표 26.2> 치료 기관 보고서 채점 기준

평가 항목 (CACREP 표준)	학생 과제에 대한 교수자 평가: 구조와 내용	학생 점수[a]
기관 관련 정보 서술 (5.A.2.a)	제공되는 서비스의 속성을 서술함 기관 위치에 관한 정보를 제시함 내담자가 기관에 쉽게 접근할 수 있는지를 다룸 기관의 예산 출처를 간략히 서술함 중독상담사의 역할과 환경을 서술함	__/5점
내담자 관련 정보 서술 (5.A.2.j)	내담자의 나이, 사회경제적 지위,성적 지향, 인종/민족성 등을 포함한 내담자 분포를 논함 (2점 만점) 내담자들이 자주 남용하는 약물 정보를 서술함 기관에서 치료를 받기 위한 자격기준을 제시함 중독과 중독 행동에 관한 문화적 요소, 즉 내담자 집단의 다문화적 요소에 관한 내용을 간략히 서술함	__/5점
치료 전략 (5.A.3.d, 5.A.3.e; 5.A.3.f, 5.A.3.g)	약물 남용과 다른 중독 치료를 위해 기관에서 사용하는 주요 기술과 개입 방법을 서술함 약물남용, 의존성, 중독관련 장애의 부정적 효과를 줄이기 위한 기관의 전략을 상세히 서술함 기관에서 방법의 효용성을 어떻게 평가하는지 서술함 기관의 치료 전략이 회복의 장점 및 / 또는 지속된 중독 행동의 위해를 어떻게 강조하고 있는지 다룸 내담자가 자주 겪는 어려움을 논함 기관의 위기 대처 계획을 간략히 서술함	__/6점
법적, 윤리적 이슈 (5.A.2.l, 5.A.3.h)	법적 이슈를 논함 중독상담과 관련하여 구체적인 윤리적 고려 사항을 논함 의무 상담 의뢰가 있다면 열거함 법적으로 의뢰된 내담자의 치료에 관한 법적, 윤리적 고려 사항을 논함(2점 만점)	__/5점
개인적 경험	개인의 경험을 논함 정서적 경험을 서술함 기관에서의 경험을 해석하여 서술함(2점 만점)	__/4점
구조와 내용	APA 스타일 양식을 따름 문법, 문장구성, 문장 연결성을 제대로 사용함 보고서 분량에 대한 기준을 충족함 평가 기준의 모든 영역을 충분히 다룸 과제가 잘 구성되어 있고, 주제들 간 연결성이 적절함	__/5점

주. 다른 설명이 없을 시 각 항목은 1점을 의미함. CACREP = 상담 및 관련 교육 프로그램 인준 기관; APA = 미국심리학회

a 각 항목당 가능한 총점은 /뒤에 표기.

정신약리학 보물찾기

측정된 SLO: CACREP 2016 표준5.A.2.h

본 과제의 목적은 정신 건강 상태와 중독 장애의 치료에서 사용되는 정신약리학적 의약품에 관해 학생들이 친숙해지게 하기 위함이다. 본 과제는 학생들이 본인의 보고서를 나중에 상담사로서 다시 참고해 볼 수 있는 형식이다. 학생들은 온라인 토론 게시판에 본인의 정신약리학 보고서를 업로드하여 다른 학생들이 열람할 수 있도록 한다; 학생들은 다른 학생들이 작성한 보고서를 향후에 사용하기 위해 인쇄하여 보관하는 것이 허용된다.

학생들은 정신약리학에서 흔히 처방되는 약품 및 / 또는 중독 치료에서 사용되는 의약품이나 자주 남용되는 처방 약품에 관한 정보를 찾기 위해 보물찾기를 실시할 것이다. 학생들은 어떤 약품을 찾고 싶은지 결정하고, 아래에 제시된 과제 가이드라인/평가 채점 기준을 과제 양식에 참고하고, 수업용 온라인 게시판에 최종 결과를 업로드한다. 이를 통해 모든 학생이 본 과제에서 다른 학생들이 찾은 정보를 열람할 수 있다(또한 향후에 사용하기 위해 보관할 수 있다).

표 26.3은 본 과제에 관련한 채점 기준을 포함하고 있다.

<표 26.3> 정신약리학 보물찾기 채점 기준

주요 개념	학생 과제에 대한 교수자 평가: 구조와 내용	학생 점수 [a]
약물 이름, 분류, 또는 약물 계열 (drug family)	정신약리학 의약품의 상품 이름을 제시함 선택한 약물의 보편적인 이름을 제시함 약의 분류기준이나 계열을 명시함	__/6점
약물 사용이 필요함을 나타내는 증후 (Indications for use)	약물이 처방될 수 있는 적법한 사용처나 조건을 설명함(4점)	__/4점
유용 여부 (diversion status)	처방된 약이 흔히 남용되는 약인지 명시함 흔히 남용되는 약의 경우, 다음 사이트의 정보를 사용하여 설명함: commonlyabused-drugs-charts/commonly-abused-prescriptiondrugs-chart 스케쥴 복용시 효과 잠재적으로 건강에 미치는 영향	__/8점
사용 금지 사유 또는 약물 상호작용	처방 여부에 상관없이 정신약리학 의약품과 상호작용 효과가 있는 약물을 서술함 약물 상호작용의 결과를 서술함 선택된 정신약리학적 약물을 함께 사용하지 않아야 하는 음식이나 약물을 표기함	__/6점
부작용	본 의약품을 사용했을 때에 나타나는 중요한 부작용을 간단히 서술함	__/4점
치료 대상자와 관련된 문제점	본 의약품을 사용하기에 적절한 의학적 상태, 호소 문제, 진단이 무엇인지 논함 (4점)	__/4점
상담에의 함의	본 약을 처방받은 내담자가 다른 기관에 의뢰될 가능성이 있는지 여부를 논함 본 의약품을 처방 받은 내담자와 상담하는 상담사가 다른 전문가와 진료 연계를 해야 하는지 여부를 표시함 내담자에게 약을 처방한 의사에게 정보 공개를 허락하는 문서를 발급받는 등, 본 의약품을 처방받은 내담자와 상담할 시에 발생할 수 있는 윤리적, 법적 문제점을 다룸 본 의약품으로 인해 약물 중독이 재발할 수 있는 자극 요인들(triggers)을 열거함	__/8점

주. 다른 설명이 없을 시, 각 기준당 2점.
a 각 항목당 가능한 총점은 /뒤에 표기.

기말 보고서와 발표: 위해 감축 전략 실시

측정된 SLO: CACREP 2016 표준5.A.1.b, 5.A.2. a

본 과제의 목적은 학생들이 한 학기 동안 습득한 지식, 인식, 기술을 통합하는 과정에 학생들을 참여시키기 위해서이다. 기말 과제는 학생들이 새로운 지식을 요약하고 실제로 발생할 수 있는 상황에 적용해 볼 기회를 준다. 학생들은 지역 내 복지시설을 조사하고 해당 시설과 그 시설을 이용하는 내담자에게 가장 효과가 있을 것으로 생각되는 위해 감축 전략에 대해 서술해야 한다. 또한 학생들은 현 정책이나 접근 방법을 개정하는 것이 어떻게 지역 복지시설을 사용하는 내담자에게 위해 감축 서비스를 제공할 수 있을지에 대해 고려해야 한다.

위에 감축 접근에 대한 이해를 바탕으로, 위해 감축 전략을 한 가지 선택하고 지역 복지시설 기관에서 어떻게 실시할 수 있을지를 설명하라. 이 프로젝트를 위해 지역 내 복지 기관 하나를 선정하라 (약물 남용 치료센터, 비영리 단체, 상담 기관, 병원 등 포함). 선택한 상담 전략 및 기관을 설명하고, 어떻게 전략을 실천할지, 왜 이 전략이 해당 복지시설과 방문 내담자에게 도움이 되는 전략인지를 설명하라.

위 문단에서 소개한 프로젝트를 요약하는 보고서를 APA 양식에 따라 5~10페이지로 작성하여 제출해야한다. 당신의 주장에 관한 정보를 제공하고 근거를 제시하기 위하여 적어도 3~5개의 문헌연구를 사용해야 한다. 또한 선택된 전략과 위에서 언급된 정보를 설명하는 10~15분 분량의 발표를 수업 중에 실시해야 한다. 파워포인트나 본인이 선택한 기관에서 발급한 책자/안내문 등은 발표시 가져오면 도움이 될 것이다.

위해 감축 기말 과제 평가 기준

우수 (10점)
- 기한 내에 제출함
- 최소한 3~5개의 문헌 연구를 사용함 (심사를 통한 학술지; 수업 자료 사용 가능)
- 표지와 참고문헌을 제외하고 최소 5페이지
- 최소한의 실수로 APA양식을 따름 (3개까지 실수를 허용)
- 철자법, 구두점, 문법이 대체로 정확함 (3개까지 실수를 허용)
- 뚜렷한 주제문(thesis)이 있음
- 주제 전환이 자연스러움

- 다음 예시와 같이 항목별 제목이 적절함: 도입, 기관 소개, 기관 이용 내담자, 위해 감축 전략, 실행/근거, 논의/개인적 소감
- 기관 선정, 위해 감축 전략 선택, 기관 이용 내담자에의 적용가능성에 관한 뚜렷한 근거를 제시함
- 위해 감축 원칙과 위험군 내담자에의 적용 가능성에 대한 이해도를 보임

기준 충족 (8점)
- 기한 내에 제출함
- 최소한 3개의 문헌 연구를 사용하였으나 모든 문헌이 학술자료는 아님
- 표지와 참고문헌을 제외하고 최소 5페이지
- 약간의 실수를 제외하고는 APA양식을 따름 (실수가 3개를 초과함)
- 철자법, 구두점, 문법이 대체로 정확함 (실수가 3개를 초과함)
- 주제문(thesis)을 찾을 수 있으나 직접적으로 언급되어 있지는 않음
- 필요시 주제를 적절히 전환함
- 항목별 제목 및 소제목을 사용하였고, 대개 관련 내용에 적절함
- 위해 감축 전략 및 기관 선택에 관한 이해도를 보이나 깊이가 부족함
- 문단이 종종 초점이 없거나 일관성이 부족함

노력 요함 (7점)
- 기한을 어김
- 3개보다 적은 문헌 연구를 사용하거나 모든 자료가 학술 자료가 아님
- 표지와 참고문헌을 제외하고, 5 페이지 보다 적음
- APA양식을 따르지 않음; APA 양식에 관련된 요소가 포함되어 있지 않음
- 적합한 철자법, 구두점, 문법을 사용하지 않음
- 명확한 주제문(thesis)이 없음
- 각 문단과 각 섹션 사이의 연결이 매끄럽지 않음
- 적절한 소제목의 부재
- 기관이나 위해 감축 전략에 대한 근거를 제시하지 않음
- 위해 감축 전략에 관한 원칙에 대한 이해가 부족함이 드러남

위해 감축 발표 평가 기준

우수 (10점)

- 발표에서 기관 및 위해 감축 전략을 선정한 근거를 명확하게 제시함
- 기관과 전략에 대한 포괄적인 내용을 제시함
- 전략을 실행하기 위한 계획을 제시함 (실제적 함의: 예산 편성시 장애물/지지기반, 위치, 스태프; 정치적 분위기: 지지적인지 비지지적인지 등을 다룸)
- 발표에서 해당 기관을 방문하는 고위험군 내담자들에 관한 정보를 제시하고 제안한 전략의 이점에 대해 설명함
- 발표자가 준비를 잘 하였고, 유인물, 책자, 파워포인트를 사용하여 관련 발표의 효과를 높임
- 발표의 길이가 10~15분임

적절 (8점)

- 발표에서 기관 및 위해 감축 전략을 선정한 근거를 완전히 제시하지는 못함
- 기관과 전략에 대한 약간의 내용을 제시함
- 전략을 실행하기 위한 계획을 발전시키고 있으나 포괄적이지 않고 필수적인 실제적인 함의를 제시하지 못함
- 발표에서 해당 기관을 방문하는 내담자들에 관한 간단한 정보를 제시함
- 발표자가 준비되어 있고, 파워포인트를 사용함
- 발표의 길이가 적어도 10분임

미흡 (6점)

- 발표에서 기관 및 위해 감축 전략을 선정한 근거를 제시하지 못함
- 기관 선택에 대한 배경 지식을 거의 제시하지 못하였고 위해 감축 전략이나 원칙에 대해 이해 없이 발표함
- 위해 감축 전략을 실행하기 위한 명확한 계획을 제시하지 못함
- 해당 기관을 방문하는 고위험군 내담자들의 특별한 요구사항에 대해 제시하지 못함; 제안된 전략의 이점에 대해 설명하지 못함
- 발표자는 준비가 제대로 되지 않았고, 파워포인트나 유인물을 사용하지 않음
- 학생의 발표가 10분 미만임

제27장

진로상담

Melissa J. Ficklin

진로상담을 전공하기로 한 학생들은 한 인간의 인생에서 직업과 커리어의 역할이 얼마나 중요한지 알고 있을 것이다. 따라서, 진로 발달에 대해 가르치는 교수자는 다른 주요 과목에서와는 달리, 해당 학생들을 가르칠 때 학생들이 진로 발달이라는 주제에 열의를 가지고 있다는 것을 기대하고 수업에 임할 수 있을 것이다(Lara 외, 2011; Osborn & Dames, 2013). 따라서 CACREP 2016 표준에서 진로상담을 전공하는 학생들이 교육과정 상의 다른 주요 과목에서 요구되는 것 이상으로 진로상담에 관한 지식, 기술, 실습을 경험할 수 있도록 하는 것은 적절하다고 볼 수 있다. 이러한 진로상담 전공 수업의 교수자는 학생들이 진로상담에서 기초적, 맥락적, 임상적 영역 전반을 이해할 수 있도록 다양한 기회를 제공해 주어야 하는데, 이는 어떻게 이러한 영역이 상호작용하고, 윤리적이며 효과적인 진로상담을 하는 데에 정보를 제공해 주는지 이해하는 것을 포함한다.

진로상담 전공 학생들이 친숙해져야 할 정보 중 하나는 진로상담사의 옹호와 사회적 정의에 관한 역사로서, 이는 Frank Parsons가 20세기 초기에 보스턴에서 청소년과 이민자를 대상으로 진로상담을 시작한 데에서 시작하였다(O'Brien, 2001; Parsons, 1909). 이러한 사회정의에 관련된 토대가 잘 알려졌음에도 불구하고, 오늘날 진로상담사들이 다양한 내담자를 효과적으로 상담하도록 하기 위해서는 더 많은 작업이 이루어져야 한다(Evans & Larrabee, 2002; Hansen, 2003; Tang, 2003). ACA 와 NCDA의 윤리 조항(ACA , 2014; NCDA, 2009)에서는 상담사들과 진로 전문가들이 상황에 따라 다양한 차원에서 개인의 권리 옹호를 요구하고 있다(예. 개인, 집단, 기관, 사회적 차원). 두 기관 모두 옹호를 내담자의 접근성, 성장, 발달을 저해하는 장벽과 장애물을 없애는 것으로 정의하고 있다(ACA , 2014; NCDA, 2009).

다문화 상담 기술은 효과적인 진로상담에 결정적인 역할을 한다(Heppner & Fu, 2011; NCDA, 2009; Vespia, Fitzpatrick, Fouad, Kantamneni, & Chen, 2010). 다문화 상담은 내담자를 "역사적, 문화적, 경제적, 정치적, 심리 사회적 맥락" 속의 구성원으로 이해하는 것을 수반한다(ACA , 2014, p. 20). Vespia 와 동료들 (2010)은 진로상담사를 대상으로 한 연구에서, 다문화적 역량에 관한 훈련이 자기보고식과 외부관찰자 평가 모두에서 다문화적 역량 증가에 도움이 됨을 보고했다. 또한 같은 연구에서 다문화 상담 역량에 대한 자기보고식 결과와 외부 관찰자의 평가 결과에 차이가 있음을 보고하였는데, 이는 관련 역량에 대한 상담사의 자기 인식과 실제 임상에서의 역량에 차이가 있을 수 있음을 의미한다(Vespia et al., 2010). 학생들에게 진로 발달에 있어서 문화적 고려 사항을 적극적으로 개념화하고 이해할 수 있는 추가적인 기회가 생기면, 이는 실습, 인턴십, 졸업 후 임상활동을 시작하였을 때 실제 상담에 도움이 될 수 있다. 본 장의 학습활동은 학생들에게 이러한 경험을 주기 위함이다.

진로상담에서는 전통적으로 구조적 차원의 영향보다는 정신 내적 요인과 개인의 영향이 진로 발달에 더 중요하다는 합의가 있었다(Blustein, Medvide, & Wan, 2011; Heppner & O'Brien, 2006; McIlveen & Patton, 2006; Prilleltensky & Stead, 2012; Sampson, Dozier, & Colvin, 2011). 더불어, 최근의 연구에서는 사회정의가 내담자에게 영향을 미치고 옹호에 관한 기술을 더 늘려야 한다는 인식이 증가하고 있음에도, 진로상담사가 구조적 차원보다는 주로 개인적 차원의 문제에 대해 개입하는 것을 시사하였다(Arthur, Collins, Marshall, & McMahon, 2013; Arthur, Collins, McMahon, & Marshall, 2009; McMahon, Arthur, & Collins, 2008). 진로 선택과 자발적 전환과 같은 개념들은 모든 사람에게 적용되거나 가능한 것은 아닐 수 있다. 따라서, 진로상담사는 다양한 역할을 수행하고 다양한 차원에서 개입할 수 있도록 준비가 되어 있어야 한다(Blustein, 2006; Blustein et al., 2011; Duffy & Dik, 2009; Gainor, 2005; Prilleltensky & Stead, 2012; Sampson et al., 2011; Savickas, 2011; Tang, 2003).

내담자가 다양한 특성을 지니고 있고, 고용과 노동시장이 복잡하고 사회적으로 구성된 경험이기 때문에 진로상담은 다면적으로 구성되어 있다(Blustein et al., 2011; Browne & Misra, 2003). 진로상담 수업의 과제는 이러한 수준의 다양성과 복잡성을 반영하고, 학생들이 임상 상황을 잘 준비할 수 있도록 필요한 기술과 경험을 제공하여야 한다. 또한 진로상담을 전공하는 학생들은 진로상담과 내담자의 강력한 옹호자가 될 가능성이 높으므로 이러한 권리 옹호 기술을 개발할 충분한 기회를 제공하여야 한다(CACREP, 2016; Hansen, 2003). 본 장에서 제공되는 활동들은 학생들이 진로상담을 촉진시키고 내담자와 함께 그들의 권리를 옹호하는 경험을 할 기회를 제공하도록 고안되었다. 아래에 제시된 활동은 다음을 강조하고 있다. 이는 (a) 진로상담 옹호, (b) 진로 발달에 있어서 문화적 사회적 영향; (c) 내담자에게 고용가능성, 직업 조사, 자료 조사 기술을 최신 기술과 자원을 사용하여 가르치는 것이다.

진로상담을 위한 공익 광고/광고 캠페인

측정된 SLO: CACREP 2016 표준 5.B.1.a, 5.B.1.c, 5.B.2.a, 5.B.2.b, 5.B.3.e

본 과제는 기초적, 맥락적, 임상적 영역의 세 가지 영역에 관한 기준을 모두 포괄하고 있다. 본 과제는 개인별, 조별, 수업 전체 단위로 진행될 수 있다. 교수자는 수업을 듣는 학생들, 상담단과 대학 내의 다른 학생들, 교직원, 교수들이 가장 효과적인 비디오를 투표로 뽑을 수 있도록 우호적인 분위기 속에서 대회를 진행할 수도 있다. 본 과제는 학생들이 ACA, NCDA, 다른 상담 전문가 연합에 친숙해진다는 추가적인 목표를 달성할 수 있도록 ACA나 분과 내의 대회와 연결하여 진행할 수도 있다.

본 과제를 위해 당신은 진로상담이라는 분야를 홍보할 수 있는 비디오 공익 광고를 제작할 것이다. 시청자는 잠재적 내담자, 고용주, 정책 입안자, 또는 일반 대중이다. 본 비디오는 5~10분 길이여야 하고, 고화질 비디오와 음질을 제공해야 하며, 명확한 주제를 잘 전달해야 한다. 본 과제의 목표는 시청자들에게 진로상담에 관한 정보를 제공하고, 그들이 본인 혹은 유권자들의 진로 발달 요구를 충족시키기 위해 진로상담을 고려하도록 설득하는 것이다. 다음과 같은 요소를 꼭 포함하라.

- 참여를 유도할 수 있고 창의적인 내용 전달.
- 진로상담에 대한 간단한 역사와 발달과정.
- 진로상담의 주요한 원칙과 이 분야의 가치를 포함한 진로상담사의 다양한 역할에 대한

설명.
- 진로상담사들이 권리를 옹호하는 방식들.
- 진로상담에 관련된 활동과 서비스에 대한 설명. 필수는 아니지만 다룰 수 있는 질문의 예시는 다음과 같다: 어디서 진로상담사를 찾을 수 있나? 진로상담에서 무엇을 기대할 수 있나? 관련 검사를 실시해야 하나? 상담사가 나를 도와줄 능력이 있나? 내 상담사가 내가 직업을 구하도록 해줄 것인가?
- 비디오를 모두 시청한 후, 청중들은 진로상담사가 누구이며, 어떤 일을 하고, 누구를 대상으로 서비스를 제공하는지 이해할 수 있어야 한다.

표 27.1 은 본 과제에 관련된 채점 기준을 포함하고 있다.

<표 27.1> 진로상담을 위한 광고 캠페인 채점 기준

목표	기대 이하	기대 충족 또는 기대 이상	점수[a]
진로상담의 역사를 간략히 제시함	진로상담 분야의 발달에 관해 관련 정보를 제시하지 않음	진로상담 분야의 역사에 관한 관련 정보를 간략하게 제시하고, 중요 주제를 현재 진로상담의 역할, 가치, 주요 개념(tenets)과 연결함	____/20점
진로상담에서의 옹호에 대해 설명함	진로상담의 독특한 특성과 어떻게 진로상담사들이 권리 옹호를 포함한 다양한 역할을 수행하는지 적절하게 설명하지 않음	왜 진로상담이 중요하고 효과적인지를 자세하고 설득력 있게 제시함	____/20점
의사전달에 있어서의 창의성과 명료성	정보와 주제를 유기적으로 제시하지 못함; 청중을 집중시킬 수 있는 창의성이나 효과적인 의사전달방식이 부족함; 비디오가 5분 미만이거나 10분을 초과함	청중이 집중할 수 있도록 하고 관련 연구를 적절하게 인용하여 진로상담의 가치, 중요성, 효과성에 대해 명료하게 전달함; 비디오의 길이가 5~10분임	____/20점
진로상담 활동과 서비스를 정확하게 서술함	진로상담 활동과 서비스에 대한 서술의 깊이와 다룬 내용의 범위가 부족함; 기본 정보만 제시함; 진로상담 서비스를 사용할 의향이 있는 사람들의 다양성에 대한 고려가 부재함	진로상담을 할 수 있는 환경 및 이용가능한 서비스의 다양성에 대한 세분화된 지식을 포함함; 다양한 배경을 가진 내담자들의 접근성, 발달 단계, 사회경제적 지위에 대해 고려함	____/20점
효과적인 기술 사용	비디오의 질이 낮고 편집이 매끄럽지 않음; 현재 상태로는 광범위한 배포에 적절하지	오디오와 비디오의 질이 전문가적 수준이며 광범위한 배포에 적합함; 음향, 시각효과, 자막, 음성,	____/20점

	않음; 비디오가 시각 또는 청각 장애가 있는 사람들이 이용하기에 적절하지 않음; 일반 대중이 이해하기 어려운 전문용어가 포함되어 있음; 비디오에 음향, 시각효과, 자막, 음성, 이미지 등이 포함되어 있지 않음	이미지를 훌륭하게 사용함; 시각 또는 청각 장애가 있는 사람들이 이용하기에 적합함; 비디오에 사용된 언어가 적절하고 일반대중이 이해하기 쉬움 (전문용어의 사용을 피함)	
총점			____/100점

a 각 항목당 가능한 총점을 / 뒤에 명시함.

문화적 사례연구

측정된 SLO: CACREP 2016 표준 5.B.2.c, 5.B.2.d, 5.B.2.e, 5.B.2.f

본 과제는 맥락적 영역을 다루고 있다. 본 과제는 학생들이 조별과제로 프로젝트를 수행한 후 수업 시간에 30~45분간 발표를 하도록 고안되었다. 이 과제에서 학생들은 다양한 내담자들의 진로상담 요구를 개념화하는 능력을 발달시키고 직업과 진로의 더 광범위하고 세계적인 맥락에서 내담자를 고려할 수 있게 될 것이다.

본인이 역사적인 맥락과 현재 경제 및 고용 트렌드를 조사하고 싶은 문화적 집단을 하나 고르라. 예를 들어, 미국 내 흑인 여성, 성소수자 청소년, 미국 남부 시골 저소득층 인구, 난민, 미국 내 라틴 계열의 이민자들의 경제와 고용에 관한 이슈와 트렌드를 조사할 수 있다. 미국인을 대상으로 연구하기로 정한다면, 미국 노동 통계국 (Department of Labor and Bureau of Labor Statistics)에서 발간한 출판물, 보고서, 데이터를 포함시켜라. 미국 인구조사국에서 나온 자료 또한 이 프로젝트를 시작할 때에 도움이 되는 중요한 자료로 사용될 수 있다.

- 본인이 선택한 연구 대상자 집단과 노동 (임금을 받는지 여부와 상관없이)이 어떻게 연관되어 있었는지 역사적인 개요를 서술하라. 세계화를 포함하여 그 집단이 노동에 접근성을 가질 수 있게 된 관련 문화적, 정치적, 경제적 영향에 관해 다루라.
- 본인이 선택한 집단 문화에서는 노동과 정신 건강이 어떻게 서로 연관되어 있는지 다루라.
- 인종, 계층, 성별 및 기타 사회적 정체적 범주가 어떻게 본인이 선택한 집단의 직업과

진로 발달과 상호작용하는지 서술하라.
- 다양한 활동 (예. 토론 질문, 사례연구, 비디오, 역할극)을 활용하여 학생들의 참여를 독려하라.

표 27.2 는 본 과제에 관련된 채점 기준을 포함하고 있다.

<표 27.2> 문화적 사례연구

목표	기대 이하	기대 충족 또는 기대 이상	점수 [a]
역사적 개요/맥락	관심 대상에 대한 최근 노동과 취업 관련 이슈의 맥락을 제시하지 못함	관심 대상의 최근 취업과 노동 트렌드에 관한 총합적이고 역사적인 맥락을 제공함	____/20점
세계화의 영향	노동 접근성과 최저 생활임금에 세계화가 미치는 영향을 고려하지 않음; 문화적, 정치적, 경제적 영향력을 고려하지 않음	세계화를 포함하여 노동 접근성에 영향을 미친 관련된 문화적, 정치적, 경제적 영향력에 대한 깊이 있는 분석 내용을 제시함	____/20점
직업과 정신 건강	관심 대상에 대해 어떻게 직업과 정신 건강이 상호작용하는지 다루지 않음; 진로 발달에 관련된 이슈가 전반적인 정신 건강과 행복(wellness)에 영향을 미치는지, 혹은 어떻게 영향을 미치는지를 고려하지 않음	정신 건강과 상담에 관한 문화적 규범 및 상담이나 진로상담 참여에 대한 태도를 포함하여 어떻게 관심 대상의 진로와 정신 건강이 서로 관련되는지를 고려함	____/20점
정체성 교차성 (Intersectionality)과 진로 발달	발표자는 관심 대상의 다양성에 대해 다루지 않거나 정체성 항목들이 교차되는 것에 대해 고려하지 않고, 이러한 것들이 어떻게 진로 발달, 일, 취업, 정신 건강에 영향을 미치거나 받을 수 있는지 다루지 않음	발표자는 관심 대상의 정체성의 복잡성에 대해 논하고, 어떻게 인종, 계급, 성별, 다른 정체성 항목들의 사회적 구성이 진로 발달, 일, 취업, 정신 건강과 상호작용할 수 있는지 다룸	____/20점
경험적 요소	청중의 다양한 학습 스타일을 다루기 위한 경험적 항목을 효과적으로 포함하지 못함; 경험적 활동에 관한 부분에서 주제의 이론적 요소를	청중들이 직접 참여할 수 있는 항목을 넣어 발표에서 다루어진 내용들을 연습하고 적용하도록 함	____/20점

	실제적인 적용이나 지식 통합과 연결하지 못함		
총점			____/100점

a각 항목당 가능한 총점을 / 뒤에 명시함.

직업 조사 워크숍

측정된 SLO: CACREP 2016 표준 5.B.3.c, 5.B.3.d, 5.B.3.f, 5.B.3.g

본 과제는 진로상담의 임상 영역에 초점을 맞추고 있다. 진로상담사는 다양한 역할을 수행한다. 그 중 중요한 한 가지 역할은 교육자의 역할로 특히 진로 발달과 점점 온라인에 늘어나고 있는 취업에 관한 자원들에 대해 내담자를 교육하는 것이다. 워크숍 및 집단 활동은 적은 비용을 사용하여 효율적으로 내담자에게 다가갈 수 있는 방식이다. 이 개인과제에서 학생들은 워크숍을 개발함으로써 프로그램 개발과 자원활동에 관련된 경험을 얻게 될 것인데, 이 워크숍은 내담자들이 신뢰할 수 있는 진로 관련 자원을 찾는 데 사용할 수 있는 테크놀로지 기술에 대해 배우도록 구성될 것이다.

테크놀로지 기술은 오늘날 취업 시장에서 점점 더 중요한 기술이다. 많은 내담자들에게 새로운 테크놀로지를 배우고 사용하는 것은 불안을 자극하는 요소이자 보수를 받는 직업을 찾고 유지하는 데에 장벽이 될 수 있다. 본 과제를 위해 학생들은 관심 있는 내담자 집단을 위한 진로와 관련된 자원을 조사할 것이다. 완성된 과제는 (a)완성된 워크숍 교육과정과 (b) 당신이 프로그램을 실시하고 싶은 커뮤니티 내의 한 기관에 편지 형식으로 쓴 제안서, 총 두 가지 항목을 포함시켜야 한다.

당신은 커뮤니티 구성원들에게 취업 가능성과 직업 검색 기술을 가르치기 위해 테크놀로지를 사용하는 워크숍을 계획할 것이다. 당신의 워크숍은 경험적이어야 하는데, 이는 참여자들이 당신에게 배운 기술을 사용하며 연습할 기회를 가진다는 것이다. 교육과정을 짜고 프로그램의 개요를 구성할 뿐만 아니라 당신은 이러한 워크숍을 개최하는 것에 관심이 있을 지역 커뮤니티 기관이나 비영리 단체에 보낼 제안서를 작성하여야 한다. 이 제안서에는 본 워크숍 개최를 위해 필요한 자원을 기재해야 한다(예. 컴퓨터 수, 인터넷 사용, 보조 스텝). 본 제안서에는 또한 어떻게 이 워크숍을 홍보할 계획인지, 필요하다면 워크숍 신청과 회비 지불은 어떻게 진행할지에 관한 정보를 포함해야 한다. 당신의 제안서와 워크숍 교육과정은 관련 내용과 제안된 구성에 익숙하지 않은 상담사가 관련 자료를 읽고 당신이 계획한 그대로 워크숍을 개최할 수 있을 정도로 자세하게 기술되어야 한다.

표 27.3은 본 과제에 관련된 채점 기준을 포함하고 있다.

<표 27.3> 직업 조사 워크숍 채점 기준

목표	기대 이하	기대 충족 또는 기대 이상	점수[a]
워크숍 교육과정 – 설명의 명료성	워크숍의 개요가 불완전하거나 명확하지 않음; 다양한 능력과 학습 스타일에 적합하도록 다양한 방법을 포함하지 않음(예. 강의, 시연, 연습, 비디오)	워크숍 기간 동안 다루어지는 내용에 대한 개요가 명확하고 이해하기 쉬움(예. 파워포인트); 다양한 능력과 학습 스타일을 위해 적합한 효과적인 교수법을 사용함	____/20점
워크숍 교육과정 – 적합한 자원	대상자에게 적합하지 않거나 구식인 자원을 가르침	대상자에게 관련이 있고 필수적이며 믿을 수 있는 최신의 자료를 사용함	____/20점
워크숍 교육과정 – 명확한 목적과 목표	워크숍 내용을 포괄하는 명확하고 유기적인 목적과 목표가 부족함; 특정한 자원과 기술을 포함하는 근거가 불명확함	워크숍 참여자를 위한 학습 목표를 포함함; 특정 자원과 기술을 포함한 명확한 근거를 제시함	____/20점
커뮤니티 기관에 보내는 제안서 – 근거	왜 해당 프로그램이 필요하고 내담자에게 도움이 될지에 관한 명확한 근거를 기관에 제시하지 못함	프로그램의 필요성에 대한 명확한 근거를 제시하고 왜 제안한 기관이 해당 프로그램에 적합한지 설명함; 워크숍을 개최하는 것이 기관과 내담자에게 어떤 잠재적 혜택이 있는지 설명함	____/20점
커뮤니티 기관에 보내는 제안서 – 자원	보유한 자원과 추가로 필요한 자원에 관한 심도 깊은 설명과 총체적 목록이 포함되어 있지 않음(예. 스텝, 공간, 기술, 물품)	프로그램을 운용하기 위한 종합적인 계획을 제시함; 필요한 자원 (예. 스텝, 공간, 기술, 물품) 및 보유한 자원의 목록을 제시함	____/20점
총점			____/100점

a 각 항목당 가능한 총점을 / 뒤에 명시함.

제28장

임상 정신 건강 상담

Elizabeth A. Prosek

임상 정신건강 상담자들은 건강관리의 연속선상에 있는 다양한 환경에서 일할 수 있도록 준비되어야 하는데 이는 입원환자를 위기 상황에서 안정시키는 것부터 정상적 발달과정에서 중요한 단계에 있는 내담자와의 개인 상담까지를 포함한다. 학생들은 임상 정신 건강 상담에 관한 제한된 임상 경험을 가지고 상담 프로그램에 진학했을 것이다. 따라서, 상담교육자는 커뮤니티 환경에서 상담자의 다면적인 역할과 기능에 대해 가르치는 데에 어려움을 겪을 수 있다. 게다가, 상담 분야에서 일어나는 최근 이슈들과 같은 선상에서(Kaplan & Gladding, 2011를 참고하라), 교육자들은 상담 수련생이 전문가로서의 정체성을 확고하게 수립하도록 돕는 것을 지향하고 있다. 임상 정신 건강 상담사들은 문화적 민감성을 통해 내담자와 커뮤니티에 관해 제대로 이해할 수 있다.

임상 정신 건강 상담(CMHC)의 주요 영역에서, 석사과정 중인 학생들은 세 가지 영역(기초, 맥락적 영역, 임상) 전반에서 23개의 기준에 명시된 능력을 습득해야 한다. CMHC 기준을 평가하기에 가장 적절한 수업은 전문가 오리엔테이션, 진단과 치료 계획, CMHC 세부 전문 영역이다. 다양한 학생들의 학습 스타일을 고려하기 위하여, 나는 다른 학습 강점을 강조하는 활동들을 추천한다. 구조화된 평가 방법(예. 퀴즈)과 학생들이 자신에게 중요한 주제에 대해 더 탐구하는 것을 촉진할 수 있는 과제(예. 공적 옹호)를 조화롭게 사용할 수 있다. 나의 의도는 이러한 활동을 수행하는 데에 상대적인 학습과 학생 내부에서 발생한 동기를 촉진하는 것이다.

본 장에서 나는 CMHC에서 학습을 평가하기 위한 다섯 개의 과제와 채점 기준을 제공한다.

첫 번째 활동은 학생들이 실제적인 상담 딜레마 상황에 법적, 윤리적 조항을 적용하는 능력을 보여줄 수 있도록 고안되었다. 두 번째 활동은 국회의원에게 상담 관련 법안을 지지하는 편지를 씀으로써 학생들이 상담 영역에서 옹호자가 되는 데에 힘을 실어 주도록 설계되었다. 나는 학생들이 이 두 번째 활동을 모둠 옹호 프로젝트와 연결하기를 권장하는데, 그 프로젝트에서 학생들은 학회 포스터 발표 형식으로 공공 정책에 관한 정보를 발표하는 스킬을 습득할 수 있다. 세 번째 활동은 학생들이 임상에서의 의사결정 기술을 시연하기 위하여 창의성과 미디어 자료를 사용할 기회이다. 더불어, 이 복잡한 과제는 생물심리사회적 보고서, 진단 요약, 치료 계획 등을 포함하여 표준 임상, 행정 절차의 여러 요소를 포함하여야 한다. 네 번째 과제는 심리 약학적 지식을 평가한다. 마지막으로 다섯 번째 과제는 학생들이 지역 정신 건강 기관과 상호작용할 수 있는 기회를 주기 위해 의도적으로 만들어진 것이다. 본 과제는 두 영역으로 구성되어 있다. 첫째, 학생들은 주요 개념을 실제 상황에서 적용하여 임상 정신 건강 기관의 역할이 무엇인지 배우게 된다. 둘째, 학생들은 지역사회에서 제공되는 서비스를 분석하기 위하여 수업 시간에 배우고 다른 학생들과의 상호작용을 통해 학습한 정보를 통합한다. 상담교육자로서 이 활동들을 수업에 사용하기 위하여 예시와 템플릿이 필요하면 이메일로 나에게 연락하라(Elizabeth.Prosek@unt.edu).

윤리적 의사결정

측정된 SLO: CACREP 2016 표준 5.C.2.j, 5.C.2.l, 5.C.2.m

CMHC에 관련된 세 가지 윤리적 딜레마에 대한 의견을 작성한 보고서를 준비하라. 각 사례에 대해 딜레마를 해결하기 위한 윤리적 의사결정 모델의 단계를 명확하고 간결하게 적용하라. 국가와 주 수준에서 관련된 윤리적 조항과 법적 기준을 조사하라. 더불어, 보고서에 윤리적 해결에 있어서 필수적인 문화적 요소를 포함시켜라.

보고서는 APA 양식을 따라야 하고, 제목과 참고문헌을 포함하여 15장을 초과하여서는 안된다. 학생들은 임상 정신 건강 상담 분야에서 관련된 전문적 이슈에 관한 지식을 보여주기 위하여 적어도 다섯 개의 원본 학술 자료를 포함하여야 한다. 표 28.1은 본 과제와 관련된 채점 기준을 포함하고 있다.

<표 28.1> 윤리적 의사결정 채점 기준

기준 (CACREP 표준)	기대 이하	기대 충족	기대 이상
임상 정신 건강 상담에 관련된 법적, 윤리적 고려(5.C.2.l)	윤리적 의사결정 모델을 부정확하게 적용함; 윤리적 법적 조항을 부적절하게 포함함; 딜레마의 윤리적 해결에 영향을 미칠 수 있는 조항을 간과함	윤리적 의사결정 모델을 완벽하게 적용시킴; 윤리적 법적 조항을 적절하게 포함함; 몇 개의 조항을 간과한 경우, 딜레마에 대한 전반적인 해결책에서 초점을 벗어남	윤리적 의사결정 모델을 사려 깊고 정확하게 적용함; 관련 윤리적 법적 조항을 훌륭하게 포괄함; 총체적인 분석을 진행하기 위해 여러 기관(예. 국가적, 주단위)의 법적 윤리적 조항을 인용함
기록관리, 비용청구(third party reimbursement), 이외 임상 정신 건강 상담에서 나타나는 실습 및 관리에 관한 이슈(5.C.2.m)	윤리적 결정에 대한 기록을 간과함; 딜레마를 해결하는 데에 적절한 커뮤니티 내의 파트너를 포함할 기회를 놓침	윤리적 의사결정 과정에 대한 문서화를 언급함; 각 사례에 적용 가능할 경우 커뮤니티 내의 파트너를 적절히 포함함	윤리적 의사결정이 어떻게 임상 기록에 서류화되는 지에 관해 사려 깊고 명확하게 명시함; 각 사례에 적용 가능한 커뮤니티 동반자를 훌륭하게 포함함
임상 정신 건강 상담에 관련된 문화적 요소(5.C.2.j)	윤리적 의사결정 과정에서 문화적 요소를 간과함	윤리적 의사결정 과정에서 각 사례와 관련된 문화적 요소를 언급함	윤리적 의사결정 과정에서 각 사례와 관련된 문화적 요소를 사려 깊고 명료하게 포함함

주. CACREP = 상담 및 관련 교육 프로그램 인준 기관

공공 정책과 옹호 프로젝트

측정된 SLO: CACREP 2016 표준 5.C.2.i, 5.C.2.k, 5.C.3.e

파트 1: 개인 과제

본 과제에서 학생들은 ACA 입법 안건, 미국 정신 건강 상담사 협회 공공 정책, 주단위 공공정책을 읽고 숙지하여야 한다. 이 정보를 통해, 학생들은 내담자의 웰빙과 상담 분야를 옹호하기 위해 개인적으로 노력을 쏟고 있는 이슈를 한 가지 고른다. 학생들은 상담전문가 집단을 대변하여, 선택한 이슈를 옹호하는 의원에게 편지를 쓴다. 편지는 다음과 특성을 지녀야 한다.

- 공공정책에 관해 숙지하고 있음을 보인다.
- 정책이 정신 건강 서비스의 질과 접근성에 어떻게 영향을 미치는지 보인다.
- ACA, 미국 정신 건강 상담사 협회, 국회와 의사소통하기 위한 주단위 분과에서 제공하는 가이드라인을 따른다.

학생들은 공공정책과 어떻게 그 정책들이 상담사 집단을 옹호해 왔는지 한 장 분량의 소감을 쓴다. 학생들은 내담자와 상담사 집단을 옹호하는 능력, 공공정책에 관한 이해, 정신 건강 상담사로서 옹호하는 능력, 어떻게 공공정책이 정신 건강 서비스의 질과 접근성에 영향을 미치는지에 관한 지식, 작성 양식과 같은 편지의 형식에 기반해 평가된다.

국제 학생들은 원한다면 본국의 공공정책에 적용 가능한 편지를 쓰는 것이 권장된다.

파트 2: 조별 과제

공공정책에 대해 다른 사람들과 소통하는 것을 연습하고 내담자와 상담전문가를 옹호하기 위해, 세 명의 학생이 한 조를 이루어 한 가지 공공정책을 선택한 후, 관련 내용에 대해 포스터 발표를 준비한다. 포스터는 공공정책 이슈에 관한 관련 정보, 윤리적 조항과의 관련성, 옹호를 위해 대중 (즉, 다른 상담사들)이 무엇을 할 수 있는지에 관한 제안을 포함해야 한다. APA양식에 따른 인용과 참고문헌 정보를 수록하라. 조의 각 학생들은 소규모의 포스터 발표 “학회” 기간 동안 관련 주제에 관해 설명할 수 있어야 한다. 표 28.2는 본 과제와 관련된 채점 기준을 포함하고 있다.

<표 28.2> 공공 정책과 옹호 프로젝트 채점 기준

기준 (CACREP 표준)	기대 이하	기대 충족	기대 이상
정신 건강 상담에 관한 법과 정부 정책 (5.C.2.i)	편지가 간단하거나 소감 과제에 정책과 정책이 정신 건강 상담서비스에 미치는 영향 간의 관련성을 간과함	편지에 필요한 내용을 충분히 포함하였고, 공공 정책이 어떻게 정신 건강 상담서비스에 영향을 미치는지에 관해 이해한 내용을 적절히 소감 과제에 포함함	편지가 사려 깊고 관련 내용을 잘 서술하였으며, 공공 정책이 어떻게 정신 건강 상담서비스에 영향을 미치는지에 관해 깊이 있게 이해한 내용을 소감 과제에 포함함
임상 정신 건강 상담 실습과 관련된 전문가 집단, 준비 기준, 자격증(5.C.2.k)	해당 공공정책에 관련하여 임상 정신 건강 상담사에게 요구되는 준비 기준과 자격증을 간과함	해당 공공정책에 관련하여 임상 정신 건강 상담사에게 요구되는 준비 기준과 자격증을 언급함	해당 공공정책에 관련하여 임상 정신 건강 상담사에게 요구되는 준비 기준과 자격증을 철저하게 설명함
정신 건강 이슈가 있는 사람들을 옹호하기 위한 전략(5.C.3.e)	포스터 발표에서 제시된 대로 상담사들이 어떻게 옹호할 수 있는지에 관한 방안이 간단하거나 정확하지 않음	포스터 발표에서 제시된 대로 상담사들이 어떻게 옹호할 수 있는지에 관한 방안을 언급함; 편지 쓰기 이상의 전략은 간과함	포스터 발표에서 제시된 대로 상담사들이 어떻게 옹호할 수 있는지에 관한 방안을 사려 깊게 제안함

주. CACREP = 상담 및 관련 교육 프로그램 인준 기관

가상 사례연구

측정된 SLO: CACREP 2016 표준 5.C.1.c, 5.C.1.d, 5.C.1.e, 5.C.2.b, 5.C.2.d, 5.C.2.e, 5.C.2.f, 5.C.2.g, 5.C.2.j, 5.C.2.m, 5.C.3.a, 5.C.3.b

책, 텔레비전 프로그램, 영화에서 종합 사례연구의 기초로 사용될 가상의 인물을 선정하라. 그리고 다음을 실행하라.

- 범위가 더 넓은, 서술 양식의 정신 건강 보고서의 일환으로 생물심리사회적 보고서를 작성하라.
  · 형식은 Seligman (2004) 과 Polanski와 Hinkle (2000)의 양식을 사용하라.
  · 전문적인 언어를 사용하라.

· 보고서는 명확하게 역사적-사회적-정치적-문화적 맥락에 관심을 기울여야 한다.

- 적용 가능하다면, 정신질환편람(5판; DSM-5; 미국 정신의학회, 2013) 을 사용하여 정신 건강 질환 진단을 확인하라.
  · 감별진단과 문화를 특히 중시하여 근거를 제시하라.
  · 진단을 유보해야 하거나 진단을 내릴 사항이 없다면, 그 결정에 관한 이유를 자세히 설명하라.
- 종합적인 증거 기반 치료계획을 작성하고 근거를 제시하라.
  · 치료계획은 3~5개의 목표를 포함한다.
- 평가에 관한 내용은 세계보건기구 장애평가 조사서 2.0 (세계보건기구, 2010)와 DSM-5를 포함하여야 한다.
- 본인의 이론적 지향과 일치하는 치료적 요인의 세부 사항을 제시하라.
- 상담 문헌에서 근거를 찾아 설명하라 (최소 5개의 문헌 연구).

학생들은 책, 텔레비전 프로그램, 영화에서 기존에 나와 있지 않은 인물의 프로필 정보를 만들어 사용할 수 있지만, 보고서에 포함된 모든 임상적 데이터는 전문적인 언어를 사용해 기술하여야 한다. 학생들은 생물심리사회학적 보고서에 해당 정신 건강 질환 진단을 지지하는 모든 임상 데이터를 포함해야 한다. 표 28.3은 본 과제와 관련된 채점 기준을 포함하고 있다.

<표 28.3> 가상 사례연구 채점 기준

기준 (CACREP 표준)	기대 이하	기대 충족	기대 이상
생물심리사회적 사례개념화와 치료 계획에 대한 원칙, 모델, 서류 양식 (5.C.1.c)	내담자에 대한 생물심리사회적 사례개념화를 간단히 작성; 전문가적 언어와 명확하고 간결한 문장 구조의 중요성을 간과하여 내담자의 이야기를 읽을 때 혼란스러울 수 있음	내담자에 관해 적절하게 생물심리사회적 관점에서 사례개념화를 제시함; 문장 구조에서 작은 실수들이 있거나, 단어 선택이 보고서의 전반적인 전문적 의사소통에 문제가 되지 않음	사려 깊게 내담자에 관해 생물심리사회적 사례개념화를 제시함; 내담자의 호소 문제와 역사를 서술할 때에 전문가적 언어와 단어 선택의 정확성이 우수함
중독과 공존 질환에 관한 신경생물학적, 의학적 기초와 원인 (5.C.1.d)	감별진단에서 공존질환의 잠재적 가능성을 간과함; 상담사가 어떻게 증상의 발생 원인을 밝히는지에 대해 제한적으로 논의하거나 논의하지 않음	감별진단에서 공존질환의 잠재적 가능성을 충분히 논의함; 상담사가 어떻게 증상의 발생 원인을 밝히는지에 대한 논의가 적음	감별진단에서 공존질환의 잠재적 가능성을 깊이 있게 논의함; 증상의 발생 원인을 효과적으로 알아내기 위한 질문을 구성할 수 있음
임상 정신 건강 상담에 관련된 심리 검사 및 평가 (5.C.1.e)	치료계획에서 세계 보건 기구 장애 평가 일정 (WHODAS) 2.0 에 제시된 규준 사용 이상으로 검사 및 평가를 사용할 수 있는 가능성을 간과함	치료계획에서 제시된 주요 증상에 적합한 검사나 평가를 한 개 이상 찾음 (세계 보건 기구 장애 평가 일정 [WHODAS] 2.0 에 제시된 내용 이상); 심리평가적 특성과 문헌에 기반하여 검사를 선택한 근거를 명확하게 제시하지 못함	치료계획에서 제시된 주요 증상에 대해 적절한 여러 개의 검사 및 평가를 사려 깊게 찾아냄; 심리평가적 특성과 문헌에 기반하여 선택한 검사에 대한 근거를 제시함
정신 및 정서 질환의 원인, 학명(nomenclature), 치료, 의뢰,	치료계획에서 내담자의 호소 문제에 상응하는 적절한 외부기관에 의뢰해야	치료계획에서 몇몇 외부기관에 의뢰함으로써 원인과 예방에 대해	치료계획에서 내담자의 호소문제에 상응하는 외부기관에 적절히 의뢰함으로써

예방 (5.C.2.b)	함을 간과함으로써 원인과 예방에 대한 이해가 부족함을 보임	이해하고 있음을 적절하게 보임; 하지만 내담자의 호소 문제에 가장 상응하는 곳에 의뢰할 기회를 놓칠 수 있음	원인과 예방에 대해 심도 깊게 이해하고 있음을 보임
감별진단 및 DSM과 ICD와 같은 진단 분류체계 사용을 포함한 진단 과정 (5.C.2.d)	진단 과정에서 임상 결정과정에 대한 이해가 충분하지 않으므로, 사례에 대해 제시된 데이터와 진단 분류 체계의 기준과 일치하지 않음; 각 기준 충족에 관한 근거를 제시하기 위한 예시를 사용하지 않음; 제대로 자료를 제시하지 않음으로써 오진할 가능성이 높아짐	진단 과정에서 사례에 대해 제시된 데이터와 진단 분류 체계의 기준이 적절하게 연결됨; 각 기준 충족에 관한 근거를 제시할 때 약간의 예시를 빠뜨림; 제대로 자료를 제시하지 않더라도 오진할 가능성이 없음	진단 과정에 사례에 대해 제시된 데이터와 진단 분류 체계의 기준을 사려깊게 연결함; 각 기준 충족에 관한 근거를 제시하기 위해 사례에서 세부적인 예시를 정확하게 들 수 있음
다양한 신경적, 의학적, 심리적 질환과 닮거나 (mimic) 공존하는 약물중독질환의 가능성 (5.C.2.e)	감별 진단에서 정신 건강 질환의 증상과 유사한 약물 사용의 가능성을 간과함	감별 진단에서 정신 건강 질환의 증상과 유사한 약물 사용의 가능성을 적절하게 다룸; 진단에 관해 제한된 근거를 제시함	감별 진단에서 정신 건강 질환의 증상과 유사한 약물 사용의 가능성을 사려 깊게 다룸; 진단을 지지할 수 있는 근거를 제시함
위기상황과 트라우마가 정신질환진단이 있는 개인에게 미치는 영향 (5.C.2.f)	생물심리사회학적 보고서에서, 어떻게 위기상황이나 트라우마가 내담자에게 영향을 미치는지를 간과함; 부족한 사례개념화로 인해 해당 증상이 위기 상황에서 정상적인 반응일 가능성에 대해 간과함	생물심리사회학적 보고서에서, 어떻게 위기상황이나 트라우마가 내담자에게 영향을 미칠 수 있는지를 언급함; 해당 증상이 위기 상황에 정상적인 반응일 가능성에 대해 제한적으로 설명함	생물심리사회학적 보고서에서, 어떻게 위기상황이나 트라우마가 내담자에게 영향을 미칠 수 있는지를 사려 깊게 사례개념화함; 해당 증상이 위기 상황에 정상적인 반응인지 명확하게 설명하고 내담자를 병리화하는 것을 피함; 또는 내담자의 경험에 비추어 봤을 때, 해당 증상이 어떻게 정신 건강 질환을 의미하는지 설명함
생물학적/신경학적	감별 진단에서 정신 건강 증상을	감별 진단에서 정신 건강 증상을	감별 진단에서 정신 건강 증상을 의학적으로

구조(mechanism)가 정신 건강에 미치는 영향 (5.C.2.g)	의학적으로 설명할 가능성을 간과함	의학적으로 설명할 가능성을 적절하게 논함; 진단에서 사용된 설명을 지지할 근거가 제한적임	설명할 가능성을 사려 깊게 논함; 진단에서 사용된 설명에 대한 근거를 명확하게 제시함
임상 정신 건강 상담과 관련된 문화적 요소(5.C.2.j)	생물심리사회학적 역사 보고서에서, 내담자의 삶에서 역사적-사회적-정치적-문화적 맥락을 단순화함; 문화적 요인이 증상에 영향을 미칠 가능성을 간과함	생물심리사회학적 역사 보고서에서 , 내담자의 삶에서 역사적-사회적-정치적-문화적 맥락을 적절하게 다룸; 문화적 요인이 증상에 영향을 미칠 가능성을 언급하나 명확하게 사례를 설명하지 못함	생물심리사회학적 역사 보고서에서, 내담자의 삶에서 역사적-사회적-정치적-문화적 맥락을 사려 깊고 명확하게 다룸; 적용가능한 경우, 문화적 요인과 제시된 증상을 연결하여 설명함
기록관리, 비용청구, 기타 임상 정신 건강 상담에서 나타나는 실습 및 관리에 관한 이슈(5.C.2.m)	치료계획이 미완성임; 비용 청구에 영향을 미칠 가능성이 있는 세부 정보를 간과함	치료계획을 적절하게 세움; 몇 가지 작은 수정사항이 있지만, 치료 계획 형식이 비용 청구에 필요한 기준을 충족시킴	치료계획을 사려 깊게 세움; 세부적으로 구성된 정보가 비용 청구를 위해 필요한 양식을 잘 따름
치료 계획 수립 및 담당 내담자 수 조정을 위한 접수면접, 지각검사(mental status evaluation), 생물심리사회적 역사, 정신 건강 역사, 심리적 평가 (5.C.3.a)	생물심리사회학적 보고서에서 내담자의 역사에서 중요한 요소를 간과함; 지각검사에서 자살 및 타살 사고(ideation), 현실검증, 환각, 망상에 대해 적절히 다루지 않음; 발현된 증상을 기록할 뿐만 아니라 구현되지 않은 증상을 기록하는 것이 얼마나 중요한지에 대한 이해도를 보이지 않음	생물심리사회학적 보고서에서 내담자의 치료 경험을 포함하여 임상면접에서 관련된 중요 정보를 적절하게 포함시킴; 지각검사가 정확하고 자살 및 타살 사고, 현실검증, 환각, 망상에 대해 적절히 주의를 기울임; 구현되지 않은 주요 증상 몇 가지를 놓칠 수 있음	생물심리사회학적 보고서에서 내담자의 치료 경험을 포함하여 임상면접에서 관련된 중요 정보를 사려 깊게 포함시킴; 지각검사가 정확하고 자살 및 타살 사고, 현실검증, 환각, 망상에 대해 적절히 주의를 기울임; 발현된 증상 및 구현되지 않은 주요 증상을 정확하게 서술함
광범위한 정신 건강 이슈의 예방과 치료를 위한 기법과 개입 (5.C.3.b)	치료계획에서 내담자 치료에 사용할 치료적 기법을 제대로 파악하지 못함;	치료계획에서 내담자 치료에 사용할 치료적 기법을 적절하게 파악함;	치료계획에서 내담자 치료에 사용할 치료적 기법을 사려 깊게 파악함; 상담사의 이론적

	상담사의 이론적 지향을 간과함; 내담자에게 필요한 것과 치료 개입이 일치하지 않을 수 있음	상담사의 이론적 지향에 대해 명확한 주의를 기울임; 하지만 내담자의 필요에 따라 가장 적절한 상담 서비스를 제공하기 위해 이론적 지향에 있어서 유연성을 보일 기회를 놓침	지향에 대해 훌륭하게 주의를 기울이고 내담자의 필요에 따라 균형 잡힌 접근을 취함

주. CACREP = 상담 및 관련 교육 프로그램 인준 기관; WHODAS 2.0 = 세계 보건 기구 장애 평가 일정 2.0; DSM = 정신질환 진단 및 통계 편람; ICD = I국제질병분류법.

정신약리학적 의약품 퀴즈

측정된 SLO: CACREP 2016 표준 5.C.2.h

매 수업에서 정신 건강 질환과 연관된 치료 선택지를 논의하는데, 이는 적절한 의뢰와 처방된 정신약리학적 의약품에 관한 컨설테이션을 포함한다. 본 퀴즈는 처방된 약품의 잠재적 부작용을 설명할 뿐만 아니라 흔하게 처방되는 정신약리학적 의약품을 분류하는 능력을 평가한다. 본 퀴즈는 [사이트 입력]에서 볼 수 있다. 학생들은 [학기말 날짜 입력]까지 퀴즈를 풀어야 한다. 학생들은 수업 필기나 책을 사용할 수 있지만, 다른 사람들과 의논해서는 안된다. 퀴즈는 45분의 제한 시간이 있다. 그러므로 시작 전에 본인이 집중할 수 있는 공간을 확보하라.

적절한 의학적 의뢰와 컨설테이션을 위해 흔하게 처방되는 정신약리학적 약의 분류, 치료 적응력(indication), 반적응력(contraindication)에 관한 이해도(5.C.2.h)를 다음과 같이 평가한다.

- 기대 이하: 시험에서 6개 이상 틀림으로써 정신약리학적 의학품에 대한 이해도와 적용 가능한 지식이 부족함을 보임 (보너스 퀴즈 제외)
- 기대 충족: 시험에서 3~5개를 틀림으로써 정신약리학적 의학품에 대한 이해도와 적용 가능한 지식을 철저히 보여줌 (보너스 퀴즈 제외)
- 기대 이상: 시험에서 0~2개를 틀림으로써 정신약리학적 의학품에 대한 사려 깊은 이해도와 적용 가능한 지식을 보여줌 (보너스 퀴즈 제외)

정신약리학적 퀴즈 문항이 필요한 경우, 본 장의 저자에게 이메일을 보내라.

기관 프로필과 커뮤니티 분석

측정된 SLO: CACREP 2016 표준 5.C.1.a, 5.C.1.b, 5.C.1.c, 5.C.2.a, 5.C.2.c, 5.C.2.j, 5.C.3.c, 5.C.3.e

파트 1: 기관 프로필

학생들은 관심 대상에게 상담을 제공하는 공공기관 또는 비영리기관과 심도 깊은 인터뷰를 진행한다. 학생들은 다른 학생들에게 나누어 줄 유인물을 준비하여 수업 시간에 선택한 기관에 관한 정보를 간략히 발표한다. 유인물은 지역사회 분석 과제를 작성할 때 자료로 활용한다. 유인물은 약 2페이지이며 제공된 템플릿을 사용해야 한다. 학생들이 인터뷰 과정에서 참고할 수 있는 예시 인터뷰 문항 또한 제공된다. 발표는 4분으로 제한되며, 따라서 학생들은 모든 관련 정보가 유인물에 있다는 전제하에 발표하는 기관의 특징적인 부분에 대해 발표한다. 프로필 템플릿을 위해서는 본 장의 저자에게 이메일을 보내라.

파트 2: 지역사회 분석

본인의 기관 프로필 과제 및 다른 학생들의 보고서와 유인물을 관찰한 경험을 사용하여 다음과 같이 분석하라.

- 지역 내에서 CMHC 관련 원칙을 찾으시오.
- 1963년에 제정된 지역사회 정신 건강법(Community Mental Health Act)의 5개의 규제가 어떻게 지역사회 기관에서 지켜지는지 찾으시오.
- 지역사회의 정신 건강 상담 서비스가 어떻게 돌봄 영역과 관련 서비스 제공의 연속선상에서 관찰되는지 설명하시오.
- 지역 내에서 서비스 제공의 트렌드와 격차에 관해 설명하시오.
- 수업에서 다루어진 지역사회 상담 모델 중 하나를 고르시오. 이 모델에서 지역 사회의 장점과 발전을 위한 제안사항을 찾으시오.

과제는 APA양식을 따르고, 제목과 참고문헌을 포함하여 15페이지를 초과하여서는 안 된다. 학생들은 지역 커뮤니티에서 CMHC체계에 관한 지식을 보여주기 위해 기관 프로필 유인물, 수업 읽기 자료, 학술 자료 등을 보고서에 포함시켜야 한다. 표 28.4는 본 과제와 관련된 채점 기준을 포함하고 있다.

<표 28.4> 기관 프로필과 커뮤니티 분석

기준 (CACREP 표준)	기대 이하	기대 충족	기대 이상
정신 건강 상담사의 역할과 환경(setting)	기관 프로필 유인물에서 주요 요소를 빠트림.	기관 프로필 유인물을 적절하게 완성함; 주요 용어를 기관 환경에서 적용하기에는 다소 어려움이 있음	기관 프로필 유인물을 사려깊고 명확하게 완성함
법원 의뢰 내담자에 관한 법적 체계와 상호작용할 수 있는 전략 (5.C.3.c)	기관이 어떻게 법적 체계와 조화롭게 기능하는지 제대로 설명하지 못함	기관이 어떻게 법적체계와 조화롭게 기능하는지 언급함; 명확하지 않은 부분이 있음	법원 의뢰 내담자에 관해 기관이 어떻게 법적체계와 조화롭게 기능하는지 꼼꼼하게 기관 프로필 유인물에 포함함
정신 건강과 행복 증진을 위한 예방, 개입, 컨설테이션, 교육, 옹호, 네트워크를 포함한 임상 정신 건강 상담의 원칙	어떻게 지역사회 기관이 예방, 개입, 컨설테이션, 교육, 옹호 서비스를 제공하는지 알아볼 기회를 놓침; 지역사회에서 찾을 수 있는 예시를 빠트리거나 부정확하게 제시함	어떻게 지역사회 기관이 예방, 개입, 컨설테이션, 교육, 옹호 서비스를 제공하는지 제시함; 제시된 예시가 단순하여 지역사회에서 사용할 수 있는 서비스의 범위를 완전히 포괄하지는 못함	어떻게 지역사회 기관이 예방, 개입, 컨설테이션, 교육, 옹호 서비스를 제공하는지 사려 깊게 제시함; 기관 프로필 유인물에서 명확한 예시를 제공함
임상 정신 건강 상담의 역사와 발전 (5.C.1.a)	어떻게 역사적 연방 법안(즉, 1963년에 제정된 지역사회 정신 건강 법)이 지역사회 환경에서 임상 정신 건강 상담사에게 영향을 미치는지 제대로 설명하지 못함; 지역사회에서 찾을 수 있는 예시를 생략하거나 잘못 제시함	어떻게 역사적 연방 법안(즉, 1963년에 제정된 지역사회 정신 건강법)이 지역사회 환경에서 임상 정신 건강 상담사에게 영향을 미치는지 적절하게 다룸; 간략한 예시는 지역사회의 상담 범주를 완전하게 보여주지는 못함	어떻게 역사적 연방 법안(즉, 1963년에 제정된 지역사회 정신 건강 법)이 지역사회 환경에서 임상 정신 건강 상담사에게 영향을 미치는지 사려 깊게 다룸; 지역사회에서 찾을 수 있는 예시를 명확하게 제시함
임상 정신 건강 상담과 관련된 문화적 요소(5.C.2.j)	어떻게 임상 정신 건강 기관이 지역사회에 맞게 문화적 차이를 세심하게 반영하도록 서비스를 개선하는지 제대로 설명하지 못함; 지역사회에서 제공되는 서비스의 예시를 제시하지 못함	어떻게 임상 정신 건강 기관이 지역사회에 맞게 문화적 차이를 세심하게 반영하도록 서비스를 개선하는지 언급함; 예시가 간략하여 지역사회에서 제공되는 서비스의 범위를 완전히 제시하지는 못함	어떻게 임상 정신 건강 기관이 지역사회에 맞게 문화적 차이를 세심하게 반영하도록 서비스를 개선하는지 사려 깊게 개념화함; 지역사회에서 제공되는 서비스의 예시를 명확하게 제시함

입원환자, 외래환자, 부분적 치료, 요양치료 및 정신 건강 상담 서비스 네트워크와 같은 돌봄 영역의 연속선상 내의 정신 건강 서비스 제공 양식 (5.C.2.c)	어떻게 임상 정신 건강 기관이 돌봄 영역의 범주 내에서 서비스를 제공하는지 설명할 기회를 간과함; 지역사회에서 제공되는 서비스의 예시를 빠트리거나 부정확하게 설명함	어떻게 임상 정신 건강 기관이 돌봄 영역의 범주 내에서 서비스를 제공하는지 적절하게 설명함; 단순화된 예시가 지역사회에서 제공되는 서비스의 범위를 완전히 보여주지 못함	어떻게 임상 정신 건강 기관이 돌봄 영역의 범주 내에서 서비스를 제공하는지 사려 깊게 설명함; 지역사회에서 제공되는 서비스의 예시를 명확하게 제시함
임상 정신 건강 상담 관련 이론과 모델 (5.C.1.b)	선택한 임상 정신 건강 상담 모델에 기반하여 지역사회 커뮤니티 환경에 대해 간단하게 개념화함; 관련 내용에 관해 설명을 제시할 기회를 놓침; 모델의 주요 요소와 지역사회 간의 연결성을 충분히 설명하지 못함	선택한 임상 정신 건강 상담 모델에 기반하여 지역사회 환경에 대해 적절하게 개념화함; 설명이 간략하여 모델을 지역사회에 적용하는 데에 어려움이 있을 수 있음	선택한 임상 정신 건강 상담 모델에 기반하여 지역사회 환경에 대해 사려 깊게 개념화함; 모델의 주요 요소를 지역사회와 연결하여 모범이 될 만한 설명을 제시함
정신 건강 이슈가 있는 사람들을 옹호하는 전략 (5.C.3.e)	지역사회 환경에서 제시되는 서비스의 트렌드와 격차를 단순하게 탐색함; 어떻게 상담사가 옹호하거나 서비스 격차를 다룰 수 있을지 제안점을 제시할 기회를 간과함	지역사회 환경에서 제시되는 서비스의 트렌드와 격차를 적절하게 탐색함; 어떻게 상담사가 옹호하거나 서비스 격차를 다룰 수 있을지 몇 개의 제안점을 제시함	지역사회 환경에서 제시되는 서비스의 트렌드와 격차를 사려 깊게 탐색함; 어떻게 상담사가 옹호하거나 서비스 격차를 다룰 수 있을지 설득력 있게 제안점을 제시함

주. CACREP = 상담 및 관련 교육 프로그램 인준 기관; CMH = 임상정신상담

제29장

임상 재활 상담

Michael J. Walsh

임상 재활 상담 기준에서 중요한 것은 재활 상담사가 적절하게 내담자를 평가과정에 참여시킬 수 있어야 하고, 내담자를 자신만의 강점, 가치, 능력을 가진 개인으로 개념화 하며, 내담자가 전반적인 기능을 높이고 향상시키도록 상담을 할 수 있어야 한다는 것이다. 이러한 기술은 물론 전문적인 지식을 수반하지만, 또한 이러한 지식을 특정한 방식으로 이해하고 적용하는 능력을 요구한다.

Bloom의 개정된 분류학(Anderson & Krathwohl, 2001)에서는 교육적 용어를 사용하여 생각을 개념화하는 틀을 제공한다. 사고의 차원이 높아질수록 개념화 과정이 더 복잡해지고 그 과정에서 도출되는 생각은 더 발달하게 된다.

Bloom의 개정된 분류학에 따르면, 가장 고차원적인 생각은 창작이다. 창작은 임상 재활 상담사들의 교육에 대해 생각해보면 특히 더 도움이 될 수 있다. 임상 재활 상담은 종종 많은 여러 종류의 장애 - 종종 난해하게 복잡한 생물학적, 심리적, 사회적, 의학적 이슈- 와 연관되어 있기 때문에, 사고와 지식 적용에서 창의성은 중요한 과제이다. 아래에 제시된 과제들은 임상 재활 상담에서 내담자와 상담할 때 관련된 복잡성을 반영하도록 고안되어 있다. 이 과제들은 또한 학생들이 이러한 복잡한 임상 사례에서 성공적으로 일을 수행하기 위해 필요한 더 고차원적인 비판적 사고력을 키우도록 개발되었다.

본 장에서의 활동들은 학생들이 수학적이고 과학적으로 데이터를 모으고 데이터를 분석하고, 내담자가 전반적인 기능을 향상시키기 위해 사용할 수 있는 세부적이고 창의적이며 실질적인 제안을 하는 과정에 참여하도록 하는 것을 목표로 한다. 각 과제의 배경과 과정은 과제와 함께 제시되어 있다. 마지막으로, 과제를 평가하기 위한 채점 기준이 포함되어 있다.

다음 과제는 사례에 기반한 진단 활동의 예이다. 이 과제는 재활상담 학생들이 내담자와 면담하고 특정 내담자에 대한 임상 및 평가 데이터를 모아 분류하여 평가 수업의 최종 과제로 사용한다. 이 과제와 수업은 학습 공동체 모델(Learning Community model)에 기반하고 있는데, 이는 각 학생들이 종합적인 진단과 재활 계획을 세우는 것과 달리 각 모둠이 하나의 학습 공동체로서 정보와 내담자 데이터 수집을 촉진시키는 역할을 한다.

진단 보고서와 종합 재활 계획

측정된 SLO: CACREP 2016 표준5.D.1.d, 5.D.1.f, 5.D.1.g, 5.D.2.f, 5.D.3.a, 5.D.2.m, 5.D.2.o

학습 공동체는 한 학기 동안 사례연구를 개발하는 데에 참여할 것이다. 각 학생은 상담사로서 역할을 하며, 교수자는 내담자 역할을 할 것이다. 이 사례연구는 실제 사례 개발 과정과 최대한 유사하게 이루어질 것이다. 즉, 이러한 과정에는 내담자가 의뢰되고, 임상 면접이 진행되며, 검사가 실시되고, 임상 면접과 검사의 결과가 진단과 세부적인 재활 방법 제안에 사용된다.

학기 5주 차에 학생들은 사례 "의뢰"를 받을 것이다. 이 간략한 소개 단계는 내담자와의 첫 번째 만남 전에 가장 간단한 기본 정보만을 제공하기 위한 시간이다. 의뢰 사유는 소개 단계에서 알 수 있다. 이는 상담사가 내담자를 의뢰받았을 때와 같은 실제 상황을 반영하기 위해 개발되었다.

학습 공동체는 이후 그 주에 집단으로 내담자를 처음 "만날" 것이다. 학생들은 상담자 역할을 하고 교수자는 내담자 역할을 할 것이다.

면접이 끝난 후, 학습 공동체는 집단으로 학습한 정보에 대해 나누고 논의한 후, 다음 주의 면접에 대해 계획한다. 그 후, 각 주마다 다른 학생들이 그 내담자와의 면접을 진행할 것이며, 해당 학생이 그 주의 인터뷰 진행자이다. 이 학생은 면접 전에 어떤 필요한 특정 정보를 수집할지 정하기 위해 다른 집단원에게 연락을 취해야 할 의무를 가진다. 학습 공동체 전체는 매주 수업 전에 질문을 전달받거나 인터뷰 진행자에게 정보를 요청할 의무가 있다. 6주차부터 수업 후반부는 임상 면접 시간으로 사용될 것이다. 이러한 방법으로 학습 공동체는 임상 조사와 의사결정 기술을 함께 배울 수 있을 것이다. 각 학생은 개별적으로 어떤 진단이 나올지 생각하고 주요 프로젝트를 작업해야 하지만, 임상 면접은 집단으로 함께 진행한다. 본 과제의 이러한 점은 임상에서의 상호작용에서 내담자의 장점을 알아내는 기술을 발달시킬 뿐만 아니라 내담자와의 상호작용에서 정보를 습득하고 발전시키는 기술을 키우기 위해서이다. 학생들은 또한 자신만의 임상적인 결정을 내리는 기술을 발달시키고 정교화하기 시작할 수 있다. 이 과정에서 전반적으로 교수자와 학습 공동체에서의 피드백이 제공될 것이다.

같은 방식으로, 학습 공동체는 집단 차원에서 어떤 표준화된 도구가 이 특정한 내담자에게 사용할 때에 도움이 되는지를 결정할 것이다. 이 학습 공동체는 이 검사의 결과를 제공받을 것이고, 각 학생들은 이 사례의 맥락 내에서 검사 점수를 해석해야 한다. 학생들은 재활 계획 단계에서 기초가 될 수 있는 내담자의 장점을 검사 결과에서 찾아내야 한다. 재활 계획은 내담자가 그들의 전반적인 기능을 향상시키는 데에 도움이 될 그들의 장점을 사용하기 위해 취할 수 있는 실질적인 단계를 세부적으로 적은 목록이다. 예를 들어, 검사 결과에서 내담자가 단어 사용과 구어에서 강점을 보이지만 사회적 환경에서 어려움이 있다면, 내담자가 친구들과 스터디 그룹을 조직하여 본인의 말하기 기술을 활용하도록 재활에 관해 제언할 수 있다. 교수자는 각 학생들이 사례에 대해 개념화하고 재활 계획에 관한 제언을 발전시키도록 도울 것이다. 본 과제는 내담자의 장점을 알아내고 어떻게 내담자가 그들의 기능을 향상시키기 위해 그러한 장점을 사용하는지 알아내는 기술을 발달시키기 위함이다. 학생들은 아래의 항목을 발전시켜야 한다.

A. 진단서(diagnostic letter)와 재활 계획 (수업 자료에 예시가 포함되어 있음)

진단서는 사례연구의 진단 결과에 대한 종합적인 보고서이다. 이 진단서는 다음과 같은 항목을 포함해야 한다.

- 의뢰 이유 (사례 소개에 포함되어야 함)
- 현재 상태 (내담자와 가족들에게서 무엇을 알게 되었는지)
- 사용된 검사 도구 (어떤 도구를 사용하였고, 사용한 이유. 어떤 점에서 도구들이 도움이 되었나?)

- 검사 관찰 (검사 중 내담자의 어떤 행동을 관찰할 수 있었나- 해당 정보는 검사 결과와 함께 제시될 것이다)
- 검사 점수 (지수 수준[index level]에서 보고된 실제 검사 점수)
- 그 점수들의 해석 (내담자에 대해 이 점수가 무엇을 함의하나)
- 당신의 진단적 소견(diagnostic impression)에 대한 요약 (사례에 대한 당신의 진단 소견, 내담자만의 장점과 욕구, 당신의 DSM-5 [미국 정신의학회, 2003] 진단)
- 재활 제언 (내담자의 전반적인 기능 향상을 돕기 위해 그들만의 장점에 기반하여 내담자를 위한 실질적이고 세부적인 제언; 이는 재활과 회복 과정에서 가족, 사회적 지지 체계, 커뮤니티 연결의 역할을 포함)

B. 과정 보고서

본 과정 보고서에는 각 학생이 사례에 대해 깊이 생각한 내용과 감별 진단 과정에서 내린 각 의사결정 과정에 대해 자세히 기록해야 한다.

- 학생들은 내담자의 생물심리사회학적 역사에 대해 무엇을 알게 되었는지 기록할 것이다.
- 학생들은 내담자에 대한 생물심리사회학적 평가과정뿐만 아니라 각 면접 세션에서 내담자의 지각평가에 대해 세부적으로 기재할 것이다. 학생들은 또한 내담자만의 장점과 욕구를 기록하고 그들이 어떻게 이러한 장점과 욕구를 진단 과정과 재활 제언에 반영하였는지 설명할 것이다.
- 학생들은 자신의 사고과정과 임상적 의사결정에 대해 세부적인 사례 기록을 하는 것이 권장된다. 이는 과정 보고서를 제출할 시기가 되었을 때 과제를 작성하는 것이 더 쉽도록 할 것이다. 또한 학생들이 자신의 의사결정과정과 생각 과정을 더 잘 상기하도록 도울 것이다.

C. 연구 보고서

학생들은 배정받은 가상 연구 사례와 진단을 탐색하여 15페이지 이내의 연구 보고서를 준비할 것이다.

- 본 보고서는 질환의 원인, 감별 기준, 질환의 발달과정, 악화를 촉진하는 신체적 특징, 평가의 함의, 특정한 진단의 근거가 되는 치료적 고려 사항에 관한 관련 정보를 제공해야 한다. 질환의 발생률과 원인은 현 내담자의 맥락 내에서 탐색되고 설명되어야 한다.

또한 호소문제에 관한 연구를 제시하고 비판적으로 평가해야 한다. 조사한 연구 자료는 적절한 방식으로 본 사례에 적용해야 하며, 학생은 어떻게 연구가 적용되고, 본 사례가 학술자료와 일치하는지, 반대되는지, 상반되는 결과가 보고되는지에 관해 본인이 이해한 사항을 기재해야 한다.

- 본 보고서는 APA 양식을 따라야 하고, 학생이 가진 임상적, 전문가적 글쓰기를 최대한 반영해야 한다. 기존의 연구를 지지하는 연구를 최소 10개 포함해야 하고, 중요 내용을 제시해야 한다.

표 29.1은 본 과제와 관련된 채점 기준을 포함하고 있다.

<표 29.1> 진단 보고서와 종합 재활 계획

기준 (CACREP 표준)	기대 이하	기대 충족	기대 이상
진단 과정(5.D.2.m, 5.D.3.b)	진단 및 감별 진단에 관한 이해가 적거나 정확하지 않음; 발표에서 일관성이 없음; 진단 결과에 대한 근거가 부족함	진단 및 감별 진단에 관한 이해가 받아들일 만함; 발표에서 일관성이 없는 경우가 있으나 중요하지 않은 부분이며 전반적인 이해도를 방해하지 않음; 진단 결과에 대한 근거가 적절함	진단 및 감별 진단에 관한 이해가 우수함; 발표에서 일관성을 유지함; 진단 결과에 대한 근거가 탁월함
생물심리사회학적 내담자 사례개념화(5.D.1.d)	생물심리사회학적 내담자 사례개념화에 대한 이해와 사용이 부적절함; 다른 단계에 대한 고려가 없음	내담자에 대한 생물학적, 심리학적, 사회적 수준의 적절한 사례개념화를 함; 내담자의 맥락 내에서 모든 단계가 고려되고 다루어짐	심도 깊은 사례개념화; 내담자와 내담자의 일상적인 기능에 대한 깊이 있는 이해를 높이기 위해 모든 단계가 고려되고 사용됨
치료계획/재활 제언(5.D.1.d)	내담자가 스스로의 전반적인 기능 향상을 위해 자신의 강점을 사용할 수 있는 여러 방안에 대한 이해와 의사전달이 적절하지 않음	내담자의 중요한 기능 문제를 다루기 위해 내담자 강점을 적절하게 사용함; 내담자가 실질적으로 사용할 수 있는 내용에 대한 세부적인 제언을 함	내담자의 중요한 기능 문제를 다루기 위해 내담자 강점을 탁월하게 사용함; 학생은 임상적 데이터와 검사 결과 내에서 구체적인 장점을 찾아내고 내담자가 스스로의 전반적인 기능을 향상시키기 위해 사용할 수 있는 세부적이고 실질적인 단계를 개발하고 제시하는 데에 창의성을 보임
스크리닝과 평가도구(5.D.1.g)	사례에서 사용된 도구 선택에 대한 이해가 부족함	사례에서 사용된 도구 선택 및 그 도구가 진단 과정에서 도움이 되는 방식에 대한 이해가 적절함	사례에서 사용된 도구 선택에 대한 이해가 탁월함; 그 도구가 사용될 수 있는 방법에 대해 세부적으로 서술함; 적용 가능하다면, 추가 검사에 관한 적절한 제안을 제시함
전반적인 기능에 미치는 영향(즉, 신체적, 정신적, 성적, 직업적, 사회적,	내담자의 호소 문제가 전반적인 기능에 영향을 미치는 방식에 대한 이해도가	내담자의 호소 문제가 전반적인 기능에 영향을 미치는 방식에 대한 이해가	내담자의 호소 문제가 전반적인 기능에 영향을 미치는 방식에 대한 이해가 탁월함;

관계적, 여가적) (5.D.2.m)	부족하거나 기능의 몇몇 영역에 대한 고려가 부재함	적절함; 기능의 모든 영역에 대해 고려함	영향을 받는 영역에 대한 깊이 있는 분석을 제시함
가족, 사회적 네트워크와 커뮤니티(5.D.2.o)	가족, 사회적 관계, 커뮤니티 연결고리가 내담자의 기능을 향상시키는 데에 사용될 수 있는 방안에 대한 이해가 부족하거나 제대로 전달하지 못함	가족, 사회적 관계, 커뮤니티 연결고리가 내담자의 기능을 향상시키는 데에 사용될 수 있는 방안에 대한 이해를 잘 보여주거나 전달함	가족, 사회적 관계, 커뮤니티 연결고리가 내담자의 기능을 향상시키는 데에 사용될 수 있는 방안에 대한 이해를 탁월하게 보여주거나 전달함; 세부적인 분석결과를 제시함
연구 적용가능성(5.D.1.f)	호소 문제에 대한 유병률, 원인, 영향에 대한 연구 및 이해가 불충분함; 연구가 적절하지 않게 제시되거나 비판적으로 평가되지 않음	호소 문제에 대한 발생률, 원인, 영향에 대한 연구 및 이해가 적절히 제시됨; 연구가 적절하게 제시되고 비판적으로 평가됨	호소 문제에 대한 발생률, 원인, 영향에 대한 연구 및 이해가 탁월하게 제시됨; 연구가 적절하게 제시되고 사례와 의미 있는 방식으로 연결됨

주. CACREP = 상담 및 관련 교육 프로그램 인준 기관

종합 임상 재활 상담

측정된 SLO: CACREP 2016 표준5.D, 5.D.1.b, 5.D.1.g, 5.D.2.a, 5.D.2.b, 5.D.2.c, 5.D.2.i, 5.D.2.k, 5.D.2.n, 5.D.2.o, 5.D.2.q, 5.D.2.r, 5.D.2.w, 5.D.3.a, 5.D.3.b, and 5.D.3.e

본 과제는 사례연구에 기반한 종합적 임상 재활 상담 평가의 예시이다. 이는 학생들이 임상 재활 상담의 두 광범위한 영역인 장애와 직업에서 학습한 지식과 기술을 보여주도록 하기 위함이다. 이는 대개 구체적으로 상담 영역을 다루는 세 번째 질문과 함께 사용되지만, 이 영역들은 본 책의 다른 장에 소개되어 있다. 따라서 여기에 제시된 과제와 채점 기준은 재활의 두 영역에 한해 국한되어 있다.

본 과제는 학생들이 사례연구를 읽고 이 두 영역에 기반하여 질문에 답하도록 한다. 각 질문은 재활 상담의 지식과 기술의 구체적인 영역을 평가하기 위한 세부영역으로 구성되어 있다. 각 세부 질문에는 관련 측정표준이 표시되어 있다.

이 사례 기반 접근은 재활 상담 환경에서 실제 내담자와 상담하는 현실세계를 반영하는 것을 목표로 한다. 이는 또한 효과적인 재활 계획을 수립하고 내담자와 효과적으로 작업하기 위해 필요한 인지적 과정에 학생들을 참여시키기 위함이다.

학생을 위한 지시사항

본 활동은 사례연구에 대해 알아보고 임상 재활 상담의 두 가지 광범위한 영역에 대해 사례개념화를 하기 위한 것이다. 재활의 각 영역과 관련된 수업은 각 질문 숫자 옆에 기재되어 있다. 이는 당신이 주어진 질문에 대답하는 것을 돕기 위한 지식과 기술을 그 수업에서 습득하였을 수 있다는 것을 의미한다. 질문 1은 장애 이슈에 관한 것이고, 질문 2는 재활의 직업적 면에 관한 것이다. 각 질문은 재활 지식이나 기술의 구체적인 영역을 측정하기 위한 세부항목으로 구성되어 있다. 이는 당신이 배운 지식을 뽐내고 이 지식과 기술을 구체적인 사례에 적용해 볼 기회이다.

다음 질문에 대해 문단 형식으로 답을 하라. 각 질문은 여러 부분으로 되어 있다. 당신이 다루고 있는 섹션과 상응하는 답의 각 부분에 숫자를 매겨라. 질문의 모든 부분에 대해 대답하였는지, 제시된 시나리오에 적절하게 세부 사항과 일반적인 개념에 대한 이해도를 보여주었는지, 당신이 재활상담자로서 배운 모든 부분에 대한 정보를 통합하고 적용하는 능력을 보였는지에 따라 당신의 답변이 평가될 것이다.

내용 영역 질문 두 가지 모두는 기존에 제시된 채점 기준에 따라 0~5점이 부여될 것이다. 질문의 각 부분은 답변의 정확도와 철저함에 따라 0~1점이 부여된다. 학생들은 질문을 통과하기 위해 각 질문에서 4점 이상을 받아야 한다. 학생들은 특정 질문에 4점 미만을 받을 경우, 대체 질문에 대해 다시 답을 써서 내야 한다. 질문에 대해 2시간 동안 답해야 하므로 시간을 현명하게 사용하라.

사례연구

Thuy는 18살에 베트남에서 미국으로 온 33살인 두 아이의 엄마이다. 그녀는 3년 전에 미국 시민권을 획득하였고, 획득 당시 집 안에서의 기본 언어를 영어로 해야겠다고 결심했다. Thuy의 아이들은 두 언어를 사용하지만, Thuy는 새 언어를 배우는 데에 어려움을 겪었다. 따라서, 대화를 할 필요가 없는 직업을 구하였다. 그녀는 지역 대학에서 영어 수업을 등록하였다. 진로상담사와 교사들은 Thuy의 동기와 학교에 대한 관심에 깊은 인상을 받았다. 그들은 그녀가 GED(General Educational Development; 한국의 검정고시에 해당)를 따는 것을 생각해 보고 대학 학위를 받는 것도 고려하도록 권하였다.

Thuy는 교육을 더 받는다는 본인의 꿈을 추구하는 것에 불안해졌고, 모텔 방을 청소하는 3개의 직업을 그만두는 날을 고대했다. 그녀는 초등학교에서 영어 교사가 되는 것에 대해 아이들과 친구들에게 말했다.

그녀의 첫 영어 수업은 힘들었지만, 그녀는 쉽게 발음과 구어적 표현을 이해할 수 있었다. 하지만 글쓰기는 훨씬 더 힘들었다. Thuy는 베트남어로도 글쓰기를 잘하지 못하였고 글을 써야 하는 활동을 피했다. 그녀는 관심이 없다고 말하며 책, 잡지, 신문을 거의 읽지 않았다.

2학기 무렵, Thuy는 수업과 과다한 업무 일정을 동시에 수행하는 것이 더이상 불가능하다는 것을 알게 되었다. 그녀는 하나의 일을 마치면 남편의 녹슬고 철사와 테이프로 겨우 고정한 포드(Ford) 오픈 트럭을 타고 다른 일로 향했다. 그녀는 일을 하고, 자녀를 돌보고, 여러 영어 수업을 수강하였기 때문에 3시간 이상을 자는 경우가 드물었다.

그러다 상상하지도 못한 일이 일어났다. Thuy는 근무 시간 이후 매우 지쳤고, 쓰러질 거 같고 숨이 잘 쉬어지지 않았다. 비가 오고 있었고, 그녀는 어지럽고 속이 미식거렸지만 계속 운전하려고 노력했다. Thuy의 트럭이 길에 있는 웅덩이에 박아 도로에서 회전하였으며, Thuy는 창문 밖으로 튀어나와 도로 건너편으로 날아갔다. 구조요원들이 도착했을 때, Thuy는 숨을 멈추고 심장마비를 일으켰다. 구조요원들은 그녀를 병원으로 이송했다.

Thuy는 심장 발작을 겪고 2, 3번 요추가 부러졌다. 다행히 약한 뇌졸중만을 겪었지만 그녀는 머리부터 발끝까지 찰과상과 아스팔트 화상을 입었다. 2년 후, 그녀는 다시 취직하기 위해 당신의 사무실로 왔다.

질문 1

재활 이슈 (재활상담 입문, 장애의 심리사회적 측면, 장애의 의학적 측면, 사례 관리)

Thuy는 수동 휠체어만 가지고 있고, 큰 아들이 휠체어를 끌고 사무실로 온다. 그녀의 의학적 기록에는 그녀가 2, 3번 척추에 골절을 입었고, 같은 부위에 척수 부분손상이 있다고 되어 있다. 그녀의 심장마비는 대동맥 판막에 영향을 주는 선천적인 상태 때문에 생긴 것이다. Thuy의 보험이 적용되는 항목이 없기 때문에 그녀는 그녀의 상태에 가장 효과적인 치료는 받지 못하고 있다.

1. Thuy가 절실하게 필요로 하는 의학적 치료를 받기 위해 제공되고 있는 정부 프로그램에는 무엇이 있나? Thuy가 어떻게 신청하고, 자격 요건이 충족된다면 어떤 서비스를 받을 수 있나? (CACREP 2016 표준5.D.2.c, 5.D.2.r)
2. Thuy의 아이들은 11살, 14살이다. 그녀의 남편은 알콜 중독 문제를 가지고 있고, 간헐적으로 정원사로 일한다. Thuy의 직업을 통해 가족 생계비의 대부분을 벌어 왔다. 그들은 베트남 커뮤니티 내에 살고 있지만 미국에는 친척이 한 명도 없다. Thuy의 장애로 인해 생길 삶의 양식 변화를 이 가족이 적절히 다룰 수 있도록 돕기 위한 세 가지 전략에 대해 논의하라. (CACREP 2016 표준5.D.3.e, 5.D.2.o)
3. Thuy가 척수 손상으로 인해 가지게 될 신체적 제약은 무엇이 있나? 척수의 절대적 손상에 반해 부분적인 손상이 가져올 함의에 대해 논의하라. (CACREP 2016 표준 5.D.2.i)
4. Thuy가 직장, 가정 내의 의무, 기동성을 돕기 위해 어떤 종류의 보조기구나 지원이 도움이 될까? (CACREP 2016 표준5.D.2.q)
5. 섹션 1에 기재한 내용 외에 Thuy와 가족들을 그들의 여러 필요에 맞게 돕기 위한 세 개의 기관을 기재하라. 그 기관들에서 제공할 수 있는 서비스와 이러한 서비스가 내담자를 위해 고안한 전체 재활 계획의 어떤 부분에 해당되는지 논의하라. (CACREP 2016 표준5.D.2.a, 5.D.2.b)
6. 차별, 장애에 따른 불평등(handicaptism), 비장애인 중심주의(ableism), 권력, 억압이 어떤 방식으로 Thuy에게 영향을 미칠 수 있는지 논의하라. Thuy가 이러한 이슈를 다루는 것을 돕기 위해 당신은 어떤 전략을 사용할 수 있을까? (CACREP 2016 표준 5.D.2.k)

질문 2

직업적 측면 (재활 연구 및 평가 입문, 직업적 분석, 진로 발달, 재활 평가)

1. Thuy는 새로운 직업을 위해 교육을 받아야 한다. 호환가능한 기술이 부족하고, 학력이 낮고, 학교에서 겪고 있는 문제를 고려하였을 때, 당신은 종합 직업 평가가 유용하리라 생각한다. 직업 가능성을 알아보기 위해 당신은 어떤 구체적인 질문을 물어봐야 할까? 또한 당신이 필요한 정보를 얻기 위해 검사자에게 어떤 구체적인 도구나 평가과정을 제안할 수 있을까? 적어도 4개의 도구나 평가 방법을 열거하고 당신의 선택에 대한 근거를 논의하라. (CACREP 2016 표준5.D.1.g, 5.D.2.n, 5.D.3.b)
2. 평가가 끝난 후, Thuy가 학습장애가 있다는 것을 알게 된다. 그녀의 최대 IQ는 102이고 수행 IQ는 78이다. IQ평균이 100이고 표준 편차가 15라면, Thuy 나이의 대부분의 다른 사람과 비교하였을 때 Thuy의 점수가 어느 정도인지 설명하라. (CACREP 2016 표준5.D.3.a)
3. 언어와 문화가 표준 검사 점수에 미친 영향에 대해 논의하라. 직업 평가를 계획함에 있어 당신은 이러한 문제를 어떻게 다룰 것인가? (CACREP 2016 표준5.D.1.g)
4. Thuy의 상황에 맞는 한 가지 진로 이론을 적용하고 문화와 사회적 요인이 Thuy의 전반적인 진로 발달에 영향을 미치는 방식에 대해 논의하라. (CACREP 2016 표준5.D.1.b, 5.D.2.o)
5. Thuy는 그녀의 필요와 가족 상황에 대해 이야기하는 것을 약간 꺼려하는 것처럼 보인다. 당신은 문화의 차이와 언어장벽으로 인해 의사소통에서 생기는 오해들 때문에 그녀와 효과적으로 상담할 수 있는 능력이 자주 저하된다는 것을 알게 된다. 당신은 Thuy와 같은 문화 출신의 내담자들이 직업을 찾는 것을 돕는 효과적인 전략에 대해 더 배우는 것에 관심이 있다. 더 많은 정보를 얻기 위해 어떤 세 개의 재활 학술지를 탐색하겠는가? 당신의 질문에 대해 답하기 위해 어떤 다른 자료를 조사해 보겠나? (CACREP 2016 표준5.D.2.o)
6. 이 사례에서 어떤 윤리적 이슈가 관련되어 있다고 보나? 관련된 모든 적용 가능한 윤리적 원칙과 본 사례에 대해 당신이 적절한 윤리적 의사결정을 내리기 위해 취할 방안에 대해 논의하라. (CACREP 2016 표준5.D.2.w)

표 29.2는 본 과제와 관련된 채점 기준을 포함하고 있다.

<표 29.2> 종합 임상 재활 상담 질문 1 채점 기준

기준 (CACREP 표준)	기대 이하	기대 충족	기대 이상
집, 독립적 생활, 사례 관리, 정부 수당 프로그램, 교육 프로그램, 공공/사설 직업 재활 프로그램을 포함한 재활 서비스 제공 체계(5.D.2.c)	재활 서비스 체계에 관한 사용이나 이해가 부족함; 관련된 적절한 내용을 고려하지 않음	재활 체계 지식에 대한 적절한 이해도와 적용을 보임; 내담자의 맥락에서 모든 면을 고려하고 다룸	탁월한 이해도와 적용을 보임; 심도 깊고 의미 있는 방식으로 해당 사례에 적용함; 제안된 모든 서비스가 내담자를 도울 가능성이 상당히 높음
재활 상담에 관한 법과 정부 정책(5.D.2.r)	내담자가 장애와 기능에 관련된 법과 정부 정책을 이용해 도움을 얻을 수 있는 방식에 대한 이해와 전달이 부족함	내담자에게 중요한 기능 문제를 다룰 수 있는 정부 법에 대한 지식을 적절히 사용함; 내담자가 실질적으로 사용할 수 있는 제언을 함	내담자의 전반적인 기능을 다룰 수 있는 정부 법에 대한 지식을 탁월하게 사용함; 내담자에게 중요한 기능 문제를 다룰 수 있는 구체적인 법과 프로그램 정보를 포함함; 내담자가 사용 가능한 서비스나 혜택을 사용하는 데에 필요한 세부적이고 실질적인 단계를 개발하고 제시하는 데에 창의성을 보임
접근성, 미국 장애인 법 적용, 필요에 따른 자원 제공(accommodations)에 대해 고용주, 교육자, 가족들과 의논하고 교육하기 위한 전략(5.D.3.e)	학생은 Thuy의 장애를 고려하였을 때 Thuy와 가족을 옹호하기 위해 가족이 관여할 수 있는 방안에 대한 이해와 관련 내용 전달이 부족함	학생은 장애의 영향과 가족이 관여할 수 있는 방안에 대해 적절한 이해를 보임	학생은 장애의 영향과 내담자에게 긍정적인 영향을 미치기 위해 가족이 관여할 수 있는 방안에 대해 탁월한 이해를 보임; 학생은 다른 전문가와 재활 체계를 포함하도록 모델을 확장시킴
장애인들에게 서비스를 제공하고 치료를 하는 데에 있어 가족, 사회적 네트워크와 커뮤니티의 역할(5.D.2.o)	가족, 사회적 관계, 커뮤니티 연결고리가 내담자의 기능을 향상시키는 데에 사용될 수 있는 방안에 대한 이해가 부족하거나 관련 내용을 제대로 전달하지 못함	가족, 사회적 관계, 커뮤니티 연결고리가 내담자의 기능을 향상시키는 데에 사용될 수 있는 방안에 대한 이해를 잘 보여주거나 전달함	가족, 사회적 관계, 커뮤니티 연결고리가 내담자의 기능을 향상시키는 데에 사용될 수 있는 방안에 대한 이해를 탁월하게 보여주거나 전달함; 세부적인 분석결과를 제시함

장애에 생물학적/신경학적 구조가 미치는 영향(5.D.2.i)	장애와 척수 손상의 생물학적, 기능적 측면에 대한 이해가 부족하거나 관련 내용을 제대로 전달하지 못함	장애와 척수 손상의 생물학적, 기능적 측면에 대한 이해와 관련 내용을 적절히 전달하고 사례의 맥락 내에서 관련 정보를 잘 적용함	장애와 척수 손상의 생물학적, 기능적 측면에 대한 이해와 관련 내용을 탁월하게 전달함; 정보를 의미 있는 방식으로 사례에 적용함; 내담자의 기능과 자율성을 극대화하기 위해 내담자와 정보의 연결고리를 활용하여 제언함
장애물과 기능적 제한을 줄이거나 없애기 위한 보조공학(5.D.2.q)	내담자의 기능을 최대화하기 위해 보조공학과 보조공학이 사용되는 방식에 대한 이해와 내용 전달이 부족함	내담자의 기능을 최대화하기 위해 보조공학과 보조공학이 사용되는 방식에 대한 이해와 내용 전달이 적절함	내담자의 기능을 최대화하기 위해 보조공학과 보조공학이 사용되는 방식에 대한 이해와 내용 전달이 탁월함; 그 정보를 창의적이고 심도 깊은 방식으로 사례에 적용함
임상 재활 상담사의 역할과 환경(5.D.2.a)	재활 체계 내에서 임상 재활 상담사의 역할과 상담사가 내담자의 기능을 최대화할 수 있는 방식에 대한 이해와 관련 내용 전달이 부적절함	재활 체계 내에서 임상 재활 상담사의 역할과 상담사가 내담자의 기능을 최대화할 수 있는 방식에 대한 이해가 적절함	재활 체계 내에서 임상 재활 상담사의 역할과 상담사가 내담자의 기능을 최대화할 수 있는 방식에 대한 이해가 탁월함
여러 분야의 전문가가 있는 치료 팀을 포함하여 임상 재활 상담사와 의학 및 관련 건강 전문가의 관계(5.D.2.b)	관련 건강 전문가 간의 관계와 내담자의 성과를 최대화하는 것을 돕기 위해 내담자의 맥락 내에서 그 관계가 적합할 수 있는 방법에 대한 이해가 부족하거나 잘 전달하지 못함	관련 건강 전문가 간의 관계와 내담자의 성과를 최대화하는 것을 돕기 위해 내담자의 맥락 내에서 그 관계가 적합할 수 있는 방법에 대한 이해가 적절함	관련 건강 전문가 간의 관계와 내담자의 성과를 최대화하는 것을 돕기 위해내담자의 맥락 내에서 그 관계가 적합할 수 있는 방법에 대한 이해가 탁월함; 탁월한 비판적 사고 기술과 임상적 판단으로 관련 지식을 사례에 창의적이고 생산적으로 적용함
내담자의 삶과 진로에 차별, 장애에 따른 불평등(handicaptism), 비장애인	차별, 장애에 따른 불평등, 비장애인 중심주의, 권력, 억압이 미치는 영향에	차별, 장애에 따른 불평등, 비장애인 중심주의, 권력, 억압이 미치는 영향에	차별, 장애에 따른 불평등, 비장애인 중심주의, 권력, 억압이 미치는 영향에

중심주의(ableism), 권력, 억압이 미치는 영향(5.D.2.k)	대한 이해가 부족하거나 잘 전달하지 못함	대한 이해가 적절하고 이해한 내용을 사례에 적용함	대한 이해가 적절하고 이해한 내용을 사례에 적용함; 이해한 내용을 내담자의 삶의 질을 최대화하기 위해 의미 있는 제언을 하는 데에 사용함
재활상담에 관련된 이론 및 모델(5.D.1.b)	진로 이론과 재활환경에서 내담자에게 사용할 수 있는 방법들에 관한 이해가 부족하거나 잘 전달하지 못함	진로 이론과 재활환경에서 내담자에게 사용할 수 있는 방법들에 관한 이해가 적절함; 관련 지식을 사례에 적용함	진로 이론과 재활환경에서 내담자에게 사용할 수 있는 방법들에 관한 이해가 적절함; 관련 지식을 사례에 적용함; 본 사례에 지식을 적용하는 데에 탁월한 비판적 사고와 창의적 기술을 선보임
장애인들에게 서비스를 제공하고 치료를 하는 데에 있어 가족, 사회적 네트워크와 커뮤니티의 역할(5.D.2.o)	사회적 네트워크와 이 네트워크가 진로 발달에 미치는 영향에 대한 이해가 부족하거나 잘 전달하지 못함	사회적 네트워크와 이 네트워크가 진로 발달에 미치는 영향에 대한 이해를 잘 전달함; 그 정보를 사례에 적용함	사회적 네트워크와 이 네트워크가 진로 발달에 미치는 영향에 대한 이해를 잘 전달함; 그 정보를 사례에 적용함; 긍정적인 내담자 성과를 촉진하는 의미 있는 제언을 함

주. CACREP = 상담 및 관련 교육 프로그램 인준 기관

<표 29.3> 종합 임상 재활 상담 질문 2 채점 기준

기준 (CACREP 표준)	기대 이하	기대 충족	기대 이상
스크리닝 및 평가도구(5.D.1.g)	재활 서비스 체계에서 스크리닝 도구의 사용에 대한 이해가 부족하거나 제대로 전달하지 못함; 관련된 적절한 내용을 고려하지 않음	재활 서비스 체계에서 스크리닝 도구의 사용에 대한 이해가 적절함; 관련된 적절한 내용을 고려하지 않음	재활 서비스 체계에서 스크리닝 도구의 사용에 대한 이해가 탁월함; 심도 있고 의미 있는 방식으로 학습한 자료를 사례에 적용함; 제안된 모든 서비스가 내담자를 도울 가능성이 상당히 높음
호환가능한 기술, 기능 평가, 직업에 관련된 지원(5.D.2.n)	직업 발달 과정에서 호환가능한 기술 평가(TSA)사용과 다른 기능적 기술 측정에 관한 이해가 부족하거나 제대로 전달하지 못함	직업 발달 과정에서 호환가능한 기술 평가(TSA)사용과 다른 기능적 기술 측정에 관한 이해 및 전달이 적절함; 사례에 이 지식을 잘 적용함	직업 발달 과정에서 호환 가능한 기술 평가(TSA)사용과 다른 기능적 기술 측정에 관한 이해 및 전달이 적절함; 본 사례에 관련 정보를 의미 있는 방식으로 적용하는 데에 탁월하며 창의적이고 비판적인 사고 기술을 선보임
진로와 직업에 관련된 평가(5.D.3.b)	진로와 직업에 관련된 도구와 측정 과정 및 본 사례에 사용할 가능성에 대한 이해가 부족하거나 제대로 전달하지 못함	진로와 직업에 관련된 도구와 측정 과정 및 본 사례에 사용할 가능성에 대한 이해가 적절함	진로와 직업에 관련된 도구와 측정 과정 및 본 사례에 사용할 가능성에 대한 이해가 탁월함; 탁월한 비판적 사고 기술과 임상적 판단으로 관련 지식을 사례에 창의적이고 생산적으로 적용함
심리교육적 평가(5.D.3.b)	재활과정에서 심리교육적 평가의 역할에 대한 이해가 부족하거나 제대로 전달하지 못함	재활과정에서 심리교육적 평가의 역할에 대한 이해가 적절함; 본 사례에 관련 지식을 잘 적용함	재활과정에서 심리교육적 평가의 역할에 대한 이해가 적절함; 본 사례에 지식을 잘 적용함; 내담자의 성공을 위해 의미 있는 제언을 하는 데에 이 지식을 사용하였고, 이 과정에서 탁월한 비판적 사고 기술과 임상적 판단을 선보임

스크리닝과 평가(5.D.3.b)	표준화된 검사에서 언어와 문화의 영향과 특정 집단에 대해 이러한 문제들이 검사의 타당도와 신뢰도에 영향을 미칠 수 있는 방식에 대한 이해가 부족하거나 제대로 전달하지 못함	표준화된 검사에서 언어와 문화의 영향과 특정 집단에 대해 이러한 문제들이 검사의 타당도와 신뢰도에 영향을 미칠 수 있는 방식에 대한 이해가 적절함; 본 사례에 정보를 잘 적용함	표준화된 검사에서 언어와 문화의 영향과 특정 집단에 대해 이러한 문제들이 검사의 타당도와 신뢰도에 영향을 미칠 수 있는 방식에 대한 이해가 적절함; 본 사례에 정보를 잘 적용함; 직업 디자인 선택에 있어서 탁월한 비판적 사고를 보임
장애인들에게 서비스를 제공하고 치료를 하는 데에 있어 가족, 사회적 네트워크와 커뮤니티의 역할(5.D.2.o)	내담자의 성과를 촉진하기 위해 커뮤니티와 가족 네트워크가 재활 연구와 합쳐질 수 있음에 대한 이해가 부족하거나 제대로 전달하지 못함	내담자의 성과를 촉진하기 위해 커뮤니티와 가족 네트워크가 재활 연구와 합쳐질 수 있음에 대한 이해가 적절함; 본 사례에 관련 지식을 잘 적용함	내담자의 성과를 촉진하기 위해 커뮤니티와 가족 네트워크가 재활 연구와 합쳐질 수 있음에 대한 이해가 적절함; 본 사례에 관련 지식을 잘 적용함; 내담자의 성공을 위해 의미 있는 제언을 하는 데에 창의적이고 비판적 사고 기술을 선보임
임상 재활 상담에 특정한 법적 윤리적 고려 사항(5.D.2.w)	임상 재활 상담의 법적 윤리적 측면에 관한 이해가 부족하거나 제대로 전달하지 못함	임상 재활 상담의 법적 윤리적 측면에 관한 이해가 적절함; 본 사례에 관련 지식을 잘 적용함	임상 재활 상담의 법적 윤리적 측면에 관한 이해가 적절함; 본 사례에 관련 지식을 잘 적용함; 탁월한 윤리적 의사결정과 비판적 사고기술을 선보임

주. CACREP = 상담 및 관련 교육 프로그램 인준 기관

제30장

대학 상담 및 학생 지원

Joshua C. Watson

예전 세대에 비해 요즘 대학생들이 점점 더 높은 비율로 정서적, 행동적 어려움을 겪고 있다는 연구 결과가 늘어나고 있다(Brunner, Wallace, Reymann, Sellers, & McCabe, 2014). 따라서, 대학상담사에 대한 수요가 어느 때보다 높다. 임상적 관점에서 보면, 대학 상담 프로그램의 범위와 복잡성이 최근 몇 년간 굉장히 확장되어 왔기 때문에 대학 상담사의 역할은 꽤 다면화 되었다. 오늘날, 대학상담사들은 여러 가지의 역할을 수행할 것이 기대된다. 내담자 증상이 더 심해지고, 증가한 사례 수를 관리할 뿐만 아니라, 대학 상담사는 또한 상담 프로그램을 홍보하고, 캠퍼스와 커뮤니티 자원 제공자와 네트워킹 및 협력을 위한 관계를 맺고, 캠퍼스 전체의 프로그램을 짜고, 위기 관리 및 재난 정신 건강 서비스에 관여해야 한다(Smith et al., 2007). 게다가, 대학 상담사들은 스텝의 수와 예산이 줄어 드는 것을 고려하여 이러한 증가된 책무를 수행할 것을 요구받고 있다. Much, Wagener, Hellenbrand (2010)에 따르면, "대학 상담 센터의 역동적인 속성으로 인해 정신 건강 서비스 제공자들은 독특하고 도전적인 어려움에 직면하고 있다"(p. 32). 결과적으로, 대학 상담 센터에서 일하기로 결정한 사람들은 다양한 역할과 기능을 수행하기 위해 훈련을 통해 숙련된 상담자가 되어야 한다.

CACREP (2016) 대학상담 및 학생지원 표준은 대학 상담전문가의 다면화된 속성을 반영한다. 훈련과 실습에 관한 표준은 대학 상담사가 소속된 기관의 교육적 미션을 뒷받침 하기 위해 할 수 있는 많은 방법을 다루고 있다. 이는 컨설테이션 (표준 5.E.2.c), 예방 및 발달적 개입(표준

5.E.2.n), 학생의 필요성 옹호(표준 5.E.2.j), 프로그램 개발(표준5.E.3.a), 지역사회봉사활동(outreach) 프로그램 짜기(표준 5.E.3.b), 교수와 스텝과의 컨설테이션(표준5.E.3.a), 위기 관리(표준 5.E.2.b), 임상 치료(표준 5.E.2.d)를 포함한다. 이러한 표준들은 여러 번의 반복을 통해 확립되었는데, 이는 상담과 학생지원 훈련의 요소를 합치고, 대학 상담사가 대학의 전반적인 다른 단위들과 협업하고 상담활동에서 모든 학생의 문제를 다루는 것의 중요성을 보여준다. 결과적으로, 학생들이 대학에서 일하도록 교육하는 상담교육자는 이러한 학생들에게 그들이 대학 환경에서 기능하는 데에 필요한 기술을 향상시킬 수 있는 다양한 학습 기회를 제공해야 한다. 응용 예시와 문제 기반 활동들은 학생들이 이론과 실제의 연관성을 이해할 수 있는 데에 많은 기회를 제공한다.

본 장에선, 대학상담과 학생 지원에 관한 주제로 세 가지 과제가 제시된다. 추가적으로, 대학상담교육과정 전반적으로 학생 학습 평가를 촉진시키기 위해 평가 채점 기준이 제공된다. 첫 번째 과제는 학생들이 이론을 실제에 적용할 기회를 제공한다. 학생들은 오늘 날의 대학 캠퍼스에서 찾아 볼 수 있는 독특한 하위집단을 선택하고 학생들의 발달 상태를 이해하기 위해 현대의 이론이나 학생 발달에 관련된 이론을 사용한다. 그리고 그들이 어떻게 상담 환경에서 하위집단의 일원인 개인을 상담할지 논한다. 두 번째 과제는 학생들이 자신만의 상담 프로그램을 계획할 기회를 준다. 주어진 예산 하에서, 학생들은 그들이 캠퍼스 기반 커뮤니티에 도움이 될 만하고, 그들이 실시하고 싶은 정신 건강 프로그램을 서술하는 제안서를 작성해야 한다. 프로그램에 대해 서술할 뿐만 아니라, 학생들은 어떻게 그 프로그램이 필요하다고 결정하였는지, 그 프로그램을 효과적으로 운영하기 위해 필요한 자원은 무엇인지, 어떻게 그 프로그램을 홍보할 것인지, 프로그램의 성공적 실시를 어떻게 홍보할 지에 대해 설명해야 할 것이다. 마지막 과제는 프로그램 평가와 관련되어 있다. 학생들은 수업에서 학습한 좋은 프로그램 평가의 원칙을 적용하여 대학 캠퍼스에서 제공되고 있는 프로그램을 평가해야 한다.

학생 발달 이론 적용

측정된 SLO: CACREP 2016 표준 5.F.1.e, 5.F.2.c, 5.F.2.m, 5.F.3.a, 5.F.3.c, 5.F.3.d

본 과제는 기존의 이론을 대학생들의 생생한 경험에 적용하는 연습을 할 기회를 주기 위해 고안되었다. 캠퍼스내의 하위집단을 선정한 후, 수업 시간에 논의된 학생 발달 이론 중 하나를 틀로서 사용하여 어떻게 그 학생을 상담할지 서술하라. 학생 하위집단의 예시로는 1학년, 비전통적 학생들, 국제학생, 불법체류 학생, 1세대(first-generation) 대학생, 대학원생, 소수자 정체성을 가진 학생들을 포함한다. 보고서에는 당신이 그 이론을 선택한 근거와 선택한 하위집단학생들에게 적합한지에 대해 기술하라.

보고서에는 다음과 같은 소제목이 포함되어야 한다.

- 학생 사례개념화: 당신이 탐구하기로 정한 학생 하위집단의 인구통계학적 정보와 배경에 관해 간략히 서술하라. 왜 이 집단이 특별하고 차별점이 있는지 기술하라.
- 이론적 틀: 당신이 선정한 학생 하위집단을 이해하는 데에 도움이 되는 이론을 선택한 후 기술하라. 해당 이론과 연관된 주요 이론적 개념(tenet)들에 관한 개요를 포함해야 한다.
- 치료 계획: 이 하위집단을 위해 당신이 개발할 상담 프로그램에 관해 기술하라. 프로그램에 어떤 요소가 연관되는지, 어떻게 실시될 것인지, 어떻게 해당 학생들에게 홍보할지, 이 프로그램을 진행하기 위해 누가 참여할 것인지에 관한 정보를 포함하라.
- 강점과 제한점: 당신의 프로그램의 강점과 제한점을 논하라. 특히 이 프로그램이 어떻게 당신이 탐구하기로 정한 학생 하위집단의 독특한 요구를 충족시킬 수 있는지에 관해 논하라.
- 예후와 기대되는 성과: 당신이 이 학생과 상담을 진행하여 학생에게 어떤 변화가 일어나기를 기대하는지 기술하라. 목표를 달성하였는지, 상담이 성공적이었는지를 어떻게 평가할 지에 관한 계획을 포함하라.

보고서는 APA 양식 (12포인트, Times New Roman 글자체, 줄간격 200%, 1인치 여백(margin) 외)을 따라야 한다. 이 보고서는 표지, 초록, 참고문헌을 포함하여 총 길이가 15~20페이지여야 한다. 사용된 참고문헌은 상담 및 학생 지원에 관한 학술지에서 찾아야 하며 10년 이내에 출판된 것이어야 한다.

보고서는 다음과 같은 채점 기준에 의해 평가될 것이다. 학생들은 평가기준을 확인하고 그에 따라 보고서양식을 구성하기를 권장한다. 표 30.1은 본 과제와 관련된 채점 기준을 포함하고 있다.

<표 30.1> 학생 발달 이론 적용

기준 (CACREP 표준)	기대 이하	기대 충족	기대 이상
학생발달 사례개념화 (5.E.1.d)	상충되는 불일치한 정보나 주요한 이슈를 빠트리는 등 사례개념화에 주요한 문제점들이 발견됨	치료계획을 개발하는 데에 주요한 이슈에 대해 유용한 내용을 서술함; 불일치한 정보가 없거나 소수 포함됨	사례개념화의 모든 요소들이 상담 과정을 소개하는 데에 잘 들어맞아 통합적으로 이해할 수 있게 도움; 미묘한 이슈를 발견하여 정교하게 사례개념화를 제시함
학생발달 이론 적용 (5.E.1.b)	내용이 불완전함; 이론의 주요한 요소들이 논의에서 제외되었거나 사례연구에서 부정확하게 내담자에게 적용됨	내용이 종합적이지 않음; 주요 이론적 요소는 포함되었지만 현 사례연구의 맥락에서 논의되지 않음	내용이 정확하고 올바르게 적용됨; 주요 이론적 요소가 포함되었고 사례연구의 맥락에서 논의됨
치료계획(5.E.2.m)	사용된 이론과 관련된 논리적인 전략이나 기술에 대한 내용이 치료계획에 포함되어 있지 않음	본 내담자를 위해 고안된 치료계획이 다양한 전략을 포함함; 하지만, 몇몇 전략은 사용된 이론과 관련이 없음	본 내담자를 위해 고안된 치료계획에 학술지에서 근거를 제시하는 다양한 전략을 포함함
이론의 강점과 제한점에 관한 평가(5.E.3.b)	선택한 이론의 강점과 제한점이 전혀 다루어지지 않음; 치료계획에서 이러한 것들이 어떻게 다루어질지 고려하지 않음	이론의 강점과 제한점에 대해 피상적으로 다룸; 이러한 문제들이 개발된 치료계획에서는 다루어지지 않음	선택한 개발이론의 강점과 제한점이 비판적으로 검토되었고, 치료계획에서도 다루어짐
예후와 기대되는 성과 (5.E.2.n)	내담자의 예후에 관한 정보가 포함되지 않음; 치료계획에 관한 설명과 내담자가 상담에서 어떻게 도움을 받을지에 관해 연결성 있게 제시하지 않음	예후에 대한 정보가 있지만 애매하거나 세부사항이 부재함; 기대되는 성과가 치료계획과 느슨하게 연관되어 있음	명확하고 간결하게 예후에 관한 정보를 제공함; 치료계획에서 각 요소와 관련하여 기대되는 성과가 세부적으로 설명되어 있음

주. CACREP = 상담 및 관련 교육 프로그램 인준 기관

대학상담 프로그램 실시

측정된 SLO: CACREP 2016 표준 5.E.1.b, 5.E.1.d, 5.E.2.n, 5.E.3.c, 5.E.3.d

지역 대학 상담센터의 상담사로서, 당신은 학생들에게 제공하고 싶은 특정 정신 건강 서비스를 선정해 달라는 요구를 받았다. 캠퍼스 커뮤니티 내에 부족한 것을 효과적으로 다루기 위한 정신 건강 프로그램을 개발하기 위해 충분한 예산을 배정받았다는 것을 전제하라. 예시로는 또래 도우미 프로그램, 스트레스 관리, 자살예방, 정신 건강 스크리닝, 휴대폰 위기 안정화 프로그램 개발 등이 있다. 실시하고 싶은 프로그램의 세부사항을 포함한 제안서를 대학 행정과에 제출하기 위해 작성하라. 대학에서 이와 같은 제안서를 위해 사용하도록 정한 특정한 양식은 없지만, 다음과 같은 요소를 포함하는 것을 권장한다.

1. 수요 평가(캠퍼스에 무엇이 부족하고 필요한지를 어떻게 조사할지)
2. 목표 달성을 통해 이루고자 하는 최종 미션 서술(mission statement) (당신의 프로젝트에 어떤 임무(charge)가 부여되거나 초점이 무엇인지)
3. 목적과 목표
4. 프로그램 (프로그램을 구성하는 실제적인 요소와 활동들이 무엇인지)
5. 성공적으로 프로그램을 수행하기 위해 필요한 실질적인 지식, 기술, 자원 지원
6. 이 프로그램이 향후에도 지속할 수 있도록 하기 위해 사용 가능한 예산 출처 (이러한 프로젝트에 예산을 지원하는 것에 관심이 있을만한 지역, 주, 국가 기관의 목록을 제시하라)
7. 환경적 지원(어떤 커뮤니티 내의 자원이 당신이 제안한 캠퍼스 기반 프로그램을 향상시키거나 보충하기 위해 사용될 수 있나)
8. 학생들이 프로그램에 참여할 수 있도록 홍보할 수 있는 전략
9. 프로그램 평가 (프로그램이 성공적인지 어떻게 평가할 것인가)

당신이 이 프로그램 제안서를 작성하면서, 관련된 문헌을 검토하고 설명에 포함시켜라. 제안서 뿐만 아니라, 캠퍼스 내에서 학생들에게 새 프로그램을 홍보하기 위해 사용할 수 있는 두 개 이하의 홍보 물품(전단지, 우편, 포스터 등)을 제출하라.

당신이 서면으로 제출한 보고서는APA 양식 (12포인트, Times New Roman 글자체, 줄간격 200%, 1인치 여백(margin) 외)을 따라야 하고 표지와 참고문헌을 제외하고 10페이지를 초과해서는 안된다. 표 30.2는 본 과제와 관련된 채점 기준을 포함하고 있다.

<표 30.2> 대학상담 프로그램 실시

기준 (CACREP 표준)	기대 이하	기대 충족	기대 이상
수요 평가(5.E.1.d)	프로그램 목표에 관해 이해관계자에게서 의견을 구하지 않았음	이해관계자에게 의견을 구했고 프로그램 개발에 부분적으로 사용되었음	모든 이해관계자에게 의견을 구했고 프로그램 개발에 사용되었음
목표 달성을 통해 이루고자 하는 최종 미션 서술 (5.E.1.d)	프로그램의 기능이나 최종 목적에 대해 다루지 않음; 상담센터나 대학의 미션과 상응하지 않음	프로그램의 목적과 누구를 대상으로 하는지 포함함; 상담센터와 대학의 미션과 상응함	명확하고 간결하며 프로그램과 구체적인 연관성을 보임. 프로그램의 더 큰 영향력에 대해 다룸
목적과 목표	성과보다는 과정에 대해 다루고 목표 달성을 통해 이루고자 하는 최종 미션과 상응하지 않음; 평가자가 목표달성을 어떻게 평가할지 명확하지 않음	목적이 관찰가능하고 측정가능함; 프로그램의 미션을 포괄하고, 적절하지만 애매한 부분이 있어 수정을 요함	여러 개의 측정가능한 성과를 기술함; 기대되는 성과에 대해 동작동사를 사용하여 서술함; 프로그램 미션과 완전히 상응함
프로그램 설명(5.E.1.b)	많은 주요 항목이 다루어지지 않았거나 제시된 설명이 불완전하거나 잘못됨; 프로그램이 명시된 목적 및 목표와 상응하지 않음	모든 주요 항목이 다루어진 건 아니거나 서술된 항목들이 다소 불완전함; 프로그램 목적과 목표가 느슨하게 연결됨	모든 주요 항목이 포함되어 있고, 관련 서술이 관련 내용을 제대로 기술함; 프로그램 활동들이 프로그램 목적 및 목표와 상응함
자원 목록(5.E.2.n)	프로그램이 사용가능한 모든 자원을 사용하지 않은 것으로 보임; 주요 자원이 보고되지 않거나 사용되지 않음	캠퍼스 내의 주요 자원이 사용 가능함을 명시하였으나 적극적으로 사용하기 위한 계획은 부재함	캠퍼스 내의 주요 자원이 사용가능함을 명시하였고 프로그램 활동에 적극적으로 포함시킴
예산 출처	프로그램이 향후에 어떻게 예산을 확보할 지에 관한 고려 사항이 포함되어 있시 않음	향후 예산 자원에 관한 전반적인 제언이 포함되어 있으나 구체적인 자원은 기재되어 있지 않음	이 프로그램을 위한 예산을 향후에 어떻게 확보할 지에 관해 명시함
환경적 지원(5.E.2.n)	외부 자원을 포함하는 것에 대해 고려하지 않음; 캠퍼스 밖의 이해관계자에 관한 내용을 포함하지 않음	외부 자원을 포함하는 것에 대해 고려하였으나, 명확한 계획은 뚜렷하게 제시되지 않음	외부 자원과의 협업계획이 프로그램에 포함되어 있고 어떻게 실행할 지에 관한 세부적인 방안이 포함되어 있음

홍보 전략(5.E.3.d)	뚜렷한 홍보전략이 부재함; 대상 학생들에게 홍보하기 위한 가이드라인이 일관성이 없거나 비효과적임	뚜렷한 홍보전략이 포함되어 있음. 대상 학생들에게 홍보하기 위한 가이드라인이 다소 애매함	뚜렷한 홍보전략이 포함되어 있음. 대상 학생들에게 홍보하기 위한 가이드라인이 구체적임
프로그램 평가	평가 설계가 뚜렷하게 구체화되지 않음; 설계된 내용상으로는 평가 질문을 대답하기 어려움; 제한점이 다루어지지 않거나, 불완전한 방식으로 다루어짐	평가 설계가 뚜렷하게 구체화되지 않음; 설계된 내용상으로는 평가 질문을 부분적으로 다루고 있고 제한점이 기술되었지만 불완전함	평가 설계가 뚜렷하게 구체화되어 있고, 평가를 위한 질문에 포함된 내용을 모두 다루고 있음; 제한점이 다루어지고 뚜렷하게 기술됨

주. CACREP = 상담 및 관련 교육 프로그램 인준 기관

대학 기반 프로그램 평가

측정된 SLO: CACREP 2016 표준 5.E.1.e, 5.E.2.h, 5.E.2.l, 5.E.3.e

본 과제에서 당신은 기존 프로그램, 개발 중인 프로그램, 혹은 4년제 대학에 등록한 학생들이 현재 필요로 하지만 충족되지 않은 영역에 대해 평가하기 위해 실제적이고 증거 기반인 프로그램 평가 모델을 개발해야 한다. 이 과제를 성공적으로 수행하기 위해, 당신은 수업 시간과 읽기 자료에서 논의되었던 좋은 프로그램 평가의 원칙을 통합하고 적용하여 다음과 같은 항목을 다루는 모델을 제시하여야 한다: (a) 대학 캠퍼스에서 학생들에게 영향을 미치는 특정한 정신 건강이나 학생 이슈 찾기, (b) 이러한 특정한 문제를 다루기 위해 선택한 증거기반 실제에 기반하여 프로그램 모델을 개발, (c) 개발한 프로그램이 다루고자 한 학생들을 대상으로 이 프로그램이 어떤 영향을 미치는지 평가하기 위해 사용될 연구 개념과 방법

보고서의 주요 항목 각각에 대한 소제목을 사용하라. 보고서에 포함된 요소들은 다음 항목을 꼭 포함해야 하며, 이외의 다른 항목도 포함시킬 수 있다.

- 대학에 대한 개요: 프로그램이 실시된 대학에 대해 기술하라. 대학의 가장 두드러진 특징은 무엇인가? 이 대학의 학생들은 어떤 성격을 띠고 있나?
- 문제의 중요성 제기(problem statement): 어떤 이슈를 발견하였나? 왜 대학상담사가 이 이슈를 다루는 것이 중요한가?
- 목적과 목표: 이 프로그램의 기대되는 성과는 무엇인가? 이러한 프로그램을 실시함으로써 캠퍼스 커뮤니티가 얻는 이점은 무엇인가?
- 모델: 이 프로그램을 위해 사용되어야 할 논리 모델은 무엇인가? 그 모델은 처음에 어떻게 개발되었나(개발될 것인가)?
- 방법: 이 프로그램에서 어떤 활동과 개입이 실시될 것인가? 이러한 활동과 개입에 관해 어떤 연구들이 있나?
- 평가: 이 프로그램이 효과적인지 어떻게 기록할 것인가? 목표달성을 측정하기 위해 어떤 데이터를 모을 것인가? 어떤 연구 디자인이 가장 적절한가?
- 지속가능성: 이 프로그램의 강점과 제한점을 논하고 향후 어떻게 지속될 수 있는지 논하라(예산과 인력 이슈를 고려하라)

보고서는APA 양식 (12포인트, Times New Roman 글자체, 줄간격 200%, 1인치 여백

(margin) 외)에 따라 작성되어야 한다. 이 보고서는 표지, 초록, 참고문헌을 포함하여 총 길이가 20~25페이지여야 한다. 사용된 참고문헌은 상담 및 학생 지원에 관한 학술지에서 찾아야 하며 10년 이내에 출판된 것이어야 한다.

보고서는 첨부된 채점 기준을 사용하여 평가될 것이다. 학생들은 평가 기준을 확인하고 기준에 따라 보고서를 작성하기를 권장한다. 표 30.3은 본 과제와 관련된 채점 기준을 포함하고 있다.

<표 30.3> 대학 기반 프로그램 평가

기준 (CACREP 표준)	기대 이하	기대 충족	기대 이상
대학에 대한 개요(5.E.2.h)	대학에 대한 정의가 제대로 내려지지 않았고, 대학의 독특한 특성이 프로그램에서 다루어지지 않음	대학에 대한 정의가 제대로 내려졌고, 대학의 독특한 특성 대부분이 프로그램에서 다루어짐	대학에 대한 정의가 제대로 내려졌고, 대학의 독특한 특성 모두가 프로그램에서 다루어짐
문제의 중요성 제기(problem statement)	문제의 중요성에 대한 설명이 일관적이지 않고 이해하기가 어려움; 프로그램과 관련하여 구체적이지 않거나 프로그램에 대한 전반적인 상황을 반영하지 못함	문제의 중요성에 대한 설명이 이해는 가지만 다소 장황함; 평가되고 있는 프로그램에 관한 내용은 구체적이지만, 프로그램에 대한 전반적인 상황은 명확하지 않음	문제의 중요성에 대한 설명이 간결하고 이해 가능하며, 평가되고 있는 프로그램에 관한 내용은 구체적임. 프로그램에 대한 전반적인 상황에 대해 잘 설명함
목적과 목표(5.E.1.e)	목적 및 목표가 포함되어 있지 않거나 명확하지 않음; 학생 학습에 초점을 두지 않거나 목표 지향적인 내용이 포함되어 있지 않음	대부분의 목적 및 목표가 측정 가능한 용어로 명확하게 서술되어 있고, 학생 학습에 초점을 두었고, 목표 지향적임; 목적과 목표의 개수가 적절하고, 대부분이 학생의 복지에 대한 내용을 반영함	모든 목적 및 목표가 측정 가능한 용어로 명확하게 서술되어 있고, 학생 학습에 초점을 두었고, 목표 지향적임; 목적과 목표의 개수가 적절하고, 모든 목적과 목표가 학생의 복지에 대한 내용을 반영함
논리 모델(5.E.2.l)	자원, 활동, 성과 사이에 어떠한 논리적 연관성도 다루지 않고 설명하지 않음	대부분의 자원, 활동, 성과 사이의 논리적 연관성을 다루고 설명함	모든 자원, 활동, 성과 사이의 논리적 연관성을 다루고 설명함
방법(5.E.3.e)	프로그램에 방법, 절차, 타임라인, 책임을 지는 담당자에 관한 정보가 부족함; 프로그램이 실시되지 않았거나 어떻게 실시할 지에 관한 명확한 계획이 부족함	프로그램에 대부분의 방법, 절차, 타임라인, 책임을 지는 담당자에 관한 정보가 명확하게 서술됨; 대부분의 프로그램이 실시되었거나 어떻게 실시할 지에 관한 명확한 계획이 확고함	프로그램에 모든 방법, 절차, 타임라인, 책임을 지는 담당자에 관한 정보가 명확하게 서술됨; 프로그램이 완전히 실시되었거나 실시계획이 수립되었고 합의됨
평가	평가 방법이 서술된 프로그램에 적합하지	평가 방법이 적절하고 대체로 프로그램과	평가 방법이 적절하고 올바른 질문을

	않음; 한 가지 데이터 자원만 사용됨	관련된 질문을 다룸; 데이터는 전부는 아니지만 가능한 몇 개의 자원으로부터 수집될 것임	다룸; 데이터는 모든 가능한 자원으로부터 수집될 것임
지속가능성	프로그램이 첫 단계 이후에 어떻게 실시될 지, 예산을 어떻게 확보할지, 누가 담당할 지에 관한 서술이 부재함	첫 단계 이후에 프로그램을 어떻게 실시될 지에 관한 고려 사항이 포함되었지만, 예산을 어떻게 확보할 지와 누가 담당할 지에 관한 세부 논의가 부족함	첫 단계 이후에 프로그램을 지속하기 위해 심사숙고한 계획을 제시하였고, 예산을 어떻게 확보할 지와 누가 담당할 지에 관한 정보를 포함함

주. CACREP = 상담 및 관련 교육 프로그램 인준 기관

제31장

부부, 커플, 가족 상담

Ryan G. Carlson

원가족, 가족 맥락, 대인관계는 부부, 커플, 가족 상담사에게 기초가 되는 개념이다. 가족 상담 이론과 기술은 내담자를 타인과의 상호작용을 통해 이해하는 것을 목표로 하기 때문에, 가족 체계에 관한 인식은 개인 중심의 관점과는 분리된 것이다. 이러한 가족 상담 이론을 성공적으로 적용하는 것은 종종 학생들이 그들 자신의 가족 체계를 탐구할 것을 요하고, 따라서 어떻게 그들의 가족 간의 역동성이 현재의 대인관계 기능에 일조하였는지에 관해 점점 이해하게 되는 것이다(예. Skowron, Watts, & Parrillo, 2004). 가족 상담 학생들을 위한 슈퍼비전 모델은 분화, 평행과정과 같은 체계 관점의 개념을 이해하는 등 성찰적인 실천을 종종 포함한다(Carlson & Lambie, 2012). 그러므로 상담교육자는 학생들이 부부, 커플, 가족 상담사로서 자기인식을 높이도록 가르칠 때, 경험적인 접근과 성찰적인 접근 모두를 사용할 수 있다.

이론과 그에 따른 실습을 가르치는 전통적인 모델은 대체로 "그 주의 이론"적 접근을 포함한다. 이러한 접근은 매주 한 이론에 대해 학습하고, 학생들에게 그 이론의 기초적 개념에 관한 개요를 가르친다. 전통적인 접근법은 체계 중심 상담사들에게는 유익하지 않을 수 있는데, 이는 가족 역동이 이러한 개념들에 관한 그들의 인식에 어떻게 영향을 미쳐 왔는지 성찰할 기회를 제공하지 않기 때문이다. 가족 역동이 현재의 관점, 특히 수업에서 학습하는 가족 상담 이론 교육과정에 대해 어떻게 영향을 주는 지에 대해 고찰해 보는 것은 학생들로 하여금 그들 자신의 가족의 영향력에 대해 인식할 수 있도록 교육하는 데에 도움이 될 수 있다. 따라서 이를 통해 내담자와 상담할 시에도 체계적 틀을 사용할 가능성이 높아진다. 반대로, 토론과 이론적 개념을 경험할 기회를 제공하는 경험적 틀은 수업 시간 동안 성찰할 기회를 더 많이 제공한다. Consoli 와 Jester (2005)은 학생들에게 전통적인 상담 이론을 가르치는 것에 대한 통합적인 접근을 제시한 반면, Fraenkel 과 Pinsof (2001)은 가족 상담 학생들을 위한 가족 상담 통합에 대해 논했다. 각 접근은 학생들이 이론을 비교 대조할 뿐만 아니라 이론의 광범위한 개념을 학습하도록 돕는 틀을 제공하므로 더 실질적인 틀로 사용하는 데에 일조한다. 따라서, 학생들은 더 광범위한 개념에 관한 경험을 논의하고, 이러한 경험들을 적용할 가능성이 높아진다.

본 장에서 제시하는 세 가지 과제는 학생들이 (a) 내용을 이해하고, (b) 학습한 내용을 성찰을 통해 경험하고, (c) 내용과 경험이 상담사로서 학생의 정체성을 발달시키는 데에 어떻게 도움이 되는지의 과정을 통해 학생들을 돕도록 개발되었다. 첫 번째 활동은 학생들이 커플 상담에 대해 학습하기 위한 것이다. 본 활동은 학생들이 커플을 만나보고, 강점 중심 접근을 통해 그 커플의 관계를 평가하는 것이다. 두 번째 과제는 학생들이 전문가들이 실시한 가족 상담을 비판적으로 검토하는 것이다. 학생들은 전문가들이 실시한다는 이유만으로 상담이 잘 되었다고 종종 생각할 수도 있다. 이러한 경험은 학생들이 학습한 이론에 대해 제대로 이해하였는지 선보일 수 있고, 해당 접근의 전반적인 효과성을 평가할 수 있는 기회를 제공한다. 마지막으로, 세 번째 과제는 학생들이 가족 가계도를 경험하고, 결과적으로 보이는 패턴을 이해하고, 그 패턴을 현재 대인관계 기능에 통합하는 기회를 제공한다.

커플 인터뷰 및 평가

측정된 SLO: CACREP 2016 표준 5.F.1.e, 5.F.2.c, 5.F.2.m, 5.F.3.a, 5.F.3.c, 5.F.3.d

그들의 관계에 대해 당신이 평가하고 인터뷰하는 것을 허락해 줄 다른 특성(예. 인종/문화적 차이, 성적 지향, 생애 발달적 단계)을 가진 세 커플을 찾아라. 커플들에게 그들의 사생활 보호를 위해 보고서에는 그들의 이름을 바꿔서 기재할 것임을 알려라. 인터뷰 전, 커플들에게 이는 수업 과제를 위함이지 커플 상담이 아님을 알려라. 따라서, 인터뷰 질문들은 그 관계 내의 단점을 탐색하기 보다는 커플 관계에서 중요한 측면에 대해 이해하기 위해 구성될 것이다.

관계 평가 척도(Relationship Assessment Scale; Hendrick, 1998)와 같은 커플 평가를 시행하

라. 각 개인의 가족에 대한 기본 정보(예. 약물 남용, 정신 건강, 문화, 종교, 가족 관계에 대한 역사)를 포함한 가족 관계도를 각각 그리게 하라. 강점 중심 접근에 기반하여 전반적인 관계에 관해 질문하라(예. “당신의 관계에서 중요한 이야기는 어떤 것이 있나?”, “어떻게 만났는지 말해 달라.”, “당신 커플의 가장 큰 장점은 무엇인가?”).

10페이지 이내로 분석한 결과를 보고서에 요약하여 제출하라. 보고서는 APA양식을 따라야 한다. 보고서는 다음과 같은 정보를 포함하여야 한다: (a) 각 커플에 대해 당신이 찾은 전반적인 패턴과 강점과 같은 커플 역동에 관한 통찰, (b) 커플이 받은 점수에 관한 간단한 해석 및 검사 결과, (c) 커플 가계도에서 발견한 윗세대로부터의 영향력, (d) 커플의 기능에 영향을 미칠 수 있는 관계 내에서의 문화적 요인, (e) 당신이 각 커플을 상담한다면 어떻게 치료계획을 수립할지에 관한 개요. 치료 접근법은 특정한 이론과 관련된 기법을 포함해야 한다. 선택된 이론과 기술은 동료감수(peer-reviewed) 학술지에 기반해야 한다. 표 31.1은 본 과제와 관련된 채점 기준을 포함하고 있다.

<표 31.1> 커플 인터뷰 및 평가 채점 기준

기준 (CACREP 표준)	기대 이하	기대 충족	기대 이상
전반적인 커플 역동에 관한 해석 (예. 강점과 통찰) (5.F.1.e)	수집된 정보에 기반하여 커플 역동에 대한 해석을 제공하지 않거나 해석이 인터뷰를 통한 질문과 일치하지 않거나 해석이 포함되지 않음	커플의 강점을 파악하였고, 커플의 전반적인 역동에 관한 이해에 기반한 정보를 포함함; 제공된 해석이 인터뷰를 하며 한 질문과 일치함	강점과 어떻게 이러한 강점이 커플의 기능에 일조하는지를 포함하여 커플의 전반적인 역동에 관해 철저하고 심도 깊은 사례개념화를 제공
관계 평가 사용(5.F.3.a)	관계평가를 사용하지 않거나 평가가 과제와 관련 없는 정보를 포함하였거나, 평가 결과가 요약에 명확하게 포함되어 있지 않음	관련 평가를 실시하고 평가 결과에 관한 이해를 바탕으로 정보를 제시함; 어떻게 결과가 커플의 기능에 일조하는지 서술함.	관련 평가를 실시함; 평가 결과에 관한 이해를 바탕으로 정보를 제시함; 결과에 대한 심도깊은 내용을 서술함; 결과를 인터뷰 중 수집한 정보의 다른 영역과 연결하여 제시함
가계도 사용과 세대간 패턴 파악(5.F.2.c)	가계도가 종합적이지 않거나 인터뷰와 관련된 정보를 포함하지 않음	가계도가 관련 정보를 포함하고 있고 세대간 패턴을 파악함	가계도가 관련 정보를 포함하고 있고 세대간 패턴을 파악하였으며, 커플에 대한 더 심도 깊은 사례개념화를 위해 그 패턴과 다른 평가된 영역을 통합함
커플에게 영향을 미치는 문화적 요소(5.F.2.m)	문화적 요인을 포함시키지 않거나 문화적 요인이 영향을 미칠 수 있음에 대해 분석하지 않음	문화적 요인을 파악하고 커플 역동에 잠재적으로 미칠 수 있는 영향을 포함함	문화적 요인이 커플 역동에 미치는 영향에 관한 심도 깊은 인식을 포함하였고, 인터뷰 동안 다루어진 다른 영역에 관해 문화가 어떻게 커플에게 영향을 미칠 수 있는지에 관한 이해를 보임
치료 계획과 접근법(5.F.3.d)	완성되지 않았거나 관련되지 않은 치료계획을 제시함	치료계획이 완성되었고 잠재적 목표와 기술 및 이론적 접근을 포함함	치료계획이 종합적이고, 근거가 되는 관련 문헌을 제시하였으며, 상담을 진행하는 동안 그 효과성을 평가할 수 있는 방법을 포함함

주. CACREP = 상담 및 관련 교육 프로그램 인준 기관

전문가 가족 상담 비디오 검토 및 평가

측정된 SLO: CACREP 2016 표준 5.F.1.b, 5.F.1.e, 5.F.3.a, 5.F.3.c

주요 가족 상담 이론 (예. 구조적, 전략적, 밀란(Milan), 보웬 가족 체계, 해결중심 가족 상담, 상징적-체험적, 인간 타당화 모델, 이야기치료, 대상관계) 중 하나를 선택하고 선택한 이론을 사용하여 상담을 하고 있는 유명한 상담가의 비디오를 도서관이나 온라인에서 찾아라. 당신이 속한 대학 도서관에서 비디오를 대여해 주거나 관련 비디오가 온라인 비디오 도서관 자료(예. http://alexanderstreet.com/products/counseling-and-therapy-video-series)에 등록되어 있을 수 있다. 교수자나 상담 프로그램 관계자가 학생들이 과제를 수행하기 위한 목적으로 대여할 수 있는 비디오 목록을 가지고 있을 수도 있다.

비디오를 시청한 후, 관찰한 회기에 대한 검토와 비판을 작성하라. 보고서는 APA양식을 따라야 하고, 다음과 같은 항목에 대한 개요를 제공해야 한다: (a) 검토된 이론에 대한 설명과 주요 개념, (b) 내담자의 호소 문제, (c) 회기를 진행하고 있는 상담사가 사용한 기술 검토, (d) 얼마나 효과적이라고 생각하는지에 관한 논의 (상담이 효과적이었나? 이유는 무엇인가?), (e) 문화적 고려 사항뿐만 아니라 이론의 제한점, (f) 상담 세션에 관한 개인적 소감. 표 31.2는 본 과제와 관련된 채점 기준을 포함하고 있다.

<표 31.2> 전문가 가족 상담 비디오 검토 및 평가 채점 기준

기준 (CACREP 표준)	기대 이하	기대 충족	기대 이상
가족 상담 이론과 기초적 원리(5.F.1.b)	가족 상담 이론을 검토하지 않거나 관련 내용에 대한 이해를 바탕으로 한 정보가 포함되지 않음	가족 상담 이론을 검토하고 이해를 바탕으로 한 정보를 제공함	가족 상담 이론을 검토하고 이해를 바탕으로 한 정보를 제공하며, 전문가들이 어떻게 관련 이론을 상담 회기에 적용하는지에 관해 이해한 내용을 기술함
내담자의 호소 문제(5.F.1.e)	내담자의 호소 문제를 정확하게 파악하지 못함	내담자의 호소 문제를 이해하고 있음	내담자의 호소 문제를 이해하고 있고, 내담자의 전반적인 기능을 평가하기 위해 전문가가 사용한 전략에 관해 심도 깊게 이해함(예. 사용한 질문)
관찰한 기술을 파악하고 검토함(5.F.3.c)	기술을 파악하지 않거나 관찰한 기술을 정확하게 파악하지 못함	전문가가 사용한 기술을 정확하게 파악함	전문가가 사용한 기술을 정확하게 파악하고 내담자에게 기술을 사용한 목적과 어떻게 이 기술이 이론과 연관되는지 이해함
상담의 효과성 측정(5.F.3.a)	상담 회기의 효과성을 측정하는 능력을 보이지 못함	상담 회기의 효과성을 측정하고 평가 방법의 근거를 제시함	상담 회기의 효과성을 측정하고 평가 방법의 근거를 제시하였으며 내담자에게 도움이 될만한 잠재적 자원에 대해 기술함
제한점 및 문화적 요소(5.F.2.m)	제한점을 파악하지 않거나, 제한점 및 문화적 고려 사항이 정확하지 않음	이론의 잠재적 제한점 및 잠재적 문화적 영향력에 대해 정확하게 파악함	이론의 잠재적 제한점 및 잠재적 문화적 영향력에 대해 정확하게 파악하고, 문화적 차이에 관한 이론의 접근법에 대해 이해한 내용을 기술함
개인적 소감	개인적 성찰을 제시하지 않거나 심도 깊게 다루지 않음	심도 깊은 개인적 성찰을 포함함	심도 깊은 개인적 의견을 포함하고 스스로의 편견과 잠재적 성장 영역에 대한 인식을 포함함

주. CACREP = 상담 및 관련 교육 프로그램 인준 기관

가족가계도와 소감 보고서

측정된 SLO: CACREP 2016 표준 5.F.2.c, 5.F.2.h, 5.F.2.j, 5.F.2.k, 5.F. 2.l

학생의 원가족의 세 세대에 대한 가계도를 그려라 (예. Butler, 2008). 가계도는 각 가족원의 이름, 생일, 질병 등을 포함해야 한다. 추가적으로, 가계도는 다음에 국한된 것은 아니지만, 약물 남용, 정신 질환, 신체적 질환, 종교/정신적 신념, 문화, 직업의 종류(예. 사업, 교육)와 같은 가족의 특성을 그려야 한다. 가계도에서 특성을 나타내기 위해 사용한 기호의 의미를 범례로 표시하라.

가계도에서 나타난 가족 관계 패턴과 역동을 서술하는 보고서를 최소 3페이지 작성하라. 보고서는 APA양식을 따라야 한다. 특정 가족 세대간의 패턴을 찾을 뿐만 아니라, 보고서에는 다음과 같은 요소를 포함해야 한다: (a) 어떻게 이 패턴이 개인적, 전문가적 특성에 영향을 미치는지에 관한 성찰, (b) 가족에 미친 영향 (예. 약물 남용, 진로 변화, 문화적 요인, 건강 요인)을 보여주는 가족 생애주기 발달적 요소, (c) 학생이 상담사로서 더 성장할 수 있는 잠재적 영역 (예. 편견, 자극요인(trigger)). 표 31.3은 본 과제와 관련된 채점 기준을 포함하고 있다.

<표 31.3> 가족가계도와 소감 보고서 채점 기준

기준 (CACREP 표준)	기대 이하	기대 충족	기대 이상
가계도(5.F.2.m)	가계도가 세 세대를 포함하지 않거나 관련 가족 특성을 포함하지 않음	가계도가 원가족의 세 세대에 걸친 세대간 패턴을 보여줌	가계도가 심도 깊은 가족 특성 및 가계도를 이해하기 쉽게 기호에 대한 명확한 설명을 포함하여, 원가족의 세 세대에 걸친 세대간 패턴을 보여줌
개인적, 전문가적 패턴	전반적인 가족 패턴을 포함하지 않음	가족 패턴을 파악하였고, 개인적, 전문가적 경험과 연관지을 수 있다.	가족 패턴을 파악하였고, 이 패턴이 어떻게 학생의 현재 대인관계 상호작용에 영향을 미치는지에 관한 심도깊은 인식을 포함함
가족 생애주기 발달 요인(5.F.2.h, 5.F.2.j, 5.F.2.k, 5.F.2.l)	가계도에 관련 정보를 포함하지 않거나 가족에 영향을 미치는 가족 생애주기 발달 요인에 관해 보고서에 언급하지 않음	가계도와 보고서에 관련된 가족 생애주기 발달 요인이 포함되어 있고 가족에 미치는 영향에 대해 간단하게 논의함	가계도와 보고서에 관련된 가족 생애주기 발달 요인이 포함되어 있고 가족에 미치는 영향에 대해 심도 있게 논의함

잠재적 성장 영역	잠재적 편견과 성장 가능 영역에 대해 포함하지 않음	원가족의 패턴에 기반하여 여러 개의 잠재적 성장 가능 영역과 편견에 대해 논의함	원가족의 패턴에 기반하여 잠재적 성장 가능 영역과 편견에 대해 심도깊게 논의함

주. CACREP = 상담 및 관련 교육 프로그램 인준 기관

제32장

학교 상담

Brandie M. Oliver and Nick R. Abel

학교 상담전문가(PSCs)의 주요 역할은 유치원에서 고등학교 3학년까지 교육현장(PK-12)에서 학생들의 학업, 진로, 개인/사회성 발달을 촉진하는 것이다(ASCA, nd; 미국학교 상담협회). 학교 상담전문가는 미국학교 상담협회(ASCA, 2012)의 국가모형과 같은 잘 설계된 종합적 학교 상담 프로그램(CSCP) 통해 모든 학생에게 서비스를 제공하려고 한다. 학교 상담전문가는 개인상담, 소규모 집단상담, 학급단위 생활지도교육과 같은 직접 서비스와 자문, 조정, 리더십, 옹호, 데이터 사용과 같은 간접 서비스를 통해 학업, 진로, 인성/사회성 발달의 세 영역에 있어 학생들에게 체계적으로 서비스를 제공하려고 노력한다.

효과적인 종합적 학교 상담 프로그램(CSCP)을 설계, 시행, 관리하기 위해서는 학교 상담전문가는 학교 내의 주요 이해관계자들(예: 행정가, 교사, 부모, 교직원)과 협력해야 한다. 이를 통해 학생들의 요구를 확인할 수 있고, 공동의 목표에 대해 모두가 함께 힘을 쓴다. 학교 상담전문가는 교육팀의 주요 구성원으로 활동하면서 윤리기준을 따르고, 책무성을 위해 평가에 앞장서며, 이해관계자 집단에 의해 확인된 학생의 발달 목표에 초점을 맞춰 설계된 종합적 학교 상담 프로그램을 관리하면서 학교개혁에 앞장서야 한다.

학생 집단이 점점 다양해짐에 따라 효과적이면서 윤리적인 학교 상담의 또 다른 중요한 요소는 바로 다문화 상담의 필요성이다. 학교 상담전문가는 학교 시스템 내에서 다문화 문제에 대해 이해하고, 계속해서 초점을 맞춰야 할 책임을 지고 있다. 학교 상담전문가는 모든 청소년, 가족,

그리고 학교 공동체를 위한 사회적 옹호자가 되어야 한다. 미국의 인구 형태가 계속해서 변화하고 있기에, 다문화 상담역량 역시 지속해서 전문성 개발이 필요한 분야라 할 수 있다. 학교 상담전문가는 데이터에 기초하여 전략과 개입을 개발하는 것은 매우 중요하다. 데이터에 의해서 특정 학생 집단에 대한 서비스가 부족하다고 나타날 경우, 학교 상담전문가는 이 특정 집단의 요구가 충족될 수 있도록 옹호 기술을 사용하여서 이들 집단에게 서비스를 제공해야 할 것이다.

업무의 복잡성을 고려할 때, 미래의 학교 상담전문가를 준비시키는 것에 35개 이상의 CACREP 전문 표준이 필요한 과제로 들어 있다는 것은 상담교육자들에게 놀라운 일이 아닐 것이다. 또한 학교 상담전문가는 매우 빠르게 변화하는 직업으로, 다른 K-12 교육자들에게 영향을 미치는 학교 책임의 부담을 공유하면서 학생과 가족의 요구에 신속하게 대응해야 한다. 이런 점을 고려할 때, 상담교육자는 CACREP 2016 표준에 따른 미래 학교 상담전문가를 준비하는 것 외에도, 미국학교 상담협회(ASCA, 2012), 교육협동조합(Education Trust, n.d.) 및 학교 상담 옹호 대학교 국가 위원회(College Board's National Office for School Counselor Advocacy, 2010)와 같은 영향력 있는 기관이 제시하는 학교 상담전문가 훈련에 있어 또 다른 기준과 모범사례뿐만 아니라, 교육 및 학생 발달에서 최신의 동향에 대해 잘 알고 있어야 한다. 간단히 말해서, 학교 상담에서 석사 수준의 훈련 프로그램에서 다룰 자료는 너무나도 많다. 진짜 도전은 가장 중요한 기준을 어떻게 다루는지의 방법을 개발하는 것이다.

후보자 포트폴리오

측정된 SLO: CACREP 2016 표준 5.G.2.a, 5.G.2.b, 5.G.2.e, 5.G.2.l, 5.G.3.c, 5.G.3.d, 5.G.3.e, 5.G.3.f, 5.G.3.h, 5.G.3.k, 5.G.3.n

학교 상담 CACREP 표준과 관련된 다음 영역에서 임상 경험을 통해 당신의 역량을 입증하는 포트폴리오를 만드시오.

1. 바람직한 학교 상담전문가 정체성을 명확히 하고 모델링하는 능력을 발휘한다.
2. 학생을 위한 발달적 생활지도 교육과정의 개발, 실행, 평가를 한다.
3. 학생의 교육 향상을 위해 학업적 개입 방법을 개발, 실행, 평가를 한다.
4. 학생의 진로 정보 및 진로 인식의 향상을 위해 진로 발달 활동의 개발, 실행, 평가를 한다.
5. 학습에 지장을 주는 학업 및 개인적/사회적 문제를 겪고 있는 학생들을 위해 집단 상담을 제공하는 능력을 발휘한다.
6. 학교 장면에서 위기 개입을 제공할 수 있는 능력을 발휘한다.
7. 지능 수준, 언어, 문화, 인종, 고정관념, 가족, 사회경제적 지위, 성별, 성 정체성의 가능한 영향을 포함한 다문화 상담 문제를 다룰 수 있는 능력을 발희한다.
8. 자신의 아이들을 도우려고 하는 학부모, 보호자, 가족과 함께 학교에서 아이들의 성공에 영향을 주는 과제를 다룰 수 있는 능력을 발휘한다.

포트폴리오는 위의 8개 역량 영역 각각에 대해 다음 구성 요소에 초점을 두고 구성되어야 한다.

1. 설명: 활동/프로그램/이벤트를 자세히 설명하시오.
2. 성과물(Artifacts): 활동/프로그램/이벤트를 지원하거나 검증하는 증빙문건(2개 한도)을 보여준다. 예로는 수업계획서, 이름표, 교사로부터 온 이메일 등이 있다. 영역 6(위기 개입)에는 준비물이 필요하지 않다.
3. 데이터의 사용: 어떻게 데이터를 사용하여 개입을 계획하고 평가했는지 설명하시오. 이 활동/프로그램/이벤트가 필요하다고 어떻게 결정했는가? 그 효과를 어떻게 측정했는가? 테스트/평가, 원자료 및 데이터 분석 결과의 복사본을 가능한 대로 제공하시오. 사후 검사만 하는 자료도 허용되지만, 참가자의 인식/지각(perception)을 측정한 사전/

사후검사를 모두를 실시한 것 또는 성과 데이터가 좀 더 선호된다. 영역 1(상담사 정체성)과 영역 6(위기 개입)에는 데이터가 필요하지 않다.

4. 성찰: 당신의 일이 학생과 학교 상담전문가 정체성에 미치는 영향 등을 포함하여 각 분야에 대해 철저히 성찰하시오.

후보자의 포트폴리오 채점 기준의 점수는 다음과 같다.

1 = 초보(개선 필요; 성과 및 뒷받침하는 증거가 학생이 아직 표준의 기본 개념을 이해하지 못하는 것처럼 보이거나 교육 환경에서 표준의 적용을 발휘하지 못하였음)

2 = 숙달(기대 충족; 성과 및 뒷받침하는 증거가 학생이 기준서의 기본 개념을 명확하게 이해하고 교육 환경에서 타당하고 적절한 응용을 발휘하였음)

3 = 최상(탁월함; 포트폴리오 성찰의 깊이와 명확성, 뒷받침되는 증거의 강점에 있어서 기준에 맞춰볼 때 탁월한 숙달성을 명확히 보여준 사람들이 이 등급을 받게 됨)

표 32.1은 이 포트폴리오와 관련된 채점 기준을 포함한다.

<표 32.1> 후보자의 포트폴리오 채점 기준

기준	설명	성과물 (Artifact)	데이터의 사용	성찰
바람직한 학교 상담전문가 정체성을 명확히 하고 모델링하는 능력을 발휘한다			N/A	
학생을 위한 발달적 생활지도 교육과정의 개발, 실행, 평가를 한다.				
학생의 교육 향상을 위해 학업 개입 방안의 개발, 실행, 평가를 한다.				
학생의 진로 정보 및 진로 인식의 향상을 위해 진로 발달 활동의 개발, 실행, 평가를 한다.				
학습에 지장을 주는 학업 및 개인적/사회적 문제를 겪고 있는 학생들을 위해 집단 상담을 제공하는 능력을 발휘한다.				
학교 장면에서 위기 개입을 제공할 수 있는 능력을 발휘한다.		N/A	N/A	
지능 수준, 언어, 문화, 인종, 고정관념, 가족, 사회경제적 지위, 성별, 성 정체성의 가능한 영향을 포함한 다문화 상담 문제를 다룰 수 있는 능력을 발휘한다.				
자신의 아이들을 도우려고 하는 학부모, 보호자, 가족과 함께 학교에서 아이들의 성공에 영향을 주는 과제를 다룰 수 있는 능력을 발휘한다.				

주. N/A=해당 없음.

디지털 스토리텔링 프로젝트

측정된 SLO: CACREP 2016 표준 5.G.2.a, 5.G.2.l, 5.G.2.n

학습한 내용을 바탕으로 교육 철학, 비전 및 미래의 학교 상담전문가(PSC)로서의 기대치를 포함한 고유한 상담 정체성을 설명하고 묘사하는 디지털 스토리텔링 프로젝트를 개발 및 설계하시오. 최소한 다음 사항을 포함해야 한다: 학교 상담사 정체성 논의(앞서 설명한 구성 요소); 이번 학기의 성장에 대한 성찰, 적어도 하나의 중요한 윤리적 문제에 대한 의견(상담 사전 동의서, 비밀 보장, 학대/방임 등), 학교 상담사의 역할과 책임, 학교 상담사로서 당신이 보여줄 자질 및 태도, ED553 강좌에 대한 성찰. 예시들이 제공되지만, 당신만의 독특하고 창의적인 것으로 만드시오. 표 32.2는 이 과제와 관련된 채점 기준을 포함한다.

종합적 학교 상담 프로그램(CSCP) 프로젝트

측정된 SLO: CACREP 2016 표준 5.G.1.b, 5.G.2.a, 5.G.2.d, 5.G.2.f, 5.G.2.j, 5.G.3.a, 5.G.3.b, 5.G.3.c, 5.G.3.d, 5.G.3.k, 5.G.3.l, 5.G.3.n, 5.G.3.o

이 그룹 프로젝트는 종합적 학교 상담 프로그램을 설계하는 경험을 제공하기 위한 것이다. 이 프로젝트는 다음의 요소를 포함하지만 이에 국한되지는 않는다: 비전 및 미션 진술, 프로그램 목표, 프로그램 계획 및 평가를 위한 데이터의 사용, 교육과정 설계, 강의 계획, 강의실 지침 전달, 그리고 협업을 규정하는 것. 협력 프로젝트에는 비판적 사고, 문제 해결, 리더십, 옹호 능력도 포함된다. 과제 수행의 목적은 학교 상담사가 문제기반 학습환경에서 종합적 발달 생활 지도 프로그램의 예시를 개발하기 위해 함께 협업하는 것이다.

이 프로젝트를 진행하는 동안, 당신은 학교에 대한 데이터, 다양한 이해관계자들의 진술, 그리고 재정과 지역사회 활동에 관한 이슈들을 찾아야 한다. 프로그램은 학생 발달 수준, 미국학교 상담사협회의 국가 수준의 표준 및 주(state)별 표준, 배정된 학교 및 지역사회의 요구 등도 고려해야 한다.

<표 32.2> 디지털 스토리텔링 프로젝트 채점 기준

평가 기준(CACREP 표준)	탁월함	만족스러움	허용 불가
극적인 질문/상담사 정체성(5.G.2.a)	이야기의 맥락 안에서 의미 있고 극적인 질문(상담사 정체성)을 하고 답함; 바람직한 역할과 책임을 포함한 적절한 학교 상담사 정체성을 명확하게 표현함; 학교 상담전문가를 지지하는 역할이 필요함을 이해함.	극적인 질문(상담사 정체성)이 암시되지만, 이야기의 맥락 안에서 명확하게 규명되지는 않음; 학교 상담사 정체성이 다소 불명확하거나 일부 부적절한 역할/책임 포함; 효과적인 학교 상담전문가의 중요한 역할/구성 요소가 누락됨.	극적인 질문(상담사 정체성)을 제기하거나 이에 답하기 위한 시도가 거의 또는 전혀 수행되지 않음; 학교 상담사 정체성은 완전히 불분명하며 많은 부적절한 역할/책임을 포함; 학교 상담전문가의 역할에 대한 지지가 필요함을 전달하지 않음.
법적/윤리적 문제(5.G.2.n)	학교 상담전문가로서 직면할 수 있는 중요한 법적/윤리적 문제를 적어도 하나 언급함; 해당 법적/윤리적 문제에 대한 입장을 제공함; 해당 입장에 대한 타당한 추론과 증거가 제공됨.	학교 상담전문가로서 직면할 수 있는 적어도 하나의 중요한 법적/윤리적 문제를 언급함; 그러나 해당 문제에 대한 입장을 많이 제공하지 못하거나 그 입장에 대한 추론과 증거를 아주 적게 제공함.	학교 상담전문가로서 직면할 수 있는 중요한 법적/윤리적 문제를 언급하지 않거나, 해당 법적/윤리적 문제에 대한 입장을 제공하지 않거나, 그 입장에 대한 타당한 추론과 증거를 제공하지 않음.
전문적인 내용(5.G.2.1)	적절한 전문가 단체의 중요성을 언급함. 창작자는 학교 상담전문가가 되기 위해 필요한 자격에 대해 명확하게 설명함.	하나의 전문가 단체를 참조함. 학교 상담전문가가 되기 위해 필요한 자격에 대해 언급하지 않음.	전문가 단체에 대한 지식을 포함하지 않음. 학교 상담전문가가 되기 위해 필요한 자격에 대해 언급하지 않음.
성장에 대한 성찰	이번 학기에 경험한 성장에 대한 의미 있는 토론이 포함됨.	이번 학기에 성장에 대한 토론이 약간 포함됨.	이번 학기의 성장에 대한 논의가 거의 없음.
발표 요소(예: 화면에 맞는 해설과 이미지와 오디오의 적절성)	발표내용이 의미 있고 청중들이 이야기에 "집중하도록" 도움. 발표내용이 슬라이드/이미지와 잘 어울림. 이미지가 발표내용의 다른 부분에 어울리는 독특한 분위기를 만듦. 이미지가 상징성과 은유성을 잘 전달하고 있음. 음악은 스토리 라인과 잘 어울리고 풍부한 감정적 반응을 불러일으킴.	발표내용이때로는 의미 있지만, 청중이 지속적으로 몰입하지 않음. 때로는 발표내용이 맞지 않는 것이 눈에 띄기도 함. 이미지를 사용하여 분위기/톤을 만들어 내지만 충분하지 않음. 이미지 선택과 음악이 적절하고 산만하지 않지만 발표내용과 연결되지 않음. 음악은 이미지와 조화를 이루지 않음. 발표내용의	발표내용이 의미가 없거나 발표내용의 전개 역시 청중이 몰입하기 어려움. 발표내용과 슬라이드 또는 스토리라인에 전혀 맞지 않음. 적절한 분위기/톤을 만들기 위한 이미지를 거의 사용하지 않음. 음악은 산만하고 부적절하거나 사용되지 않음. 발표내용 전개에 있어 많은 편집이 필요함. 발표내용의 전개가

	이미지가 음악과 서로 조화를 이룸. 발표내용이 적절한 양으로 상세하게 전달됨. 발표내용이 너무 짧거나 너무 길지 않게 보임.	전개에 있어 편집이 필요함. 발표내용의 전개에 있어 하나 이상의 섹션에서 눈에 띄게 길거나 짧음.	흥미롭기에는 너무 길거나 짧음.

주. CACREP = 상담 및 관련 교육 프로그램 인준 기관

종합적 학교 지도 상담 계획/프로그램에는 다음의 요소들이 포함되어야 한다.

- 학교 명칭
- 학교 인구통계/정보
  · 학교 및 학교 커뮤니티에 대한 개요를 제공한다.
  · 학교 관련 자료의 통계 요약 (학생 수, 학생-교사 비율, 사회 경제적 지위, 무상급식, 성별, 졸업률 등); 이 통계 요약 자료는 당신의 제안된 계획을 짜는 데 도움이 될 것이다.
- 비전
- 강령
- 목표/철학/신념
- 자문 위원회 구성원
  · 자문회의는 누가 맡아야 하는가? 바람직한 자문 위원회의 직무/역할은 무엇인가?

데이터 보고서: 당신이 배정된 학교는 아래의 각 범주에서 다음 정보를 수집했다. 지정된 학생 그룹(예: 고등학교 2학년)에 대한 기준 데이터를 제공해야 한다.

- 학업성취 수준
- 학생 선택
- 생활지도 활동
- 상담 활동

프로그램 우선순위(각 영역 내 최소 2개): 팀별로 데이터 보고서를 분석하는 데 시간을 소비한 후 각 팀은 다음 사항을 논의하고 결정해야 한다.

- 영역 당 최소 2개의 우선순위; 우선순위는 다음과 같은 관심 영역이다.
- 귀하의 팀은 학교에서 더 많은 문제를 다루기로 했다. 이러한 우선 순위는 데이터에서 발견된 차이를 기반으로 한다.
- 학업성취 수준: 예, 졸업률
- 학생 선택: 예, AP(상급반 배치) 과정에 등록한 ESL(제2외국어로서의 영어반)의 학생 수
- 생활지도 활동: 예, 성공적으로 4년의 교육과정을 수료한 학생 수(일반적으로 학업 및 직업 영역)
- 상담활동: 예, 사회성/정서: 분노 조절의 필요성을 스스로 보고한 학생 수
- 목표: 각 팀은 프로그램 우선 순위를 사용하여 각 영역 내에서 두 가지 목표를 결정할 것이다. 이러한 목표는 SMART(구체적(specific), 측정 가능(measurable), 달성 가능(attainable), 현실적(realistic), 시간에 딱 맞는(time-oriented)) 형태여야 한다.
- 학업성취 수준
- 학생 선택
- 생활지도
- 상담 활동
- 생활지도 활동

- 수업 계획(진로, 학업, 사회성/정서)—어떤 목표를 다루는가? 각 팀들은 개발된 목표 중 하나를 선택하고 이 목표를 달성하기 위한 구체적 세션과 구성 요소들을 만들어야 한다.
- 이 세션에는 최소 4개의 레슨이 필요하다. 각 수업은 이전의 수업과 연계되어야 한다. 이러한 세션이 항상 학교 상담전문가에 의해 관리될 필요는 없다는 것을 기억해야 한다. 교사, 학부모, 지역사회의 구성원들과 같이 다른 당사자도 고려해 볼 수 있다.
- 각 수업 계획에 대한 발표내용: 본 수업의 학습 스타일/발달적 수준/다중지능/교실 운영계획과 생활지도 교육과정의 수업 방식에 대해 논의하시오.
- 상담 활동
- 어떤 집단/개인 상담 및 또래 상담이 필요하다고 예측하며, 어떤 목표를 달성될 수 있는가? 상담사문위원회에서 적절하다고 생각하는 상담 활동과 이러한 활동이 어떻게 수행될 것인지에 대한 전반적인 계획을 논의하시오(구어로만 진행).
- 사회 정의 활동: 사회 불평등(접근의 불균형)을 강조하는 학교 내에서 발견한 문제나 이슈를 선택한다(데이터에 기반한 결정). 시작하기 전에 해당 항목을 강사에게 제공하여 승인을 받는다. 예: 학업 영역, 과목 선택, 자퇴 등에서의 불평등이 발생하는 이슈

추가로 이 주제에 대해 학생들 대상 요구 조사를 수행하는 방법에 대해 간략하게 설명한다. 다음으로 사용할 요구조사(학생, 학부모, 교사/직원, 커뮤니티)를 작성한다. 이 요구조사는 당신이 얻고자 하는 정보에 초점을 두어야 한다.

방금 파악한 각 활동에 대해 귀하가 추천하는 각각의 학생이 개발한 예방 활동과 개입 활동에 대해 어떻게 결과 평가를 수행할 것인지 개략적으로 설명한다.

학교 전반의 지원 계획 및 현직 교사를 위한 계획을 제시하는 등 학교 전반에 미치는 영향에 대해 논의한다.

해당 주제에 대한 법적, 윤리적 문제를 평가한다.

(가족, 학교, 지역사회 측면에서) 해당 주제와 관련되어 시스템적인 문제가 있는데 그에 대한 어떤 성찰을 얻었는지 토론한다.

- 서술적 설명: 당신의 프로그램은 다음을 어떻게 다룰 것인가?

다음 각 구성 요소의 학교 상담전문가 역할에 대한 간략한 설명을 제공해야 한다.

- 상담 서비스
- 자문 서비스
- 의뢰 서비스
- 위기 대응 역할

- 학생지원팀 역할
- 학교 개혁자 역할
- 성취 격차를 해소하는 역할
- 학생 개개인의 옹호자 역할
- 학교 상담사가 학교 관계자와 어떻게 연계하는지
- 학교 상담사가 지역사회와 어떻게 연계되는지
- 학교 상담사가 전문직(전문성 개발)과 어떻게 연계되는지
- 기타 항목
- 상담 캘린더: 월 4개 이상의 활동 포함
- 측정(MEASURE)(미션(M), 요소(E), 분석(A), 이해관계자(S)-통합(U), 결과(R), 교육(E)) 완성된 문서. 계획에서 확인된 목표 중 하나를 해결하기 위해 권장하는 활동 중 하나를 보여줌.
- 자율 학습/프로그램 감사에 사용할 템플릿 포함해야 함.
- 시간 사용 문서; 할당된 학교의 학교 상담사에게 최소 1일 동안 추적하도록 요청

표 32.3에는 이 평가와 관련된 채점 기준이 포함된다.

표 32.3 종합적 학교 상담 프로그램(CSCP) 채점 기준

마지막 과제 채점 기준(CACREP 표준)	탁월함	만족스러움	허용 불가
기본 원리 (5.G.1.b, 5.G.2.a, 5.G.2.d, 5.G.3.a, 5.G.3.d)	ASCA 국가모형에 기초한 학교 상담의 종합모델을 철저하고 명확하게 기술함. 명확한 임무, 비전 및 신념 진술문(철학) 포함. 프로젝트가 종합적 학교 상담 프로그램의 개발과 학교의 전반적인 학업적 임무를 통해 학교 상담전문가의 역할의 중요성을 명확히 보여줌.	ASCA 국가모형을 기반으로 한 학교 상담의 종합모형이 어느 정도 구축함. 미션, 비전 및 신념 진술문(철학) 포함 - 일부 핵심 언어 누락 프로젝트가 종합적 학교 상담 프로그램의 개발과 학교의 전반적인 학업적 임무를 통해 학교 상담전문가의 역할의 중요성을 어느 정도 보여줌.	ASCA 국가모형에 기초한 학교 상담의 종합모형을 명확히 하기 위한 여러 요소 누락함. 불분명한 임무, 비전 및 신념 진술문(철학) 또는 이러한 요소 누락 프로젝트가 종합적 학교 상담 프로그램의 개발과 학교의 전반적인 학업적 사명을 통해 학교 상담전문가의 역할의 중요성을 보여주지 않음.
전달 원리: 프로그램 우선 순위/목표 (5.G.3.c, 5.G.3.d, 5.G.3.k, 5.G.3.l)	프로젝트에는 세 가지 영역 중 하나를 다루는 지침 단위가 포함됨 - 최소 4개의 레슨이 포함됨. 수업 계획은 종합적이고, 교차기준에 부합함. 차별화된 생활지도 활동이 논의되고, 평가가 포함됨. 종합적 학교 상담 프로그램의 전반적인 목표와 연계되어 전문적인 개발 주제가 계획되어 있음. 상담: 집단/개인 상담 및 또래 상담이 논의됨; 요구와 프로그램 목표/우선순위와 연계됨; 이러한 활동이 명확하게 이루어질 방법에 대한 전반적인 계획을 설명함. 전달원리 내의 활동은 명확하게 설계되고 학생의 성취도, 성취 격차를 해소, 모든 학	프로젝트에는 세 가지 영역 중 하나를 다루는 지침 단위가 포함됨 - 최소 세 개의 레슨이 포함됨. 수업 계획에는 나열된 항목이 약간 모호하게 포함됨. 교차기준, 차별화된 지침 제안 및 평가와 같은 일부 구성 요소가 누락됨. 전문성 개발 관련한 주제가 간략하게 논의/계획되었으며 종합적 학교 상담 프로그램의 전체 목표와 직접 연계되지 않음. 상담: 집단/개인 상담 및 또래 상담이 논의됨; 종합적 학교 상담 프로그램의 필요와 목표에 대한 명확한 연계가 이루어지지 않음. 전달원리 내의 활동은 계획되고 학생의	프로젝트에는 세 가지 영역 중 하나를 다루는 지침 단위의 프로젝트 누락 - 계획이 누락되었거나 여러 구성 요소가 부족한 경우 전문성 개발 관련된 주제/계획의 주요 요소 누락, 전체 프로그램 목표와의 명확한 연결 없음. 상담 목표/활동을 해결하는 방법의 핵심 요소 누락. 전달원리 내의 활동이 종합적 학교 상담 프로그램 프로그램의 핵심 요소와 관련되어 있지 않음.

	생의 학업 성공을 위한 홍보에 영향을 줄 프로그램의 우선순위/목표와 관련되어 있음.	성취도, 성취 격차를 해소, 모든 학생의 학업 성공을 위한 홍보에 영향을 줄 프로그램의 우선순위/목표와 어느 정도 관련되어 있음.	
운영원칙 데이터 (5.G.2.f, 5.G.3.k, 5.G.3.l, 5.G.3.n, 5.G.3.o)	의미 있는 방식으로 데이터를 사용하고, 적절한 데이터 차트를 포함하며, 데이터를 전체 프로그램에 명확하게 연결됨. 종합자문위원회 운영 동의서가 전달원리의 효과적인 구현을 보장함. 명확하게 정의된 프로그램의 우선순위 및 목표; 목표는 학생의 성취도, 성취 격차 해소, 모든 학생의 학업 성공 촉진과 직접적으로 연결됨. 포괄적인 실행 계획 포함됨. 시간 사용 연구 설명, 템플릿 포함됨, 종합적 학교 상담 프로그램을 효과적으로 구현하기 위해 제안된 시간 사용에 대한 철저한 설명이 제공됨. 나열된 활동이 포함된 일정.	적절한 데이터 차트가 포함됨. 전체 프로그램에 데이터 어느 정도 연계함. 일부 핵심 주체가 없는 자문 위원회 제안함. 운영 동의서가 전달 원리의 효과적인 구현을 어느 정도 기술하고 있음. 프로그램 우선순위와 목표가 다소 정의됨; 목표가 학생의 성취도, 성취 격차 해소와 어느 정도 연결됨. 실행 계획 포함 - 일부 요소 누락. 시간 사용 연구 설명, 템플릿 포함, 제공된 종합적 학교 상담 프로그램을 효과적으로 구현하기 위해 제안된 시간 사용에 대한 간략한 설명. 캘린더 포함 - 누락된 활동.	데이터가 의미 있는 방식으로 사용되지 않음, 적절한 데이터 차트가 누락됨, 데이터가 전체 프로그램에 연결되지 않음. 자문 위원회가 제대로 수행되지 않음—여러 주요 참여자 누락. 누락된 운영 동의서 불분명한 프로그램 우선 순위 및 목표; 목표가 학생의 성취도, 성취 해소와 직접적으로 연결되지 않음. 누락된 작업 계획 또는 효과적인 작업 계획을 위한 여러 요소가 누락됨. 시간 사용 연구 누락. 캘린더 누락.
책임, 협업, 리더십 (5.G.2.a, 5.G.2.d, 5.G.2.j, 5.G.3.l, 5.G.3.n, 5.G.3.o)	프로그램 감사 및 사용할 템플릿에 대한 철저한 토론이 포함됨. MEASURE 문서는 충분히 설명되며 프로그램 효과와 연결되어 있으며, 여러 당사자와의 명확한 협력 비전이 포함됨.	프로그램 감사 및 사용할 템플릿에 대한 간략한 토론이 포함됨. MEASURE 문서가 설명되며 프로그램 효과와 어느 정도 관련이 있습니다. 일부 당사자와의 협업에 대한 간략한 토론이 제	프로그램 감사 및 사용할 템플릿에 대한 토론이 누락됨. MEASURE 문서에 주요 요소가 누락되어 프로그램 효과와 연결할 수 없습니다. 다른 당사자와의 협업이 명확하지 않음.

	프로그램 구성요소는 커리큘럼 개발 및 구현, 효과성을 입증하기 위해 종합적 학교 상담 프로그램이 검토되는 방법을 포함하여 학교 커뮤니티에서 학교 상담전문가 리더십을 명확하게 식별함.	공됨. 프로그램 구성요소는 커리큘럼 개발 및 구현, 효과성을 입증하기 위해 종합적 학교 상담 프로그램이 검토되는 방법을 포함하여 학교 커뮤니티에서 학교 상담전문가 리더십을 어느 정도 식별함.	프로그램 구성요소는 학교 커뮤니티에서 학교 상담전문가 리더십의 비전이 부족함; 학교 상담전문가가 커리큘럼 개발 및 구현, 효과성을 입증하기 위해 종합적 학교 상담 프로그램이 검토되는 방법을 식별할 수 없음.
지지, 체계적인 변화, 서술적 대응(5.G.2.f, 5.G.3.b, 5.G.3.k)	지지 계획이 제안된 프로그램과 명확하게 연결됨; 명확한 근거 각 항목을 완벽하게 설명하는 심층적인 서술적 대응. 학교 상담전문가는 종합적 발달 학교 상담 프로그램의 설계, 구현, 관리 및 평가에 완전히 참여함.	지지 계획이 제안된 프로그램과 어느 정도 관련이 있음; 근거 간략히 설명됨. 서술적 응답은 각 항목을 일부만 설명함. 학교 상담전문가는 종합적 발달 학교 상담 프로그램의 설계, 구현, 관리 및 평가에 부분적으로 참여함.	지지 계획이 제안된 프로그램과 연계되지 않음, 근거 부족함. 서술적 응답은 명확성과 깊이가 결여되어 있음. 종합적 발달 학교 상담 프로그램의 설계, 구현, 관리 및 평가에 대한 학교 상담전문가의 참여 부족.

주. CACREP=상담 및 관련 교육 프로그램 인준 기관; ASCA = 미국 학교 상담 협회; PSC=전문학교상담사; MEASURE = Mission, Element, Analyze, Stakeholders-Unite, Results, Educate.

제33장

상담사 교육과 슈퍼비전 – 상담

Carrie A. Wachter Morris, Paula J. Swindle, and Laura M. Gonzalez

상담사 교육 분야의 박사 과정 학생들은 일반적으로 상담 이론에 대한 기본적 이해를 토대로 프로그램을 시작하며 앞으로 추구해 나아갈 이론적 방향을 이미 가지고 있다. 그러므로 박사 과정의 이론 수업은 이론에 대한 심층적 탐구를 통해 석사 과정에서 학습한 이론적 기반이 확대될 수 있도록 "이번 주 배운 이론 (theory-of-the-week)"을 바로 적용하는 접근법에서 한 걸음 더 나아가야 한다(CACREP 2016 Standard 6.B.1.a). 이는 상담 이론의 통합(표준 6.B.1.b), 다양한 이론적 관점에 입각한 클라이언트(내담자) 사례개념화(표준 6.B.1.c), 연구 기반 상담 실제(표준 6.B.1. d), 상담 효과에 대한 평가 방법의 개발(표준 6.B.1.e) 등을 포함한다. 또한 박사 과정 학생들은 그러한 지식을 활용하여 석사과정학생들을 도와서 그들의 이론에 대한 비판적 사고 능력을 배양해야 하며 다양한 환경에서 윤리 및 문화적으로 관련된 상담에 대해 파악하고 있어야 한다(표준 6.B.1.f). 즉, 박사 과정 학생들은 이론의 소비자일 뿐만 아니라 이론적 지식 기반의 강화에 기여하는 비판적 분석자가 되어야 한다.

그러한 이유로, 박사 수준의 이론 교육과정은 다뤄지는 내용의 폭과 깊이 측면에서 석사 수준의 이론의 교육과정과는 차별화되어야 한다. 박사 과정 학생들은 기본 텍스트에 대한 해석,

주제에 대한 첨단 연구, 어떤 가정에 대한 분석, 특정 환경과 인구에 대한 이론의 적용 가능성을 고찰하는 비판적 분석 등을 통해 이론적 지식과 전문성을 확대해야 한다. 박사 과정 학생들은 이론들이 다양한 내담자에 응용이 될 수 있다는 가능성을 열어두고 이론에 대한 논의에 참여해야 한다. 또한 다양한 이론적 렌즈를 통해 문제가 있는 내담자 사례를 개념화하면서 이론들이 어떻게 다양한 방식으로 내담자의 변화를 설명 할 수 있는지 파악할 수 있어야 한다.

상담 이론 강좌의 내용 외에도 프로그램 교수진은 과제와 토론의 중점 활동을 설계하여 학자와 연구자로서 박사 과정 학생들의 정체성 개발을 지원할 수 있다. 교수진들이 이전에 가르친 내용과 매우 다른 방식으로 참여하게 될 것이기 때문에, 박사 과정 학생들에게 박사급 상담 이론 강좌를 전문적인 오리엔테이션을 강화할 기회로 생각하도록 권장한다. 강력한 실무자의 기초를 구축하고 박사 학위 및 석사 학위 이론의 차이에 대해 토론하는 것은 박사 과정 학생들이 박사 학위 프로그램을 시작할 때 자신의 새로운 역할을 생각할 수 있도록 돕는 방법들 중 하나이다.

이러한 점을 염두에 두고 다음과 같은 과제를 제시한다. 이 장에서 제안된 과제들은 서로 서로 연계되어 있으며 박사 과정 학생들이 본인들이 선택한 상담 이론을 깊이 있게 탐구할 수 있도록 하고, 접근법의 효과에 대한 기존 연구의 비평을 보며, 연구물을 보면서 이론적 모형의 틀을 제공하고, 연구 발표에서 이 지식을 공유하고, 롤플레이에 적용하여 이론에 대해 토론을 제시하고 안내한다. 마지막 과제는 이론의 심층적인 구축과 이론의 구조를 통한 변화를 지원하는 개입의 구축에 적용하는 것이다.

상담 이론 - 학술연구논문 및 발표

측정된 SLO: CACREP 2016 표준 6.B.1.a, 6.B.1.d, 6.B.1.f

학생들은 15페이지 분량의 연구 논문과 45분 분량의 발표를 통해 학습한 내용을 강의실에 보고하면서 주요 상담 이론 중 하나를 연구하게 된다. 이 논문은 최소한 20개의 학술 참고 문헌을 포함해야 하며 APA 양식에 맞춰서 작성되어야 한다. 다음 개념은 학술 연구 논문에서 다루어야 한다.

1. 이론이나 기존 연구에 기초한 하나의 이론의 중요한 구성요소에 대한 철저한 비평(예: 최근의 연구는 뭐라고 하는가? 효과성에 관한 근거는 무엇인가? 그 이론에 대한 비논리적인 부분이나 최근 수정된 것이 있습니까? 그 이론에서 빠진 것은 무엇인가? 이 연구에서 빠진 것은 무엇인가? 변화의 공통 요인은 무엇입니까?)
2. 다양한 모집단에 대한 이론의 적용 가능성에 대한 논의와, 경험적 연구에 근거한 우려의 제시(예: 어떤 모집단/발표 문제에서 이 이론이 가장 잘 작동합니까? 적용되지 않는 부분은 무엇입니까? 예를 들어, 게스탈트 이론은 트라우마를 경험한 내담자들을 위한 효과적인 접근법이 될 것인가 그리고 연구는 이것을 어떻게 다루고 있는가?)
3. 이 이론에 대한 다문화 문제에 대한 논의.
4. 이 이론에 대한 윤리적 고려 사항 논의.

발표는 당신이 연구 논문에서 배운 정보를 당신의 학과 동료와 공유할 수 있는 기회이다. 프레젠테이션은 약 45분 동안 진행되며, 논문에 필요한 모든 구성 요소를 다루어야 한다. 당신이 학습한 것을 학과 동료들에게 쉽게 이해하도록 전달해야 한다. 이론의 적용 가능성, 다문화 문제 및 윤리적 고려 사항의 예를 반드시 제공해야 한다. 또한 프레젠테이션 요약이 포함된 1~2페이지 분량의 유인물을 준비해야 한다. 프리젠테이션 슬라이드에는 개요 정보만 포함되어 있어야 하며, 글을 통째로 복사 붙여넣기 해서는 안 된다. 표 33.1 및 33.2에는 이 할당과 관련된 채점 기준이 포함되어 있다.

<표 33.1> 상담 이론 학술논문 채점 기준

평가 기준	기대 이하	기대 충족	기대 이상
이론에 대하여 전반적으로 적절한 비평을 제시함	비판적 접근법을 보여주지 못하고 이론의 개요만 제시함. 누락된 요소를 다루지 못함.	이론에 대해 비판적 사고를 보여줌. 최근 연구를 활용함. 누락된 요소를 언급하거나 새로운 연구 질문을 제시함.	이론에 대해 심층적인 비판적 접근법을 보여줌. 최근 문헌을 활용하고 검토함. 이론에서 누락된 요소를 다루고 설명함. 새로운 연구 질문을 제공하는 데 있어 높은 수준의 사고를 보임.
이론의 응용 가능성을 적절히 제시함	응용 가능성을 다루지 않거나 실증적 기반 없이 기술함.	이론의 응용 가능성을 제시함. 적용 대상이나 한계를 설명함. 실증적 연구를 어느 정도 언급함.	문헌을 근거로 이론의 응용 가능성을 상세히 제시함. 적용 대상과 어려운 대상, 표출되는 문제를 설명함. 실증적 연구로 응용 방안을 뒷받침함.

다문화적 문제를 다룸	다문화적 문제를 고려하거나 다루지 않음.	이론의 다문화적 문제에 대하여 통찰력을 제시함.	이론이 가진 문화적 문제와 한계, 수정의 필요성에 대해 심층적이고 비판적인 인식을 보여줌.
윤리적 문제를 다룸	윤리적 문제를 다루지 않음.	윤리적 문제의 일부 영역에 대해 개요를 제시함.	이론과 관련된 윤리적 문제에 대하여 심층적 논의를 제시함.
APA 양식 적용	APA 양식에서 일관적 실수가 발견됨.	사소한 일부 오류가 있으나 전반적으로 APA 양식을 잘 사용함.	오류 없이 APA 양식을 따라 논문을 작성함.
학술지 참고 문헌 20개를 포함함	참고 문헌 항목이 20개 미만이거나 학술지 문헌이 아닌 항목이 많음.	대부분 학술지 출판물로 구성된 20개 이상의 참고 문헌을 제시함.	동료 심사를 받은 20개 이상의 학술지 참고 문헌을 사용함.

주: APA = 미국심리학회

<표 33.2> 상담 이론 학술발표회 채점 기준

평가 기준	기대 이하	기대 충족	기대 이상
이론에 대한 적절한 전반적 비평 제시	비판적 접근 방식을 입증하지 않고 이론을 대략적으로만 제시함. 누락된 요소를 다루지 않음.	이론에 대한 접근에서 비판적 사고를 보이고, 최근의 연구를 활용함. 이론의 일부 누락된 요소를 언급하거나 새로운 연구 질문을 제공함.	이론에 대한 심층적인 비판적 접근 방식을 보여주고, 최근 문헌을 활용하고 검토함. 누락된 이론 구성요소를 다루고 설명하며, 새로운 연구 질문을 제공함에 있어 높은 수준의 사고를 보여줌.
이론의 적절한 적용성 제시	이론을 응용하는 방법에 대해 알려주지 못하며 경험적 근거 없이 설명함. 예시를 제공하지 않음.	이론을 응용하는 것을 제공하고, 대상 집단 또는 한계점을 설명하며, 경험적 연구를 일부 참조함. 몇 가지 예시를 제공함.	이론을 문헌에 근거해 정확하게 적용하고, 대상 및 도전 집단/호소문제 경험적 연구를 통한 추가 적용, 다양한 예시를 제공함.
다문화적 이슈 제시	다문화 이슈를 다루지 않음.	다문화 이슈 이론에 대한 통찰력을 제공하고 일반적인 예시를 제공함.	문화적인 이슈에 대해 심층적인 비판 의식을 제공하고 이론이 언제 한계점이 있거나 어떻게 적용돼야 하는지를 제공함. 특정한 예시를 제공함.
윤리적 문제 제시	윤리적인 이슈를 다루지 않음.	윤리적 문제를 대략적으로 다룸. 예시를 제공함.	이론에 관련된 윤리적 문제에 대해 심층적인

			토론을 제공함. 다수의 예시를 제공함.
전문적인 발표	전문성에 확실한 결점이 있음. 준비되지 않음. 부적절한 언어 사용. 목소리가 작음.	대부분의 발표에서 전문성을 갖추지만, 참여가 적거나 전문성이 부족한 순간이 있음.	높은 수준의 전문성, 잘 준비되고 전달성이 높음. 관객들이 발표에 집중함.
슬라이드의 적절한 사용	슬라이드를 읽을 수 없음. 각 슬라이드에 너무 많은 정보가 들어있음.	슬라이드가 정보를 제공하기에 적당함. 슬라이드가 때때로 글자가 너무 많음.	슬라이드가 개요 정보를 보여주거나 토론을 이끌기에 효과적임. 적절한 애니메이션이나 도표를 창의적으로 사용함.
적절한 유인물	유인물이 없거나 유인물이 주제를 요약하지 못함.	주제를 요약한 1~2장의 유인물을 제공함.	1~2장에 유인물에 주제를 높은 수준의 작문으로 요약함.

상담 이론 - 역할연기

측정된 SLO: CACREP 2016 표준 6.B.1.a, 6.B.1.c, 6.B.1.e, 6.B.1.f

강사 참고 사항: 학술연구 논문 및 발표와 같은 과제를 수행한다면, 이 과제는 모든 발표가 끝난 후에 하는 것이 이상적일 것이다. 이 예시가 달성해야 될 목적을 위해 이전 과제도 주어졌다고 가정한다.

학생들은 자신이 선택한 이론을 실제로 보여주는 상담 시간 중 10분에서 15분 정도의 대본으로 된 역할극을 준비한다. 학생들은 자신의 이론을 적절하게 사용하는 역할극을 설계할 자유가 있고 도전, 한계 또는 집단에 이론을 사용하는 것의 부적합성을 보여주거나 이론이 해결해주지 못하는 문제를 제공하는 역할극을 창의적으로 구성할 수 있다.

역할극을 수행한 후, 학생은 이 상황에서 이 이론을 사용할 때 존재하는 적절성, 도전, 한계, 윤리적 우려 또는 다문화적 우려에 대해 10분에서 15분 정도 토론을 진행한다. 이는 이론의 적용에 대한 심도 있고 비판적인 토론이어야 하며, 이전에 시행한 학술 연구 논문과 발표에 기초해야 한다. 학생이 어떤 이론을 사용하고 있는지 역할극을 통해 분명히 알 수 있어야 한다. 학생들은 주어진 날에 역할극의 사본 2부를 수업에 가져와야 한다.

강사 참고사항: 역할극의 모든 대본을 수집하고 각자에게 번호를 할당한다. 그런 다음 한 쌍의 학생들이 어떤 역할극을 읽을 지 무선 할당을 한다. 이러한 절차를 통해 역할극을 만든 이가 익명으로 남아있을 수 있게 되고, 학급의 구성원은 역할극을 보면서 어떤 이론이 제시되고 있는지 알아맞힐 수 있게 된다. 창의력을 발휘하여 역할 연기를 하는 개인으로부터 원래 의도했던 것과 다른지 아닌지를 확인하기 위해서 "내담자"의 특성을 알려주는 표지판을 들고 있도록 요청할 수도 있다. 강의실에서 제시된 이론을 정확하게 식별한 후, 역할극의 작성자는 역할극에 대한 논의를 시행한다. 표 33.3에는 이 과제와 관련된 채점 기준을 포함한다.

논리 모형(이론의 틀) - 진로, 집단, 다문화 상담 이론

측정된 SLO: CACREP 2016 표준 6.B.1.a, 6.B.1.b, 6.B.1.d, 6.B.1.e, 6.B.1.f

이 과제를 위해, 학생들은 세 집단으로 나누어질 것이다. 각 집단은 진로, 집단 또는 다문화 상담 이론과 관련된 최신의 학문적 논의에 대한 이야기를 하고 업데이트를 한 다음, 이러한 영역 중 하나에 논리 모형(변화를 일으킬 수 있는 이론적 틀; 예제의 자료 목록 참조)을 개발하고 적용한다. 각 집단은 마감일 최소 1주일 전에 학과 동료에게 읽어야 할 내용을 알려주고 전달한다. 이 읽어야 할 과제는 해당 주에 선택된 다른 읽어야 할 내용과 함께 과제로 제시될 것이다.

1부

집단은 다음 단계를 수행한다.

1. 선택한 진로 발달, 집단 또는 다문화 상담 이론의 개요를 제시한다.
2. 특히 변화를 일으킬 수 있는 방법과 관련하여 이론의 기본 가정 또는 구성 요소를 식별하기 위해 이론의 구조를 구체적으로 해체를 해가며 설명한다.
3. 이론이 목표 행동/조건 또는 대상 모집단을 개념화하는 데 어떻게 사용될 수 있는지 설명한다.
4. 이 이론이 이전 학습 또는 주제(강의 계획서에 나와 있는)의 다른 교재에 의해 설명되고 있는지 살펴보고 기존의 진로, 집단 또는 다문화 상담 이론과 관련된 연구들과 어떻게 조화를 이루는지 설명한다.

수업 시간은 60~75분이다.

2부

집단은 다음 단계를 수행한다.

1. 선택한 직업, 집단 또는 다문화 상담 문제와 관련된 논리 모델/변화의 이론을 설명하고 정당화한다.
2. 테이블 형식의 논리 모형 샘플 차트를 작성하고, 강의 시간 최소 48시간 전에 학과 동료들에게 이를 제공한다. (http://www.uwex.edu/ces/pdande/evaluation/evallogicmodelworksheets.html)
3. 제시하고자 하는 논리 모델/변화 이론의 효과를 평가하는 방법 중 적어도 두 가지를 설명한다.
4. 집단이 논리 모형/변화의 이론을 개발하기 위해 사용하는 절차를 설명하고, 논리 모형/변화의 이론이 지닌 잠재적 한계와 함의를 논의한다(결과 평가 또는 연구 아이디어를 창출하는 용도 포함).

<표 33.3> 역할 연기 상담 이론 채점 기준

평가 기준	기대 이하	기대 충족	기대 이상
역할 연기를 위한 적절한 대본	어느 이론이 적용되었는지 불명확함. 너무 짧음(5분 미만).	기대되는 시간을 충족함(10~15분). 이론의 적절하고 명확한 적용. 토론을 위해 윤리적 다문화적 문제를 제시함.	기대되는 시간을 충족함(10~15분). 상담사 역할에 의해 쓰인 이론이 명확함. 토론을 위한 창의적인 내용을 제공함. 토론을 위한 윤리적, 다문화적 문제를 충분히 제시함.
토론의 촉진	이론에 대한 발표가 피상적임. 토론에 대한 준비 부족 및 토론 보다는 발표로 전환함.	토론을 촉진하기 위해 준비함. 롤플레이에서 제시된 문제를 탐험하도록 학급을 이끎.	토론의 촉진을 아주 잘함. 이론에 대한 비판적 사고와 접근을 촉진하기 위해 학급에게 질문함. 윤리적, 다문화적 문제를 깊게 탐험하도록 이끎. 역할을 실행하는데 자신감을 보임. 학생들이 토론할 수 있도록 함.

수업 시간은 75~90분이다. 이 부분은 이론을 이미 설명했다는 점에서 첫 번째 부분과 다르다. 이제 당신은 이 이론을 사용하여 내담자 또는 참가자의 결과를 개선하기 위한 연구 질문과 전략을 생성할 수 있다.

파워포인트 또는 프레젠테이션은 위의 8가지 목표를 명확하게 전달할 수 있는 능력을 제공하고 강사가 그룹별 노력에 대한 점수를 매기는 데 필요하다. 표 33.4 및 33.5는 이 과제와 관련된 채점 기준을 포함한다.

<표 33.4> 논리 모델과 이론: Part 1

평가 기준	기대 이하	기대 충족	기대 이상
선택된 이론에 대한 개요	이론에 대한 묘사가 불명확하거나 부정확함.	이론 개요가 정확하고 명확함.	이론 개요가 완벽하고 명확함. 주된 이론적 개념에 대해 강한 개입을 제공함.
이론 구조의 해체	구조 해체가 약함. 이론 기반의 발표가 부정확함.	이론 기반의 기본적 지식이 정확히 제공됨.	이론 기본에 대해 매우 논리적임.
대상 행동 및 집단의 개념화	대상 행동에 대한 불명확한 개념화 또는 묘사. 대상 집단에 대한 오해.	대상 행동의 발표가 본질적이고 명확함. 대상 집단에 대한 기본적인 묘사.	대상 행동에 대한 매우 명확한 개념화. 문화 문제에 대한 고려를 포함한 대상 집단에 대한 철저한 묘사.
집단별 연구 기반 적합성에 대한 설명	연구에 대해 전혀 묘사가 없거나 주제와 관련 없음.	연구에 대해 일반적인 개요를 제공하며 주제와 관련됨.	최근 연구의 적절한 예시 이용과 주제와의 연관성을 포괄적으로 이해함.
발표 효과	발표 준비가 부족하거나 정리되지 않거나 불명확함.	발표가 준비되어 있고 주제에 대한 명확한 이해로 정리됨.	자료의 명확한 조화가 있는 매력적인 발표. 창의성 사용.

<표 33.5> 논리 모델과 이론: Part 2

평가 기준	기대 이하	기대 충족	기대 이상
LM/ToC에 대한 묘사	LM/ToC의 묘사가 이해 불가능하고 명확하지 않음.	LM/ToC이 명확하게 설명되고 이해하기 쉬움.	LM/ToC의 묘사가 탁월함. 주제에 대해 보편성을 가지고 독자에게 접근 가능함.
LM을 48시간 전에 완료	LM이 48시간 전에 제공되지 않음. LM이 불명확하거나 불완전하게 구조화됨.	LM이 명확하고 48시간 전에 제공됨.	LM이 완전히 개발됨. 48시간 전에 제공됨
LM/ToC의 개발 절차의 묘사	LM/ToC 개발 절차를 묘사하지 않거나 불명확함.	LM/ToC 개발 절차의 기본적이고 명확한 묘사를 제시함.	LM/ToC 개발 절차의 묘사가 견실하고 철저함.
LM/ToC의 효과성을 평가하는데 최소 2개의 방법 사용	LM/ToC의 효과 평가 방법을 2개 이상 제시하지 않음.	LM/ToC의 효과 평가 방법을 2가지 제시함.	LM/ToC의 효과 평가 방법을 2개 이상 제시함. 묘사가 잘 설명되고 명확함.
LM/ToC의 잠재적 한계점	LM/ToC의 잠재적인 한계점을 제시하지 않음.	LM/ToC의 한계점을 최소한 1개는 다룸.	LM/ToC의 잠재적인 한계점을 다루고 묘사함.
발표 효과	발표 준비가 부족하거나 정리되지 않거나 불명확함.	발표가 준비되어 있고 주제에 대한 명확한 이해로 정리됨.	자료의 명확한 조화가 있는 매력적인 발표. 창의성 사용.

주. LM = 논리모형; ToC = 변화이론

제34장

상담사 교육과 슈퍼비전 – 슈퍼비전

Jodi L. Tangen and L. DiAnne Borders

임상 슈퍼비전은 구조와 절차로 정의가 가능하다(Borders & Brown, 2005). 구조적으로 슈퍼비전은 "직업의 상급자가 (항상 그렇지는 않지만) 같은 직업에 종사하는 후배 동료나 직급이 같은 동료에게 제공하는 개입"으로 정의된다(Bernard & Goodyear, 2014, p. 9). 이러한 구조적 정의에 기초하여, Borders와 Brown(2005)은 절차적 관점에서 슈퍼비전을 특정하고 의도적인 학습 환경에서 발생하는 교육적 노력이라고 정의했다. 우리는 이 장에서 임상 슈퍼비전 및 슈퍼비전에 대한 과정과 새로운 박사급 슈퍼바이저들에게 교육적 관점에서 슈퍼비전을 할 수 있는 교육과정을 강조하고자 한다.

슈퍼비전은 박사 학위에서 있어 전문가로의 정체성(CACREP, 2016) 형성에 중요한 요소로 간주된다. 그러나 박사급 슈퍼바이저에 대한 기준과 관련 과제를 탐구하기 전에 이러한 박사급 슈퍼바이저의 발달 수준에 기초하여 현재 어떤 수준인지를 고려하는 것이 중요하다. Watkins (1990, 1993년)에 따르면 새로운 슈퍼바이저는 새로운 조언자와 마찬가지로 (a) 역할 충격, (b) 역할 회복/전환, (c) 역할 통합 (d) 역할 숙달의 네 가지 단계로 예측 가능한 일련의 과정을 거친다. 역할 충격 단계에서 신임 슈퍼바이저는 슈퍼바이저의 신분이 불분명하고 자신감이 부족하다. 역할 회복/전환 단계로 넘어갈수록 자신감과 통찰력이 높아진다. 역할 통합 단계에서 슈퍼바이저는 계속해서 일정 수준의 자신감을 경험하고 슈퍼바이저로의 정체성을 확립한다. 마지막으로, 역할 숙달 단계의 슈퍼바이저는 통합된 슈퍼바이저 방식으로 일한다. 첫 번째 단계에 대한 몇 가지 경험적 증거가 있다. 예를 들어, Gazzola, De Stefano, Thériault와 Audet(2013년)는 신임 슈퍼바이저의 경우 상담 신입생 선발 업무와 관련된 책임 업무와 그에 따른 여러 절차를 관리하며, 슈퍼바이저의 자세를 확립하고, 다른 슈퍼바이저와의 역동적인 관계를 잘 처리하기 위해 고군분투한다는 사실을 발견했다. 이러한 연구 결과에 근거하여, 상담교육자들은 박사급 슈퍼바이저들의 교육 및 발달적 요구에 주의 깊게 귀 기울이는 것이 중요하다.

슈퍼비전 모범 실무 사례에 대한 최근 논문에서, Borders(2014년) 및 Borders 등(2014년)은 슈퍼비전에 대한 중요한 절차적 요소로 슈퍼바이저 준비/훈련을 꼽았다. 흥미로운 점은 연구자들(Bernard, 2014; Borders, 2010; Goodyear, 2014; Watkins & Scasturo, 2013, 2014)이 교육학적인 측면(더욱 정확한 용어는 성인계속교육학)에 대한 주의를 기울이지 않았다는 점이다. Borders와 동료들 (1991)은 자기 인식, 이론 및 개념적 지식, 기술과 기법의 세 가지 영역 내에 특정 주제에 대해 슈퍼바이저를 위한 포괄적인 교육과정 가이드를 만들어 슈퍼비전 과정을 탐구했다. 최근에 Borders(2010)는 슈퍼비전 훈련이 슈퍼바이저가 (a) 학습자의 사전 지식을 습득하고, (b) 새로운 지식을 조직화하며, (c) 인지적 사고를 자극하는 데에 도움이 돼야 한다고 언급하면서, (Bransford, Brown, & Cocking, 2000년) 학습 과학의 세 가지 핵심 원칙을 슈퍼비전에 적용했다.

우리가 다음의 세 가지 슈퍼비전 과제를 제시하는 이유는 학습과학의 최신 이론을 적용하고자 함이다. 첫 번째 과제는 박사 과정 학생들이(슈퍼바이저가 되기 전이나 혹은 박사 과정을 통해 더 많은 개념을 배울 때) 그들의 사전 지식수준에 근거하여 개입할 것을 요구하는 것이며, 이 과제는 박사 과정 내내 계속해서 주어져야 한다. 이 과제는 슈퍼비전 실습이나 인턴십 전에 있는 강좌식 슈퍼비전 과목에 적합하며, 이 과제를 통해 박사급 슈퍼바이저는 임상 슈퍼바이저가 되는 것이 무엇을 의미하는지에 대한 기본적인 이해가 생기게 될 것이다. 두 번째 과제는 박사급 슈퍼바이저에게 특정 슈퍼비전의 개입과 관련된 명확한 이론적 틀을 구축하도록 돕는 것이며, 이 과제는 박사급 슈퍼바이저의 정신적 도식(mental schemata)이 더욱 조직화되는 것을 촉진할 것이다. 이 과제는 강좌식 슈퍼비전 과정의 후반부나 슈퍼비전 실습 또는 인턴십의 중간 과정에 적절하다. 마지막으로, 세 번째 과제는 박사 과정 학생들이 슈퍼비전 실습이나 인턴십의 후반부에 좀 더 깊은 수준의 자기 성찰을 하면서 초인지(metacognitive) 능력을 활용하는 것이다. 이와 같은 과제를 통해 우리는 상담 슈퍼비전이라는 활동이 발달적으로나 교육적으로 특별하고 상담 분야의 독특한 과정임을 알 수 있다.

슈퍼비전 시뮬레이션

측정된 SLO: CACREP 2016 표준 6.B.2.c, 6.B.2.d, 6.B.2.f, 6.B.2.h, 6.B.2.i, 6.B.2.j, 6.B.2.k

학기 초에 당신은 가상의 슈퍼바이지의 이름과 그들의 특성에 대해서 듣게 될 것이고 10주 동안 슈퍼바이지에게 어떻게 개입할지 생각해 볼 기회를 얻게 될 것이다. 이 과제를 통해 실제 슈퍼바이지와 함께 일하기 전에 슈퍼비전 개입에 대해 보다 깊게 생각할 수 있다.

당신은 슈퍼바이지에 대한 새로운 정보를 매주 받게 될 것이고, 이 새로운 정보가 주어질 때 슈퍼바이지에게 어떻게 개입할 수 있을지 생각해야 한다. 매주 (a) 슈퍼바이지에게 어떻게 개입할 수 있는지(슈퍼바이지에게 무엇을 말할지 등) 설명하는 1페이지 분량의 해야 할 일을 작성한다(단일 공백 줄 간격, 500 단어 분량). (b) 박사급 동료에게 실행하기 위해 선택한 상황과 개입에 대해 간략히 설명한다(5분). (c) 당신이 실행한 개입에 대해 동료들에게 피드백을 요청한다(이 과정에 동료들을 포함하면 동료들이 어떻게 자신의 가상의 슈퍼바이지에게 개입하고 있는지를 더 자세히 알 수 있다).

매주 제공되는 슈퍼바이지 정보에 각 주 차별로 다뤄야 하는 슈퍼비전 주제가 나타난다. 가상 슈퍼바이지 "코린"의 예시가 아래에 포함되어 있다.

1주 차 주제는 다음과 같다.

- 소개 및 라포 형성(슈퍼비전의 관계, 다문화 역학)
- 전문가 서류(슈퍼바이저 경력 소개서)
- 슈퍼비전의 방향(슈퍼바이저의 역할과 책임, 슈퍼비전의 목적)
- 슈퍼바이지에 대한 기대(슈퍼바이지에게 필요한 절차와 책임, 슈퍼바이저의 기대 사항, 슈퍼비전의 날짜 및 시간)
- 예시: 앞으로 10주 동안, 당신은 코린 정을 슈퍼비전하게 될 것이다. 코린은 23세의 한국계 미국인 여성으로, 학부에서 심리학을 전공했다. 그녀의 교수들은 그녀가 조용하고 똑똑하며 공부를 잘한다고 말했다. 하지만 그녀의 교수 중 한 명은 코린의 불안에 대

해 우려했고 이 불안이 그녀의 상담 능력을 방해할 수도 있다고 말했다. 게다가 또 다른 교수는 코린이때때로 완벽주의로 어려움을 겪고 있는데, 이런 연유로 그녀가 위험을 회피하게 될 수도 있다고 말했다. 이 정보를 바탕으로, 첫 번째 슈퍼비전에서 코린에게 어떻게 접근할 수 있을까?

2주차 주제는 다음과 같다.
- 슈퍼바이지의 발달 수준에 대한 초기 평가
- 슈퍼바이지의 발달 수준에 따른 슈퍼비전 개입
- 예시: 코린이 한 상담의 첫 번째 녹음을 받았고 당신은 그녀가 정말 불안해 보인다는 것을 알아차린다. 그녀는 말수가 적고 내담자와의 상담 내내 불안해 보였다. 그녀와 슈퍼비전을 할 때 그녀는 조용하고 떠는 듯 보였으며 자신의 첫인상을 심각하게 걱정하는 것 같았다. 그녀의 발달 수준에 대한 당신의 평가를 기반으로 코린에게 어떻게 개입할 수 있을까?

3주차 주제는 다음과 같다.
- 특정 기술에 대한 슈퍼바이지의 어려움
- 교사의 역할을 적절하게 활용하여 기술 부족 문제를 해결한다.
- 예시: 코린은 두 번째 녹음을 당신에게 제출했고, 당신은 그녀가 닫힌 질문을 많이 사용했다는 것을 알아챘다. 내담자는 코린의 질문에 짜증이 난 듯 모든 것에 대해 "모릅니다"라고 대답하기 시작했다. 코린은 내담자가 이런 식으로 대답하자 당황한 것 같았다. 코린이 슈퍼비전을 하게 되었을 때, 그녀는 여전히 당황하고 무슨 일이 일어났는지에 대해 혼란스러워하는 것처럼 보였다. 어떻게 하면 코린에게 이런 기술 부족을 알게 하고 내담자에게 잘 맞는 방법을 가르쳐 줄 수 있을까?

4주차 주제는 다음과 같다.
- 전문적 행위에서 슈퍼바이지의 실수
- 슈퍼바이지의 실수에 대한 윤리적 대응
- 예시: 일주일 전에 코린이 당신에게 연락해서 서류 작업이 조금 늦었다고 말했다. 당신이 그녀에게 하루를 더 주었지만, 그녀는 여전히 그 서류를 완성하지 못했다. 코린은 성실한 학생이기 때문에, 당신은 그녀의 응답이 없는 것에 대해서 약간 혼란스러워한다. 다음 번 슈퍼비전에서 그녀와 이 문제를 어떻게 얘기할 건가?

5주차 주제는 다음과 같다.
- 슈퍼바이지의 개인적인 문제
- 슈퍼바이지의 개인적인 문제에 대응하기 위해 적절한 상담사 역할의 활용
- 예시: 지난주에 코린에게 당신이 개입한 후에, 그녀는 기간 내에 서류를 작성했다. 하지만 이번 주에 슈퍼비전에 왔을 때 그녀는 피곤해 보인다. 당신이 그녀에게 어떻게 지내는지 물으니 그녀는 즉시 울기 시작한다. 그녀는 그녀를 망연자실하게 만들었던 여자친구와의 결별에 대해 말한다. 어떻게 반응할 수 있을까? (또한 코린의 명백한 성적/애정 지향성에 대해 알게 된 것은 이번이 처음이니, 이것을 고려 사항에 포함해야 한다.)

6주차 주제는 다음과 같다.
- 슈퍼바이지의 저항/방어
- 저항/방어를 위한 슈퍼비전 개입
- 예시: 코린이 또 다른 기록을 제출했는데, 이 자료에서 한 내담자가 신앙심이 깊다고 말했을 때 그녀가 촉발된 것처럼 보인다는 것을 알 수 있었다. 코린은 내담자에게 그가 구식이고 편협하다고 말했다. 코린이 슈퍼비전을 왔을 때 당신이 그녀와 이 문제에 대해 이야기하려고 하면 코린은 방어적이고 저항적으로 반응한다. 이에 대해 어떻게 대응할 수 있을까?

7주차 주제는 다음과 같다.
- 문화적 차이에 따른 당신과 슈퍼바이지 사이의 관계 단절
- 관계 단절 문제를 해결하기 위한 슈퍼비전 개입
- 예시: 지난주 당신이 내담자의 종교에 대한 그녀의 반응에 대해 그녀에게 말하려고 했을 때 코린은 화가 났었다. 이번 주에 슈퍼비전을 받으러 왔을 때 그녀는 조용하고 침착했으나 당신은 그녀가 여전히 당신에게 화가 나 있다는 것을 알고 있었다. 이 관계 단절 문제를 어떻게 다룰 것인가? (코린의 다문화적 배경과 더불어 [인종, 연령, 종교, 성적 지향, 성별]을 고려하라.)

8주차 주제는 다음과 같다.
- 슈퍼바이지의 사례 개념화에 대한 어려움
- 슈퍼바이지가 인지 복잡성을 발달시킬 수 있도록 적절한 교사 및 자문역할의 활용
- 예시: 지난주 코린에 대한 당신의 적절한 반응은 그녀와의 관계를 성공적으로 회복시켰다. 이번 주에 제출한 기록에서 그녀는 내담자의 종교적 신념에 훨씬 더 민감하게 반

응하였다. 그러나 그녀가 슈퍼비전에 오면 더 포괄적인 관점에서 내담자를 개념화하는 것은 어려워하는 것을 알 수 있다. 그녀는 종종 사례개념화에 있어서 시스템 수준의 문제를 고려하는 것을 잊어버린다. 어떻게 그녀를 도울 수 있을까?

9주차 주제는 다음과 같다.
- 슈퍼바이지와 함께 평가
- 다양한 유형의 피드백을 제공하기 위한 접근들
- 예시: 코린과 함께 평가할 시간이다. 당신은 그녀의 기술과 사례개념화가 크게 향상되었다는 것을 알아챘다. 하지만 여전히 그녀가 종교적인 내담자에게 어떻게 반응했는지에 대해 약간 걱정하고 있다. 이 걱정을 코린의 평가에서 어떻게 다룰 수 있는가? 그녀는 이 강좌를 성공적으로 수강했는가?

10주차 주제는 다음과 같다.
- 슈퍼바이지와의 종결
- 종결에 대한 슈퍼바이지의 반응을 다루기 위한 개입
- 예시: 몇 주 전에 코린과의 관계를 회복한 후, 그녀는 당신을 더 신뢰하는 것 같았고 당신이 슈퍼바이저로 있었던 시기를 그리워할 것이라고 말했다. 그녀와 잘 헤어지는 슈퍼비전 종료 방법은 무엇이 있을까?

박사급 슈퍼바이저에게 도움을 줄 수 있는 상담교육자를 위한 다섯 명의 가상의 슈퍼바이지 사례

(가상의 슈퍼바이지는 저자가 실제 만난 슈퍼바이지가 아니다. 실제 슈퍼바이지와 닮았다면 그것은 우연의 일치일 것이다.)

1주 차 주제: 소개, 문서 작성, 오리엔테이션, 기대치

1주 차 - 제니 제이미슨

다음 10주 동안, 당신은 제니 제이미슨을 감독하게 될 것이다. 제니는 22살의 백인계 미국인 여자이다. 다른 교수들의 보고를 바탕으로, 당신은 제니가 부유한 국회의원의 딸이며 다소 편안한 생활을 하고 있다는 것을 알게 되었다. 다문화 상담 수업에서, 제니는 자신이 침례교 성도이며 동성결혼에 강하게 반대한다고 공개적으로 말했다. 당신이 이것에 대해 더 물어봤을 때, 그녀의 교수는 제니가 여전히 LGBT 집단을 상담할 수 있다고 말했다고 한다. 그녀의 교수들은 또한 제니가 열심히 일하고, 예의 바르고, 책임감이 있다고 말했다. 이 정보를 바탕으로, 제니와의 첫 번째 슈퍼비전에서 어떻게 접근할 수 있을까?

1주 차 - 자말 카터

자말은 33살의 아프리카계 미국인 남자이다. 다른 교수들의 보고에 따르면 자말은 유머러스하면서도 예의 바르다고 한다. 한 교수는 자말이 굉장히 창의적이고 정말 인상적이었다고 말했고, 또 다른 교수는 그의 친근함에 대해 "모두가 자말을 존경한다"고 말했다. 교수들은 그에 대한 어떠한 단점도 보고하지 않았다. 이 정보를 바탕으로 자말과의 첫 번째 슈퍼비전에서 어떻게 접근할 수 있을까?

1주 차 - 셰릴 가르시아

셰릴은 41세의 라틴 여자이다. 다른 교수들의 보고를 바탕으로, 셰릴은 최근 이혼으로 인해 지난 학기에 힘든 시간을 보냈다는 것을 알게 되었다. 그녀는 혼자서 4살 딸을 키우고 있다. 한 교수는 셰릴이 상담사가 되기 위해 자신의 직업을 떠났기 때문에 상담에 헌신적이라고 말했다. 또 다른 교수는 이 직업에 대한 그녀의 헌신을 확인했지만, 셰릴이 남자들에 대해 다소 부정적으로 인식하고 있는 것에 대해 우려를 표시했다. 교수는 셰릴의 페미니스트 정체성을 인정하고 확인했지만 셰릴이 가끔 그녀의 페미니스트 믿음에 대해 너무 목소리를 높인다고 말했다. 이 정보를 바탕으로 셰릴과의 첫 번째 슈퍼비전에서 어떻게 접근할 수 있을까?

1주 차 - 앤디 마셀리

앤디는 23살의 이탈리아계 미국인 남자이다. 다른 교수들의 보고를 바탕으로, 앤디는 예의 바르고 다소 조용하며 친절한 마음씨를 지녔다는 것을 알 수 있었다. 학업적 측면에서 그들은 그가 상당히 평범한 학생인 것 같다고 말했다. 하지만 그의 지도 교수는 앤디가 자신이 난독증을 앓고 있다는 것을 인정했고 그의 난독증을 부끄러워한다고 말했다. 그의 지도 교수는 앤디가 그의 난독증을 성공적으로 극복해낼 수 있을 것 같아서 당신이 그에게 이 문제를 제기하지 말 것을 제안했다. 이 정보를 바탕으로 앤디와의 첫 번째 슈퍼비전에서 어떻게 접근할 수 있을까?

1주 차 - 아멜리아 워커

아멜리아는 영국 런던에서 온 26세의 유학생이다. 다른 교수들은 지금까지의 아멜리아의 학교생활에 대해 심히 우려를 표명한다. 그들은 그녀가 거의 매주 늦게 수업에 오고, 종종 숙제를 늦게 제출하며, 심지어 교수들에게 숙제를 상기시킬 때 "그만 하세요"라고 말했다고 한다. 그녀의 지도 교수는 그녀가 (미국에서 학교에 다니기 전) 이전 학력이 모범적이었기 때문에, 개인적으로 아멜리아에게 무슨 일이 일어나고 있는지 궁금하다고 말한다. 이 정보를 바탕으로, 아멜리아와의 첫 번째 슈퍼비전에서 어떻게 접근할 수 있을까?

2주 차 주제: 발달

2주 차 - 제니 제이미슨

제니는 첫 녹화본을 당신에게 제출했고 자신보다 나이가 많은 성인 여자와 상담하고 있다. 상담 내내 제니는 이 내담자와 함께 일하는 것에 대해 불안해하면서 한 주제에 집중하지 못한다. 그녀가 슈퍼비전에 왔을 때 그녀는 내담자가 훨씬 나이가 많았기 때문에 내담자와 상담하는 방법을 전혀 몰랐다고 말한다. 그녀는 당신에게 구체적인 방향을 묻는다. 그녀의 발달 수준에 근거하여, 당신은 제니에게 어떻게 개입할 것인가?

2주 차 - 자말 카터

자말은 자신의 첫 녹화본을 당신에게 제출했고 15살의 남성 내담자와 상담하고 있다. 자말은 편안해 보이고 내담자와 빠르게 친밀감을 형성한다. 내담자는 자말에게 쉽게 마음을 열고 부모님의 이혼에 대해 그가 얼마나 화가 났는지 말하기 시작한다. 자말은 끈기 있게 듣고 그의 분노에 대해 전문가처럼 반영한다. 자말이 슈퍼비전에 왔을 때 자신이 내담자에게 역전이를 경험하고 있다고 보고했다. 당신은 어떤 방식으로 초기에 자말의 발달 수준을 측정하고 그에 따라 어떻게 개입할 것인가?

2주 차 - 셰릴 가르시아

셰릴은 자신의 첫 녹화본을 당신에게 제출했고 30세의 중국계 미국인 여자와 상담하고 있다. 셰릴은 내담자와 눈을 마주치지 않고, 빠르고 높은 목소리로 말을 하며, 불편한 듯 여러 번 자리를 옮긴다. 게다가, 그녀는 과도하게 고개를 끄덕이며, "맞아...맞아...맞아."라는 격려를 반복적으로 사용한다. 당신은 어떤 방식으로 초기에 셰릴의 발달 수준을 측정하고 그에 따라 어떻게 개입할 것인가?

2주 차 - 앤디 마셀리

앤디는 그의 첫 녹화본을 당신에게 제출했고 22살의 남성 내담자와 상담하고 있다. 앤디는 접수면접 서류를 빠르게 작성하면서 종종 내담자에게 더 이상의 답변을 요청하지 않았다. 30분 만에 접수 면접이 끝나 버리고 이후 앤디는 남은 30분 동안 내담자와 어색한 시간을 보냈다. 그는 알래스카의 날씨 패턴에 대해 대화를 시작하고, 내담자는 그를 혼란스럽게 바라본다. 이 정보에 기초하여, 당신은 어떤 방식으로 초기에 앤디의 발달 수준을 측정하고 그에 따라 어떻게 개입할 것인가?

2주 차 - 아멜리아 워커

아멜리아는 자신의 첫 번째 녹화본을 당신에게 제출했고 자살 충동을 표현하는 19세 여성 내담자와 상담하고 있다. 아멜리아는 그 문제에 대해 걱정하지 않는 것 같으며 후속 질문을 하지 않는다. 그녀는 단순히 내담자에게 "그래도 당신은 그렇게 하지 않을 겁니다."라고 말한다. 이후 그녀는 내담자에게 농담을 하고, 내담자는 미소를 짓는다. 그리고 아멜리아는 "이봐, 넌 괜찮아."라고 말한다. 이 정보에 기초하여, 당신은 어떤 방식으로 초기에 아멜리아의 발달 수준을 측정하고 그에 따라 어떻게 개입할 것인가?

3주 차 주제: 기술 부족, 교사 역할

3주 차 - 제니 제이미슨

제니는 두 번째 녹화본을 당신에게 제출하고, 그녀는 나이 든 여성 내담자에게 자신의 결혼 생활에서 무엇을 해야 하는지에 대한 조언을 주기 시작한다. 그 내담자는 정신이 혼란스럽고 슬퍼하지만, 제니는 그녀에게 그녀의 남편과 이야기만 하면 된다고 말한다. 어떻게 조언이 아닌 내담자의 감정을 반영하는 법을 가르칠 수 있을까?

3주 차 - 자말 카터

자말은 25세의 여성 내담자와 상담하고 있는 두 번째 녹화본을 당신에게 제출한다. 녹화본에서 내담자는 울기 시작했고 자말은 불편한 듯 자리에서 몸을 움직여 "자, 자, 자, 이제 울지 마."라고 계속 반복한다. 지난주에는 그가 분노에 매우 강하게 반응했기 때문에 그의 진술은 당신을 혼란스럽게 한다. 자말에게 내담자의 슬픔과 눈물에 반응해야 하는 법을 어떻게 가르칠 수 있을까?

3주 차 - 셰릴 가르시아

셰릴은 최근에 암으로 어머니를 잃은 20세 여성과 상담한 두 번째 녹화본을 당신에게 제출하였다. 내담자가 울자 셰릴은 "아이고 불쌍해라!"이라는 말을 반복하며 빠르게 말하기 시작한다. 그러고 나서 그녀는 내담자에게 상황의 "밝은 면을 보도록" 격려한다. 어떻게 셰릴에게 내담자에게 공감하는 법을 가르칠 수 있을까?

3주 차 - 앤디 마셀리

앤디는 22살의 남성 내담자와 상담한 두 번째 녹화본을 제출하였다. 이번에는 전 회의 상담의 어색함을 인정하고 내담자에게 무엇을 상담하고 싶은지 묻는다. 그 내담자는 그의 친구들과의 골치 아픈 관계에 대해 이야기하기 시작한다. Andy는 관련 없는 질문을 한다. 그중 일부는 닫힌 질문이다. 예를 들어, "당신의 친구의 이름은 무엇입니까? 당신의 친구는 형제가 있습니까? 친구가 당신 가까이에 사나요?"와 같은 질문을 한다. 내담자는 그의 질문에 대답하지만, 그는 앤디에게 조바심을 내는 것 같다. 앤디에게 어떻게 좀 더 적절한 방식으로 반응할 수 있는 기술을 가르칠 수 있을까?

3주 차 - 아멜리아 워커

아멜리아는 55세의 암 진단을 받은 한 여성 내담자와 상담한 두 번째 녹화본을 당신에게 제출하였다. 내담자는 정신이 혼란스럽다. 아멜리아는 그녀에게 "그렇게 나쁠 리가 없어요. 적어도 혼자서 전국을 헤맬 필요는 없었잖아요!"와 같은 반응을 한다. 이에 내담자는 충격받아 보였고 아멜리아는 "음, 그래요, 당신이 이것에 대해 약간 슬플 것 같긴 해요."라고 말하며 자기가 한 말을 덮으려고 노력한다. 당신은 아멜리아에게 상호작용을 어떻게 다루며 그녀에게 이 상황에서 내담자에게 반응할 수 있는 기술을 가르칠 수 있을까?

4주 차 주제: 전문가적 행위, 윤리적 반응

4주 차 - 제니 제이미슨

제니와의 다음 슈퍼비전에서 제니는 내담자의 아동 학대에 대해 몇 가지 걱정을 했다고 말한다. 당신은 그녀에게 그 상황에 대해 더 물어보고, 그녀가 이 정보를 보고해야 할지도 모른다는 것에 동의한다. 제니는 내담자를 배신하는 것에 대해 걱정하고 있고, 당신은 그녀에게 이런 종류의 상황이 비밀 보장의 한계라는 것을 상기시켜 준다. 그런 다음 제니가 내담자와의 비밀 보장의 한계를 설명하는 것을 잊었다고 말한다. 그녀는 깊이 사과하고 진심으로 속상한 것 같다. 그녀에게 어떻게 반응할까?

4주 차 - 자말 카터

자말은 25세의 여성 내담자와 상담한 또 다른 녹화본 파일을 제출한다. 이 상담에서 내담자는 분명히 훨씬 더 나아지고 있다. 상담 중 내담자는 몸을 앞으로 내밀고 자말에게 그가 "좀 귀엽다"고 말한다. 그는 "당신도 그래요"라는 비슷한 시시덕거리는 태도로 웃고 반응한다. 슈퍼비전에 왔을 때 그는 이 상호작용에 대해 전혀 언급하지 않는다. 어떻게 이 문제에 대해 그와 이야기할 수 있을까?

4주 차 - 셰릴 가르시아

주중에 셰릴의 내담자가 상담소에서 셰릴을 기다리고 있다는 전화를 받게 된다. 당신은 셰릴을 찾으려고 노력하지만, 그녀는 어디에서도 찾을 수 없었다. 그녀가 겨우 전화를 받고 그녀에게 어디 있느냐고 물어보자 그녀는 정신 건강의 날을 기념하기 위해 딸과 함께 집에 있기로 했다고 말한다. 당신은 그녀에게 내담자와의 약속을 상기시켜주지만, 그녀는 태연하게 잊어버렸다고 말한다. 다음 슈퍼비전에서 셰릴에게 어떤 반응을 보여야 할까?

4주 차—앤디 마셀리

지난 몇 주 동안 앤디는 몇 차례에 걸쳐 다수의 문법 및 철자 오류가 있는 상담 보고서를 제출해 왔다. 앤디의 지도 교수가 난독증에 대해 말했던 것을 기억하고, 처음 몇 개의 메모는 수정하지 않고 그냥 흘려보냈다. 하지만 이 문제는 점점 더 악화되고 있으며, 어떤 경우에는, 그의 메모가 심지어 이해하기조차 어려웠다. 당신은 당신이 개입할 필요가 있다는 것을 깨닫는다. 다음 슈퍼비전에서 앤디에게 어떻게 개입할까?

4주 차—아멜리아 워커

주중에, 커피숍에 가면 좀 낯익은 나이 든 여자와 함께 아멜리아를 볼 수 있다. 자세히 살펴본 결과, 55세의 여성 내담자가 지난주에 본 바로 그 사람이라는 것을 알게 된다. 다음번 아멜리아와의 슈퍼비전에서 당신이 그 주제에 대해 말하면 아멜리아는 당신에게 이 문제를 그렇게 크게 만들지 말라고 말한다. 그녀는 지난주에 당신이 그녀가 내담자에게 친절하지 않다고 말했기 때문에, 그녀는 함께 차를 마시기 위해 내담자를 데리고 나갔다고 자신을 변호한다. 이런 아멜리아에게 어떻게 반응할까?

5주 차 주제: 슈퍼바이지의 개인 문제, 상담사 역할

5주 차 - 제니 제이미슨

제니는 지난주 비밀 보장의 한계에 대한 자신의 건망증 때문에 속상해 했다. 그녀가 이번 주에 슈퍼비전에 왔을 때, 그녀는 여전히 속상한 것처럼 보였고 다시 사과하기 시작했다. 그녀는 울기 시작했고 자신에 대한 당신의 평가가 걱정된다고 말한다. 그녀는 그녀가 자랄 때, 그녀의 부모님은 그녀에게 엄격했고, 그녀는 당신이 부모님과 같은 방식으로 자신을 대할까 걱정한다고 말한다. 상담사 역할을 이용하여 제니의 개인적인 문제에 어떻게 적절하게 대응할까?

5주 차 - 자말 카터

자말이 이번 주에 슈퍼비전에 왔을 때, 그는 15살의 남성 내담자와 또 다른 상담을 했다고 말한다. 그는 다시 역전이를 언급했다. 하지만 지난번과 달리 그는 자신의 아버지에 대한 분노를 묘사한다. 그는 계속 소리를 높인다. 그는 보통 차분하기 때문에 당신은 그의 반응에 놀랐다. 상담사 역할을 이용해서 그에 대해 어떻게 대응할까?

5주 차 - 셰릴 가르시아

셰릴이 이번 주에 슈퍼비전에 왔을 때, 그녀는 피곤한 것처럼 보였다. 그녀에게 모든 게 어떻게 되어 가는지 물어보면, 그녀는 즉시 울기 시작했다. 그녀는 학교, 직장, 육아에 대한 책임감이 너무 벅차서 자신이 이 슈퍼비전에 계속 참여할 수 있을지를 확신하지 못한다고 말했다. 상담사 역할을 사용해서 셰릴에게 어떻게 반응할까?

5주 차 - 앤디 마셀리

앤디와의 지난번 슈퍼비전에서, 그는 철자와 문법상의 실수에 대해 사과했고 작문에 있어 그는 잘 한 적이 없다고 말했지만 그는 개선하겠다고 약속했다. 그는 난독증에 대해 언급하지 않았다. 일주일 내내, 그의 보고서는 계속해서 오류들로 가득 차 있었다. 당신이 다시 부드럽게 그에게 지적하면, 그는 조용해진다. 당신이 그에게 어떻게 도울 수 있는지 물으면, 그는 당신이 도울 수 없다고 말한다. 그는 (평소 발표와는 달리) 감정이 격해져서, 학창 시절 내내 그의 아버지가 그의 모든 과제를 점검하고 (학부나 대학원에서도) 고치는 것을 도왔다고 말한다. 그는 난독증의 어려운 문제를 당신에게 개방하고 자신이 "완전히 희망이 없다"라고 말한다. 상담사 역할을 이용해 앤디에게 어떻게 대응할까?

5주 차 - 아멜리아 워커

이번 주, 아멜리아는 개인 슈퍼비전에 나타나지 않는다. 당신이 그녀에게 전화해도 그녀는 전화를 받지 않는다. 다음 날, 당신이 그녀에게 다시 전화하자 그녀는 기분이 안 좋고 피곤한 것 같다. 그녀는 마지못해 당신을 보러 오겠다고 한다. 그녀는 올 때 약에 취해 있는 것 같아 보인다. 그 순간 아멜리아에게 어떻게 반응하고 상담사 역할을 어떤 방식으로 사용할 것인가?

6주 차 테마: 슈퍼바이지의 저항/방어

6주 차 - 제니 제이미슨

제니는 이번 주에 자신이 동성애자와 상담한 녹음을 제출한다. 처음에, 그녀는 잘 공감하고 상담사로서 내담자를 잘 수용해줬다. 하지만, 내담자가 그녀에게 그가 남성 파트너가 있다고 말하자, 그녀는 즉시 얼어버리고, 뭐라고 말해야 할지 몰라 했다. 그녀가 슈퍼비전에 왔을 때 당신은 이 주제를 꺼냈지만, 그녀는 그의 성적 성향은 그녀를 전혀 괴롭히지 않는다고 말한다. 당신은 그녀에게서 약간의 저항과 방어를 느낀다. 그녀에게 어떻게 응대해야 할까?

6주 차 - 자말 카터

자말은 30세의 아프리카계 미국인 남성 내담자와 상담한 녹화본을 제출한다. 상담 내내 자말은 내담자와 친하게 지내며 종종 내담자를 "친구"라고 부르고 농담을 하고 그와 함께 웃는다. 자말이 슈퍼비전에 왔을 때, 당신은 자말에게 상담사보다는 친구처럼 행동했다고 말했다. 자말은 이것이 사실이 아니라고 말한다. 그는 단지 내담자와 관계를 맺으려고 했을 뿐이라고 말한다. 이러한 자말의 명백한 저항/방어에 어떻게 대응할까?

6주 차 - 셰릴 가르시아

지난주 셰릴과 함께 한 슈퍼비전은 그녀가 덜 압도당했다고 느끼도록 도왔다. 이번 주에, 그녀는 25세의 여성 내담자와 상담하는 녹화본을 제출한다. 이 상담에서, 내담자는 남성 지배 사회가 미국의 모든 악과 폭력의 근원이라고 말한다. 셰릴은 내담자에게 자신도 그녀와 동의하며 변화가 필요하다고 믿는다고 말한다. 남은 상담 동안 셰릴과 내담자는 가부장제의 위험에 대해 논의한다. 슈퍼비전에서 당신은 상황에 대해 이야기하고 그녀의 가치관이 상담에 영향을 줄 수 있다는 점을 알려주려고 한다. 셰릴은 공개적으로 당신이 틀렸고 모두가 페미니스트여야 한다고 당신에게 말한다. 그녀는 자신에게 호의적이거나 자신에게 적대적이거나 둘 중에 하나를 선택하라고 하면서 슈퍼비전을 떠났다. 당신은 무엇을 해야 할까?

6주 차 - 앤디 마셀리

앤디와의 다음 슈퍼비전에서, 그는 지난주 당신의 친절에 진심으로 감사한다고 말한다. 그러고 나서 그는 계속해서 당신이 얼마나 훌륭한 슈퍼바이저인지, 친절하고 상냥하고 관대하게 받아들이는지를 말해준다. 앤디는 더 나아가 그가 상담사로서 당신과 똑같이 되고 싶다고 말한다. 처음에는 그의 친절한 말에 정말 고마워하지만 과장된 칭찬이 슈퍼바이지의 미묘한 저항의 형태가 될 수 있다는 것을 기억한다. 앤디가 이 경우라고 생각하는가? 만약 그렇다면, 그에게 어떻게 다가가야 하는가?

6주 차 - 아멜리아 워커

지난주 당신은 아멜리아에 대해서 걱정이 많이 되어 이에 대해서 다른 교수진과 상의를 하였다. 당신은 이번 주에 지난 5주 동안 당신이 목격한 많은 우려에 대해 아멜리아와 대면할 필요가 있다고 결정한다. 지난주에 그녀가 약에 취한 것 같다고 언급했을 때, 그녀는 노골적으로 이것을 부인했다. 그녀는 지난 몇 주 동안의 모든 내담자의 진행 상황을 자세히 설명하면서, 상담사로서 그녀가 없었더라면 이런 식의 진전을 이룰 수 없었을 것이라고 말한다. 아멜리아에게 어떻게 반응해야 할까?

7주 차 주제: 관계 단절과 회복, 문화 다양성

7주 차 - 제니 제이미슨

제니는 이번 주에 슈퍼비전에 와서 당신에게 정말 화가 난다고 바로 말했다. 그녀는 지난주에 당신이 옳았다고 말했고 실제로 LGBT 내담자들과 상담하는 것이 불편하다고 말했다. 그녀는 만약 LGBT 내담자와 상담하는 것이 그녀의 종교적 신념과 모순된다면 LGBT 내담자를 상담하도록 강요받아서는 안 된다고 말했다. 제니에게 어떻게 대응해야 할까?

7주 차 - 자말 카터

자말이 아프리카계 미국인 30세 내담자와의 상담을 확인해 보면 이번 상담에서도 자말은 상담사보다는 친구처럼 행동한다. 자말이 슈퍼비전에 왔을 때, 당신은 그에게 다시 이런 피드백을 주려고 한다. 그는 화를 내면서 당신은 아프리카계 미국인 남자들이 서로 어떻게 친밀감을 형성하는지 이해하지 못한다고 말한다. 자말에게 어떻게 반응해야 할까?

7주 차 - 셰릴 가르시아

주중에 다른 교수진으로부터 셰릴이 학과장에게 당신이 여성 혐오 행위를 했다고 말했다는 것을 들었다. 그녀가 슈퍼비전에 왔을 때 이것을 당신에게 말하지 않는다. 결국 당신이 그녀에게 이것에 대해 물어봤고 그녀는 평등이 자신에게 굉장히 중요하며 슈퍼바이저가 자신만큼이나 평등을 중요시하지 않으면 같이 슈퍼비전을 진행할 수 없다고 말한다. 셰릴에게 어떻게 반응해야 할까?

7주 차 - 앤디 마첼리

지난주, 당신은 앤디의 과장된 칭찬을 지적하기로 했고, 앤디는 그의 말이 솔직하지 못한 것으로 인식되어 상처받았다. 그는 또한 남자로서 당신에게 그런 친절한 말을 하는 것이 어렵다고 언급했다. 이번 주에 그가 슈퍼비전에 왔을 때 그는 당신에게 꽤 냉정하게 대하고 슈퍼비전 회기에 별로 적극적으로 참여하지 않는다. 앤디에게 어떻게 반응해야 할까?

7주 차 - 아멜리아 워커

아멜리아는 지난주에 당신과 상의한 모든 것에 대한 반응 목록을 가지고 이번 주 슈퍼비전에 왔다. 그녀는 자신의 행동에 대해 어떤 책임도 지지 않으며, 대신 당신의 평가가 영국과 국제 학생들에 대한 당신의 증오심을 나타내는 것일 뿐이라고 말한다. 이런 아멜리아에게 어떻게 반응해야 할까?

8주 차 주제: 사례 개념화, 인지 복잡성, 교사/컨설턴트 역할

8주 차 - 제니 제이미슨

지난주 이후로 제니가 아직도 약간 속상한 것 같았다. 하지만 슈퍼비전에 왔을 때 그녀는 학교에서 괴롭힘을 당하고 있는 10살 내담자를 사례개념화하는 데 어려움을 겪고 있다고 말한다. 교사와 컨설턴트 역할을 사용하여 제니가 내담자를 개념화할 수 있도록 어떻게 도와줄 수 있을까?

8주 차 - 자말 카터

지난주에 당신과 자말의 관계는 회복되었다. 이번 주에, 그가 슈퍼비전에 왔을 때 그의 내담자의 부모가 최근에 돌아가셨다고 당신에게 말한다. 자말은 그가 내담자의 슬픔을 어떻게 개념화하고 반응해야 할지 모르겠다고 당신에게 말한다. 교사와 컨설턴트 역할을 사용하여 자말이 내담자의 슬픔을 어떻게 개념화할 수 있도록 도와줄 수 있을까?

8주 차 - 셰릴 가르시아

지난주에 당신과 셰릴이 관계는 회복되었다. 그녀는 심지어 일주일 내내 읽을 수 있도록 몇 권의 페미니스트 문헌을 보내기도 했다. 다음 슈퍼비전에서 그녀는 25세 여성 내담자를 페미니즘 이외의 이론에서 개념화하는 방법을 배우고 싶다고 말하면서 개방성을 보여준다. 교사와 컨설턴트 역할을 사용하여 셰릴이 다른 이론으로 내담자를 개념화하는 데 어떤 도움을 줄 수 있을까?

8주 차 - 앤디 마셀리

지난주 앤디에 대한 접근은 당신과의 관계를 회복시킨 것 같다. 이번 주에 그가 슈퍼비전에 왔을 때 그는 당신과 슈퍼비전하는 것을 즐거워 하였다. 그는 최근에 섭식 장애로 고생하고 있는 한 여성 내담자를 만났고 구체적인 이론에서 개념화하는 데 도움을 요청한다. 교사와 컨설턴트 역할을 사용하여 앤디가 개념화할 수 있도록 어떻게 도와줄 수 있을까?

8주 차 - 아멜리아 워커

아멜리아는 이번 주에 경호를 받으며 슈퍼비전에 왔다. 그녀는 지난주에 있었던 일에 대해서는 언급하지 않고 대신 일을 지연하는 습관으로 어려움을 겪고 있는 20세 내담자를 개념화하는 데 도움을 요청한다. 당신은 교사와 컨설턴트 역할을 활용하여 그녀가 개념화하는 것을 도울 수 있을까? 지난주에 그녀에게 무슨 일이 있었는지 어떻게 다룰 수 있을까?

9주 차 주제: 평가, 피드백

9주 차 - 제니 제이미슨

제니가 중간평가에서는 좋은 점수를 얻었지만, 그녀가 LGBT 집단을 상담하는 것을 꺼리는 것을 고려할 때 그녀의 최종 평가 점수를 고민하고 있다. 어떻게 그녀를 평가하고 그녀에게 어떤 피드백을 제공할 수 있을까? 그녀는 이 강좌를 통과할 것인가?

9주 차 - 자말 카터

자말의 마지막 평가 시간이다. 한 학기 동안 그와 함께 경험한 것에 기초하여, 당신은 그를 어떻게 평가하고 어떤 피드백을 제공할 건가? 그는 그 강좌에 통과할 것인가?

9주 차 - 셰릴 가르시아

셰릴의 마지막 평가 시간이다. 그녀는 다른 이론들(페미니즘 이외의)에 대해 개방성을 보여주었지만, 당신은 여전히 이 문제에 대해 걱정하고 있다. 그녀를 어떻게 평가하고 피드백을 제공할 수 있을까? 그녀는 이 강좌에 통과할 것인가?

9주 차 - 앤디 마셀리

앤디의 마지막 평가 시간이다. 그는 상담사로서 큰 발전을 보였다. 그는 공감하고 내담자를 받아들이며 다양한 기술을 사용할 수 있다. 게다가, 그는 몇 가지 새로운 학문적 접근법을 시도했고, 그의 상담 보고서가 개선되었다. 하지만 실수는 여전히 존재한다. 당신은 그를 어떻게 평가하고 피드백을 제공할 수 있을까? 그는 그 강좌에 통과할 것인가?

9주 차—아멜리아 워커

아멜리아의 마지막 평가 시간이다. 그녀의 중간 평가에서, 당신은 아멜리아의 전문적이지 못하거나 개인적인 행동에 대한 문제점을 기록했다. 당신은 아밀리아의 행동에 대해 교수진과 여러 번 상의했다. 그 이후로도 아멜리아는 자신의 행동에 대해 어떠한 책임도 지지 않았다. 그녀를 어떻게 평가하고 피드백을 제공해야 할까? 그녀는 그 강좌에 통과할 것인가?

10주 차 주제: 종결

10주 차 - 제니 제이미슨

지난 몇 주 동안, 제니와 관계가 나빠진 것 같다. 이제 슈퍼비전을 끝내야 할 시간이다. 제니와 슈퍼비전 종결을 어떻게 접근할 것인가?

10주 차 - 자말 카터

지난주 최종 평가에서 자말은 당신이 그에게 정말 큰 의미가 있다고 말했다. 그는 사람들에게 진정성을 좀처럼 느끼지 못하지만, 당신에게 진정성을 느꼈다고 말한다. 당신은 그의 말에 감동받았다. 이 정보를 바탕으로 이번 주 자말과의 슈퍼비전 종결을 어떻게 접근할 것인가?

10주 차 - 셰릴 가르시아

셰릴과의 마지막 슈퍼비전 시간에 그녀는 당신에게 많은 것을 배웠다고 말하고 당신의 지도와 지지에 감사한다고 말한다. 그녀는 이번 시간이 당신과 함께 하는 마지막 슈퍼비전이라고 속상해하지 않은 것 같다. 이 정보에 기초하여, 당신은 셰릴과의 슈퍼비전 종결을 어떻게 접근할 것인가?

10주 차 - 앤디 마셀리

지난주 마지막 평가에서 앤디는 당신이 그의 삶에 큰 변화를 주었다고 말하고 당신과 계속 연락할 수 있는지 묻는다. 그는 슈퍼비전 종결에 대해 진심으로 슬퍼하는 것 같다. 이 정보에 기초하여, 이번 주 앤디와의 슈퍼비전 종결을 어떻게 접근할 것인가?

10주 차 - 아멜리아 워커

아멜리아와의 마지막 평가 시간에 당신은 슈퍼비전 종결에 대해 말했고 그녀는 "종결하는 것이 우리 두 사람 모두에게 좋을 거라고 생각된다."라고 대답했다. 이 정보에 근거하여, 아멜리아와의 슈퍼비전 종결을 어떻게 접근할 것인가?

표 34.1 및 34.2에는 이 활동과 관련된 채점 기준이 포함되어 있다.

슈퍼비전 개입 매뉴얼

측정된 SLO: CACREP 2016 표준 6.B.2.c, 6.B.2.d, 6.B.2.f

슈퍼바이저는 자신이 슈퍼바이지에게 비슷한 유형의 개입을 계속해서 사용하고 있다는 것을 종종 깨닫게 된다. 슈퍼바이저는 각 슈퍼바이지의 독특한 요구에 따라 계속해서 개입 방법을 늘려나가는 것이 중요하다. 어려운 순간을 위해 슈퍼바이저가 참조할 수 있는 슈퍼비전 개입 매뉴얼을 학과 동료들과 함께 학과 차원에서 만드는 것은 중요하다.

이를 위해 각 학생은 슈퍼비전 개입에 대한 1~2페이지 분량의 설명(개입당 학생 1명)을 작성해야 한다. 이러한 개입은 교육적인 기술, 개념화를 다루는 것, 자기 인식을 넓히는 것, 전문적 행위를 다루는 것과 관련되어 있을 수 있다. 사용할 수 있는 개입의 예는 아래에 묘사되어 있으나 당신은 당신만의 슈퍼비전 개입을 만들 수 있어야 한다.

- 역할연습
- 차근차근 기술 가르쳐주기
- 대인관계 과정 회상 기법 사용하기
- 모델링
- 소리 내 생각하기
- 그래프를 사용하여 정리하기
- 소크라테스 질문법
- 시각화시키기/마음챙김 기법 사용하기
- 라이브 슈퍼비전 방식을 사용하기
- 창의적인 개입 사용하기(예: 모래 상자, 미술, 음악)
- 유머 사용하기
- 자기 개방
- 은유 사용하기

- 다양한 이론을 적용하여 내담자 사례를 개념화하기

보고서 페이지를 작성할 때 일단 간략하게 개요를 작성한 후 각각의 목록 제목을 사용하여 붙인다. 보고서 페이지에 다음과 같은 요소들이 각각 포함되게 해야 한다.

1. 개입의 간략한 정의.
2. 발달 수준 및 기타 특성에 기초하여 이러한 개입이 가장 적합한 슈퍼바이지에 대한 설명(예: 초급 슈퍼바이지, 방어적인 슈퍼바이지, 사례 개념화를 이해하려고 애쓰는 슈퍼바이지, 자아 인식이 부족한 슈퍼바이지)
3. 개입의 초점에 대한 설명(Bernard의 슈퍼비전 변별모형의 4가지 영역, Bernard와 Goodyear, 2004; Borders와 Brown, 2005 참조): (a) 상담 성과 기술, (b) 개념화 기술, (c) 개인화 기술, (d) 전문적인 역할 기술. 개입에 가장 적절한 슈퍼비전 역할에 대한 묘사도 필요(Bernard의 슈퍼비전 변별 모형의 3가지 역할): (a) 교사, (b) 상담사, (c) 컨설턴트
4. 개입의 수행 방법에 대한 단계별 개요
5. 개입의 의도된 결과에 대한 설명

표 34.3에는 이 과제와 관련된 채점 기준을 포함한다.

<표 34.1> 슈퍼비전 시뮬레이션 주별 저널 채점 기준

평가 기준(CACREP 표준)	기대 이하	기대 충족	기대 이상
1주: 소개, 문서 작성, 오리엔테이션, 기대치 (6.B.2.h)	슈퍼비전의 소개, 문서 작성, 오리엔테이션, 기대치를 포함하지 않거나 부적절함. 이에 대한 사고와 고려 사항 역시 매우 제한적으로 보임.	슈퍼비전의 소개, 문서 작성, 오리엔테이션, 기대치를 포함함. 이에 대해 평균 수준의 사고와 고려 사항이 나타남.	슈퍼비전의 소개, 문서 작성, 오리엔테이션, 기대치를 포함함. 이에 대해 높은 수준의 사고와 고려 사항이 나타남. 통찰력 있고, 잘 알고 있으며 의도적이고 창의적임.
2주: 발달 수준(6.B.2.f)	슈퍼바이지의 발달 수준의 평가를 포함하지 않거나 부적절함. 이에 대한 사고와 고려 사항 역시 매우 제한적으로 보임.	슈퍼바이지의 발달 수준의 평가를 포함함. 이에 대해 평균 수준의 사고와 고려 사항이 나타남.	슈퍼바이지의 발달 수준의 평가를 포함함. 이에 대해 높은 수준의 사고와 고려 사항이 나타남. 통찰력 있고, 잘 알고 있으며 의도적이고 창의적임.
3주: 기술부족, 교육자 역할(6.B.2.c, 6.B.2.d)	기술 부족을 다루기 위한 교사 중심 개입을 포함하지 않거나 부적절함. 이에 대한 사고와 고려 사항 역시 매우 제한적으로 보임.	기술 부족을 다루기 위한 교사 중심 개입을 포함함. 이에 대해 평균 수준의 사고와 고려 사항이 나타남.	기술 부족을 다루기 위한 교사 중심 개입을 포함함. 이에 대해 높은 수준의 사고와 고려 사항이 나타남. 통찰력 있고, 잘 알고 있으며 의도적이고 창의적임.
4주: 전문가 행위, 윤리(6.B.2.j, 6.B.2.k)	슈퍼바이지의 전문가로서의 행동과 윤리적 태도에 대한 관심들을 포함하지 않거나 부적절함. 이에 대한 사고와 고려 사항 역시 매우 제한적으로 보임.	슈퍼바이지의 전문가로서의 행동과 윤리적 태도에 대한 관심들을 포함함. 이에 대해 평균 수준의 사고와 고려 사항이 나타남.	슈퍼바이지의 전문가로서의 행동과 윤리적 태도에 대한 관심들을 포함함. 이에 대해 높은 수준의 사고와 고려 사항이 나타남. 통찰력 있고, 잘 알고 있으며 의도적이고 창의적임.
5주: 슈퍼바이지의 개인 문제,	슈퍼바이지의 개인적 문제를 다루기 위해 상담사 중심 개입을 포함하지 않거나 부	슈퍼바이지의 개인적 문제를 다루기 위해 상담사 중심 개입을 포함함. 이에 대해 평	슈퍼바이지의 개인적 문제를 다루기 위해 상담사 중심 개입을 포함함. 이에 대해 높

상담사 역할(6.B.2.c)	적절함. 이에 대한 사고와 고려 사항 역시 매우 제한적으로 보임.	균 수준의 사고와 고려 사항이 나타남.	은 수준의 사고와 고려 사항이 나타남. 통찰력 있고, 잘 알고 있으며 의도적이고 창의적임.
6주: 슈퍼바이지의 저항/방어 (6.B.2.c)	슈퍼바이지의 저항/방어에 대한 관심들을 포함하지 않거나 부적절함. 이에 대한 사고와 고려 사항 역시 매우 제한적으로 보임.	슈퍼바이지의 저항/방어에 대한 관심들을 포함함. 이에 대해 평균 수준의 사고와 고려 사항이 나타남.	슈퍼바이지의 저항/방어에 대한 관심들을 포함함. 이에 대해 높은 수준의 사고와 고려 사항이 나타남. 통찰력 있고, 잘 알고 있으며 의도적이고 창의적임.
7주: 관계 단절과 회복, 문화 다양성 (6.B.2.c, 6.B.2.k)	슈퍼비전 관계 단절과 문화 다양성에 대한 관심들을 포함하지 않거나 부적절함. 이에 대한 사고와 고려 사항 역시 매우 제한적으로 보임.	슈퍼비전 관계 단절과 문화 다양성에 대한 관심들을 포함함. 이에 대해 평균 수준의 사고와 고려 사항이 나타남.	슈퍼비전 관계 단절과 문화 다양성에 대한 관심들을 포함함. 이에 대해 높은 수준의 사고와 고려 사항이 나타남. 통찰력 있고, 잘 알고 있으며 의도적이고 창의적임.
8주: 사례 개념화, 인지 복잡성, 교사/컨설턴트 역할(6.B.2.c)	사례 개념화나 인지 복잡성을 다루기 위해 교사/컨설턴트 중심 개입을 포함하지 않거나 부적절함. 이에 대한 사고와 고려 사항 역시 매우 제한적으로 보임.	사례 개념화나 인지 복잡성을 다루기 위해 교사/컨설턴트 중심 개입을 포함함. 이에 대해 평균 수준의 사고와 고려 사항이 나타남.	사례 개념화나 인지 복잡성을 다루기 위해 교사/컨설턴트 중심 개입을 포함함. 이에 대해 높은 수준의 사고와 고려 사항이 나타남. 통찰력 있고, 잘 알고 있으며 의도적이고 창의적임.
9주: 평가, 피드백(6.B.2.i)	평가나 피드백에 대한 관심들을 포함하지 않거나 부적절함. 이에 대한 사고와 고려 사항 역시 매우 제한적으로 보임.	평가나 피드백에 대한 관심들을 포함함. 이에 대해 평균 수준의 사고와 고려 사항이 나타남.	평가나 피드백에 대한 관심들을 포함함. 이에 대해 높은 수준의 사고와 고려 사항이 나타남. 통찰력 있고, 잘 알고 있으며 의도적이고 창의적임.
10주: 종결(6.B.2.c)	종결에 대한 관심들을 포함하지 않거나 부적절함. 이에 대한 사고와 고려 사항 역	종결에 대한 관심들을 포함함. 이에 대해 평균 수준의 사고와 고려 사항이 나타남.	종결에 대한 관심들을 포함함. 이에 대해 높은 수준의 사고와 고려 사항이 나타남.

	시 매우 제한적으로 보임.		통찰력 있고, 잘 알고 있으며 의도적이고 창의적임.
저널의 양질	저널이 정리되지 않고, 집중되지 않음. 작문 체계에 제한된 능력을 나타냄. 분량을 지키지 않음.	저널이 정리되어 있고, 집중되어 있음. 허용 가능한 작문 체계를 사용함. 분량을 지킴.	저널이 잘 정리되어 있고, 집중되어 있음. 전문적인 작문 체계를 사용함. 분량을 지킴.

주. CACREP=상담 및 관련 교육 프로그램 인준 기관

새로운 슈퍼바이저에게 편지

측정된 SLO: CACREP 2016 표준 6.B.2.a, 6.B.2.b, 6.B.2.c, 6.B.2.e

한 학기 동안 당신은 틀림없이 슈퍼비전에 대해 꽤 많이 배웠을 것이다. 지금이 바로 새로운 슈퍼바이저와 당신의 지식을 공유할 수 있는 때이다. 이를 위해 다음 학기에 이 과정을 수강하게 될 새로운 슈퍼바이저에게 편지를 쓸 것이다. 편지를 받는 사람은 아직 슈퍼비전에 대해 알지 못하므로, 당신의 편지 내용이 초보자에게 맞춰져야 한다는 것을 기억해야 한다.

편지에서 다음 6개 영역에 대해 설명해야 한다.

- 임상 슈퍼비전의 목적을 기술한다. 그것이 무엇이고 왜 중요한가? 상담과 비슷하거나 다른 점은 무엇인가? 한 학기 동안 임상 슈퍼비전에 대한 이해가 어떻게 바뀌었는가?
- 이번 학기에 당신이 활동에서 사용한 다양한 임상 슈퍼비전 모델을 설명해야 한다. 이 모델들을 사용한 경험은 어땠는가? 사용하지 않은 것이 있는가? 왜 사용했고 혹은 하지 않았는가?
- 슈퍼비전 관계의 중요성을 설명한다. 이번 학기에 슈퍼바이지들과 효과적인 슈퍼비전 관계를 어떻게 구축했는가? 그 관계 단절이나 적절한 경계 설정으로 어려움을 겪지는 않았는가? 만약 그렇다면, 어떻게 개입했나?
- 현재 이해하고 있는 본인만의 슈퍼비전 방식을 설명해야 한다. 언제부터 본인만의 방식을 알아보기 시작했는가? 당신의 슈퍼비전 방식을 사용할 슈퍼바이지의 예시가 있었는가? 본인만의 슈퍼비전 방식을 빛나게 해 줄 특별한 은유가 있는가?
- 한 학기 동안 가장 어려웠던 학습 과제를 설명한다. 당신은 이 어려움을 극복했는가? 만약 그렇다면, 어떻게 극복했는가? 극복하지 못했다면 앞으로 나아가는 데 무엇이 필요하다고 생각하는가?
- 마지막으로, 지혜와 격려의 말을 몇 마디 하시오. 당신이 슈퍼바이저가 되기 전에 무슨 말을 듣고 싶은가?

<표 34.2> 슈퍼비전 시뮬레이션 참여 채점 기준

평가 기준(CACREP 표준)	기대 이하	기대 충족	기대 이상
동료끼리 어떤 일이 있었는지 그리고 어떤 개입을 했는지 이야기 나누기	슈퍼바이지 프로그램이나 선택된 개입에 대해 이야기하지 않거나 부적절함. 이에 대한 사고와 고려 사항 역시 매우 제한적으로 보임.	슈퍼바이지 프로그램이나 선택된 개입에 대해 적절하게 이야기함. 이에 대해 평균 수준의 사고와 고려 사항이 나타남.	슈퍼바이지 프로그램이나 선택된 개입에 대해 분명히 이야기함. 이에 대해 높은 수준의 사고와 고려 사항이 나타남. 통찰력 있고, 잘 알고 있으며 의도적이고 창의적임.
동료의 피드백과 제안 고려	동료의 피드백이나 제안을 전혀 고려하지 않음.	동료의 피드백이나 제안을 충분히 고려함.	동료의 피드백이나 제안을 충분히 고려하고이후에 동료들의 피드백을 적용함.
동료에게 피드백과 제안 제시	동료에게 피드백이나 제안을 제시하지 않거나 부적절하게 제시함.	동료에게 피드백이나 제안을 충분히 제시함.	동료에게 피드백이나 제안을 충분히 제시함. 피드백이 통찰력 있으며 잘 알고 있고 의도적이며 창의적임.

주. CACREP=상담 및 관련 교육 프로그램 인증 기관

<표 34.3> 슈퍼비전 개입 메뉴얼 채점 기준

평가 기준(CACREP 표준)	기대 이하	기대 충족	기대 이상
개입의 정의	개입의 정의를 포함하지 않거나 부적절하게 또는 부정확하게 포함함. 이에 대한 사고와 고려 사항 역시 매우 제한적으로 보임.	개입의 정의를 정확하게 포함함. 이에 대해 평균 수준의 사고와 고려 사항이 나타남.	개입의 정의를 정확하게 포함함. 이에 대해 높은 수준의 사고와 고려 사항이 나타남. 통찰력 있고, 잘 알고 있으며 의도적이고 창의적임.
발달 수준 및 기타 특성에 기초하여 이러한 개입이 가장 적합한 슈퍼바이지에 대한 설명	개입이 가장 적합한 슈퍼바이지에 대한 설명을 포함하지 않거나 부적절하게 또는 부정확하게 포함함. 이에 대한 사고와 고려 사항 역시 매우 제한적으로 보임.	개입이 가장 적합한 슈퍼바이지에 대한 설명을 정확하게 포함함. 이에 대해 평균 수준의 사고와 고려 사항이 나타남.	개입이 가장 적합한 슈퍼바이지에 대한 설명을 정확하게 포함함. 이에 대해 높은 수준의 사고와 고려 사항이 나타남. 통찰력 있고, 잘 알고 있으며 의도적이고 창의적임.
개입의 초점에 대한 설명	개입의 초점에 대한 설명과 적절한 슈퍼비전 역할을 포함하지 않거나 부적절하게 또는	개입의 초점에 대한 설명과 적절한 슈퍼비전 역할을 정확하게 포함함. 이에 대해 평균 수준의 사고와 고려	개입의 초점에 대한 설명과 적절한 슈퍼비전 역할을 정확하게 포함함. 이에 대해 높은 수준의 사고와 고려

	부정확하게 포함함. 이에 대한 사고와 고려 사항 역시 매우 제한적으로 보임.	사항이 나타남.	사항이 나타남. 통찰력 있고, 잘 알고 있으며 의도적이고 창의적임.
개입의 수행 방법에 대한 단계별 개요	개입의 수행 방법에 대한 단계별 개요를 포함하지 않거나 부적절하게 또는 부정확하게 포함함. 이에 대한 사고와 고려 사항 역시 매우 제한적으로 보임.	개입의 수행 방법에 대한 단계별 개요를 정확하게 포함함. 이에 대해 평균 수준의 사고와 고려 사항이 나타남.	개입의 수행 방법에 대한 단계별 개요를 정확하게 포함함. 이에 대해 높은 수준의 사고와 고려 사항이 나타남. 통찰력 있고, 잘 알고 있으며 의도적이고 창의적임.
개입의 의도된 결과에 대한 설명	개입의 의도된 결과에 대한 설명을 포함하지 않거나 부적절하게 또는 부정확하게 포함함. 이에 대한 사고와 고려 사항 역시 매우 제한적으로 보임.	개입의 의도된 결과에 대한 설명을 정확하게 포함함. 이에 대해 평균 수준의 사고와 고려 사항이 나타남.	개입의 의도된 결과에 대한 설명을 정확하게 포함함. 이에 대해 높은 수준의 사고와 고려 사항이 나타남. 통찰력 있고, 잘 알고 있으며 의도적이고 창의적임.
보고서의 양질	보고서가 정리되지 않고, 집중되지 않음. 작문 체계에 제한된 능력을 나타냄. 분량을 지키지 않음.	보고서가 정리되어 있고, 집중되어 있음. 허용 가능한 작문 체계를 사용함. 분량을 지킴.	보고서가 잘 정리되어 있고, 집중되어 있음. 전문적인 작문 체계를 사용함. 분량을 지킴.

주. CACREP=상담 및 관련 교육 프로그램 인준 기관

표 34.4에는 이 과제와 관련된 채점 기준을 포함한다.

<표 34.4> 새로운 슈퍼바이저에게 편지 쓰기 채점 기준

평가 기준(CACREP 표준)	기대 이하	기대 충족	기대 이상
임상 슈퍼비전 목적의 묘사	임상 슈퍼비전 목적의 묘사를 포함하지 않거나 부적절하게 또는 부정확하게 포함함. 이에 대한 사고와 고려 사항 역시 매우 제한적으로 보임.	임상 슈퍼비전 목적의 묘사를 정확하게 포함함. 이에 대해 평균 수준의 사고와 고려 사항이 나타남.	임상 슈퍼비전 목적의 묘사를 정확하게 포함함. 이에 대해 높은 수준의 사고와 고려 사항이 나타남. 통찰력 있고, 잘 알고 있으며 의도적이고 창의적임.
슈퍼비전 모델의 묘사	슈퍼비전 모델의 묘사를 포함하지 않거나 부적절하게 또는 부정확하게 포함함. 이에 대한 사고와 고려 사항 역시 매우 제한적으로 보임.	슈퍼비전 모델의 묘사를 정확하게 포함함. 이에 대해 평균 수준의 사고와 고려 사항이 나타남.	슈퍼비전 모델의 묘사를 정확하게 포함함. 이에 대해 높은 수준의 사고와 고려 사항이 나타남. 통찰력 있고, 잘 알고 있으며 의도적이고 창의적임.
슈퍼비전 관계의 중요성 묘사	슈퍼비전 관계의 중요성 묘사를 포함하지 않거나 부적절하게 또는 부정확하게 포함함. 이에 대한 사고와 고려 사항 역시 매우 제한적으로 보임.	슈퍼비전 관계의 중요성 묘사를 정확하게 포함함. 이에 대해 평균 수준의 사고와 고려 사항이 나타남.	슈퍼비전 관계의 중요성 묘사를 정확하게 포함함. 이에 대해 높은 수준의 사고와 고려 사항이 나타남. 통찰력 있고, 잘 알고 있으며 의도적이고 창의적임.
본인만의 슈퍼비전 방식 묘사	본인만의 슈퍼비전 방식 묘사를 포함하지 않거나 부적절하게 또는 부정확하게 포함함. 이에 대한 사고와 고려 사항 역시 매우 제한적으로 보임.	본인만의 슈퍼비전 방식 묘사를 정확하게 포함함. 이에 대해 평균 수준의 사고와 고려 사항이 나타남.	본인만의 슈퍼비전 방식 묘사를 정확하게 포함함. 이에 대해 높은 수준의 사고와 고려 사항이 나타남. 통찰력 있고, 잘 알고 있으며 의도적이고 창의적임.
학습 어려움 묘사	학습 어려움 묘사를 포함하지 않거나 부적절하게 또는 부정확하게 포함함. 이에 대한 사고와 고려 사항 역시 매우 제한적으로 보임.	학습 어려움 묘사를 정확하게 포함함. 이에 대해 평균 수준의 사고와 고려 사항이 나타남.	학습 어려움 묘사를 정확하게 포함함. 이에 대해 높은 수준의 사고와 고려 사항이 나타남. 통찰력 있고, 잘 알고 있으며 의도적이고 창의적임.
지혜와 격려	지혜와 격려를 포함하지 않거나 부적절하게 또는 부정확하게 포함함. 이에 대한 사고와 고려 사항 역시 매우 제한적으로 보임.	지혜와 격려를 정확하게 포함함. 이에 대해 평균 수준의 사고와 고려 사항이 나타남.	지혜와 격려를 정확하게 포함함. 이에 대해 높은 수준의 사고와 고려 사항이 나타남. 통찰력 있고, 잘 알고 있으며 의도적이고 창의적임.

개인적인 경험을 공유하려는 마음	개인적인 경험을 공유하려는 마음이 최소한으로 있음. 질문에 적절히 답하지 않았음.	개인적인 경험을 공유하려는 마음이 적당한 정도로 있음. 사려 깊은 방식으로 질문에 답함.	개인적인 경험을 공유하려는 마음이 충분히 있음. 매우 사려 깊고 통찰력 있고 성찰하는 방식으로 질문에 답함
편지의 양질	편지가 정리되지 않고, 집중되지 않음. 작문 체계에 제한된 능력을 나타냄.	편지가 정리되어 있고, 집중되어 있음. 허용 가능한 작문 체계를 사용함.	편지가 잘 정리되어 있고, 집중되어 있음. 전문적인 작문 체계를 사용함.

주. CACREP=상담 및 관련 교육 프로그램 인준 기관

제35장

상담사 교육과 슈퍼비전 - 강의

Casey A. Barrio Minton
and Carrie A. Wachter Morris

강의 영역의 경우, 석사 및 박사 학위 상담교육과정의 다른 핵심 영역과는 달리 상담교육자가 다른 분야의 박사 학위 핵심 영역에서 강의 관련 내용 중, 핵심적인 요소들을 가지고 와서 적용해야 한다. 상담사 교육 분야 역시 교수법 및 학습법과 관련하여 명확하게 식별할 수 있는 문헌을 어느 정도 보유하고 있지만(Barrio Minton 등, 2014의 개요 부분을 참조), 상담사 교육 분야가 교육학적 모델과 방법(CACREP 2016 Standard 6.B.3.b), 성인 학습 모델(Standard 6.B.3.c), 교육 설계(Standard.6.B.3.d) 및 온라인 지침에 대한 접근법(Srandard.6.B.3.e)에 있어서는 그 깊이가 상대적으로 부족하다. 지난 10년간 교육학 관련된 논문들을 리뷰한 Barrio Minton과 동료들(2014)의 연구에 따르면, 상담사 교육자가 강의할 수 있도록 준비하는 것과 관련된 주제의 논문은 단 1개뿐이며, 230개의 저명한 학술지 저널 논문 중에 단지 14.78%만이 학습 이론과 교수법 연구에 기반을 두고 있었다. 학습 경험과 강의평가에 있어서의 발전을 이루어내고 상담사 교육의 교육학적인 요소에 대한 업적들을 알리기 위해서는 다른 학문 분야의 문헌들을 참고할 필요가 있다. 교육심리학, 교사교육, 고등교육 및 교육공학 분야의 문현들은 모두 상담사 교육 영역의 요구에 적합하게 적용될 수 있고 박사 과정 학생들이 학습 이론에 대한 주요 개념을 소화하고 그들이 가르치게 될 과목에 적합하고 바람직한 결정을 하는데 활용할 수 있도록 적절하고 유용한 내용을 지니고 있다.

이렇듯 다른 학문 분야에서 많은 기초적이고 이론적인 교수법과 학습법에 대한 내용을 도출해서 적용할 수 있지만, 상담사 교육 분야 역시 상담사 교육 분야만의 교수법 관련 영역에 대한 많은 문헌들이 존재한다. 상담교육자는 상담교육자의 역할과 책임(CACREP 2016 Standard 6.B.3.a), 교정조치(remediation) 및 문지기 역할(gate-keeping)(Standard 6.B.3.f) 및 강의에 있어서의 윤리 및 사회문화적 고려 사항(Standard 6.B.3.h)에 관한 상담 전문 분야의 기존 문헌들을 고찰해야 한다. 일부 분야(특히 교정조치 및 선발조치)에 대한 풍부한 문헌과 연구물에도 불구하고, 박사 과정 학생들은 자신의 박사 학위 과정 프로그램 동안 생생하게 이에 대한 기술을 연마할 기회를 갖지 못할 수 있다. 교수들 역시 문제가 있었던 학생을 직접 경험해보지 않았다면, 선발조치와 교정조치에 대한 대화는 가설로만 남을 수 있다. 심지어 교수들이 교정조치와 선발조치 과정에 참여하더라도 법적 및 윤리적 고려 사항들은 박사 과정 학생들에게는 비공개가 되었을 가능성이 높고, 아마도 박사 과정생들은 더 구체적인 사건들에 관여하지 않았기에 사건의 이면에 있는 내용은 모를 가능성이 많다. 이는 상담교육자들이 박사 과정 학생들이 앞으로 그들의 직업에서 직면하게 될 중요한 분야에서의 배움에 대한 평가에 특별한 주의를 더 기울여야 한다는 것을 의미한다. 상담교육자는 이러한 내용에 대한 학습을 좀 더 분명하게 하고 정확하게 평가하기 위해 이와 관련된 윤리 강령 및 대학 정책을 어떻게 적용하는지, 의사결정은 어떻게 이루어지는지 등에 대해서 보다 구체적인 과제를 만들어서 제시하거나 혹은 사례연구 과제 등을 사용하여 구상할 수 있다.

이 장에서는 박사 학위 과정에서 교수법과 관련된 핵심적 요소들을 평가하기 위한 세 가지 과제와 채점 기준을 제공할 것이다. 첫 번째 활동은 박사 과정 학생들이 교수학습 이론을 기존의 문헌에서 어떻게 찾고 검토할 수 있는지, 그리고 나아가 그 이론을 어떻게 상담사 교육에 적용할 수 있는지 돕기 위해 설계되었다. 두 번째 활동은 박사 과정 학생들이 가르치는 것(교수)과 배우는 것(학습)에 대한 그들의 신념이 무엇인지 파악하게 하고, 상담사 교육 과목을 설계하고, 그 상담 과목이 어떻게 학생들의 교육철학뿐만 아니라 상담사 교육 및 교수 설계의 모범 사례가 될 수 있는지 보여주는 실제적인 포트폴리오의 제작이다. 마지막 과제는 교육 인턴십 과목에서 교수법 실무를 직접 관찰하기 위해 사용할 수 있는 샘플 도구의 제작이다.

학습이론 기본지침

측정된 SLO: CACREP 2016 표준 6.B.3.a, 6.B.3.b, 6.B.3.c, 6.B.3.d, 6.B.3.h, 6.B.4.h

상담교육자가 특정 학습이론 또는 모형을 이해하고 상담사 교육에 적용하는데 도움이 되는 교수법 관련 기본지침을 준비한다. http://www.learning-theories.com 웹사이트에 나와 있는 학습이론 및 모형 중에서 선택하거나 이 웹사이트에 있지 않은 학습이론 또는 모형을 제안할 수도 있다. 다음의 패러다임 중 하나의 이론이여야 한다.

- 행동주의 이론
- 인지주의 이론
- 구성주의, 사회 및 상황 이론
- 동기 및 인간중심 이론
- 성찰적 및 변혁적 이론 또는
- 설계(교수법) 이론 및 모형

  적어도 다음과 같은 내용들이 소제목으로 과제에 포함되어야 한다.
- 이론적 배경(학습의 이론적 관점에 대한 초점 및 이론-기반 교수법 포함되었는지)
- 근거 기반(연구 중심)
- 비판적 논평(상담의 철학적 기초, 성인 학습과의 관련성, 근거 기반의 연구 중심, 문화적 고려 사항이 포함되었는지)
- 상담사 교육 분야에 미치는 영향(교육과정 설계의 초점, 온라인 강의의 잠재력 및 학습 평가 등이 포함되었는지)
- 계속 교육(평생 교육)을 위한 기초자료

보고서는 APA 양식에 따라 작성되어야 하며 제목, 초록 및 참고문헌을 포함하여 25페이지를 초과해서는 안된다. 참고문헌의 출처와 경험적 연구들의 출처 등에 주의를 기울여야 한다. 이 과제를 수행하려면 상담 분야의 참고문헌만을 참조해서는 안되고, 교수학습 관련 다른 전문 분야 영역도 참조할 수 있는 능력을 지녀야 한다. 표 35.1에는 이 과제와 관련된 채점 기준이다.

과목 설계 포트폴리오

측정된 SLO: CACREP 2016 표준 6.B.3.a, 6.B.3.b, 6.B.3.d, 6.B.3.g, 6.B.3.h, 6.B.4.h

이 주요 과제는 교수 학습에 대한 학생들의 철학과 신념을 분명하게 하고, 상담교육자로서 역할과 책임을 파악하게 하고, 어떤 의도를 가지고 교육과정을 어떻게 설계하는지에 대해 도와줄 몇 가지 요소들을 포함하고 있다. 다음의 과제를 제출하시오.

- 상담사 교육에서 교수 학습에 대한 당신의 철학(O'Neal, Meizlish, & Kaplan, 2007 참조)
- 실무 또는 인턴십 이외의 CACREP 기준에 부합하는 전공 필수 또는 선택 교과목 강의 계획서
- 교과목의 성취 목표, 교재, 과제, 교수법, 학업 평가 간의 연관성을 설명하는 커리큘럼 맵

표 35.1 학습 이론 기본 지침 채점 기준

평가 기준(CACREP 표준)	기대 이하	기대 충족	기대 이상
학습 이론의 지식(6.B.3.b)	이론에 대한 이해가 적거나 부정확함. 발표에 상당한 불일치성이 있음. 주요 참고문헌을 통해 적절히 인용되지 않았음.	이론에 대한 이해를 적절하게 보여주고 있음; 불일치성이 약간 있으나 전반적으로는 이해를 하는 것으로 판단됨; 주요 참고문헌을 통해 적절하게 인용하고 있음.	이론에 대한 이해가 탁월함. 불일치성이 없음. 주요 참고문헌을 훌륭하게 사용됨.
비평적 논평: 전문적 상담 정체성(6.B.3.a)	주장에 대해 빈약한 근거를 사용한 매우 단순화된 리뷰. 전문적 상담 정체성, 역할, 책임에 대해 부적절한 이해를 보여줌.	주장에 대해 적절한 근거를 사용한 철저하고 관련 있는 리뷰. 전문적 상담 정체성, 역할, 책임에 대한 적절한 이해를 보여줌.	전체적으로 사려 깊게 잘 설명함. 주장에 대해 탁월한 근거를 가지고 분명하고 설득력있고 참여적임. 전문적 상담 정체성, 역할, 책임에 강한 통합성을 보여줌.
비평적 논평: 성인 발달과 학습(6.B.3.c)	주장에 대해 빈약한 근거를 사용한 매우 단순화된 리뷰. 성인 발달과 학습에 대해 부적절한 이해를 보여줌.	주장에 대해 적절한 근거를 사용한 철저하고 관련 있는 리뷰. 성인 발달과 학습에 대한 적절한 이해를 보여줌.	전체적으로 사려깊게 잘 설명됨. 주장에 대해 탁월한 근거를 가지고 분명하고 설득력 있고 참여적임. 성인 발달과 학습에 탁월한 통합성을 보여줌.
비평적 논평: 증거 기반의 질적 수준	주장에 대해 빈약한 근거를 사용한 매우 단순화된 리뷰. 증거 기반의 질적인 측면에 대해 부적절한 이해를 보여줌.	주장에 대해 적절한 근거를 사용한 철저하고 관련 있는 리뷰. 증거 기반의 질적인 측면에 대한 적절한 이해를 보여줌.	전체적으로 사려 깊게 잘 설명됨. 주장에 대해 탁월한 근거를 가지고 분명하고 설득력 있고 참여적임. 증거 기반의 질적인 측면에 대해 탁월한 통합성을 보여줌.
비평적 논평: 문화적 고려(6.B.3.h)	주장에 대해 빈약한 근거를 사용한 매우 단순화된 리뷰. 문화적 고려에 대해 부적절한 이해를 보여줌.	주장에 대해 적절한 근거를 사용한 철저하고 관련 있는 리뷰. 문화적 고려에 대한 적절한 이해를 보여줌.	모든 부분에서 사려 깊고 잘 설명됨. 주장에 대해 탁월한 근거를 가지고 분명하고 설득력 있고 참여적임. 문화적 고려에 강한 통합성을 보여줌.
시사점: 교육과정 설계 (6.B.3.d)	교육과정 설계를 위한 제안점이 지나치게 단순하고 추상적이거나 부정확함.	교육과정 설계를 위한 제안점이 매우 구체적이고 의미 있음. 발표한다면, 이론적	구체적이고 의미 있는 교육과정 설계를 위한 제안점을 탁월하게 제시하고 있음.

		불일치성이 별로 없거나 전체 메시지와 연계되어 있음.	불일치성이 전혀 없음.
시사점: 온라인 교육(6.B.3.e)	온라인 교육을 지나치게 단순하고 추상적이고 부정확하게 보여줌.	온라인 교육을 매우 구체적이고 의미 있게 적용함. 발표시 이론적 불일치성이 적거나 전체 메시지와 연계되어 있음.	구체적이고 의미 있는 온라인 교육을 탁월하게 보여줌. 불일치성이 전혀 없음.
시사점: 학습의 평가(6.B.3.g)	학습의 평가를 위한 제안점이 지나치게 단순하고 추상적이거나 부정확함.	학습의 평가를 위한 제안점을 매우 구체적이고 의미 있게 적용함. 발표시 이론적 불일치성이 적거나 전체 메시지와 연계되어 있음.	구체적이고 의미 있는 학습의 평가를 위한 제안점을 탁월하게 보여줌. 불일치성이 전혀 없음.
보고서 작성의 질적 수준(6.B.4.h)	보고서 작성의 문제가 있어서 의미를 잘 전달하지 못함. 다음의 항목 중 두 개 이상에 문제가 있음: 초점, 논리, 정리, 양식, 어법, APA 양식; 기존 출판된 자료와 일치하지 않음.	보고서 작성에 때때로 어려움을 겪지만, 의미는 전체적으로 분명함. 다음의 항목 중 한 개 이상에 문제가 있음. 초점, 논리, 정리, 스타일, 어법, APA 양식; 출판된 자료와 대부분 일치함.	보고서 작성에 탁월한 능력을 보임. 다음의 영역 모두에서 훌륭한 수준임: 초점, 논리, 정리, 스타일, 어법, APA 양식; 출판된 자료와 일치함.

주. CACREP=상담 및 관련 교육 프로그램 인준 기관

- 강의 증빙자료: 최소 두 개의 수업 시간에 대한 강의 계획 및 자료
- 증명 문서

\- 교수법과 학생 평가방식이 교육 및 학습 철학과 전문서적, 그리고 CACREP 2016 기준과 일치하는지 기술함.

\- 이 과목과 관련된 윤리적, 법적, 다문화적 이슈에 대해서 논의한 것을 기술함.

표 35.2에는 이 과제와 관련된 채점 기준이 제시되어 있다.

수업 관찰

측정된 SLO: CACREP 2016 표준 6.B.3.a, 6.B.3.d, C.7

이전보다 더 어렵고 복잡해진 현장 체험 기회를 통해 더 나은 상담사로 성장하는 것처럼, 박사 과정 학생들은 더 복잡해진 준비과정을 통해 숙련된 교육자로 성장해 나간다. 더 많은 수업을 맡고, 그것에 대해 수 차례의 슈퍼비전을 받는 것이 그 과정에 속한다. 이 과정을 통해 숙련된 교육자로써의 준비 과정은 마무리가 된다. 상담교육자는 다음과 같은 평가도구를 사용하여 단일 또는 일련의 수업을 관찰 후 교수법을 평가하고 피드백을 제공할 수 있다. 본 강의실 관찰 지침서는 교육 우수성 평가 위원회(2010)에서 가져온 것이다. 본 양식의 전체 버전에는 사전 및 사후 관찰 회의에 관한 지침 역시 포함하고 있다. 유사한 관찰 양식은 많은 대학 교육 및 학습 센터를 통해 쉽게 얻을 수 있다. 표 35.3은 수업 관찰 양식을 포함한다.

<표 35.2> 강의 계획서 포트폴리오 채점 기준

평가 기준(CACREP 표준)	기대 이하	기대 충족	기대 이상
수업 철학	철학에 다음의 두 가지 정도의 요소만 포함되어 있거나 의미 있게 통합되어 있지 못함: 상담사 교육자로서 전문가 정체성, 철학적/이론적 기반, 학생 학습의 목표, 목표 실현화, 목표 평가, 장애학생과의 통합적 학습 환경 조성(O'Neal et al, 2007 참조)	철학이 다음의 요소 모두나 하나를 제외한 모든 요소가 포함되거나 의미 있게 통합되어 있어야 함: 상담사 교육자로서 전문가 정체성, 철학적/이론적 기반, 학생 학습의 목표, 목표의 법제화, 목표의 평가, 포괄적인 학습 환경 창조(O'Neal et al, 2007 참조)	철학이 다음의 요소 모두가 명확하고 간결하게 포함되거나 의미 있게 통합되어 있어야 함: 상담사 교육자로서 전문가 정체성, 철학적/이론적 기반, 학생 학습의 목표, 목표의 법제화, 목표의 평가, 포괄적인 학습 환경 창조(O'Neal et al, 2007 참조)
강의 계획서	강의 계획서는 다음의 두 가지 정도의 요소만 포함되어 있거나 의미 있게 통합되어 있지 못함: (1) 내용 영역, (2) 지식과 기술 성과, (3) 교수법, (4) 필수 교재, (5) 학생 행동 평가 기준과 절차들, (6) 장애 학생에 대한 편의 제공과 그에 대한 절차 프로토콜 (CACREP,2016, p.6) 강의 계획서가 그 내용 영역에 있어 강의와 관련된 적절한 실무 내용이 포함되지 못함.	강의 계획서는 다음의 요소 모두나 하나를 제외한 모든 요소가 포함되어 있거나 의미 있게 통합되어 있어야 함: (1) 내용 영역, (2) 지식과 기술 성과, (3) 교수법, (4) 필수 교재, (5) 학생 행동 평가 기준과 절차들, (6) 장애 학생에 대한 편의 제공과 그에 대한 절차 프로토콜 (CACREP,2016, p.6) 강의 계획서가 그 내용 영역에 있어 강의와 관련된 적절한 실무 내용이 포함되지 못함.	강의 계획서는 다음의 요소 모두가 명확하고 간결하게 포함되거나 의미 있게 통합되어 있어야 함: (1) 내용 영역, (2) 지식과 기술 성과, (3) 교수법, (4) 필수 교재, (5) 학생 행동 평가 기준과 절차들, (6) 장애 학생에 대한 편의 제공과 그에 대한 절차 프로토콜 (CACREP,2016, p.6) 강의 계획서가 그 내용 영역에 있어 강의와 관련된 적절한 실무 내용이 포함되지 못함.
커리큘럼 맵	커리큘럼 맵은 수업 설계의 여러 측면을 최소한으로만 연결함 (예: 결과, 읽기, 방식, 학습 평가).	커리큘럼 맵은 수업 설계의 거의 모든 측면을 명확하게 연결함(예: 결과, 읽기, 방식, 학습 평가).	커리큘럼 맵은 수업 설계의 모든 측면을 명확하고 의도적으로 연결함(예: 결과, 읽기, 방식, 학습 평가).
수업 준비물	의도성, 창의성, 전문적인 상담 정체성 측면에서 수업 준비물의 의미를 모르겠음.	의도성, 창의성, 전문적인 상담 정체성 측면에서 수업 준비물의 의미가	의도성, 창의성, 전문적인 상담 정체성 측면에서 수업 준비물의 의미가 높은

	준비물이 학생 발달적 요구, 문화 관점, 학습 방식 선호도 측면에 현실적으로 도움을 주지도 못하고 이들 요소와 어떤 연관성도 없음.	전반적으로 적절함. 준비물이 학생 발달적 요구, 문화 관점, 학습 방식 선호도 측면에 현실적으로 도움을 주고 몇몇 요소들을 제외하고는 잘 연관되어 있음.	수준임. 준비물이 학생 발달적 요구, 문화 관점, 학습 방식 선호도 측면에 현실적으로 도움을 주고 이들 요소와 잘 연관되어 있음.
증명 문서	근거 학술자료가 일반적인 교수법과 학습법 관련 학술 문헌과 상담사 교육 학술 문헌에 기초하고 있지 않음. 저자가 다음 중 하나 이상의 항목에 대해서 능력을 보여주지 못하고 있음: 추상적이고 구체적인 교육 과제를 의도적으로 탐색하기, 다문화적 역량을 입증하기, 수업에서 윤리적 이슈에 초점을 두기	근거 학술자료가 일반적인 교수법과 학습법 관련 학술 문헌과 상담사 교육 학술 문헌과 연계되어 있음. 저자가 다음의 항목에 대해서 능력을 보여주고 있음: 추상적이고 구체적인 교육 과제를 의도적으로 탐색하기, 다문화적 역량을 입증하기, 수업에서 윤리적 이슈에 초점을 두기	근거 학술자료가 일반적인 교수법과 학습법 관련 학술 문헌과 상담사 교육 학술 문헌과 탁월하게 연계되어 있음. 저자가 다음의 항목을 보여주는데 탁월한 능력을 가지고 있음: 추상적이고 구체적인 교육 과제를 의도적으로 탐색하기, 다문화적 역량을 입증하기, 수업에서 윤리적 이슈에 초점을 두기
포트폴리오 내용의 응집성	포트폴리오에 상담교육자로서 학생의 정체성을 적절히 묘사하지 못함. 교수 철학, 강의 계획서, 커리큘럼 맵, 수업 준비물, 근거 학술 자료 사이에는 중요한 단절이 있으며 서로 연계성이 없음.	포트폴리오에 상담교육자로서 학생의 정체성을 적절히 묘사함. 교수 철학, 강의 계획서, 커리큘럼 맵, 수업 준비물, 근거 학술 자료가 대부분 분명하고 일관성 있지만 때때로 단절되어 있고 서로 연계성이 없는 경우도 있음.	포트폴리오에 상담교육자로서 학생의 정체성을 명확하고 통찰력 있고 구체적으로 묘사함. 교수 철학, 강의 계획서, 커리큘럼 맵, 수업 준비물가 강의 철학과 명확하게 연관되어 있고, 근거 학술 자료에 잘 설명되어 있음.
보고서 작성의 질적 수준	보고서 작성에 있어 계속해서 문제가 있으며 뜻을 이해하기 어려움. 다음 중 2가지 이상의 문제점이 보고됨: 보고서의 초점, 논리, 구성, 스타일, 문법, APA 양식. 보고서 작성이 전반적으로 일관성 없음.	보고서 작성에 있어 때때로 문제가 있지만 뜻은 전반적으로 분명함. 다음 중 한가지 정도의 문제점이 보고됨: 보고서의 초점, 논리, 구성, 스타일, 문법, APA 양식. 보고서 작성이 전반적으로 일관성 있음.	보고서 작성이 탁월함 다음의 영역에서 훌륭함: 보고서의 초점, 논리, 구성, 스타일, 문법, APA 양식. 보고서 작성이 일관성 있음.

주. 경험 수준에 따라 포트폴리오의 각각의 요소(예: 수업 철학, 교수 요강, 수업 준비물)에 대한 채점 기준표를 상이하게 구성하거나 찾을 수 있음. 여기에서는 코스 기반 포트폴리오에 중요한 요소를 모두 포함하기로 결정하여 모두 제시하였음. CACREP = 상담 및 관련 교육 프로그램 인준 기관; APA = 미국심리학회

<표 35.3> 수업 관찰 양식

아래의 채점 기준에 맞춰 각각의 항목을 평가하기 위해 다음 중 하나를 체크하시오.

그렇다: 그 지표가 관찰되었음

아니다: 그 지표가 관찰되지 않았음

N/A: 적용이 않됨. 그 지표가 이 수업이나 이 장면에서는 적용이 안됨

항목	그렇다	아니다	N/A
구성 완전한 강의 계획서를 제공함 강의를 준비함 이전 수업에서 사용한 자료를 검토함 강의 목표를 설정함 강의 시간을 효율적으로 사용함 학습자료나 활동을 효과적으로 구성함 자료를 요약하고 마무리를 잘 지음	그렇다	아니다	N/A
교수법 교수 목표에 맞는 수업 방법을 적절하게 사용함 학생들이 토론을 할 수 있도록 함 멀티미디어를 효율적으로 사용함 팀 과제/실험/실습에 있어 명확한 지침을 제공함 학생들의 학습 수준을 평가함	그렇다	아니다	N/A
내용이나 주제에 대한 지식 주제에 대해 알고 있음 잠재적인 편견을 지적함 내용을 설명하기 위해 예시나 도표를 사용함 내용과 관련되어 있을 때 다양성이나 윤리에 대한 것을 언급함	그렇다	아니다	N/A
의사소통 능력 주제에 대해 열광적임 학생들을 위해 자료를 흥미롭게 만듦 질문에 명확하고 적절하게 대답함 발성이 좋고, 속도도 적당함 영어 구사 능력이 적절하며 수업에서 사용하는 용어를 잘 표현하고 있음 강의실을 잘 사용함	그렇다	아니다	N/A
학생과의 상호작용 능력 학생 참여도를 높임 학생 간의 상호작용을 효율적으로 관리함 학생들을 동등하게 대우함 학생들에게 동기를 부여함	그렇다	아니다	N/A

제36장

상담사 교육과 슈퍼비전 – 연구

Carrie A. Wachter Morris, Laura M. Gonzalez,
Kelly L. Wester, and Casey A. Barrio Minton

적어도 지난 20년 동안 상담 및 상담사 교육에서 연구의 본질(nature)과 우수함(quality)은 계속해서 비판의 대상이 되어 왔다(e.g., Fong & Malone, 1994; Thompson & Snyder, 1998; Vacha-Haase & Thompson, 2011; Wester, Borders, Boul, & Horton, 2013). 상담이라는 전문직이 초년기를 벗어나 청소년기를 지나서 이제 성년을 준비하는 현시점에서 연구의 성장과 관련하여 도전과제에 직면해 있다. 다른 전문직의 연구 역량과 비교했을 때 분명한 차이를 보이기 때문에 상담은 여전히 연구의 엄격성과 다양성을 높이기 위해 끊임없이 노력하고 있다(Western et al., 2013 참조).

연구는 2016 CACREP 박사 학위 표준의 정말 중요한 핵심 요소로 연구의 역량과 숙련도는 학위수여 요건으로만 제시되어서는 안 된다. 최근에도 상담 분야의 연구 역량에 대해서는 계속 연구가 진행되고 있다. Wester과 Borders(2014)는 상담 연구 전문가 패널을 활용한 델파이 방법론 연구에서 나온 160개의 연구 역량을 집중 조명했다. 그들은 연구 역량은 자신의 경력 전반에 걸쳐 발달하는 것이라고 했으며 연구 역량 중 연구 방법론과 분석에 대한 지식 보유의 중요성을 강조했다. Wester과 Borders는 광범위한 지식을 보유하고 있는 상담 연구자들이 더욱 다양한 연구 질문에 좀 더 쉽게 답변할 수 있다고 말을 하였고 광범위한 지식들 가운데 궁극적으로는 연구자가 선택한 구체적인 방법론과 분석에 대해 심층적인 지식을 보유해야 한다고 하였다. Sink와 Mvududu(2010)는 "대부분의 상담 관련 연구의 궁극적인 목표가 전문직과 상담실무자와 내담자의 업무에 긍정적인 영향을 미치는 것이라면, 양질의 연구에 대한 기초적인 지식과 의미를 파악하는 것은 필수적이다"라고 말하였다(pp. 1-2).

이렇게 연구가 필수적임에도 불구하고, Okech, Astramovich, Johnson, Hoskins와 Rubel (2006)는 상담교육자들 중 거의 3분의 1이 양적인 연구방법론에서 있어 준비가 잘 되어 있지 않다는 것을 발견했다. 그리고 거의 3분의 2가 질적인 연구방법론에 대해 잘 준비되지 않았다고 느꼈다(Okech et al., 2006). 연구에 참여한 참가자 중 51.3%는 박사 과정 학생들이 양적인 연구방법론 훈련을 더 많이 받아야 한다고 응답했고, 57.6%는 박사 과정 학생들이 질적 연구 방법론 훈련을 더 많이 받아야 한다고 응답했다. 거의 모든 참가자(93.7%)가 멘토링이 연구훈련의 가장 중요한 부분이라고 보고했다.

연구 멘토링은 학업 교과과정 내에서 이루어질 수 있고 밖에서도 이루어질 수 있다. ACES는 박사 과정에 포함될 수 있는 연구지도 지침서(Borders et al., 2012)을 채택하여 제시하고 있다. 이러한 연구 멘토링 지침서는 연구 멘토와 멘티에 대한 구체적인 역할과 책임을 기술하고 있고, 상담교육자와 상담사 교육 프로그램을 좀 더 비판적으로 성찰하고 있다. 또한 연구 멘토링 지침서는 공식적이고 암묵적인 교육과정을 제시함으로써 박사 과정 학생들을 어떻게 준비시켜 우수한 연구를 완성하고 세상에 알리게 하는가에 대한 기초자료로 사용될 수 있다.

이 장에서의 중점 과제는 궁극적으로 연구 계획서를 작성할 수 있도록 방법론적 측면과 이론적 모형 측면에 초점을 두는 것과 연구자의 연구역량을 최대한 끌어올리는 것이다. 첫 번째 과제는 학생들이 다양한 다른 방법론에 노출시키면서 관심을 있는 특정 방법론에 대해 심도 있는 연구를 하도록 촉구하는 것이다. 두 번째 과제는 학생들이 관심을 가진 구인들에 관한 문헌을 살펴보고, 그 문헌들을 통해 관심 구인 간의 관계를 설명하는 이론적 모형을 도출해 낼 수 있도록 돕는 것이다. 최종 과제는 학생의 박사 학위 논문을 위한 연구 주제 개발에 도움을 줄 수 있는 서론, 이론적 배경, 방법이 포함된 1~3장 연구계획서를 작성하는 것이다.

방법론의 철저한 검증

측정된 SLO: CACREP 2016 표준 6.B.4.a, 6.B.4.b, 6.B.4.c, 6.B.4.d, 6.B.4.e, 6.B.4.f

승인된 방법론에 관한 40분짜리 전문가 프레젠테이션을 만드시오. 이러한 과제는 여러분이 동료들에게 그것을 가르칠 수 있는 연구 방법에 충분히 익숙해지도록 해줄 것이다. 주제의 중복은 허용되지 않지만, 더욱 심층적인 철저한 검증을 위해 협업은 할 수 있다.

참가자들은 전문가 프레젠테이션을 통해 상담 연구의 핵심 방법론에 대한 실무 지식을 학습하게 될 것이다. 발표자들은 참가자들이 연구 경력이 어느 정도 있는 박사 수료생이나 상담교육자라고 가정하고 연구 설계에 있어 실질적인 새로운 측면을 배우고자 하는 사람이라고 가정하고 발표를 준비해야 한다. 이 발표는 연구자들의 공식회의의 일부로 제공될 것이다. 이 발표를 부탁한 단체는 다음의 특징에 맞게 주제 발표를 준비해 달라고 요청했다.

- 제목 : 상담에서의 _______ 연구 설계: 실무지침

- 프레젠테이션은 실용적이고 근거가 분명해야 하며 다음 질문에 답을 줘야 한다.
  · 이 연구 방법의 주요 철학적 가정 또는 근거는 무엇입니까?
  · 이 연구 방법의 주요 특징은 무엇입니까?
  · 이 연구 방법을 선택하게 되는 주요 연구 질문 또는 상황은 무엇입니까?
  · 연구자가 어떻게 이 방법을 사용할 수 있을까?
  · 주요 데이터 수집 및 분석 절차 또는 고려 사항은 무엇입니까?
  · 이 연구 방법의 타당성과 관련하여 고려 사항은 무엇인가?
  · 전반적으로 이 연구 방법의 가장 큰 장점과 단점은 무엇입니까?

- 발표자는 다음을 포함하는 유인물을 제공해야 한다.
  · 중요 정보의 요약,
  · 이 연구방법에 대한 자세한 내용을 확인할 수 있는 원본/참고 자료
  · 이 연구방법을 활용한 참조할 수 있는 대표 논문들

- 이상적으로, 학생들은 그들이 박사 학위 논문에 사용할 것으로 기대하는 연구 방법을 제시할 것이다. 만약 몇몇 학생들이 같은 주제에 관심이 있다면, 우리는

- 40분 정도 분량의 발표를 학생 수에 맞게 부분적으로 나누어서 각 학생이 맡은 부분을 단계적으로 발표하고, 강의실에서는 그 방법에 대해 더 깊이 있게 학습한다.
- 혹은 추첨제도에 따라 주제를 선정한다.
- 잠재적인 주제에는 다음의 주제가 포함되지만, 꼭 이에 국한되지는 않는다.
- 무작위 통제집단 실험설계, 준실험집단설계, 메타분석, 검사도구개발, 설문지/조사연구, 내러티브 연구, 현상학 연구, 사례연구, 근거이론, 민족지학, 혼합연구방법론, 단일사례연구방법론, 현장연구방법론, 집단간비교설계, 피험자간비교설계, 시계열 설계, 프로세스 연구, 모의설계연구, 성과 연구, 내용 분석

연구 방법론 검증은 포괄성, 연구 설계 지식, 통계분석 지식, 자원 활용 능력, 제출물의 수준 및 의사소통 수준에 기초하여 철저하게 평가될 것이다. 표 36.1에는 이 과제와 관련된 채점 기준표가 제시되어 있다.

<표 36.1> 방법론 집약적 채점 기준

평가 기준 (CACREP 표준)	기대 이하	기대 충족	기대 이상
연구 설계의 지식	연구 설계의 설명에 부정확한 정보가 포함되어 있음. 학생은 선택된 연구 설계의 주요 가정과 특성을 정확하고 적절하게 다루지 못함.	연구 설계의 구성 요소와 기본 가정이 적절하고 명확하게 설명되었으나 정교하지 않음.	연구 설계의 모든 필수 구성 요소가 명확하고 유창하게 설명되었음. 듣는 사람들이 연구 설계에 대해 확실히 이해하고, 이 연구 설계를 언제 사용해야 하는지에 대해 앎.
데이터 분석의 지식	데이터 분석에 대한 설명에 결함이 있거나 불완전함. 학생이 데이터 분석의 주요 고려 사항을 정확하고 적절하게 처리하지 못함.	데이터 분석에 대한 설명이 적절하고 분명함. 학생이 데이터 분석의 주요 고려 사항을 정확하게 처리했지만, 설명이 정교하지 않음.	데이터 분석에 대한 설명이 유창해서 듣는 사람들이 연구 설계에서 자주 사용된 분석을 명확하게 이해함.
유인물의 우수성	유인물이 제공되지 않았거나 필수 구성 요소가 결여되었음.	유인물이 모든 필수 구성 요소를 제공함.	유인물이 모든 필수 구성 요소를 완전하게 다루지만 간결함.
발표의 우수성	발표 능력과 의미 전달에 있어 지속적인 어려움을 보임. 발표가 학술 대회에서 발표할 때 기대하는 수준에 비해 한참 모자람.	학생이 종종 의미를 제대로 전달하지 못하거나 전문적인 자세를 취하는 데 어려움을 겪었지만, 발표는 성공적임. 발표가 학술 대회에서 발표할 때 기대하는 수준과 일치함.	발표가 탁월함. 요점이 명확하고 발표가 매력적이며 자료가 명확하고 구체적으로 제시됨. 발표가 학술 대회에서 발표할 때 기대하는 수준과 일치함.

연구주제에 맞는 개념적 틀

측정된 SLO: CACREP 2016 표준 6.B.4.h

이 과제의 목적은 자신의 연구 문제에 적합한 개념적 틀을 구축하는 것이다. 이 과제는 가능성 있는 박사 학위 논문 아이디어를 검증하는 데 특히 유용하게 활용될 수 있다.

간단한 보고서(5~6페이지) 형태로 연구하고자 하는 것에 대한 개념과 모형을 제시하고 이러한 현상이 어떻게 왜 발생했는가, 즉 연구하고자 하는 현상에 대한 잠정적인 이론을 기술하시오. 사람에 따라 다르게 볼 수도 있겠지만, (a) 연구하고자 하는 주요 요인, 구인 또는 변인들; (b) 그들 사이의 추정된 관계; (c) 기존 이론이나 설명 모형; (d) 왜 이것이 상담에서 중요하고 새로운 질문인지, 이 4가지 요소가 설명되어야 한다. (b)의 논점(추정된 관계)을 명확하게 보여주기 위해서 손으로 그린 이미지 또는 컴퓨터로 생성된 이미지를 포함할 수 있다.

이것은 변인과 변인 간의 관계, 한 변인이 다른 변인에 어떤 영향을 미칠 수 있는 관계를 가설하고 그걸 검증하는 것이기 때문에 어떤 특정 주제에 대한 문헌을 리뷰하는 것과는 상이한 활동이다. 이들 변인 간의 관계는 다른 학자들에 의해 이미 검증된 것이 아닐 수도 있다. 그러기에 이 연구 결과는 당신에게 상담 연구 분야에 독창적인 기여를 할 기회를 가져다줄 수도 있으며, 상담 분야에서 연구 문제에 대한 새로운 관점을 어떻게 생성되는지를 보여줄 기회이기도 하다. 그 논문은 제공된 채점표의 기준에 따라 점수가 매겨질 것이다. 이 과제를 어떻게 수행할지 구조화하기 위해 문헌들을 읽으면서 발생하는 생각과 질문에 대해 메모를 해 두는 것이 중요하다. 표 36.2는 이 과제에 해당하는 채점 기준표이다.

<표 36.2> 채점 기준

평가 기준(CACREP 표준)	기대 이하	기대 충족	기대 이상
필수 요소와 구성	필수 요소와 구조가 생략되거나 정의되지 않음. 변수 간의 설명이 부족하거나 없음. 기초 이론이나 구조 간의 관계에 대한 설명이 피상적이거나 불분명함.	필수 요소와 구조가 정의를 포함하고 그들 간의 관계에 관심이 있음. 그런 관계나 예상되는 관계가 존재하는 이론이나 설명에 기반을 두었지만, 설명에 공백이 있을 수 있음.	필수 요소와 구조가 명확하고 유창하게 정의됨. 관계들이 명확하게 설명됨. 도표가 모든 필수 요소와 그들 간의 관계를 포함함. 관계들이 관련 있고 의미 있는 방식으로 문헌에 명확하고 유창하게 연관되어 있음.
상담의 중요성	전반적으로 상담 분야에 적합한 개념적 모형에 의해 새로운 연구 문제의 중요성을 증빙하지 못했음.	개념적 모형에 의해 새로운 연구 문제의 중요성을 적절히 증빙함. 보고서 작성이나 링크가 분명하지 않으나 이해할 수 있고 상담 분야와 관련이 있음.	개념적 모형에 의해 새로운 연구 문제의 중요성을 적절히 증빙함. 질문이 분명하고 유창하며 상담 분야의 현재 문제와 관련이 있음.
개념적 모델 구조의 우수성	개념적 모형이 참신한 추가적인 생각없이 오직 하나의 자료에서 나옴. 제시된 관계에 증거가 제공되지 않음. 주요 모형에 대한 가정이 불명확하고 명명화되지 않음	개념적 모형이 학생의 추가적인 생각을 포함하고 다수의 자료에서 나옴. 적절한 증거가 제시되었으나 때때로 주요 모형 가정의 설명에 공백이 있음	개념적 모형이 분명하고 다양한 출처와 학생의 가설을 잘 합침. 개념적 모형을 뒷받침하는 증거와 가정이 명확하게 제시됨.
보고서 작성의 우수성	보고서 작성에 있어 계속해서 문제가 있으며 뜻을 이해하기 어려움. 다음 중 2가지 이상의 문제점이 보고됨: 보고서의 초점, 논리, 구성, 스타일, 문법, APA 양식. 보고서 작성이 전반적으로 일관성 없음.	보고서 작성에 있어 때때로 문제가 있지만, 뜻은 전반적으로 분명함. 다음 중 한가지 정도의 문제점이 보고됨: 보고서의 초점, 논리, 구성, 스타일, 문법, APA 양식. 보고서 작성이 전반적으로 일관성 있음.	보고서 작성이 탁월함. 다음의 영역에서 훌륭함: 보고서의 초점, 논리, 구성, 스타일, 문법, APA 양식. 보고서 작성이 일관성 있음.

주. CACREP = 상담 및 관련 교육 프로그램 인준 기관

연구 프로젝트 계획서

측정된 SLO: CACREP 2016 표준 6.B.4.a, 6.B.4.g, 6.B.4.h, 6.B.4.j, 6.B.4.k, 6.B.4.l

실행 가능한 연구를 위해 완벽하게 완성된 연구계획서를 준비한다. 연구계획서에는 다음의 항목이 포함되어야 한다. 서론, 이론적 배경, 방법론. 연구계획서는 가능하면 완성된 상태여야 한다. 다음의 개요는 연구 제안서를 개발하는 데 있어 지침으로 사용하기 위한 것이다. 이 활동은 결국 박사 학위 논문 계획서 및/또는 연구비 신청을 위한 연구계획서를 제출할 때 바로 따라서 적용될 수 있다. 이 연구계획서는 16~20페이지 길이로 작성되어야 한다. (표지, 초록 및 참조문헌 제외), 12포인트 글자 크기, 1인치 여백 및 APA 양식에 맞춰 작성되어야 한다.

이 연구계획서는 수업 시간에 학습한 자료에서 도출된 연구 주제를 활용하여 개념화할 수 있도록 하기 위해 설계되었다. 이 과제는 여러분의 연구 아이디어를 비평하는 것이 아니라 여러분의 연구 아이디어를 위한 제안서를 만드는 것이다. 이 과제에서는 다음의 활동을 수행해야 한다. 연구와 관련된 참고문헌을 검토, 요약 및 비평한다.

- 연구 문제의 틀을 제공하는 이론적 배경 및/또는 개념적 모델을 제공함.
- 주요 연구 문제를 진술함.
- 연구의 필요성과 중요성에 대해 논의함.
- 다루고자 하는 연구 문제를 구체화함.
- 연구 문제를 다루는 데 사용될 연구 방법론에 대해 설명함.
- 주어진 방법론에 있어 연구 문제에 답변하는 데 사용할 연구 분석 방법에 대해 논의함.

논문의 주제, 이슈 및 연구 초점에 대한 배경 정보를 제공해야 하는 서론부터 보고서는 시작된다. 이론적 배경에서는 이론적 관점과 현존하는 연구의 결과를 중심으로 이 계획서의 연구 이슈/문제를 논의한다. 이론적 배경의 후반부에는 연구의 중요성과 필요성 역시 포함되어 기술될 수도 있다. 자신의 주장을 뒷받침하거나 설명하기 위해 구체적인 그림을 제시할지에 대해 생각해 볼 필요가 있다. 주제에 대한 가설을 보여줄 때 필요로 할 수 있으며, 특히 기존 연구에서 아직 다루어지지 않은 연구 문제에 관한 가설을 보여줄 때 이러한 그림이 필요하다. 마지막으로 방법론(연구가 어떻게 수행될 것인가?)을 작성하는 거로 보고서를 마무리한다. 계획서의 개요는 다음과 같다.

- 제1장: 서론(약 4~5페이지)
  · 문제 진술
  · 연구의 목적
  · 연구의 중요성
  · 연구에서 다루어질 문제(즉, 연구의 초점)
  · 용어의 정의

- 제2장: 이론적 배경(약 6~7페이지)

- 제3장 : 방법론 (약 8페이지)
  · 도입부
  · 연구 문제와 가설
  · 모집단과 표집
  · 척도
  · 연구 절차 및/또는 처치
  · 자료 분석(이 프로젝트에서는 짧게 진술)
  · 연구의 한계점

표 36.3은 이 과제에 대한 채점 기준표이다.

<표 36.3> 연구 프로젝트 계획서

평가 기준(CACREP 표준)	기대 이하	기대 충족	기대 이상
서론	서론이 지나치게 단순하거나 생략된 부분이 많음. 중요한 요소가 거의 포함되지 않았거나 생략되어 있음.	모든 필수 부분이 적절히 제시되어 있음. 연구의 중요성이 뒷받침되고 논리적임.	문헌이 연구의 중요성과 목적을 뒷받침함. 연구의 목표가 잘 발달되어 있음.
이론적 배경	지나치게 단순화된 이론적 배경이며 기존 연구에서 지지 되지 않은 내용임. 이 연구에 근거가 되는 연구 문헌에 대한 이해가 부족함. 개념/이론적 틀이 부재하거나 불분명함.	완전하고 관련된 이론적 배경이 제공되며 기존 연구에서 적절한 지지가 제공됨. 개념/이론적 틀이 제공되고 발달되어 있으나 때때로 발표에서 공백이 있음.	이론적 배경이 모든 부분에서 완전하게 제공되어 있음. 이론적 배경이 분명하고 설득력 있고 훌륭하게 지지력 있음. 개념/이론적 틀이 탁월하게 서술되고 분명하게 통합적임.
방법론	방법론에 있어야 할 필수 내용이 명확하지 않거나 생략됨. 방법론이 연구 문제와 일치하지 않음.	모든 필수 내용이 적절하게 제시되어 있음. 방법론이 연구 문제와 일치함.	모든 섹션이 잘 정리되어 있고 명확함. 방법론의 섹션인, 표집 절차, 척도 및 자료 분석 섹션이 연구 문제에 답변하는 데 가장 적합하게 기술됨. 기존 방법론 문헌에 의해 타당한 방법론임을 보여줌.
보고서 작성의 우수성	보고서 작성에 있어 계속해서 문제가 있으며 뜻을 이해하기 어려움. 다음 중 2가지 이상의 문제점이 보고됨: 보고서의 초점, 논리, 구성, 스타일, 문법, APA 양식. 보고서 작성이 전반적으로 일관성 없음.	보고서 작성에 있어 때때로 문제가 있지만, 뜻은 전반적으로 분명함. 다음 중 한가지 정도의 문제점이 보고됨: 보고서의 초점, 논리, 구성, 스타일, 문법, APA 양식. 보고서 작성이 전반적으로 일관성 있음.	보고서 작성이 탁월함. 다음의 영역에서 훌륭함: 보고서의 초점, 논리, 구성, 스타일, 문법, APA 양식. 보고서 작성이 일관성 있음.

주. CACREP = 상담 및 관련 교육 프로그램 인준 기관

제37장

상담사 교육과 슈퍼비전 - 리더십과 옹호

Donna M. Gibson

리더십과 옹호 영역은 석사 프로그램 교육과정에서는 필수적이지 않고 약간 통합적으로 다루어지지만, 박사 과정에서는 필수적인 요소라 할 수 있다. 박사 학위 과정에서는 이러한 리더십과 옹호와 같은 기준을 두는 이유는 상담, 교육, 서비스를 통해 상담사로서의 전문성을 발전시키는 데 있어 학생의 지식, 기술, 그리고 책임감을 높이기 위한 것이다. 다양한 리더십 모델, 이론 및 전략이 상담교육 및 슈퍼비전 교과목에 제시되어 박사 과정 학생들이 자신의 직무에 대한 의미를 발견하고 궁극적으로 그러한 것을 실무에 적용할 수 있어야 한다(CACREP 2016 기준 6.B.5.a, 6.B.5.k, 6.B.5.l). 혁신적 리더십, 참여적 리더십, 그리고 헌신적 리더십은 소개될 수 있는 리더십 이론들이긴 하지만, 상담사 교육과 상담 분야에서 리더십이 어떻게 개발되고 작용하여 왔는지에 대해서도 관심을 가질 필요가 있다(기준 6.B.5.b, 6.B.5.c, 6.B.5.e). 표준 교육과정, 프로그램 평가 및 평가 활동, 위기 대응 및 개입도 역시 과제와 인턴십 요건에서 리더십의 요소와 함께 통합되어 요구되어야 한다(기준 6.B.5.d, 6.B.5.f, 6.B.5.g). 상담교육자들은 아마도 리더십에 초점을 맞춘 다른 학문 분야로부터 리더십 이론을 가지고 와서 가르칠 필요가 있다. 왜냐하면 상담교육 분야에서는 리더십 관련한 자료는 많지 않기 때문이다. Chi Sigma Iota International(http://www.csi-net.org/)은 리더십 개발, 전문가 정체성 발달 및 옹호와 관련된 중요한 자료를 제공하고 있다.

옹호 영역에서는 박사 학위 학생들은 이미 특정 정보와 경험을 가지고 있어서 다문화 인식과 옹호 기술이 어느 정도 발달되어 있다고 가정한 상태에서 박사 학위 표준과 교육과정이 구성되어 있다. 최소한 박사 과정 학생은 ACA 옹호 역량(J. A. Lewis, Arnold, House, & Toporek, 2002)의 영역과 이러한 역량의 영역들에 있어 상담사(Lee & Rodgers, 2009 참조)와 상담교육자(CACREP 2016 기준 6.B.5.j, 6.B.5.i)가 어떻게 행동을 해야 하는지에 대한 지식을 지녀야 한다. 상담교육자들은 이러한 지식이 있는지를 신중하게 평가하여 박사 과정 학생들이 상담사로서 어떻게 이러한 옹호 역량을 펼칠 수 있는지 알려주어야 하며, 이러한 역량 강화를 통해 슈퍼바이지들의 옹호에 대한 노력을 격려하고 지지하여 그러한 능력을 증진해야 한다. 리더십 기준과 유사하게, 옹호 영역의 기준을 세우는 목적은 교육자, 슈퍼바이저 학자의 역할에 대한 박사 학위 학생들의 직업에 대한 책임 의식을 높이기 위한 것이다. 정치적인 측면에서 바라보면, 고등교육을 통해 박사 과정 학생들에게 옹호 역량을 훈련하는 것은 그들이 이 분야에서 어떠한 옹호적 노력을 하는 것이 가장 효과적인지 배우는 데 도움이 될 것이다. 상담교육자는 이러한 측면에서 박사 과정 학생들을 멘토링 할 수 있을 뿐만 아니라, 학생들이 상담 분야에서 옹호와 관련된 문헌을 고찰하거나 연구를 수행하게 할 수 있게 연구, 리더십, 옹호 분야와 관련된 과제나 인턴십 제안할 수 있다.

이 장에서는 리더십과 옹호와 관련된 박사 학위 핵심과목에서의 학습을 평가하기 위한 세 가지 과제와 채점 기준표를 제시한다. 첫 번째 과제는 박사 과정 학생들이 궁극적으로 리더가 될 수 있게 돕고, 박사 과정 학생들이 이미 지니고 있거나 현재 개발 중인 리더십 자질과 기술을 확인할 수 있도록 고안되었다. 두 번째 과제는 실무에 응용하고 적용하는 것에 초점을 두고 있고, 전문가 실습 또는 상담 인턴십 과목에 최적화된 과제이다. 이것은 학생들이 위기 개입에서 리더의 역할을 포함하여 위기 개입을 평가하기 위해 컨설팅 기술을 사용할 것을 요구한다. 또한 위기 개입의 프로토콜을 따르면서 옹호 전략을 발견하는 것이다. 세 번째 과제는 리더십과 옹호에 초점을 맞춘 상담사 교육 및 슈퍼비전 인턴십과 함께 사용하도록 고안되어 있다. 박사 과정 학생은 교수급 인턴십 슈퍼바이저와 상의하여 상담 분야와 관련된 현재 논란이 되는 이슈들을 연구하고, 옹호에 대한 계획안을 설계하고, 그 계획을 시행하고, 계획을 평가한다

리더십 철학

측정된 SLO: CACREP 2016 표준 6.B.5.a, 6.B.5.b., 6.B.5.c, 6.B.5.e, 6.B.5.f, 6.B.5.k, 6.B.5.l

1~2개의 서로 상이한 리더십 이론을 통합하여서 상담교육자 및 슈퍼바이저로서 여러분의 리더십 스타일을 보여주는 본인의 철학적 관점을 발전시켜 이를 글로 작성하시오. 이러한 철학적 관점엔 전문 상담 기관 내에서 필요한 리더십 기술뿐만 아니라 고등 교육 기관에서 상담교육자의 역할에 사용될 구체적인 리더십 기술 역시 포함되어야 한다. 윤리적이고 문화적으로 적합한 리더십과 옹호 역량이 강조되어야 한다. 표 37.1에는 이 과제와 관련된 채점 기준표가 포함되어 있다.

위기와 컨설팅 발표와 보고서

측정된 SLO: CACREP 2016 표준 6.B.4.h, 6.B.5.f, 6.B.5.g, 6.B.5.i, 6.B.5.l

학생들이 실습 장소에 가게 되면 과거에 그 장소에서 발생한 위기를 파악할 수 있다. 이 위기는 다양한 수준에서 발생하는데, 개인에게도 발생할 수 있고, 조직 전체에서 발생할 수도 있고, 때로는 재앙처럼 발생한 것일 수도 있다. Collins와 Collins(2005) 혹은 다른 연구자들이 쓴 위기 개입 관련 참고 문헌들을 보면서 학생들은 이들 위기 상황에서 어떤 위기 개입 모형과 이론들이 사용되었는지 확인할 것이다. 위기 대응에 있어 핵심 이해 당사자들은 (리더와 팀의 대응에 대한) 위기 대응의 개입 효과성이 있었는지 알아보기 위해서 면접을 하게 된다.

<표 37.1> 리더십 철학 채점 기준

평가 기준(CACREP 표준)	기대 이하	기대 충족	기대 이상
리더십 이론/모델에 대한 지식(6.B.5.a, 6.B.5.e) 및 리더십 이론 및 리더십 스타일과 관련된 예시	리더십 이론과 리더십 스타일이 명확하게 기술되지 않았거나, 기술된 경우에도 아주 기초적인 수준이거나 성찰(반영)이 부족함. 전문가 단체에서 이야기하는 상담사 교육 또는 리더십과 관련된 이론/모델이 제대로 설명되지 않음.	리더십 이론과 리더십 스타일이 설명되었으나 서로 연결성이 약함. 예시가 제공되었으나 리더십 이론을 설명하지 않음.	리더십 이론과 리더십 스타일이 구체적으로 설명되었고 상담사 교육과 전문가 단체에 명확한 연관성이 있음. 예시가 리더십 이론과 리더십 스타일의 통합을 설명함.
상담사 교육(고등 교육) 및 전문가 조직(6.B.5.a, 6.B.5.b, 6.B.5.c, 6.B.5.f)의 특정 리더십 개발, 기법 및 실무 지식 및 적용	구체적인 리더십 개발, 기법 및 실무가 명확하게 보여지지 않았으며 아주 평범한 수준에서 제시됨.	상담사 교육과 전문가 단체에서 구체적인 리더십 개발, 기법 및 실무가 상술되었으나 특정 정보가 일관된 형태로 포함되어 있지 않음.	상담사 교육과 전문가 단체에서 구체적인 리더십 개발, 기법 및 실무가 구체적이고 일관성 있게 논의되었음.
리더십 실무에 있어 윤리와 문화와 관련된 지식(6.B.5.k, 6.B.5.l)이 예시로 설명됨.	구체적인 리더십 실무와 전략이 윤리적, 다문화적 고려 사항과 연계되지 않음.	구체적 리더십 실무와 전략이 윤리적, 다문화적 고려 사항과 약하게 연결되어 있음. 예시가 이것을 구체적으로 설명하지 못함.	구체적 리더십 실무와 전략이 윤리적, 다문화적 고려 사항과 직접적으로 연결되어 있음. 예시가 이것을 구체적으로 설명함.

주. CACREP = 상담 및 관련 교육 프로그램 인준 기관

학생들은 PowerPoint 발표에서 위기 시나리오, 개입과 대응 및 주요 이해 관계자들의 반응에 대해 제시할 것이다. 또한 학생들은 대응에 대한 분석을 통해 향후 발생할 수 있는 유사한 위기 상황에서 효과적으로 대처할 수 있는 연구 기반 프로토콜 제안할 수 있고 옹호 전략을 어떻게 실행할지 제안할 수 있다.

학생들은 이 보고서가 출판 가능한 적합한 저널을 찾아서 그것에 맞게 예시가 되는 저널 원고로 만들어서 그걸 보고서 형태로 과제를 제출한다. 최소 15개 이상의 참고문헌(적어도 10개의 학술지 저널 참고문헌 포함)이 포함되어야 한다. 최대 25페이지가 될 것이며, APA 양식에 맞게 작성되어야 한다. 표 37.2에는 이 과제와 관련된 채점 기준표가 제시되어 있다.

리더십과 옹호 계획과 프로젝트

측정된 SLO: CACREP 2016 표준 6.B.5.d, 6.B.5.h, 6.B.5.i, 6.C.1

이 프로젝트는 박사 과정 학생들이 리더십 및/또는 옹호 중심의 인턴십을 이수하는 것을 목적으로 한다. 인턴십 학생은 상담에서 특정 주제나 정치적 이슈에 대해서 논의하고 이 문제가 상담사 본인과 상담 직무에 어떤 영향을 미치는지 깊이 있게 살펴보고 연구를 할 필요가 있다. 이러한 연구를 통해, 인턴 학생은 상담이라는 분야와 상담사로서의 직업적 정체성을 옹호하는 데 있어서 상담사와 상담교육자의 역할이 무엇인지 확인하게 될 것이다. 구체적인 옹호와 리더십이 어떻게 이루어져야 하는지 설명할 수 있어야 하고 이에 따라 행동할 수 있어야 한다. 교수급 인턴십 슈퍼바이저와의 자문은 필수적이다. 표 37.3의 채점 기준표를 보면 이러한 계획(APA 양식)의 요소들이 제시되어 있다.

<표 37.2> 위기와 컨설팅 발표와 보고서 채점표

평가 기준(CACREP 표준)	기대 이하	기대 충족	기대 이상
다음 요소를 포함하여 위기 상황에 대한 정보가 제시됨. · 어떤 위기였습니까? · 위기의 영향을 받은 사람은 누구였습니까? · 어떻게 대응했습니까? · 누가 대응을 이끌었습니까? · 이 대응에 누가 참여했습니까? · 이 위기가 관련자(사건 발생 중 및 사후)에게 어떤 영향을 미쳤습니까? · 대응했던 사람들은 그들의 대응을 어떻게 평가했습니까? · 학생이 정보 획득에 사용한 컨설팅 전략은 무엇이었습니까? (6.B.5.f, 6.B.5.g)	위기 내용에 대한 모든 질문에 답하지 않음.	위기 내용에 대한 모든 질문에 답했지만, 위기의 범위와 영향을 이해할 수 있을 만큼 정확하거나 구체적으로 답하지 않음.	위기 내용에 대한 모든 질문을 이해할 수 있게 답함. 위기 사건, 반응, 리더십 사건의 영향과 반응을 이해함.
위기 모형 응용의 발표			
학생은 보고된 위기 상황에 적용할 1, 2개 위기 모형을 선택할 것임: · 위기 모형(들)은 무엇입니까? · 이 모형이 이 상황에 적용되는 이유는 무엇입니까(위기 상황 유형에 이 위기 모형이 얼마나 적합한가?) · 이 모형이 어떻게 적용됩니까? · 위기 상황과 위기 모형 간의 유사성/차이점은 무엇입니까? · 위기 상황 대응과 위기 모형에서 제안한 대응 방식 간의 유사성/차이점은 무엇입니까?	위기 모형 응용에 대한 모든 질문에 답하지 않음.	위기 모형 적용에 대한 모든 질문에 답하였으나 위기 모형 응용이나 선택한 모형을 적용하기 위한 이론적 근거를 적절하게 이해하지 못함. 사건과 모형뿐만 아니라 반응과 모형 사이의 유사점과 차이점을 구체적으로 설명하지 않음.	위기 모형 응용에 대한 모든 질문에 이해할 수 있게 답함. 참고 문헌이 제공되었고 APA 양식을 지킴.

위기 반응 제안의 발표			
선택한 위기 모형과 그 위기 모형을 적용하여 위기 상황에 대한 대응의 적합성 및 평가를 하여 증거 기반 권고 사항을 도출함.	모든 권고 사항은 인용된 연구에 기초하지 않음.	5가지의 권고 사항이 제시되었으나 모든 권고 사항이 위기 모형에 기초한 것은 아님.	5가지의 권고 사항이 제공되었고 위기 기간 및 이후에 이해할 수 있게 논의됨.
위기 유형에 대한 연구 기반의 5가지의 구체적인 권고 사항을 제안하기. 권고 사항에는 위기 발생 시 적절한 대응과 위기 후 생존자를 돕기 위한 권고 사항이 포함되어야 함. 상담 개입은 위기 후에 하는 것으로 제안하는 것이 적절함.		윤리적 문화적 옹호 관행이 권고 사항에 나타나지 않음.	개인, 시스템, 정책 수준에서 윤리적 문화적 옹호 관행이 권고 사항에 나타나지 않음.
권고 사항에는 개인, 시스템, 또는 정책 수준에서 옹호에 대해 설명되어야 하고 이는 윤리와 문화적 요소가 포함된 옹호와 관련된 실무가 포함되어야 함(6.B.5.i, 6.B.5.l)		연구가 인용되었으나 참고 문헌이 5가지 미만임. APA 양식이 적절하게 적용되지 못함.	최소 5가지의 연구 기반의 동료 참조 저널 기사가 권장 사항으로 사용됨. APA 양식이 올바르게 적용됨.
저널 원고			
다음의 모든 요소가 발표 원고에 포함되어야 함. 원고의 양식 요소에는 다음의 요소가 포함되어야 함. · 제목 페이지 · 페이지 번호가 있는 머리글 표제 · 초록 · 원고의 본문 · 적절한 제목 · 참고문헌 목록 · 1인치 여백 · 12포인트 글꼴 · 2줄 줄 간격	필수 저널 원고에 나열된 모든 요소를 포함하지 않음.	필수 저널 원고에 나열된 주된 요소를 충족함.	필수 저널 원고에 나열된 모든 요소가 표함되어 있음.

발표 개요는 위기 상황의 유형에 대한 적절한 소개와 함께 원고 내용을 요약하는 데 활용할 수 있음(위기 유형에 관한 관련 참고 문헌 인용). 내용이 논리적으로 연결이 되어야 하며 각 섹션 간의 전환이 자연스러워야 함.	몇 가지 쓰기 오류가 있음(예. 문법, 맞춤법, 단어, 문장 구조).	쓰기 오류가 적게 나타남(예. 3개보다 적음).	눈에 띄는 쓰기 오류가 나타나지 않음 (예. 문장 구조 문제).
최소 15개의 참고 문헌(동료 평가 학술지 문헌 10개 이상)이 필요하며 참고 문헌은 APA 양식을 따라야 함. Wiki 및 검증되지 않은 자료는 물론 웹 사이트 주소도 피해야 함. (6.B.4.h)	양식 오류가 나타남.	몇 가지의 예외를 제외하고 원고 및 APA 양식 참고에 대한 형식이 정확함.	원고 및 APA 양식 참조에 대한 형식이 정확함.

주. CACREP = 상담 및 관련 교육 프로그램 인준 기관

<표 37.3> 리더십과 옹호 계획과 프로젝트 채점 기준

평가 기준(CACREP 표준)	기대 이하	기대 충족	기대 이상
현재 이슈와 연구(6.B.5.d, 6.B.5.h)	현재 이슈가 설명되지 않았으며 상담 분야와 상담사 직무와의 관련성을 설명하지 못함. 5개의 자료가 포함되어 있지 않음.	현재 이슈가 설명되었으나 상담 분야와 상담사 직무와의 구체적으로 관련성에 대해 설명하지 못함. 5개의 자료가 포함되었으나 모든 자료가 동료 참고문헌이 아님.	현재 이슈가 상담 분야, 상담사 직무, 및 인증 표준과의 관련성에 대해 잘 설명됨. 최소한 5개의 동료 평가 참고문헌이 포함되어 이슈와의 관련성을 잘 설명하고 있음.
리더십/옹호 전략	상담교육자 및/또는 상담사의 역할이 설명되지 않음. 리더십 및 옹호 전략이 설명되지 않음. 5개의 자료가 포함되지 않음.	상담교육자 및/또는 상담사의 역할이 잘 설명되었으나 리더십과 옹호 측면에서 구체적이지 못함. 리더십 및 옹호 전략이 설명되었으나 옹호 전략을 구현하는 데 필요한 것은 아님. 5개의 자료가 포함되었으나 모든 자료가 동료 참고문헌이 아님.	상담교육자 및/또는 상담사의 역할이 리더십과 옹호 측면에서 잘 설명됨. 옹호 계획 구현에 필요한 구체적인 리더십 및 옹호 전략/실무 방법이 설명됨. 역할/전략/실무의 근거가 되는 5개 이상의 전문 학술지에 게재된 참고 문헌이 포함되어 있음.
옹호 계획의 적용	계획이 포함, 실행, 평가되지 않았음.	옹호 계획의 몇몇 요소가 포함되었으나 충분한 세부 사항이 설명되지 않음.	구체적인 옹호 계획에 다음 요소가 포함되어 설명되어 있음. · 계획의 목적 · 옹호 계획 관련자(즉, 역할 및 관련성) · 조치에 따른 가능한 결과 · 개입 일정 · 계획의 평가(즉, 계획 및 개입의 평가 방법) · 개입 결과(무슨 일이 발생했는가?) · 결과 및 평가에 기반한 권장 사항(어떻게 다르게 혹은 비슷하게 행할 것인가? 옹호 활동의 다음 단계는 무엇인가?)

주. CACREP = 상담 및 관련 교육 프로그램 인증 기관

참고문헌

Allen, M. J. (2004). *Assessing academic programs in higher education*. Bolton, MA: Anker.

Ambrose, S. A., Bridges, M. W., DiPietro, M., Lovett, M. C., & Norman, M. K. (2010). *How learning works: Seven research-based principles for smart teaching*. San Francisco, CA: Jossey-Bass.

American Association of Suicidology. (2003). *Know the warning signs of suicide*. Retrieved from http://www.suicidology.org/resources/warning-signs

American Counseling Association. (2014). *ACA code of ethics*. Alexandria, VA: Author.

American Educational Research Association, American Psychological Association, & National Council on Measurement in Education. (1999). *Standards for educational and psychological testing*. Washington, DC: American Educational Research Association.

American Psychiatric Association. (2013). *Diagnostic and statistical manual of mental disorders* (5th ed.). Arlington, VA: Author.

American Psychological Association. (2010). *Publication manual of the American Psychological Association* (6th ed.). Washington, DC: Author.

American School Counselor Association. (n.d.). *The role of the professional school counselo*r. Retrieved from https://www.schoolcounselor.org/asca/media/asca/home/RoleStatement.pdf

American School Counselor Association. (2012). *The ASCA National Model: A framework for school counseling programs* (3rd ed.). Alexandria, VA: Author.

Anderson, L. W., & Krathwohl, D. R. (Eds.). (2001). *A taxonomy for learning, teaching, and assess-ing: A revision of Bloom's taxonomy of educational objectives*. New York,

NY: Longman Publishing.

Andrade, H. G. (2005). Teaching with rubrics: The good, the bad, and the ugly. *College Teaching, 53*, 27-31.

Arredondo, P., Toporek, M. S., Brown, S., Jones, J., Locke, D. C., Sanchez, J., & Stadler, H. (1996). *Operationalization of the multicultural counseling competencies*. Alexandria, VA: Association for Multicultural Counseling and Development.

Arthur, N., Collins, S., Marshall, C., & McMahon, M. (2013). Social justice competencies and career development practices. *Canadian Journal of Counselling and Psychotherapy, 47*, 136-154.

Arthur, N., Collins, S., McMahon, M., & Marshall, C. (2009). Career practitioners' views of social justice and barriers for practice. *Canadian Journal of Career Development, 8*, 22-31.

Association for Counselor Education and Supervision. (2011). *Best practices in clinical supervision.* Retrieved from http://www.acesonline.net/sites/default/files/ACES-Best-Practices- in-clinical-supervision-document-FINAL.pdf

Association for Counselor Education and Supervision & National Career Development Association. (2000). *Preparing counselors for career development in the new millennium*. Retrieved from http://ncda.org/aws/NCDA/pt/sp/guidelines

Association for Specialists in Group Work. (2000). Association for Specialists in Group Work: Professional standards for the training of group workers. *The Journal for Specialists in Group Work, 25*, 327-342.

Association for Spiritual, Ethical, and Religious Values in Counseling. (2009). *Spiritual competencies*. Retrieved from http://www.aservic.org/resources/spiritual-competencies/

Association of American Colleges and Universities. (2008). *Our students' best work: A framework for accountability worthy of our mission* (2nd ed.). Washington, DC: Author.

Baggerly, J., & Osborn, D. (2013). A survey of counselor education comprehensive exam types and procedures: Recommendations for clinical supervisors and counseling faculty. *The Clinical Supervisor, 32*, 90-104. doi:10.1080/07325223.2013.780933

Baker, G. R., Jankowski, N. A., Provezis, S., & Kinzie, J. (2012). *Using assessment results: Promising practices of institutions that do it well.* Retrieved from http://www. learningoutcomesassessment. org/documents/CrossCase_FINAL1.pdf

Baltimore, M. L., Hickson, J., George, J. D., & Crutchfield, L. B. (1996). Portfolio assessment: A model for counselor education. *Counselor Education and Supervision, 36*, 113-121. doi:10.1002/j.1556-6978.1996.tb00377.x

Banta, T. W., Griffin, M., Flateby, T. L., & Kahn, S. (2009). *Three promising alternatives for assessing college students' knowledge and skills*. Retrieved from http://learning-outcomesassessment.org/documents/AlternativesforAssessment.pdf

Barrio Minton, C. A., & Gibson, D. M. (2012). Evaluating student learning outcomes in counselor education: Recommendations and process considerations. *Counseling Outcome Research and Evaluation, 3*, 73-91. doi:10.1177/2150137812452561

Barrio Minton, C. A., Wachter Morris, C. A., & Yaites, L. D. (2014). Teaching and learning in counselor education: A ten-year content analysis. *Counselor Education and Supervision, 53*, 162-177. doi:10.1002/j.1556-6978.2014.00055.x

Bartle, L., & Bradwin, M. G. (2006). The comprehensive examination: Study groups and their effectiveness—A message to counselor education faculty and graduate students. *Education, 127*, 69-73.

Benkofske, M., & Heppner, C. C. (2008). Program evaluation. In P. P. Heppner, B. E. Wampold, & D. M. Kivlighan (Eds.), *Research design in counseling* (3rd ed., pp. 511-537). Belmont, CA: Thompson Higher Education.

Bernard, J. M. (2014). The use of supervision notes as a targeted training strategy. *American Journal of Psychotherapy, 68*, 195-212.

Bernard, J. M., & Goodyear, R. K. (2014). *Fundamentals of clinical supervision* (5th ed.). Boston, MA: Pearson.

Bhat, C. S. (2005). Enhancing counseling gatekeeping with performance appraisal protocols. *International Journal for the Advancement of Counselling, 27*, 399-411. doi:10.1007/s10447-005-8202-z

Blaich, C., & Wise, K. (2011). *From gathering to using assessment results: Lessons from the Wabash National Study*. Retrieved from http://www.learningoutcomeassessment.org/documents/Wabash_001.pdf

Bloom, B. S. (1956). *Taxonomy of educational objectives: Handbook I. The cognitive domain*. New York, NY: David McKay.

Blum, L. D. (2010). The "all-but-the-dissertation" student and the psychology of the doctoral dis-sertation. *Journal of College Student Psychotherapy, 24*, 74-85. doi:10.1080/87568220903558554

Blustein, D. L. (2006). *The psychology of working*. Mahwah, NJ: Erlbaum.

Blustein, D. L., Medvide, M. B., & Wan, C. M. (2011). A critical perspective of contemporary unemployment policy and practices. *Journal of Career Development, 39*, 341-356.

Bonwell, C. (1993). *Active learning: Creating excitement in the classroom*. Retrieved from http://files.eric.ed.gov/fulltext/ED336049.pdf

Boote, D. N., & Beile, P. (2005). Scholars before researchers: On the centrality of the dissertation literature review in research preparation. *Educational Researcher, 34*, 3-15. doi:10.3102/0013189X034006003

Borders, L. D. (2010). Principles of best practices for clinical supervisor training programs. In J. R. Culbreth & L. L. Brown (Eds.), *State of the art in clinical supervision* (pp. 127-150). New York, NY: Routledge.

Borders, L. D. (2014). "Best practices in clinical supervision": Another step in delineating effective supervision practice. *American Journal of Psychotherapy, 68*, 151-162.

Borders, L. D., Bernard, J. M., Dye, H. A., Fong, M. L., Henderson, P., & Nance, D. W. (1991). Curriculum guide for training counseling supervisors: Rationale, development, and implementa-tion. *Counselor Education and Supervision, 31*, 58-80.

Borders, L. D., & Brown, L. L. (2005). *The new handbook of counseling supervision.* Mahwah, NJ: Erlbaum.

Borders, L. D., Glosoff, H. L., Welfare, L. E., Hays, D. G., DeKruyf, L., Fernando, D. M., & Page, B. (2014). Best practices in clinical supervision: Evolution of a counseling specialty. *The Clinical Supervisor, 33*, 26-44.

Borders, L. D., Wester, K. L., Granello, D. H., Chang, C. Y., Hays, D. G., Pepperell, J., & Spurgeon, S. L. (2012). Association for Counselor Education and Supervision guidelines for research men-torship: Development and implementation. *Counselor Education and Supervision, 51*, 162-175. doi:10.1002/j.1556-6978.2012.00012.x

Boyer, E. L. (1990). *Scholarship reconsidered: Priorities of the professoriate*. New York, NY: Jossey-Bass.

Bransford, J. D., Brown, A. L., & Cocking, R. R. (Eds.). (2000). *How people learn: Brain, mind, experience, and school*. Washington, DC: National Academy Press.

Brown, M. (2013). A content analysis of problematic behavior in counselor education programs. *Counselor Education and Supervision, 52*, 179-192. doi:10.1002/j.1556-6978.2013.00036.x

Browne, I., & Misra, J. (2003). The intersection of gender and race in the labor market. *Annual Review of Sociology, 29*, 487-513.

Brunner, J. L., Wallace, D. L., Reymann, L. S., Sellers, J. J., & McCabe, A. G. (2014). College counseling today: Contemporary students and how counseling centers meet their needs. *Journal of College Student Psychotherapy, 28*, 257-324. doi:10.1080/87568225.2014.948770

Burkard, A. W., Knox, S., DeWalt, T., Fuller, S., Hill, C., & Schlosser, L. Z. (2014). Dissertation experiences of doctoral graduates from professional psychology programs. *Counselling Psychology Quarterly, 27*, 19-54. doi:10.1080/09515070.2013.821596

Burke, S. K., & Snead, J. T. (2014). Faculty opinions on the use of master's degree end of program assessments. *Journal of Education for Library and Information Science, 55*, 26-39.

Burlingame, G. M., Fuhriman, A., & Mosier, J. (2003). The differential effectiveness of group psychotherapy: A meta-analytic perspective. *Group Dynamics: Theory, Research, and Practice, 7*, 3-12.

Butler, J. F. (2008). The family diagram and genogram: Comparisons and contrasts. *The American Journal of Family Therapy, 36*, 169-180.

Cabrera, A., Weerts, D., & Zulick, B. (2005). Making an impact with alumni surveys. *New Directions for Institutional Research, 126*, 5-17. doi:10.1002/ir.144

Cain, T. R. (2014). *Assessment and academic freedom: In concert, not conflict.* Retrieved from http://www.learningoutcomesassessment.org/documents/OP2211-17-14.pdf

Calderon, O. (2013). Direct and indirect measures of learning outcomes in an MSW program: What do we actually measure? *Journal of Social Work Education, 49*, 408-419. doi:10.1080/104377 97.2013.796767

Cambridge, B. L. (2001). Fostering the scholarship of teaching and learning: Communities of practice. In D. A. Lieberman & C. Wehlburg (Eds.), *To improve the academy* (Vol. 19, pp. 3-16). Bolton, MA: Anker.

Carlson, R. G., & Lambie, G. W. (2012). Systemic-developmental supervisions: A clinical supervisory approach for family counseling student interns. *The Family*

Journal, 20, 29-36.

Carney, J. S., Cobia, D. C., & Shannon, D. M. (1996). The use of portfolios in the clinical and comprehensive evaluation of counselors-in-training. *Counselor Education and Supervision, 36*, 122-132.

Carriveau, R. S. (2010). *Connecting the dots: Developing student learning outcomes and outcome based assessments*. Denton: University of North Texas.

Chang, C. Y., Gnilka, P., & O'Hara, C. (2014). Social justice counseling. In D. G. Hays & B. T. Erford (Eds.), *Developing multicultural counseling competency: A systems approach* (pp. 58-81). Columbus, OH: Pearson Merrill Prentice Hall.

Coleman, H. L. K., Morris, D., & Norton, R. A. (2006). Developing multicultural counseling competence through the use of portfolios. *Journal of Multicultural Counseling and Development, 34*, 27-37. doi:10.1002/j.2161-1912.2006.tb00024.x

Collins, B. G., & Collins, T. M. (2005). *Crisis and trauma: Developmental-ecological intervention.* Belmont, CA: Brooks/Cole.

Commission on the Future of Higher Education. (2006). *A test of leadership: Charting the future of U.S. higher education*. Washington, DC: U.S. Department of Education.

Committee on the Evaluation of Teaching Excellence. (2010). *Final report*. Retrieved from https://spot.unt.edu/sites/default/files/Committee_Evaluation_Teaching_Excellence_2010_0.pdf

Community Mental Health Act, Pub. L. No. 88-164, 77 Stat. 282 (1963).

Consoli, A. J., & Jester, C. M. (2005). A model for teaching psychotherapy theory through an integrative structure. *Journal of Psychotherapy Integration, 15*, 358-373.

Corey, M. S., Corey, G., & Corey, C. (2014). *Groups: Process and practice* (9th ed.). Belmont, CA: Brooks/Cole.

Council for Accreditation of Counseling and Related Educational Programs. (1994). *1994 CACREP accreditation manual*. Alexandria, VA: Author.

Council for Accreditation of Counseling and Related Educational Programs. (2001). *2001 standards*. Alexandria, VA: Author.

Council for Accreditation of Counseling and Related Educational Programs. (2009). *2009 standards.* Retrieved from http://www.cacrep.org/wp-content/uploads/2013/12/2009-Standards.pdf

Council for Accreditation of Counseling and Related Educational Programs. (2016). *2016 standards*. Retrieved from http://www.cacrep.org/wp-content/uploads/2012/10/2016-CACREP-Standards.pdf

Council for Higher Education Accreditation. (2010). *Recognition of accrediting organizations: Policies and procedures*. Retrieved from http://www.chea.org/pdf/Recognition_Policy-June_28_2010-FINAL.pdf

Council for Higher Education Accreditation. (2011). *Accreditation and accountability: Looking back and looking ahead*. Retrieved from http://www.chea.org/pdf/accred_account.pdf

Council of Counseling Psychology Training Programs. (2006). *Counseling psychology model training values statement addressing diversity*. Retrieved from http://www.ccptp. org/ccptp-model-training-vales-statement-addressing-diversity

Council of Regional Accrediting Commissions. (2003). *Regional accreditation and student learn-ing: Principles for good practices*. Retrieved from https://www.msche.org/documents/regnlsl.pdf

Daniels, M. H. (2010). Systematic program evaluation: The foundation of program quality. In C. J. Sheperis, J. S. Young, & M. H. Daniels (Eds.), *Counseling research: Quantitative, qualitative, and mixed methods* (pp. 173-186). Upper Saddle River, NJ: Pearson.

Deets, J. (2000). Maps and curriculum decision making. *Journal of Curriculum and Supervision, 15*, 359-371.

Dipietro, B. J. C., Drexler, W., Kennedy, K., Buraphadeja, V., Liu, F., & Dawson, K. (2010). Using wikis to collaboratively prepare for qualifying examinations: An example of implementation in an advanced graduate program. *TechTrends, 54*, 25-32.

Disposition. (n.d.). *In Merriam-Webster's online dictionary* (11th ed.). Retrieved from http://www.merriam-webster.com/dictionary/disposition

Dollarhide, C. T. (2013). Using a values-based taxonomy in counselor education. *Counseling and Values, 58*, 221-236. doi:10.1002/j.2161-007X.2013.00035.x

Dougherty, A. M. (2005). *Psychological consultation and collaboration in school and community settings* (4th ed.). Belmont, CA: Thomson Brooks/Cole.

Driscoll, A., & Wood, S. (2007). *Developing outcomes-based assessment for learner-centered education: A faculty introduction*. Sterling, VA: Stylus.

Duffy, R. D., & Dik, B. J. (2009). Beyond the self: External influences in the career development process. *The Career Development Quarterly, 58*, 29-43.

Education Trust. (n.d.). T*en essential elements for change in school counselor preparation programs*. Retrieved from http://edtrust.org/wp-content/uploads/2014/09/Elements-of-Change_0.pdf

Eisenberg, T. (1965). Are doctoral comprehensive examinations necessary?. *American Psychologist, 20*, 168-169. doi:10.1037/h0020945

EmpowHER. (2011). *Darkina* [Video files]. Retrieved from http://www.empowher.com/users/darkina

Evans, K. M., & Larrabee, M. J. (2002). Teaching the multicultural counseling competencies and revised career counseling competencies simultaneously. *Journal of Multicultural Counseling and Development, 30*, 21-39.

Ewell, P. T. (2009). *Assessment, accountability, and improvement: Revisiting the tension*. Retrieved from http://www.learningoutcomeassessment.org/documents/PeterEwell_005.pdf

Ewell, P., Paulson, K., & Kinzie, J. (2011). *Down and in: Assessment practices at the program level*. Retrieved from http://www.learningoutcomesassessment.org/documents/NILOAsurveyre-port2011.pdf

Fernando, D. M., & Hulse-Killacky, D. (2006). Getting to the point: Using research meetings and the inverted triangle visual to develop a dissertation research question. *Counselor Education and Supervision, 46*, 103-115.

Fitzpatrick, J. L., Sanders, J. R., & Worthen, B. R. (2011). Program evaluation: Alternative approaches and practical guidelines (4th ed.). Upper Saddle River, NJ: Pearson.

Flynn, S. V., Chasek, C. L., Harper, I. F., Murphy, K. M., & Jorgensen, M. F. (2012). A qualitative inquiry of the counseling dissertation process. *Counselor Education and Supervision, 51*, 242-255. doi:10.1002/j.1556-6978.2012.00018.x

Fong, M., & Malone, C. (1994). Defeating ourselves: Common errors in counseling research. *Counselor Education and Supervision, 33*, 356-362. doi:10.1002/j.1556-6978. 1994. tb00303.x

Foster, J. M., Leppma, M., & Hutchinson, T. S. (2014). Students' perspectives on gatekeeping in counselor education: A case study. *Counselor Education and Supervision, 53*, 190-203. doi:10.1002/j.1556-6978.2014.00057.x

Foster, V. A., & McAdams, C. R., III. (2009). A framework for creating a climate of transparency for professional performance assessment: Fostering student investment in gatekeeping. *Counselor Education and Supervision, 48*, 271-285. doi:10.1002/j.1556- 6978.2009.tb00080.x

Fraenkel, P., & Pinsof, W. M. (2001). Teaching family therapy-centered integration: Assimilation and beyond. *Journal of Psychotherapy Integration, 11*, 59-85.

Gainor, K. A. (2005). Social justice: The moral imperative of vocational psychology. T*he Counseling Psychologist, 33*, 180-188.

Gazzola, N., De Stefano, J., Thériault, A., & Audet, C. T. (2013). Learning to be supervisors: A qualitative investigation of difficulties experienced by supervisors-in-training. *The Clinical Supervisor, 32*, 15-39. doi:10.1080/07325223. 2013.778678

Gibbons, M. M., Cochran, L., Spurgeon, S., & Diambra, J. E. (2013). The human factor: Student reactions to the integration of personal dispositions into a counseling program. *Journal of Humanistic Counseling, 52*, 5-22. doi:10.1002/J.2161-1939. 2013.00029.x

Gibson, D. M., Dollarhide, C. T., & Moss, J. M. (2010). Professional identity development: A grounded theory of transformational tasks of new counselors. *Counselor Education and Supervision, 50*, 21-38.

Goodrich, K. M., & Shin, R. Q. (2013). A culturally responsive intervention for addressing problematic behaviors in counseling students. *Counselor Education and Supervision, 52*, 43-55. doi:10.1002/j.1556-6978.2013.00027.x

Goodyear, R. K. (2014). Supervision as pedagogy: Attending to its essential instructional and learning processes. *The Clinical Supervisor, 33*, 82-99. doi:10.1080/07325223. 2014.918914

Graham, G., & Megarry, B. (2005). The social care work portfolio: An aid to integrated learning and reflection in social care training. *Social Work Education, 24*, 769-780. doi:10.1080/02615470500238686

Granello, D. H., & Hazler, R. J. (1998). A developmental rationale for curriculum order and teaching styles in counselor education programs. *Counselor Education and Supervision, 38*, 89-105.

Guli, L. A. (2005). Evidence-based parent consultation with school-related outcomes. *School*

Psychology Quarterly, 20, 455-472. doi:10.1521/scpq.2005.20.4.455

Hamilton, P., Johnson, R., & Poudrier, C. (2010). Measuring educational quality by appraising theses and dissertations: Pitfalls and remedies. *Teaching in Higher Education, 15*, 567-577. doi:10.1080/13562517.2010.491905

Hanna, F. J., & Cardona, B. (2012). Multicultural counseling beyond the relationship: Expanding the repertoire with techniques. *Journal of Counseling & Development, 91*, 349-357. doi:10.1002/j. 1556-6676.2013.00104.x

Hansen, L. S. (2003). Career counselors as advocates and change agents for equality. *The Career Development Quarterly, 52*, 43-53.

Harden, R. M. (2001). AMEE Guide No. 21: Curriculum mapping: A tool for transparent and authentic teaching and learning. *Medical Teacher, 23*, 123-137. doi:10.1080/01421590120036547

Hatfield, S. (2009). *Assessing your program-level assessment plan*. Manhattan, KS: IDEA Center.

Hays, D. G. (2013). *Assessment in counseling: A guide to the use of psychological assessment procedures* (5th ed.). Alexandria, VA: American Counseling Association.

Heath, L., DeHoek, A., & Locatelli, S. (2012). Indirect measures in evaluation: On not knowing what we don't know. Practical Assessment, *Research & Evaluation, 17*, 1-6.

Henderson, K. L., & Dufrene, R. L. (2011). *Student remediation: Practical considerations for counselor educators and supervisors. From VISTAS Online*. Retrieved from http://www.counseling. org/resources/library/vistas/2011-v-online/Article_45.pdf

Henderson, K. L., & Dufrene, R. L. (2012). Student behaviors associated with remediation: A content analysis. *Counseling Outcome Research and Evaluation, 3*, 48-60. doi:10. 1177/2150137812437364

Hendrick, S. S. (1998). The Relationship Assessment Scale. *Journal of Social and Personal Relationships, 15*, 137-142.

Heppner, M. J., & Fu, C. (2011). The gendered context of vocational self-construction. In P. J. Hartung & L. M. Subich (Eds.), *Developing self in work and career: Concepts, cases, and contexts* (pp. 177-192). Washington, DC: American Psychological Association.

Heppner, M. J., & O'Brien, K. M. (2006). Women and poverty: A holistic approach to vocational intervention. In W. B. Walsh & M. J. Heppner (Eds.), *Handbook of career counseling for women* (2nd ed., pp. 75-102). Mahwah, NJ: Erlbaum.

Hoey, J. J., & Gardner, D. C. (1999). Using surveys of alumni and their employers to improve an institution. *New Directions for Institutional Research, 101*, 43-59.

Homrich, A. M., Delorenzi, L. D., Bloom, Z. D., & Godbee, B. (2014). Making the case for standards of conduct in clinical training. *Counselor Education and Supervision, 53*, 126??44. doi:10.1002/j.1556-6978.2014.00053.x

Huba, M. E., & Freed, J. E. (1999). *Learner-centered assessment on college campuses: Shifting the focus from teaching to learning*. Old Tappan, NJ: Pearson Education.

Hutchings, P. (2010). *Opening the doors to faculty involvement in assessment*. Retrieved from http://www.learningoutcomesassessment.org/documents/PatHutchings_0004.pdf

International Assembly for Collegiate Business Education. (2014). *Checklist for writing intended student learning outcomes statements*. Retrieved from http://iacbe.org/pdf/checklist-writing-islos.pdf

Ivey, A. E. (1986). *Developmental therapy: Theory into practice*. San Francisco, CA: Jossey-Bass.

Ivey, A. E., & Ivey, M. B. (2005). Wellness and the DSM-IV-TR: A developmental approach for clients in severe distress. In J. E. Myers & T. J. Sweeney (Eds.), *Counseling for wellness: Theory, research, and practice* (pp. 217-224). Alexandria, VA: American Counseling Association.

Ivey, A. E., Ivey, M. B., Myers, J. E., & Sweeney, T. J. (2005). *Developmental counseling and therapy: Promoting wellness over the lifespan*. New York, NY: Houghton-Mifflin.

Jacobs, H. H. (1997). *Mapping the big picture: Integrating curriculum and assessment K-12*. Alexandria, VA: Association for Supervision and Curriculum Development.

Jacobs, H. H. (2005). *Getting results with curriculum mapping*. Alexandria, VA: Association for Supervision and Curriculum Development.

James, S. H., & Greenwalt, B. C. (2001). Documenting success and achievement: Presentation and working portfolios for counselors. *Journal of Counseling & Development, 79*, 161-165. doi:10.1002/j.1556-6676.2001.tb01955.x

Jensen, J. L., McDaniel, M. A., Woodard, S. M., & Kummer, T. A. (2014). Teaching to the test . . . or testing to teach: Exams requiring higher order thinking skills encourage greater conceptual understanding. *Educational Psychology Review, 26*, 307-329. doi:10. 1007/s10648-013-9248-9

Jonson, J. (2006). *Guidebook for programmatic assessment of student learning outcomes*. Lincoln: University of Nebraska-Lincoln.

Jonsson, A., & Svingby, G. (2007). The use of scoring rubrics: Reliability, validity and educational consequences. *Educational Research Review, 2*, 130-144.

Kaplan, D. M., & Gladding, S. T. (2011). A vision for the future of counseling: The 20/20 Principles for Unifying and Strengthening the Profession. *Journal of Counseling & Development, 89*, 367-372. doi:10.1002/j.1556-6678.2011.tb00101.x

Keim, J., & Wells, K. (2009). *Case studies in ethics, diagnosis, and treatment: Images of client's lives*. Eau Claire, WI: PESI.

Kelley, C., Tong, P, & Choi, B.-J. (2010). A review of assessment of student learning programs at AACSB schools: A dean's perspective. *Journal of Education for Business, 85*, 299-306. doi:10.1080/08832320903449519

Kirkpatrick, D. L. (1959). Techniques for evaluating training programs. *Journal of the American Society of Training Directors, 13*, 3-9.

Knox, S., Burkard, A. W., Janecek, J., Pruitt, N. T., Fuller, S. L., & Hill, C. E. (2011). Positive and problematic dissertation experiences: The faculty perspective. *Counselling Psychology Quarterly, 24*, 55-69. doi:10.1080/09515070.2011.559796

Koltz, R. L., Odegard, M. A., Provost, K. B., Smith, T., & Kleist, D. (2010). Picture perfect: Using photo-voice to explore four doctoral students' comprehensive examination experiences. *Journal of Creativity in Mental Health, 5*, 389-411. doi:10.1080/15401383.2010.527797

Koppang, A. (2004). Curriculum mapping: Building collaboration and communication. *Intervention in School and Clinic, 39*, 154-161. doi:10.1177/10534512040390030401

Kress, V. E., & Protivnak, J. J. (2009). Professional development plans to remedy problematic counseling student behaviors. *Counselor Education and Supervision, 48*, 154-167.

Kruger, J., & Dunning, D. (1999). Unskilled and unaware of it: How difficulties in recognizing one's own incompetence lead to inflated self-assessments. *Journal of Personality and Social Psychology, 77*, 1121-1134. doi:10.1037/0022-3514.77.6.1121

Kübler-Ross, E. (1969). *On death and dying*. New York, NY: McMillan.

Kuh, G. D., & Ewell, P. T. (2010). The state of learning outcomes assessment in the United States. *Higher Education Management and Policy, 22*, 9-28.

Kuh, G., & Ikenberry, S. (2009). *More than you think, less than we need: Learning outcomes assessment in American higher education*. Retrieved from http://www.learning-outcomeassessment.org/documents/niloafullreportfinal2.pdf

Kuh, G. D., Jankowski, N. A., Ikenberry, S. O., & Kinzie, J. (2014). *Knowing what students know and can do: The current state of learning outcomes assessment at U.S. colleges and universities*. Retrieved from http://www.learningoutcomeassessment.org/documents/2013%20Survey%20Report%20Final.pdf

Ladany, N., & O'Shaughnessy, T. (2014). Training and supervision in career counseling. In P. J. Hartung, M. L. Savickas, & W. B. Walsh (Eds.), *APA handbook of career intervention: Vol. 1. Foundations* (pp. 375-387). Washington, DC: American Psychological Association.

Lambert, A. D., & Miller, A. L. (2014). Lower response rates on alumni surveys might not mean lower response representativeness. *Educational Research Quarterly, 37*, 38-51.

Lambert, M. J., & Barley, D. E. (2001). Research summary on the therapeutic relationship and psychotherapy outcome. *Psychotherapy, 38*, 357-361.

Lambie, G. W., Mullen, P. R., Swank, J. M., & Blount, A. (2015). *The Counseling Competencies Scale: Validation and refinement*. Manuscript submitted for publication.

Lara, T. M., Kline, W. B., & Paulson, D. (2011). Attitudes regarding career counseling: Perceptions and experiences of counselors-in-training. *The Career Development Quarterly, 59*, 428-440.

Lee, C. C., & Rodgers, R. A. (2009). Counselor advocacy: Affecting systemic change in the public arena. *Journal of Counseling & Development, 87*, 284-287.

Lewis, J. A., Arnold, M. S., House, R., & Toporek, R. L. (2002). *ACA advocacy competencies*. Retrieved from http://www.counseling.org/Resources/Competencies/Advocacy_Competencies.pdf

Lewis, R. G., & Smith, H. D. (1994). *Total quality in higher education*. Delray Beach, FL: St. Lucie Press.

Li, C.-S., Trusty, J., Lampe, R., & Lin, Y. F. (2008). Remediation and termination of impaired students in CACREP-accredited counseling programs. *International Journal of Leadership Prepa-ration, 3*(2). Retrieved from http://cnx.org/content/m17376/latest/

Loughead, T. (1997). The doctoral comprehensive examination: Fine-tuning the process. *Counselor Education and Supervision, 37*, 140-148. doi:10.1002/j.1556-6978.1997.tb00539.x

Lovitts, B. E. (2005). *How to grade a dissertation. Academe, 91*, 18-23.

Lumley, T. (2002). Assessment criteria in a large-scale writing test: What do they really mean to the raters? *Language Testing, 19*, 246-277.

Marzano, R. J. (2002). A comparison of selected methods of scoring classroom assessments. *Applied Measurement in Evaluation, 15*, 249-267.

Maxwell, T. W., & Kupczyk-Romanczuk, G. (2009). Producing the professional doctorate: The portfolio as a legitimate alternative to the dissertation. *Innovations in Education and Teaching International, 46*, 135-145. doi:10.1080/14703290902843760

McAdams, C. R., & Foster, V. A. (2007). A guide to just and fair remediation of performance deficiencies. *Counselor Education and Supervision, 47*, 2-13.

McAdams, C. R., & Robertson, D. L. (2012). An informed look at doctoral vivas (oral examinations) in the preparation of counselor educators. *Counselor Education and Supervision, 51*, 176-189.

McAdams, C. R., Robertson, D. L., & Foster, V. A. (2013). Doctoral oral examinations and contemporary counselor education: Are they compatible? *Counselor Education and Supervision, 52*, 270-283. doi:10.1002/j.1556-6978.2013.00042.x

McCrae, R. R., Costa P. T., Jr., & Martin, T. A. (2005). The NEO-PI-3: A more readable Revised NEO Personality Inventory. *Journal of Personality Assessment, 84*, 261-270.

McIlveen, P., & Patton, W. (2006). A critical reflection on career development. International *Journal for Educational and Vocational Guidance, 6*, 15-27.

McIntosh, P. (1989, July/August). White privilege: Unpacking the invisible knapsack. *Peace and Freedom Magazine*. Retrieved from http://nationalseedproject.org/images/documents/Knapsack_plus_Notes-Peggy_McIntosh.pdf

McKinney, K. (2004). *What is the scholarship of teaching and learning (SoTL) and what can SoTL do for you and your department/school?* Retrieved from http://www.issotl.com/ issotl15/sites/default/files/chairDeanHandout.pdf

McKinney, K. (2007). *Enhancing learning through the scholarship of teaching and learning: The challenges and joys of juggling*. Bolton, MA: Anker.

McLaughlin, J. A., & Jordan, G. B. (2010). Using Logic Models. In J. S. Wholey, H. P. Hatry, & N. E. Newcomer (Eds.), *Handbook of practical program evaluation* (3rd ed., pp. 55-80). San Francisco, CA: Jossey-Bass.

McMahon, M., Arthur, N., & Collins, S. (2008). Social justice and career development: Views and experiences of Australian career development practitioners. *Australian Journal of Career Development, 17*, 15-25.

Meyer, B., & Latham, N. (2008). Implementing electronic portfolios: Benefits, challenges, and suggestions. *Educause Quarterly, 1*, 34-41.

Meyers, N. M., & Nulty, D. D. (2009). How to use (five) curriculum design principles to align authentic learning environments, assessment, students' approaches to thinking and learning outcomes. *Assessment & Evaluation in Higher Education, 34*, 565-577. doi:10.1080/02602930802226502

Miller, M. A. (2012). *From denial to acceptance: The stages of assessment*. Retrieved from http://www.learningoutcomesassessment.org/documents/MillerOcPaper13.pdf

Mizikaci, F. (2006). A systems approach to program evaluation model for quality in higher education. *Quality Assurance in Education, 14*, 37-53. doi:10.1108/09684880610643601

Moe, J., Autry, L., Olson, J. S., & Johnson, K. F. (2014). Teaching group work with The Great Debaters. *Counselor Education and Supervision, 53*, 204-218. doi:10.1002/j.1556-6978.2014.00058.x

Moskal, B. M., & Leydens, J. A. (2000). Scoring rubric development: Validity and reliability. *Practical Assessment, Research & Evaluation, 7*, Article 10.

Much, K., Wagener, A. M., & Hellenbrand, M. (2010). Practicing in the 21st century college counseling center. *Journal of College Student Psychotherapy, 24*, 32-38. doi:10.1080/87568220903400138

Mueller, J. (2014). *Authentic assessment toolbox*. Retrieved from http://jfmueller.faculty.noctrl.edu/toolbox/tasks.htm

Myers, J. E., & Sweeney, T. J. (2008). Wellness counseling: The evidence base for practice. *Journal of Counseling & Development, 86*, 482-493. doi:10.1002/j.1556-6678.

x008xtb00536.x

National Career Development Association. (2009). *Minimum competencies for multicultural career counseling and development*. Retrieved from http://ncda.org/aws/NCDA/pt/sp/guidelines

National Council for Accreditation of Teacher Education. (2014). *NCATE glossary*. Retrieved from http://www.ncate.org/Standards/UnitStandards/Glossary/tabid/477/Default.aspx

National Office for School Counselor Advocacy. (2010). *Eight components of college and career readi-ness counseling*. Retrieved from http://nosca.collegeboard.org/eight-components

Newcomer, K. E., Hatry, H. P., & Wholey, J. S. (2010). Planning and designing useful evaluations. In J. S. Wholey, H. P. Hatry, & N. E. Newcomer (Eds.), *Handbook of practical program evaluation* (3rd ed., pp. 5-29). San Francisco, CA: Jossey-Bass.

New Leadership Alliance for Student Learning and Accountability. (2012). *Committing to quality: Guidelines for assessment and accountability in higher education*. Washington, DC: Author.

Oakleaf, M., Belanger, J., & Graham, C. (2013, April). Choosing and using assessment management systems: What librarians need to know. In *Proceedings of the ACRL 15th National Conference* (pp. 97-106). Retrieved from http://www.ala.org/acrl/sites/ala.org.acrl/files/content/conferences/confsandpreconfs/2013/papers/OakleafBelangerGraham_Choosing.pdf

O'Brien, K. M. (2001). The legacy of Parsons: Career counselors and vocational psychologists as agents of social change. *The Career Development Quarterly, 50*, 66-76.

Office of Academic Planning and Assessment. (2001). *Program-based review and assessment: Tools and techniques for program improvement*. Retrieved from http://www.umass.edu/oapa/oapa/publications/online_handbooks/program_based.pdf

Office of Planning and Institutional Effectiveness. (2014, Spring). *Learning outcomes assessment handbook: A guide to learning outcomes assessment at Marymount University*. Retrieved from http://www.marymount.edu/marymount.edu/media/Home/Faculty-and-Staff/AssessmentHandbookSpring2014.pdf

Ohrt, J. H., Ener, E., Porter, J., & Young, T. L. (2014). Group leader reflections on their training and experience: Implications for group counselor educators and supervisors.

The Journal for Specialists in Group Work, 39, 95-124.

Okech, E. A., Astramovich, R. L., Johnson, M. M., Hoskins, W. J., & Rubel, D. J. (2006). Doctoral research training of counselor education faculty. *Counselor Education and Supervision, 46,* 131-145. doi:10.1002/j.1556-6978.2006.tb00018.x

O'Neal, C., Meizlish, D., & Kaplan, M. (2007). *Writing a statement of teaching philosophy for the academic job search* (CLRT Occasional Papers No. 23). Available from http://www.crlt.umich. edu/sites/default/files/resource_files/CRLT_no23.pdf

Orr, J. J., & Smith, J. (2013). *Social and cultural issues in counseling syllabus*. Unpublished manuscript.

Osborn, D. S. (2009). Teaching career theories, career assessments, and career information. *Career Planning and Adult Development Journal, 25*, 71-81.

Osborn, D. S., & Dames, L. S. (2013). Teaching graduate career classes: A national survey of career instructors. *Counselor Education and Supervision, 52*, 297-310.

Owens, E. W., & Neale-McFall, C. W. (2014). Counselor identity development: Toward a model for the formation of professional identity. *Journal of Counselor Leadership and Advocacy, 1*, 16-27.

Parke, C. S. (2001). An approach that examines sources of misfit to improve performance assessment items and rubrics. *Educational Assessment, 7*, 201-225.

Parsons, F. (1909). *Choosing a vocation*. Boston, MA: Houghton Mifflin.

Patton, M. Q. (2003). *Qualitative evaluation checklist*. Retrieved from https://cyfernetsearch. org/sites/default/files/Patton,%202003.pdf

Patton, S. (2013, October 14). Graduate students urge changes in comprehensive exams. *Chronicle of Higher Education, 60*, A16-A17.

Peach, B. E., Mukherjee, A., & Hornyak, M. (2007). Assessing critical thinking: A college's journey and lessons learned. *Journal of Education of Business, 82*, 313-320.

Pease-Carter, C., & Barrio Minton, C. A. (2012). Counseling program informed consent practices: A survey of student preferences. *Counselor Education and Supervision, 51*, 308-319. doi:10.1002/j.1556-6978.2012.00023.x

Pedersen, P. B. (1991). Multiculturalism as a fourth force in counseling. *Journal of Counseling and Development, 70*, 483-487.

Peterson, S. E., Bowman, R. L., Myer, R. A., & Maidl, C. M. (1992). A survey of comprehensive examination practices among doctoral programs in counseling. *Counselor Education and Supervi-sion, 32*, 116-129. doi:10.1002/j.1556-6978.1992. tb00181.x

Plaza, C. M., Draugalis, J. R., Slack, M. K., Skrepnek, G. H., & Sauer, K. A. (2007). Curriculum mapping in program assessment and evaluation. *American Journal of Pharmaceutical Education, 71*, 1-8.

Polanski, P. J., & Hinkle, J. S. (2000). The Mental Status Examination: Its use by professional counselors. *Journal of Counseling & Development, 78*, 357-364. doi:10.1002/j.1556

Pope, M., & Minor, C. W. (Eds.). (2000). *Experiential activities for teaching career counseling classes and for facilitating career groups*. Columbus, OH: National Career Development Association.

Posavac, E. J. (2011). *Program evaluation: Methods and case studies* (8th ed.). Upper Saddle River, NJ: Pearson.

Praslova, L. (2010). Adaptation of Kirkpatrick's four level model of training criteria to assessment of learning outcomes and program evaluation in higher education. Educational Assessment, *Evaluation and Accountability, 22*, 215-225. doi:10.1007/s11092-010-9098-7

Prilleltensky, I., & Stead, G. B. (2012). Critical psychology and career development: Unpacking the adjust-challenge dilemma. *Journal of Career Development, 39*, 321-340.

Prochaska, J., DiClemente, C., & Norcross, J. (1992). In search of how people change: Applications to addictive behaviors. *American Psychologist, 47*, 1102-1114.

Provezis, S. (2010). *Regional accreditation and student learning outcomes: Mapping the territory*. Retrieved from http://www.learningoutcomesassessment.org/documents/Provezis.pdf

Reddy, Y. M. (2007). Effect of rubrics on enhancement of student learning. *Educate, 7*, 3-17.

Reddy, Y. M., & Andrade, H. (2010). A review of rubric use in higher education. *Assessment and Evaluation in Higher Education, 35*, 435-448. doi:10.1080/02602930902862859

RiCharde, R. S. (2009). *Data management and data management tools*. Retrieved from http://www.usf.edu/provost/documents/assessment/resources-considerationsforselectingdatamanage-mentandtools.pdf

Rockquemore, K. A., Brunsma, D. L., & Delgado, D. J. (2009). Racing to theory or retheorizing race? Understanding the struggle to build a multiracial identity theory. *Journal of Social Issues, 65*, 13-34. doi:10.1111/j.1540-4560.2008.01585.x

Sampson, J. P., Dozier, V. C., & Colvin, G. P. (2011). Translating career theory to practice: The risk of unintentional social injustice. *Journal of Counseling & Development, 89*, 326-337.

Savickas, M. L. (2011). New questions for vocational psychology: Premises, paradigms, and practices. *Journal of Career Assessment, 19*, 251-258.

Schmidt, E., Homeyer, L., & Walker, J. (2009). Predictors of success on the Counselor Preparation Comprehensive Examination. *Counselor Education and Supervision, 48*, 226-238. doi:10.1002/j.1556-6978.2009.tb00077.x

Seligman, L. (2004). Intake interviews and their role in diagnosis and treatment planning. In *Diagnosis and treatment planning in counseling* (3rd ed., pp. 138-159). New York, NY: Kluwer.

Sink, C. A., & Mvududu, N. H. (2010). Statistical power, sampling, and effect sizes: Three keys to research relevancy. *Counseling Outcome Research and Evaluation, 1*, 1-18. doi:10.1177/2150137810373613

Smith, T. B., Dean, B., Floyd, S., Silva, C., Yamashita, M., Durtschi, J., & Heaps, R. A. (2007). Pressing issues in college counseling: A survey of American College Counseling Association members. *Journal of College Counseling, 10*, 64-78. doi:10.1002/j.2161-1882.2007.tb00007.x

Spielberger, C. D. (1983). *State-Trait Anxiety Inventory*. Palo Alto, CA: Consulting Psychologists Press.

Spruill, D. A., & Benshoff, J. M. (2000). Helping beginning counselors develop a personal theory of counseling. *Counselor Education and Supervision, 40*, 70-80. doi:10.1002/j.1556-6978.2000. tb01800.x

Spurgeon, S. L., Gibbons, M. M., & Cochran, J. L. (2012). Creating personal dispositions for a professional counseling program. *Counseling and Values, 57*, 96-109.

Steen, S., Bauman, S., & Smith, J. (2007). Professional school counselors and the practice of group work. *Professional School Counseling, 11*, 72-80.

Stevens, D. D., & Levi, A. J. (2005). *Introduction to rubrics: An assessment tool to save grading time, convey effective feedback, and promote student learning*. Sterling, VA: Stylus.

Stiehl, R., & Lewchuk, L. (2008a). *The assessment primer: Creating a flow of learning evidence*. Corvallis, OR: The Learning Organization.

Stiehl, R., & Lewchuk, L. (2008b). *The outcomes primer: Reconstructing the college curriculum* (3rd ed.). Corvallis, OR: The Learning Organization.

Strudler, N., & Wetzel, K. (2005). The diffusion of electronic portfolios in teacher education: Issues of initiation and implementation. *Journal of Research on Technology in Education, 37*, 411-433.

Suskie, L. (2009). *Assessing student learning: A common sense guide* (2nd ed.). San Francisco, CA: Jossey-Bass.

Swank, J. M., & Lambie, G. W. (2012). The assessment of CACREP core curricular areas and student learning outcomes using the Counseling Competencies Scale. *Counseling Outcome Research and Evaluation, 3*, 116-127. doi:10.1177/2150137812452560

Swank, J. M., Lambie, G. W., & Witta, E. L. (2012). An exploratory investigation of the Counsel-ing Competencies Scale: A measure of counseling skills, dispositions, and behaviors. *Counselor Education and Supervision, 51*, 189-206. doi:10.1002/j.1556-6978.2012.00014.x

Swank, J. M., & Smith-Adcock, S. (2014). Gatekeeping during admissions: A survey of counselor education programs. *Counselor Education and Supervision, 53*, 47-61. doi:10.1002/j.1556-6978.2014.00048.x

Swigonski, M., Ward, K., Mama, R. S., Rodgers, J., & Belicose, R. (2006). An agenda for the future: Student portfolios in social work education. *Social Work Education, 25*, 812-823. doi:10.1080/02615470600915860

Tamase, K. (1989). Introspective developmental counseling. *Bulletin of Nara University of Education, 38*, 166-177.

Tanen, N. (Producer), & Hughes, J. (Producer & Director). (1985). *The breakfast club* [Motion picture]. Universal City, CA: MCA Home Video.

Tang, M. (2003). Career counseling in the future: Constructing, collaborating, advocating. *The Career Development Quarterly, 52*, 61-69.

Taylor-Powell, E., Jones, A. L., & Henert, E. (2002). *Enhancing program performance with Logic Models*. Retrieved from http://www.uwex.edu/ces/lmcourse/

Taylor-Powell, E., Steele, S., & Douglah, M. (1996). *Planning a program evaluation* (G3658-1). Retrieved from http://learningstore.uwex.edu/assets/pdfs/G3658-1.PDF

Texas Education Agency. (2012). *Texas Examinations of Educator Standards (TExES) Program: Preparation manual: School counselor* (152). Retrieved from http://cms.texes-ets.org/files/9713/5722/8070/school_counselor_152.pdf

Thompson, B., & Snyder, P. A. (1998). Statistical significance and reliability analyses in recent Journal of Counseling & Development research articles. *Journal of Counseling & Development, 76*, 436-441. doi:10.1002/j.1556-6676.1998.tb02702.x

Thyer, B. A. (2003). A student portfolio approach to conducting doctoral social work comprehensive examinations. *Journal of Teaching in Social Work, 23*, 117-126. doi:10.1300/J067v23n03_10

Toman, S. (2012). Career counseling: A process-based teaching approach for training career counselors. In D. M. Perera-Diltz & K. C. MacCluskie (Eds.), *The counselor educator's survival guide: Designing and teaching outstanding courses in community mental health counseling and school counseling* (pp. 187-205). New York, NY: Routledge.

Trusty, J., Skowron, E. A., Watts, R. E., & Parrillo, A. L. (2004). Modeling the effects of counselor-trainees' perceptions of early childhood on trainees' social influence attributes. *The Family Journal, 12*, 6-13.

Tyler, J. M., & Reynolds, T. (1998). Using feature films to teach group counseling. *The Journal for Specialists in Group Work, 23*, 7-21. doi:10.1080/01933929808411378

Uchiyama, K. P., & Radin, J. L. (2008). Curriculum mapping in higher education: A vehicle for collaboration. *Innovative Higher Education, 33*, 271-280. doi:10.1007/s10755-008-9078-8

Urofsky, R. I. (2009, Fall). CACREP board issues guiding statements on student learning outcomes. *The CACREP Connection*. Retrieved from http://www.cacrep.org/wp-content/uploads/2012/07/Connection-Fall-20091.pdf

Urofsky, R. I., & Bobby, C. L. (2012). The evolution of a student learning outcomes focus in the CACREP standards in relation to accountability in higher education. *Counseling Outcome Research and Evaluation, 3*, 63-72. doi:10.1177/2150137812452562

Vacc, N. A., & Loesch, L. C. (2000). *Professional orientation to counseling*. Philadelphia, PA: Brunner-Routledge.

Vacha-Haase, T., Davenport, D. S., & Kerewsky, S. D. (2004). Problematic students: Gatekeeping practices of academic professional psychology programs. *Professional Psychology: Research and Practice, 35*, 115-122. doi:10.1037/0735-7028.35.2.115

Vacha-Haase, T., & Thompson, B. (2011). Score reliability: A retrospective look back at 12 years of reliability generalization studies. *Measurement and Evaluation in Counseling and Development, 44*, 159-168. doi:10.1177/0748175611409845

Vespia, K. M., Fitzpatrick, M. E., Fouad, N. A., Kantamneni, N., & Chen, Y.-L. (2010). Multicultural career counseling: A national survey of competencies and practices. *The Career Development Quarterly, 59*, 54-71.

Wachter, C. A. (2007). *Counseling multicultural and diverse populations syllabus*. Unpublished manuscript.

Wakimoto, D. K., & Lewis, R. E. (2014). Graduate student perceptions of eportfolios: Uses for reflection, development, and assessment. *The Internet and Higher Education, 21*, 53-58. doi:10.1016/j. iheduc.2014.01.002

Watkins, C. (1990). Development of the psychotherapy supervisor. *Psychotherapy: Theory, Research, Practice, Training, 27*, 553-560. doi:10.1037/0033-3204.27.4.553

Watkins, C. (1993). Development of the psychotherapy supervisor: Concepts, assumptions, and hypotheses of the supervisor complexity model. *American Journal of Psychotherapy, 47*, 58-74.

Watkins, C. J., & Scaturo, D. J. (2013). Toward an integrative, learning-based model of psychotherapy supervision: Supervisory alliance, educational interventions, and supervisee learning/relearning. *Journal of Psychotherapy Integration, 23*, 75-95. doi:10.1037/a0031330

Watkins, C. J., & Scaturo, D. J. (2014). Proposal for a common language, educationally-informed model of psychoanalytic supervision. *Psychoanalytic Inquiry, 34*, 619-633. doi:10.1080/07351 690.2014.924374

Weldy, T. G., & Turnipseed, D. L. (2010). Assessing and improving learning in business schools: Direct and indirect measures of learning. *Journal of Education for Business, 85*, 268-273. doi:10.1080/08832320903449535

Wester, K. L., & Borders, L. D. (2014). Research competencies in counseling: A Delphi study. *Journal of Counseling & Development, 92*, 447-458.

Wester, K. L., Borders, L. D., Boul, S., & Horton, E. (2013). Research quality: Critique of quantitative articles in the *Journal of Counseling & Development. Journal of Counseling & Development, 91*, 280-290. doi:10.1002/j.1556-6676.2013.00096.x

Wetzel, K., & Strudler, N. (2005). The diffusion of electronic portfolios in teacher education: Next steps and recommendations from accomplished users. *Journal of Research on Technology in Education, 38*, 231-243.

Whiston, S. C. (2013). *Principles and applications of assessment in counseling* (4th ed.). Belmont, CA: Brooks/Cole.

Wilkerson, K. (2006). Impaired students: Applying the therapeutic process model to graduate training programs. *Counselor Education and Supervision, 45*, 207-218. doi:10.1002/j.1556-6978.2006. tb00143.x

Williams, L., & Rink, J. (2003). Teacher competency using observational scoring rubrics. *Journal of Teaching in Physical Education, 22*, 552-572.

Winterowd, C. L., Adams, E. M., Miville, M. L., & Mintz, L. B. (2009). Operationalizing, instilling, and assessing counseling psychology training values related to diversity in academic programs. T*he Counseling Psychologist, 37*, 676-704. doi:10.1177/0011000009331936

World Health Organization. (2010). *Measuring health and disability: Manual for WHO Disability Assessment Schedule: WHODAS 2.0.* Retrieved from http://whqlibdoc.who. int/publications/2010/9789241547598_eng.pdf

Young, M. E. (2012). *Learning the art of helping: Building blocks and techniques* (5th ed.). Upper Saddle River, NJ: Pearson Education.

Zalaquett, C. P., Fuerth, K. M., Stein, C., Ivey, A. E., & Ivey, M. B. (2008). Reframing the DSM- IV-TR from a multicultural/social justice perspective. *Journal of Counseling & Development, 86*, 364-371.

Ziomek-Daigle, J., & Christensen, T. M. (2010). An emergent theory of gatekeeping practices in counselor education. *Journal of Counseling & Development, 88*, 407-415. doi:10.1002/j.1556-6678.2010.tb00040.x

색인

ㄷ

ㅁ

ㅂ

ㅅ

ㅇ

ㅈ

ㅊ

ㅍ

ㅎ

저자 약력

김인규

· 전주대학교 상담심리학과 교수
· 서울대학교 교육상담 박사
· 서울대학교 교육상담 석사
· 서울대학교 교육학과 학사

김나영

· New York Institute of Technology
  상담자교육 조교수
· University of Central Florida 상담자교육 박사
· 서울대학교 교육상담 석사
· 서울대학교 영어교육과 학사

이상민

· 고려대학교 교육학과 교수
· University of Florida 학교상담 박사
· 서울대학교 교육상담 석사
· 한양대학교 교육학과 학사

이지향

· 고려대, 서강대, 한양대 강사
· University of Iowa 상담자교육 박사
· 연세대학교 교육학과 상담전공 석사
· 홍익대학교 교육학과 학사

조항

· 인제대학교 상담심리치료학과 조교수
· University of Central Florida 상담자교육 박사
· 서울대학교 교육상담 석사
· 한국외국어대학교 독일어학과 학사

허난설

· 순천향대학교 청소년교육상담학과 조교수
· University of Iowa 상담자교육 박사
· 서울교육대학교 상담교육 석사
· 서울교육대학교 초등교육과 학사

Evaluating Student Learning Outcomes in Counselor Education

상담 교육과정 구성과 평가

초판발행 2021년 8월 20일

지은이 Casey A. Barrio Minton · Donna M. Gibson · Carrie A. Wachter Morris
옮긴이 김인규 · 김나영 · 이상민 · 이지향 · 조항 · 허난설
펴낸이 노 현

편 집 홍윤환
표지디자인 최윤주
제 작 고철민 · 조영환

펴낸곳 ㈜ 피와이메이트
서울특별시 금천구 가산디지털2로 53 한라시그마밸리 210호(가산동)
등록 2014. 2. 12. 제2018-000080호
전 화 02)733-6771
f a x 02)736-4818
e-mail pys@pybook.co.kr
homepage www.pybook.co.kr
ISBN 979-11-6519-139-9 93180

* 파본은 구입하신 곳에서 교환해 드립니다. 본서의 무단복제행위를 금합니다.
* 역자와 협의하여 인지첩부를 생략합니다.

정 가 32,000원